清棲霞郝氏本爾雅郭注義疏

第一册

清 郝懿行撰

山東省圖書館藏清同治四年刻《郝氏遺書》本

山東人民出版社·濟南

圖書在版編目（CIP）數據

清棲霞郝氏本爾雅郭注義疏 /（清）郝懿行撰 .— 濟南：山東人民出版社，2024.3

（儒典）

ISBN 978-7-209-14267-0

Ⅰ．①清… Ⅱ．①郝… Ⅲ．①《爾雅》- 注釋 Ⅳ．① H131.2

中國國家版本館 CIP 數據核字（2024）第 036301 號

項目統籌：胡長青

責任編輯：劉一星

裝幀設計：武　斌

項目完成：文化藝術編輯室

清棲霞郝氏本爾雅郭注義疏

〔清〕郝懿行撰

主管單位　山東出版傳媒股份有限公司
出版發行　山東人民出版社
出 版 人　胡長青
社　　址　濟南市市中區舜耕路517號
郵　　編　250003
電　　話　總編室（0531）82098914
　　　　　市場部（0531）82098027
網　　址　http://www.sd-book.com.cn
印　　裝　山東華立印務有限公司
經　　銷　新華書店

規　　格　16開（160mm×240mm）
印　　張　86
字　　數　688千字
版　　次　2024年3月第1版
印　　次　2024年3月第1次
ISBN 978-7-209-14267-0
定　　價　206.00圓（全五册）

《儒典》選刊工作團隊

學術顧問　杜澤遜　李振聚　徐　泳

項目統籌　胡長青

責任編輯　劉　晨　劉嬌嬌　張艷艷
　　　　　呂士遠　趙　菲　劉一星

前言

中國是一個文明古國、文化大國，中華文化源遠流長，博大精深。在中國歷史上影響較大的是孔子創立的儒家思想，因此整理儒家經典、注解儒家經典，爲儒家經典的現代化闡釋提供权威、典范、精粹的典籍文本，是推進中華優秀傳統文化創造性轉化、創新性發展的奠基性工作和重要任務。

中國經學史是中國學術史的核心，歷史上創造的文本方面和經解方面的輝煌成果，大量失傳了。西漢是經學的第一個興盛期，除了當時非主流的《詩經》毛傳以外，其他經師的注釋後來全部失傳了。東漢的經解祇有鄭玄、何休等少數人的著作留存下來，其餘也大都失傳了。南北朝至隋朝興盛的義疏之學，其成果僅有皇侃《論語疏》幸存於日本。五代時期精心校刻的《九經》、北宋時期國子監重刻的《九經》以及校刻的單疏本，也全部失傳。南宋國子監刻的單疏本，我國僅存《周易正義》、《爾雅疏》、《春秋公羊疏》（三十卷殘存七卷）、《春秋穀梁疏》（十二卷殘存七卷），日本保存了《尚書正義》、《毛詩正義》、《禮記正義》（七十卷殘存八卷）、《周禮疏》（日本傳抄本）、《春秋公羊疏》（日本傳抄本）、《春秋正義》（日本傳抄本）。南宋兩浙東路茶鹽司刻八行本，我國保存下來的有《周禮疏》、《禮記正義》、《春秋左傳正義》（紹興府刻）、《論語注疏解經》（二十卷殘存十卷）、《孟子注疏解經》（存臺北「故宫」），日本保存有《周易注疏》《尚書正義》（凡兩部，其中一部被清楊守敬購歸）。南宋福建刻十行本，我國僅存《春秋穀梁注疏》、《春秋左傳注疏》（六十卷，一半在大陸，一半在臺灣），日本保存有《毛詩注疏》《春秋左傳注疏》。從這些情況可以看出，經書代表性的早期注釋和早期版本國内失傳嚴重，有的僅保存在東鄰日本。

鑒於這樣的現實，一百多年來我國學術界、出版界努力搜集影印了多種珍貴版本，但是在系統性、全面性和準確性方面都還存在一定的差距。例如唐代開成石經共十二部經典，石碑在明代嘉靖年間地震中受到損害，明代萬曆初年西安府學等學校師生曾把損失的文字補刻在另外的小石上，立於唐碑之旁。近年影印出版唐石經拓本多次，都是以唐代石刻與明代補刻割裂配補的裱本爲底本。由於明代補刻采用的是唐碑的字形，這種配補本難以區分唐刻與明代補刻，不便使用，亟需單獨影印唐碑拓本。

爲把幸存於世的、具有代表性的早期經解成果以及早期經典文本收集起來，系統地影印出版，我們規劃了《儒典》編纂出版項目。

《儒典》出版後受到文化學術界廣泛關注和好評，爲了滿足廣大讀者的需求，現陸續出版平裝單行本。共收録一百十一種元典，共計三百九十七册，收録底本大體可分爲八個系列：經注本（以開成石經、宋刊本爲主。開成石經僅有經文，無注，但它是用經注本删去注文形成的）、經注附釋文本、纂圖互注本、單疏本、八行本、十行本、宋元人經注系列、明清人經注系列。

《儒典》是王志民、杜澤遜先生主編的。本次出版單行本，特請杜澤遜、李振聚、徐泳先生幫助酌定選目。特此説明。

二〇二四年二月二十八日

目録

第四册

第五册

爾雅義疏

二十卷

同治四季歲在
乙丑淞上重刊

爾雅義疏序

學者有志治經必先明古字古言古字者倉頡古文及籀文也古言者三代秦漢所讀之音與今不同也自隸書行而古字漸亾六朝以後之韵書出而古言漸亾就晚近之心思耳目求往古之制度文敎以致微茫沈晦始逾千載恭逢

盛世經學昌明則有傑出之士綜易詩離騷凡漢以前有韵之文皆得本音而別其部居明其通叚日積月久相與引申復有通儒就許書所存之古籀又博采自古

鍾鼎遺文以始一終亥之義依類而編之分合而辯之俗儒以爲模黏影響而能一皆就理悉合六書有是二者斯能訓故通而五經立爾雅二十篇本漢志今爾雅十九篇愚意以爲釋詁文多舊分二篇又詩正義引爾雅序篇云釋詁釋言通古今之字古與今異言也釋訓言形貌也詩正義但疏詁訓二字之義所引不全則爾雅尚有序篇今亾之矣則訓故之淵海五經之梯航也然至唐代但用郭景純之注而漢學不傳至宋邢氏作疏但取唐人五經正義綴緝而成遂滋闕漏乾隆閒邵二雲學士作爾雅正義翟晴江進士作爾雅補郭然後郭注未詳未聞之說皆可疏通證明而猶未至

於旁皇周浹窮深極遠也迨嘉慶閒棲霞郝戶部蘭皋
先生之爾雅義疏最後成書其時南北學者知求於古
字古言於是通貫融會諧聲轉注叚藉引端竟委觸類
旁通豁然盡見且薈萃古今一字之異一義之偏罔不
捜羅分別是非必及根原鮮逞胸肊蓋此書之大成陵
厲轢宋追秦漢而明周孔者也翊鳳昝在嘉慶辛未滯
迹京邸始識先生時接言論毎致商榷輒付掌錄不以
前脩而輕後生時所釐山海經箋疏不涉荒怪而惟求
實是已行於世爾雅則未卒業一官不達九原難起後

於湘中得太傅阮公所輯經解一再瀏覽得其大端後制府陸公單行其書與阮本無異嘉興高君又得足本以校阮陸兩本多四之一或云刪去之文出高郵王石渠先生手或云他人所刪而嫁名於王夫說一經之文必合衆家之議前此者未必是後此者未必非惟在學者求其本根不立門戶同歸康莊是以河帥楊公得高君之本而爲流播於時剞劂僅半而河帥卽世茲胡君心耘始續成之而後郝氏一家之言遂有完書誠盛事也咸豐六年八月後學長洲宋翔鳳謹記

郝蘭皋先生爾雅義疏儀徵阮文達刊入
皇清經解沔陽陸制府慮學者之未能家有是書也復
單刻之憯其板旋遭兵燹書未盛行然兩刻者或謂皆
據高郵王懷祖念孫觀察節本或又謂阮刻經解錢唐
嚴厚民杰明經實總其成是書蓋厚民所節傳聞異辭
無由審也歲乙丣嘉興高伯平均儒文學得嚴鶴山厚民
之子所鈔郝疏足本以奉河帥楊至堂以增先生讀而善
之郵書寄資命爲校刻功方過半至堂先生遽歸道山
斑因益資以藏事焉預讐校者元和徐稼甫立方徵君

吳縣葉調生廷琯海鹽陳容齋德大兩明經而用力尤多則金匱江彤甫文煒茂才也光陰彈指倐已經年手民戮功埘識緜緒世之欲覩郝氏全本者其諸亦有樂於是與時

咸豐六年丙辰七月仁和胡珽識於蘇城鮮谿定慧里

爾雅郭注義疏上之一

棲霞郝懿行

釋詁弟一

釋者說文云解也从釆取其分別物也爾雅之作主於辨別文字解釋形聲故諸篇俱曰釋𠬪詁者說文云訓故言也从古聲古故也从十口識前言者也釋文引張揖雜字云詁者古今之異語也然則詁之爲言故也故之爲言古也詁通作故亦通作古釋文詁兼古故二音是也又引樊光李巡本釋詁作釋故詩周南釋文亦云樊孫等爾雅本皆爲釋故說文言部引詩曰詁訓漢書藝文志作故訓詩烝民云古訓是式葢古訓卽故訓故訓亦卽詁訓詁竝字異而義通矣此篇自始也以下終也以上皆舉古言釋以今語其閒文字重複展轉相通葢有諸家增益用廣異聞釋言釋訓以下亦猶是焉

初哉首基肇祖元胎俶落權輿始也 尚書曰三月哉生魄詩曰令終有俶

又曰俶載南畝又曰訪予落止又曰胡不承權輿胎未成亦物之始也其餘皆義之常行者耳此所以釋古今之異言通方俗之殊語

此釋始之義也說文云始女之初也釋名云始息也言滋息也按始與治通書云在治忽史記夏紀作來始滑漢書律麻志作七始詠是始治通也初者裁衣之始哉者草木之始基者築牆之始肇者開戶之始祖者人之始胎者生之始也每字皆有本義但俱訓始俶得兼通不必與本義相關也初既訓始觀禮及檀弓注又訓故者故亦古也古亦始也始與治通故下文又云治故也哉者才之叚音說文云才艸木之初也經典通作哉尚書大傳云儀伯之樂舞鼚哉詩云陳錫哉周鄭俱以哉爲始也郭注下文茂勉引大傳茂哉茂哉釋文或作茂才書云往哉汝諧張平子碑作往才汝諧哉生魄晉書夏侯湛傳作才生魄是才哉古字通又通作載陳錫哉周左氏宣十五年傳作陳錫載周書載采采史記夏紀作始事事詩載見

辟王傳亦云載始也是載哉通爾雅釋文哉亦作栽中庸栽者培之鄭注栽讀如文王初載之載栽或爲茲茲栽哉古皆音同字通也首者與鼻同意方言云鼻始也萬之初生謂之鼻人之初生謂之首是首鼻其義同特言此者人生之始首鼻居先也胎者一切經音義一引爾雅舊注云胎始養也漢書枚乘傳云福生有基禍生有胎服虔注基胎皆始也通作姶詩姶及公子同歸傳姶始也釋文姶作迨始也爾雅釋文胎孫炎大才反本或作台是台迨姶俱胎之叚音矣俶者說文云始也又土部埱一曰始也則其義同釋名云荆豫人謂長婦曰孰孰祝也祝始也是孰與俶音義又同也落者詩訪予落止逸周書文酌篇云物無不落毛傳及孔晁注竝云落始也落本頃墜之義故云姐落此訓始者始終代嬗榮落互根易消長書之治亂其道胥然愚者闇於當前達人燭以遠覽落之訓奴又訓始名若相反而義實相通矣權輿者廣雅疏證以爲其萌蘿蕍之叚音則與才落義皆相近詩不承權輿文酌篇云一幹勝權輿周月篇云

日月權輿大戴禮誥志篇云百草權輿皆以權輿連文古書多叚借今略爲標舉如基肇祖三字俱訓爲始詩夙夜基命禮孔子閒居基命作其命書丕丕基漢石經作不不其儀禮士喪禮注古文基作期是期其通基也肇乃肁之叚音說文肁始開也詩后稷肇祀禮表記作兆祀是兆肇通肁也祖古金石文字作且書黎民阻飢史記集解據今文尚書作祖飢索隱據古文作阻飢詩六月徂暑箋徂猶始也是徂阻通祖矣凡聲同之字古多通用

林烝天帝皇王后辟公侯君也

詩曰有王有林又曰文王烝哉其餘義皆通見詩書

說文云君尊也儀禮喪服傳云君至尊也鄭注天子諸侯及卿大夫有地者皆曰君逸周書諡法篇云賞慶刑威曰君從之成羣曰君白虎通云君羣也羣下之所歸心也然則君之言羣凡羣衆所歸皆謂之君

矣林烝者衆也又訓君者衆之所歸斯謂之君與君
羣義同也林林者詩有王有林毛傳用爾雅楚辭天問
篇云伯林雉經王逸注及漢書律厤志並云林君也
烝者釋文云本又作蒸蒸烝古字通詩文王云烝哉毛
傳烝君也釋文引韓詩云烝美也美與君義亦近凡
臣子於君父以美大之詞言之故皇謂之大亦謂之
美亦謂之君烝謂之衆亦謂之美亦謂之君凡有數
義而皆通斯爾雅諸文之例也不明乎此則窒矣林
亦盛大之詞與烝同意故平都相蔣君碑云於穆林
烝以二字連文其義與單文同也天與帝亦訓爲君
者天帝俱尊大之極稱故臣以目君焉易說卦云乾
爲天爲君左氏宣四年傳云君天也鶡冠子道端篇
云君者天也是皆以君爲天之證古者稱君或言昊
天或言天王或言天子其名異其實同也說文云帝
諦也王天下之號也風俗通引書大傳云帝者任德
設刑以則象之言其能行天道舉錯審諦謚法篇云
德象天地曰帝是帝本天之號又爲王者之稱故詩
上帝板板上帝甚蹈毛傳皆以上帝爲王矣皇者說

文云大也从自自始也始皇者三皇大君也謚法篇云靜民則法曰皇詩有皇上帝毛傳皇君也凡詩之皇尸皇祖士昏禮之皇舅士虞禮記之皇祖鄭皆以皇爲君也王者說文云天下所歸往也風俗通引書大傳同謚法篇云仁義所在曰王仁義所在是卽民所歸往也王與皇同意故春秋繁露云王者皇也書建用皇極洪範五行傳作建用王極皇王其義同也后者說文云繼體君也周禮量人營后宮禮記內則后王命冢宰鄭注並云后君也釋文引孫炎云后王君王也辟者下文云法也此訓君者君爲人所法也人所法爲君猶人所歸往爲王矣詩內辟字毛鄭多訓爲君書馬鄭注義亦同也公侯者列國之君也故釋名云公君也君尊稱也周禮牛人掌公牛巾車掌公車鄭注並云公猶官也史記孝文紀索隱曰官猶公也然則公亦爲官官亦爲公反覆相訓義得兼通公官又一聲之轉故廣雅云官君也是官亦稱君矣侯者詩云洵直且侯侯文王孫子謹爾侯度毛鄭並云侯君也羔裘釋文引韓詩云侯美也文訓美者與

烝同義故烝侯毛傳並云君韓詩並云美臣子於君父以美大之詞言之亦其證也公侯皆有本義白虎通言公者公正無私侯者候逆順皆其義又訓君者公侯雖臣於其國稱君也然則伯子男亦列國之君此不言者舉尊以例卑及卿大夫之有地者亦得兼包焉

弘廓宏溥介純夏幠厖墳嘏丕奕洪誕戎駿假京碩濯訏宇穹壬路淫甫景廢壯冢簡箌昄晊將業蓆大也詩曰我受命溥將又曰亂如此幠爲下國駿厖湯孫奏假王公伊濯訏謨定命有壬有林厥聲載路旣有淫威廢爲殘賊爾土宇昄章緇衣之蓆兮廓落宇宙穹隆至極亦爲大也箌義未聞尸子曰此皆大有十餘名而同一實

釋君之後繼以大者君亦大也故老子云天大地大王亦大說文本之而云天大地大人亦大尸子本此而云天帝后皇辟公皆大也是皆君亦訓大之義推此而言林烝亦有大意公侯亦兼大名其義舉可見

矣廓者方言云張小使大謂之廓一切經音義九引
孫炎云廓張之大也詩云愶其式廓文選西京賦云
廓開九市毛傳及薛綜注竝云廓大也孟子云知皆
擴而充之趙岐注擴廓也釋名云郭廓也廓落在城
外也公羊文十五年傳云恢郭也恢郭郎恢廓故意
林引風俗通云郭大也詩云皇矣釋文郭本又作廓蓋
正義本作廓釋文本作郭而音亦苦霍反是郭廓通
擴義亦同矣宏者說文云屋湀響也書用宏茲賁正
義引樊光曰周禮云其聲大而宏禮記月令其器閎
以奄呂覽孟冬紀作其器宏以舁史記司馬相如傳
云必將崇論閎議漢書閎作彸一切經音義十七云
宏古文嵱同是嵱閎俱與宏通逸周書皇門篇之閎
孔晃音皇詩執競篇之喤徐邈又音宏宏皇聲轉皇
亦大也是音義又通矣溥者經典與普通詩溥天之
下左氏昭七年傳及孟子竝作晢天之下儀禮鄭注
晢大也是晢溥通又通鋪與敷詩鋪敦淮瀆釋文引
韓詩鋪作敷云大也禮記祭義云溥之而橫乎四海
釋文溥本亦作敷蓋溥鋪敷俱从甫聲凡聲同者字

亦通也溥旁聲轉說文云旁溥也聲轉爲旁薄又爲旁魄又爲彭魄又爲旁勃又爲盤礴竝以聲爲義矣介者夻之段俗也說文方言竝云夻大也經典通作介逸周書武順篇云集固介德離騷云彼堯舜之耿介孔晃王逸注竝云介大也純者奄之段俗也說文云奄大也讀若鶉經典通作純周語云俾莫不任肅純恪文遻魯靈光殿賦云承蒼昊之純殷韋昭及張載注竝云純大也又方言云純好也呂覽士容篇注純美也漢書注純善也純又訓善者與介同意故介訓善又訓大純訓大又訓善也好美皆善矣純通作淳鄭語云黎爲高辛氏火正以淳燿惇大韋昭注以大也是淳純通矣夏者方言云大也樂記同說文以夏爲中國之人蓋有威儀備具之美周禮染人秋染夏及夏采說者以夏爲五色之名爾雅兼包二義故訓爲大左傳云能夏則大書云羽畎夏翟可知二義兼矣幠者說文云覆也覆冒義亦爲大故方言云幠大也詩亂如此幠毛傳同通作膴儀禮公食大夫禮及周禮腊人鄭注竝云膴大也膴義與膴同韋昭晋

語注云廡豐也豐亦大也說文云無豐也引商書曰庶草繁無今書無作廡是聲義又同矣幠荒聲轉詩天作傳荒大也凡聲同聲近聲轉之字其義多存乎聲皆此側也庬者說文云石大也方言云渶之大也庬朦聲近故方言又云秦晉之閒凡大貌謂之朦或謂之庬矣墳者釋丘云墳大防方言云墳地大也青幽之閒凡土而高且大者謂之墳詩牂羊墳首周禮司烜共墳燭通作賁詩賁鼓維鏞書用宏茲賁賁皆大也又通作頒說文云頒大頭也引詩有頒其首正義據釋詁云頒與墳字雖異音義同此說是也但古書多段借頒首之頒則頒爲正體墳乃段借書正義據樊光引詩作有賁其首賁亦段借矣嘏者說文云大遠也郊特牲云嘏長也大也長遠與大義近故方言云嘏大也通作格少牢饋食禮云以嘏于主人鄭注古文嘏爲格士冠禮云孝友時格鄭注今文格爲嘏又通作假詩鬷假無言左氏昭廿年傳作鬷嘏無言士冠禮及禮運釋文竝云嘏本或作假蓋嘏爲本字假爲通借假格古音相轉故其字俱通矣假古讀

若鼓夏古讀若戶故鄉飲酒義云夏之爲言假也皆以聲近爲義也丕者書云三苗丕敘史記夏紀作三苗大序漢書郊祀志引大誓曰丕丕天之大律鄭注丕大也張參五經文字云丕石經作丕見春秋傳按左傳丕鄭父是也爾雅本亦有作丕者故釋文云丕字又作丕丕通作不戴氏震毛鄭詩考正云書立政丕丕基漢石經作不不其凡詩中不顯不承不時不盂不康皆當讀爲丕詩之不顯不承卽書之丕顯丕承也奕者詩之奕奕毛俱訓大文選秋懷詩注引韓詩章句云奕奕盛貌盛大義亦近也通作亦詩亦服爾耕亦有高廩鄭箋云亦大也不顯亦世後漢書袁術傳注及魏書禮志作不顯奕世是其字通矣洪者水之大也故說文云洪洚水也洚與洪音義同云通作鴻書之洪水史記俱作鴻水文選四子講德論云夫鴻均之世李善注鴻與洪古字通也誕者詞之大也詩書誕皆訓大何誕之節兮毛傳誕闊也闊亦大矣戎者詩民勞傳云大也方言云凡物盛多謂之寇多與大義亦近是寇戎其義同駿者玉篇云馬之美盛

稱也美大義近下文又云駿長也長大義亦近通作峻詩駿命不易駿極于天禮記中庸大學及孔子閒居茲引作峻又通作浚書夙夜浚明有家釋文引馬融注浚大也詩噫嘻釋文浚本亦作駿又通作俊夏小正云時有俊風初俊羔傳茲云俊者大也說文云俊才過千人也然則人之俊者爲大馬之駿者亦爲大山之峻者亦爲大水之浚者亦爲大字雖異而音義同矣京者丘之大也與墳同意釋丘云絶高爲之京高亦大也故公羊桓九年傳云京者何大也京景聲義同故白虎通云景者大也經典景俱訓大而亦爲明景从日故訓明从京聲故又訓大矣碩者大說文云頭大也與頒同意小爾雅云碩遠也遠亦大也通作石漢書律麻志云石者大也匈奴傳云石畫之臣甚衆石文選爲曹公作書與孫權云明棄碩交李善注碩與石古字通濯者方言云大也詩王公伊濯濯征徐國毛傳茲云濯大也王公伊濯釋文引韓詩云濯美也美亦大也說文美从大與善同意故詩桑柔箋云善猶大也善訓大知美亦訓大矣詩者詩中詩字

毛傳茲訓爲大通作芋方言訏芋茲云大也郭注芋
猶訏也又云訏亦作芋故詩云君子攸芋毛傳芋大
也又通作盱與吁詩溱洧釋文訏韓詩作盱斯干釋
文芋或作吁爾雅釋文訏本又作盱是皆以聲爲義
也凡从于之字多訓大于亦訓大故方言云于大也
檀弓云于則于說者亦以爲廣大是矣宇者亦从于
與訏同說文云宇屋邊也蓋屋檐四垂爲屋之四邊
天形象屋四垂故曰天宇亦曰大宇逸周書寶典篇
云七寬弘是謂寬宇荀子非十二子篇云齋宇鬼瑣
楊倞注宇大也莊子齊物論篇釋文引尸子云天地
四方曰宇然則宇之爲大物可知矣穹者與宇同意故
穹隆穹崇穹蒼其義皆謂天也漢書司馬相如傳云
觸穹石張揖注穹石大石也通作空詩在彼空谷毛
傳空大也文選注引韓詩作在彼穹谷薛君曰穹谷
深谷也然則穹蓋深之大矣壬者詩有壬有林毛傳
壬大也通作任任仲氏任只傳亦云任大也史記律書
云壬之爲言任也是任壬聲義同說文云壬象人褱
妊之形故訓爲大矣路者詩串夷載路厥聲載路傳

竝云路大也經典凡言路寢路車路馬義皆爲大路本道路可以通達故謂之大或偺爲輅玉篇云輅大車荀子哀公問篇注引舍人云輅車之大也後漢書張湛傳注引曲禮式路馬作軾輅馬云輅大也是輅路通矣淫者湊淫又久雨也浸久有過度之意故訓爲過過有奓泰之意故又爲大詩旣有淫威毛傳淫大也文遝七發云竝脈淫濯李善注淫濯謂過度而且大也然則淫濯俱訓大本於爾雅也者男子之美稱美大義近故又爲大詩之甫田甫草及魴鱮甫甫傳竝云大也說文云諵大也讀若逋詩東有甫草文遝東都賦注引韓詩作東有圃草薛君曰圃博也有博大茂草也後漢書班彪傳注引薛君傳作甫博也博與之諵俱从甫聲故義皆爲大而其字亦逋矣廢者𠦬圃叚音也說文云𠦬大也玉篇作奘又作𣀔同通作佛詩云佛時仔肩毛傳佛大也孔頛達不知叚偺之義故云佛之爲大其義未聞又通作廢郭引詩廢爲殘賊釋文云廢大也此王肅義列子楊朱篇云廢虐之主張湛注廢大也逸周書官人篇云華廢

而誣是亦以廢爲大也壯者與奘同而聲近將其義亦相通俗禮記射義云幼壯孝弟鄭注壯或爲將詩鮮我方將毛傳將壯也是二字義同字通廣雅云將美也又云將長也長美與大義亦近也冢者與墳義同與京義亦近說文云冢高墳也方言云冢秦晉之閒謂之墳書正義引舍人曰冢封之大也蓋冢本封土爲名而凡大亦皆稱冢書之友邦冢君冢亦大也然則大君謂之冢君大宰謂之冢宰大子謂之冢子大祀謂之冢祀不但詩之冢土獨擅冢名矣簡者疏節闊目之意故亦爲大論語可也簡孔安國注簡以簡爲大也淮南說山篇云周之簡圭生於垢石高誘注簡圭大圭也通作閒尚書大傳云閒尾倍其身鄭注閒大也又通作閑文選魏都賦注引薛君韓詩章句曰閑大也謂閑然大也又通作蕳詩簡兮釋文云簡或作蕳是皆以聲爲義也菿者釋文引說文云艸大也今說文本菿作蓺蓋形近誤衍蓺字而於菿下又妄加艸木到三字茲誤矣玉篇菿下引韓詩作菿彼甫田詩釋文引作箌从竹亦非矣廣韻四覺斲紐下

引說文菿从艸與爾雅釋文合今據以訂正焉通作
倬詩倬彼甫田韓詩作菿釋云菿卓也卓與倬同毛詩
作倬說文云倬箸大也引詩倬彼雲漢傳亦云倬大
也是倬剸音義同昄者說文及詩卷阿傳並云昄大
也通作反詩威儀反反釋文引韓詩作昄昄云善貌
善與美同意美大義近昄之爲言版也與業同意故
釋名云板昄也昄昄平廣也廣大義又近是韓詩之
威儀昄昄本兼善大二義故玉篇云昄大也善也晊
者古本作郅史記司馬相如傳云爰周郅隆索隱引
樊光云郅可見之大也是樊本作郅通作晊玉篇云
晊之日切大也聲近𢧢說文云𢧢大也讀若詩𢧢𢧢
大猷玉篇𢧢雄慄切與晊音同釋文晊本又作至葢
郭本郎作至故云至極亦爲大也至者極也極者中
也屋之中極至爲高大故云至極亦大矣業者說文
云大版也詩傳同俱本釋器爲說也四牡業業毛云
業業然壯也又云業業言高大也高壯亦皆爲大矣
蓆者說文云廣多也廣多亦皆爲大故詩緇衣傳蓆
大也釋文引韓詩云蓆儲也儲積與廣大義亦近也

通作席漢書賈誼傳云非有仄室之埶以豫席之也
應劭注席大也郭引尸子曰此皆大有十餘名而同
一實邢疏引尸子廣澤篇云天帝后皇辟公弘廓宏
溥介純夏幠冢晊昄皆大也十有餘名而實一也今
按大字之訓凡三十有九名尸子所稱才止十一又
天帝后皇辟公亦俱訓大與今本異證知爾雅諸文
後人多有增益及竄改者古書莅昧千載
無聲編簡蕺戔遺文散落夫孰從而辨之

幠厖有也

二者又爲有也詩曰遂幠大東

幠厖旣訓大又訓有者有大義近故復爲有有之爲
言又也亦言富也易雜卦云大有衆也有與大皆豐
厚之意故其義相成矣幠者覆也覆者撫而有之也
通作撫廣雅云撫有也禮記文王世子云君王其終
撫諸鄭注撫猶有也詩則無膴仕毛傳膴厚也膴幠
厚有竝聲義近詩遂荒大東郭引作遂幠大東幠荒
聲轉也厖者幪也幪亦覆而有之也玉篇云厖有也
厚也詩爲下國駿厖毛傳厖厚也正義引釋詁文是

厚有其義近厖通作蒙荀子榮辱篇引詩爲下國駿蒙楊倞注蒙讀爲厖厚也是其字通之證齊楚之會郊曰懷宋曰屆詩曰

迄臻極到赴來弔艐格戾懷摧詹至也

先祖于摧又曰六日不詹詹摧皆楚語方言云

說文云至鳥飛从高下至地也从一一猶地也文選長笛賦注引字林曰至到也禮記注至來也儀禮及國語注竝云至極也互相訓也至通作致禮器篇及莊子外物篇釋文竝云致本作至又通作砥聘禮記注今文至爲砥詩柏舟傳之至也泮水傳止至也止之與至竝聲相轉也迄者訖之叚音也說文云訖止也止亦至也通作迄書聲教訖于四海漢書蓺文志訖作迄詩以迄于今迄用有成迄用康年及楚辭天問云吳獲迄古其義皆爲至也又通作汔詩汔可小康漢書元帝紀作迄可小康臻者義詳下文薦摯臻也極者玉篇云棟也中也又至也盡也遠也高也按極字凡有數義皆緣棟而生棟居屋之中至爲高絕

故爾雅訓至極又竟也窮也終也終窮竟三義又緣至而生也魯語云齊朝駕則夕極於魯國韋昭注極至也文選東京賦云是廓是極薛綜注極致也致亦至也漢書成帝紀注極止也詩鴇羽箋極已也已止亦俱爲至矣赴者說文云趨也儀禮注云赴走告也走趨相告義皆爲至通作計聘禮既夕記注並云今文赴作計聲又與傳近詩亦傳于天鄭箋傳至也卷阿箋傳猶戾也戾亦至矣來者釋名云來哀也使來入已哀之故其言之低頭以招之也詩采薇傳來至也呂覽不侵篇注來猶致也通作戾公羊隱五年傳登來之禮記大學篇注引作登戾之戾來聲同故詩魯侯戾止毛傳戾來也來亦爲戾戾亦爲來二字古音同之證也下文又云戾止也止亦至矣弔者遝之段音也說文云遝至也通作弔詩神之弔矣不弔昊天不弔不祥傳箋並云弔至也書云弔由靈逸周書祭公篇云予維敬省不弔其義皆爲至也詩不弔昊天書無敢不弔鄭箋及注並云至猶善也考工記弓人云覆之而僞至鄭注以至爲善是至有善義故弔

兼善訓矣艘者說文云船著不行也方言云艘至也
史記司馬相如傳云蹋以艘路兮徐廣注本爾雅艘
至也漢書張揖注本說文艘著也著與至義亦近郭
本孫炎以艘為屆注覓作屆屆字誤也郭注據方言
宋日艘今誤作屆證以釋文艘郭音屆孫云古屆字
可知孫郭本竝非改艘為屆矣釋言云屆極也極至
義同張參五經文字以為艘爾雅或作屆蓋自唐本
巳誤矣格者徦之叚音也說文云徦至也通作洛方
言云洛至也郭注洛古格字爾雅釋文亦云格字或
作洛又通作假說文引虞書曰假于上下今書作格
于上下凡書之來格格王格人格于皇天之格史記
漢書俱作假儀禮又通作𧨏士冠禮注今文格為𧨏
又通作恪逸周書小開武篇云非時岡有恪言恪恪郎
古格字格旣訓至釋言又云格來也小爾雅又云格
止也止來亦至矣懷者下文云懷止也釋言云懷來
也來止義俱為至釋名云懷回也本有去意回來就
巳也亦言歸也來歸巳也歸回義亦為至矣摧者詩
先祖于摧文遝東京賦云五精帥而來摧毛傳及薛

綜注竝云摧至也摧近察又近摵摵讀若蹙倘書大傳云察者至也方言云摵到也摧察摵竝一聲之轉也詹者方言云至也詩六日不詹魯邦所詹毛俱訓至文選思玄賦云黃靈詹而訪命兮舊注詹至也

如適之嫁徂逝往也方言云自家而出謂之嫁猶女出謂嫁

釋名云往暀也歸往於彼也故其言之卬頭以指遠也說文云𢓸之也互相訓也通作迋說文云迋往也案古文𢓸作迬此迋即迬字之省故左氏襄廿八年傳云君使子展迋勞於東門之外漢書五行志迋作往是矣如者小爾雅云如適也亦互相訓也春秋經書如晉如齊如盟如會之類皆以如爲往也通作于詩言于歸于仕于狩于邁之類皆以爲往也適者之也之者適也亦互相訓其義又皆爲往也嫁者說文云女適人也儀禮喪服注云凡女行於大夫以上日嫁行於士庶人曰適人按此亦對文耳若散文則嫁亦爲適適亦爲嫁嫁適俱訓爲往故方言云嫁往也列子天瑞篇云子列子居鄭圃將嫁於衞趙策云

韓之所以內趙者欲嫁其禍也是皆以嫁爲往也徂者說文云徂往也或作徂方言云徂往也通作且詩士曰旣且釋文云且音徂往也又同劇說文云劇且往也玉篇作䢐同是䢐且俱徂之叚音矣逝者之也去也通作遰說文云遰去也夏小正云遰鴻鴈傳云遰往也易大有釋文云晢鄭本作遰陸本作逝史記屈原賈生傳云鳳漂漂其高遰兮索隱曰遰音逝漢書賈誼傳遰正作逝是逝遰通

賚貢錫畀予貺賜也皆賜與也

說文云賜予也周禮大府云幣餘之賦以待賜予此賜予連文若單文則賜亦爲予予亦爲賜賜予互訓其義俱通賜之言施也施亦賜也予亦與也賚者說文云賜也引周書曰賚爾秬鬯今洛誥作予以秬鬯是賚爲賜又爲予故此云賚賜下云賚予予賜其義同也賚通作來詩賚我思成鄭箋賚讀如往來之來爾雅釋文云賚又力臺反此郎賚讀爲來也少牢饋食禮云來女孝孫鄭注來讀曰釐釐賜也按釐來古

同聲故來又通釐玉篇引蒼頡曰釐賜也詩釐爾圭
瓚毛傳同又通作理書予其大賚女史記殷紀作予
其大理女書序云帝釐下土方釋文引馬融注釐賜
也理也是理釐來竝音同字通貢者贛之叚音也說
文云贛賜也淮南要略篇云一朝用三千鍾贛高誘
注云贛賜也按古人名字多依雅訓孔子弟子名賜字
子贛亦其證也通作貢今經典贛字多借作貢矣畀
者予也予亦畀也竝見下文既者詩中心既之毛傳
及儀禮注竝云既賜也通作況魯語云況使臣以大
禮晉語云閒父之愛而嘉其況韋昭注竝云況賜也
漢書武帝紀云遭天地況施禮樂志云寒暑不忒況
皇章應劭及晉灼注竝云況賜也左氏僖十五年釋
文及爾雅釋文竝云既本作況按況从兄聲古止作
兄漢尹翁歸字子兄兄即況也故詩常棣出車篇作
況而桑柔召旻篇作兄傳箋釋云茲者滋也滋茲皆
訓益益與賜義近故經典古作兄通作況今作既玄
據詩之古文訂正焉乃常棣釋文既云況或作兄而
又非之蓋唐人陸德明已不知古音古義故妄加非

議今爲辨正於此說又見釋言剢況下

儀若祥淑鮮省臧嘉令類綝彀攻穀介徽善也詩曰儀刑文王左傳曰禁禦不若詩曰永錫爾類我車既攻介人維藩大姒嗣徽音省綝彀未詳其義餘皆常語

說文云譱吉也从羊與義美同意釋名云善演也演盡物理也通作繕易略例云善邇而遠至釋文善又作繕詩鄭風箋及周禮注竝云繕之言善也儀者義之叚借也周禮肆師注云故書儀爲義鄭衆注義讀爲儀之儀蓋古書儀作義故說文云義已之威儀也是威儀正作義經典通借作儀耳詩宣昭義問毛傳義善也禮緇衣云章義癉惡釋文引皇侃亦云義善也是皆古書儀作義之證餘皆作儀詩無非無儀儀刑文王及逸周書寶典篇云是謂四儀王子晉篇云各得其所是之謂儀儀皆訓善寶典篇注誤作儀言也儀無訓言之理蓋篆文善作譱从言缺脫其上因爲言矣若者釋言云順也順理爲善故逸周書武順

篇云禮義順祥曰吉是其義也漢書禮樂志云神若宥之韋玄成傳欽若稽古集注並云若善也郭引左傳曰禁禦不若惠氏棟左傳補注引東京賦云禁禦不若今左傳作不逢不若此晉以後傳寫之譌當從張衡郭璞本作禁禦不若是矣祥者說文云福也一云善是祥兼福善二義故左氏成十六年正義引李巡曰祥福之善也經傳俱訓善士虞禮記注祥吉也吉亦善也通作詳易視履考祥釋文祥本亦作詳不詳也釋文又引鄭王肅作祥逸周書皇門篇云作威不詳孔晁注詳善也左氏成十六年傳詳以事神正義曰詳者祥也古字同耳又通作羊說文云羊祥也蓋美善義祥之字俱从羊羊祥俱訓善二字同義又同聲故考工記車人云羊車鄭注羊善也左氏昭十一年經云盟于祲祥公羊作侵羊是其證又海內西經崑崙洋水之洋郭音翔亦其例也爾雅洋觀哀衆郱釋文云洋音羊讀羊者或爲詳非蓋不知羊詳古同音故以羊讀詳者爲非耳淑者俶之叚音也說文云俶善也引詩令終有俶一曰始也俶既訓始

又訓善者始未有不善終之爲難故詩言令終有俶以俶爲善是必三家詩舊說故許君依以爲釋毛傳訓俶爲始鄭箋訓俶爲厚竝與舊說異也俶通作淑詩及禮記淑字毛鄭俱訓善聘禮之俶獻注古文俶作淑是皆俶之叚俗爲淑也爾雅此文亦俗爲淑於是俶善之訓僅存於說文矣鮮者鱻之叚音也說文云鱻新魚精也是鱻取生新爲義凡鳥獸魚鼈之肉皆新鱻者善故訓善也通作鮮方言云鮮好也好亦善也詩籧篨不鮮鮮我方將鮮我覯爾度其鮮原鄭箋竝云鮮善也爾雅釋文鮮本或作譬沈云古斯字郭音義云本或作尠非古斯字案字書譬先奚反亦訓善按陸引字書譬訓善今無可攷以意求之譬與斯音義同斯鮮古字通故詩有兔斯首鄭箋讀斯爲鮮而云鮮齊魯之閒聲近斯是斯鮮音轉字通沈施以譬爲斯而訓善正得其義與其音陸德明非之謬矣阮雲臺師曰書云惠鮮鰥寡又云知恤鮮哉詩云鮮民之生鮮皆斯字之叚借僞孔傳訓鮮爲少毛傳訓鮮爲寡皆非也金鶚云奚斯字子魚斯亦鮮之叚

僻也小山別大山鮮鮮亦斯之叚借也說見釋山下省者察之善也明察審視故又訓善詩云帝省其山禮記大傳大夫士有大事省於其君鄭箋及注並云省善也藏者經典俱訓善通作藏藏古作臧故易繫辭云藏諸用釋文藏鄭作臧知以藏往釋文藏劉作臧並云藏善也詩中心藏之鄭箋藏善也是鄭本藏亦作臧莊子應帝王及徐無鬼篇釋文並云藏本作臧皆其證矣又通作戕詩曰予不戕釋文戕王作臧孫毓評以鄭爲改字是鄭易臧爲戕今箋無此語蓋脫去之說文臧从戕聲故此二字可以通借臧聲又近將廣雅云將美也美善其義同嘉者下文云美也美亦善漢書郊祀志云故神降之嘉生應劭注嘉穀也穀亦善矣令者靈之叚音也書弔由靈及丕靈承帝事不克靈承于旅皆以靈爲善詩靈雨既零鄭箋靈善也省作霝董逌廣川書跋載叔綵鼎銘有霝終之文舁鼎銘亦曰霝始霝終霝訓爲善猶言善始善終也通作令詩既醉箋令善也又通作泠莊子逍遥遊篇云泠然善也是泠令又同矣類者法之善也方言

云類法也法與善義近逸周書芮良夫篇云后作類善類
荀子儒效篇云其言有類孔晁及楊倞注竝云類善
也類與戾同故廣雅云戾戾善也又與賴同孟子云富
歲子弟多賴趙岐注賴善也賴戾類竝一聲之轉也
彀者張弓之善也射必至於彀猶學必至於善故彀
有善義彀穀古音同論語云不至於穀孔安國注云穀
善也釋文彀公豆反則與穀同釋言云穀生也又云
穀祿也廣雅云祿善也是展轉相訓其義又同矣攻
者治之善也又堅之善也攻訓堅又訓治兼之爲善
詩工祝致告毛傳善其事曰工是工與攻聲義同介
者价之叚借也說文云价善也引詩价人維藩通作
介郭注及漢書注引詩价人俱作介介與佳同說文
及廣雅竝云佳善也佳介一聲之轉徽者美也善竝
也書之愼徽馬融注徽善也詩之徽猷徽音傳箋竝
云徽美也美善義同禮器云不麾蚤鄭注齊人所善
曰麾是麾徽其義同又近禕與衛下文云禕美也衛
嘉也

舒業順敘也皆謂次敘舒業順敘緒也四者又爲端緒

說文云敘次弟也書惇敘九族鄭注敘次序也序郎敘字經典敘皆通作序也舒者釋言云緩也舒緩與次弟義近舒之言徐也徐與敘聲義同故詩毛傳舒徐也常武釋文舒序也一本作舒徐也是徐序通序郎敘也葢陸德明本作舒序孔穎達本作舒徐陸據爾雅其義爲長正義乃據舒徐之本而以定本作舒序爲非謬矣舒通作荼考工記弓人云斵目必荼鄭衆注云荼讀爲舒舒徐也徐亦敘矣業者大版又篇卷也版作鋸齒捷業相承篇有部居後先相次皆有敘義也孟子云有業屨趙岐注業次業也葢謂作之有次敘矣順者說文云理也釋名云順循也循其理也通作循大射儀云順左右隈鄭注今文順爲循又通作訓書于帝其訓史記宋世家作于帝其順法言問神篇云事得其序之謂訓訓郎順也○緒者與敘聲義同說文云緒絲耑也葢有耑緒可以次敘故敘又訓緒也緒敘古通用莊子山木篇云僉不敢先嘗必

取其緒繹文緒次緒也次緒即次敘是其字通矣舒業順皆可以義求下文云緒業事也順繹陳也繹訓抽絲與緒義相成緒業皆訓事事有耑緒可陳敘又與敘義合也

怡懌悅欣衎喜愉豫愷康妉般樂也皆見詩**悅懌愉釋賓協服也**皆謂喜而服從

釋名云樂樂也使人好樂之也一切經音義二引蒼頡篇云樂喜也喜樂互相訓也怡者台之叚音也說文云台說也書祗台德先鄭注敬悅天子之德既先史記自序云虞舜不台索隱曰台音怡悅也又諸呂不台徐廣注台怡懌也通作怡說文云怡和也和樂義近故一切經音義一引爾雅舊注曰怡心之樂也史記集解徐廣引今文尚書作舜讓于德不怡索隱引古文作不嗣今文作不怡怡與夷聲近釋言云夷悅也懌者五帝紀云舜讓於德不懌詩辭之懌矣禮記文王世子云其成也懌鄭注懌悅懌一切經音義

一引爾雅舊注曰懌意解之樂也通作繹詩庶幾說
懌釋文懌本又作繹辭之懌矣說苑善說篇作辭之
繹矣悅者古作說說文說釋即悅懌也經典悅說通
用故顏氏家訓書證篇云以說為悅通作兌文王世
子樂記緇衣鄭注茲云兌當為說書說命釋文說本
亦作兌是兌說通易說卦云兌說也蓋兌从台聲與
說相轉此古音也故古通用矣欣者說文云笑喜也
喜亦樂也通作訢說文云訢喜也樂記云天地訢合
鄭注訢讀為憙釋文訢一讀依字音欣是也又通作
忻史記周紀云姜原見巨人跡心忻然說欲踐之爾
雅釋獸釋文欣本或作忻衎者說文云衎喜皃廣雅
云衎衎和也和樂義近通作侃論語云侃侃如也孔
安國注侃侃和樂貌也喜者通作憙說文云憙說也
史記漢書喜多作憙地理志聞喜劉寬碑陰作聞憙
又通作僖說文云僖樂也又通作熙書庶績咸熙文
遐劇秦美新作庶績咸喜李善注喜與熙古字通又
通作嬰說文云嬰說樂也愉者通作嬨詩他人是愉
地理志作乇人是嬨文遐諷諫詩云我王以嬨李善

注媮與愉同樂也又通作俞聘禮記愉愉釋文作俞
俞廣雅云喻喻喜也莊子天道篇釋文引作俞俞喜
也聲近娛說文云娛樂也又近虞白虎通云虞者樂
也豫者一切經音義十三引蒼頡篇云豫佚也佚亦
樂也易雜卦云豫怠也釋文引虞翻作豫怡也通作
預玉篇云豫或作預又通作與一切經音義十九云
豫古文作與儀禮注云古文與作豫又通作譽呂覽
孝行篇云天下譽高誘注譽樂也愷者說文兩見豈
部云愷康也心部云愷樂也通作凱禮記凱弟君子
鄭注及文選吳都賦注竝云凱樂也又通作豈詩孔
燕豈弟豈樂飲酒傳箋竝云豈樂也釋文俱云豈本
亦作愷孔子閒居及表記釋文凱本亦作愷又作豈
康者逸周書諡法篇云康安也安樂義相成故又云
豐年好樂曰康安樂撫民曰康令民安樂曰康通作
慷文選琴賦云心慷慨以忘歸李善注引爾雅作愷
慷樂也案慷說文作忼云忼慨也文選注引爾雅僭
作愷慷然則慷慨倒轉即愷康矣妉者說文作媅云
樂也通作妉華嚴經音義上云聲類媅作妉一切經

音義四云媅古文妉同又通作湛方言云湛安也安亦樂也詩子孫其湛和樂且湛傳箋竝云樂也常棣釋文引韓詩云湛樂之甚也又通作耽一切經音義二引國語注云耽嗜也嗜亦樂詩無與士耽中庸引詩和樂且耽毛鄭竝云耽樂也鹿鳴常棣釋文竝云湛又作耽葢耽湛陸俱都南反湛亦音沈沈亦音耽竝古音通轉故史記陳涉世家云夥頤涉之爲王沈沈者文遝西京賦及魏都賦竝作耽耽李善注沈與耽音義同詩荒湛于酒漢書五行志作荒沈于酒皆其證也般者昪之叚音也說文云昪喜樂皃省作弁詩小弁傳弁樂也通作般詩般箋般樂也又通作槃考槃傳槃樂也又作盤書文王不敢盤于游田文選東都賦及鷦鷯賦注竝引爾雅作盤樂也○悅懌愉旣訓樂又訓服者服之言伏也喜樂之至轉爲屈伏義相成也下文云服事也通作伏事故文選吳王郎中時從梁陳詩云誰謂伏事淺李善注服與伏同古字通是其證矣悅訓服者孟子所謂中心悅而誠服是也詩我心則說毛傳說服也懌則詩云旣夷旣懌

毛傳懌服也愉之爲言輸也又言諭也輸寫其誠諭其志意皆爲屈伏之至故愉訓服矣釋者說文云解也解散與輸寫義近釋訓服者梅書大禹謨及左氏襄廿一年傳竝云釋玆在玆釋宜訓服與念玆義近僞孔訓釋爲廢杜預訓釋爲除竝非也且念玆釋玆與名言允出文俱匹對義分淺深何故釋玆獨訓廢除文義俱舛證知釋服之訓當從爾雅矣賓者嬪之叚音也說文云嬪服也釋親云嬪婦也婦亦服故說文云婦服也通作賓周禮太宰注云嬪故書作賓說文云賓所敬也敬服義亦相成故易集解虞翻注引詩曰莫敢不來賓賓郎訓服楚語云其不賓也久矣韋昭注賓服也史記司馬相如傳故遣中郎將往賓之索隱引賈逵云賓伏也伏亦服也樂記諸侯賓服注賓協也協亦服矣協者下文云和也和說義近故亦訓服

遹遵率循由從自也自猶從也**遹遵率循也**三者又爲循行

說文云自始也又云鼻也鼻亦始也人生從鼻始百體由之故偕爲自此至彼之義自訓從也由也率也從亦爲由由亦爲率率亦爲自展轉相訓其義俱通也遹者釋言云述也述與率循義近故皆訓自釋文引孫炎云遹古述字讀聿亦音橘按遹有三音音橘者今未聞橘遹茲从矞聲或古音讀同也讀聿者聿遹古通用詩遹追來孝禮記禮器作聿追來孝又聿來胥宇鄭箋聿自也正義以爲釋詁文是聿遹通又通作欥詩遹求厥寧說文引作欥求厥寧欥从曰聲欥又通曰曰又通聿故詩之見晛曰消釋文引韓詩劉向作聿消是其證矣孫炎以爲古述字者蓋遹有述音匡謬正俗引逸禮記曰知天文者冠鷸鷸字音聿亦有術音故禮之衣服圖及蔡邕獨斷謂爲術氏冠亦因鷸音轉爲術字耳非道術之謂也據顏此說證以鷸遹俱从矞聲可知遹之音爲述亦猶鷸之音爲術也遹音爲述其訓亦述故詩遹駿有聲鄭箋遹述也遹音爲聿聿亦訓述故詩聿修厥德毛傳聿述也率者逵之段音也說文逵先道也通作衛玉篇衛

循也導也又通作率左氏宣十二年傳今鄭不率杜
預注率遵也率有律音釋言律述也廣雅率述也是
率律音義同率之音爲律亦猶適之音爲聿也率之
訓爲述亦猶適之訓爲述也方言𦘔律始也廣雅作
𦘔華始也華律率俱字異音義同然則率訓始又訓
自者自亦始也始亦自也其義又通矣由者易由豫
由頤虞翻注並云由自從也由又用也行也行用與
自義亦近○適遵率三者又俱爲循循者說文云行
順也通作順詩江漢箋循流而下釋文循流本亦作
順流又通作修易繫辭云損德之修也釋文修馬作
循莊子大宗師篇云以德爲循釋文循本亦作修修
循一聲之轉也適者通作述說文云述循也詩報我
不述毛傳同漢書蓺文志注及後漢書曹褒傳注並
云述修也又通作聿後漢書傳毅傳注聿循也遵者
說文及謚法並云遵循也詩遵養時晦傳遵率也率
亦循也率者詩禮內率訓循者非一書囧不率俾鄭
注率循也率又行也用也詩帝命率育傳率用也用
行義亦爲循易繫辭云初率其辭集解引矦果曰率

循也率又音律律訓爲述述亦循矣率通作帥詩率時農夫文選東都賦注引韓詩作帥時農夫周禮注故書帥爲率儀禮注古文帥爲率禮記注帥循也漢書循吏傳注帥遵也遵亦循矣然則由從二字亦當訓循此不言者可以意求之由亦從也從亦順也順卽循也其義又通矣

靖惟漠圖詢度咨諏究如慮謨猷肈基訪謀也國語曰詢于八虞咨于二虢度于閎夭謀于南宮諏于蔡原訪于辛尹通謂謀議耳如肈所未詳餘皆見詩

釋言云謀心也郭注謀慮以心說文云慮難曰謀按難讀難易之難故詩毛傳云咨事之難易爲謀蓋本左傳之文而申釋其義也謀本在心而从言者凡事謀之於心宣之於口故周禮大卜四曰謀鄭衆注謀謂謀議也蓋亦以計議爲謀也通作謨謨謀聲相轉也靖者方言云思也靖思與謀心義近下文又云靖治也說文云靖細皃精細理治與謀義又近也詩靖共爾位俾予靖之實靖夷我邦日靖四方毛鄭竝云

靖謀也通作靜書靜言庸違漢書王尊傳作靖言庸違管子侈靡篇云曲靜之言不可以爲道尹知章注靜謀也惟者下文云思也魯語注云陳也思慮陳敘竝與謀議義近通作維維訓度也念也念亦思也度亦謀也漠者莫之叚音也詩聖人莫之毛傳莫謀也莫訓謀者莫本訓無無古讀若謨謨亦謀也通作漠釋文漠孫音莫舍人云心之謀也詩巧言釋文莫又作漠一本作謨抑釋文謨本亦作漠是漠謨互通莫之與漠又音同字通爾雅多叚借毛詩本古文此則爾雅之漠當依毛詩作莫矣圖者畫之謀也說文云圖計畫難也詩是究是圖我儀圖之其義皆爲謀也詢度咨諏四者竝見詩皇皇者華及魯語毛傳俱本左襄四年傳而爲說詢者毛傳云親戚之謀爲詢書詢于四岳史記五帝紀作謀于四嶽度者毛傳云咨禮義所宜爲度詩度其鮮原禮坊記度是鎬京箋注竝云度謀也咨者毛傳云訪問於善爲咨說文謀事曰咨詩來咨來茹周語云而咨於故實晉語云而咨於二虢其義皆訓爲謀也通作諮周爰咨諏釋文咨

本亦作諮文選魏都賦注引爾雅亦作諮謀按諮从言後人所加淮南修務篇云周爰諮謨亦作諮者葢後人追改也諏者說文云聚謀也毛傳咨事爲諏魯語作咨才爲諏韋昭注才當爲事是也通作詛特牲饋食禮注今文諏皆爲詛究者釋言云窮也窮盡事理與謀義近古微書引孝經援神契云究者以明審爲義然則明審與謀畫之義又近也詩不舒究之爰究爰度傳箋竝云究謀也如者與茹同釋言云茹度也度亦謀也茹亦如也如與猷同意故猷訓爲謀亦訓爲若如訓爲謀亦訓爲若猷通作猶如通作茹其意正同矣謨者說文云議謀也書謨明弼諧史記夏紀作謀明輔和詩訏謨定命毛傳謨謀也通作謀又通作漠竝已見上猷者釋言云圖也圖亦爲謀通作猶詩王猶允塞毛傳猶謀也又通作由易由豫釋文引馬作猶云猶豫疑也然則猶豫狐疑與謀義又近也肇者釋言云敏也敏之謀也詩肇敏戎公傳肇謀也謀敏古音相近故中庸云人道敏政鄭注敏或爲謀是其證也基者釋言云經也設也經營設造與謀

義亦近書周公初基正義引鄭注基謀也孔子閒居夙夜基命宥密鄭注亦云基謀也通作諆玉篇廣韵並云諆謀也又別作謀爾雅釋文基本或作謀葢基爲本字諆爲叚音謀爲或體耳訪者說文汎謀曰訪俗作邡穀梁昭廿五年傳邡公也范甯注邡當爲訪訪謀也

典彝法則刑範矩庸恆律戛職秩常也庸戛職秩義見詩書餘皆謂常法耳

柯憲刑範辟律矩則法也詩曰伐柯伐柯其則不遠論語曰不踰矩常說文以爲裳本字經典俗爲久長字葢彝常俱度長之名因訓爲長故方言云凡物長謂之尋是尋亦訓長常與長音義同故詩文王箋常猶常也通作嘗閟宮箋常或作嘗禮記少儀馬不常秣釋文常本亦作嘗常本古裳字又通作商說苑修文篇云商者常也韓策云西有宜陽常阪之塞史記蘇秦傳常作商淮南繆稱篇云老子學商容說苑敬愼篇作常樅皆其證矣典者釋言云經也經卽常故謚法云典常也

大宰注云典常也經也法也賈公彥疏引孫炎曰典禮之常也彝者說文云宗廟常器也書彝倫攸斁史記宋世家作常倫所斁我不知其彝倫攸敘作我不知其常倫所敘通作夷詩串夷載路釋有夷屆毛傳竝云夷常也民之秉彝孟子作民之秉夷書是彝是訓宋世家作是夷是訓明堂位云夏后氏以雞夷鄭雞彝也法則者俱一定而不可變是有常意故訓常也管子正篇云當故不改曰法七法篇云而未嘗變也謂之則是皆法則訓常之義也荆範矩與法則同意說皆見下庸者用之常也說文庸从用从庚而訓用更迭用事亦有常義故中庸注庸常也用中為常道也通作甬廣雅云甬常也恆者心之常也說文云恆从心从舟在二之閒上下一心以舟施恆也易雜卦云恆久也繫辭云恆德之固也固與久其義皆為常也律者與法則同意故同訓說亦見下夏者書不率大夏正義曰夏猶楷也言為楷模之常故夏為常也按夏楷一聲之轉其義相近又夏之言槷也槷所以為平也平常義亦相近文選海賦注云夏猶槷也

槷戞亦一聲之轉釋言又云戞禮也禮曰天秩秩曰天常亦其義也釋文戞居黠反郭苦八反說文戞讀若棘云戟也按戟於兵器最長故曰長戟長猶常也其義亦通矣職者下文云主也主有常義秩者說文云積也積與常義亦近○既云常又云法者法必有常有常可以爲法也說文作灋省作法云刑也釋名云法逼也人莫不欲從其志逼正使有所限也管子禁藏篇云法者天下之儀也蓋儀訓表又訓法矣柯者斧柄也又訓法者詩伐柯伐柯其則不遠則卽法也故考工記車人云半矩謂之宣一宣有半謂之欘一欘有半謂之柯一柯有半謂之磬折鄭注伐木之柯柄長三尺鄭衆注引蒼頡篇有柯欘是柯與矩皆法之所從出因亦訓法矣柯與括同廣雅云括灋也法言脩身篇云其爲外也肅括李軌注括法也括柯又一聲之轉憲者釋訓云憲憲泄泄制法則也詩崧高箋及小司寇注竝云憲表也蓋標表亦所以爲法矣刑者型之叚音也說文型鑄器之灋也經典俱偕作刑刑當作刑說文刑罰皐也从刀从井引易曰井

法也一切經音義廿引易曰荆法也井爲荆法也此
郎說文所引又引春秋元命包曰荆字從刀從井井
以飲人人入井爭水陷於泉以刀守之割其情欲人
畏愼以全命也通作刑詩刑于寡妻釋文引韓詩云
刑正也正亦法也古文法作金从古文正字法所以
正人故周禮注刑正人之法皆本古文爲說也楊信
碑云追念義刑平都相蔣君碑云秉口口之芳荆皆
以荆爲型也又通作形易鼎云其荆渥集解今本荆
作形高彪碑云形不妄濫亦以形爲荆也範者范之
叚音也說文云笵法也从竹竹簡書也古法有竹荆
通作範一切經音義二引通俗文云規模曰範易範
圍天地之化鄭注範法也又通作范禮運云范金合
土鄭注范鑄作器用荀子彊國篇云荆范正楊倞注
范法也荆范鑄劒規模之器也爾雅釋文範字或作
范不知范範皆叚借耳辟者說文云法也詩辟言不
信無自立辟辟爾爲德及尙書大傳犧牲中辟毛鄭
竝云辟法也方言云南楚凡罵庸賤謂之田僮或謂
之辟辟商人醜稱也按辟與庸同意故庸爲凡常之

稱辟亦凡庸之名庸旣訓常知辟亦當訓常辟旣訓法知庸亦當訓法推之典旣訓常亦當訓法爾雅於典庸不言法於辟不言常實則其義互相通也辟通作辥書我之弗辟說文引作我之不辥云辥治也治與法義亦相成矣律者釋言云銓也漢書律厤志云律法也莫不取法焉通作類方言云類法也樂記云律小大之稱史記樂書作類小大之稱釋名云律累也累人心使不得放肆也是累類律竝聲轉義同矣矩者說文作巨或作榘經典相承省作矩開有作榘與巨者大學注云矩或作巨離騷云求榘矱之所同淮南氾論篇亦作榘餘皆作矩弟子職云居句如矩尹知章注矩法也通作距考工記輪人注故書矩爲距鄭司農云當作矩謂規矩也又通作萬輪人注故書萬作禹鄭司農云讀爲萬書或作矩然則矩萬距竝以聲爲義也

辜辟戾辠也 皆刑罪

辠古罪字說文云辠犯法也墨子經上篇云罪犯禁也按犯禁爲罪加之刑罰亦爲罪故呂覽仲秋篇云行罪無疑高誘注罪罰也辠者一切經音義二引爾雅舊注云辠禮義之罪也按舊注非是書微子云凡有辠罪此辠必非禮義之罪故詩民之無辠何辠今之人鄭箋竝云辠罪也是罪辠通名耳莊子則陽篇云至齊見辠人焉辠人卽罪人也通作故史記屈原賈生傳云亦夫子之辠也索隱曰辠漢書作故故辠以聲爲義也辟者法也又訓罪者出乎法卽入乎罪治其罪者亦罪也故說文云辟从辛節制其辠也禮王制云司寇正刑明辟謂正法明治其罪也戾者曲也菲也貪也纍也皆與罪名相近故爲罪也詩亦維斯戾逸周書大匡篇云刑罪之戾戾皆訓罪罪戾亦通名耳一切經音義二引漢書云有其功無其意曰戾有其功有其意曰罪戾是戾戾與罪異亦非也左傳云赦其不閑於教訓而免於罪戾罪戾一耳

黃髮齯齒鮐背耉老壽也黃髮髮落更生黃者齯齒齒墮更生細者鮐背背皮如鮐

魚耇猶耆也皆
壽考之通稱

說文云耇久也隸變作壽故釋文云耇本又作壽春秋繁露云壽之爲言猶讎也通作讎左氏文十三年傳云魏壽餘史記秦紀作魏讎餘又通作疇書酒誥云若疇圻父詩祈父正義引鄭注順疇萬民之圻父釋文疇古疇字本又作壽馬鄭音受按疇無受音馬鄭本蓋作壽而音受也匡謬正俗云年壽之字北人讀作受音南人則作授音證知馬鄭本若疇作若壽而音受馬鄭卽北人也黃髮者詩南山有臺及行葦正義引舍人曰黃髮老人髮白復黃也孫炎曰黃髮髮落更生者郭注本孫炎以今驗之耋老者人秀眉宣髮未蒙更生而華顛皓首芸然變黃誠有如舍人所云者矣齯齒者釋名云齯齒大齒落盡更生細者如小兒齒也通作兒詩黃髮兒齒鄭箋兒齒亦壽徵爾雅釋文兒本今皆作齯五兮反一音如字是陸本與詩同作兒兒者齯之叚借也鮐背者說文云鮐海魚也釋名云九十曰鮐背背有鮐文也詩正義引舍

人曰老人氣衰皮膚消瘠背若鮐魚也通作台黃耇台背毛傳台背大老也鄭箋台之言鮐也大老則背有鮐文以今驗之鮐魚背有黑文老人背亦發斑似此魚然詩及爾雅釋文竝云鮐一音夷今登萊海上人呼此魚正如臺無音夷者唯鮧鮐魚音夷耳耇者說文云老人面凍黎若垢釋名云耇垢也皮色驪顇恆如有垢者也或曰凍黎皮有斑點如凍黎色也行葦箋云耇凍黎也正義引孫炎曰面凍黎色似浮垢也左氏僖廿二年正義引舍人曰耇覯也血氣精華覯竭言色赤黑如狗矣是諸家說耇字互異郭氏皆不從而云耇猶耆也耆者訓老也詩遐不黃耇毛傳耇老也書耇造德不降鄭注及方言竝與毛同此皆郭所本也老者說文云考也七十曰老本曲禮文釋名云老朽也獨斷云老謂久也舊也壽也白虎通云老者壽考也俱本爾雅爲說也此黃髮齯齒鮐背竝二字連文爲義實則黃齯鮐三字單舉於義亦通故南山有臺傳及行葦箋竝云黃黃髮也是單言黃之證說文齯老人齒是單言齯之證方言鮐老也是單

言鮐之證至於耇老二字雖俱單文亦有連語耇稱胡耇老稱黎老黎亦棃也胡猶黃也黃胡聲轉棃黎字通

允孚亶展諶誠亮詢信也 方言曰荆吳淮汭之閒曰展燕岱東齊曰諶宋衞曰詢亦皆見詩 **展諶允愼亶誠也** 轉相訓也詩曰愼爾優游

說文云信誠也誠信也轉相訓也釋名云信申也言以相申束使不相違也墨子經上篇云信言合於意也鶡冠子學問篇云所謂信者無二響者也按信訓實又訓明審故周語注云信審也鬼谷子摩篇云信者明也蓋明與審皆所以爲精精之至則誠矣允者說文云信也从儿㠯聲按儿古文人與信同意㠯从反巳引賈侍中說巳意巳實也是㠯有實義實卽信之訓也說文㠯聲蓋聲又兼義矣孚者說文云卯孚也一曰信也繫傳鳥之孚卵皆如其期不失信也方言云北燕朝鮮洌水之閒謂伏雞曰抱抱卽孚也孚

有抱音故說文云古文孚从示示卽古文保字又手部捊或从包作抱春秋隱八年經盟于浮來公羊作包來皆其證也易雜卦云中孚信也書呂刑云五辭簡孚史記周紀作五辭簡信簡孚有衆作簡信有衆孚與符聲近說文云符信也史記律書言萬物剖符甲而出也索隱曰符甲猶孚甲也亶者下文云厚也厚與信義近詩亶其然乎亶侯多藏毛傳皆訓爲信通作單詩俾爾單厚毛傳單信也書乃單文祖德馬融注單信也又通作誕文選大將軍讌會詩云誕隆駿命李善注引薛君韓詩章句云誕信也展者與亶聲義俱近故禮記展衣其字作襢从衣㠭聲亶周禮內司服注展字當爲襢襢之言亶是亶展聲近義同之證也方言云展信也逸周書大匡篇云昭信非展寶典篇云展允于信蓋展也允也統言之俱訓信細分之又微有別故楚語云展而不信是其不同之證也展又伸也伸信之音又同矣諶者訦之叚音也方言云訦信也說文云燕代東齊謂信曰訦通作諶郭引方言作燕岱東齊曰諶又通作忱詩天難忱斯毛傳

忱信也說文引作天難諶斯爾雅下文棐備注引書曰天威棐諶釋文諶今本作忱文選幽通賦注諶與忱古字通也亮者諒之叚借也說文云諒信也方言云衆信曰諒又云諒知也是諒兼信知二義故一切經音義十七引爾雅舊注云諒知之信也本方言爲說也詩及禮記論語古文俱作諒通作涼詩職涼善背鄭箋涼信也正義引釋詁文又通作亮詩涼彼武王之涼韓詩作亮玉篇云亮朗也又信也亮之訓朗亦猶諒之訓知矣一切經音義十七引字詁云諒今作亮書亮采有邦乃或亮陰馬融注竝云亮信也詩不諒人只釋文亮本亦作諒是亮諒通矣詢者恂之叚音也說文云恂信心也方言云恂信也大戴禮徧將軍文子篇云爲下國恂蒙盧辯注恂信也通作洵詩洵有情兮毛傳洵信也洵訏且樂釋文引韓詩作恂盱漢書地理志亦引作恂盱又洵直且侯韓詩外傳亦引作恂直是毛詩從叚借作洵韓詩依本字作恂又通作詢詩洵美且異及于嗟洵兮釋文竝云洵本亦作詢○旣云信又云誠者誠亦信也故賈子道

術篇云期果言當謂之信志操精果謂之誠廣雅云誠信敬也是信誠其義同又訓敬者不敬則心不專一誠而不能信與誠誠信又訓明也審也不明審則心不精細而亦不能信與誠矣故禮記經解云衡誠縣繩墨誠陳規矩誠設鄭注誠猶審也論語云誠不以富詩作成不以富是成誠古字通中庸云誠者自成也葢成亦實也實亦信也信亦誠也展轉相訓其義俱通矣展者詩展矣君子展如之人展我甥兮展也大成及楚語展而不信毛鄭及韋昭竝云展誠也諶者說文云誠諦也詩其命匪諶毛傳諶誠也說文忱誠也引詩作天命匪忱韓詩作其命匪訦允者書云允蠢鰥寡漢書翟方進傳作誠動鰥寡愼者詩愼爾優游予愼無罪愼爾言也考愼其相傳箋竝云愼誠也愼訓誠者愼猶眞也以眞爲誠故以愼爲誠也愼从眞聲說文假非眞也可知眞訓誠矣亶者詩亶不聰不實于亶胡臭亶時及士冠禮云嘉薦亶時毛鄭竝云亶誠也周禮內司服注同賈公彥疏引爾雅而申之云展者言之誠亶者行之誠此二語似引爾雅

舊注之文也通作單書誕告用亶其有衆釋文亶馬本作單云誠也又通作癉士冠禮注古文亶爲癉癉亶以聲爲義也凡此訓誠之字卽訓信之文其字亮詢三字旣訓信亦當訓誠而此不言者經傳無文難以取證於所不知蓋闕如也

謔浪笑敖戲謔也謂調戲也見詩

說文云謔戲也引詩善戲謔兮是爾雅此讀以戲謔相屬而以謔浪笑敖四字爲句本詩終風篇文毛傳言戲謔不敬正本爾雅爲訓也正義引舍人曰謔戲謔也浪意萌也笑心樂也敖意舒也戲笑邪戲也謔笑之貌也郭氏不從舍人而以調戲詮釋與毛傳合舍人意萌萌字誤邢疏引作朗是也其戲笑笑字蓋涉下句而誤衍耳謔者玉篇云喜樂也詩無然謔謔毛傳謔謔然喜樂浪者終風釋文引韓詩云起也蓋謂放蕩猖狂也笑者一切經音義廿五引蒼頡篇云笑喜弄也釋名云笑鈔也頰皮上鈔者也素問陰陽

應象大論云在聲爲笑王砅注笑喜聲也敖敖者傲之叚音也釋文敖五報反則當作傲說文傲倨也通作敖釋言云敖敖傲也釋訓云敖敖傲也經典傲敖二字通用故離騷云保厥美以驕敖兮敖卽傲也王逸注侮慢曰敖

粵于爰曰也書曰土爰稼穡詩曰對越在天王于出征**爰粵于也**轉相訓

說文云曰詞也从口乙聲亦象口气出也論語皇侃疏引說文云開口吐舌謂之爲曰與今本異也曰猶言也云也通作聿詩見晛曰消曰喪厥國釋文引韓詩曰俱作聿又通作欥漢書敘傳云欥中龢爲庶幾兮集注欥古聿字聿曰也文選幽通賦欥正作聿說文欥从欠曰聲是曰欥通也粵者說文以爲審慎之詞故訓曰也引周書曰粵三日丁亥今書作越三日丁巳漢書楊雄傳越不可載巳集注越曰也于者語气之舒也故亦訓曰詩穀旦于差王于出征之子于苗我獨于罹於昭于天鄭箋竝云于曰也左氏宣十二

年傳于民生之不易楊雄傳于胥德兮麗萬世注皆以于爲曰也于通作乎列子周穆王篇云於于余一人釋文於于音嗚呼又通作吁穀旦于差釋文引韓詩作穀旦吁嗟文選注引薛君章句曰吁嗟歎辭也然則吁嗟即于差於于即嗚呼是皆語之歎詞詞即曰矣爰者說文云引也按引謂引气出聲又爲詞之引起兼茲二義故又訓曰也詩之爰有寒泉爰得我所爰及矜人之類皆以爰爲引起下文之詞鄭箋竝以爲曰郭引書土爰稼穡史記宋世家作土曰稼穡○爰粵二字竝从于故又訓于也爰者書綏爰有衆詩亦集爰止鄭皆以爲爰于也粵者說文云于也通作越書云越至于今馬融注越于也越其罔有黍稷釋文越本又作粵音曰于也爰于雙聲粵曰疊韵

爰粵于那都繇於也 左傳曰棄甲則那那猶今人云那那也書曰皋陶曰都繇辭於乎皆語之韵絕

於與于同亦語詞也詩書俱古文作于經典叚借作於於本古文烏字說文引孔子曰烏于呼也取其助气故以爲烏呼然則烏呼雙聲疊韵之字許意葢以經典凡言烏呼者皆取引聲以助气如詩云於乎小子於乎悠哉於乎前王不忘之類是也若單言於者則爲歎美之詞如詩云於粲洒埽於穆清廟之類是也於乎即烏呼俗作嗚呼非也烏于呼三字古皆同聲故經典或借於爲于詩於我乎夏屋渠渠是也廣雅云於于也說文于於也是皆以爲語辭故詩于沼于沚遠送于野毛傳竝云于於也書呂刑王曰吁釋文引馬作于于於也按於之爲言相連相及之意如論語云君子之於天下吾之於人孝經云通於神明光於四海皆爲由此達彼之詞故釋詁又云於代也代之爲言亦相連及之義矣爰訓於者詩之爰采唐矣周爰執事書之爰暨小人士冠禮之爰字孔嘉毛傳鄭注竝云爰於也粵訓於者漢書敘傳云尙粵其幾應劭注粵於也通作越詩越以鬷邁對越在天書越茲麗刑箋注竝云越於也爰粵皃訓于又訓於於

于聲義同也邪者越語云吳人之邪不穀韋昭注邪於也廣韻云邪何也都也於也邪又訓何者左氏宣二年傳云棄甲則那杜預注那猶何也按何猶言柰何柰何即邪邪之反音但邪雖爲柰何而非於字之訓郭注不引越語而援左傳似失之矣都者孟子云謨蓋都君史記司馬相如傳云終都攸卒趙岐注及裴駰集解並云都於也書皐陶謨凡云都者史記夏紀俱作於張守節正義以爲於音烏歎美之辭然烏于古同聲于於其義又同史記以於釋都正本爾雅爲訓張守節音於爲烏此强生分別耳爾雅釋文亦云於音烏注同其失均矣都與諸古同聲通用諸猶於也鄉射禮及聘禮注並云諸於也然則都與諸同都之訓於其義九明矣繇者與於聲轉通作猷書大誥云王曰猷大誥爾多邦釋文引馬本作大誥繇爾多邦正義引鄭本猷在誥下與馬本同是皆以繇爲於也又通作由詩云無易由言鄭箋由於也繇又同摇摇動游移亦有由此達彼之意與於義又同矣郭云繇辭者蓋以繇爲歎辭與於乎同意故云皆語之韵

絶是郭亦讀於爲烏故有此解釋文不察乃云繇除又反注同孫音由陸氏蓋不知孫郭同音由妄加除又一音是其失也邢疏因之誤以繇爲卦兆之繇但卦兆繇辭不與於乎同意又非語之韵絶繇辭之繇說文作籒云讀書也引春秋傳曰卜籒云

敆郃盍翕仇偶妃匹會合也皆謂對合也**仇讎敵妃知儀匹也**詩云君子好仇樂子之無知實維我儀國語亦云丹朱馮身以儀之讎猶儔也廣雅云讎輩也**妃合會對也**皆相當對**妃媲也**相偶媲也

說文云合亼口也周禮注合同也呂覽注合和也又云合交也交和同皆對合之義楚語注合會也詩大明傳合配也離騷注合匹也匹配會又與合互相訓也敆者說文云合會也玉篇敆公荅切按今人同爨共居謂之敆火本於爾雅也通作欱太玄玄告云下欱上欱范望注欱猶合也郃者佮之叚音也說文云

佮合也通作洽詩洽比其鄰民之洽矣以洽百禮傳箋竝云洽合也又通作郃詩在洽之陽說文引作在郃之陽又通作祫公羊文二年傳云大祫者何合祭也禮王制云祫禘鄭注祫合也詩豐年釋文祫本或作洽盍者說文作盇云覆也玉篇云盍盇同按盍訓覆覆蓋所以合之故士虞禮注謂敦蓋爲合卽此義也易豫云朋盍簪虞翻注盍合也盍與嗑同故序卦云嗑者合也通作闔一切經音義十二引說文云闔合也今說文無之莊子天地篇云夫子闔行邪釋文闔本亦作盍翕者方言云聚也聚亦合也故玉篇云翕合也斂也聚也詩兄弟旣翕載翕其舌允猶翕河毛傳竝云翕合也夏小正云翕也者合也仇者逑之叚音也說文云逑斂聚也又云怨匹曰逑本左傳文詩以爲民逑毛傳逑合也鄭箋合聚也正義引釋詁文通作仇說見下偶者釋言云遇偶也通作耦釋名云耦遇也二人相對遇也經典耦偶互通故一切經音義二引字林云偶合也呂覽季冬紀注耦合也左氏桓二年傳嘉耦曰妃怨耦曰仇蓋怨嘉雖異仇妃

本同對文則兩耦似分散文卽仇妃俱合故詩之好仇卽好合矣妃匹俱說見下會者說文云合也从亼亼亦合也樂記云會守拊鼓史記樂書作合守拊鼓按說文佮古文會一切經音義九云會古文佮同然則佮省彳爲合合省口爲會古人文字相生於斯可見○匹者合也合者言有匹也故公羊宣三年傳無匹不行何休注匹合也釋名云匹辟也往相辟偶也白虎通云匹偶也與其妻爲偶陰陽相成之義也按匹與正字形相亂故禮器云匹士大牢而祭釋文匹士本或作正士緇衣云唯君子能好其正小人毒其正鄭注正當爲匹字之誤也葢漢隸書匹正形近所以致誤非古字通也仇者說文云讎也讎猶譍也譍當亦匹對也詩與子同仇詢爾仇方毛俱訓匹鄭唯賓載手仇之仇讀𣂪音拘其餘俱本左傳怨耦曰仇仇與逑通故詩關雎毛傳逑匹也釋文逑本亦作仇正義引孫炎云逑相求之匹也一切經音義九引李巡曰仇讎怨之匹也然則李孫所據爾雅葢有二本以相求爲義則知孫本作逑以讎怨爲義則知李本

作仇然詩君子好逑緇衣引作君子好仇是其字通之證李孫之說猶未免望文生訓矣讎者說文云猶讐也讐以言對也故一切經音義一引三蒼云讎對也左氏僖五年傳憂必讐焉讐亦對也表記注云讎猶荅也廣雅云讎輩也郭云讎猶儔也儔輩荅對其義亦皆爲匹也讎與仇通故一切經音義一引三蒼云怨偶曰仇又引作怨耦曰讎是讎仇通又通作酬書敢以王之讎民百君子釋文讎字或作酬詩無言不讎韓詩外傳亦引作酬又通作疇齊語云人與人相疇家與家相疇楚辭疾世篇云居嵺廓兮尠疇王逸韋昭注竝云疇匹也是疇讎又通矣敵者說文云仇也方言云匹也左氏文六年傳敵惠敵怨杜預注敵猶對也爾雅下文云敵當也敵當對俱一聲之轉通作適玉藻云敵者不在釋文敵本又作適論語云無適也釋文適鄭本作敵又與嫡同釋名云嫡敵也與匹相敵也按敵與特義近特訓獨又訓匹故詩實維我特毛傳特匹也韓詩作直云相當值也然則相當亦相匹矣妃者說文云匹也白虎通云妃匹者何

謂相與爲偶也釋名云妃輩也一人獨處一人往輩
耦之也通作配楚辭九思篇云配稷契兮恢唐功注
云配匹也詩皇矣釋文配本亦作妃大司樂注姜嫄
無所妃釋文妃本亦作配經典配妃通者非一其餘
皆可推也知者墨子經上篇云知接也莊子庚桑楚
篇亦云知者接也蓋接以交會對合爲義故爲匹也
詩云樂子之無知鄭箋知匹也樂其無妃匹之意按
詩文王初載傳箋訓載爲識識知也又云天作之合
合匹也詩言文王始有識知而天爲生配匹是即知
訓匹之證古讀載如玆詩蓋俗載爲識故毛鄭因而
通之明其叚借矣儀者善也善之匹也詩實維我儀
我儀圖之傳箋竝云儀匹也大司樂疏引鄭注鳳皇
來儀亦以儀爲匹也通作義書云父義和正義引鄭
注讀義爲儀儀仇皆訓匹也故名仇字儀按威儀之
字說文作義今作儀鄭讀合於古矣○對者說文云
譍無方也从口則與雔同意漢文帝去口从士非矣
廣雅云對當也詩帝作邦作對對越在天良時之對
毛鄭竝云對配也文選東京賦云推光武以作配薛

綜注配對也是對亦訓配配亦訓對合者荅也古荅問之字直作合故左氏宣二年傳旣合而來奔杜預注合猶荅也按說文云合亼口也亼口卽荅之義荅卽對也凡物相對謂之合四方上下謂之六合淮南原道篇注云孟春與孟秋爲合仲春與仲秋爲合季春與季秋爲合孟夏與孟冬爲合仲夏與仲冬爲合季夏與季冬爲合故曰六合是合皆取相對之意會與合同意○媲者說文云媲妃也妃匹也以聲近聲轉爲義也詩天立厥配毛傳配媲也正義引某氏作天立厥妃是妃配通文選廣絕交論注引爾雅作媲妃也今作妃媲也爾雅諸文展轉相訓其義俱通多此類也

紹胤嗣續纂緌績武係繼也 詩曰下武維周緌見釋水餘皆常語

繼者相續不絕也故說文云繼續也一曰反㡭爲繼㡭古文絕反絕會意也繼之言繫也繫繼音又同也紹者諡法云疏遠繼位曰紹一切經音義八引爾雅注云紹繼道也按此舍人注道謂以道承繼大統蓋

本謚法爲説也嗣者古文作孠从子取繼世不絶之義也古讀嗣如詒故詩子寧不嗣音釋文引韓詩作詒音書舜讓于德弗嗣史記集解引作不怡皆其證也子衿毛傳嗣習也旣醉毛傳肩習也所以俱訓習者習之言猶續也續習義近而聲轉故毛云嗣習鄭云嗣續明其義同也嗣通作似故詩似續妣祖毛傳似嗣也以似以續毛傳亦云嗣前歲續往事是似續卽嗣續古字通用又斯干箋似讀如已嗣有怡音亦其證矣纂者纘之叚音也説文云纘繼也詩載纘武功纘女維莘毛傳竝云纘繼也崧高箋及中庸注同通作纂祭統云纂乃祖服周語云纂修其緒鄭注及韋注竝云纂繼也又通作踐詩王纘之事釋文纘韓詩作踐中庸踐其位鄭注踐或爲纘緌者説文云系冠纓也玉篇作繼冠纓也冠纓所以繼者鄭注士冠禮記云緌纓飾蕤於纓上別加緌連綴爲飾故云繼也通作蕤漢書律厤志云蕤繼也禮雜記云大白冠緇布之冠皆不蕤鄭注不蕤質無飾也玉藻云緇布冠續緌鄭注緌或作蕤又通作緌檀弓云喪冠不緌

釋文緌本又作綏周禮夏采注云士冠禮及玉藻冠緌之字故書亦多作綏者今禮家定作蕤是蕤綏俱緌之叚借也郭云緌見釋水者釋器釋水竝云縭緌也郭注俱云緌繫是緌訓爲繫繫即繼矣續者說文云績緝也緝績也詩東門之池箋於池中柔麻使可緝績作衣服釋文云西州人謂績爲緝也是緝績音義同詩授几有緝御箋云緝猶續也有相續代而侍者績旣訓續亦通作績穀梁成五年傳伯尊其無績乎范甯注績或作續釋文亦云績本或作續葢績之言積也積即續矣武者詩下武傳武繼也按武之言拇也足迹曰武故釋訓云武迹也周語云不過步武尺寸之閒韋昭注六尺爲步賈君以半步爲武按冠卷亦曰武故玉藻云縞冠玄武鄭注武冠卷也古者冠卷殊然則步之有武所以繼步也冠之有卷亦所以繼冠矣係者系之叚借也說文云系繫也釋名云系繫也相聯繫也後漢書班彪傳云系唐統李賢注引爾雅作系繼也通作係越語注係繫也易繫辭釋文繫系也又續也又通作繫易同人及兌釋文竝云

繫本或作係係繫之音與繼同亦通作繼易係用徽纆穀梁宣二年注作繼用徽纆詩何彼襛矣序不繫其夫釋文繫本或作繼又後漢書李固傳云羣下繼望繼亦繫也繫之一字兼系繼二音故古通用

忥謐溢蟄慎貉諡顗頠密寧靜也忥顗頠未聞其義餘皆見詩傳

靜者竫之叚音說文竫亭安也經典俱通作靜靜訓審審諦者必安靜故詩傳箋竝云靜安也釋名云靜整也文選神女賦注引韓詩云靜貞也貞固者必安定安定必寡言故楚辭招魂篇注無聲曰靜是也通作靖說文靖立竫也竫與靖音義同周宣王名靜亦作靖是其證矣忥者亦叚借字說文玉篇俱不訓靜唯廣雅云忥息也嗌與下文呬息也音義同釋文忥本或作氣同許氣反則與餼槩音同而義絶異說文忥訓癡皃爾雅訓靜經典遂無其文竟不知爲何字之叚借也謐者謚法篇云行之迹也白虎通云謚之爲言引也引列行之迹也廣韵謚下曰易名又申也申與引義近釋名云謚曳也曳引亦聲轉義近也謚

訓靜者詩文王篇釋文云謐愼也恐也恐與審義近靜旣訓審愼又訓靜謐兼審愼二義故亦訓靜矣謐今本說文作謚从言兮皿闕戴侗六書故云唐本無謚但有謐行之迹也廣韻雖有謐而云說文作謚是謚乃謚之俗體後人所加又於謚下別注笑皃不知謚訓笑皃本於呂忱而非許君之說證以張參五經文字言部無謚而有謚謚二字俱常利反上說文下字林又云字林以謚爲笑聲音呼益反今用上字其說甚明今空據以訂正焉溢者下文云愼也愼亦審也與謐同意通作侐說文云侐靜也引詩曰閟宮有侐毛傳侐淸靜也又通作恤詩假以溢我左氏襄廿七年傳作何以恤我詩釋文云溢徐邈音謚是謚溢音又同矣蟄者說文云藏也易繫辭云龍蛇之蟄虞翻注蟄潛藏也潛蟄與安靜義近蟄與宋聲相轉方言云宋安靜也愼者溢之訓也說文云謹也上文云誠也誠謹俱安靜之意愼猶順也凡恭愼而柔順者其人必沈靜故謚法云柔德考衆曰靜恭己鮮言曰靜官人篇云沈靜而寡言多稽而儉貌曰質靜者又

云誠靜必有可信之色然則慎訓誠又訓靜皆其證矣貉者下文云定也郭注靜定通作貊又作莫詩貊其德音毛傳貊靜也釋文貉本又作貊武伯反左傳作莫音同荀子非十二子篇云莫莫然楊倞注莫讀爲貊貊靜也不言之貌又通作嗼亦作寞廣雅云嗼靜也文選西征賦注引薛君韓詩章句云寞靜也謐者說文云靜語也一曰無聲也賈子禮容篇云謐者寧也億也億訓安安寧亦靜故素問云其化清謐王砅注謐靜也通作恤書惟刑之恤哉史記五帝紀作惟刑之靜哉集解徐廣曰今文云惟刑之謐哉顗者釋文云魚豈反又五愷反說文顗謹莊皃謹莊與靜義近謹又愼字之訓故玉篇云顗靜也頠者說文云頭閑習也廣韵作頭也一曰閑習疑今本頭下脫也字閑習與靜義亦相成故玉篇引爾雅曰頠靜也五罪牛毀二切按頠與娓音義同文選神女賦云旣娓嫿於幽靜兮李善注引說文曰娓靖好貌五累切靖郎靜矣釋文云頠孫郭五果反果當作累字形之譌耳密者宓之叚音也說文云宓安也安靜也通作密

詩止旅迺密毛傳密安也夙夜基命宥密毛傳密寧也箋安靜也考工記廬人注密審也正也正亦貞也貞審皆靜之訓也又通作謐賈子禮容篇引詩作夙夜基命宥謐

隕磒湮下降墜摽蘦落也　磒猶隕也方俗語有輕重耳湮沈落也摽蘦見詩

說文云凡艸曰零木曰落按此亦對文耳若散文則通故夏小正云栗零明零不必草也莊子逍遙遊篇云瓠落明落不必木也所以離騷云惟草木之零落兮王逸注零落皆墜也是其義俱通矣磒者說文云落也引春秋傳曰磒石于宋五今左氏穀梁作隕公羊作霣俱磒之叚音也爾雅釋文磒石落也此亦望文生訓實則磒隕字異而義同故郭云磒猶隕也方俗語有輕重耳湮者說文云沒也謂沈沒也湮沒沈淪皆隕墜之意釋文湮郭音因又音烟又音翳按因音烟聲同因翳聲轉釋名云殪翳也就隱翳也隱翳與零落義近史記屈原賈生傳云獨湮鬱兮其誰語漢書賈誼傳作壹鬱湮有翳音亦其證矣墜者隊之

或體也說文云隊從高隊也音義同𨻳云𨻳陊也陊落也經典陊通作墮隊通作墜故爾雅及莊子釋文竝云隊墜本又作隊楚辭國殤篇云矢交墜兮士爭先王逸注墜墮也又云天時墜兮威靈怒王逸注墜落也又通作隧荀子儒效篇云至其頭而山隧楊倞注隧讀爲墜淮南說林篇云有時而隧高誘注隧墮也摽者𠬪之叚音也說文云𠬪物落上下相付也讀若詩摽有梅通作莩或作莩孟子塗有餓莩趙岐注引詩云莩有梅莩零落也漢書食貨志贊引作野有餓芆集注鄭氏曰芆音蔈有梅之蔈芆零落也顏師古曰芆諸書或作𡠋字音義亦同然則三書凡三引詩而各異唯說文之𠬪乃本字芆亦通用摽蔈俱叚音莩𡠋亦俗聲也讀毛詩者便以摽爲本字不知摽字說文訓擊柏舟毛傳摽拊心貌此乃摽之本義其爾雅及摽梅之摽俱叚俗矣蘦者亦叚音也說文云零餘雨也按零落字用此字故又云霝雨零也零雨零也零亦通落霝亦通零故詩靈雨既零毛傳零落也零雨其濛說文引作霝雨其濛又通作苓禮王制及

月令云草木零落釋文零本又作苓爾雅釋文蘦字或作苓又通作泠樊敏碑云士女涕泠張公神碑云天時和兮甘露泠是零爲正體霝亦通用蘦苓泠俱叚音

命令禧畛祈請謁誶誥告也禧未聞禮記曰畛於鬼神

釋言云告請也獨斷云告教也釋名云上敕下曰告告覺也使覺悟知己意也按以告爲上敕下亦不必然廣韻二沃梏紐下云告上曰告發下曰誥是告乃上下通名耳告有古沃古到二音詩日月告凶漢書劉向傳作日月鞠凶禮文王世子注告讀爲鞠是告音古沃切者也漢書高帝紀注服虔曰告音如嗥呼之嗥是告音古到切者也二讀皆古音矣爾雅釋文於誥下列羔報古酷二反而於告下但云古篤反是其疏也禧者說文云禮吉也邵氏晉涵正義據徐鍇本禮吉作禮告與此義合也通作釐漢書文帝紀云祠官祝釐集注釐本字作禧叚借用耳然則祝釐即祝禧謂祝致神意以告主人詩楚茨所謂工祝致告

者也。眕者眂之叚音也。玉篇、廣韻竝作眂。玉篇眂之忍切，引埤蒼云：告也。禮記曰：眂於鬼神。亦作眕。然則眂爲正文，眕乃叚借。鄭注曲禮本釋詁、釋言眕告、眕致二訓而云：眕，致也。祝告致於鬼神辭也。因鄭此訓，又知釋言眕致之眕亦當爲眂，與釋詁同。而曲禮注又云：眕或爲祇。蓋祇卽眂字，形近而譌也。因又知張揖埤蒼之眂卽本鄭君曲禮注而爲訓矣。祈者，說文云：求福也。玉篇、廣韻竝云：祈，告也。釋言又云：祈，叫也。叫告義近。一切經音義九引孫炎曰：祈爲民求福，叫告之詞也。叫告連文，孫注蓋兼釋詁、釋言而爲訓也。詩：以祈黃耇。毛傳：祈，報也。鄭箋：祈，告也。告報義同。通作蘄。莊子養生主篇云：不蘄畜于樊中。荀子儒效篇云：跨天下而無蘄。郭象及楊倞注竝云：蘄，求也。是蘄祈通矣。誶者，釋文云：沈音粹，郭音碎，告也。又云：本作訊，音信。文選思玄及幽通賦注竝引爾雅作訊，告也。後漢書張衡傳注引作誶，告也。誶訊二字經典多通。故離騷注引詩誶予不顧，廣韻引詩歌以誶止，今作歌以訊之、訊予不顧。毛傳：訊，告也。又莫肯用訊，鄭箋訊告也此二詩之訊依字皆當作誶又莊子山木篇云虞人逐而誶之釋文誶本又作訊音信問也至於詩之執訊王制之訊馘學記之多其訊此三文本應作訊釋文又云訊本作誶盍誶訊二字聲相轉古多通用近日戴氏震毛鄭詩考正及錢氏大昕養新錄皆有辨證王引之經義述聞又謂二字古音同今依用其說也誥者說文云告也書序云雅誥奧義亦通作告周禮大祝云三日誥杜子春注誥當爲告書亦或爲告書序云作帝告史記殷紀作帝誥索隱曰一作俈翻又大誥序釋文云誥本亦作㚖

永悠迥違遐逷闊遠也書曰逷矣西土之人**永悠迥遠遐也**遐亦遠也轉相訓

說文云遠遼也遼遠也遠有疏離之義故方言云離楚謂之越或謂之遠遠呂覽知接篇注遠猶疏也永者下文云長也長亦遠也虞翻易注以乾爲遠坤爲永永遠義同耳永與脩同意脩亦訓長又訓遠也離騷

云路曼曼其脩遠兮王逸注脩長也又重之以脩能王逸注脩遠也悠者與脩同意悠亦訓長又訓遠也吳語云今吾道路悠遠韋昭注悠長也詩云於乎悠哉毛傳悠遠也一切經音義九引舍人曰悠行之遠也通作遙詩悠悠我思說苑辨物篇作遙遙我思悠遙一聲之轉迥者說文云遠也史記司馬相如傳云迥闊泳沫迥闊皆遠也通作洞詩洞酌彼行潦毛傳洞遠也又通作泂詩于嗟泂兮毛傳泂遠也釋文泂呼縣反又通作夐釋文泂韓詩作夐況盛反夐亦遠也故穀梁文十四年傳云夐入千乘之國范甯注夐猶遠也違者說文云離也詩谷風毛傳違離也釋文引韓詩云違張也開張分離俱遠之之意違古通回道路紆回亦爲絕遠違回又聲相轉也遐者詩汝墳棫樸傳竝云遐遠也通作瑕不瑕有害毛傳瑕遠也遐不謂矣表記作瑕不謂矣景北海碑陰云魂靈瑕顯亦以瑕爲遐也又通作徦徦集韵云遐或作徦楊統碑文懷徦冥又徦爾莫不隕涕繁陽令楊君碑徦爾僉服皆以徦爲遐也又席長田君碑以遐爲遐侯成

碑以遐爲遐是又假徦二字之變體也假徦俱有遐音又俱訓至至與遠義相成然則爾雅及經典之遐亦假徦之俗音矣遏者說文作遐古文作遏云遠也經典遏逖通用易云渙其血去逖出詩云用遏蠻方書云逖矣西土之人郭注引逖作遏史記周紀作遠矣西土之人逖省作狄遏省作易詩舍爾介狄毛傳狄遠也漢書禮樂志云徦狄合處徦狄郎遐逖集注以徦狄爲遠夷失之矣史記殷紀云母曰簡狄索隱引舊本作易又作遏漢書古今人表作簡遏淮南墬形篇又作簡翟亦狄之叚音耳闊者說文云疏也疏亦遠也故一切經音義七引字林云闊遠也詩于嗟闊兮鄭箋以闊爲離散相遠闊與越同小爾雅云越遠也左氏襄十四年傳云而越在他竟晉語云隱悼播越皆以越爲遠也闊越疊韵○永迥疊韵悠遠雙聲四字又俱訓遐

虧壞圮垝毀也 書曰方命圮族詩曰乘彼垝垣虧通語耳

說文云毀缺也孝經釋文引蒼頡篇云毀破也虧者說文云气損也損訓減少故爲缺毀詩閟宮箋虧崩皆謂毀壞也壞者說文支部云𣪠毀也土部云壞敗也籀文作𣪠易𣪠壞同釋文云壞音怪引字林云壞自敗也下怪反𣪠毀也公壞反此葢漢以後人强生分別古讀止有下怪一音知者壞𣪠俱从褱聲二字是一且經典𣪠俱作壞故春秋文十三年經云大室屋壞此卽自敗之爲壞也史記秦始皇紀云墮壞城郭此卽人毀之亦爲壞也通作瘣詩譬彼壞木說文引作譬彼瘣木圮者釋言云覆也說文云毀也引書方命圮族史記五帝紀作負命毀族釋文云圮孫房美反岸毀也垝也垝者說文云毀垣也引詩乘彼垝垣毛傳垝毀也或作陒漢書杜周傳贊集注云陒毀也

矢雉引延順薦劉繹尸旅陳也禮記曰尸陳也雉順劉皆未詳

陳者敶之叚音也說文云敶列也楚辭招魂篇云敶鍾按鼓通作陳古者陳田聲同其字通用史記田敬

仲完世家云以陳字爲田氏周禮稍人注甸讀與維禹嗽之之嗽同皆其證也說文云田陳也葢田有行列又以陳久爲艮故畝字从田从久是陳又爲久矣矢者下文云矢弛也弛與施同說文施一曰設也張設與陳列義近詩大明皇矣卷阿毛傳竝云矢陳也書序云皋陶矢厥謨春秋隱五年經公矢魚于棠傳云遂往陳魚是也矢或作戾故爾雅釋文戾本作矢同失耳反廣雅云戾陳也戾葢矢之異文也雉者从矢聲與矢義同方言云雉理也古微書引春秋感精符云雉之爲言弟也按弟音替與夷近夷古音稊與雉通周禮序官薙氏注云書薙或作夷釋文薙字或作雉同他計反是雉薙夷俱聲義同故漢書楊雄傳注及文選甘泉賦注竝引服虔曰雉夷聲相近左氏昭十七年正義引樊光服虔云雉者夷也夷平也今按夷陳亦聲轉字通故春秋經夷儀公羊作陳儀枣大記釋文云夷尸也陳也皆其證也雉又牛鼻繩漢人呼雉周禮作緅說文作紖云牛系也从引聲讀若弦是雉引古音又近此義馬瑞辰爲余說之然則雉

引同訓陳此亦其證矣引延下文竝云長也又訓陳
者引伸延曼俱與陳列義近順者上文云敘也緒也
說文云理也物有條理嵩緒皆可陳敘故又爲陳也
洪頤煊讀書叢錄云士冠禮洗有篚在西南順鄭注
以順爲陳特牲饋食禮及兩鉶芼設于豆南南陳陳
即順也鄉飲酒禮篚在洗西南肆肆亦陳也薦者藉
也下文云進也薦進與延引義近薦藉與鋪陳義近
故又爲陳也劉者與擂聲近義同說文云擂引也或
从由作抽訓引故又爲陳亦馬瑞辰說按劉與膢聲
義又同漢書武帝紀注膢音劉又劉膢通古讀膢如
臚臚旅古字通旅亦陳也繹者說文云抽絲也方言
云繹理也抽繹伸理俱與陳義近詩會同有繹徐方
繹騷敷時繹思傳竝云繹陳也尸者說文云陳也象
臥之形詩有母之尸饔傳尸陳也郭引禮記者郊特
牲文左氏莊四年傳楚武王荆尸宣十二年傳荆尸
而舉尸皆訓陳與肆義同故晉語云殺三郤而尸諸
朝論語云肆諸市朝是尸與肆同矣旅者師旅也人
衆須有部列與陳義近故詩殺核維旅旅楹有閑傳

竝云旅陳也通作臚周禮司儀云皆旅擯鄭注旅讀爲鴻臚之臚臚陳之也漢書郊祀志云旅於泰山史記六國表云而臚於郊祀是臚旅通又與魯通說文旅古文作𣄼以爲魯衞之魯故書序云旅天子之命史記周紀作魯天子之命

尸職主也左傳曰殺老牛莫之敢尸詩曰誰其尸之又曰職爲亂階**尸宷也**謂宷地**宷寮官也**官地爲宷同官爲寮

廣雅云主君也又云主守也曲禮云凡執主器鄭注主君也此主兼謂天子諸侯也周禮大宰六曰主以利得民此主謂公卿大夫也詩云矦主矦伯毛傳主家長也此主謂士庶人也然則君主之稱通於上下矣尸者𡰪之叚音也說文云𡰪終主通作尸上文尸訓陳此訓主者郊特牲注尸或詁爲主此尸神象當從主訓之言陳非也此鄭駁郊特牲尸陳也之文明施於所尊宜訓主也詩云誰其尸之晉語云董伯爲

尸毛傳及韋注竝云尸主也尸與司同司亦主矣職者上文云常也又訓主者易云後得主而有常是其義也詩如職思其居職競由人之類毛俱訓主周禮如職喪職方職金之類鄭俱訓主主與宰同意天官冢宰釋文引鄭云宰主也○寀者當爲采下文云采事也能其事者食其地亦謂之采禮運大夫有采以處其子孫韓詩外傳古者天子爲諸矦受封謂之采地然則尸訓寀者蓋爲此地之主因食此土之毛故鄭語云主芣騩而食溱洧是其義也釋文寀李孫郭竝七代反樊七在反按七在音是今從樊光讀○官者說文云吏事君也古微書引春秋元命苞云官之爲言宣也寀訓官者寀亦當爲采漢書刑法志注引寀正作采樂記注云官猶事也事即采之訓故采又訓官矣書疇咨若予采馬融注采官也史記司馬相如傳云以展采錯事集解亦云采官也寮者釋文寮字又作僚詩釋文僚字又作寮是寮僚同玉篇宀部人部分見二文經傳通用故詩及爾同僚毛傳僚官也左氏文七年傳同官爲寮昭七年傳隸臣僚正義

引服虔云僚勞也共勞事也然則同僚謂同勞也同勞謂同官也同官不同勞從事所以獨賢也同勞不同官北門所以交譎也

績緒采業服宦貫公事也 論語曰仍舊貫餘皆見詩書

說文云事職也釋名云事傳也傳立也凡所立之功也秦策注事治也樂記注事猶爲也然則凡所營爲作治建立俱謂之事故下文又云事勤矣績者上文云繼也下文云業也功也成也其義皆與事近緒者敘也業也已詳上文又訓事者詩云纘禹之緒周語云纂修其緒鄭箋及韋注竝云緒事也采者上文云官也官亦事也詩卷耳傳采采事采之也芣苢傳采采非一辭也不同者毛意葢以采采同訓事因是重文故又云非一辭若準以爾雅則采采猶事事也故書云載采采史記夏紀作始事事又亮采有邦及百里采馬融注竝訓爲事逸周書克殷篇云召公奭贊采孔晁注亦云采事也葢采从木爪訓爲捋取捋取

亦勤事之意故訓事矣業者上文云敘也緒也耑緒次敘皆與事近故魯語云非故業也史記項羽紀云業已講解韋昭及索隱竝云業事也服者釋文服本或作𦨈又作般荀子賦篇注服本或作般按二般字俱當爲般蓋服古作般形譌爲般耳詩云曾是在服傳服服政事也詩內服字毛訓事者止此一處它如寤寐思服其武之服昭哉嗣服我言維服亦服爾耕鄭箋竝云服事也又如曲禮云孝子不服闇祭統云纂乃祖服鄭注竝云服事也通作復喪大記云君弔則復殯服鄭注復或爲服是服復通因知釋文服本或作𦨈蓋𦨈即復字形相近又因服古从舟相涉而誤也㝁者釋名云儀㝁也得事㝁也然則㝁訓事者作事得㝁因謂之㝁故詩梟鷖傳㝁㝁其事也貫者下文云習也習與事義亦近詩三歲貫女傳貫事也職方氏云使同貫利論語云仍舊貫鄭注竝云貫事也通作宦漢石經詩作三歲宦女宦蓋與官同宦仕也仕事也官亦事也官貫聲又同矣公者與功同亦叚借也詩夙夜在公于公先王矇瞍奏公王公伊濯

肇敏戎公實維爾公允師毛鄭並云公事也以奏膚公傳又云公功也明公與功同也故載纘武功世執其功傳並云功事也通作工肆師注故書功爲工鄭司農工讀爲功古者工與功同字按功工與公又通故矇瞍奏公楚辭懷沙篇注作矇瞍奏工呂覽注及史記集解並作矇叟奏功

永羕引延融駿長也宋衞荆吳之閒曰融羕所未詳

說文云長久遠也廣雅云長常也詩文王箋長猶常也按八尺曰尋倍尋曰常常丈六尺故以常訓長長與脩同故方言云脩長也永者上文云遠也說文云長也長長遠義近故詩卷耳漢廣常棣文王傳並云永長也白駒箋永久也久亦長也羕者與永同意說文云羕水長也引詩江之羕矣永下引詩江之永矣不同者文選登樓賦注引韓詩曰江之漾矣薛君曰漾長也漾卽羕說文本韓詩也通作養書云民養其勸弗救漢書翟方進傳作民長其勸弗救夏小正云執養宮事又云時有養日傳並云養長也引延上文並

云陳也陳長義近引引者釋名云引演也演亦長也齊
語云是以國家不日引不月長漢書律麻志云引者
信也信與伸同故文選典引蔡邕注引者伸也長也
按樂歌皆有引引聲長言之意故樂記注長言之引
其聲也詩楚茨行葦卷阿召旻傳並云引長也引與
矧同矧古字作弞方言云弞長也東齊曰弞按今登
萊間人謂物卷者伸而長之爲弞音辰上聲是弞卽
引也方俗語音有輕重耳延者說文云長行也書云
不少延鄭注言害不少乃延長之離騷云延佇乎吾
將反王逸注延長也延从木爲梴說文梴長木也从
手爲挻說文挻長也是挻梴延聲義俱同矣融者白
虎通云融者續也續有長義又釋丠云再成銳上爲
融丠銳有高義故左氏昭五年傳明而未融服虔注
融高也高與長近故詩昭明有融周語云顯融昭明
毛傳及韋注並云融長也文選笙賦云泓宏融裔李
善注融裔聲長貌通作肜思玄賦云展洩洩以肜肜
李善注融與肜古字通按肜融聲同肜繹義同肜繹
皆祭之明日又祭之名其義爲相尋不絕之意故方

言形繹俱云長也因此此知笙賦之融裔卽形繹又海賦云沖瀜沆瀁李善注深廣之貌按沖瀜沆瀁俱字之疊韵瀜卽融瀁卽羕矣融羕永引延又俱一聲之轉駿者上文云大也大與長義近故詩雨無正及淸廟傳竝云駿長也通作峻離騷云冀枝葉之峻茂兮王逸注峻長也淮南本經篇云山無峻榦高誘注峻榦長枝也方言云駿融延長也竝與此義合

喬嵩崇高也皆高大貌左傳曰師叔楚之崇也**崇充也**亦爲充盛

說文云高崇也釋名云高皐也最在上皐韜諸下也喬者說文云高而曲也必言曲者喬从夭夭屈也故釋木云句如羽喬又云上句曰喬舊注喬高曲是也通作橋詩山有橋松釋文橋本亦作喬南有喬木釋文喬本亦作橋又通作嶠釋山云山銳而高嶠釋名作山銳而高曰喬形似橋也史記五帝紀云黃帝葬橋山正義引爾雅山銳而高曰橋御覽引史記作喬山又通作僑左氏文十一年傳獲長狄僑如穀梁成

二年傳叔孫僑如釋文竝云僑本亦作喬嵩者釋名云嵩竦也亦高稱也白虎通云嵩言其高大也通作崧釋山云山大而高崧釋名崧作嵩詩崧高維嶽孔子閒居引作嵩高維嶽又通作崇周語云融降於崇山韋昭注崇崇高山也夏居陽城崇高所近是崇高即嵩高也又通作崈考工記總目釋文云崇本亦作古崈字漢書郊祀志及地理志竝作崈高集注俱云崈古崇字然則嵩古通作崇又作崈別作崧玉篇以崧爲正體嵩爲重文固非今人又以嵩字說文所無而欲以崇代嵩不知爾雅此文嵩崇竝見經典相承嵩崧通用不得謂嵩字後人所作後漢書靈帝紀熹平五年復崇高山名爲嵩高山是嵩崇非同字與爾雅合矣崇者說文云嵬高也通作宗書云是崇是長漢書谷永傳作是宗是長○充者說文云長也高也高與長義近充訓長者方言云度廣爲尋幅廣爲充是也充訓高者即此文崇轉爲充是也釋名云八達曰崇期崇充也道多所通人充滿其上如共期也鄉飲酒及鄉射禮竝云崇酒又樂記云六成復綴以崇

鄭注並云崇充也按充之言重也爾雅下云崇重也重曡與充滿義相成又言終也詩崇朝其雨曾不崇朝傳箋並云崇終也終竟與充盈義亦相成書云其終出于不祥釋文終馬本作崇云充也葢充崇終俱聲轉義同故音訓可通臧鏞堂爾雅漢注引舍人本崇疑作威然聲義俱不相應俟攷

犯奢果毅剋捷功肩戡勝也 陵犯誇奢果毅皆得勝也左傳曰殺敵爲果肩即剋耳書曰西伯戡黎

勝肩戡劉殺克也 轉相訓耳公羊傳曰克之者何殺之也

劉獮斬刺殺也 書曰咸劉厥敵秋獵爲獮應殺氣也公羊傳曰刺之者何殺之也

勝者說文云任也玉篇云強也彊與任材能過絕於人謂之爲勝勝之言盛也以盛氣葢人又言乘也以氣乘人而上之故書序云周人乘黎傳云乘勝也是其義也犯者說文云侵也小爾雅云突也玉篇云抵觸也曲禮云介胄則有不可犯之色左傳云蒙臯比而先犯之皆謂以氣陵轢於人故犯訓爲勝楚語云

若防大川焉潰而所犯必大矣韋昭注犯敗也犯訓
勝又訓敗者義相足成也奢者說文云張也籀文作
奓文選西京賦云心奓體忲奓卽奢也又云麗美奢
乎許史薛綜注言被服過此二家然則奢訓爲過過
猶勝也郭云誇奢當作夸奢夸奢猶言䶩沙[illegible][illegible]皆
疊韵字也果者倮之叚音也一切經音義九引蒼頡
篇云倮憨也殺敵爲倮倮卽引爾雅倮勝也孫炎曰倮
決之勝也是爾雅古本作倮故釋文倮音果本今作
果倮訓憨者憨亦敢也通作果文選魏都賦云風俗
以䲆果爲嫿李善注引方言曰倮勇也倮與果古字
通謚法云猛以剛果曰威孔晁注果敢行也然則凡
言果能者卽敢能言不果者卽不敢亦卽不勝矣果
聲同過過於人卽勝於人也呂覽適威篇云以爲造
父不過也高誘注過猶勝也莊子至樂篇釋文果本
作過是過果通矣毅者說文云有決也左氏宣二年
傳殺敵爲果致果爲毅楚語云毅而不勇韋昭注毅
果也是毅與果同但義有淺深耳凡臨敵制勝必果
毅兼資故周語云制戎以果毅明果毅能制勝也剋

者尅之俗體也說文尅尤劇也玉篇云尅勝也通作剋又作尅皆俗作也御覽刑法部十八引尚書大傳云弱而受刑謂之尅淮南兵略篇云尅國不及其民是皆以剋爲勝也依正文當作克說文云克肩也象屋下刻木之形釋言云克能也能亦勝故書云剛克柔克鄭注克能也馬注克勝也克與刻音義同故釋名云克刻也刻物有定處人所克念有常心也按爾雅宋本此作剋下作克釋文無剋字知陸本俱作克今空據以訂正蒡捷者說文云獵也則與獵同意又云軍獲得也則與克同意謚法云捷克也克卽勝故詩一月三捷周語云且獻楚捷吳語云事若不捷毛傳及韋注竝云捷勝也功者與攻同說文云攻擊也攻擊與戰勝義近上文云攻善也善勝亦聲轉義近凡言善於此者亦言勝於此也通作功大司馬云若師有功又云若師不功鄭注功勝也漢書董賢傳云賢第新成功堅集注功字或作攻是攻與功通肩者說文以爲克之訓也肩任負何力能勝之謂之克克既爲肩知肩亦爲克故郭云肩卽剋耳書云朕不肩

好貨正義引舍人曰肩強之勝也按肩之爲言堅也堅強與能勝義近堅與賢聲近賢於人卽勝於人矣戡者書序云西伯戡黎正義引孫炎曰戡強之勝也通作戈說文引書西伯戈黎邑部䢼下又引作戡是戡戈通又通作龕文選詩注龕與戡音義同按龕唯音同耳戡訓刺戈訓殺二義皆與勝近但其訓勝之字經典俱假作堪堪訓任任卽勝也故晉語云口弗堪也列子仲尼篇云堪秋蟬之翼韋昭及張湛注竝云堪猶勝也墨子非攻篇云往攻之予必使汝大堪之亦以堪爲勝也藝文類聚及文選注竝引墨子堪作戡○克訓勝又訓殺者書弗逆克奔馬鄭本作弗禦克奔鄭注克殺也不得暴殺紂師之奔走者郭引公羊隱元年傳曰克之者何殺之也穀梁傳曰克者何能也何能也能殺也是皆郭義所本也勝者聘義云用之於戰勝鄭注勝克敵也素問金匱眞言論云所謂得四時之勝者王砅注四時皆以所剋殺而爲勝也勝謂制剋之也肩者下文云作也造作與克制義近詩云佛時仔肩毛傳仔肩克也鄭箋仔肩任也

皆二字連文爲訓其實單文亦通故說文云仔克也明仔肩俱訓克也戡者勝也勝亦爲克故不勝言弗克亦言弗堪堪克聲轉耳劉者逸周書世俘篇云則咸劉商王紂孔晁注劉剋也○殺者說文云戮也釋名云竄也埋竄之使不復見也通作弑大司寇及士冠禮注竝云篡殺釋文竝云殺本作弑劉者說文作鐂云殺也通作劉書云無盡劉詩勝殷遏劉毛傳劉殺也劉聲近膢漢書武帝紀注引漢儀注立秋貙膢伏儼曰膢音劉劉殺也師古曰續漢書作貙劉膢劉義各通然則劉又秋獮之名與獮義同矣獮者說文作獯云秋田也經典俱作獮釋天云秋獵爲獮大司馬注秋田爲獮獮殺也刺者司刺注刺殺也郭引公羊僖廿八年傳刺之者何殺之也說文訓以君殺大夫曰刺葢據春秋書刺之文而壹施之即實非也秋官三刺下逮庶民晉刺懷公又非大夫故晉語云殺懷公於高梁又云刺懷公于高梁證知刺殺通名亦猶弑殺古通用矣

亹亹蠠没孟敦勖釗茂劭勔勉也詩曰亹亹文王蠠没猶黽勉書曰茂哉茂哉方言云周鄭之間相勸勉爲勔釗孟未聞

說文云勉彊也小爾雅云勉力也力猶勸厲故說文又云勸勉也俗作免漢書薛宣傳宣因移書勞免之谷永傳閔免遁樂集注閔免猶黽勉也五行志作閔勉遯樂又俗作俛表記云俛焉日有孳孳鄭注俛焉勤勞之貌是俛即勉也俛本俯字亦音免故俗爲勉矣又通作勱一切經音義六云勉古文勱同又通作邁左氏莊八年傳引夏書曰皋陶邁種德杜預注邁勉也是邁即勱矣亹者說文無之徐鉉謂當作娓釋文亹字或作亹並非也阮雲臺師曰亹讀若皃鷩在亹之亹音門按亹與蠠没孟勉俱一聲之轉亹訓勉者李善吳都賦注引韓詩曰亹亹水流進貌進即勉詩亹亹文王亹亹申伯傳箋並云亹亹勉也勉字亦作重文與亹亹相配故詩勉勉我王荀子富國篇及韓詩外傳俱作亹亹我王禮器注亹亹勉勉也易繫辭

鄭注亹亹沒沒也不同者沒沒即勉勉聲之轉也又轉爲旼旼大戴禮五帝德篇云亹亹穆穆文選封禪文作旼旼穆穆又亹亹文王墨子明鬼篇引作穆穆文王是穆穆旼旼與亹亹勉勉俱聲相轉也亹與亹古音近周禮圉人鄭衆注亹讀爲徽徽从微聲微古讀若眉故春秋莊廿八年經云築郿公羊作築微釋文左氏作麋麋郿音同是微古讀眉之證故玉篇云亹亾匪切亹亹猶微微也一切經音義九引周易劉瓛注亹亹猶微微也是玉篇所本爾雅釋文亦云亹亾匪反徐鉉以亹作娓娓與孅同韓詩以爲誰併予美之美然則亹讀爲美與亹讀爲門又俱聲相轉矣蠠沒者釋文蠠彌畢反又亾忍反本或作蠠引說文曰蠠古密字是蠠無正文假聲爲之蠠沒聲轉爲黽勉故郭云蠠沒猶黽勉也又轉爲密勿詩云黽勉同心文選注引韓詩作密勿同心密勿俛俛也俛俛即黽勉又黽勉從事漢書劉向傳作密勿從事又沒重文作沒沒轉爲勿勿禮器云勿勿乎其欲其饗之也大戴禮曾子立事篇云君子終身守此勿勿也鄭注

及盧辯注竝云勿勿猶勉勉也𧆞沒又轉爲懋慔釋訓云懋懋慔慔勉也又轉爲侔莫方言云侔莫強也北燕之外郊凡勞而相勉若言努力者謂之侔莫又轉爲文莫欒肇論語駁曰燕齊謂勉強爲文莫是文莫即侔莫也又方言云薄努猶勉努也廣雅作薄怒勉也又云文農勉也文農亦卽侔莫是皆古方俗之語音轉字變而其義俱通者也孟者黽之叚音也後漢書趙岐傳云作要子章句要薔黽字之誤古文要作𡨥與黽形近易譌黽與孟聲近叚借水經淸漳水注大黽谷作大要谷矣（見劉攽刊誤吳仁傑補遺）及胡承珙曰趙岐傳借黽爲孟爾雅借孟作黽故孟訓勉卽黽勉也其說是也文選幽通賦曹大家注及漢書敘傳服虔注竝云孟勉也孟聲轉爲亹亹錢氏大昕養新錄云洛誥汝乃是不蘉釋文引馬融注蘉勉也古讀孟如芒釋文蘉莫剛反蓋馬鄭舊音則蘉卽孟矣又轉爲明古讀明亦如芒王引之經義述聞云明勉一聲之轉書盤庚明聽朕言洛誥明作有功公明保予沖子多方爾邑克明顧命爾尚明時朕言皆當訓勉重言之

則曰明明詩江漢云明明天子令聞不已猶言亹亹文王令聞不已也有駜云夙夜在公在公明明言在公勉勉也鄭箋在于公之所明義明德失之矣敦者詩北門及常武釋文竝引韓詩云敦迫也迫促與勸勉義近漢書楊雄傳云敦衆神使式道兮文選典引云靡號師矢敦奮撝之容集注及蔡邕注竝云敦勉也通作惇下文云惇厚也厚與勉義亦近文選西都賦注引爾雅作惇勉也是惇敦通矣勖者說文云勉也詩以勖寡人士昏禮云勖帥以敬先妣之嗣毛鄭竝云勖勉也書云迪見冒釋文冒馬作勖勉也雲臺師曰勖从冒聲當讀與目同今人讀若旭者漢以後音之譌變按說文木冒也是冒木聲同此古音也勖讀若旭者詩以勖寡人坊記引作以畜寡人是勖畜同音其來已久若从古音則勖讀如冒冒勉亦一聲之轉矣釗者方言云勉也秦晉曰釗釋文釗古堯反又之遙反方言注作居遼反居遼之合聲爲教教亦勸勉也之遙之合聲爲招招亦勔釗也茂者懋之叚音也說文云懋勉也本釋訓文又引書曰惟時懋哉

馬融注懋懋美也美勉義近又懋建大命漢石經懋作勖勖懋聲相轉也通作茂詩方茂爾惡易先王以茂對時毛傳及馬融注竝云茂勉也尙書大傳大誓云茂哉茂哉書臯陶謨作懋哉懋哉爾雅釋文茂字又作懋亦作忞文選東京賦注引爾雅作懋勉也云亦作忞者忞說文以爲懋字之省也劭者釋文上照反或上遙反說文云劭勉也讀若舜樂韶是上遙之音合於古讀也漢書成帝紀云先帝劭農晉灼注劭勸勉也文選豪士賦注引爾雅注曰劭美也演連珠注同所引蓋爾雅舊注之文劭又訓美者美勉聲轉義近也勔者偭之叚音也說文云偭勉也通作勔方言勔釗注云勔亦訓勉也文選思玄賦云勔自強而不息兮舊注勔勉也又通作僶爾雅釋文勔字本作僶又作黽或音泯又彌兖反按僶卽黽之或體泯卽彌兖之轉音今從彌兖反者

方言注勔音沈湎是也

鶩務昏暋強也馳鶩事務皆自勉強書曰不昏作勞暋不畏死

強亦勉也強有二義勉強之強說文作勥云迫也剛強之強說文作彊云弓有力也然彊勥二字經典俱通作強強下文云強勤也一切經音義六引蒼頡篇云強健也爾雅此條則主強力而言郎詩載芟傳云彊彊力也鶩者敄之叚音也說文云敄彊也通作鶩說文鶩亂馳也穆天子傳云天子西征鶩行薀馳鶩有并力進取之意故爲強也又通作鶩淮南主術篇云魚得水而鶩高誘注鶩疾也鶩疾亦馳鶩之意也務者說文云趣也疾趣與馳鶩同意淮南修務篇云名可務立功可彊成又云名可彊立功可彊成是務郎彊矣故荀子富國篇云僡然要時務民楊倞注務勉強也公羊定二年傳云不務乎公室也何休注務勉也然則務又訓勉務勉聲轉古讀務如冒聲轉爲勱一切經音義引埤蒼云勱強也勉也勤也勱之爲強又爲勉亦如務之爲勉又爲強矣昏者書云不昏作勞文選西京賦云何必昏於作勞薛綜注昏勉也書盤庚正義引鄭注昏讀爲暋暋勉也又引孫炎曰昏夙夜之強也通作暋書釋文云昏本或作暋音敏爾

雅昏暋皆訓強故兩存周禮釋文亦同又通作愍不
昏作勞大司寇注作民不愍作勞釋文愍本又作昏
按昏一从民聲故从民之字俱音同字通矣暋者敃
之叚音也說文敃彊也玉篇敃暋同通作忞說文忞
彊也引周書曰在受德忞今書立政篇作在受德暋
說文敯冒也引書曰敯不畏死敯訓冒與強義亦近
孟子引康誥作閔不畏死又君奭予惟用閔
于天越民傳云閔勉也是皆以聲爲義也

卬吾台予朕身甫余言我也卬猶姎也語之轉耳書曰非台小子古者貴賤皆自稱朕禮記云授政任功曰予一人畛於鬼神曰有某甫言見詩

朕余躬身也今人亦自呼爲身

台朕賚畀卜陽予也賚卜畀皆賜與也與猶予也因通其名耳魯詩云陽如之何今巳濮之人自呼阿陽

說文云我施身自謂也按我从手手古垂字施垂下之貌古人謙卑凡自稱我必垂下其身故云施身自

謂也虞翻易注坤爲自我葢坤亦卑順之義也易云觀我生孟子云萬物皆備於我虞翻及趙岐注竝云我身也身訓我我亦訓身轉注之義也我聲近阿木蘭詩云阿耶無大兒阿耶猶言我父也晉書潘岳傳云負阿母阿母猶言我母也卬者與姎同故郭云卬猶姎也說文姎女人自稱我也錢坫說文斠詮云後漢書長沙武陵蠻相呼爲姎徒姎徒猶我徒也今伊犂烏魯木齊等回民稱女曰姎哥按姎卬我竝聲相轉今方俗語謂我爲俺俺亦聲轉但說文俺訓大於義又不當自謂也詩中卬字三處毛皆訓我書大誥云不卬自恤漢書翟方進傳作不身自恤身即我矣吾者說文云我自稱也士冠禮云願吾子之教之也鄭注吾子相親之辭吾我也子男子之美稱管子海王篇云吾子食鹽二升少半尹知章注吾子謂小男小女按吾子猶言我子耳台者與儀同詩云如食宜饇釋文宜本作儀引韓詩云儀我也按說文云義己之威儀也葢威儀之儀說文作義義从我因訓我故云己之威儀己即我也春秋繁露云義者謂宜在我

者又云義者我也是義訓我之證然則訓我之台正當作義叚借作台韓詩之儀卽義之叚音耳予者白虎通云予亦我也詩予又集于蓼毛傳予我也詩內予字傳訓止此一處餘鄭箋與毛同朕者說文云我也白虎通云或稱朕何亦王者之謙也朕我也蔡邕獨斷云朕我也古者尊卑共之貴賤不嫌則可同號之義也是朕爲通稱上下所同故書皋陶曰朕言惠離騷云朕皇考曰伯庸是古尊卑同號之證也秦以後乃爲天子自稱而說者云天子稱朕但以聞聲斯言謬矣彼謂朕兆之眹而非朕我之朕也身者郭云今人亦自呼爲身按今時唯獄詞訟牒自呼爲身身之爲言人也世說載晉時有自稱民者民亦人耳今時平民自稱民人市商自稱商人亦其義也然則自稱爲人亦如自呼爲身矣甫者說文以爲男子美稱禮記鄭注以爲某甫但字皆非爾雅之恉訓我之甫詩小雅甫田箋甫之言丈夫也是甫訓爲夫檀弓注夫夫猶言此丈夫卽其義也或言老夫者猶言老人耳曲禮云自稱曰老夫鄭注老夫老人稱是也或言

一夫者猶言一人耳白虎通云王者自謂一人者謙也欲言己材能當一人耳然則甫之爲言夫也夫之言丈夫丈夫男子之通稱猶蕭育自稱杜陵男子張奝自稱男子張君嗣皆其比也余者說文云語之舒也是余爲舒遲之我也余予古通用故論語云百姓有過在予一人周語引湯誓曰萬夫有罪在余一人郭引曲禮云授政任功曰予一人鄭注引覲禮曰伯父寔來余一人嘉之是余予古字通之證故鄭又云余予古今字葢言予古文作余覲禮余一人是也禮覲作予盍曲禮注訝疏據今文作予曲禮予一人是也必知古文作余者隸續載魏三體石經書大誥云余惟小子晉姜鼎銘云余惟嗣朕先姑君晉邦余不昬妄石經鼎銘皆古文作余卽知作予者爲今文矣是鄭君之意乃因經傳余予通用而別以古文今文非謂余予同字匡謬正俗誤會鄭意乃云因鄭此說學者遂皆讀予爲余又云庥觀詞賦予無余音此駁非矣今以聲義求之余予不妨同音余予不嫌非同字據玉篇廣韵予以諸切又餘佇切本兼二音曲禮釋文予依

字音羊汝反鄭云余予古今字則同音餘是陸德明誤讀鄭注與顏師古同矣言者詩內言字傳箋竝訓我莊子山木篇云言與之偕逝之謂也釋文亦云言我也蓋言與台余俱聲相轉故其義同○身旣訓我我又稱身故轉相訓說文云身躳也象人之身通作信大宗伯云侯執信圭伯執躳圭鄭注信當爲身聲之誤也身圭躳圭蓋皆象以人形爲瑑飾文有麤縟耳欲其慎行以保身圭皆長七寸又通作伸釋名云身伸也可屈伸也荀子儒效篇云是猶傴伸而好升高也楊倞注伸讀爲身字之誤也按身伸信三字古同聲通用此皆叚借耳鄭君及楊倞以爲字聲之誤卽實非矣朕又訓身者朕之爲言審也宜審慎者莫如身朕之爲審蓋與帝之爲諦其義同矣余又訓身者余爲語之舒舒緩亦詳審之意左氏僖九年傳小白余杜預注余身也正義引舍人曰余卑謙之身也孫炎曰余舒遲之身也舒與身又聲轉義同矣躳者說文作躳云身也或从弓作躬按躬从身亦訓爲身周禮身圭躬圭其義同故躬爲身身亦爲躬轉相訓

也○予旣訓我又爲賜與與予聲同故郭云與猶予
也說文予推予也象相予之形然則台朕陽爲予我
之予賚畀卜爲賜予之予一字兼包二義故郭云囙
通其名耳賚畀予上文竝云賜也賜卽予故又爲予
也賚者詩序云賚予也方言云予賴也賴賚聲同廣
雅云俚賴也俚釐聲同詩釐爾女士毛傳釐予也畀
者說文云相付與之約在閣上也詩何以畀之傳畀
予也穀梁僖廿八年傳畀與也通作俾逸周書祭公
篇云付俾于四方孔晁注付與四方也又通作埤方
言云埤貯予也按古人多名畀我楚昭王之妹曰季
芈畀我左氏襄廿三年經云邾畀我公羊及春秋繁
露俱作鼻我說文云鼻引气自畀也是畀鼻聲義同
卜者詩云君曰卜爾卜爾百福傳箋竝云卜予也秉
畀炎火釋文秉韓詩作卜卜報也按報當讀爲赴縱
儀毋報往注故白虎通云卜赴也然則赴告亦相推予也
陽者易說卦云爲妾爲羊漢上易傳引鄭本羊作陽
注云此陽謂爲養无家女行賃炊爨今時有之賤於
妾也然則陽之爲言養也女之賤者稱陽猶男之皁

者呼養也毛詩傷如之何郭引魯詩作陽如之何是鄭爲陽之說本於魯詩也郭云今巴濮之人自呼阿陽者阿郎我也魏志東夷傳云東方人名我爲阿然則自呼阿陽亦如自稱斯養矣陽姎義亦相近

肅延誘薦餤晉寅藎進也禮記曰主人肅客詩曰亂是用餤王之藎臣易曰晉進也寅未詳

羞餞迪烝進也皆見詩禮

說文云進登也釋名云進引也引而前也詩常武箋及儀禮注竝云進前也呂覽論人篇注進薦也薦進互訓引前義同淮南要略篇注楚人謂精進爲精搖此則方俗之異言矣肅者下文云疾也速也俱與進義近詩民有肅心鄭箋肅進也通作宿士冠禮云乃宿賓鄭注宿進也特牲饋食禮云乃宿尸鄭注宿讀爲肅肅進也又通作速注又云凡宿或作速記作肅周禮亦作宿是宿速肅俱以聲爲義也延者引之進也儀禮祝延尸注延進也曲禮主人延客祭注延道也道引亦進之也故引訓長延亦訓長也引訓陳延

亦訓陳也引訓進延又訓進也明此二字聲義俱同矣誘者說文作㕗云相訹呼也或作誘古文作羑羊部云羑進善也从羊久聲是羑與羞同意玉篇云羑導也導與道通用故詩吉士誘之毛傳誘道也樂記云知誘於外鄭注誘猶道也引也是皆以道爲導也誘通作牖詩天之牖民毛傳牖道也牖民孔易韓詩外傳及樂記俱作誘民孔易鄭注誘進也易坎云內約自牖釋文牖陸本作誘按牖爲窗牖所以進明與誘聲義俱同是明之進矣薦者上文云陳也陳之進也薦又訓爲薦藉是藉之進也餤者詩巧言傳餤進也龍龕手鑑四引爾雅舊注云餤甘之進也葢本詩盜言孔甘而爲說史記趙世家云故以齊餤天下趙策餤作餌是餤葢以甘言誘敵之意通作啖故史記樂毅傳云令趙嚪秦以伐齊之利集解徐廣曰嚪進說之意索隱曰嚪與啗同然則嚪啗俱啖之或體啖餤皆誘進之意又通作鹽爾雅釋文餤沈大甘反徐仙民詩音閻餘占反表記釋文餤徐本作鹽以占反是徐邈讀餤爲鹽其字因亦作鹽鹽之爲言豔也豔

猶引也故郊特牲注鹽讀爲豔古樂府有谷谷鹽鹽亦作豔谷谷豔猶谷谷引也引亦誘進之意也餤聲又近禫喪大記注禫或皆作道士虞禮記注古文禫或爲導說文谷部亦云㐁讀若三年導服之導然則禫古字作導禫之爲導亦如餤之爲啖茲引而進之之意餤啖禫導俱聲轉而義同矣晉者釋文本又作晉說文云晉進也日出萬物進五經文字云晉石經作晉易序卦云晉者進也雜卦云晉晝也晝晉聲轉又與日出物進之義合文選幽通賦云盍孟晉以迨羣兮曹大家注晉進也寅者釋名云演也演生物也漢書律麻志云引達於寅然則引導演長俱進之意通作夤玉篇云夤進也按夤緣爲干進之言義出於此說文夤訓敬惕下文云寅敬也是寅又爲敬之進矣藎者與燼同釋文藎本又作燼詩桑柔釋文同是燼藎通按燼俗字說文作㶳云火餘也方言云藎餘也自關而西秦晉之間炊薪不盡曰藎然則藎之言不盡也不盡者有餘是藎爲有餘之進也故詩王之藎臣逸周書皇門篇云朕藎臣夫明爾德毛傳及孔

晁注竝云蓋進也○羞者說文云進獻也羞美俱从羊羊善也有美善可進獻也故周禮籩人注薦羞皆進也未食未飲曰薦旣食旣飲曰羞庖人注備品物曰薦致滋味乃爲羞然則羞薦對文則別散文則通故云薦羞皆進也又月令云羣鳥養羞夏小正云丹鳥羞白鳥傳云羞也者進也不盡食也是羞又爲進食之通名矣餞者說文云送去也按餞爲送行行有進意送而飲之酒亦所以進之也通作踐踐履不傍所謂精進也司尊彝注故書踐作餞士虞禮記注古文餞爲踐是踐餞通迪者下文云作也道也動作導引義皆爲進詩云弗求弗迪毛傳迪進也漢書禮樂志云百鬼迪嘗敘傳云亦迪斯文皆以迪爲進也通作軸詩碩人之軸毛傳軸進也蓋軸迪竝从由聲迪亦音逐故與軸通矣烝者說文云火气上行也書云不蠲烝馬融注烝升也然則烝蓋升之進也詩是烝是享烝我髦士傳俱訓進書烝烝乂後漢書和憙鄧皇后紀注引孔安國注及詩泮水箋竝云烝烝猶進進也釋天冬祭曰烝注云進品物也

詔亮左右相導也皆謂教導之**詔相導左右助勴也**勴謂贊勉**亮介尚右也**紹介勸尚皆相佑助**左右亮也**反覆相訓以盡其義

說文云導導引也釋名云導陶也陶演已意也陶演卽導引聲之轉耳通作道孝經釋文導本或作道爾雅釋文道本或作導注及下同是導陸本作道道之爲言教也教導之俾遵循於道故淮南繆稱篇注道教也道導教同義故論語云道之以德鹽鐵論授時篇作教之以德矣詔者釋名云詔照也人暗不見事宜則有所犯以此照示之使昭然知所由也一切經音義二引三蒼云詔告也玉篇云告也教也導也按詔與召義亦近召爲呼召詔亦口導故楚辭招魂序云以言曰召是詔爲言之導矣經典詔皆訓告周禮詔字屢見又儀禮禮記左傳國策俱有詔字蔡邕獨斷云三代無其文秦漢有之者謂制詔之名起於秦漢非秦以前無詔字也亮者與諒同諒訓信已見上文是諒爲信之導也通作涼詩涼彼武王傳涼佐也

佐亦導也釋文涼本亦作諒韓詩作亮云相也相亦導也是亮與諒同經典通用書惟時亮天工史記五帝紀作惟時相天事左右者釋文音佐佑下同葢佐佑卽左右之俗作也經典雖亦相承通用古書仍作左右輔佐啟佑皆所以爲教導也○勴者勴字之省也說文云勴助也教導所以爲贊助故又爲勴也詔者从召口之助也周禮大宰以八柄詔王馭羣臣鄭注詔告也助也相者从目視之助也書呂刑云今天相民馬融注相助也導者从寸法度之助也法度繩人引以當道故孟子云得道者多助失道者寡助是導訓助之義也左者从手手之助也說文左ナ手相左也通作佐釋名云佐左也在左右也周禮序官以佐王均邦國鄭注佐猶助也右者从手口手口之助也故說文右字分二部口部云助也又部云手口相助也右皆訓助詩彤弓傳右勸也勸勉亦相助也通作佑詩保右命之中庸作保佑命之又通作祐說文祐助也易繫辭云祐者助也无妄云天命不佑釋文佑本又作祐馬本作右又通作侑繫辭云可與祐神

釋文祐荀本作侑又左右二字連文其義亦同故詩左右流之實左右商王傳箋竝云左右助也左右既訓助因而詔相卽訓左右周禮大僕注相左右也大行人注詔相左右教告之也易泰集解引鄭注輔相左右助也是皆轉相訓而義俱通矣助者說文云左也通作佐故小爾雅云助佐也釋名云助乍也乍往相助非長久也按助从且聲且與徂同故云往相助也以乍爲訓則失之○既言左右又單言右者舉右以包左也右既訓助又兼尊也上也二義尊上卽所以爲助也亮者既訓信又訓右者信之右也故繫辭云天之所助者順也人之所助者信也卽其義也介者上文訓大訓善又訓右者大善之右也詩言介壽介福介稷黍之類俱以右助兼大善之義故攸介攸止傳介大也箋介左右也亦二義相足成也詩正義引孫炎曰介者相助之義郭云紹介相佑助與孫義同也尚者一切經音義廿五引蒼頡訓詁云尚上也文選東京賦注尚高也高上義相成故詩蕩云人尚乎由行傳訓尚爲上抑云肆皇天弗尚箋訓尚爲高

按尙俱當訓右人尙乎由行言小人佑助其行也肆皇天弗尙尙言天命不佑助也傳箋義亦近也郭云勸尙者蓋以聲轉借尙爲相也易象傳云君子以勞民勸相王弼注相猶助也是郭義所本楚辭天問篇云登立爲帝孰道尙之道與導同道尙卽導相猶相導也王逸注訓爲尊尙亦近之○左訓亮者詩大明傳涼佐也右訓亮者卽此上云亮右也然則亮亦相也相亦左右也左右亦助也是皆義訓之反覆相通者

緝熙烈顯昭晧頴光也詩曰學有緝熙于光明又曰休有烈光

說文云光明也从火在人上光明意也釋名云光晃也晃晃然也亦言廣也所照廣遠也詩南山有臺傳光明也敬之傳光廣也皇矣傳光大也三訓不同者按說文光古文作炗廣从黃聲黃从炗聲庶亦从炗與廣同意故光訓廣也廣與大同故訓大也光與桄通故釋言云桄充也孫炎本桄作光又與橫通故書光被四表後漢書馮異傳作橫被四表橫廣俱从黃聲也緝熙者詩凡四見昊天有成命云於緝熙周語

引而釋之云緝明也熙廣也毛傳用國語鄭箋廣當爲光韋昭注熙光大也與鄭義同然光廣古同音廣卽光也是皆本爾雅爲訓故文王毛傳云緝熙光明也維清敬之鄭箋竝與毛同光卽廣字之音明卽緝字之訓無可疑矣熙字从火與烈同意烈者火之光也顯者下文云見也見之光也說文顯頭明飾也从㬎聲㬎从日中視絲古文以爲顯字是顯古作㬎日中視絲故訓光又訓見皆本古文爲說也通作憲詩顯顯令德中庸作憲憲令德葢憲有表明之義小司寇注憲表也朝士注憲謂幡書以表明之皆其義也昭者下文亦云見也說文日明也則與顯義同通作炤中庸云昭昭之多又云亦孔之昭釋文竝云昭本作炤又通作照穀梁傳廿七年經云齊侯昭卒釋文昭或作照老子云俗人昭昭釋文昭一本作照孫叔敖碑云處幽暗而照明嚴訢碑云去斯照照俱以照爲昭也晧者說文云日出皃又暭云晧旰也楚辭怨思篇注晧旰光也通作昦釋天云夏曰昦天釋文晧本亦作昦晧光明也日出也荀子賦篇云晧天不復

憂無疆也楊倞注晧與昊同又通作顥一切經音義十八引三蒼云晧古文顥同文選古詩李少卿與蘇武詩云晧首以爲期李善注晧與顥古字通按商山四顥書作四晧亦其證矣頫者釋言與桄俱訓充也說文云火炏也詩不出于頫毛傳頫炏也通作耿說文云杜林說耿炏也離騷云彼堯舜之耿介兮王逸注耿炏也又通作烱說文云烱炏也文選登巴陵城樓詩云烱介在明淑李善注耿與烱同引蒼頡篇曰烱明也

劼鞏堅篤掔虔膠固也劼虔皆見詩書易曰鞏用黃牛之革固志也掔然亦牢固之意

說文云固四塞也蓋其字从囗四面閉塞牢固難破也通作故哀公問注固猶故也投壺注固之言如故也論語云固天縱之將聖論衡知實篇作故天縱之將聖又通作錮文選求通親親表云禁固明時李善注固與錮通又通作假詩假哉天命毛傳假固也假讀如古聲借爲固矣劼者硈之叚音也釋文劼或作

硈說文硈石堅也釋言云硈鞏也通作劼說文劼愼也愼固義近書云汝劼毖殷獻臣傳云劼固也義與砎同晉書音義引字林云砎堅也鞏者束之固也說文鞏以韋束也郭引易曰鞏用黃牛之革革初九文又曰固志也遯六二象文郭蓋以意引經也詩無不克鞏毛傳鞏固也楚辭離世篇云心鞏鞏而不夷王逸注鞏鞏拘攣貌也拘攣亦堅固之意轉作管史記平準書云欲擅管山海之貨集解引或曰管固也固管鞏一聲之轉也篤者下文云厚也厚與固義近釋名云篤築也築堅實稱也後漢書班彪傳論云何其守道恬淡之篤也李賢注篤固也掔者下文亦云厚也與篤同意說文掔固也从手臤聲讀若詩赤舄掔掔今詩作赤舄几几蓋几掔聲轉字通掔掔猶急急也故曲禮云急急繕其怒鄭注急猶堅也繕讀曰勁然則急繕猶言堅勁毛傳几几絇貌蓋絇之言拘拘亦堅固之意也釋文掔音牽又卻閑反二音俱本玉篇掔云卻閑去賢二切去賢之音爲牽卻閑之音爲堅也亦通作堅又通作牽易牽羊悔亾子夏傳牽作掔

公羊定十四年經云公會齊侯衞侯于堅釋文堅本又作掔左氏作牽是牽掔與掔音同之證也又轉爲掔廣雅云掔堅也玉篇掔口閒切又轉爲硻說文硻餘堅者玉篇硻口耕切別作硜論語皇侃疏硜硜堅正難移之貌也虔者敬之固也經典虔多訓敬敬固義近詩虔共爾位有虔秉鉞毛傳竝云虔固也書奪攘矯虔漢書武帝紀注孟康曰虔固也矯稱上命以財賄用爲固顏師古曰妄託上命而堅固爲邪惡者也膠者昵之固也說文膠昵也昵䵒同釋言云䵒膠也詩德音孔膠毛傳膠固也禮王制云周人養國老於東膠鄭注膠之言糾也膠或作繆按繆訓急也急亦堅也膠糾古音疊韻故楚辭遠遊篇云形蟉虬而逶迆蟉虬與膠糾近

疇孰誰也易曰疇離祉

釋名云誰推也有推擇言不能一也說文云誰何也呂覽貴信篇注誰猶何也史記秦始皇紀云陳利兵

而誰何文選過秦論注誰何問之也疇者𠷎之叚音也說文𠷎誰也从口𠷎又聲𠷎古文疇又白部云𠷎詞也从白𠷎聲𠷎與疇同引虞書帝曰𠷎咨此二文經典俱通作疇故易否云疇離祉釋文疇鄭作古𠷎字詩祈父箋若𠷎圻父釋文𠷎古疇字爾雅釋文疇本又作𠷎此三文蓋皆𠷎字之省也書疇咨若時登庸史記五帝紀作誰可順此事疇若予工作誰能馴予工又通作訓魏元丕碑云訓咨羣寮劉寛碑云訓咨儒林竝以訓爲疇也又通作譸文選西征賦注引聲類曰譸亦疇字也引爾雅曰疇誰也晉書音義云疇一作訓一作譸又一作𠷎是皆同聲叚借之字也孰者熟之本字孰誰聲轉字通故詩誰能執熱墨子尚賢篇作孰能執熱

暀暀皇皇藐藐穆穆休嘉珍禕懿鑠美也自穆穆已上皆美盛之貌其餘常語

美好也善也故說文云美與善同意通作媺大司徒云一曰媺宮室鄭注媺善也釋文云媺音美廣韵云媺美同又通作娓詩誰侜予美釋文美韓詩作娓娓者說文云允美也與旺同廣韵云旺美允暀旺同又王云盛也義亦相近古讀皇聲如王王聲如往故詩楚茨箋皇暀也泮水箋皇皇當作暀暀暀暀猶往往也皇者白虎通云君也美也大也君義已見上文又訓美者詩繼序其皇之上帝是皇毛傳竝云皇美也烝烝皇皇毛傳皇皇美也聘禮記云賓入門皇鄭注皇自莊盛也莊盛義亦爲美也皇與煌同故詩采芑斯干傳箋竝云皇猶煌煌也通作王聘禮記注古文皇皆作王又通作黃呂覽功名篇云缶醯黃蜹高誘注黃美也易繫辭云黃帝風俗通聲音篇作皇帝左氏宣十七年傳苗賁皇說苑善說篇作釁蚡黃是黃皇通然則詩之狐裘黃黃推其義亦卽皇皇矣藐者懇之叚音也說文懇美也通作藐詩旣成藐藐毛傳美貌又藐藐昊天鄭箋美也毛傳以爲大貌美大義近也文選西京賦云眳藐流眄薛綜注以藐爲好好

亦美也又通作眇楚辭湘夫人篇云目眇眇兮愁予王逸注眇眇好貌也又轉爲眠詩眠釋文引韓詩云眠美貌眠藐一聲之轉也穆者敬而美也詩清廟傳穆美也文王及邢傳箋竝云穆穆美也少儀云言語之美穆穆皇皇鄭注美當爲儀然儀訓善善亦美也穆義與茂同漢書武帝紀云茂才異等後漢書章帝紀云聖德淳茂皆以茂爲美也茂穆又一聲之轉矣休者易休否大人吉詩亦孔之休以爲王休毛傳竝云休美也江漢長發鄭箋竝同又釋言云休慶也楚語注休嘉也周語注休喜也廣雅休善也善喜嘉慶其義亦俱爲美也休與烋同玉篇云烋火㸚切美也福祿也慶善也是烋休字異音義同嘉者說文云美也美善同意故上文云嘉善也嘉假同音故下文云假嘉也聲轉爲佳故淮南說林篇云佳人不同體高誘注佳美也廣雅云佳好也珍者寶之美也說文云珍寶也華嚴經音義上引國語賈逵注云珍美也禮儒行注珍善也禕者玉篇云於宜切美皃又歎辭文選東京賦云漢帝之德侯其禕而薛綜注禕美也通

作委釋訓云委委美也釋文委諸儒本竝作禕於宜反舍人云禕禕者心之美引詩亦作禕是禕禕竝與委通又通偉與瑋莊子大宗師篇云偉哉夫造物者釋文引向秀注偉美也一切經音義一云偉埤蒼作瑋同于鬼反文選吳都賦云瑋其區域劉逵注瑋美也易泰釋文引傳氏注云彙古偉字美也又通作徽禮大傳云殊徽號鄭注徽或作禕又禕猗聲義同禮大學注猗猗喻美盛然則猗猗又卽禕禕矣懿者說文云專久而美也易象傳云君子以懿文德詩烝民時邁傳箋竝云懿美也鑠者目之美也方言云好目謂之順驢瞳之子宋衞韓鄭之閒曰鑠是鑠謂目好流兊鑠鑠也後漢書馬援傳云矍鑠哉是翁意正如此通作爍故顏延之宋文皇帝元皇后哀策文云圜精初爍文選注引郭方言注爍言兊明也是爍鑠同詩於鑠王師毛傳鑠美也太玄斷云乃後有鑠范望注亦云鑠美也史記李斯傳云鑠金百鎰索隱引爾雅又言百鎰之美也

諧輯協和也 書曰八音克諧左傳曰百姓輯睦 **關關噰噰音聲和也** 皆鳥鳴相和 **勰燮和也** 書曰燮友柔克

和者調也適也不爭也謚法云和會也漢書注和合也廣雅云和諧也通作龢說文云調也讀與和同又通作盉說文云調味也拔盉爲調味龢爲調聲本皆字別爲義經典俱叚借作和又通作咼淮南說山篇云咼氏之璧高誘注咼古和字又通作瑀文選覽古詩注云瑀古和字諧者說文云論也論卽合也合亦和也書克諧以孝史記五帝紀作能和以孝謨明弼諧夏紀作謀明輔和通作龤說文樂和龤也引虞書曰八音克龤今書作諧輯者車之和也詩辭之輯矣輯柔爾顏毛傳並云輯和也通作揖書輯五瑞五帝紀及郊祀志俱作揖五瑞詩螽斯釋文揖子入側立二反是揖有輯音也又通作緝文選褚淵碑文云衣冠术緝李善注引爾雅曰緝和也緝與輯同又通作戢詩思輯用光孟子作思戢用光又通作集辭之輯

矣新序雜事篇作辭之集矣左氏僖廿四年注及襄十九年傳釋文竝云輯本作集又與習同詩谷風傳習習和舒貌文選補亾詩云輯輯和風李善注輯輯風聲和也輯與習同是習輯聲近義亦通矣協者說文云衆之同和也書云有衆率怠弗協史記殷紀作有衆率怠不和相協厥居宋世家作相和其居通作叶周禮大史云與羣執事讀禮書而協事鄭注故書協作叶杜子春云叶協也大行人云協辭命鄭注故書作叶詞命又通作旪書協用五極五行志作旪用五紀按旪叶俱協之古文見說文又通作汁文選西京賦云五緯相汁以旅于東井大行人注引鄭司農云汁當爲叶大史注杜子春云書亦或爲協或爲汁方言云協汁也自關而東曰協關西曰汁按汁本音執又音輯方言之汁當讀如輯故西京賦注引方言曰汁叶也下有之十切三字爲今本所無但之十音亦非今按方言之協汁當郎爾雅之協輯也葢汁有輯音亦有協音故大史及大行人釋文竝云汁之十反音執又音協劉子集反然則子集之音爲輯劉昌

宗讀汁爲輯正合爾雅及方言之義爾雅協輯同訓爲和方言協汁亦同訓爲和也○因釋和義而及音訓聲之和也說文咊相譍也大戴記保傅篇及賈子容經篇並云聲曰和周語云聲應相保曰和是皆和之著之聲音者也關關雝雝者鳥聲之和也詩關雎傳關關和聲也匏有苦葉傳雝雝鴈聲和也拔卷阿鳳皇鳴亦曰雝雝不獨鴈也通作雍詩有來雝雝漢書劉向及韋玄成傳並作有來雍雍又通作噰詩和鸞雝雝容經篇作和鸞噰噰又南都賦及歸田賦笙賦注並引噰噰作嚶嚶疑因釋訓丁丁嚶嚶相涉而誤也天台山賦注又引作噰噰四子講德論注又作邕邕釋訓云廱廱和也樂記又作雝雝和也以上諸文並皆叚借或從俗作說文雝本鳥名借爲鳥聲作雝爲正○又申釋和義也說文云劦同思之和協同心之和協與協通釋文勰本又作協是協勰又通矣燮者說文云和也詩燮伐大商毛傳燮和也東京賦云北燮丁令南諧越裳薛綜注燮諧皆和也說文云燮讀若溼左氏襄八年經云獲蔡公子燮穀梁作公子燮

溼

從申神加彌崇重也 隨從彌輔增崇皆所以爲重疊神所未詳

重有二音直隴切者說文云厚也玉篇云不輕也直龍切者廣雅云再也內則注陪也二者義亦相成故詩大車箋重猶累也重累卽加厚之意二讀俱通故大車及大明釋文皆兼二音於義方備爾雅釋文但取直龍一音失之矣從者亦兼疾龍才用二音說文從隨行也隨行爲追陪之意故訓爲重蓋二人立一人參焉曰參一人行一人從焉曰重參參從重俱聲義近顏氏家訓書證篇引延篤戰國策音義云從牛子然則子者身之陪貳其義亦爲重矣申者書云天其申命用休史記夏紀作天其重命用休詩福祿申之白天申之申錫無疆毛傳竝云申重也申與神同故說文申神也可知神亦申矣神與伸身竝音同字通釋名云申身也申訓身與申訓神義亦同故說文㑗神也㑗卽身也詩大任有身毛傳身重也鄭箋重

謂懷孕也然則身中復有一身因訓爲重故素問奇
病論云人有重身九月而瘖是其義也身訓重故廣
雅云重傴也義本毛傳是傴卽身身亦神神竝古字通
借毛萇借身爲神故訓爲重義本爾雅郭意未了故
云未詳神與伸俱从申聲其義又同故古微書引禮
含文嘉云神者信也信卽伸字亦借爲身周禮信圭
卽身圭可知身伸神三字古皆叚借通用爾雅申神
竝訓爲重無可疑矣加者增也益也故爲重禮少儀
注加猶多也內則注加猶高也周語注加猶上也竝
與重義近通作駕莊子庚桑楚篇釋文加崔本作駕
云加也是加駕同彌者說文輔也重也彌輔義見下
文又訓重者方言彌高也廣雅彌上也上高俱加字
之訓又與崇義同矣崇者上文云高也充也充與高
義皆爲重詩福祿來崇公羊僖卅一年傳不崇朝而
徧雨乎天下毛傳及何休注竝云崇重也詩維
王其崇之鄭箋又云崇厚也厚卽重字之訓

㲄悉卒泯忽滅罄空畢罊殲拔殄盡也 㲄今直語耳忽然盡貌今江東

呼厥極爲罄餘皆見詩

說文云盡器中空也墨子經上篇云盡莫不然也凡言盡者俱不出此二義小爾雅云盡止也呂覽明理篇注盡極也極止俱窮盡之義盡之爲言進也釂也說文云進盡也又云釂飲酒盡也盡釂進俱一聲之轉也㲉者史記秦始皇紀云雖監門之養不㲉於此索隱曰㲉音學謂盡也又古學反正義曰又苦角反引爾雅云㲉盡也李斯傳集解徐廣曰㲉一作㲉特牲饋食禮記注古文㲉皆作㲉是㲉㲉竝音近字通管子地員篇云剛而不㲉尹知章注㲉薄也薄與盡義亦近郭云今直語盡當時方言耳悉者心之盡也悉从心从釆說文云詳盡也尚書大傳云乃汝其悉自學工悉盡也聲轉爲洗書云厥父母慶自洗腆釋文引馬融注洗盡也又轉爲澌方言云澌盡也澌斯同詩王赫斯怒箋斯盡也斯音賜亦作賜文選西征賦云若循環之無賜李善注引方言曰賜盡也又轉爲索一切經音義三引蒼頡篇云索盡也亦儩也

傷卽賜字然則賜索斯洗俱與悉同矣泯者與沒同義沒爲洗沒亦爲滅沒皆盡之意故詩正義引李巡云泯沒之盡也詩靡國不泯左氏成十六年傳是大泯曹也毛傳及杜預注竝云泯滅也泯滅沒又俱一聲之轉也忽者說文云忘也是忘之盡也忘與芒聲義近故方言云忽芒也芒滅也蓋芒之爲言亡也忽之爲言沒也故忽芒俱訓滅詩是絕是忽傳忽滅也按一蠶所吐爲忽十忽爲絲絲毫微杪易於滅盡故又爲盡也忽有暴疾之義左氏莊十一年傳其亡也忽焉文五年傳不祀忽諸是忽又爲猝暴之盡矣罄者說文器中空也詩罄無不宜缾之罄矣傳竝云罄盡也一切經音義九引孫炎曰罄竭之盡也通作磬樂記注磬當爲罄左氏僖廿六年傳室如縣罄魯語作室如縣磬淮南覽冥篇磬龜無腹高誘注磬空也又通作窒說文缶部引詩缾之罄矣穴部引作缾之窒矣窒空也畢者戰之叚音也說文云戰盡也通作畢畢有止義加走爲𧼘蹕所以止行也加糸爲縪纚車所以止車也止卽盡也畢之爲言必也必訓極

極亦盡也罄者說文云器中盡也釋文罄苦計反本或作慗引廣雅云慗勮也今廣雅作慗極也按慗與御同方言御㑭也說文慗憖也郭氏以極訓盡而欲俗慗爲罄非罄之本解殲者說文云微盡也詩黃鳥傳殲盡也春秋莊十七年經云齊人殲于遂正義及書正義竝引舍人曰殲衆之盡也殲于遂左穀作殲公羊作瀸云瀸積也何休注瀸之爲死積死非一之辭故曰瀸積釋文云積本又作漬曲禮云四足曰漬鄭注漬謂相瀸汙而死也引春秋傳曰大災者何大漬也公羊莊廿年傳漬作瘠釋文瘠一本作漬然則瀸漬衆多故會意爲盡漬積瘠殲俱一聲之轉矣拔者蒲撥蒲八二音蒲八之拔猶言把絕也陳根悉拔故爲盡蒲撥之拔則少儀云毋拔來毋報往鄭注報讀爲赴疾之赴拔赴皆疾也然則拔之爲言暴也與卒猶忽義近又言撥也與絕滅義同詩云本實先撥鄭箋撥猶絕也又同顚沛之沛毛傳訓沛爲拔鄭箋顚沛卽顚拔矣

苞蕪茂豐也苞叢緐蕪皆豐盛

豐滿也大也皆見說文易釋文云豐是腆厚光大之義鄭云豐之言腆充滿意也又厚也盛也茂也詩在彼豐草茀厥豐草傳箋竝云豐茂也通作豐說文云大屋也引易曰豐其屋又與封同封亦大也厚也厚大卽豐字之訓矣苞者釋言云稹也稹密卽豐茂故詩行葦箋苞茂也長發箋苞豐也通作枹詩苞有三蘖廣韵引作枹有三枿樸枹皆叢生茂密之言也苞與蓀聲義同說文蓀艸盛皃御覽引通俗文云生茂日蓀音保呂覽審時篇云得時之稻大本而莖蓀廣雅云蓀茂也又云蓀本也本茂卽苞字之訓故詩下泉斯干生民常武長發傳竝云苞本也本卽本蕁西京賦云苯蕁蓬茸苯與本同本蕁皆豐茂之狀曲禮非曰豐本本亦茂也詩之實方實苞箋云豐苞亦茂也方齊等也齊等亦卽豐茂之意方本苞俱雙聲苞蓀茂俱疊韵故其字音義俱通矣蕪者𣞤之叚音也說文云𣞤豐也引商書曰庶艸緐𣞤隸變作無通作

蕪故爾雅釋文云蕪蕃滋生長也古本作橆又通作廡庶草繁無今書作庶草繁廡釋文廡無甫反爾雅釋文亦云蕪蕪或亾甫反此古音也又轉爲蔓釋草注蕪菁屬釋文蕪本或作蔓莁蔓延滋長卽繁蕪之意蕪古讀如模模蔓聲轉也茂與蕪亦一聲之轉茂者說文艸豐盛素問五運行大論其化爲茂詩德音是茂箋注並云茂盛也詩子之茂兮種之黃茂傳並云茂美也美盛義同通作戊戰國策有甘茂說苑雜言篇作甘戊

揫斂屈收戢蒐裒鳩摟聚也禮記曰秋之言揫揫斂也春獵爲蒐蒐者以其聚人衆也詩曰屈此羣醜原隰裒矣左傳曰以鳩其民摟猶今言拘摟聚也

說文云聚會也邑落曰聚方言云萃雜集也東齊曰聚是聚爲會集之意集聚聲亦相轉通作取易萃云聚以正釋文聚荀本作取又通作冣樂記云會以聚衆鄭注聚或爲冣史記高紀集解徐廣曰聚一作冣

冣亦古之聚字冣聲近叢說文云叢聚也小爾雅云冣聚叢也聲又近撮莊子秋水篇鴟鵂夜撮蚤釋文撮崔本作冣淮南作聚菆聚冣叢竝从取聲撮从最聲三字俱聲轉義同也揫者說文云束也引詩百祿是揫又云䊵或作揫收束也讀若酉通作揂說文揂聚也又通作遒遒詩四國是遒箋遒斂也百祿是遒傳遒聚也鄉飲酒義云秋之爲言愁也鄭引愁作揫者據鄭注愁讀爲揫揫斂也漢書律厤志云秋䊵也䊵卽揫字此說文及鄭義所本又釋名云秋緧也緧迫品物使時成也周禮目錄云秋者酉也大玄玄文注云酉之言聚也是皆以聲爲義者也屈者蟠屈有斂聚之意聘禮云屈繅鄭注屈繅者斂之詩屈此羣醜傳屈收也釋文引韓詩亦云屈收也收斂得此衆聚通作詘漢書楊雄傳音義引諸詮云詘古屈字又通闕與厥菆厥屈皆短尾之稱故會意爲聚耳戢者說文云藏兵也藏亦斂故詩鴛鴦自華箋竝云戢斂也斂亦聚故桑扈時邁傳竝云戢聚也通作輯書輯五瑞史記作揖五瑞集解引馬融注揖斂也詩螽斯傳

揖揖會聚也釋文揖子入反又通作集文選東京賦云總集瑞命薛綜注集聚也又通作戢易豫云朋盍簪集解引虞翻作朋盍戢戢聚會也釋文引作戢叢合也然則叢與聚合與會竝字異而義同矣蒐者捘之一段借也說文捘衆意也本詩泮水毛傳蓋矢五十爲一束故言衆意衆聚竝从㐺故其義同捘隸變作搜通作廋公羊桓四年傳秋曰廋釋文廋本又作搜又通作蒐穀梁桓四年傳秋曰蒐釋文蒐麋氏本又作搜公羊釋文廋本亦作蒐昭八年定十三年釋文竝與此同左氏昭廿九年釋文搜本又作蒐郊特牲釋文搜本又作廋是廋捘蒐古俱通用若以聲義求之則蒐狩之蒐捘爲正體廋爲叚音蒐爲譌字蒐从鬼聲於義又舛但經典相承通用說見釋草茅蒐下又通作狻禮祭義云而弟達乎狻狩矣鄭注春獵爲狻魏大饗碑云周成岐陽之狻亦作狻字蓋狻卽搜也隸書手旁犬旁形近易淆俗師不曉因致斯譌然則搜變爲狻與捘借爲蒐其失正同矣裒者捊之叚音也說文捊引取也玉篇引說文作引聚也據詩原

陧捊矣捊聚也通作裒詩原隰裒矣裒時之對裒荊之旅毛傳並云裒聚也又通作掊玉篇引易曰君子以掊多益寡易謙釋文裒鄭荀董蜀才作捊云取也字書作掊詩曾是掊克釋文掊蒲侯反聚斂也又通作抱說文捊或从包玉篇云抱說文同捊又通作裒禮雜記注招用裒衣也釋文作裒云裒本又作裒爾雅釋文亦云裒古字作裒本或作捊按捊裒一聲之轉裒之爲言保也保有聚義故都邑之城曰保村落之城曰聚莊子列禦寇篇云人將保汝矣郭象注保者聚守之謂也是保裒義同裒裒形近疑裒即裒之或體矣鳩者勼之叚音也說文勼聚也讀若鳩通作鳩書共工方鳩僝功史記五帝紀作共工旁聚布功左氏襄廿五年傳鳩藪澤昭十七年傳五鳩鳩民者也杜預注並云鳩聚也隱八年傳以鳩其民襄十六年傳敢使魯無鳩乎注並云鳩集也集聚義同又通作逑說文逑聚斂也引虞書曰旁逑孱功爾雅釋訓云惟逑鞫也釋文引字林云逑聚斂也本亦作求按求方言訓爲按略是求有聚意又通作救說文人部

引虞書曰旁救僝功按釋器云約謂之救郭注救絲以爲約是救有糾聚之義也摟者說文云曳聚也玉篇引詩弗曳弗摟摟亦曳也通作婁詩式居婁驕鄭箋婁斂也荀子非相篇作式居屨驕楊倞注屨讀爲婁婁斂也又通作蔞檀弓云設蔞翣鄭注蔞翣棺之牆飾周禮蔞作柳縫人職云衣翣柳之材鄭注柳之言聚諸飾之所聚釋名云輿棺之車其蓋曰柳柳聚也衆飾所聚亦其形僂也按釋名所謂柳車即漢書季布傳之廣柳車也晉灼注亦訓柳爲聚又通作僂莊子達生篇云欸得於腞楯之上聚僂之中釋文引司馬彪云聚僂器名也今冢壙中注爲之一云聚僂棺椁也一云聚當作菆才官反僂當作蔞力久反謂殯於菆塗蔞翣之中又與蓼同詩烝在栗薪釋文引韓詩作蒸在蓼薪蓼力菊反衆薪也是蓼與婁蔞僂柳俱聲轉義同矣郭云摟猶今言拘摟聚者斛姑蓋當時方言以拘摟爲聚猶今俗語以牢掇爲聚也後漢書董卓傳云剽虜資物謂之搜牢按搜牢今語轉作牢掇牢掇猶摟蒐皆斂聚之意方言云掇略求也

就室曰挼於道曰略略強取也然則方言之挼略郎漢書之挼牢又郎爾雅之蒐摟矣摟牢略俱一聲之轉

肅齊遄速亟屢數迅疾也詩曰仲山甫徂齊**寁駿肅亟遄速也**詩曰不寁故也駿猶迅速亦疾也

釋名云疾截也有所越截也又云疾疾也客氣中人急疾也詩旻天疾威箋疾猶急也周語云高位實疾顛齊語云深耕而疾耰之韋昭注竝云疾速也肅者上文云進也進疾疾義近故詩小星傳肅肅疾貌肅有嚴急之意故洪範五行傳側匿則矦王其肅鄭注肅急也通作夙夙早敬也早敬亦疾速故詩載震載夙箋夙之言肅也是肅夙聲義同又通作速特牲饋食禮注宿或作速記作肅是肅速又通矣齊者壯之疾也釋言云齊壯也尚書大傳云多聞而齊給荀子臣道篇云齊給如響性惡篇云齊給便敏而無類鄭注

及楊倞注竝云齊疾也郭引詩仲山甫徂齊以齊爲疾葢本三家詩說也通作資說苑敬慎篇云資給疾速資給卽齊給也又通作齋說文云齋炊餔疾也離騷云反信讒而齌怒王逸注齌疾也聲轉爲捷故淮南說山篇云力貴齊知貴捷高誘注齊捷皆疾也齊訓疾故衞太叔疾字齊見左傳亦其證矣遄者說文云往來數也詩遄臻于衞亂庶遄沮式遄其歸傳竝云遄疾也通作顓易己事遄往釋文遄荀作顓速者說文云疾也通作數考工記總目注速書或作數弓人注故書速或作數聲近遫說文云遫疾也文選東都賦云指顧倏忽李善注倏忽疾也亟者說文云敏疾也通作極說文云極疾也又通作極易說卦云爲亟心釋文亟荀本作極莊子盜跖篇云亟去走歸釋文亟本或作極荀子賦篇云出入甚極又云反覆甚極楊倞注竝云極讀爲亟急也亦通作苟說文苟自急敕也爾雅釋文亟字又作苟同居力反又通作棘釋文亟經典亦作棘按詩棘人欒欒獵狁孔棘棘卽亟也匪棘其欲釋文亟或作棘又通作革檀弓云夫

子之病革矣又云若疾革釋文革本又作亟是亟棘革音義俱同矣屢者婁之俗體也釋言云婁亟也說文云婁務也務趣也言趣赴於事是急疾之義也通作僂公羊莊廿三年傳夫人不僂何休注僂疾也荀子儒效篇云雖有聖人之知未能僂指也又云賣之不可僂售也楊倞注竝云僂疾也又通作屢釋言釋文婁本又作屢詩賓之初筵傳及正月巧言箋竝云屢數也角弓云式居婁驕釋文婁王力住反數也是王肅讀婁爲屢也數者與屢同意今人言數數猶言屢屢也屢數有迫促之意故同訓爲疾禮祭義云其行也趨趨以數鄭注趨讀如促數之言速也樂記云衞音趨數煩志鄭注趨數讀爲促速考工記總目云不微至無以爲戚速也戚與蹙同戚速卽促速也是數訓爲速速亦通作速曾子問云不知其己之遲數數卽速也考工記注速書或作數是其字通矣迅者說文云疾也釋獸云狠絕有力迅楚辭招魂篇云多迅衆些文選西京賦云紛縱體而迅赴皆以迅爲疾也通作訊凡經典振訊奮訊俱迅之叚借故詩雄雉箋

奮訊其形貌樂記注奮訊也詩七月傳莎雞羽成而振訊之公羊莊八年注故以振訊士衆言之釋文竝云訊本作迅又與駿同爾雅釋文迅信峻二音是駿迅音又同凡音同者字通○疌者說文云居之速也詩遵大路傳疌速也正義引舍人曰疌意之速也通作疌爾雅釋文疌本或作疌同子感反又通作簪易朋盍簪釋文簪徐側林反子夏傳同疾也鄭云速也埤蒼同王肅又祖感反京作撍馬作臧荀作宗虞作戠然則王肅以簪爲疌其撍臧宗戠俱一聲之轉也撍又轉爲憯墨子明鬼篇云鬼神之誅若此之憯速也是憯疌又聲轉義同矣駿者馬之速也詩駿發爾私箋駿疾也通作遂禮大傳云遂奔走鄭注遂疾也又與峻同峻者嚴急之意也又與侚同說文云侚疾也史記五帝紀云幼而侚齊集解侚疾齊速也禮大學注恂字或作峻讀如嚴峻之峻是峻侚聲義同又與迅同故郭云駿猶迅也弟子職云若有賓客弟子駿作注亦以駿爲迅矣肅亟遄旣訓疾又訓速者速亦疾也

壑阬阬滕徵隍漮虛也壑谿壑也阬阬謂阬壍也隍城池無水者方言云漮之言空也皆謂丘墟耳滕徵未詳

玉篇云虛丘居切大丘也今作墟又許魚切空也是虛有二音二義古無墟字其空虛丘虛並作虛故易云升虛邑釋文虛如字空也徐去餘反馬云丘也詩升彼虛矣爾雅釋水注虛山下基也是皆以虛爲墟也後人虛旁加土以別於空虛因而經典亦多改虛爲墟故文選西征賦注引聲類曰墟故所居也升彼虛矣及檀弓虛墓之閒釋文並云虛本作墟是皆以墟爲虛也爾雅之虛本以空虛爲義郭云皆謂丘虛蓋失之矣壑者釋文云本或作叡說文云叡溝也叡或从土釋言云隍壑也郭注城池空者爲壑詩實墉實壑釋文壑城池也郊特牲云水歸其壑鄭注壑猶阬也是壑有二訓郊特牲之壑謂阬谷也詩韓奕之壑謂隍池也然二義皆謂空虛郭云壑谿壑者晉語云谿壑可盈谿壑卽溝矣阬者說文云閬也蓋阬閬

猶閌閬空虛貌也阬阬重文經典所無鄭樵謂衍一字恐是也後漢書馬融傳注引蒼頡篇曰阬壑也俗作坑莊子天運篇云在谷滿谷在坑滿坑通作亢史記孫臏傳云批亢擣虛蓋亢亦虛空之地亢卽阬矣索隱以相亢拒爲解失其義也證以釋名云鹿兔之道曰亢行不由正亢陌山谷草野而過也是亢與阬同郭云阬壍也者說文作壍云阬也玉篇引左傳注溝壍也又引字書云城隍也然則壑隍阬通謂之壍矣滕者水之虛也說文云滕水超涌也玉篇引詩百川沸滕滕水上涌也毛詩滕作騰而訓乘乘陵亦超涌之意易云滕口說也釋文滕九家作乘然則口以滕說爲虛水以滕涌爲虛其義正同矣徵者微之虛也說文云徵从微省微訓爲隱隱與虛近莊子天運篇云徵之以天釋文徵古本多作徵按徵亦从微省下文云徵止也說者謂徵亦當爲徵徵有止音然則止爲空盡之義故亦爲虛馬瑞辰曰徵與懲通文選思玄賦云懲洪涊而爲清舊注懲騰也懲訓爲騰則徵之訓虛與滕之訓虛其義又同矣隍者說文云城池

也有水曰池無水曰隍引易城復于隍詩韓奕正義引鄭注云隍壑也本釋言文又引舍人曰隍城池也李巡曰隍城池壑也一切經音義四引蒼頡篇曰隍城下阬易泰釋文隍城塹也子夏作堭姚作湟是湟堭隍通濂者說文云水虛也虛上當脫之字釋文引作水之空也空當爲虛也通作㾾謚法云㾾虛也省作康詩生民及莊子天運篇釋文竝云㾾字亦作康賓之初筵箋康虛也正義云康虛釋詁文又通作歑說文云歑飢虛也釋文濂字又作歑又通作㝩說文云屋㝩㝗也方言云㝩空也郭注㝩㝗空貌㝩或作歑虛字也又通作㡉文選長門賦云委參差以㡉梁李善注㝩與㡉同然則㡉梁即㝩㝗矣又通作荒釋文引郭云濂本或作荒荒亦丘墟之空無此蓋引郭音義之文康荒古通用故易包荒釋文荒鄭讀爲康云虛也詩具贅卒荒我居圉卒荒傳箋竝云荒虛也正義云荒虛釋詁文又引某氏曰周禮云野荒民散則削之唯某氏之本有荒字耳其諸家爾雅則無之據正義此引則知郭云濂本作荒者正指某氏本而言

毛鄭所見葢亦此本是荒卽濂之異文非濂外更有荒字或疑郭本多一阬字少一荒字亦非也荒依正文當作巟說文巟虛無食也玉篇省作巟是巟爲正體荒乃叚借易泰釋文荒本亦作巟巟亦叚借也

黎庶烝多醜師旅衆也皆見詩**洋觀裒衆那多也**詩曰薄言觀者又曰受福不那洋溢亦多貌

說文云眾衆多也从乑目衆意乑从三人按周語云人三爲衆易說卦云坤爲衆夫陰象爲民民庶萌也地數爲耦耦合同也皆會衆意衆通作終終猶充也充滿義亦爲衆故雜卦云大有衆也釋文衆荀作終士相見禮注今文衆爲終又釋草衆秫貫衆之衆古俱音終亦其證矣黎庶者民之衆也說文云黔黎也秦謂民爲黔首謂黑色也周謂之黎民按黎民見堯典非起於周民不皆黑色舉其衆多而言也詩民靡有黎毛傳黎齊也鄭箋黎不齊也不同者齊與不齊皆會衆意也黎通作秎韓勑後碑云口口秎民又通作

梨桐柏廟碑云梨庶賴祉又通作犂三公山碑云犂犂百姓是皆以聲爲義也庶者說文云屋下衆也从炗炗古文光字按光亦廣也光廣皆衆盛之意釋言云庶侈也奢侈亦衆多之意庶通作冊說文云冊與庶同意漢孔和碑庶卽作冊按冊本四十字數之積也故與庶意又同矣烝者气之衆也說文云烝火气上行也春秋繁露云畢熟故烝烝言衆也是冬祭之烝亦訓爲衆通作蒸蒸詩天生烝民孟子作天生蒸民又通作媵易小過注則蒸而爲雨釋文蒸字又作烝或作媵按媵訓送女與衆義近廣韵烝媵同部則音又近矣醜者儔也類也儔輩羣類皆以衆言之也詩戎醜攸行以謹醜厲屈此羣醜傳竝云醜衆也通作媿武梁祠堂畫像云無鹽媿女媿卽醜也按醜與媿雖俱从鬼而聲不相應醜訓可惡因惡生媿此則以義叚借不可以聲求者也師旅者人之衆也說文云二千五百人爲師从帀从𠂤𠂤四帀衆意也軍之五百人爲旅从㫃从从从俱也小司徒云五卒爲旅五旅爲師夏官序官注軍師旅卒兩伍皆衆名也釋言

云師人也人者槩乎衆之詞也廣雅云師官也官从𠂤𡴀𠂤亦衆矣旅之爲言俱也俱亦衆意故樂記云進旅退旅鄭注旅猶俱也詩旅力方剛殷商之旅傳竝云旅衆也旅又敘也陳也陳列敘次其義亦皆爲衆也○多旣爲衆衆又爲多互相訓也洋者匡謬正俗云今山東俗謂衆爲洋拨以洋爲多古今通語故詩閟宮傳洋洋衆多也碩人傳洋洋盛大也衡門傳洋洋廣大也大明傳洋洋廣也廣盛大俱與多義近通作穰執競傳穰穰衆也文選東京賦注穰穰衆多也穰聲同壤史記滑稽傳云穰穰滿家貨殖傳云天下壤壤皆爲利往壤壤卽穰穰也聲轉爲蠅蠅尙書大傳云禾黍蠅蠅蠅蠅亦洋洋也方言云蠅東齊謂之羊郭注此亦語轉耳今江東人呼羊聲如蠅然則蠅蠅卽洋洋矣又轉爲油油文選思舊賦注引大傳作禾黍油油詩河水洋洋楚辭九歎注引作河水油油又轉爲繩繩漢書伍被傳張晏注作黍苗之繩繩繩繩亦蠅蠅也古讀洋詳同音故穆天子傳云庚辰濟于洋水郭注洋音詳海內西經注亦云洋音翔洋

讀爲詳則知繩繩亦洋洋之聲轉爾雅釋文以讀洋爲詳者非葢未通於郭音矣觀者郭引詩薄言觀者又通觀厥成奄觀銍艾箋並云觀多也示觀厥成釋文亦云觀多也聲同灌灌叢也叢聚亦多也釋文云觀顧謝音官施古喚反古喚反者讀如觀兵之觀觀訓示也示於人必多於人也故訓多矣裒者上文云聚也聚則多矣故又爲多詩裒時之對鄭箋裒衆也那者詩受福不那猗與那與傳並云那多也有那其居釋文引王肅亦云那多也通作難難那聲轉故難有那音隰桑有阿其葉有難難卽音那毛傳難然盛貌盛多義近是阿難卽阿那那也俗加女旁爲婀娜矣又通作儺詩猗儺其枝猗儺卽阿那那也受福不那說文鬼部作受福不儺周禮占夢注故書難或爲儺是難儺那古皆通用又詩猗儺其華楚辭九歎注引作旖旎其華釋文那本或作㚷廣雅云㚷多也㚷葢那之或體耳

流差柬擇也皆選擇見詩

說文云擇柬選也淮南本經篇云是以不擇時日高誘注擇選也呂覽簡選篇云與惡劒無擇高注擇別也通作澤禮射義云天子將祭必先擇射於澤澤者所以擇士也曲禮云其飯不澤手鄭注澤謂挼莎也澤或爲擇按挼莎者詩葛覃釋文引阮孝緒字略云煩撋猶挼莎也然則挼莎煩撋皆去垢汚以取精潔與擇義近故其字通矣流者釋言云求也求擇義近詩左右流之流宜訓擇毛傳流訓求芼訓擇者葢以淺深爲義實則二義亦相成也大戴禮曾子立事篇云觀說之流盧辯注流謂部分漢書食貨志云朱提銀重八兩爲一流流謂流別葢亦選擇之名故分別八物謂之品流也流之與離俱以分別爲義故冕旒衣旒俱从流聲其義亦近通作疏左氏昭廿年傳出入周流釋文流古本有作疏者疏有分離之義流是區別之名故於義得通矣差者詩穀旦于差旣差我馬傳箋並云差擇也旣夕記云差盛之鄭注亦訓爲擇爾雅釋文差楚佳反詩關雎釋文差初宜初佳二反初宜反者訓次也等也然等次與別擇亦近差聲

近斯左氏襄十四年傳庾公差孟子作庾公斯釋言云斯離也說文云斯析也離析與別擇之義又近也柬者說文云分別簡之也从束从八八分別也荀子脩身篇云安燕而血氣不惰柬理也楊倞注柬與簡同言柬擇其事理所宜通作揀一切經音義五引埤蒼云揀擇也玉篇云揀力見反擇也又音簡亦通作簡詩簡兮箋簡擇也周禮趣馬云簡其六節禮王制云簡不肖以絀惡鄭注簡差也擇也文選東京賦及魏都賦長楊賦注竝引爾雅作簡擇也是簡柬通方言云撟捎選也音驕音騷自關而西秦晉之閒凡取物之上謂之撟捎按撟捎簡選聲亦相轉

戰慄震驚戁竦恐慴懼也 詩曰不戁不竦慴卽懾也

說文云懼恐也方言云懼驚也通作矍莊子天運篇云吾始聞之懼庚桑楚篇云南榮趎懼然顧其後釋文竝云懼本作矍荅矍懼竝从瞿聲瞿有驚遽之意也戰者廣雅云憚也白虎通引尚書大傳曰戰者憚

驚之也法言云見豺而戰李軌注戰悸也詩傳戰戰恐也孝經注戰戰恐懼釋訓云戰戰蹌蹌動也動亦恐動也與顫同玉篇云顫動也廣韻云顫四支寒動淮南說山篇云故寒顫懼者亦顫高誘注顫讀天寒凍顫之顫是顫戰聲義同寒顫卽寒戰矣慄者栗之俗體古止作栗說文𠧪部引徐巡說木至西方戰栗論語使民戰栗是栗爲本字通作慄廣雅云慄戰也詩惴惴其慄傳慄慄懼也莊子人閒世篇云吾甚慄之素問瘧論云寒慄鼓頷王砅注慄謂戰慄調經論注慄謂振慄也按振慄卽戰慄聲轉又通作凓說文云凓寒也素問氣交變大論云其變凓冽詩二之日栗烈傳栗烈寒氣也栗烈卽凓冽矣震者動之懼也下文云震動也說文云震劈歷振物者蓋震霆疾威故會意爲懼周語云玩則無震韋昭注震懼也通作振書震驚朕師史記五帝紀作振驚朕衆又通作祗書云爾謂朕曷震動萬民以遷漢石經震作祗日嚴祗敬六德史記夏紀祗作振治民祗懼魯世家作治民震懼蓋震懼祗敬其義相近震祗聲又相轉故古

字通矣驚者說文云馬駭也文選西京賦注驚憚謂皆使駭怖也羽獵賦注引宋衷春秋緯注云驚動也驚動與震動同意驚之言猶警也警訓敬戒與恐懼義近故文選歎逝賦云節循虚而警立李善注警猶驚也戁者下文云動也說文云敬也皆與懼義近故詩不戁不竦傳云戁恐也通作赧赧訓慙亦與懼近故楚語云否則赧韋昭注赧懼也聲轉爲𩕳說文云𩕳見鬼驚聲讀若詩受福不儺𩕳戁从難聲𩕳从難省聲訓爲驚懼其義又同矣竦者愯之叚音也說文云愯懼也从雙省聲引春秋傳曰駟氏愯通作慫說文云慫驚也讀若悚又通作聳方言云聳悚也左氏昭六年傳聳之以行杜預注聳懼也漢書刑法志作𢥞之吕行晉灼注𢥞古竦字也按𢥞即愯字从雙不省駟氏愯左氏昭十九年傳作駟氏聳文選廣絶交論注引爾雅亦作聳懼也又通作竦說文云竦敬也竦訓敬與戁同意故不戁不竦毛傳竦懼也後漢書張綱傳云京師震竦文選長楊賦云整輿竦戎李善注竦與聳古字通又通作悚不戁不竦家語弟子行

篇作不戁不悚一切經音義十三引字林云悚惶遽也恐者詩云將恐將懼素問藏氣法時論云善恐如人將捕之聲近烘廣雅云烘懼也方言云蛩烘戰慄也𩐨䛩荆吴曰蛩烘蛩烘又恐也按蛩烘疊韵合之爲恐聲又近兇懗拱左氏僖廿八年傳曹人兇懼然則烘兇合聲亦爲恐矣慴者說文云懼也讀若疊莊子達生篇云是故遻物而不慴通作𢝊說文云𢝊失气也逸周書大戒篇云大則驕小則𢝊曲禮云則志不懾鄭注懾猶怯惑樂記云柔氣不懾鄭注懾猶恐懼也又通作㒈廣雅云㒈懼也一切經音義七云㒈聲類作㒈同止業反又通作慹說文云慹怖也一切經音義九云𢘞古文慹或作讋說文讋失气言傳毅讀若慴按慴古讀若疊亦通作疊詩莫不震疊傳疊懼也吴都賦云鉦鼓疊山劉逵注疊振疊也振疊卽震疊震疊又卽震慴俱聲同段借字也

痡瘏虺頹玄黃劬勞咎顇瘽瘉鰥戮癙癵痒疷底閔

逐疚痗瘥痱癉瘵瘼癠病也虺頹玄黃皆人病之通名而說者便謂之馬病失其義也詩曰生我劬勞書曰智藏瘝在相戮辱亦可恥病也今江東呼病曰瘵東齊曰瘼禮記曰親癠色容不盛戮逐未詳餘皆見詩

說文云疚病也病疾加也釋名云疾疾也客氣中人急疾也病竝也與正氣竝在膚體中也按古人疾病連言病甚於疾故說文訓爲疾加論語鄭注病謂疾益困也包咸注疾甚曰病皆其義也病與秉通見士冠禮注秉與柄通見周禮鼓人注又與炳通見文選與吳質書注葢柄炳俱从丙病亦丙聲凡聲同者字亦通也痡瘏者說文竝云病也詩卷耳及鴟鴞傳同痡通作鋪爾雅釋文痡詩作鋪詩釋文痡本又作鋪淮夷來鋪淪胥以鋪毛傳及王肅竝云鋪病也後漢書蔡邕傳注引韓詩作勳胥以痛云痛病也是痛鋪通瘏通作屠廣雅云屠壞也壞與病義近爾雅釋文瘏詩作屠卷耳及鴟鴞釋文瘏本又作屠是屠瘏通

詩正義引孫炎曰痛人疲不能行之病瘏馬疲不能進之病也此葢望文生訓知不然者鴟鴞詩言予口卒瘏彼非馬病故知此亦人病之通名耳虺頹者卷耳傳云病也釋文虺說文作𤺋按𤺋字誤說文作瘣云病也引詩譬彼瘣木毛詩瘣作壞故傳云壞瘣也謂傷病也是壞當作瘣胡罪反詩及爾雅之虺俱瘣之叚音頹詩作隤亦叚音也釋文隤說文作頹按說文作穨云秃皃隸作頹通作隤說文隤下隊也釋名陰腫曰隤氣下隤也然則虺隤亦人病之通名詩釋文引孫炎云馬退不能升之病亦望文生訓耳且虺隤二字俱爲叚音漢書景十三王傳云日崔隤集注崔隤猶言蹉跎也葢蹉跎與崔隤聲轉崔隤又與虺隤聲近證知此等叚借之字皆以聲爲義也隤通作退見易繫辭釋文玄黃者卷耳傳玄馬病則黃爾雅邢疏引孫炎曰玄黃馬更黃色之病郭氏不從以爲人病之通名是也按易云其血玄黃詩云何草不黃何草不玄明不獨馬病爲然故素問五藏生成論云黃如蟹腹者生黑如烏羽者生史記扁鵲倉公傳云望

爾雅義疏上一　釋詁上　兲

之殺然黃察之如炏青之茲又云胃氣黃黃者土氣
左氏哀十三年傳肉食者無墨是皆玄黃之義爲人
病之通名矣劬勞者力乏之病也詩凱風及鴻鴈傳
竝云劬勞病苦也楚辭九歎云躬劬勞而瘏悴劬者
禮內則云見於公宮則劬鄭注劬勞也鴻鴈釋文引
韓詩云劬數也頻數亦勞也通作瞿素問靈蘭秘典
論云窘乎哉消者瞿瞿王砅注瞿瞿勤勤也又通作
懼方言云懼病也是懼瞿劬竝聲義同勞者下文云
勤也說文云勮也淮南精神篇云好憎者使人之心
勞高誘注勞病也又云竭力而勞萬民氾論篇云以
勞天下之民高注竝云勞憂也憂亦病詩言維憂用
勞蓋因憂思而成病矣咎者說文云災也災卽病也
古人謂病曰災故公羊莊廿年傳大災者何大瘠也
何休注瘠病也齊人語也是傳注俱訓災爲病今東
齊人謂病爲災蓋古之遺言也詩或慘慘畏咎與劬
勞盡瘁句意相對此卽爾雅咎訓爲病之義咎通作
皋皋陶古作咎繇皋有緩義筋脈弛緩亦人之病故
左氏哀廿一年傳云魯人之皋又云以爲二國憂皋

之爲病又其證矣顇者說文云醮顇也荀子王霸篇云勞苦秏顇莫甚焉楊倞注顇顦顇也通作瘁詩憯憯日瘁邦國殄瘁毛傳竝云瘁病也文選歎逝賦注引蒼頡篇曰瘁憂也憂亦病也又通作悴說文云憂也方言云傷也傷亦病也釋文顇字或作悴歎逝賦注瘁與悴古字通又通作萃詩出車及四月釋文竝云瘁本作萃左氏成九年傳作蕉萃昭七年傳作憔悴一切經音義六又作燋悴而云三蒼作顦顇按顦俗字徐鉉所增說文作醮爲正玉篇引楚辭云顏色醮顇是矣𤺋者說文云病也通作勩釋文𤺋字亦作勩按勩卽勤字與劬勞同意故訓病矣瘉者詩胡俾我瘉交相爲瘉毛傳竝云瘉病也通作愉下文愉勞也勞亦病龍龕手鑑四引爾雅舊注云瘉勞病也是瘉愉同又通作愈詩憂心愈愈釋訓作瘐瘐漢書宣帝紀注瘐或作瘉是矣說文瘉訓病瘳葢小瘳而猶病今以病瘳爲愈可知詩之愈愈卽瘉瘉傳訓爲憂懼似失之也愈瘐皆卽瘉之或體字耳瘉之聲轉爲猶詩無相猶矣其德不猶箋竝云猶當作瘉瘉病也

又轉爲過詩無過爾躬釋文引韓詩云過病也鰥者
亦叚俗字也經典通作矜書有鰥在下史記五帝紀
作有矜在民閒後漢書和帝紀云朕寤寐恫矜李賢
注矜病也別作瘝書智藏瘝在正義引鄭注瘝病也
恫瘝乃身鄭注刑罰及已爲痛病按瘝字字書所無
玉篇廣韵有瘝字古頑切云病也疑瘝瘝形近而譌
耳戮者辱之病也周禮序官掌戮注云戮猶辱也廣
雅及晉語注竝云戮辱也說文云辱恥也从寸在辰
下失耕時於封畺上戮之也是戮取恥辱爲義訓爲
病者士冠禮云恐不能共事以病吾子鄭注病猶辱
也是戮訓病之證郭義所本又云戮未詳者疑未敢
定也癙者鼠之叚音也詩鼠思泣血箋鼠憂也憂即
病也淮南說山篇云貍頭愈鼠即今之鼠創病高誘
注以爲鼠齧人創非矣通作癙詩癙憂以痒傳癙痒
皆病也中山經云脫扈之山有草名曰植楮可以已
癙郭注癙病也爾雅釋文引舍人云癙心憂憊之病
也孫炎云癙者畏之病也按鼠貪而畏人孫炎蓋取
鼠思爲說舍人則本癙憂爲訓也癵者癵之俗體也

說文云臠臞也引詩棘人臠臠兮通作欒詩素冠傳欒欒瘠貌箋瘠瘠也又通作癵爾雅釋文引舍人云癵心憂憊之病也蓄積憂成病骨體瘠臞與毛鄭義合釋文又云癵郭作拘攣同力專反蓄郭欲破癵爲攣文選登徒子好色賦注引爾雅郭作攣病也又據郭義追改爾雅此皆非矣瘽者悝之俗體也說文云悝病也下文云憂也憂病義相成通作里詩悠悠我里傳里病也云如何里箋里憂也釋文引王肅云病也又通作瘽爾雅釋文引舍人云瘽心憂憊之病也玉篇引詩作悠悠我瘽十月之交釋文里本或作瘽後人改也雲漢釋文里本又作瘽爾雅作悝今按爾雅憂病二義其字皆當作悝陸德明知悝憂作瘽爲後人改字不知悝病作瘽亦後人改字也宜據說文訂正焉痒者說文云瘍也瘍頭創也詩癙憂以痒稼穡卒痒傳箋竝云痒病也爾雅釋文引舍人云痒心憂憊之病也按癙癵瘽痒四字舍人義訓俱同蓋憂思煎灼氣血鬱蒸故或蘊而爲瘍或結而爲病胥是道焉玉篇痒與癢同非也癢字說文作蛘云搔蛘也

或作癢通作養與痒聲同義别玉篇謂相通俗謬矣疷者說文云病也玉篇渠支丁禮二切釋文疷又音支詩祇自疷兮俾我疷兮傳竝云疷病也爾雅釋文引孫炎云疷滯之病也通作祇詩俾我祇也傳祇病也易无祇悔鄭注亦云祇病也又别作疲爾雅釋文疷本作疲字書云疲病也聲類猶以爲疷字按此則爾雅復有作疲之本說文云疲勞也勞亦病通作罷齊語云罷士無伍罷女無家韋昭注罷病也是罷即疲疲亦病爾雅古有作疲之本亦其證矣疵者說文云病也禮運云是謂疵國莊子逍遥遊篇云使物不疵癘疵皆訓病書云知我國有疵馬融注疵瑕也瑕亦病也通作呰漢書翟義傳云固知我國有呰災集注呰病也又通作訾檀弓云亦非禮之訾也鄭注訾病也又通作痾一切經音義二云疵古文痾同說文云痾瑕也瑕玉篇作瘕是瘕瑕疵痾俱字異音義同閔者說文云弔者在門也玉篇云閔病也傷痛爲閔是閔兼疾病傷痛二義說文唯主後義玉篇爲長經典亦二義互見故詩覯閔旣多鬻子之閔斯閔予小

子及儒行云不閔有司毛鄭竝云閔病也是皆玉篇
前義本於爾雅也左氏宣十二年傳寡君少遭閔凶
楚辭天問篇云閔妃匹合又云舜閔在家杜預及王
逸注竝云閔憂也閔予小子箋閔悼傷之言也是皆
玉篇後義亦與前義相成也通作文儒行注閔或爲
文又通作憫淮南主術篇云年衰志憫高誘注憫憂
也又通作愍說文愍痛也一切經音義三引字詁云
古文愍今作閔詩載馳及儒行釋文竝云閔本作愍
又通作湣左傳魯閔公史記世家作湣公又通作惛
范睢蔡澤傳云竊閔然不敢宻隱引鄒誕生本作惛
漢書劉向傳注惛古閔字又通作痻廣雅痻病也又
通作痻詩多我覯痻箋痻病也然則覯痻卽覯閔古
字通矣逐者通作軸詩碩人之軸箋軸病也是軸卽
逐但逐軸俱段音未審孰爲本字也說文疛小腹痛
从肘省聲[illegible][illegible]詩惄焉如擣釋文擣韓詩作疛疛逐
聲轉或古字通也疚者宊之俗體也說文宊貧病也
引詩煢煢在宊通作疚釋名云疚久也久在體中也
詩憂心孔疚嬛嬛在疚傳竝云疚病也又通作宄雲

漢釋文疚本或作宊又作究召旻釋文亦云然也痗者詩使我心痗亦孔之痗傳並云痗病也通作悔十月之交釋文痗本又作悔楚痗有悔音故亦通悔爾雅釋文痗兼昧晦二音是矣瘥者詩天方薦瘥周語云無夭昏札瘥之憂毛傳及韋昭注並云瘥病也左氏昭十九年傳札瘥夭昏杜預及賈逵注並云小疫曰瘥通作嵯左氏釋文瘥字林作嵯廣韵云嵯小疫病也痱者說文云風病也从非聲釋文引說文蒲愷反者按陶注本草說蝦蟇云此是腹大皮上多痱瘟者是也一切經音義卄五引字略云痱瘟小腫也通作腓詩百卉具腓毛傳腓病也釋文引韓詩云變也變病義近聲又相轉文選戲馬臺詩注引毛詩作痱今本作腓玉篇引詩正作百卉具痱可知腓古本作痱矣瘽者瘽之或體也說文瘽勞病也蓋據下文云瘽勞也因勞致病故云勞病詩下民卒瘽史記扁鵲倉公傳云風瘽客脬毛傳及索隱並云瘽病也素問瘧論云名曰癉瘧王砅注癉熱也通作疸說文疸黃病也玉篇疸亦作癉又通作癯禮緇衣云章義癯惡

引詩下民卒癉鄭注竝云癉病也詩板釋文癉沈本作癉爾雅釋文引孫炎云癉疲病也又通作僤詩板釋文僤本又作癉桑柔釋文僤本亦作亶爾雅釋文癉又徒丹反是癉有嬋音亦通作嬋淮南覽冥篇云斬艾百姓嬋盡大半高誘注嬋病也又通作亶士冠禮注古文亶爲癉緇衣釋文本作下民卒亶云亶本亦作癉然則癉古作亶後人加疒爲癉耳瘵者說文云病也詩苑柳瞻卬傳同郭云今江東呼病曰瘵東齊曰瘼者一切經音義十引三蒼同是郭所本也通作際易天際翔也釋文引鄭注際當爲瘵瘵病也鄭讀瘵爲際故詩無自瘵焉箋云瘵接也是亦讀爲交際之際爾雅釋文瘵側界反字林側例反詩釋文亦兼二音葢瘵从祭聲故二讀俱通矣瘼者詩亂離瘼矣瘼此下民傳竝云瘼病也方言及說文同通作莫文選關中詩及爲范尙書表竝云亂離斯莫李善注引韓詩作莫字薛君曰莫散也又求民之莫文選齊故安陸昭王碑注引作求民之瘼云班固漢書引詩而爲此瘼按班所引亦必三家詩也癠者玉藻云親

癠邑容不盛鄭注癠病也通作瘠公羊莊廿年釋文瘠病也本或作癠方言云凡物生而不長大謂之鮆又曰癠郭注今俗呼小爲癠然則瘠亦瘦小故其字通易說卦云爲瘠釋文瘠京荀作柴按柴癠亦聲轉義同

恙寫悝盱繇慘恤罹憂也今人云無恙謂無憂也寫有憂者思散寫也詩曰悠悠我悝云何盱矣繇役亦爲憂憂愁也

憂者惪之叚音也說文云惪愁也通作憂下文云憂思也也按憂又患也病也病與憂相連故樂記云病不得其衆也鄭注病猶憂也孟子云有采薪之憂趙歧注憂病也爾雅憂病相次亦其義也憂與懮同楚辭抽思篇云傷余心之懮懮王逸注懮痛貌也恙者說文云憂也匡謬正俗八引爾雅作恙憂心也此葢爾雅舊注之文又引風俗通云恙噬人蟲也善噬人心人每患苦之御覽三百七十六引風俗通云恙病也

凡人相見及通書問皆曰無恙是應劭以無恙爲無病郭氏以爲無憂憂義相成也玉篇恙字亦兼憂病二義楚辭九辯云還及君之無恙王逸注亦以無恙爲無憂憂矣通作養詩中心養養傳箋並以養養爲憂也癙者今未詳詩泉水傳癙除也蓼蕭傳輸癙其心也郭注本此而云有憂者思散癙蓋失其義矣馬瑞辰曰管子白心篇云臥名利者癙生危癙當訓憂謂寢息於名利必多危險故憂生危尹注訓癙爲除非也悝者說文云病也病亦憂也通作里俗作㾖已詳上文又通作慇說文云楚潁之間謂憂曰慇勤之訓方言慇作慭字形之誤也盱者忓之叚音也說文云忓憂也讀若吁釋文盱本或作忓是也通作吁詩云何吁矣毛傳吁憂也又通作盱詩云何其盱云何盱矣鄭箋並云盱病也病與憂義亦同也繇者亦叚音也廣韵引詩我歌且繇繇蓋訓憂郭云繇役亦爲憂愁此望文生義耳下文又云繇喜也二義相反凡俗聲之字不必俗義皆此例也繇蓋慅之叚借方言云慅憂也釋訓云慅慅憂無告也通作搖詩中心搖搖毛

傳搖搖憂無所愬是搖搖即愮愮故釋訓釋文愮本又作搖搖也搖又通繇故周禮追師釋文繇本或作搖明堂位釋文搖本又作繇又通作陶陶繇古音同廣雅云陶憂也詩憂心且妯一切經音義十二引韓詩作憂心且陶是陶訓憂之證聲轉爲悠詩十月之交傳悠悠憂也又轉爲愈詩正月傳愈愈憂懼也慘慘者懆之叚音也說文云懆愁不安也詩念子懆懆釋文懆七感反說文七倒反通作慘說文云毒也毒有傷痛之意釋訓云慘慘慍也慍憂義近故李巡注以憂怒爲說也詩正月傳慘慘猶戚戚也抑傳慘慘憂不樂也北山釋文慘字亦作懆白華釋文懆懆亦作慘慘是慘慘懆通戴氏震毛鄭詩攷正云詩中慘慘皆懆懆之譌今按懆慘聲轉古字通假不必以爲譌也又通作慅詩勞心慅兮釋文慅七老反憂也廣雅同又通作憯說文云痛也詩胡憯莫懲釋文憯亦作慘慘不畏明釋文慘本亦作憯是慘又皆爲憯之叚借矣恤者與卹同說文竝云憂也經典亦卹恤通一切經音義九引孫炎曰恤救之憂也恤與傎同又與溼同

方言竝云憂也宋衛或謂之愼陳楚或曰溼溼愼恒俱一聲之轉也罹者詩逢此百罹無父母詒罹我獨于罹傳箋竝云罹憂也通作離兔爰斯干釋文竝云罹本又作離亂離瘼矣傳亦云離憂也書不罹于咎史記宋世家作不離于咎又通作羅書罹其凶害釋文罹本亦作羅漢書于定國傳云羅文法者于公所決皆不恨集注羅罹也罹離聲同罹羅聲轉故其字通方言云羅謂之離離謂之羅

倫勩邛敕勤愉庸癉勞也詩曰莫知我勩維王之邛哀我癉人國語曰無功庸者倫理事務以相約敕亦爲勞勞**勞來强事謂𠷎䜊勤也**詩曰苦者多惰愉今字或作窳同職勞不來自勉強者亦勤力者由事事故爲勤也詩曰追其謂之𠷎䜊未詳

勞者說文云勮也上文云病也病勮義相成於易坎爲勞卦流而不盈行險而不失其信可謂勞矣於人自力爲勞人勸勉之亦爲勞爾雅之前勞爲自力後勞爲人勉也勞兼二義亦兼二音故玉篇勞兼力刀

力到二切釋文勞力報反欲將二義幷爲一音失之矣倫者郭以倫理爲訓亦失之倫蓋與淪同釋言云淪率也郭云相率使然則率率役使其義亦爲勞也洪頤煊叢錄引儀禮旣夕記注古文倫爲輪易說卦爲弓輪釋文輪本作倫倫輪古字通用輪轉則勞故倫亦爲勞矣勩者詩莫知我勩傳勩勞也通作肄肄習亦勤勞故詩旣詒我肄毛傳肄勞也正義引孫炎曰習習事之勞也莫知我勩左氏昭十六年傳作莫知我肄又通作肆肆力亦勤勞肄肆聲義俱近經典多通卭者禮緇衣云維王之卭鄭注卭勞也詩亦孔之卭維王之卭傳箋竝云卭病也病勞義亦近也卭與劬同意劬訓爲勞劬勞又俱訓病劬卭亦一聲之轉也敕者說文云誡也敎誡訓敕亦爲勞苦通作飭釋文敕本又作飭釋名云敕飭也使自警飭不敢廢慢也經典敕勅勑三字相亂勑本音賚而讀以爲敕敕本从攴而强以从力廣韻因之而云敕今相承用勑又云勅與敕同玉篇亦云敕今作勑然則其誤久矣勤者謚法云勞也通作廑漢書文帝紀云廑身從事

敘傳云賈廑從旅集注竝云廑古勤字文選長楊賦云其廑至矣李善注引古今字詁曰廑今勤字也瘉者蓋瘉之叚音也上文云瘉病也病勞二義相涉俱通故勞訓病又訓勤癉訓病又訓勞瘉亦訓病又訓勞通作愈俗作瘉一切經音義引爾雅云瘉勞也凡七見皆作瘉疑本郭注愈或作瘉而生訓也但瘉字當作㼌說文㼌本不勝末微弱也讀若庾玉篇㼌勞病也是病勞之訓生於微弱郭以勞苦者多惰愈蓋失之矣庸者說文云用也从用庚庚更事也用力者勞更事者亦勞故釋訓云庸庸勞也周禮司勳云民功曰庸庸亦勞也故荀子大略篇云庸庸勞勞是其義也詩我生之初尚無庸文選思玄賦云庸織路於四裔兮鄭箋及舊注竝云庸勞也通作用書帝庸作歌史記夏紀作帝用此作歌按今人言不勞如是作不用如是用之訓勞亦其證矣癉者上文云病也說文云勞病也通作憚詩哀我憚人憚我不暇我心憚暑傳竝云憚勞也雲漢釋文引韓詩云憚苦也苦亦勞也大東小明釋文竝云憚丁佐反徐又音旦字亦

作癉爾雅釋文癉丁賀反本或作憚音同○勤旣訓勞勞亦訓勤此勞讀爲力報反是矣一切經音義九引舍人曰勞力極也力極卽說文勞訓劇之意以言勞來則非也勞者謂敘其勤苦以慰勉之故詩序云出車以勞還杕杜以勤歸是其義也旱麓云神所勞矣孔子閒居云奉三無私以勞天下毛鄭竝云勞勞來皆與爾雅合來者勑之叚音也說文勑訓勞此勑訓勤勤勞一耳通作來孟子引放勳曰勞之來之此蓋古尚書文周禮樂師云詔來瞽臯舞鄭衆注來勑也言來卽勑字詩職勞不來昭茲來許遹追來孝來旬來宣傳箋竝云來勤也一切經音義十二引舍人曰來強事也釋文來本又作勑力代反本或作賚是賚又通矣強者亦叚音也當作勥說文勥訓迫蓋迫猶勸也勉也勸勉之者所以作其勤也考工記梓人云強飲強食詩泂酌傳樂以強教之此皆強訓勤之意矣事者韓非喻老篇云爲也小爾雅云力也用力作爲其義俱爲勤也事之爲言剚也事其事者亦勤也禮儒行云先勞而後祿鄭注勞猶事也勞訓勤則

事亦訓勤矣通作士又通作仕俱以聲爲義也或疑強事二字經典無訓勤之文邵氏晉涵正義因以強事本舍人注傳寫瀾入正文今按詩云偕偕士子偕強也士事也此卽強事之義曲禮云四十曰強仕強仕卽強事而云爾雅本無強事之文過矣謂者釋名云謂猶謂也猶得敕不自安謂謂然也廣雅云謂使也役使義亦爲勤也詩迨其謂之謂之何哉遐不謂矣箋竝云謂勤也通作彙易泰釋文彙古文作蕈鄭云勤也蘙者猶言前也進也前進皆有勤意彝者通作肆文選東京賦云瞻仰二祖厥庸孔肆薛綜注肆勤也肆彝一聲之轉段氏玉裁說云蘙之言盡也謂盡力之勤也彝謂灑埽之勤也

悠傷憂思也皆感思也**懷惟慮願念惄思也**詩曰惄如調飢

說文云悤容也容當爲睿从囟聲按从囟囟聲兼意囟𡿺蓋也人從囟至心如絲相貫心囟二體皆慧知所藏人之思慮生於心而屬於𡿺故善記憶者謂爲𡿺盛多思慮者或言傷𡿺焉釋名云思司也凡有所司捕必

靜思忖亦然也按思兼二義心所蓄藏謂之意思心所思存謂之思念爾雅前一條爲意思後一條爲思念故郭於前條注云皆感思釋文音司嗣反而於後條不復加音明讀如本音也悠者方言云鬱悠思也郭注猶鬱陶也按鬱悠鬱陶俱雙聲字陶讀如遙也上文悠訓遠此訓思者遠之思也故詩關雎傳悠思也重文亦然故釋訓云悠悠思也凡言悠者俱思而兼遠通作攸詩悠悠我里爾雅釋文作攸攸我里又司農劉夫人碑云極攸遠索亦以攸爲悠也又通作遙詩悠悠我思說苑辨物篇作遙遙我思悠遙聲轉遙訓爲遠悠爲遠之思亦其證矣傷者慯之叚音也說文云慯憂也釋文傷字書作慯是矣通作傷傷創也病也與憂同意故同訓詩卷耳及澤陂傳箋並云傷思也聲轉爲愼又爲遜方言並云憂也又云愼思也凡思之貌亦曰愼愼遜傷俱一聲之轉也憂者已見上文又訓思者素問五運行大論云其志爲憂王砅注憂慮也思也聲轉爲恁如深切漢文選典引云勤恁旅力蔡邕注恁思也○方言云懷惄惟慮願念思也

惟凡思也慮謀思也願欲思也念常思也說文亦同
俱本爾雅爲訓也懷者說文云念思也諡法云思也
詩卷耳野有死麕南山常棣傳懷俱訓思終風傳懷
又訓傷楚辭悲回風篇云惟佳人之獨懷兮懷又訓
念念與傷亦俱爲思也惟者詩載謀載惟淮南精神
篇云惟像無形鄭箋及高誘注竝云惟思也通作維
詩維天之命釋文引韓詩云維念也匡謬正俗云古
文尙書皆爲惟字今文尙書變爲維字是維惟通慮
者上文與惟俱訓謀此又訓思故方言說文竝云慮
謀思也釋名云慮旅也旅衆也易曰一致百慮慮及
衆物以一定之也荀子禮論篇云禮之中焉能思索
謂之能慮正名篇云情然而心爲之擇謂之慮是皆
以慮爲思也願者叚借字也說文願不訓思而別出
愿字訓謹按諡法云思慮不爽曰愿是愿亦訓思愿
與慎同意方言慎亦訓思說文慎愿俱訓謹是愿爲
謹慎之思也通作願大戴禮文王官人篇云言願以
爲質盧辯注願當爲愿詩終風箋願思也二子乘舟
及伯兮箋又云願念也念亦思矣惄者詩惄如調飢

惄焉如擣傳箋竝云惄思也汝墳正義引舍人曰惄志而不得之思也說文及方言訓惄爲憂方言又訓惄爲傷爲痛爲悵然則惄爲憂悵之思也故舍人以爲志而不得矣通作愵說文云憂皃讀與惄同汝墳釋文惄韓詩作愵又通作憵文選洞簫賦云憤伊鬱而酷憵李善注引蒼頡篇曰憵憂貌玉篇音奴旳切一切經音義十六云愵古文惄憵二形

祿祉履戩祓禧褫祜福也 詩曰福履綏之俾爾戩穀祓祿康矣褫禧書傳不見其義未詳

說文云福祐也釋名云福富也其中多品如富者也郊特牲云富也者福也祭統云福者備也備者百順之名也無所不順者之謂備言內盡於己而外順於道也故荀子天論篇云順其類者謂之福賈子道德說云安利之謂福皆無所不順之謂也通作富詩何神不富傳富福也易云福謙釋文福京本作富劉脩

碑云鬼神富謙皆其證也祿者說文云福也古微書引孝經援神契云祿者錄也周禮天府注祿之言穀也穀訓善故廣雅云祿善也實則鄭注以穀訓祿即謂奉祿故大宰注祿若今月奉是也又福祿二字若散文則祿即爲福故詩天被爾祿傳祿福也若對文則祿福義別故詩福祿如茨箋爵命爲福賞賜爲祿祿福聲近其字亦通故少牢饋食禮云使女受祿于天鄭注古文祿爲福也祉者易云以祉元吉又云疇離祉虞翻及九家注竝云祉福也詩六月巧言皇矣傳箋同左氏哀九年傳祉祿也祿亦福也聲近徵譜漢書律厤志云徵祉也又近姒周語云賜姓曰姒氏曰有夏謂其能以嘉祉殷富生物也韋昭注姒猶祉也履者釋言云祿也又云禮也說文云禮履也所以事神致福也然則禮亦訓履履亦訓禮說文訓禮爲福本於釋詁也釋言訓履爲祿亦本於釋詁也履通作禮故易坤釋文云履霜鄭讀履爲禮詩率履不越韓詩及漢書宣帝紀蕭望之傳竝作率禮不越又通作體易繫辭云知崇禮卑釋文禮蜀才作體行其典

禮姚作典體詩無以下體韓詩外傳作無以下禮體無咎言禮坊記作履無咎言釋文體韓詩作履履幸也按幸者吉而免凶是幸亦福也戩者方言云福祿謂之祓戩詩俾爾戩穀傳戩福也說文引詩實始戩商而云戩滅也不同者毛詩戩作翦故傳箋云齊也斷也說文雖作戩而義仍作翦故云滅也但翦戩二文容可叚借福滅二訓理難兼通疑不能明也祓者說文云除惡祭也玉篇申之曰祓除災求福也孚物切又方吠切福也是訓福之祓音廢本方言郭音也通作茀郭引詩曰祓祿康矣毛詩祓作茀而訓為小不若鄭箋訓茀為福合於雅義也又通作弗詩以弗無子箋弗之言祓也正義引孫炎曰祓除之福也禧者說文云禮吉也吉即福目部瞦字下云讀若爾雅禧福是禧訓福也通作釐說文釐家福也漢書文帝紀云祠官祝釐禮樂志云嫗神蕃釐集注並云釐福也釐讀曰禧賈誼傳云受釐坐宣室集注釐音禧又云俗釐字為之文帝紀注亦云釐本字作禧叚借用耳又通作僖僖字史記漢書俱作釐文選魯靈光殿

賦序注蠢與僖同也禠者說文云福也釋文禠音斯
郭常支巨移二反東京賦云祈禠禳災思玄賦云蒙
庬禠以拯民李善注竝引爾雅曰禠福也祜者詩云
受天之祜見於信南山桑扈下武禮云承天之祜見
於士冠禮禮運箋注竝云祜福也福稱天者郎左傳
所謂如天之福故一切經音義二引爾雅舊注云祜
天之福也臧鏞堂爾雅漢注云祜字从古古字訓天
周書周祝解天爲古鄭康成堯典注古天也玄鳥箋
古帝天也故祜爲天之福今按臧說是也下文又云
祜厚也舊注祜謂福厚也此皆因文詁義依於雅訓
也

禋祀祠蒸嘗禴祭也書曰禋于六宗餘者皆以爲四時祭名也

說文云祭祀也春秋繁露云祭之爲言際也與察也
說苑權謀篇云祭之爲言索也索也者盡也乃孝子
所以自盡於親也御覽禮儀部三引書大傳云祭者
薦也廣雅云祭薦也按薦祭義同而微別故穀梁桓

八年范甯注無牲而祭曰薦薦而加牲曰祭然則祭可以包薦薦不可以包祭也禋者小爾雅云禋潔也周一語云精意以享禋也說文兼茲二義故云禋絜祀也一曰精意以享爲禋書舜典釋文引王肅主說文前義馬融主說文後義孫炎爾雅注兼主二義故書正義引孫炎曰禋絜敬之祭也詩維清傳禋祀也書洛誥鄭注禋芬芳之祭大宗伯禋祀注禋之言煙周人尚臭煙氣之臭聞者書禋于六宗正義引鄭注與大宗伯同通作煙詩釋文禋徐又音烟書大傳云煙于六宗鄭注煙祭也字當爲禋魏受禪表云煙于六宗史晨奏銘云以供煙祀是皆以煙爲禋也祀者一切經音義二引舍人曰祀地祭也說文云祭無已也从巳聲按巳古有二音故詩維天之命正義引譜云子思論詩於穆不巳仲子曰於穆不似斯干云似續妣祖鄭箋似讀如巳午之巳巳續妣祖者謂巳成其宮廟也證以說文巳巳也四月陽气巳出陰气巳藏釋名亦云巳巳也陽氣畢布巳也漢書律厤志云巳盛于巳史記律書巳者言陽氣之巳盡也是皆巳午

之巳讀爲矣音之證孟仲子讀巳爲似鄭康成讀似爲巳因知古音巳亦爲似似亦爲巳其讀俱通後世上己之己讀詳里切終巳之巳讀于紀切分而爲二非古音也古讀己之與祀似之與以其音皆同而其字通何以明之說文佀从吕聲則以似同音故易明夷云文王以之釋文引鄭荀向作文王似之漢書高帝紀注如淳曰以或作似是似以通也說文祀从巳聲則巳祀同音故詩於穆不巳文心雕龍練字篇作於穆不祀易損云巳事遄往集解引虞翻作祀事遄往云祀舊作巳是巳祀通也然音隨世變讀從音轉祀通作祠似通作嗣似祀二字俱讀詳里一音故詩斯干裳裳者華卷阿江漢傳竝云似嗣也荀子賦篇云性得之則甚雅似者與楊倞注似謂似續則亦以似爲嗣是似嗣通矣詩生民釋文祠本亦作祀是祀祠通矣此則祀似俱讀詳里切蓋今音也然據子思仲子論詩師弟已有二讀安知今音之非起於古哉

祠蒸嘗禴四者皆時祭之名詳見釋天而此又單訓祭者蓋不獨時祭有此名而凡祭亦被斯名也知者

小宗伯云大烖及執事禱祠于上下神示鄭注得求曰祠女祝云凡内禱祠之事鄭注祠報福大祝云一曰祠鄭注祠者交接之辭皆不以爲春時祭名然則祠之爲言詞也故說文云品物少多文詞是其義矣必知凡祭通名祠者公羊莊八年經云祠兵齊策云楚有祠者釋文及高誘注竝云祠祭也說文祠字解云以豚祠司命引漢律曰祠祉司命史記漢書竝云祠官祝釐顏氏家訓書證篇云吳人呼祠祀爲鴟祀是皆以祠爲凡祭之通名故一切經音義二及廿二廿三竝引舍人曰祀地祭也祠天祭也以祠祀爲天地祭名益知注爾雅者自郭以前皆不以祠爲春祭之名矣蒸與烝通亦單訓祭者詩信南山及賓之初筵傳箋竝云烝進也載芟箋進予祖妣謂祭先祖先妣也然則烝訓爲進進訓爲祭亦不以爲冬時祭名故書洛誥云王在新邑烝大宗伯疏引鄭注云是非時而特假祖廟故文武各特牛也然則鄭以洛誥之烝爲非時特祭證以楚辭天問篇云何獻蒸肉之膏而后帝不若王逸注蒸祭也以其肉膏祭天帝是皆

以蒸爲凡祭之通名也祠蒸二文旣有明證推此而言嘗禴二義亦當相準而經典無文莫可取證月令季秋大饗帝嘗鄭注嘗者謂嘗羣神也天子親嘗帝使有司祭於羣神然則鄭意亦以此嘗爲祭名而不以爲時祭之嘗矣唯禴未聞可姑闕焉郭以爲皆四時祭名恐未然也釋文嘗字又作常禴字又作礿並古字通

爾雅郭注義疏上之一

孫男聯蓀伯愷
　　　薇近垣校字

爾雅郭注義疏上之又一

棲霞郝懿行學

儼恪祗翼諲恭欽寅熯敬也 儼然敬貌書曰夙夜惟寅 詩曰我孔熯矣諲未詳

釋名云敬警也恆自肅警也謚法云夙夜警戒曰敬文選東京賦薛綜注敬宜也敬訓宜者上文云宜事也補亾詩注引蒼頡篇曰宜得其所也是皆敬訓宜之義通作儆詩旣敬旣戒周禮夏官序官注引作旣儆戒儼者詩碩大且儼曲禮云儼若思毛鄭並云儼矜莊貌離騷云湯禹儼而求合兮文選思玄賦云僕夫儼其正策兮王逸注及舊注並云儼敬也通作嚴詩柏舟傳及論語子張篇釋文並云儼本或作嚴按釋名云嚴儼也儼然人憚之也是儼嚴聲義同恪者愙愙之或體也說文愙敬也引春秋傳曰以陳備三愙通作恪詩執事有恪周語云俾莫不任肅純恪也又通作㦖魯峻碑云敬㦖恭儉帝堯碑云若不虔落

魏修孔子廟碑云追存二代三愘之禮蓋愘郎愙之
異文恪又愘之省文耳祗者說文云敬也書金縢云
罔不祗畏史記魯世家作罔不敬畏費誓云祗復之
魯世家作敬復之通作振書日嚴祗敬六德史記夏
紀祗敬作振敬內則云祗見孺子鄭注祗或作振振
祗聲相轉也翼者詩有嚴有翼以燕翼子以引以翼
毛傳茲云翼敬也常武傳云翼翼敬也釋訓云翼翼
恭也恭亦敬故詩文王傳云翼翼恭敬盍兼用詁訓
二文也逸周書程典篇云慎下必翼上周語云翼其
上也翼皆訓敬通作躩論語云趨進翼如也說文作
趨進躩如也又通作翊漢書禮樂志云共翊翊集注
共讀日恭翊翊敬也是翊郎翼矣謹者禮之叚音也
詩克禋克祀毛傳禋敬也本爾雅左氏桓六年傳云
以致其禋祀杜預注禋絜敬也與孫炎義同俱本毛
傳為訓也通作誾廣雅云誾誾敬也又云訔訔語也
一切經音義十二云誾古文訔同又通作言玉藻云
二齊而言言斯鄭注言言和敬貌是言誾禮俱聲義
同恭者說文與敬俱訓肅也恭敬義同經典對文則

少儀云賓客主恭祭祀主敬鄭注恭在貌也而敬又在心若散文則敬亦爲恭恭亦爲敬故謚法云敬事供上曰恭夙夜恭事曰敬是二義互相訓也釋名云恭拱也自拱持也恭亦言供給事人也亦二義相兼通作共書愿而恭史記夏紀作愿而共詩匪其止共韓詩作匪其止恭經典恭共通者非一舉此二文其餘皆可知也又通作龔書象恭滔天漢書王尊傳作象龔滔天恭行天之罰梁元帝告四方檄云龔行天罰又通作供老子注云非唯恭其乏而已釋文恭一作供荀子修身篇云行而供冀楊倞注供恭也皆其證也欽者書欽若昊天五帝紀蓺文志竝作敬順昊天謚法云威儀悉備曰欽書堯典正義引鄭注云敬事節用謂之欽荅撙節退讓以威儀斯皆恭敬之實也寅者夤之叚音也說文云夤敬惕也漢書集注引書曰夤亮天工敍傳云夤用刑名文選永明九年策秀才文云夤奉天命李善注引爾雅曰夤敬也通作寅逸周書祭公篇云寅哉寅哉孔晁注寅敬也熯者戁之叚音也說文云戁敬也本爾雅通作熯詩我

孔㵄矣毛傳㵄敬也說文亦引此句而云㵄乾皃漢無敬意故徐鍇繫傳以漢爲戁其說是也蓋戁从難聲㵄从漢省漢又从難省故聲同字通又通作難禮儒行云儒有居處齊難難卽戁之省僧齊難猶言莊敬鄭注以爲齊莊可畏難也似失之矣

朝旦夙晨晙早也 晙亦明也

說文云早晨也从日在甲上案甲木也木之尤高者日在其上是早也詩云杲杲出日故日在木上曰杲日在木下曰杳杳冥也杲明也杲與早聲義近老子云是謂早服河上公注早先也齊策云早救之高誘注早速也按今人謂及早爲卽速速猶夙也夙卽早也通作蚤士相見禮云問日之早晏鄭注古文早作蚤詩四之日其蚤王制注作四之日其早又早起孟子書作蚤起皆其證矣朝者說文云旦也从倝舟聲虞翻易訟注云日在甲上稱朝與說文訓早義合鄭注祭義云朝日出時也通作調詩怒如調飢毛傳調

朝也又通作輈汝墳釋文調張留反又作輖音同說文朝心部引詩正作輖輖飢又通作鼂說文鼂讀若朝杜林以爲朝旦非是楚辭哀郢篇云甲之鼂吾以行王逸注鼂旦也文選上林賦注及漢書注並云鼂古朝字又通作晁漢書景帝紀注注晁古朝字文選羽獵賦云於是天子乃以陽晁李善注朝一晁古一字同俱杜林所本也旦者說文云明也从日見一上一地也按日出地上日旦日入氏下日昏二者意亦同也詩葛生東門之枌箋板傳並云旦明也經典或言旦明或言旦夕少牢饋食禮云旦明行事鄭注旦明旦日質明管子小匡篇云旦昔從事於此尹知章注旦昔猶朝夕也夙者𡖍之俗體也說文云𡖍早敬也从丮持事雖夕不休早敬者也通作夙詩禮內凡言夙夜夙興者非一傳箋及注並云夙早也又通作宿說文夙古文作𠈇宿从此故逸周書寤儆篇云戒惟宿孔晁注宿古文夙蓋宿有久舊二義又有豫先二義然則久次舊故皆人之早也豫期先定皆時之早也又通作肅詩生民箋云夙之言肅也蓋夙與速聲義同又通肅

速上文竝訓疾也疾速亦皆爲早矣晨者說文作晨云早昧爽也从臼从辰辰時也辰亦聲丮夕爲夙臼辰爲晨皆同意釋名云晨伸也旦而日光復伸見也詩庭燎箋晨明也周禮司寤注晨先明也晉語丙之晨注晨早朝也漢書律麻志引左氏僖五年傳丙之晨作丙子之辰萘辰卽晨耳晙者浚之或體也書夙夜浚明有家史記夏紀作蚤夜翊明有家㩦翊翌同釋言云翌明也史記訓浚爲翊是翊浚俱訓明後人淺俗見浚訓明因作日旁夋之字以別之梅書僞孔傳訓浚爲須尤乖雅義此古訓不明之失也浚通作駿上文云駿速也速卽早意

須竢替戾底止徯待也 書曰徯我后今河北人語亦然替戾底者皆止也止亦相待

說文云待竢也从寺聲案待从寺得聲古讀當祥吏切或直里切今讀徒改切非古音矣知待讀直里切者說文云偫待也偫从待其義與聲亦俱爲待不獨待爲然凡从寺之字讀皆寺聲也偫與峙同下文云

供峙共具也具謂備具時既訓具故待亦爲具周語
注待待猶備也齊策注待猶共也周禮大府外府注竝
云待猶給也給共備皆爲具是待與偫聲義同之證
也知待待讀祥吏切者古讀侍偫待皆同聲也老子云
萬物恃之而生河上公注恃待也呂覽無義篇云不
窮奚待高誘注待恃也義既互訓字亦互通故老子
釋文恃河上本作侍呂覽審時篇注云恃或作待禮
雜記注待或爲侍儀禮士昏禮注云今文侍作待莊
子田子方及漁父篇釋文竝云待或作侍是侍與待
聲義同之證也待又通時與持見易釋文及儀禮注
然則古讀待不作徒改切明矣䇓者說文云待也通
作須士昏禮云某敢不敬須士喪禮云擯者出告須
鄭注竝云須待也又通作需易彖傳云需須也莊子
大宗師篇云聶許聞之需役釋文引王云需待也是
需須古字通竢者說文云待也通作俟釋文云竢字
又作俟詩靜女相鼠著毛傳及儀禮鄭注竝云俟待
也又通作妃說文竢或从已釋文云竢亦作戺蓋戺
卽妃字之譌也又通作立鄉射禮及大射儀注竝云

今文俟爲立又通作待大射儀注云今文俟作待又
通作竢列子楊朱篇殷敬順釋文云俟一本作竢㬱
者下文云止也釋言云廢也說文云廢一偏下也隸
變作替毛鄭亦皆作替而訓廢葢廢有止義止有待
義故又訓待也說文㬱从𠚕聲𠚕與自同或从曰作
㬱或从兟作朁魏三體石經書大誥云不敢替作不
敢朁本於說文也又通作秩或作载少牢饋食禮云
勿替引之鄭注古文替爲秩秩或爲载载替聲相近
案替今他計切秩直一切载他結切則聲相近轉
今本儀禮秩作袟字之誤也戾底下文竝云止也戾
上文云至也至止聲近止待之義同故訓止之字又多
訓待㬱戾底皆是也戾者止之待也聲轉爲峉禮大
學注戾或爲峉峉通作遴說文口部引易曰以往峉
辵部引作以往遴遴行難也然則行難與止義近止
即待矣底者至之待也釋言云底致也致亦至也止
者息之待也止訓至也居也處也𨑨也皆休息之義
休息亦待之義故禮記檀弓云吉事雖止不怠鄭注
止立俟事時也此即止訓待之意也止通作戴左氏

僖五年經云會王世子于首止公羊穀梁作首戴案戴古讀如蕃故與止通矣徯者說文云待也郭引書曰徯我后孟子作傒我后趙岐注傒待也郭云今河北人語亦然者據時驗也今東齊人亦曰徯待又今語謂待爲等等即待聲之轉也

㠟幾烖殆危也幾猶殆也㠟烖未詳**饑汔也**謂相摩近

釋名云危阢也阢阢不固之言也說文云危在高而懼也从产顒檐自卩止之案产屋梠也故喪大記云中屋履危史記魏世家云痤因上屋騎危鄭注及裴駰集解竝云危棟上也然則危猶畏也高而生懼故女在宀下爲安人在屋上爲危危者安之對也危通作厄厄見易渙釋文又通作佹佹見左傳僖廿八年釋文又通作恑恑見莊子繕性篇釋文皆以聲爲義也㠟者說文云危也龍龕手鑑二引爾雅舊注云㠟事之危也釋文㠟郭音聿施音述今案㠟遹聲同皆兼聿述二音然則㠟之爲言怵也怵以恐懼爲義懼即危之

訓也三蒼云詭譎也廣雅云譎恑也恑與危譎與嗝竝以聲爲義也幾者說文云微也殆也从𢆶从戍戍兵守也𢆶而兵守者危也詩維其幾矣周語云而王竝幾頓乎荀子堯問篇云女以魯國驕人幾矣傳注竝云幾危也幾又訓微微亦危也故荀子解蔽篇云危微之幾是幾兼危微二義聲轉爲近易中孚釋文幾京作近又轉爲矜詩居以凶矜傳矜危也矜近幾俱以雙聲爲義也烖者與灾災同災訓害與危義近經典多通作菑菑災聲同也釋地云田一歲曰菑郭注初耕地反草爲菑孫注菑音災殺其草木也是災菑音義同危之爲言以相摩切迫近爲義然則菑从草田是田之危也灾从火宀是宀之危也菑與廁側古書俱相通僭廁側皆訓邊也近也則與危之義又同矣災亦爲菑菑亦爲側公羊昭廿五年傳以人爲菑何休注菑今太學辟雍作側字然則菑側聲義同此亦其證也殆者說文云危也禮記大學注及論語包咸注竝云殆危也檀弓云夫子殆將病也又云不殆於用殉乎哉鄭注竝云殆幾也幾亦近也故詩

無小人始易繫辭云其始庶幾乎鄭箋及侯果注竝云始近也○譏即幾也又訓汔者汔近也爾雅萏即汔之爲近以明危之亦爲近故復申釋其義也譏从幾聲譏𢇍𨒪二依垣玉篇竝云危也說文云譏幾也訖事之樂也徐鉉以爲說文無𢇍字當是訖字之誤今案當爲汔字作訖亦誤也說文訖訓止汔訓水涸竝从气聲但汔兼涸止二義水涸盡則近於地故汔又訓近也詩汔可小康毛傳汔危也鄭箋汔幾也正義引孫炎曰汔近也不同者爾雅下文云幾近也此云幾汔也知汔即近矣毛訓汔爲危義猶未顯故鄭申之訓汔爲幾然後知汔幾即譏汔又知爾雅之譏蓋幾之叚借也漢書元帝紀引詩作迄可小康迄亦汔之叚借也幾通作豈孟子云其好惡與人相近也者幾希趙岐注幾豈也荀子大略篇注亦云幾讀爲豈史記黥布傳云幾是乎集解徐廣曰幾一作豈索隱引楚漢春秋作豈是乎是豈幾通幾皆音祈也幾近汔俱雙聲

治肆古故也治未詳肆古見詩書**肆故今也**肆旣爲故又爲今今亦爲故故亦爲今此義相反而兼通者事例在下而皆見詩

說文云故使爲之也楚辭招魂篇注故古也蓋故有二義訓古者今之對也訓使爲之者以人所有事也爾雅之故亦兼二義知者招魂篇云樂先故些王逸注故舊也穀梁襄九年傳云故宋也范甯注故猶先也先舊義俱爲古也是皆故訓古之證墨子經上篇云故所得而後成也卽說文故使爲之之意公羊昭卄一年傳云習乎邾婁之故周語云且無故而料民何休及韋昭注竝云故事也是皆故訓事之證通作固固之爲言猶故也見儀禮禮記注論語云固天縱之將聖論衡知實篇固作故周語云而咨於故實史記魯世家故作固皆其證也治者値之故也釋名云治値也玉篇云修治也除之除冀二切爾雅之治亦兼二音故釋文治如字施直吏反治與事聲義近故呂覽論人篇云事心乎自然之塗淮南俶眞篇云事

其神者神去之高誘注竝云事治也事訓治治亦訓
事事卽故字之訓也通作始孟子云始條理也孫奭
音義云本亦作治條理也是治始通始訓古也先也
先古義俱爲故也肆者陳之故也肆訓陳陳訓久也
舊也舊久義俱爲故也郭云見詩書者詩肆其靖之
毛傳肆固也鄭箋固當爲故是也書云肆朕誕以爾
東征漢書翟方進傳作故予大以爾東征肆訓爲遂
故書云肆類于上帝肆覲東后史記五帝紀肆俱作
遂楚辭天問篇云遂古之初遂亦肆也肆有申遂之
義故亦申事之詞然則經典凡言是故者卽肆故也
或言是以者卽遂以也又言所以者亦是以也皆申
事之詞也肆遂是所俱一聲之轉也古者說文云故
也从十口識前言者也玉篇云古久之言也詩逝不
古處古訓是式傳竝云古故也緜傳又云古言久也
久舊亦故也廣雅云古始也始亦治也治亦故也○
今者說文云是時也从亼从ㄱㄱ古文及按今不古
也已故爲古及時爲今亼會及時之意故云是時也
文選南都賦注引蒼頡篇曰今時辭也詩迨其今兮

傳今急辭也然則今爲急辭卽知故爲緩辭矣肆訓故又訓今者肆遂也遂有緩義亦有急義緩義爲故急義爲今也肆亦有緩急二義書眚災肆赦肆訓緩也詩是伐是肆肆訓疾也由斯以談凡言是故者舒緩之詞也凡言卽今者急疾之詞也字有二義因有二訓然則肆旣爲故又爲今無足怪矣詩緜及思齊毛傳並云肆故今也大明及抑鄭箋亦云肆故今也俱故今二字連文郭讀斷開非毛鄭意也所謂故今者卽肆今也肆今猶肆古也肆古之聲變爲是故肆今之聲亦變爲斯今詩匪今斯今是也斯今又聲變爲自今詩自今以始是也經典或言迄今或言及今或言至今並字異而義同郭云事例在下者見下文

徂在存注在

惇亶祜篤掔仍肶埤竺腹厚也頻仍埤益肶輔皆重厚掔然厚貌餘皆見詩書

說文云厚山陵之厚也从㫗胡口㫗厚也从反亯案亯从高省所亯在上也故易曰公用亨于天子厚从

反言所厚在下也故易曰上以厚下安宅然則厚者上益下也易曰損下益上曰損損上益下曰益故厚爲增益之義也至厚莫如地易曰坤厚載物故説文云古文厚作垕从后土后土卽地矣厚猶多也又訓重也重且多則大矣故墨子經上篇云厚有所大也通作後見莊子列禦寇篇釋文案釋名云厚後也有終後也是後厚同又通作后后卽垕字之省也惇者説文作憞云厚也書云惇德史記五帝紀作厚德禮記內則云惇史鄭注惇史史惇厚是也通作敦詩王事敦我曲禮云敦善行而不怠樂記云及夫敦樂而無憂毛傳鄭注竝云敦厚也亶者藏之厚也説文云多穀也上文云信也誠也誠信與惇厚義近周語引詩亶厥心而釋之云亶厚也通作單詩單厥心及俾爾單厚毛傳竝云單厚也桑柔正義引某氏曰詩云俾爾亶厚又通作僤逢天僤怒毛傳僤厚也正義云僤亶音相近義亦同釋文云僤本亦作亶左傳正義引樊光曰詩云逢天亶怒又通作燀呂覽重已篇云衣不燀熱高誘注燀讀曰亶亶厚也祜者上文云福

也祜與厚義近故一切經音義二引爾雅舊注云祜謂福厚也賈子容經篇云祜大福也大與厚義相成也篤者管之叚音也說文云管厚也从竹聲讀若篤經典通作篤上文云篤固也固厚義近詩椒聊大明皇矣公劉傳箋竝云篤厚也通作毒書天毒降災荒殷邦史記宋世家作天篤下災亾殷國擊者上文云固也又訓厚者擊之爲言堅也又言腆也腆訓豐滿堅訓密緻皆有厚意故又訓厚矣仍者訒之叚音也說文云訒厚也通作仍下文云仍因也廣雅云仍重也小爾雅云仍再也周語注仍數也漢書注云仍頻也俱與厚義近又通作扔釋文仍本或作扔又轉爲仁仁亦厚也論語云仍舊貫釋文引鄭注魯讀仍爲仁今從古肶者說文作膍或作肶云牛百葉也經典膍肶通用詩福祿膍之毛傳膍厚也釋文引韓詩作肶義亦同又通作毗天子是毗毛傳毗厚也鄭箋毗輔也輔厚義亦相成也埤者增之厚也說文云埤增也詩政事一埤益我毛傳埤厚也通作錍說文云錍益也廣雅云埤益也是埤錍通又與毗通詩節南山

釋文毗王肅作埤又與裨通鄭語注裨益也漢書注裨助也覲禮侯氏裨冕鄭注裨之爲言埤也是埤裨音義又同矣竺者說文云厚也从竹聲平輿令薛君碑云澫此竺旻通作篤釋文竺字又作篤又通作毒後漢書西域傳云天竺國一名身毒海內經云天毒其人水居郭注天毒卽天竺國是矣腹者與膍同意說文云厚也釋名云腹複也富也複富並與厚義近詩出入腹我禮月令水澤腹堅傳注並云腹厚也通作複月令釋文云腹本又作複又通作復水澤腹堅呂覽季冬紀作水澤復高誘注復亦盛也復或作複東重累也又轉爲皁一切經音義十三引國語賈逵注云皁厚也是皁腹義又同也

載謨食詐僞也 而載者言而不信謨者謀而不忠書曰朕不食言

說文云僞詐也从爲聲按僞之言爲也故廣雅云僞爲也荀子性惡篇云人之性惡其善者僞也楊倞注僞爲也矯也矯其本性也凡非天性而人作爲之者皆謂之僞故僞字人旁爲亦會意字也禮曾子問云

作僞主以行鄭注僞猶假也然則假之爲言詐也詐之爲言作也作與詐僞與爲古皆通用故釋言云作造爲也詩尚無造毛傳造僞也小子有造傳又云造爲也是爲僞通禮月令云毋或作爲淫巧鄭注今月令作爲爲詐僞是詐亦通作僞亦通爲推此而言左氏成九年傳爲將改立君者定十二年傳子爲不知釋文竝云爲本作僞是皆僞爲通之證也爾雅之僞義亦通爲說者但謂詐僞則失之矣載者下文云行也行亦爲謚法云載事也事亦爲故大宗伯云大賓客則攝而載果鄭注載爲也下文載又訓言故郭云載者言而不信上文謨已訓謀故郭云謨者謀而不忠今按郭說載言謨謀是也其云不忠不信非也何以明之謨之爲言摹也規摹圖畫與作爲義近與詐僞義遠然則載謨爲作爲之爲倉詐爲詐僞之僞而亦爲作爲一字皆兼數義爾雅此例甚多僞之通爲葢無可疑矣倉者郭引書湯誓云朕不倉言又晉語云號之會魯人倉言文遻思玄賦云疾防風之倉言韋昭及舊注竝云倉僞也左氏僖廿八年傳背惠倉言

言成十六年傳瀆齊盟而食話言法言重黎篇亦云不食其言是經典俱食言連文故湯誓及左傳正義並引孫炎曰食言之僞也此亦望文生義實則食自訓僞不必因言以見知者逸周書皇門篇云媢夫有邇無遠乃食蓋善夫孔晁注食爲也爲亦僞也書意蓋言佞媢之人以飾詐作僞掩蓋善士又左氏哀元年傳後雖悔之不可食已此食亦當訓爲猶言疾不可爲矣是皆食自訓僞不因言見之證杜注訓食爲消孔傳訓食爲盡俱不合爾雅之詁亦爲矣說矣詐者說文云欺也方言云膠譎詐也淮南俶眞篇注巧言爲詐荀子修身篇云匿行曰詐是詐兼言行而言也詐與譌同意譌與僞同聲周禮馮相氏注辯秩南譌漢書王莽傳作以勸南僞是僞譌通故詩沔水及正月箋並云訛譌也蓋言訛當作譌譌亦僞也造作語言行其詐僞故論語云由之行詐也無臣而爲有臣爲亦僞矣僞所以爲欺故曰吾誰欺欺天乎詩云人之爲言苟亦無信爲亦僞也釋文爲本或作僞正義本卽作僞故云人之詐僞之言又云君能不受僞

言則人之僞言
者復何所得焉

話猷載行訛言也詩曰慎爾出話猷者道道亦言也周禮曰作盟詛之載今江東通謂語爲行世以妖言爲訛

釋名云言宣也宣彼此之意也墨子經上篇云言口之利也莊子外物篇云言者所以在意法言問神篇云言心聲也案言語有別故詩公劉傳直言曰言論難曰語禮哀公問注又云言語也周禮冢人注亦云言猶語也是言語二字對文則別散則通也易笑言啞啞釋文言亦作語一切經音義六引易作笑語啞啞是言語通矣話者說文作話云合會善言也从昏聲籀文从會作譮通作話經典或話言連文故小爾雅及左傳杜預注竝云話善也實則善言爲話非話卽爲善故詩板及抑傳竝云話善言也此爲話字本義抑傳又云話言古之善言也書立政正義引舍人曰話政之善言也盤庚正義引孫炎曰話善人之言

也是皆緣詞生訓非話之本義也猷者下文及釋宮竝云猷道也郭云道亦言者詩東門之池傳言道也終風箋今俗人嚏云人道我是皆以道爲言之證也載者郭引周禮詛祝云作盟詛之載辭又司盟云掌盟載之灋鄭注載盟辭也是皆郭義所本但載自訓辭非必盟辭故詩載馳載驅傳載辭也左氏定三年傳載祀六百孟子引詩載胥及溺賈逵及趙岐注亦云載辭也詩內如載馳載陽載考載飛箋竝云載之言則也載則聲相轉亦皆語辭也是皆載訓言之證也載又訓行行亦言矣行者與猷同義同訓故釋宮云行道也詩內如行露周行俱訓爲道道亦言也行古讀戶剛切今下庚切釋文郭下孟切注同非也彼行乃言之對非行道之行也訛者譌之叚音也說文云譌言也廣雅云譌譁也案譌之言爲也造作語言讙譁動聽謂之譌言通作訛說文引詩民之譌言今沔水及正月竝作民之訛言史記五帝紀云便程南譌今書作平秩南訛又通作吪廣雅云吪言也詩尚寐無吪釋文吪本亦作訛四國是訛釋文訛又作吪

爾雅釋文訛字又作吪亦作譌是譌爲正體吪段借訛或體也郭云世以妖言爲訛者西山經云畢方見則其邑有譌火郭注譌亦妖譌字是也

遘逢遇也謂相遘遇**遘逢遇遻也**轉復爲相觸遻**遘逢遇遻見也**行而相值卽見

說文云遇逢也釋言云遇偶也釋名云耦遇也二人相對遇也然則遇亦二人相對耦矣遇謂之遭說文云遻遇也亦謂之會穀梁隱八年傳云不期而會曰遇是也亦謂之合秦策注遇合也遘者說文云遇也書遘厲虐疾通作覯詩亦旣覯止毛傳覯遇也又通作冓詩中冓之言釋文冓本又作遘又通作構文選王粲七哀詩云豺虎方遘患李善注遘與構同古字通也又通作逅詩邂逅相遇釋文遘本亦作逅毛傳邂逅不期而會也又通作姤易彖傳及雜封傳竝云姤遇也釋文姤薛云古文作遘鄭同也逢者說文云

遇也又云迎逢也方言云逢迎也是逢迎互訓其義則皆爲遇也故楚辭天問篇云逢彼白雉王逸注逢迎也又云而親以逢始王逸注逢遇也按逢有蓬音今人謂相遇曰逢讀若蓬去聲○遻者說文云相遇驚也从辵咢聲案遻音五各五故二反說文訓遇驚則音五各爾雅直訓遇則音五故實則二音相轉俱通也遻訓驚者通作愕文選西都賦注引字書云愕驚也廣雅同又作咢一切經音義五引字書云愕或作咢同五各反是也遻訓遇者通作遌玉篇云遌遇也又作迕玉篇云遌同迕爾雅釋文亦云遻字又作迕同五故反是也又通作晤詩可與晤歌傳晤遇也又通作逜釋言云逜寤也郭注相干寤又通作寤漢書敘傳云幼寤聖君集注鄧展曰爾雅寤逢遇也又通作午荀子富國篇注午讀爲迕遇也此皆遻訓遇之證也楚辭懷沙篇云重華不可遻兮王逸注遻逢也逢亦遇矣○見者郭云行而相値卽見也値者當也兩人相對相當也遘訓見者字當作覯說文云覯遇見也詩內覯字傳箋竝云見也逢訓見者洪範

五行傳云是離逢非沴鄭注逢見也按今人行而相値謂之逢見不相値謂之未逢見逢亦讀爲蓬去聲矣遇訓見者禮檀弓云遇於一哀而出涕又云遇負杖入保者息鄭注竝云遇見也曲禮云諸侯未及期相見曰遇大宗伯云冬見曰遇是皆以遇爲見也遻訓見者列子黃帝篇云遻物而不慴殷敬順釋文遻一本作遌龍龕手鑑四引爾雅舊注云心不欲見而見曰遌是遻訓見也遻與晤同可與晤歌箋晤猶對也相對亦相値矣

顯昭覲釗䚀見也顯昭明見也逸書曰釗我周王**監瞻臨涖頫相視也**皆謂察視也

說文云見視也按見有二音視有二義見訓看者音古電切訓示者音胡電切爾雅之見實兼二音釋文但主賢徧一音失之矣視訓瞻也又與示同見詩箋及曲禮士昏禮注然則見之言看也又言觀古亂也

顯昭皆觀示之義讀賢徧者是也覿覿皆看視之義讀古電者是也郭注亦二義兼矣顯昭上文竝云光也光與見義相成顯者古文作㬎从日中視絲是有光明著見之義故詩天維顯思傳顯見也吳語云不敢顯然布幣行禮韋昭注顯猶公露也葢公然顯露亦爲著見也通作憲上文憲訓法法令亦所以示人也昭者詩文王時邁傳箋竝云昭見也樂記蟄蟲昭蘇鄭注昭曉也曉亦明見之意通作照照與昭同也覲者大宗伯云秋見曰覲按爾雅之覲與周禮異凡見皆稱覲非必朝王非時皆可見不必因秋故書曰覲四岳羣牧又云肆覲東后在正月二月閒明覲不必秋矣詩韓奕入覲左氏隱四年傳王覲爲可覲皆訓見亦不必秋又貴賤相見皆稱覲故左氏昭十六年傳云宣子私覲於子產華嚴經音義上引珠叢云覲謂就見尊老也是凡見皆稱覲明不獨施於至尊矣釗者上文云勉也方言云遠也皆不訓見郭引逸書曰釗我周王梅書作昭我周王孟子作紹我周王趙岐注以爲願見周王孟子所引必書之眞古文梅

作昭郭作釗葢皆紹之叚借紹有介紹之義與見義近故趙注謂願見周王是紹訓見其義與爾雅合或趙所據爾雅古本作紹舊注以願見爲說而趙從之均未可知若從梅書作昭昭已訓見不當重出若從郭引作釗釗無訓見之文必是叚借然則爾雅古本竊疑當從孟子作紹紹訓爲見當依趙注爲說郭本作釗或係聲借之字而郭未詳今注疑有缺脫抑或郭引逸書卽本梅書作昭而轉寫者見正文有釗字注文因誤作釗矣覿者公羊莊廿四年傳覿者何見也左氏傳宗婦覿用幣漢書五行志作宗婦見用幣聘禮有私覿謂賓私見也然凡見皆稱覿故左氏昭十九年傳龍不我覿也周語云武不可覿又云火朝覿矣覿皆訓見又貴賤相見皆稱覿文選思玄賦云覿天皇于瓊宮易云三歲不覿是覿又爲相見之通稱矣○見旣訓視視亦訓見此見但爲看見之見視亦但爲瞻視之視也故說文云視瞻也釋名云視是也察其是非也通作眡說文眡眡俱古文視字周禮食醫云食齊眡春時士昏禮注作食齊視春時又通

作示周禮十師云眡高揚火士喪禮注作示高揚火
按視亦有二音一切經音義二引字詁云視時旨時
至二反釋文無音今唯取時旨一音亦非也監者瞷
之叚音說文云瞷視也通作監說文臨下也詩何用
不監呂覽達鬱篇云王使衞巫監謗者毛傳及高誘
注竝云監視也方言云監察也節南山釋文引韓詩
云監領也領臨聲轉其義亦爲視矣瞻者詩傳箋竝
云視也說文云臨視也通作詹詩魯邦所詹說苑襍
言篇作魯侯是瞻左氏莊十七年經云齊人執鄭詹
公羊作鄭瞻臨者方言云照也詩箋云視也易繫辭
云如臨父母虞翻注臨見也晉語云臨長晉國者韋
昭注臨監也監見照其義皆爲視也華嚴經音義上
引國語賈逵注臨治也臨訓治與監訓領又同矣涖
者說文作埭云臨也通作涖詩采芑傳涖臨也周禮
司市及大宗伯注鄭衆竝云涖視也鄉師注鄭衆云
涖謂臨視也又通作莅士冠禮及文王世子涖皆作
莅又通作位穀梁僖三年傳涖者位也昭七年傳涖
位也周禮肆師注故書位爲涖杜子春云涖當爲位

書亦或爲位又通作立鄉師司市及大宗伯注竝云故書涖作立又鄭衆讀立俱爲涖案隸字經典所無小宗伯注古者立位同字葢涖莅从立从位故叚借俱通矣覞者說文云諸侯三年大相聘曰覞覞視也通作頫頫說文以爲俛仰字經典借爲覞字考工記玉人云以頫聘齊語云以驟聘頫於諸侯鄭注及韋昭注竝云頫視也典瑞及大行人小行人頫聘覞省字俱作頫又通作眺以驟聘頫之頫宋本國語作眺文遻思玄賦云流目眺夫衡阿兮魏都賦注引爾雅亦作眺視也相者說文省視也引易曰地可觀者莫可觀於木又引詩曰相鼠有皮毛傳相視也太司徒注相占視也考工記矢人注相猶擇也擇與古亦察意視之

鞫訩溢盈也 詩曰降此鞫訩

說文云盈滿器也从皿夃秦以市買多得爲夃夃是有多益之意與滿義近故墨子經上篇云盈莫不有也

詩鵲巢及匏有苦葉傳竝云盈滿也禮祭義注盈猶溢也按盈之言贏也贏者有餘賈利也是贏盈聲同又與盈从夃義近矣通作逞穀梁昭廿三年經云沈子盈滅釋文盈本亦作逞左氏襄廿三年傳云晉欒盈史記晉世家作欒逞齊世家集解徐廣曰盈史記多作逞田完世家索隱曰逞音盈是盈逞古字通又左氏昭四年傳云逞其心以厚其毒新序善謀篇逞作盈亦其證杜預訓逞爲盡義亦近矣鞫者詩曷又鞫止降此鞫訩箋傳竝云鞫盈也鞫訓窮窮訓極盡與盈滿義近又鞫有穹音左氏宣十二年傳山鞫窮釋文鞫起弓反是鞫窮聲又近矣訩者說文作詾或作訩又作說云訟也本釋言文降此鞫訩毛傳亦本釋言蓋訩从匈聲言語爭訟其聲匈匈故又訓盈所謂發言盈廷者也荀子天論篇云君子不爲小人匈匈也輟行楊倞注匈匈諠譁之聲與訩同今按訩與詾義亦同說文云詾膽气滿聲在人上玉篇音胡內胡市二切然則詾之訓爲滿與訩之訓爲盈又同矣溢者說文云器滿餘也按今本脫餘字此从華嚴經音義引喪服傳云

朝一溢米釋文引王肅劉逵袁準孔倫葛洪皆云滿手曰溢小爾雅云一手之盛謂之溢宋咸注滿一手也又云兩手謂之掬宋咸注半升也然則滿一手曰溢滿兩手曰匊匊與鞠聲同爾雅之鞠又與匊義同矣匊與溢皆有盈滿之意故詩假以溢我箋溢盈溢之言也莊子人閒世篇云夫兩喜必多溢義之言文選東京賦云規摹踰溢郭象及薛綜注竝云溢過也過亦盈滿意也通作泆書溢爲滎史記夏紀作泆爲滎又通作軼漢書地理志作軼爲滎集注軼與溢同

孔魄哉延虛無之言閒也 孔穴延魄虛無皆有閒隙餘未詳

說文云閒隙也墨子經上篇云有閒中也經說上云閒謂夾者也然則廾有閒隙據兩邊夾者而言也閒有中義此注云有閒隙是也閒亦有廁義下文云閒代是也葢因有閒隙故相襍廁旣相襍廁因生閒代其義相足成也孔者通之閒也說文孔通也老子云孔德之容王弼注孔空也淮南精神篇云夫孔竅者

精神之戶牖也詩如酌孔取箋以爲凡器之孔正義中之云孔取謂器中空虛受物之處通作空考工記函人云眡其鑽空賈公彥疏以空爲孔史記五帝紀云舜穿井爲匿空旁出索隱亦云空音孔矣魄者體之閒也人始生而體魄具耳目口鼻皆開竅於陰而爲魄之所藏故白虎通云魄者猶迫然著人也又月之空缺陰映蔽光謂之爲魄書哉生魄亦其義也哉者說文云言之閒也段氏玉裁曰有兩而後有閒凡言哉多起下文之詞或無下文亦語於此少歇故云言之閒也按哉字經典以爲語已之詞又爲游衍之詞是皆爲有閒矣延者進之閒也上文延訓進也貪緣誘進兩相延及亦有閒意虛者實之閒也日中則昃月盈則虧當其空虛是生閒隙故墨子經上篇云纑閒虛也經說上云纑虛也者兩木之閒謂其無木者也亦其義也無無者有之閒也索問調經論云無者爲虛是虛無互訓老子云三十輻共一轂當其無有車之用埏埴以爲器當其無有器之用鑿戶牖以爲室當其無有室之用是皆以無爲閒之義也之者往

之閒也上文云之往也段氏玉裁曰之訓閒者自此往彼故有閒也行文以之爲上下聯屬亦其義也按文內之字如國策云南之威莊子云麗之姬皆在當句之中者也易云知至至之知終終之皆在當句之末者也是皆有閒意也言者意之閒也莊子云言者所以在意凡人意藏於中非有閒也意與事相際而言以出焉人與人相交而言以宣焉此則言爲人意之閒矣葢凡言閒者或兩而斷或一而連離立者不出中閒或往參焉此一而連者也兩山夾水爲澗澗亦閒焉此兩而斷者也言與延通彼我之懷是以連爲閒也哉與之牵別離之緒是以斷爲閒也虛無則以兩相對合爲閒孔魄又以內外區分爲閒也此皆易了不知郭氏何以未詳乃其所詳抑又疑焉耶疏推本郭義以延爲墓道亦非蒙意所安

瘞幽隱匿蔽竄微也　微謂逃藏也左傳曰其徒微之是也

說文云微隱行也引左氏哀十六年傳白公其徒微之又襄十九年傳崔杼微逆光服虔注微隱匿也又

晉語云設微薄而觀之韋昭注微蔽也蔽匿隱俱依爾雅爲訓也微有幽隱蔓昧之意故言之隱者曰微言行之隱者曰微行衣服之隱者曰微服其義一也通作危考工記輪人鄭衆注微至書或作危至是矣瘞者釋言云幽也釋天云祭地曰瘞薶說文本此二訓故曰瘞幽薶也釋言云薶塞也塞亦幽隱之義故詩燕燕傳塞瘞也瘞與翳聲義同通作殪覲禮云祭地瘞鄭注古文瘞作殪幽者說文云隱也又𢆶云微也是𢆶與幽同太玄玄瑩注幽謂陰也陰與隱義亦同大戴禮誥志篇云幽幼也小爾雅云幽冥也釋言云冥幼也釋文幼本或作窈然則窈冥幽昧皆隱微之義幽猶黝也黝訓黑黑色亦幽闇故詩其葉有幽及玉藻幽衡毛傳鄭注俱借幽爲黝矣隱者說文云蔽也與乚同說文云匿也象迟曲隱蔽形讀若隱玉篇即以乚爲古文隱字隱之訓爲微故史記司馬相如傳云春秋推見至隱索隱李奇曰隱猶微也通作殷詩如有隱憂韓詩作如有殷憂劉熊碑云勤恤民殷殷即隱也又通作依說文云衣依也白虎通云衣

者隱也書無逸云則知小人之依謂知小人之隱也衣殷古同聲隱之通爲依猶隱之通爲殷也此義焉瑞辰說又聲轉爲偃偃同匽匽匿也詩魚麗傳士不隱塞釋文隱本又作偃漢書古今人表徐隱王卽徐偃王也匿者說文云亾也廣雅云藏也隱也左氏哀十六年正義引舍人曰匿藏之微也御覽七百五十六引通俗文云竹器邊緣曰匿此雖别義葢亦以匿爲藩蔽之意也蔽者說文云蔽蔽小艸也按小草曰蔽蔽小葉曰蔽茀皆草木隱翳之貌也釋器云輿竹後謂之蔽廣雅云蔽障也又云隱也論語鄭注蔽塞也包咸注蔽猶當也按今人謂遮蔽爲遮當讀當聲如黨矣老子云故能蔽不新成河上公注蔽者匿光榮也王弼注蔽覆葢也通作萆史記淮陰侯傳云開道萆山索隱以萆爲葢覆也又通作斃釋木云蔽者翳詩皇矣傳自斃爲翳是斃卽蔽矣竄者說文云匿也从鼠在穴中呂覽首時篇云隱匿分竄高誘注竄藏也藏匿義皆爲微故晉語云敵能竄謀韋昭注竄微也書竄三苗史記五帝紀作遷三苗說文又引作

竄三苗云𣪠塞也

訖徽妥懷安按替戾底底尼定曷遏止也妥者坐也懷者至也按抑替廢皆止住也戾底義見詩傳國語曰戾久將底孟子曰行或尼之今以逆相止爲遏徽未詳

止者足也止趾古同字士昏禮注古文止作趾是也因止足而生止息之義故詩相鼠傳止所止息也又因止息而生止待之義故上文云止待也鄭語注止畱也玉篇云止住也住畱待則久矣故墨子經上篇云止以久也蓋止之言至也故詩抑及泮水傳竝云止至也又言節也故相鼠釋文引韓詩云止節也又言制也執也故執獲謂之止禁制亦謂之止亦有訓爲語詞者如云亦旣見止亦旣覯止之類竝居當句之末以定讀亦即止住之義矣訖者說文云止也禮祭統云防其邪物訖其耆欲鄭注訖猶止也穀梁僖九年傳毋訖糴洪範五行傳禦言于訖衆訖俱訓止漢書注又云訖盡也竟也竟盡亦俱爲止也通作迄

書聲教訖于四海漢書蓺文志作聲敎迄于四海蓋
迄訓至至亦止矣徵者徵之止也徵从微省聲微有
隱義安隱隱與止息義近說文以徵爲三糾繩廣雅云
徵束也易云繫用徽纆文選解嘲云徽以糾墨李善
注引服虔曰徽縛束也是徽有縛止之義故文選陸
機挽歌云悲風徽行軌李善注引爾雅徽止爲證矣
通作徵莊子天運篇釋文云徵古本多作徽易云徵
忿窒欲釋文徵止也徵與懲同今易作懲忿窒欲懲
亦止也故詩沔水節南山十月之交傳箋竝云懲止
也是懲徵與徵竝字異而義同矣妥者下文與安竝
云坐也安坐二字俱有止義妥古字作綏故士相見
禮注古文妥爲綏漢書燕刺王旦傳孟康注亦云妥
古綏字也說文有綏無妥但綏既从妥妥訓安故綏
亦訓安安訓止故妥亦訓止是妥綏同義亦當同聲
故齊語云以勸綏謗言韋昭注綏止也是綏妥聲義
同之證今讀綏息遺切爾雅釋文妥孫他果反郭他
回反又他罪反妥與綏始不同音矣懷者思之止也
懷訓思而尤甚於思裹藏不解是有止義詩我之懷

矣懷哉懷哉箋竝云懷安也安亦止上文云懷至也
至亦止故又訓止矣安者說文云靜也與止義近下
文云定也定又訓止故秦策云而安其兵高誘注安
止也通作案荀子王制篇云偃然案兵無動是案兵
即安兵故勸學篇注安或作案是也今人施物於器
曰安亦取其止而不動矣按者抑也說文云下也下
謂手抑下之抑猶止也故詩以按徂旅呂覽期賢篇
云衞以十人者按趙之兵毛傳及高誘注竝云按止
也通作案史記司馬相如傳云案節未舒案節即按
節猶弭節也弭亦止矣聲轉爲遏以按徂旅孟子作
以遏徂莒詩釋文云按本又作遏是也替戾底止上
文竝訓待待亦止也替者釋言云廢也廢亦止義故
郭云替廢止住也住同逗方言郭注逗即今住字也
戾者上文云至也至亦止釋言云疑休戾也疑立休
息亦止之意故詩亦是戾矣文選典引云乃降戾爰
茲鄭箋及蔡邕注竝云戾止也桑柔雲漢雨無正傳
竝云戾定也定亦止矣底者說文云止尻也[illegible]誤作从段
改本一曰下也下即足足亦止故晉語云戾久將底韋

昭注底止也又云底箸滯淫是底有滯箸之義亦爲止矣底者與底皆从氐聲氐訓至至亦爲止釋言云底致也致亦爲至書乃言底可績馬融注底定也定亦爲止詩靡所底止伊于胡底傳箋竝云底至也尼者下文云定也郭注尼尼者止也止亦定此注引孟子行或尼之今作止或尼之大荒北經云其所歍所尼卽爲源澤趙岐注及郭注竝云尼止也通作柅易繫于金柅釋文柅廣雅云止也蜀才作尼止也定者說文云安也安訓止故詩日月采薇節南山傳箋竝云定止也曷者釋言云盇也說文云何也按凡言何者問人之詞問人者須止爲住其人或止絶其言而問之故邢疏云俗以抑止爲曷亦其義也通作害經典害曷二字叚借通用故詩菀栁長發傳竝云曷害也葛覃傳害何也又通作遏詩則莫我敢曷漢書刑法志作則莫我敢遏遏者說文云微止也蓋謂止之於微也一切經音義引蒼頡篇云遏遮也遮迾亦所以禦止之故書夏王率遏衆力史記殷紀作夏王率止衆力遏又訓絶絶亦止義通作闕說文云闕遮攔也一

切經音義一云遏古文閼同又通作謁詩無遏爾躬釋文遏或作謁左氏襄廿五年經云吳子遏公羊穀粱作吳子謁又通作藹周憬功勳碑云陬隅壅藹壅藹卽壅遏也遏藹謁三字俱从曷得聲曷遏字通亦其證

豫射厭也詩曰服之無斁豫未詳

厭者猒之或體也說文云猒飽也通作厭書萬年厭于乃德馬融注厭猒飫也周語注猒足也飫足與飽滿義同詩還釋文厭止也後漢書注厭倦也倦止與飫足義亦相成又通作懕說文云懕安也方言云猒安也安樂與倦息義又相近葢因飫足生安樂又因安樂生厭倦始於歡豫終於倦息故厭訓安又訓倦與豫訓安訓樂又訓厭其義正同矣豫者上文云樂也下文云安也安樂極而厭斁生故易雜卦云豫怠也楚辭惜誦篇云行婞直而不豫兮王逸注豫厭也通作序序豫俱从予聲而近射故釋言云豫敘也敘序

同孟子云序者射也射序聲又同故鄉射禮云豫則鉤楹內鄭注豫讀如成周宣榭災之榭周禮作序今文豫爲序然則序豫射俱字異而音同說文無榭蓋榭卽射矣射者數之叚音也射古音序又音舍轉音石又音亦故射斁二字經典叚借通用說文云斁猒也引詩服之無斁一曰終也解也蓋懈怠於終所以生猒其義相足成也故白虎通云射者終也無射者無厭也易說卦云水火不相射釋文射食亦反虞陸董姚王肅音亦云厭也射俱斁之叚借故詩無射于人斯禮大傳作無斁于人斯服之無斁禮緇衣作服之無射爾雅釋文射羊石反字又作斁同文選月賦注引爾雅卽作斁厭也與釋文合

烈績業也謂功業也**績勳功也**謂功勞也

上文云業事也又云敘也緒也釋名云業捷也事捷乃有功業也曲禮云請業則起鄭注業謂篇卷也釋器云大版謂之業郭注築牆版也然則築牆以版版榦爲業讀書以篇卷爲業作事以次敘爲業其義俱通

矣烈者上文云光也有功業則光美義相成也故謚法云有功安民曰烈秉德遵業曰烈詩烈假不瑕無競維烈傳竝云烈業也禮祭法祭統俱功烈並言表記又單言烈云后稷天下之爲烈也鄭注亦竝云烈業矣績者上文云事也又云繼也謂事有次業可繼績也故詩維禹之績傳績業也通作積荀子禮論篇云積厚者流澤廣積薄者流澤狹也楊倞注積與績同功業也漢書外戚傳注績字或作積又通作迹左氏哀元年傳復禹之績釋文績一本作迹蓋迹或作蹟蹟績俱从責聲故其字通○釋名云功攻也攻治之乃成也故下文云功成也說文云功以勞定國也通作公上文云公事也詩以奏膚公傳公功也是功公聲義同績既訓業又訓功者功業義相成故詩維禹之績傳訓績爲業箋訓績爲功功之與業其名異其實同耳故書庶績咸熙史記五帝紀作衆功皆興漢書律厤志作衆功皆美凡書言績者史記俱作功矣通作勣一切經音義四引聲類云勣功也十四又云績古文作勣案勣蓋績之或體耳非古文也勳者

說文云能成王功也本周禮司勳王功曰勳夏官序官鄭衆注勳功也通作勛說文云勛古文勳司勳注亦云故書勳作勛又通作勳袁良碑云不問勳次又通作薰夏承碑云策薰著于王家

功績質登平明考就成也

功績皆有成詩曰質爾民人禮記曰年穀不登穀梁傳曰平者成也事有分明亦成濟也

釋名云成盛也說文云成就也詩樛木傳同節南山及縣傳又云成平也小司徒注成猶定也定與平義相成詩猗嗟箋成猶備也周禮司書注成猶畢也畢備之義爲終故燕禮記注三成猶三終也成通作盛又通作誠竝以聲爲義也功績者事業之成也事業已見上文又功有攻堅之意績取緝續之名與成實之義又近也質者信之成也說文云質以物相贅贅以物質錢是質有信義信爲誠實誠者物之所以自成是卽質訓成之義也詩民之質矣虞芮質厥成質爾人民傳竝云質成也曲禮云疑事毋質少儀云毋

身質言語鄭注亦云質成也質爾人民韓詩外傳及說苑修文篇竝作告爾人民鹽鐵論世務篇作誥爾人民誥誓與質盟義亦相近通作贄尚書大傳云則君子不饗其質鄭注質亦贄也荀子大略篇注質讀爲贄古字通案策名委質委質卽委贄亦其證也登平者年穀之成也古人重農貴穀穀熟曰登登者成也曲禮云年穀不登月令云蠶事旣登又曰農乃登麥登黍登穀之類登皆訓成五穀歲一熟爲一登故漢書食貨志進業曰登再登曰平三登曰泰平是則登平之義本據穀熟爲言經典則但借爲成也詩誕先登于岸登是南邦傳箋竝訓登爲成周禮鄉大夫及族師注亦云登成也定也遂人注登成也猶定也定亦成之訓鄉飲酒禮云羹定定卽成孰之義與登同也登與升古字通升亦成也故樂記云男女無辨則亂升史記樂書作男女無別則亂登儀禮喪服云冠六升鄭注亦云升字當爲登矣平者正也定也正定義俱爲成穀梁宣四年及十五年昭七年傳竝云平者成也公羊隱六年傳輸平猶墮成也是皆訓平

爲成之證也通作苹書堯典釋文引馬融本平作苹
周禮車僕注故書苹作平又通作便書平章百姓史
記五帝紀作便章百姓又通作辯書平秩東作周禮
馮相氏注作辯秩東作古讀平如編故與辯便俱通
又通作凝易正位凝命書庶績其凝鄭注竝云凝成
也中庸云至道不凝注亦云凝猶成也按凝說文以
爲俗冰字冰平聲轉故其字通凝又有堅定之義是
其義亦同矣明考者長老之成也明古文从月从日
史記曆書云日月成故明也明者孟也是明以日月
成爲義故明訓成孟者長也長大亦成就故淮南說
林篇云長而愈明高誘注明猶盛也盛成聲義又同
也通作孟書被孟豬史記夏紀作被明都考者老也
與孟同意孟爲長成則考爲老成矣故謚法云考成
也書五曰考終命及詩序考室考牧其義竝同春秋
隱五年經云考仲子之宮穀梁傳考者成之也楚辭
離世篇注考猶終也漢書東方朔傳注考究也究與
終其義亦俱爲成士喪禮云考降無有近悔鄭注考
登也登亦成矣通作攷周禮大宰云設其攷鄭注攷

成也就者終之成也下文云就終也說文云就高也高與登同意故古微書引孝經援神契及鉤命訣注竝云就之爲言成也公羊昭廿五年傳餕饔未就何休注未就未成也大行人典瑞弁師巾車及旣夕禮注竝以就爲成旣夕注又云就猶善也禮檀弓及王制少儀注竝云成猶善也是成就皆有善義故又訓善諡法云就會也會與質義近

廣雅云就久也久與考義近

梏梗較頲庭道直也梏梗較頲皆正直也詩曰旣庭且碩頲道無所屈

說文云直正見也易繫辭云其動也直韓康伯注直剛正也荅直對曲而言左氏襄七年傳正曲爲直是直能正人之曲也直又對邪而言史記樂書云回邪曲直是直爲邪之對也無邪爲正正則直直者特然獨立之貌特與直亦音近字通故詩實維我特韓詩特作直云相當値也案相當値之値古止作直史記匈奴傳直上谷是也特或作犆禮王制礿犆禘犆是也然則韓詩之直或卽犆字之省古字叚借通用郊

特牲注直或爲犆是其證也直又語詞故詩非直也人傳以非直爲非徒今按非徒亦曰非獨亦曰非特特獨徒俱一聲之轉而其義亦通矣梏者禮緇衣引詩有梏德行鄭注梏大也直也通作鵠詩賓之初筵釋文鵠者覺也直也禮射儀注鵠之言梏也梏直也又通作覺詩有覺其楹及有覺德行箋傳竝云覺直也爾雅釋文梏古沃反郭音角是郭讀梏爲覺本於毛鄭也梗者猶庚庚也庚庚堅强貌也楚辭橘頌篇云梗其有理兮王逸注云梗强也强與直義近梗本山榆有束者之名故方言云凡草木棘人自關而東或謂之梗梗訓棘亦與强直義近故方言又云梗覺也又云梗略也梗槩粗略與直率義近又通作鯁詩與至今爲梗後漢書段熲傳作至今爲鯁李賢注鯁與梗同較者與梏鵠聲近義同司裘及大射儀注竝云鵠之言較較直也尚書大傳云覺兮較兮鄭注較兮謂直道者也較與覺聲義同故楚辭遠逝篇云服覺酷以姝俗兮王逸注覺較也左氏襄廿一年傳夫子覺者也杜預注覺較然正直然則較之爲言覺也覺

較俱訓明故史記伯夷傳云此其尤大彰明較著者也平津侯主父傳云較然著明皆以較爲明明與直義近郎說文直訓正見之意也較又辜較也較與權聲義同權爲率略取直之意故考工記輿人注故書較作權一切經音義七云較古文權同是權較古字通矣頲者說文云狹頭頲也訓直者頭容直也通作脡曲禮云鮮魚曰脡祭鄭注脡直也又通作挺士虞禮云脯四脡鄭注古文脡爲挺考工記弓人注挺直也左氏襄五年傳周道挺挺注亦以挺挺爲正直也又與珽同玉藻注珽之言挺然無所屈也隋書引許愼五經異義云天子笏曰珽挺直無所屈也又通作侹一切經音義十三云侹古文作頲又引通俗文云平直曰侹此皆字異而音義俱同也庭者廷之段音也後漢書郭太傳注引蒼頡篇云廷直也又引風俗通云廷正也言縣廷郡廷朝廷皆取平均正直也通作庭詩大田韓奕閔予小子傳竝云庭直也陟降庭止漢書匡衡傳作陟降廷止經典廷庭通者非一其餘皆可知也道者與廷同意廷者人所停道者人所

蹈皆挺然正直故詩云周道如砥其直如矢逸詩云周道挺挺挺是皆道訓直之義也道與徑同意史記大宛傳云從蜀宜徑文選諫吳王書云徑而寡失集解及注竝云徑直也徑訓直知道訓直矣

密康靜也 皆安靜也

靜見上文靜亦安也說文作竫云亭安也通作靜大學云靜而后能安逸周書大匡篇云施舍靜眾孔晁注靜安也亦通作靖說文靖立竫也是竫靖音義同故書自作弗靖馬融注靖安也詩靖共爾位春秋繁露作靜共爾位漢書敘傳集注靖古靜字又通作靚文選甘泉賦注靚卽靜字也密訓靜見上文康訓安見下文

豫寧綏康柔安也 皆見詩書

安者上文云止也下文云定也定止義俱爲靜故一切經音義十五引蒼頡篇云安靜也說文云侒宴也

宴安也又云晏安也晏宴侒安竝聲義同宴安則喜樂故釋名云安晏也晏晏然和喜無動懼也淮南汜論篇注安樂也晉語注安猶善也少牢饋食禮注安平也平善與樂義近是安兼靜樂二義爾雅豫康爲安樂之安寧綏柔爲安靜之安安通作晏晏从安聲也豫者上文云樂也又云厭也俱與安義近通作譽左氏昭二年傳季氏有嘉樹宣子譽之服虔注譽游也引夏諺曰一游一譽今孟子作一游一豫趙岐注豫亦遊也遊亦豫也引宣子譽之作宣子豫焉是豫譽古字通豫訓遊者遊豫雙聲從容遊閒亦爲安豫故文選曲水詩序注引孫子兵法曰雖優游暇譽令猶行也暇譽卽暇豫矣綏者上文作妥訓止止亦安故下文云妥安也妥綏古同字故謚法云綏安也書綏爰有衆鄭注安隱於其衆也廣雅云綏撫也又云綏舒也舒撫義亦爲安妥通作退檀弓云文子其中退然如不勝衣鄭注退柔和貌退或爲妥又通作隤易繫辭云夫坤隤然示人簡矣集解虞翻注隤安也釋文隤馬韓云柔貌也孟作退陸董姚作妥是妥退

隕俱音轉字通綏柔俱訓安其義亦見矣康者上文云樂也與豫同訓故謚法云康安也經典內康訓安者非一易云康侯釋文引馬融陸績注康俱訓安陸又云樂也鄭云尊也廣也淮南天文篇注康盛也逸周書文政篇注康逸也逸盛尊廣又皆與安樂之義相近也柔者和也順也猶言優也優優和平與安靜義近故詩民勞抑及時邁絲衣傳箋竝云柔安也柔民箋柔猶濡毳也淮南說山篇注亦云柔濡亦通作濡時邁釋文柔本亦作濡正義以爲釋詁文某氏引詩云懷柔百神定本作柔集注作濡是濡柔通濡讀乳兗切音耎與輭同

耎濡柔竝一聲之轉

平均夷弟易也皆謂易直

易者傷之叚音也說文云傷輕也一曰交傷通作易論語八佾篇鄭注易簡也公羊宣六年傳何休注易猶省也考工記玉人注易行云煩苛是亦簡省之意與輕易義近也詩何人斯傳易說也郊特牲注易和

說也論語包咸注易和易也公羊莊十三年傳注易猶佼易也相親信無後患之辭今案佼易亦和說之意與交易義近也通作施詩我心易也釋文易韓詩作施施善也案易亦有善義見易繫辭釋文施音以豉切是施易聲義俱同矣平者墨子經上篇云平同高也詩伐木箋云平齊等也案平又訓治易亦有治義詩禾易長畝孟子易其田疇易皆訓治又平不險陂易不煩碎亦兼和平樂易之意平訓爲易皆其證也通作辯詩采菽傳平平辯治也書云平秩大傳作辯秩然則辯平俱訓治易又訓治故聲義俱通矣均者說文云平徧也詩秉國之均周禮大司徒以土均之灋均皆訓平詩皇皇者華傳均調也調亦平徧和易之義也均通作鈞又通作旬其義同又與傭義同詩昊天不傭傳本釋言云傭均也釋文傭韓詩作庸庸易也是庸傭聲同韓訓爲易毛訓爲均其義亦同說文傭訓均直與易直之義亦近上文庸訓常也庸常與平易義又近矣夷者徒之叚音也說文云徒行平易也通作夷說文夷平也文遐封禪文云故軌迹

夷易易遵也李善注夷易皆平也經典夷或訓平或訓易詩出車節南山桑柔召旻傳及草蟲箋並云夷平也節南山天作有客傳及後漢書注引韓詩薛君傳並云夷易也夷古音弟亦通作弟易匪夷所思釋文夷荀作弟又夷于左股釋文夷子夏本作睇亦其例也又通作雉雉亦音弟故左氏昭十七年傳正義引樊光服虔云雉者夷也夷平也又本草辛夷一名辛雉見文選注皆其證也弟者通作悌釋名云悌弟也經典作弟孟子作悌趙岐注悌順也和順與說易義近詩泂酌云豈弟君子毛傳樂以強教之易以說安之毛以樂易釋豈弟本禮表記云凱以強教之弟以說安之故知凱訓樂弟訓易也孔子閒居注亦云凱弟樂易也

俱本釋詁文

矢弛也弛放**弛易也**相延易

弛者施之叚音也矢者上文云陳也此云弛也弛訓弓解與陳義遠說文云設施陳也設與陳義近知弛

當爲施也詩矢其文德傳矢施也以此可證釋文矢
施如字爾雅作弛式氏反正義云矢施也謂施陳文
德據此則知爾雅之弛亦當讀如施斯音義兩得矣
施旣通弛弛亦通矢故矢其文德孔子閒居作弛其
文德鄭注弛施也是弛卽矢字叚音爾雅俗弛爲施
禮記俗弛爲矢其例正同矣經典弛施二字多通用
詩卷阿雲漢泮水釋文竝云施本又作弛周禮小宰
禮記曲禮左氏襄十八年傳釋文竝云弛本又作施
弛亦施之叚音也釋文顧謝本弛作施是也詩施
○于孫子箋施猶易也延也此郭注所本又孔子閒居
于施于孫子注施易也論語君子不施其親孔注亦云
施易也荀子儒效篇云若夫充虛之相施易也史記
萬石張叔傳云劍人之所施易俱與此合是知爾雅
之弛易卽施易矣然不獨弛爲施之叚俗易亦移之
叚俗也古讀施如易亦讀如移詩我心易也韓詩作
我心施也是施讀如易之證也詩施于中谷傳施移
也莊子人閒世篇云哀樂不易施乎前釋文引崔注
亦云施移也是施讀如移之證也又知爾雅之施易

卽施移注相延易亦卽延移矣施訓爲延故詩皇矣箋及樂記注竝云施延也漢書衛綰傳注施讀曰貤貤延也貤亦移也移延移也施施旣訓延亦通作延故詩施于條枚呂覽知分篇及後漢書黃琬傳又韓詩外傳竝作延于條枚延施一聲之轉然則延移卽施移矣又作旖施說文㫃部云旗旖施也又作椸施木部云木椸施又作倚移考工記總目及弓人注鄭衆云迆讀爲倚移從風之移又作旖旎史記司馬相如傳作旖旎從風漢書作椅柅從風廣韵四紙作猗狔從風皃是皆施移二字之展轉相通也古書多段借此條失弛注訓弛放郭旣失之邢疏亦非邵氏正義未能訂正其說弛易抑又非是唯臧氏琳經義雜記七說施弛古通湪合雅訓今所依用其有未備仍復曲暢旁通用袪未寤焉

希寡鮮罕也 罕亦希也 **鮮寡也** 謂少

罕者說文本爲網罟之名經典借爲希少之義故詩叔發罕忌禮少儀云罕見曰聞名公羊桓六年傳葢

以罕書也穀梁莊廿九年傳則功築罕傳注竝云罕希也罕古通作軒蓋以聲爲義耳希者稀之叚音也說文云稀疏也通作希說文無希字而云稀从希聲是古本有希字也希皆訓少呂覽原亂篇注希鮮也孟子盡心上篇注希遠也遠亦疏也與鮮少義相成又通作絺周禮酒正及司服釋文竝云希本又作絺蓋絺亦稀疏之意从希聲又同也寡者說文云少也寡對衆之稱故經典每言衆寡孟子注王侯自稱孤寡其義俱訓少也通作宣易說卦云爲寡髮釋文寡本又作宣考工記車人注正作㝨爲宣髮按宣蓋鮮之通借鮮寡義同鮮宣聲同聲同者義亦同故鮮訓善善有少意又宣髮爲白髮鮮首亦爲白首皆其義矣鮮者尟之叚音也通作鮮禮中庸表記大學注竝云鮮罕也尟易之繫辭上釋文引師說云鮮盡也盡與罕義亦近○鮮亦當作尟說文云尟是少也俗作尠文選西京賦云慘則尠於驩李善注尠少也西征賦注引爾雅作尠寡也又通作鮮易乾及繫辭下釋文竝云尟本亦作鮮繫辭上釋文云鮮鄭作尟經典尟字

止此數處餘皆作鮮鮮又訓寡者詩蓼莪傳及揚之水蕩箋竝云鮮寡也論語學而篇鄭注及華嚴經音義上引國語賈注竝云鮮寡也

酬酢侑報也 此通謂相報荅不主于飲酒

玉篇云報酬也荅也喪服小記注報猶合也合與荅聲義近淮南天文篇注報復也穆天子傳注報猶反也反與復義近樂記及祭義竝云禮有報而樂有反是反報義同報又白也如報命報罷之報俱訓白又與荅義近矣酬者說文作醻或作酬通作醻詩瓠葉傳醻道飲也彤弓箋醻猶厚也勸也此皆主於飲酒而言也彤弓云一朝醻之傳醻報也周語云酬幣宴貨吳語云到於客前以酬客韋昭賈逵唐固注竝云酬報也此皆汎言酬荅不專爲飲酒而言也故易繫辭云可與酬酢集解引九家注陽往爲酬陰來爲酢韓康伯注酬酢猶應對也又通作訓一切經音義十八引蒼頡篇云酬作訓同按訓从言故廣韵云以言

荅之荅卽報矣酢者說文作醋通作酢特牲饋食禮注古文醋作酢有司徹注今文醋曰酢二注不同廣韵引蒼頡篇云主荅客曰酬客報主人曰酢蒼頡多古字是醋古文作酢也經典醋酢二字通故詩萬壽攸酢酌言酢之傳竝云酢報也士虞禮及特牲饋食禮注竝云醋報也是醋酢古字通之證又司几筵及司尊彝俱酢爲昨注云昨讀曰酢禮少儀注又云酢或爲作俱同聲叚借字也醋古文作酢亦其證矣侑者說文作姷或作侑通作祐易繫辭云可與祐神對可與酬酢而言是酬酢祐其義同祐訓爲報故易釋文引馬融注祐配也說文廣雅竝云侑耦也配耦與酬酢義近陸德明訓祐爲助亦失其義矣又詩楚茨傳及公食大夫特牲少牢饋食注竝云侑勸也勸勉與報荅義亦近故楚茨正義云已飲食而後勸之亦是重報之義其說是也又侑通作宥爾雅及禮器釋文竝云侑本或作宥聘禮及有司徹注竝云古文侑皆作宥又通作囿禮器云詔侑武方鄭注詔侑或爲詔囿

毗劉暴樂也謂樹木葉缺落蔭疏暴樂見詩**覭髳茀離也**謂草木之叢茸翳薈也茀離即彌離彌離猶蒙蘢耳孫叔然字別爲義失矣

方言云毗廢也廢與暴樂義近通作爆爍詩捋采其劉毛傳劉爆爍而希也鄭箋云捋采之則葉爆爍而疏釋文爆本又作暴同音剝爍本又作樂或作落同音洛爾雅釋文暴本又作爆樂本又作爍桑柔正義引爾雅正作爆爍又引舍人曰毗劉爆爍之意也木枝葉稀疏不均爲爆爍然則爆爍之爲言猶剝落也亦言蘀落說文云艸木凡皮葉落陊地爲蘀詩七月鶴鳴傳並云蘀落也或言拓落文選解嘲云何爲官之拓落也蓋拓落疏薄之意猶落魄也又言牢落文選上林賦云牢落陸離李善注牢落猶遼落也又言霤落漢書霍去病傳云諸宿將常霤落不耦然則霤落之聲與劉樂同毗劉之爲言猶不霤也音變爲仳離詩有女仳離仳離蓋分散之義與披離同方言云披散也是披離猶仳離也又變爲劈歷釋名云辟歷

辟析也所歷皆破析也又變爲觱篥廣韵云觱篥胡樂亦作必栗一切經音義十九引纂文云必栗者羌胡樂器名也蓋必栗猶言別裂其聲激楚聽之如欲破裂也此皆毗劉一聲之轉也釋文毗樊光本作庇云蔭也按庇毗聲同古字通借訓爲庇蔭失其義也毗劉㬥樂蓋古方俗之語不論其字唯取其聲今登萊閒人凡果實及木葉陊落謂之毗劉杷拉杷拉亦卽㬥樂之聲轉○說文云覭小見也从冥聲引爾雅曰覭髳弗離是覭當讀莫經反釋文郭亡革反則讀如陌二讀實一聲之轉也說文髳卽鬏重文之省當讀如矛釋文音蒙蒙矛亦一聲之轉也覭髳音變爲幕蒙左氏昭十三年傳以幕蒙之按幕蒙亦覆蔽之意也又變爲溟沐太玄少云密雨溟沐蓋溟沐猶霢霂爲細雨濛密之貌也又變爲蠛蠓蠛蠓者小蟲亂飛之貌也又變爲緜蠻詩緜蠻黃鳥緜蠻猶言彌漫蓋文采緜密之貌文選景福殿賦注引韓詩薛君云緜蠻文貌是矣毛鄭訓小失其義也是皆覭髳一聲之轉字雖異而義實同者也茀離說文引作弗離郭

注茀離卽彌離彌離猶蒙籠亦皆一聲之轉也彌離變爲迷離迷離木蘭詩云雌兔眼迷離又變爲幎歷文選射雉賦云幎歷乍見幎音覓幎歷猶迷離也又變爲冪歷廣韻云冪歷煙狀又變爲冪羅廣韻云冪羅婦人所戴又變爲幕絡幕絡釋名云賁爾曰莫莫幕也貧者箸衣可以幕絡絮也蒙龍之聲同爲朦朧玉篇云朦朦朧也又聲近爲蒙戎詩狐裘蒙戎毛傳蒙戎以言亂也亦作尨茸左氏僖五年傳狐裘尨茸杜預注尨茸亂貌也茀離之爲言猶紛綸史記司馬相如傳云紛綸葳蕤索隱胡廣云紛亂也是紛綸猶紛亂又與茀離聲轉義近也覭髳雙聲茀離疊韻亦古方俗之語取其聲不論其字者孫炎字別爲義郭所以議其失矣

蠱謟貳疑也蠱惑有貳心者皆疑也左傳曰天命不謟

說文云疑惑也又云䘚未定也是䘚疑聲義同逸周書王佩篇云時至而疑孔晁注疑猶豫不果也漢書

注疑似也士相見禮注疑度之周禮司服注疑之言擬也然則擬也度也俱與似義近皆疑惑不定之意也通作凝易坤釋文云疑荀虞姚信蜀才本作凝禮中庸釋文疑本又作疑疑凝一聲之轉也蠱者左氏昭元年傳淫溺惑亂之所生也於文皿蟲爲蠱穀之飛亦爲蠱在周易女惑男風落山謂之蠱皆同物也說文又以腹中蟲爲蠱梟桀死之鬼亦爲蠱其義皆爲疑惑也晉語韋昭注蠱化也化惑聲轉又𠤎从七已訓變變化與疑惑義近通作假詩烈假不瑕唐公房碑作厲蠱不瑕蠱假音同古讀假如蠱也蠱又讀如冶亦與冶通馬融廣成頌云田開古蠱郎古冶也後漢書張衡傳注蠱音野謂妖麗也然則妖冶與惑亂之義又近矣謟者郭引左氏哀十七年傳天命不謟又昭廿六年傳天道不謟杜預注竝云謟疑也遻周書鄭謀篇云帝命不謟孔晁注謟僭也僭訓假也儗也又差也皆與疑義近通作慆左氏昭廿七年傳天命不慆久矣杜注慆疑也爾雅釋文謟字或作慆又通作滔文選西京賦云天命不滔李善注滔與謟

音義同左傳哀十七年釋文亦云諂本又作謟皆聲同叚借字也爾雅釋文又云諂沈勑檢反按勑檢乃謟字之音謟从舀聲與諂从臽聲迥別沈旋音誤矣貳者說文云副益也从貝式聲式古文二按二不一也有二心者必生疑惑故晉語云不可以貳貳無成命韋昭注貳疑也通作二呂覽應言篇云令二輕臣也高誘注二疑也是二貳通又通作忒詩其儀不忒毛傳忒疑也禮緇衣釋文忒本或作貳周語云平民無貳大射儀注作平民無忒又通作貸緇衣云衣服不貳釋文貳本或作貸易豫釋文又云忒京本作貸貸忒聲轉忒又作貣貣忒俱从弋聲貳亦从弋貳與忒又俱訓變變與疑義近故古字俱通

楨翰儀榦也　詩曰維周之翰儀表亦體榦

說文云榦築牆耑木也書云峙乃楨榦馬融注楨榦皆築具楨在前榦在兩傍按兩邊立木所以榦正牆體故榦又訓正易榦父之蠱詩榦不庭方虞翻注及韓詩章句竝云榦正也榦在兩旁象人之脅故又訓

脅公羊莊元年傳搚幹而殺之釋文幹脅也脅所以正肢體故又訓體楚辭招魂篇云去君之恆幹王逸注幹體也因人肢體又爲木之枝幹故一切經音義二引三蒼云幹枝幹也通作幹亦通作翰故釋文云幹本又作幹胡旦反又作翰漢書郊祀志注亦云幹或作翰又按幹本兼公旦胡旦二音爾雅及費誓釋文俱偏舉一音亦未備也又通作干鄭季宣碑陰云直事干司馬整碑陰云有諸曹干十三人皆僭干爲幹也又甲乙爲幹亦書作干而音幹矣楨者書費誓傳題曰楨旁曰幹正義云題謂當牆兩端者也旁謂在牆兩邊者也又引舍人曰楨正也築牆所立兩木也按楨幹對文則別散文則通楨之言貞也貞者正也正亦幹正故易文言云貞者事之幹也明楨幹其義同詩云維周之楨毛傳楨幹也鄭箋以爲幹事之臣也翰者韓之叚者也說文云韓井垣也井垣與幹義近通作幹莊子秋水篇云吾跳梁乎井幹之上釋文井幹司馬云井欄也褚詮之音西京賦作韓音今按漢書枚乘傳云單極之統綆斷幹晉灼注幹井上四

交之榦此幹亦當音韓郊祀志井幹樓注云幹或作韓然則井幹卽井韓矣又通作翰詩桑扈文王有聲板榦高傳竝云翰榦也桑扈及費誓正義竝引舍人曰翰所以當牆兩邊障土者也是舍人以翰爲榦所言卽榦之訓耳儀者檥之叚音也說文云檥榦也玉篇云檥義奇儀倚二切史記項羽紀云烏江亭長檥船待集解應劭曰檥正也如淳曰南方人謂整船向岸曰檥文選蜀都賦云檥輕舟劉逵注南方俗謂正船迴濟處爲檥然則檥亦爲正正亦爲榦與爾雅合矣郭氏不知儀字叚借而云儀表亦體榦經典無此訓其義非也廣韻四紙云檥同艤艤字亦俗

弼棐輔比俌也　書曰天威棐忱易曰比輔也俌猶輔也

說文云俌輔也讀若撫釋文俌音輔郭方輔反字林音甫與說文合弼者上文云重也重與輔義近說文亦兼輔重二義本於爾雅也書弼成五服史記夏紀作輔成五服荀子臣道篇注弼所以輔正弓弩者也

是弼有拂戾之義故越語云憎輔遠弼韋昭注相導爲輔撟過爲弼漢書注弼戾也通作拂孝經注左輔右弼釋文弼本又作拂大戴禮保傳篇云弼者拂天子之過者也賈子作拂者拂天子之過者也荀子臣道篇注云拂讀爲弼又通作佛詩佛時仔肩鄭箋佛輔也釋文佛鄭音弼又通作邲弼成五服說文引作邲成五服云邲輔信也玉篇以邲爲古文弼字也棐者說文云輔也書康誥云天威棐忱大誥云天棐忱辭又云越天棐忱漢書翟方進傳棐忱俱作輔誠通作腓詩小人所腓腓卽棐也鄭箋腓當作芘然芘倚亦比輔之意牛羊腓字之亦卽輔字之也又通作配春秋繁露云使一大夫立於棐林卽配林也配副義亦爲輔棐配音又相近也輔者車之備也詩云其車旣載乃棄爾輔又云無棄爾輔員于爾輻是輔所以助車令人縛杖於輻以防傾側此卽車之輔也左氏僖五年傳輔車相依正與詩合此本義也杜預注輔頰輔服虔注輔上頷車也與牙相依釋名云頤或曰輔車言其骨强所以輔持口也此則輔車亦本偁車

輔以爲名耳非本義也說文引傳輔車相依又以頰車訓輔義似未安且輔在車部乃車之輔其面部別有酺字訓頰乃是頰車之輔故易咸其輔釋文云輔虞作酺玉篇引左傳作酺車相依云亦作輔是輔車之輔正作酺通作輔說文輔訓頰車將義取通俗或文有脫略疑不能明耳比者親之俌也說文云密也二人爲从反从爲比是比爲親密不苟从也故謚法云擇善而從曰比左氏昭廿八年傳及皇矣詩傳竝用其文易象傳云比輔也詩云胡不比焉齊語云足以比成事鄭箋及韋昭注竝云比輔也通作庇又作芘見詩雲漢及莊子人閒世釋文

疆界邊衛圉垂也　疆場境界邊旁營衛守圉皆在外垂也左傳曰聊以固吾圉也

說文云埀遠邊也通作垂史記司馬相如傳云坐不垂堂莊子逍遙遊篇云其翼若垂天之雲索隱及釋文竝云垂邊也又通作陲說文云陲危也危有近邊之義故稱邊陲廣韵云陲邊也荀子臣道篇云邊境

之臣處則疆埀不喪楊倞注埀與陲同是也疆者說文作畺或作疆云界也从畕三其界畫也周禮載師云以大都之田任畺地鄭注畺五百里王畿界也大司徒云制其畿疆而溝封之鄭注疆猶界也穀梁昭元年傳疆之爲言猶竟也按竟卽境字經典俱以竟爲境也通作壃易坤詩緜禮檀弓釋文並云疆本作壃爾雅釋文壃字又作畺經典作疆叚借字按疆畺同字非叚借字疆省弓卽爲壃又省土卽爲畺故詩萬壽無疆白石神君碑作萬壽無畺又通作彊賈子審微篇云啟彊辟彊天子之號也彊卽疆字史記越世家云越王無彊越絕書作無疆皆其證也疆與界同意俱从田田从口十卽分疆畫界之義故說文疆訓界界訓境疆界境又俱一聲之轉也邊者說文云行垂崖也崖岸亦邊垂漢書武帝紀引逸詩云親省邊垂吳語云頓顙於邊玉藻云其在邊邑韋昭注以邊爲邊境鄭注邊邑謂九州之外然則邊之言遠也又言近也史記高祖紀云齊邊楚集解文穎曰邊近也是邊兼遠近二義邊猶瀕也傍也如云瀕河瀕海

亦云傍河傍海史記俱作竝字音亦相轉是皆以邊爲近也邊又偏也左氏隱十一年傳奉許叔以居許東偏東偏猶言東邊又昭十一年傳五大不在邊是皆以邊爲遠也邊與鄙義同月令云四鄙入保鄭注鄙界上邑左氏傳云羣公子皆鄙杜預注鄙邊邑也公羊經云伐我西鄙何休注鄙者邊垂之辭是邊鄙義同鄙與邊又一聲之轉也衞者周語云侯衞賓服韋昭注衞衞圻也葢本周禮大司馬九畿而言也圻即畿字說文圻本垠之重文一曰岸也岸亦崖也與邊訓垂崖同意然則垠亦邊垂之義衞又遠裔之名故周禮巾車云以封四衞鄭注四衞四方諸侯守衞者蠻服以內葢衞之言猶裔也淮南原道篇注裔邊也方言云裔末也末亦邊遠之義又釋名云矢其旁曰羽齊人曰衞所以導衞矢也又營衞軍兵列營爲守衞亦在邊垂是衞裔圻竝聲近義同矣圉者說文云垂也詩孔棘我圉我居圉卒荒傳竝云圉垂也郭引左氏隱十一年傳文杜預注及正義引舍人竝云圉邊垂也詩桑柔正義引舍人曰圉拒邊垂也孫炎

曰圍國之四垂也按圍猶宇也文選東京賦注引蒼頡篇云宇邊也易繫辭虞翻注宇謂屋邊也詩七月釋文屋四垂爲宇淮南氾論篇注宇屋之垂然則宇圍聲義同

昌敵彊應丁當也 書曰禹拜昌言彊者好與物相當值

說文云當田相值也又云擿當也擿値同晉語云當之者戕焉又云朱也當御韋昭注竝云當値也通作直晉語云臣敢煩當日注當日直日也直與値同呂覽無義篇云魏使公子卬將而當之貴信篇云寒暑四時當矣高誘注竝云當應也公羊莊十三年傳君請當其君臣請當其臣何休注當猶敵也敵當一聲之轉也昌者說文云美言也一曰日光也詩還及猗嗟傳竝云昌盛也盛與光義相成春秋元命苞注昌兩日重見言明象然則兩日重爲相當故又訓當也疊从三日尤盛故後漢書注引韓詩云莫不震疊疊應也疊之訓應與昌之訓當義正同矣郭引書曰禹拜昌言僞孔傳及後漢書注竝云昌當也別作讜逸

周書祭公篇云王拜手稽首黨言張平子碑云黨論允諧又作讜孟子注引書作禹拜讜言書益稷釋文當丁浪反本亦作讜當蕩反李登聲類云讜言善言也文選典引云旣感羣后之讜辭蔡邕注讜直言也荀子非相篇云博而黨正楊倞注黨與讜同謂直言也然則讜猶當也當訓直直亦當讜訓善與昌訓美義又同矣敵者上文云匹也匹敵亦當對也禮少儀云敵者曰某固願見史記衛世家及左氏哀十五年傳俱云敵子路鄭注及服虔注竝云敵當也餘已見上文敵匹下敵與壘近韓詩云壘應也應亦爲當又與特近詩栢舟傳特匹也匹亦爲敵釋文引韓詩特作直云相當值也直特聲近敵壘聲轉故其義俱通矣彊者釋名云彊畺也按畺从畕畕居良切畕比田也二田相當與昌同意彊又盛也與昌訓盛義又同彊之爲言僵也釋名云僵正直畺然也是僵訓爲直直亦爲當彊有姜音詩釋文引韓詩云奔奔彊彊乘匹之貌然則匹耦亦相當之義禮表記作姜姜賁賁鄭注爭鬭惡貌也爭鬭又相敵之義故廣雅云姜強也強

卽彊姜亦彊矣應者說文云當也又云譍以言對也對亦爲當詩云應侯順德我應受之周語云以應成德淮南原道篇云事無不應毛傳及韋昭高誘注竝云應當也通作譍詩戎狄是膺傳膺當也史記建元以來侯者年表作戎狄是應爾雅釋文應本或作譍是膺應通聲轉爲禦禦詩百夫之禦易利用禦寇毛傳及虞翻注竝云禦當也丁者與彊同義白虎通云丁者彊也釋名云丁壯也詩甯丁我躬楚辭惜賢篇云丁時逢殃逢尤篇云思丁文兮聖明哲毛傳及王逸注竝云丁當也神農之教曰丈夫丁壯而不耕又曰婦人當年而不織丁壯卽當年也丁當雙聲丁鼎疊韵漢書匡衡傳云無說詩匡鼎來服虔注鼎猶言當也賈誼傳云天子春秋鼎盛亦其義也

浡肩搖動蠢迪俶厲作也浡浡然興作貌蠢動作公羊傳曰俶甚也穀梁傳曰始厲樂矣肩見書迪未詳

釋言云作爲也說文云作起也詩與子偕作易云聖人作毛傳及馬鄭注竝云作起也文選兩都賦序注作興也荀子解蔽篇注作動也禮哀公問注作猶變也按變有更新之義故詩駉傳云作始也始有創造之義故詩天作傳云作生也生兼成長二義故老子王弼注作長也易離虞翻注作成也是皆展轉生訓而義俱通者也作與迮同說文云迮起也浡者勃之叚音也說文云勃排也玉篇云勃卒也葢卒謂猝然排鋪排也方言云舒勃展也皆與興作義近通作悖左氏莊十一年傳云其興也悖焉釋文悖一作勃盛貌又通作佛荀子非十二子篇云佛然平世之俗起焉楊倞注佛讀爲勃勃然興起貌又通作浡廣雅云浡盛也孟子趙岐注浡然已盛一切經音義四引聲類云浡浡亦勃字同蒲没反按浡疑當爲郣說文云郣郣海地一曰地之起者曰郣然則起亦作也是郣爲正體勃悖俱叚借浡葢或體渤又俗體矣肩者上文云勝也克也皆與振作義近釋名云肩堅也謚法云堅長也長讀如掌與作起義又近矣搖者說文云動

也方言云上也又云疾也又云遙疾行也遙與搖同古字通用皆動作之義又與榣同說文云榣樹動也又與踞同方言云踞跳也又與猶同檀弓云咏斯猶鄭注猶當爲搖聲之誤也搖謂身動搖也秦人猶搖聲相近今按猶搖同聲叚借非誤也咏斯猶猶斯舞亦爲動作皆其證矣動者說文云作也楚辭抽思篇云悲夫秋風之動容兮王逸注動搖也呂覽論威篇云物莫之能動高誘注動移也移亦搖也動又變也感也發也生也其義皆爲作也通作董見周禮大祝注蠢者下文云動也方言云作也郭注謂動作也通作春考工記梓人云則春以功鄭注春讀爲蠢蠢作也出也禮鄉飲酒義云春之爲言蠢也是春蠢聲同蠢出聲轉尚書大傳云春出也物之出也然則生出亦動作之義又通作惷說文云亂也惷訓亂與作訓變其義同說文引左氏昭廿四年傳曰王室日惷惷焉今作王室實蠢蠢焉杜預訓爲動擾貌是其聲義又同矣迪者妯之叚音也妯蠢下文俱云動也動作義同妯迪聲同通作迪上文云迪進也下文云迪道

也漢書揚雄傳注迪迪由也由道進與動作義亦近也迪有軸音又通作柚方言云杼柚作也東齊土作謂之杼木作謂之柚詩杼柚其空釋文柚音逐本又作軸是皆字異而音同故古字又通矣俶者上文云始也始與作義近毛詩訓作爲始爾雅訓俶爲作其義一也詩有俶其城毛傳俶作也方言云衝俶動也動亦作也後漢書張衡傳注俶整也整頓亦動作也俶與埱聲義同說文云埱气出土也一曰始也訓始旣與俶同气出土與作起之義亦近也厲者方言云爲也逸周書大武篇云戰有六厲孔晁注厲爲也爲亦作也故書庶明厲翼正義引鄭注厲作也大戴禮曾子立事篇注鄂鄂辨厲也引論語曰其言之不作是作爲奮厲之義郭引穀梁隱五年傳云始厲樂矣亦謂始作樂耳呂覽季冬紀云征鳥厲疾高誘注厲高也文選高唐賦云沬潼潼而高厲李善注厲起也漢書揚雄傳注厲奮也奮起高亦義俱爲作也方言云厲今也今與矜同矜莊嚴厲亦振作之意也厲通作賴又通作烈俱一聲之轉

茲斯咨呰已此也 呰已皆方俗異語、

說文云此止也按止謂物所止處人指而名之曰此也呂覽貴生篇云彼且奚以此之也高誘注此此物也老子云吾何以知衆甫之然哉以此又云吾何以知其然哉以此河上公注並云此今也今亦爲此此亦爲今互相訓也此又且也詩匪且有且毛傳且此也此與且古音相轉也茲者說文云艸木多益又訓此者因其益多指而別之曰此也書云茲攸俟又云越茲麗刑鄭注並云茲此也廣雅云茲今也茲訓今與此訓今義亦同呂覽任地篇云今茲美禾高誘注茲年也蕃亦緣詞生訓實則今茲即今此也今茲倒言之爲此今音變爲斯今又變爲自今並字異而義同矣斯者說文云析也分析與此義近斯又盡也盡與止義又近坊記引書斯謀斯猷春秋繁露竹林篇作此謀此猷詩胡斯畏忌漢書賈山傳作胡此畏忌又匪今斯今鄭箋亦以斯今爲此今矣咨者與茲音近同字通魏孔羨碑云咨可謂命世大聖千載之師

表者已咨卽茲也又咨嗟之咨說文作嗞从口茲聲亦其證也呰者說文云苛也苛與呵同呵責人者必止其人而問之故呵有止義止卽此之訓也通作訾訾訓毁與呰訓苛義近方言云訾何也何與苛音又同郭注訾爲聲如斯斯亦此矣又通作些一切經音義二及六並云呰古文些歟二形爾雅釋文呰郭音些引廣雅云些辭也是郭以些爲呰蓋本楚辭或讀些爲蘇箇切非矣已者止也止亦此之訓故又爲此也此从止而訓止蓋聲兼義也已古讀如似而亦訓止其聲近也茲亦聲近故書云邇可遠在茲史記夏紀作近可遠在已已與茲俱訓此故轉相訓也戴氏震引莊子云已而爲知者已而不知其然當解已爲此

嗟咨䰈也今河北人云䰈歎音兔罝

玉篇云䰈憂歎也廣韵云䰈長歎釋文云䰈本或作𩬐引字林云皆古嗟字太玄耆云時䰈䰈范望注䰈

𨲠長歎也通作嗟詩臣工傳嗟嗟勑之也烈祖箋重言嗟嗟美歎之深又海外東經云嗟嗟丘一曰嗟丘廣韵作𨲠丘皆古字通之證也嗟者𧪠之或體也說文云𧪠咨也玉篇作𧪠同通作嗟釋名云嗟佐也言之不足以盡意故發此聲以自佐也文選吳都賦注引爾雅舊注云嗟楚人發語端也按嗟自發端非必楚語嗟有奈何之訓詩檜莫懲嗟箋嗟乎奈何荀子富國篇注本之而云嗟奈何然則鄭意葢謂事無可奈何故嗟歎之非以奈何訓嗟也又通作差易大耋之嗟釋文嗟荀本作差詩穀旦于差釋文差韓詩作嗟葢詩之于嗟俱歎詞也又變作齎易齎咨涕洟釋文引鄭注齎咨嗟歎之辭也是齎咨即嗟咨聲之轉矣咨者嗞之叚音也說文云嗞嗟也廣韵云嗞嗟憂聲也亦作嗟茲詩綢繆傳子兮者嗟茲也通作咨詩文王曰咨傳咨嗟也書咨四岳史記五帝紀作嗟四嶽論語咨爾舜皇侃疏亦云咨咨嗟也又通作訾逸周書太子晉篇云莫有怨訾孔晁注訾嘆恨也又通作資太玄樂云則哭泣之𨲠資范望注𨲠資憂哀之貌

也然則嗟資卽嗟咨怨咨亦卽怨咨俱古字通矣禮緇衣引君雅曰夏日暑雨小民惟曰怨資冬祁寒小民亦惟曰怨鄭注資當爲至按鄭以資屬下句故讀爲至實則怨資相屬卽怨咨也下惟曰怨無資字句意已足古書文字不拘何必斤斤相比對也

閑狎串貫習也 串猒串貫貫忕也今俗語皆然

說文云習數飛也呂覽審已篇注習學也玉篇云習串也漢書注習狎也按易重坎曰習坎故習訓重也因而重之故又訓因也習而安之故又訓便也通作襲襲亦重也因也周禮胥注故書襲爲習文選齊竟陵文宣王行狀云龜謀襲吉李善注襲與習通皆其證也閑者居之習也閑訓遮闌與重習便習義近易日閑輿衛釋文引馬鄭云閑習也詩四馬既閑既閑且馳傳箋竝云閑習也鄉射禮記注引尚書傳曰戰鬭不可不習故於蒐狩以閑之也閑之者貫之也貫之者習之也通作閒文選東京賦云旣佶且閒詩六

月篇閒作閑十畝之閒釋文云閒本亦作閑狎者說
文云犬可習也曲禮云賢者狎而敬之周語云未狎
君政晉語云陽人未狎君德鄭注及韋昭注並云狎
習也方言云媟狎也郭注相親狎也按媟有嬻嫚之
意故廣雅云狎輕也輕有忽意故論語狎大人鄭注
狎慣忽也輕忽媟又因狎習而生也通作甲詩能不
我甲釋文甲韓詩作狎書因甲于內亂正義引鄭王
皆以甲爲狎釋言云甲狎也是諸義所本一切經音
義十四云狎古文虖狹二形是狹狎又通矣串者患
與翫之叚音也玉篇廣韵串俱古患切則與貫同釋
文引沈謝音亦同郭音五患反則與翫同說文云翫
習猒也引左氏昭元年傳翫歲而愒日又僖五年傳
云寇不可翫文選東京賦云目翫阿房杜預及薛綜
注並云翫習也通作玩玩弄與狎習義近故文選詩
注玩與翫古字通又通作忨說文云忨貪也引春秋
傳曰忨歲而潡日是皆郭義所本也作串者串古音
患亦通作患詩串夷載路毛傳串習也鄭箋串夷卽
混夷西戎國名也釋文串一本作患或云鄭音患正

義亦云串詩本爲患患然則患乃本字串卽患字之省故一切經音義九及十七八竝引舍人云串心之習也據此知爾雅古本串正作患矣貫者遺與摜之叚音也說文遺摜竝云習也摜字下引左氏昭廿六年傳曰摜瀆鬼神通作貫詩六月正義引書傳云貫之何習之詩射則貫兮魯語云晝而講貫孟子云我不貫與小人乘鄭箋及韋昭趙岐注竝云貫習也又通作慣慣釋文慣本又作貫又作遺同古患反又通作宦詩三歲貫女漢石經作三歲宦女又通作串荀子大略篇云國法禁拾遺惡民之串以無分得也楊倞注串工患反是串卽貫字也郭云貫忕也者釋文忕音逝又時設反引張揖雜字音曳云狃忕過度按說文云怈習也从曳聲與張揖音同怈卽忕也

曩塵佇淹畱久也塵垢佇企淹滯皆稽久也

墨子經上篇云久彌異時也玉篇云久遠也長也公羊莊八年傳爲久也何休注爲久稽畱之辭孟子注

久畱也文選歸田賦注久滯也按久之言舊也故詩告爾舊止箋舊久也久舊亦通故書云舊勞于外史記魯世家作久勞于外舊爲小人作久爲小人矣曩者釋言云曏也說文云曏不久也今按對遠日言則曏爲不久對今日言則曏又爲久故廣雅云曩久也鄉也鄉與曏同列子黃帝篇云曩吾以汝爲達張湛注曩昝也昝亦久也聲轉作乃漢書曹參傳云乃者我使諫君也集注乃者猶言曩者是曩乃音轉字通葢語聲有緩急緩言之爲曩急言之爲乃者其義則同耳塵者陳之叚音也詩我取其陳傳尊者食新農夫食陳是陳有久義故說文云田陳也畋者从田十久非云一種而久皆取陳久之意也史記平準書云於是大農陳集解韋昭云陳久也素問鍼解云菀陳則除之者奇病論云治之以蘭除陳氣也王砅注竝云陳久也通作塵文選思玄賦云允塵邈而難虧舊注塵久也書失于政陳于茲傳訓陳爲久正義引釋詁文而云古者塵陳同又引孫炎曰塵居之久也久則生塵矣此皆說也郭本孫義以塵垢爲訓亦又

失之塵陳以聲爲義耳非塵垢塵居之謂也又通作
塡詩倉兄塡兮毛傳塡久也孔塡不寧鄭箋亦以塡
爲久矣又轉爲烝釋言云烝塵也詩烝在桑野鄭箋
以爲久處桑野古者聲賓塡塵同也烝也無戎箋亦
云久古聲塡賓塵同是皆義存乎聲矣孫郭緣詞生
訓均爲失也今登萊閒人謂時之久者或曰烝日或
曰鎭日或曰塵日謂年亦曰烝年鎭年塵年皆古音
也鎭與塡亦古字通其音義又俱爲塵矣佇者宁之
叚音也說文云宁辨積物也文選遊天台山賦注宁
猶積也佇與宁同按宁與貯同說文云貯積也史記
平準書索隱引字林云貯塵也塵積義俱爲久也通
作佇詩佇立以泣傳佇立久立也漢書敘傳云佇盤
桓而且俟張晏注佇久也又通作竚文選幽通賦作
竚盤桓而且俟曹大家注竚立也非也楚辭大司命
之延竚作立㫄竚離騷之延佇作人㫄佇而注俱訓
立亦非也佇訓久不訓立毛傳甚明是皆望文生義
耳又楚辭怨上篇云佇立兮忉怛王逸注佇停也停
亦積久之義也淹者方言云敗也水敝爲淹按水敝

謂漸漬之與漚同意故說文云漚久漬也禮儒行云淹之以樂好楚辭離世篇云淹芳芷於腐井兮淹皆訓漬漬有久義故又訓久公羊宣十二年傳王師淹病矣晉語云振廢淹離騷云日月忽其不淹兮注竝云淹久也通作奄詩奄觀銍艾箋奄久也是鄭讀奄爲淹也畱者說文云止也是止之久也故儒行云悉數之乃畱鄭注畱久也楚辭湘君篇云蹇誰畱兮中洲王逸注畱待也逸周書武順篇注畱遲也吳語云一日惕一日畱韋昭注畱徐也徐遲待又皆與久義相成也

逮及暨與也公羊傳曰會及暨皆與也逮亦及也

說文云與黨與也又爲許與之與又從也隨也如也皆與及義相近故檀弓論語鄭注竝云與及也公羊注與弁也漢書注與偕也偕與弁其義亦俱近及也逮者說文云唐逮及也經典逮俱訓及通作隶說文云隶及也又通作隸說文云隸及也隸與迨同迨逮釋言竝云及也及亦與也詩摽有梅釋文引韓詩云

迨願也願與義近聲又相轉也又通作遝[illegible]合石經公羊殘碑云祖之所遝聞州輔碑云遝事和熹后孝安帝劉寬碑云未遝誅討陳球後碑云遝完祖齊俱以遝爲逮也釋言云逮遝也遝逮古聲義同也及者說文云逮也逮亦與故公羊隱元年傳及者何與也會及曁皆與也及猶汲汲也廣雅云及連也荀子儒效篇注及繼也繼與連其義亦皆近與也曁者臮之叚音也說文云臮衆與詞也引書曰臮咎繇又淮夷蠙珠曁魚史記夏紀及漢書地理志曁俱作臮朔南曁地理志亦作臮通作曁春秋經之曁公羊傳云會及曁皆與也曁猶曁曁也然則曁亦及也曁曁猶汲汲也故華嚴經音義上引珠叢云曁謂及也預也預郎與矣又通作洎書叜洎小人鄭注洎與也莊子寓言篇云後仕三千鍾不洎文選東京賦云于斯胥洎文云澤洎幽荒郭象及薛綜注並云洎及也又通作塈士喪禮注引喪大記云塗不曁于棺釋文曁劉本作塈

隮假格陟躋登陞也方言曰魯衛之閒曰隮梁益曰格禮記曰天王登遐公羊傳曰躋者何陞也

陞者玉篇云上也進也與升同釋畜云善陞甗方言云未陞天龍謂之蟠龍並以陞爲上也經典俱作升升登也亦與登通見儀禮喪服注易升釋文引序卦云升上也馬云高也詩天保傳升出也出與高亦登上之義也通作昇易釋文升鄭本作昇集解引鄭注云昇上也坤地巽木木生地中日長而上故謂之昇昇進益之象也按昇與陞並从俗作經典罕用升本量名升斗遞增郎具登進之義何須加日加阜過爲淺俗耶隮者牡馬之名見於釋畜又訓陞者牡馬善騰騰乘也乘亦升也故書云惟天陰隮下民釋文引馬融注隮升也升猶舉也通作郅方言云郅顛登也魯衛曰郅郭引作隮是郅隮通釋文隮之實反又音陟說文亦云隮从陟聲矣假者說文假徦並云至也又訓陞者陞至義近至之言郅也故郅訓登又訓至

假亦訓至又訓陞矣漢書王莽傳注假至也升也淮南齊俗篇云其不能乘雲升假亦明矣高誘注假上也上亦升也郭讀假爲遐故引曲禮曰天王登遐今作登假假遐古音同也格者洛之叚音也方言云洛至也又云登也郭注洛古格字通作格書庶有格命鄭注格登也登命謂壽考者釋天云太歲在寅曰攝提格李巡注格起也起亦升也釋訓云格格舉也舉亦升也又通作假詩昭假無贏湯孫奏假來假來享釋文並云假音格箋並云假升也古書格多作假故書格于上下說文人部作假于上下祖考來格後漢書章帝紀作祖考來假惟先格王漢書成帝紀作惟先假王格人元龜史記殷紀作假人元龜格于皇天格于上帝史記燕世家格俱作假經典所以格多作假者假格聲同故士冠禮注今文格爲嘏嘏假聲同又方言云邠唐冀兗之間曰假或曰洛皆其證矣陟者說文云登也玉篇云高也升也詩卷耳公劉傳箋陟俱訓升車舝皇矣箋陟俱訓登登升一耳故書云女陟帝位史記五帝紀作女登帝位矣陟聲近德說

文云德升也玉篇云德福升也周禮大卜云三曰咸陟鄭注陟之言得也讀如王德翟人之德是德陟聲義同又與隲同集韵云陟或作隲釋文云隲又音陟是陟隲又通矣躋者說文云登也引商書曰予顛躋詩蒹葭斯干長發傳竝云躋升也通作隮詩蝃蝀候人傳俱以隮爲升士虞禮記注亦云隮升也春秋文二年經云躋僖公周禮大宗伯注作隮僖公又通作齊詩聖敬日躋孔子閒居作聖敬日齊至于湯齊鄭注詩讀湯齊爲湯躋樂記云地氣上齊鄭注齊讀爲躋士虞禮記注今文隮爲齊又通作資周禮眡祲云九曰隮鄭注故書隮作資易得其資斧釋文引子夏傳及衆家竝作齊斧是齊資又通矣登者上文云成也物成就則可升故經典登字俱兼成也升也二義左氏隱五年傳不登於器服虔注訓登爲成又云不登於俎服注訓登爲升周禮羊人云登其首鄭注登升也曲禮云年穀不登鄭注又云登成也是成升其義近又月令登麥登黍鄭注竝云登進也周禮司民登民數考工記輈人登馬力鄭注竝云登上也晉語

云不哀年之不登韋昭注登高也高上進其義亦俱爲升也登通作升已見上文登成下又左氏僖廿二年傳釋文登陘本亦作升陘亦其證也登轉爲得見公羊隱五年傳登來之注

揮盝歇涸竭也 月令曰無漉陂池國語曰水涸而成梁揮振去水亦爲竭歇通語

竭者渴之叚音也說文云渴盡也廣韻十七薛傑紐下云渴渠列切水盡也周禮草人云凡糞種渴澤用鹿鄭注渴澤故水處也賈公彥疏故時停水今乃渴也釋文渴其列反是渴讀爲竭爾雅釋文亦云渴音竭本或作竭是經典用渴字唯爾雅及周禮兩見今爾雅已非陸本之舊經典又借渴爲飢𣙃之字於是渴字音義唯見於周禮矣通作竭禮大傳云人道竭矣周語云咎伊洛竭而夏亾鄭注及韋昭注竝云竭盡也其餘經典亦俱作竭而渴不復用矣揮者說文云奮也奮猶振也考工記㡛氏云而揮之謂振去之也曲禮云飲玉爵者弗揮釋文引何承天云振去餘酒曰揮齊策云揮汗成雨高誘注揮振也易六爻發

揮釋文引王肅王廙竝云揮散也晉語注揮灑也灑散與竭盡義相成也盡者漉之叚音也說文云漉浚也廣雅云漉滲也說文滲下漉也按滲漉亦言滲漏然則漉之言漏也水澤漏下故爲竭盡也郭引月令云毋漉陂池與毋竭川澤句對知漉亦爲竭方言云漉極也極盡義亦爲竭竭極聲又相轉也素問瘧論云無刺漉漉之汗王砅注以漉漉爲汗大出是亦竭盡之義今人語以小汗爲漉漉非矣通作盝方言云盝涸也廣雅云盝盡也盝與淥同說文淥卽漉之重文又通作盝盝卽盝之省文也考工記㡛氏云淸其灰而盝之鄭注於灰澄而出盝晞之鄭意葢謂澄出其水爲盝盝而後晞乾之故廣韵云盝去水也竭也或作漉然則漉猶爲盝明矣歇者說文云息也按息休息也人倦極則休息聲轉爲戲泄故方言云戲𪏮泄歇也楚謂之戲泄又轉爲歇泄故說文云歇一曰气越泄方言注歇泄气廣雅云歇泄也俱與說文合今俗語亦爲歇息爲歇泄也泄說文作渫云除去也除去卽竭盡之義左氏宣十二年傳憂未歇也杜預注

歇盡也方言云歇涸也郭注謂渴也渴即竭字矣涸者說文云渴也讀若狐貈之貈月令及呂覽仲秋紀竝云水始涸周語云天根見而水涸涸皆訓竭廣雅云涸盡也淮南主術篇云不涸澤而漁高誘注涸澤漉池也本經篇云竭澤而漁高注竭澤漏池也漏池即漉池聲之轉

抿拭刷清也振訊拔拭掃刷皆所以為潔清

說文云清朖也澂水之皃考工記㡪氏注清澄也澄說文作澂云清也是清澂互訓其義同清又靜也淨也淨說文作瀞云無垢薉也通作竫書云自竫釋文竫馬本作清謂絜也又通作靜書直哉惟清史記五帝紀作直哉惟靜潔禮經解云絜靜精微史記萬石張叔傳云期爲不絜清絜清即絜靜也又通作凊周禮宮人注沐浴所以自潔清釋文清本亦作凊爾雅釋文亦云清如字劉音儀禮慈性反是清凊通矣抿者撻之叚音也說文抿訓給也約也別有撻訓拭也从堇聲經典俱作抿音震與振同喪大記云抿用浴

衣鄭注抠拭也士喪禮云抠用巾鄭注抠晞也清也古文抠皆作振一切經音義七云振古文扅抠二形是抠振通故曲禮云振書端書於君前有誅鄭注振去塵也去塵即潔清之意故郭以振訊爲抠得其義與聲矣今人謂去濁取清曰振盎亦以振爲抠耳拭者飾之叚音也說文云飾㕞也讀若式廣韵云拭㕞也釋名云飾拭也物穢者拭其上使明由他物而後明猶加文於質上也是拭飾聲義同經典俱作拭聘禮云賈人北面坐拭圭鄭注拭清也禮雜記云雍人拭羊鄭注拭靜也靜即淨淨亦清矣刷者㕞之叚音也釋文刷字又作㕞所劣反說文云㕞飾也通作刷說文云刷刮也禮有刷巾周禮凌人秋刷鄭注刷清也詩七月釋文引三蒼云刷埽也埽除亦所以爲潔清文選魏都賦云洗兵海島刷馬江洲洗刷俱潔清之意張載注刷小嘗也李善注刷猶飲也竝非

鴻昏於顯閒代也鴻鴈知運代昏主代明明亦代昏顯即明也閒錯亦相代於義未詳

說文云代更也按代之爲言遞也迭也說文云遞更易也迭更迭也迭遞代俱一聲之轉代又易也方言云皆南楚江湘之閒代語也郭注凡以異語相易謂之代也代與弍同說文云弍更也又與岱同云岱失常也按弍代俱从弋聲古讀代如遞故與弍聲近義同又與貣貸同故書洪範云忒史記宋世家作衍貣月令云宿離不貣又云無或差貸貣皆讀弍此又音近字通矣鴻者往來之代也月令云鴻鴈來夏小正云遰鴻鴈是往來相代通作洪書乃洪大誥治正義引鄭注以洪爲代言周公代成王誥也是鴻訓代之證鴻與庸聲義通方言云庸代也亦其證矣昏者明之代也又選勸進表云昏明迭用昏又幽也大戴禮誥志篇云明幽雌雄也雌雄迭興史記厤書作雌雄代興蓋言日月之代明也又昏禮成於昏陽往陰來亦相代之義故白虎通云昏亦陰陽交時也交猶代也郊特牲云昏禮不賀人之序也鄭注序猶代也然則昏取序代爲義亦其證也於者閒之代也凡言於者以此於彼以彼於此於字皆居中閒是卽閒訓

代之義又有相連及之義相連及亦相交代也呂覽不侵篇云豫讓國士也而猶以人之於已也爲念論語云君子之於天下也是皆經典用於字之例然則人之於己已之於人竝以相閒代爲義矣於通作于孟子萬章篇引古書之言曰惟茲臣庶女其于予治言汝其代予治之也趙岐注以于爲助不若以于爲代合於雅訓也此義本之邵氏晉涵正義所說前義參之段氏玉裁說今竝採用以補郭所未詳焉顯者明也明者昏之代也左氏昭元年傳六氣曰陰陽風雨晦明明也中庸云莫顯乎微又云夫微之顯然則顯與微相代明與晦相代其云微之顯者之字爲中閒聯屬之詞亦猶於字爲兩相遞代之義矣閒者書益稷正義引孫炎曰閒閒廁之代也詩皇以閒之鄉飲酒禮及燕禮俱云乃閒歌魚麗毛鄭竝云閒代也蓋閒本訓隙因有釁隙他物廁之故又爲代矣

饁饟饋也國語曰其妻饁之

說文云饋餉也檀弓及坊記注竝云饋遺也士虞禮注云饋猶歸也周禮膳夫注云進物於尊者曰饋按此注似非饋遺通名耳故王府注古者致物於人尊之則曰獻通行曰饋此說是矣通作餽說文云吳人謂祭曰餽是餽饋異經典則通故中山策云飲食餔餽高誘注吳謂食爲餽祭鬼亦爲餽古文通用讀與饋同爾雅釋文饋本或作餽又通作歸論語云詠而歸釋文歸鄭本作饋饋酒食也魯讀饋爲歸今從古陽貨及微子篇釋文竝同又詠而歸論衡明雩篇正作詠而饋檀弓云饋祥肉士虞禮記注作歸祥肉矣饁者說文云餉田也引詩饁彼南畝毛傳饁饋也有噴其饁鄭箋饁饋饟也正義引孫炎曰饁野之饋也晉語韋昭注野饋曰饁饁與餫同說文野饋曰餫左氏成四年傳故亶伯餫諸穀廣雅云餫饋也是餫饁聲轉義同矣饟者說文云周人謂餉曰饟蓋本周頌其饟伊黍而言也漢書食貨志及後漢書章帝紀注竝云饟古餉字玉篇餉式亮切饟式尚式章二切是饟餉聲義同又偕作攘詩攘其左右鄭箋攘讀當爲

鑲正義引舍人曰
鑲自家之野也

遷運徙也今江東通言遷徙

說文云辿迻也迻遷徙也辿徙迻移竝聲義同故華嚴經音義下引蒼頡篇云徙移也荀子成相篇注徙遷也楚辭哀時命篇云獨徙倚而彷徉王逸注謂徙倚猶低佪也徙倚猶徙移葢言移倚不定其彷徉乃低徊耳遷者說文云登也詩巷伯傳去也去亦爲徙故昬及賓之初筵殷武傳竝云遷徙也齊語及晉語注竝云遷移也移即徙也文選西京賦注又云遷易也易即移也通作還曲禮云跪而遷屨鄭注遷或爲還今按還讀若旋般旋與遷徙義近又通作僊袁艮碑云僊修城之鄭魏元丕碑云有畢萬者僊去仕晉尹宙碑云支判流僊竝以僊爲遷也運者說文云迻徙也逸周書史記篇云民運於下孔晁注運亂移也莊子逍遙遊篇云是鳥也海運釋文引簡文云運徙也司馬云運轉也淮南天文篇注運旋也旋轉俱

移徙之義方言云日運爲躔月運爲逡郭注運猶行也行與遷義亦近古文遷作拪

秉拱執也兩手持爲拱

執說文作㚔云捕辠人也詩執競箋執持也夏小正傳執操也曲禮云執爾顏鄭注執猶守也周禮校人執駒鄭注執猶拘也拘守與操持義近執競釋文引韓詩云執服也服訓用與執義亦近也通作縶月令則執騰駒釋文執蔡本作縶老子注無所繫縶釋文縶一作執左氏成九年傳南冠而縶者誰也杜預注縶拘執是執縶聲義同也秉者說文云禾束也从又持禾是有執持之義詩之秉簡秉心秉彝韓詩及鄭箋竝云秉執也禮運天秉陽注秉猶持也詩定之方中傳秉操也大田傳秉把也把亦持也持亦執也諡法云秉順也秉訓順與執訓服同也通作柄左氏哀十七年傳國子實執齊秉服虎注秉權柄也管子小匡篇云治國不失秉尹知章注秉柄也周禮鼓人注無舌有秉釋文秉本又作柄據此則知左傳管子俱

傛秉爲柄也蓋說文柄或从秉作棅故斗柄史記天官書作斗秉亦卽棅字之省矣拱者說文云斂手也書序云亳有祥桑穀共生于朝正義引書大傳云七日大拱鄭注兩手搤之曰拱公羊僖卅三年傳宰上之木拱矣何休注拱可以手對抱挍對抱卽合抱故穀梁傳注拱合抱也孟子趙岐注拱合兩手也郭云兩手持爲拱與說文拱訓斂手其義同也通作共詩克共明刑虔共爾位傳竝云共執也受小共大共箋亦同鄉飲酒禮云退共論語云衆星共之鄭注竝云共拱手也釋文共鄭作拱詩嘅箋云以自拱持釋文拱本又作共

廞熙興也書曰庶績咸熙廞見周官

釋言云興起也起與喜義近書云股肱喜哉元首起哉百工熙哉檀弓云人喜則斯陶陶斯咏咏斯猶猶當爲搖謂身體動搖也然則興起又爲興喜義可知矣興與嬹同說文云嬹說也經典俱通作興興有二

音釋文興如字又許應反拨如字者詩興迷亂於政箋興猶尊尚也許應反者讀如興會之興謂情興所會也故學記注興之言喜也歆也正義引爾雅云歆喜興也又曾子問及士虞禮記聲三注並以聲爲噫歆也旣夕禮聲三注又引舊說以爲聲噫興也詩噫嘻成王又以爲噫嘻也是興嘻歆俱以聲轉爲義歆許金反郎廞字之音廞熙俱叚俗之字學記正義引作歆喜是矣廞者歆之叚音也說文廞讀若歆歆本訓神倉气因而引伸爲喜楚語云楚必歆之韋昭注歆猶貪也貪與喜義近歆與淫聲又近故樂記云聲淫及商鄭注以爲貪商周禮廞故書皆爲淫淫有浸淫經久之義故鄭衆讀淫爲廞其訓爲陳亦其義也周禮司裘司服大司樂大師笙師典庸器巾車司兵圉人俱言廞後鄭不從先鄭注皆以廞爲興本於爾雅也但爾雅之廞興爲興喜周禮之廞興爲興作義各有當爲用不同若能觀其會通則亦無不同耳熙者嫛之叚音也說文嫛說樂也左氏襄十年釋文嫛本亦作熙是熙嫛通又通作巸集韵云熙或省作巸

方言云紛怡喜也湘潭之間曰紛怡或曰㶊已𡢁誒是𤋮熙通詩時純熙矣箋熙興也書庶績咸熙史記五帝紀作衆功皆興文選劇秦美新作庶績咸喜李善注喜與熙古字通又通作嬉論語摘輔象云隕丘受延嬉注云嬉興也又通作嘻易家人釋文嘻嘻馬云笑聲鄭云驕佚喜笑之意張作嬉嬉陸作喜喜然則嬉亦喜也喜亦興也今人謂時所喜好爲時興謂人所歡喜爲高興斯言竝有合於古矣或說廞熙非也段俗字廞陳也是陳之興也熙廣也是廣之興也興郎興作興起古無訓興爲喜者宜從古

衞蹶假嘉也 詩序曰假樂嘉成王也餘未詳

上文云嘉善也美也美善義同通作賀覲禮云予一人嘉之鄭注嘉之者美之辭也今文嘉作賀按今東齊里語美辭亦曰嘉賀蓋古之遺言也嘉賀俱从加聲古讀嘉如柯音轉爲何何賀音同故嘉賀通矣衞者禕之段音也上文云禕美也釋訓云委委美也委禕衞俱聲義同又與偉瑋同已見上文又與麾同禮

器云不麾蚤鄭注齊人所善曰麾挼麾有快義故鄭
又云麾之言快也淮南原道篇云鸞蔂衞之箭高誘
注衞利也利使其義同與美善義亦近也今登茮人
嘉其物曰麾亦曰禕亦曰偉三者音轉語有輕重耳
衞訓爲嘉皆其證也蹶者釋訓云蹶蹶敏也敏美音
義亦近蹶有厥音玉篇蹶渠月居月居衞三切廣韵
十月厥紐下云蹶嘉也是爾雅蹶讀居月切釋文云
居衞反非也今東齊里俗見人有善誇美之曰蹶蹶
卽作厥音證知北方多古語此言合於雅訓矣假者
詩假樂君子假以溢我假哉皇考傳茲云假嘉也釋
文假俱音暇爾雅釋文假戶嫁反則亦音暇詩皇矣
箋天須假此二國釋文假本又作暇昭假遲遲箋亦
讀假爲暇是假有暇音曲禮天王登假郭注引作登
遐檀弓公肩假假漢書古今人表作公肩瑕皆其證也
遐古讀如胡音轉爲何故詩假以溢我左氏襄廿七
年傳作何以恤我何又音轉爲誐說文引詩誐以溢
我云誐嘉善也是誐與假音轉義同假本讀如古轉
爲遐又轉爲何爲誐然則誐何亦遐遐亦假假亦嘉

矣假之轉爲遐亦猶嘉之轉爲賀故詩假樂君子中庸引作嘉樂君子矣今俗閒人有善嘉美曰諴與說文引詩合

廢稅赦舍也詩曰召伯所稅舍放置

舍有二義亦有二音詩夜切者釋名云舍於中舍息也息即止息故周禮司戈盾注舍止也漢書高帝紀注舍息也後漢馮異傳注舍止息也詩羔裘箋舍猶處也是皆以止息爲義也其音書冶切者舍即捨之段借說文云捨釋也釋解也經典捨俱作舍故詩行葦箋及周禮司園注舍俱訓釋舍釋雙聲古字通用鄉飲酒禮及大射儀注竝云古文釋爲舍楚語注舍去也詩雨無正傳舍除也左昭四年傳注舍置也是舍皆以捨釋爲義也爾雅之舍亦兼二音二義釋文唯主一音於義疎矣廢者屋之舍也說文廢屋頓也蓋屋傾頓則人不居故其義爲舍又云癈固病也病頓義近故釋文廢字亦作癈同甫穢反是癈廢通周禮

大宰廢置以馭其吏鄭注廢猶遏也又廢以馭其罪
鄭注廢猶放也放遏其義同詩楚茨箋及禮檀弓喪
大記注竝云廢去也小爾雅及廣雅竝云廢置也置
去義亦同公羊宣八年傳去其有聲者廢其無聲者
何休注廢置也置者不去也以不去爲廢者廢訓爲
舍置而不用亦與去同是去也舍不去亦爲舍也又
廢亦有止息之義故表記云中道而廢鄭注廢喙力
極罷頓不能復行則止也然則廢又爲止之舍矣廢
與發通方言云發稅舍車也以舍車爲發發卽廢也
莊子列禦寇篇云曾不發藥乎列子黄帝篇作曾不
廢藥乎是廢發古字通發之與廢義若相反而實相
成晉書潘岳傳云發槅寫鞍皆有所憩此僭寫爲卸
也說文卸舍車解馬也以舍車爲發其義與方言正
合矣稅者車之舍也方言以舍車爲稅郭注稅猶脫
也是以解脫爲義脫乃挩之段音說文挩解挩也經
典挩俱作脫而又通僭作稅禮文王世子云不稅冠
帶少儀云車則稅綏又少儀注降稅屨投壺注皖稅
屨釋文竝云稅本作脫文選陸機招隱詩注脫與稅

古字通是也又通作說凡禮記中稅字釋文竝云稅本作說檀弓云不說齊衰玉藻云無說笏及詩召伯所說說于農郊之說釋文竝云說本作稅鄉射禮注今文說皆作稅是稅說通周禮典路鄭衆注說猶舍車也是皆以舍釋爲義也詩甘棠傳說舍也蜉蝣箋說猶舍息也是皆以舍止爲義也凡說稅字通者毋多與脫同音釋文亦兼始銳他活二反故詩瞻卬釋文說音稅一音他活反是也爾雅釋文唯舉始銳一音於義一蓋未備矣赦者置之舍也說文云赦置也置亦舍故一切經音義五引三蒼云赦舍也周禮司刺注同公羊昭十八年傳云赦止者免止之罪辭也赦與舍音義同說與赦音相轉凡音同音轉之字古人多以爲訓郎六書中轉注段借之所由生故詩彼宜有罪女覆說之傳云說赦也赦郎舍說郎稅稅亦舍矣

棲遲憩休苦㰻齂呬息也棲遲遊息也苦勞者宜止息憩見詩㰻齂呬皆氣息貌今

東齊呼息爲呬也

說文云息喘也喘疾息也詩殷其靁葛生蜉蝣民勞傳竝云息止也小明傳云息猶處也方言云息歸也歸處與止息義近檀弓注息猶安也樂記注息猶休止也鄉射禮注息猶勞也按勞讀如勞勑之勞謂勞苦休息之也息之言猶餼也方言云餼息也廣韵云餼食也蓋飲食燕樂亦休息之義息餼聲義同耳棲者說文作𠧧或作棲云鳥在巢上象形日在西方而鳥棲故因以爲東西之西是棲以止息安息爲義也詩如彼棲苴釋文棲謂棲息也賓之初筵箋舉鵲而棲之於侯釋文棲著也著亦止也廣雅云棲攱也攱者庋閣之名與止處之義又近也遲者說文云徐行也徐行者舒緩與休息義近文選有謝靈運南樓中望所遲客詩遲猶待也待亦止也李善注以爲遲猶思非矣詩可以棲遲傳棲遲遊息也正義引舍人曰棲遲行步之息也郭注本毛傳後漢書蘇竟傳注棲遲偃息也偃息與遊息亦同棲遲字之疊韵或作西

遲嚴發碑云西遲衡門西郎棲也亦作犀遲説文尸部犀字解云犀遲也又作迟遟甘泉賦云靈迟遟兮説文以遟爲遲之或體迟遟即棲遲也愒者愒之或體也説説文云愒息也詩不尚愒焉汔可小愒毛傳竝云愒息也爾雅釋文愒本或作愒此必晉宋古本也通作揭詩甘棠釋文愒本又作揭又通作偈甘泉賦云度三巒兮偈棠黎李善注引韋昭曰偈息也又通作憩一切經音義廿五引蒼頡篇愒作憩其一又引蒼頡篇憩作厩二文不同憩近俗體蒼頡不應有此厩玉篇作厩亦近譌俗唯説文尸部云眉卧息也此爲正體但經典罕用今唯用憩字故詩甘棠傳及華嚴經音義下引珠叢竝云憩息也一切經音義二引爾雅舊注云憩止之息也其十九引舍人云憩卧之息也按卧息義與説文合豈舍人本憩字作眉然無可考矣休者説文云息止也从人依木或从广作庥詩瞻卬傳休息也民勞箋休止息也又釋言云休戾也民勞傳休定也穆天子傳注休駐也駐定戾其義亦皆爲止息也釋言云庥蔭也庇蔭與止息義近聲

轉爲歇說文云歇息也歇一息卽休息又轉爲戲泄方
言云戲泄歇也戲歇休倶一聲之轉也苦者方言倶云
使也又云開也開明使樂皆與安息義近開使苦倶
以聲轉爲義也通作盬周禮盬人及典婦功注杜子
春鄭衆竝云苦讀爲盬是盬苦通詩王事靡盬盬卽
苦之叚借靡盬言靡有止息耳傳箋以失之又與嫴
同說文嫴保任也保任者大司徒云以保息六養萬
民是嫴有息義省作姑檀弓云細人之愛人也以姑
息同詩卷耳傳姑且也廣雅云嫴且也嫴與姑同又與
𧻚同廣雅云𧻚息也𧻚息卽姑息亦卽姑且又卽苟
且皆卒畧偸安之意與休息義近也姑又與盬同方
言云盬且也盬且亦卽姑且蓋此諸文皆从古聲聲
同者義亦同郭云苦勞者竝止息始未了其義與聲
耳𠭖者喟之叚音也說文喟或作嘳云大息也楚辭
懷沙篇云永歎喟兮王逸注喟息也文選舞賦云嘳
息激昂李善注嘳與喟同通作𠭖釋文𠭖字林以爲
喟又作嘳墟愧苦怪二反一切經音義七云喟又作
𠭖又通作快釋文𠭖孫本作快詩斯干篆噲噲猶快

快也按凡人休息者必愉快故快訓爲息正與方言苦訓快合齂者說文云臥息也从隶聲讀若虺玉篇云齂鼻息也呼介切釋文齂郭施謝海拜反則讀與玉篇同孫盧貴反顧乎被反則音與說文近然二音又卽一聲之轉齂與齁聲近玉篇云齁鳥快切喘息也又聲轉爲喙方言云喙息也自關而西秦晉之閒或曰喙莊子徐无鬼篇釋文亦云喙息也詩維其喙矣傳喙困也困謂倦劇方言云㣿儽也又云㾮極也是毛傳之喙與㣿㾮同與喙息異然困倦劇而休息其義亦相成矣呬者說文云東夷爲息爲呬引詩大夷呬矣方言云呬𩑶四息也東齊曰呬是郭此注所本通作氣廣雅云氣息也又通作塈詩伊余來塈民之攸塈傳並云塈息也泂酌箋同假樂正義引釋詁文又引某氏曰詩云民之攸呬是塈氣皆呬之叚音矣馬瑞辰說說文犬夷呬矣廣韵引作混夷㾮矣皆約舉詩詞呬㾮並詩維其喙矣喙字之異文也

供峙共具也皆謂備具

說文云具共置也廣雅云具備也東京賦注具足也與俱通詩大叔于田節南山傳竝云具俱也行葦桑柔箋同楚茨箋具皆也士相見及特牲饋食禮注竝云具猶辯也蓋辯訓治又同徧徧卽俱足之意治卽供備之意廣韵云具辦也辦卽辯之俗體字也具之爲言給也給兼供備相足諸義皆具字之訓也供者說文云設也一曰供給周語云事之供給韋昭注供具也具給聲轉故或言供給或言供具又設者陳設亦供具之義故或言設食或言具食矣謚法云敬事供上曰恭孔晁注供奉也廣雅云供進也進奉義又同矣峙者偫之段音也說文云偫待也又云偫儲偫也是偫亦儲也謂儲具以待人用也周語云偫而畚梮韋昭注偫具也文選羽獵賦云儲積共偫李善注引郭舍人爾雅注曰共具物也偫具事也按宋翔鳳言郭舍人卽與東方朔爲射覆者其說是也據選注所引則知舍人爾雅本峙蓋作偫矣通作峙書峙乃楨榦又通作庤詩庤乃錢鎛傳庤具也考工記總目注作偫乃錢鎛是偫庤通又通作時玉篇云庤或作時

峙一切經音義十二云偫古文作庤畤峙三形又通作跱音義一引字詁云古文峙今作跱同直耳反後漢書章帝紀及陳忠傳注竝云跱具也文選西京賦注跱猶置也置亦具之訓也聲轉爲偫爲供說文竝云具也書堯典馬融注偫具也共者龔之叚借也說文龔給也玉篇龔奉也今亦作供是供龔通省作共鄭舍人注云共具物也詩靖共爾位魯語不共有法鄭箋及韋昭注竝云共具也周禮羊人共其羊牲左氏隱十一年傳不能共億注竝云共給也給亦具也通作供詩關雎箋共荇菜曲禮云共給鬼神左氏隱九年傳不共王職釋文竝云共本或作供凡經傳供共通者非一餘皆可知也

惵憐惠愛也惵韓鄭語今江東通呼爲憐

愛者㤅之叚借也說文云㤅惠也古文作𢟪通作愛廣雅云愛仁也詩烝民箋愛惜也愛又嗇也吝也吝嗇亦愛惜之義故謚法云嗇於賜與曰愛通作哀樂記云肆直而慈愛者宜歌商鄭注愛或爲哀呂覽報

更篇云人主胡可以不務哀士高誘注哀憂也是憂哀聲義同哀憐亦慈愛之意也憮者方言云憐也說文云撫也撫循義亦爲愛通作憮釋言云憮撫也方言云憂也韓鄭曰憮說文本方言釋文云憮亾矩反又音無按無古讀如模說文𢜮从某聲讀若侮是𢜮憮聲義同古字通用方言又云撫哀也哀亦愛又云牟憂也牟亦𢜮也是𢜮牟又聲之轉義又同矣憐者說文云哀也方言云憂也又云憐通語也按以哀憂爲憐古今方俗通語今登州人謂相閔念曰𢜮𢜮憐憐讀憐爲蘭蘭憐語有輕重實一聲也方言又云㥄哀也郭注㥄亦憐耳音陵是㥄憐聲轉其義則同釋訓云矜憐撫掩之也矜憐與㥄憐聲亦相近方言又云憐職愛也言相愛憐者吳越之閒謂之憐職按職蓋語詞或語餘聲耳惠者說文云仁也仁亦愛故諡法云惠愛也經典惠訓愛者非一而訓順者亦多書亮采惠疇詩終溫且惠俱訓順和順而無所乖忤亦慈愛之義惠又賜也施也施賜亦仁愛之義惠與慧通論語釋文魯讀慧爲惠今從古然則智者無所

拂於物亦與叓人義近故謚法云柔質受諫曰慧

娠蠢震戁妯騷感訛蹶動也娠猶震也詩曰憂心且妯無感我帨兮或寢或訛蠢戁騷蹶皆搖動貌

上文云動作也作有奮起之意故動又訓發也生也行也變也搖也移也俱緣作起之義而生也通作董周禮大祝云四曰振動注引鄭大夫云動讀爲董書亦或爲董振董以兩手相擊也然則董動以聲爲義耳娠者說文云女妊身動也引左氏哀元年傳后緡方娠一曰官婢女隸謂之娠按女隸給役使者是有動作之義也通作振方言云官婢女廝謂之振說文作娠是娠振通振爲女廝故左氏昭三年傳辱使董振擇之蓋言董督女廝使選擇之杜預訓振爲整失其義也此義弁廷相爲余說之又通作身詩大任有身身即娠也漢書高帝紀云已而有娠孟康注娠音身漢史身多作娠古今字也是娠身通故爾雅釋文

娠有身音是矣蠢者上文云作也作亦動也說文云蟲動也古文作𢦔引周書曰我有𢦔于西魏三體石經𢦔碑大誥云粵茲𢦔朙說文所引古文也詩采芑箋蠢動也書序允蠢鰥寡漢書翟方進傳作誠動鰥寡法言君子篇云蠢迪檢押李軌注亦以蠢為動也餘詳上文震者易說卦云震動也雜卦云震起也起亦動也詩生民時邁閟宮傳震皆訓動上文云震懼也恐懼與變動義相成也通作踬說文云踬動也又通作振亦通作娠左氏昭元年傳方震大叔釋文震本又作振又作娠挋震說文以為劈歷振物是震娠俱以振動為義矣戁者上文云懼也與震同義同訓聲近說文云蝡動也與史記匈奴傳索隱引三蒼云蝡蠕蠕動貌一切經音義十一引通俗文云搖動蟲曰蠕又引字林云蝡蟲動也是蝡蠕與蠢義又同矣妯者說文云動也詩憂心且妯毛傳同方言云妯擾也人不靜曰妯齊宋曰妯郭注妯音迪則與上文迪作之迪同故爾雅釋文妯郭盧雋反又徒歷反徒歷卽迪字之音又云顧釋文依詩勑留反勑留卽妯字之音是

妯迪通又通作陶一切經音義十二引詩作憂心且陶陶暢也按陶讀如厥草惟繇之繇故訓爲暢暢遂亦生動之義又通作怞說文引詩作憂心且怞怞朗也朗暢義亦近也騷者慅之叚音也說文云慅動也一日起也起亦動義釋訓云慅慅勞也勞動其義同通作騷詩徐方繹騷傳騷動也說文騷擾也擾當爲擾擾亦動也方言以妯爲擾說文以騷爲擾是皆以聲爲義矣感者說文云動人心也詩野有死麕傳及樂記注竝云感動也感又觸也發也發觸義亦爲動感之爲言撼也說文云撼搖也搖動同義感又通偕爲憾左氏宣二年成二年及襄十六年廿九年釋文竝云感本作憾今按憾俗字也古止作感亦猶撼俗字也古止作撼耳訛者吪之或體也說文云吪動也引詩尚寐無吪通作訛詩或寢或訛傳訛動也釋文引韓詩作譌譌覺也覺寤與動起義近方言云譌化也釋言作訛訛化也變化與動作義亦近皃爰釋文吪本亦作訛是訛譌又通矣蹶者說文云跳也跳躍也義亦爲動詩文王蹶厥生天之方蹶傳竝云蹶動也文

選風賦云蹷石伐木李善注蹷動也是蹷蹶同史記酈生陸賈傳索隱引埤蒼云蹶起也釋訓云蹶蹶敏也敏與起亦皆勤動之意

覆察副審也覆校察視副長皆所爲審諦

說文云宷悉也知宷諦也篆文作審廣雅云審諦也又云審案也考工記注以審爲察也呂覽察微篇注審詳也音律篇注審慎也慎諟詳悉索俱審聲之遞轉其義即存乎聲也覆者說文云覂也覂反覆也反覆即詳審之義故廣雅云覆索也覆與審同訓索即索字者索所以爲詳審也左氏定四年傳藏在周府可覆視也月令云命舟牧覆舟覆皆考索之意文選思玄賦云神逵昧其難覆兮舊注覆審也考工記弓人云覆之而角至鄭注覆猶察也通作復華嚴經音義序引珠叢云復謂重審察也字又作覆是覆復通釋文覆芳福反則與覆蓋之覆音芳救反者異矣察者說文云覆也周禮鄉士注審也禮中庸注察猶著

也悉服四制注察猶知也知著義皆爲審故賈子道術篇云纖微皆審謂之察書大傳云察者至也爾雅下文云在察也在與至亦皆審諦之義矣副者釋文音赴則與覆同故釋名云副覆也以覆首亦言副貳也兼用衆物成其飾也是副覆音義同又音芳救一切故廣韻四十九宥副字云貳也佐也又福字云衣以福今作副是副福同文選西京賦云仰福帝居益本福爲副耳李善注福猶同也同卽副貳之義捘副音普力切與周禮疈辜之疈同僞爲副貳之字故匡謬正俗以福爲正體副爲叚借又引西京東京賦皆用福字竝爲副貳其說是矣但爾雅本爲釋福經福字經典所無相承惟用副耳

契滅殄絕也 今江東呼刻斷物爲契斷

說文云絕斷絲也古文作𢇍廣雅云絕斷也滅也釋名云絕截也如割截也契者絜之叚借也說文云契刻也廣雅同通作契釋名云契刻也刻識其數也淮南齊俗篇云越人契臂高誘注以爲刻臂也又通作

鍥左氏定九年傳盡借邑人之車鍥其軸杜預注鍥
刻也荀子勸學篇云鍥而舍之注亦云鍥刻也爾雅
釋文契顧苦結反引左傳作契其軸又通作挈釋文
契郭苦計反字又作挈詩爰契我龜考工記輈人注
引鄭司農云契讀爲爰挈我龜之挈漢書敘傳集注
亦作爰挈我龜文選封禪文云挈三神之歡李善注
引應劭曰挈絕也滅䏚上
文竝云盡也盡絕義同

郡臻仍迺僾乃也餘迺即乃未詳

乃者說文作㔾云曳詞之難也象气之出難公羊宣
八年傳云而者何難也乃者何難也曷爲或言而或
言乃乃難乎而也何休注言乃者內而深言而者外
而淺按而乃語有輕重耳古讀而乃音近二字俱爲
語詞又俱訓汝故周禮小宰云各脩乃職禮祭統云
乃祖莊叔鄭注竝云乃猶女也燕禮及大射儀云大
夫不拜乃飲鄭注竝云乃猶而也是而乃其義同夏
小正云匽之興五日翕望乃伏傳作而伏是而乃通

矣又通作仍周禮司几筵云凶事仍几鄭注故書仍
爲乃鄭衆注乃讀爲仍是仍乃通矣蓋仍而乃聲俱
相轉故古字通用今讀乃爲奴亥切轉爲尼損切登
州禰山人又轉爲奴哈切方音遞變古讀遂不復可
通矣郡者君之段也水經河水注引黃義仲十三
州記云郡之爲言君也然則君與族義近通作窘詩
又窘陰雨傳窘困也窘訓困與乃訓難義又近箋云
窘仍也漢書敘傳窘世薦亾窘亦訓仍仍與乃其義
同矣臻者下文云薦也薦與荐同釋言云荐再也又
與洊同與臻通易坎傳云水洊至釋文引京房作臻
干寶作洊說文洊作瀳从薦聲讀若尊是薦臻聲轉
薦訓重也再也與仍義又同矣仍者下文云因也說
文云仍从乃聲凡扔訒等字俱从乃聲而訓因周禮
乃讀爲仍論語仍讀爲仁是卽古音通轉之證又通
作陾詩緜傳陾陾衆也廣雅作仍仍衆也說文陾从
耎聲耎从而聲故詩釋文陾耳升反又如之反按如
之卽而字之音故廣韵七之而紐下云陾與隭陑竝
同又音仍是仍而聲同而乃聲又同凡聲同之字義

存乎聲仍之訓爲乃亦其證也迺者說文作鹵从乃省西聲籒文鹵不省或曰鹵往也讀若仍按鹵讀若仍即乃讀爲仍也鹵又訓往一切經音義十八引蒼頡篇云迺往也是迺鹵一通廣雅云乃往也是乃迺又通矣經典迺乃迺乃通者非一故廣韵及列子釋文竝以迺爲古文乃字是矣俟非者下文云伊維俟也是俟訓伊又訓維伊維俟俱語詞也詩內俟字傳箋俱訓維言無異詞按大明云維予俟興乃俟疑訓乃乃者難詞云天維子有德此與之箋訓俟爲諸俟恐非又下武乃應俟順德乃俟亦疑訓乃者汝也正與左傳應懿德禮樂志蕩俟休德句義相同古讀俟乃伊維亦俱音近義通故古人謂汝爲乃今人謂彼爲伊伊亦乃也乃亦俟也推是而言伊亦而也而亦仍也仍爾乃也又古人謂汝爲爾今人謂汝爲你你即爾也亦而也而又乃也是皆古音之展轉相通聲與義可推求而得也郭意未了故爲疏通證明之如此

迺繇訓道也義皆見詩書

說文云道所行道也釋名云道導也所以通導萬物也是道取通導之義故法言云道道也者通也無不通也又取由行之義故史記袁盎鼂錯傳云道軍所來集解引臣瓚曰道由也由卽行故釋宮云行道也射義及喪服傳注竝云道猶行也行亦言故上文云行言也大學注道言也是道兼言行之義道之爲言蹈也蹈道聲同古字通用故列子黃帝篇云向吾見子道之張湛注道當爲蹈荀子禮論篇注史記作蹈倞謂當是道誤爲蹈不知此乃古字通借非誤也左氏襄五年經云會吳于善道公羊穀梁道俱作稻亦其證矣迪者說文云道也道導同上文云迪進也是迪爲進之道也書允迪厥德史記夏紀作信其道德各迪有功作各道有功迪朕德作道吾德是迪皆訓道廣雅云迪蹈也蹈亦道也漢書楊雄傳注迪由也由亦道也說文迪从由聲此古讀也詩桑柔釋文迪徐徒歷反則讀如狄爾雅釋文從徐邈讀經典因之古讀遂不可復尋矣繇者行之道也說文作䌛云隨從也爾雅上文云由從也是由與繇同通作繇文選

典引云孔繇先命聖字也上林賦云則仁者不繇也蔡邕注及郭注竝云繇道也爾雅釋水釋文繇古由字文選諷諫詩注亦云繇與由古字通又通作猷釋宮云猷道也又通作猶詩采芑斯干小旻板抑訪落傳竝云猶道也禮器緇衣注亦云猶道也是猶猷由竝與繇同上文又云猷言也猷又爲言則與訓義同矣訓者言之道也道亦爲言故訓亦爲道詩烝民烈文傳竝云訓道也抑傳又云訓教也教亦道也訓與馴順古字通用又說文云倂古文以爲訓字

僉咸胥皆也東齊曰胥見方言

說文云皆俱詞也詩緜傳皆俱也豐年傳皆徧也聘禮注皆猶竝也竝徧一聲之轉小爾雅云皆同也同亦俱也通作偕詩與子偕作夙夜必偕傳竝云偕俱也書予及女皆亾孟子引湯誓皆作偕詩與子偕行漢書地理志及趙充國辛慶忌傳贊偕竝作皆僉者衆之皆也說文方言僉竝訓皆方言又云僉夥也郭

注僉者同故爲夥廣雅云僉多也楚辭天問篇注僉衆也小爾雅云僉同也同卽皆之訓衆多夥其義亦俱爲皆也僉之爲言齊也經典或言齊民或言齊盟皆取衆同之義齊僉又一聲之轉也咸者盡之皆也說文云咸皆也悉也按悉訓盡盡爲賅備之義故方言云備該咸也該與賅同書庶績咸熙史記五帝紀作衆功皆興咸若時夏紀作皆若是是咸訓皆也詩克咸厥功箋咸同也魯語小賜不咸注咸徧也徧與同其義亦俱爲皆矣胥者相之皆也下文云胥相也相與皆義近相胥又一聲之轉也方言云胥皆也東齊曰胥按今文登人或言都都亦總同之詞其宅旁邑人謂都爲兜兜都聲轉都胥聲近語有輕重耳此卽東齊曰胥之證矣詩君子樂胥傳胥皆也角弓抑韓奕有駜箋同

育孟耆艾正伯長也 育養亦爲長 正伯皆官長

釋名云長仄丈萇也言體萇也玉篇云長直良切久也又知兩切主也爾雅之長實兼玉篇二義而讀唯

一音者艾皆年之長以久爲義也正伯皆官之長以
主爲義也其音則皆爲知兩切長訓尊也君也上也
率也是皆以主爲義也又訓老也先也是皆以久爲
義也長通作丈穀梁隱元年釋文云長本又作丈大
戴禮本命篇云丈者長也淮南修務篇注丈人長老
之稱荅文所以度長因其長而尊以爲長此又二音
相通之證矣育者下文云養也養亦長故詩谷風生
民傳竝云育長也中庸注育生也晉語注育遂也遂
生義亦爲長也通作毓說文育或作毓易蠱傳育德
釋文引王肅本作毓德又通作鬻淮南原道篇云毛
者孕育樂記作毛者孕鬻又通作冑書教冑子馬融
注冑長也教長天下之子弟說文及周禮大司樂注
竝引作教育子釋文云育音冑本亦作冑書舜典釋
文冑直又反按冑从由聲由育音轉故古字通若冑
音直又反則與育聲不相轉無緣可通矣孟者說文
云長也方言云姊也廣雅云始也始姊義亦爲長聲
又近也管子任法篇云奇術技藝之人莫敢高言孟
行以過其情尹知章注孟大也大亦長矣耆者說文

云老也老卽長故玉篇云耆長也廣雅及諡法云耆
彊也彊壯義亦爲長詩上帝耆之耆定爾功箋並云
耆老也通作黎書西伯戡黎釋文黎尚書大傳作耆
史記周紀正義引鄒誕生云耆本作黎然則長老之
稱或曰黎老或曰耆老是其義又通矣艾者下文云
養也與育同義方言云艾長老也楚辭少司命篇云
竦長劒兮擁幼艾王逸注艾長也詩夜未艾毛傳艾
久也久亦爲長小爾雅云艾大也大亦爲長艾古讀
爲乂故說文云艾从乂聲釋名云五十曰艾艾乂也
乂治也治事能斷割芟乂無所疑也曲禮釋文艾一
音乂此古音也經典多言耆艾諡法云保民耆艾曰
胡周語云耆艾修之韋昭注耆艾師傅也師傅亦長
老之稱矣正者詩鳲鳩斯干節南山烈祖傳並云正
長也正月雨無正皇矣箋同葢正爲官長之稱故宮
正樂正射正酒正之屬皆以正名而正室亦謂嫡子
之長也正月亦謂衆月之長也正長又一聲之轉廣
雅云正君也呂覽君守篇注正主也主君其義亦皆
爲長也通作政詩其政不獲箋以正長爲訓是正政

通矣伯者與孟同意詩將伯助予毛傳伯長也周禮序官宮伯注同古人官之長者稱伯年之長者亦稱伯故詩侯主侯伯傳伯長子也白虎通云伯者子最長迫近父也此皆伯施於年之長也一切經音義九引舍人云伯位之長也曲禮云五官之長曰伯王制注殷之州長曰伯風俗通云伯者長也白也言其咸建五長功實明白廣雅云伯君也此皆伯施於官之長也通作霸白虎通云霸者伯也行方伯之職漢書霸皆作伯集注竝云伯讀曰霸霸卽伯之叚借也又通作柏柏亦伯之叚借也穆天子傳注古伯字多以木

艾歷也長者多更歷

說文云歷過也廣雅云行也漢書注經也小爾雅云久也按歷有經久之義與艾訓長老其義又近也艾者亦讀爲刈詩訪落云朕未有艾鄭箋以艾爲數葢本下文歷數爲說似不如用此文艾歷爲訓也歷通

作麗淮南俶眞篇云猶褫風之時麗也高誘注麗過也是麗卽歷矣

麻秭算數也麻麻數也今以十億爲秭論語云何足算也

釋文云數色具反注同謝色主反按數有二音二義爾雅之數數兼包二義故釋文亦具二音也說文云數計也計算也周禮廩人云以歲之上下數邦用鄭注數猶計也此數讀色主反者也王制云度量數制鄭注數百十也此數讀色具反者也數从婁聲古讀婁力俱切故數从婁聲矣麻者書云麻象日月星辰史記五帝紀作數法日月星辰管子海王篇云此其大麻也離騷云喟憑心而麻兹王逸及尹知章注竝云麻數也聲轉作𠭡方言及說文竝云𠭡數也又通作麗詩其麗不億傳麗數也小爾雅及孟子注同皆古字叚借也秭者說文云數億至萬曰秭一切經音義六引算經云黃帝爲法數有十等謂億兆京垓壤秭溝澗正載及其用也有三謂上中下下數十萬曰億中數百萬曰億上數萬萬曰億廣韵秭字下引風俗

通云千生萬萬生億億生兆兆生京京生秭秭生垓垓生壤壤生溝溝生澗澗生正正生載載生地不能載也御覽七百五十引風俗通云十垓謂之秭與廣韻所引又異詩豐年傳數億至億曰秭正義云於今數爲然定本集注皆云數億至萬曰秭則與說文同郭注又云今以十億爲秭廣韻又云秭千億也然則秭之爲數諸家異說未有定論豐年釋文秭一本作數按數是總名秭爲散數二字聲義又別理無可通恐是誤本耳算者說文云數也讀若筭蓋說文筭算異字故云本讀若俗書二字相亂故爾雅釋文算字又作筭論語八佾篇集解馬融云多笇飲少笇釋文笇本今作算是筭又別作笇也儀禮鄉飲酒及燕禮大射儀俱云無算爵士喪禮云明衣不在算鄭注竝云算數也書盤庚正義引舍人云釋數之曰算按釋謂解散分析之此布算法也古者以竹爲籌布算謂之爲筭說文云筭長六寸計厤數者禮投壺云算長尺二寸鄭注或曰算長尺有握明古今爲筭不同也算通作選詩言威儀閑富不可選數選卽算也論語何足

算也漢書傳贊作何足選也御覽引風俗通云十秭謂之選選亦算也是算與秭又同爲計數之名矣又通作撰易繫辭云雜物撰德釋文撰鄭作算云數也以體天地之撰釋文亦云撰數也

歷傳也近傳

傳者近也箸也晉語注傳箸也小爾雅云傳近也歷者過也經也凡所經過涉歷卽爲近箸故歷訓傳也傳與附同故玉篇云附近也箸也歷與麗同故王制云郵罰麗於事鄭注麗附也大司徒云其附於刑者歸於士鄭注附麗也又大司寇小司寇及鄉士凡言麗灋鄭注並云麗附也是麗附卽歷歷傳又與戾同詩亦傳於天箋傳猶戾也按戾訓至至亦近箸之意戾又通作厲詩翰飛戾天文選西都賦注引韓詩戾作厲薛君曰厲附也是厲附亦卽歷傳皆聲之通借矣

艾歷覛胥相也覛謂相視也公羊傳曰胥盟者何相盟也艾歷未詳

釋文云相息羊反讀者或息亮反今不用按今不用者非也相字凡有數義而讀兼二音相訓導也助也又訓視也竝詳上文又訓隨也則左氏昭三年傳云其相胡公大姬正義引服虔注相隨也按隨亦有導助之義故釋文云相息亮反服如字又詩金玉其相傳相質也釋文亦云相如字鄭息亮反是經典相字毎兼二音古無四聲之說一音讀皆通爾雅此一相字亦應兩讀釋文獨主息羊一音葢失之矣小爾雅云相治也左氏昭九年傳而楚所相也相亦訓治艾者音乂而訓治上文云艾長也長率治理是卽艾訓相之證也歷者上文云艾歷也又云歷傳也歷之訓相亦猶歷之訓傳傳相義同是卽歷訓相之證也方言云裔歷相也裔卽艾之叚音與爾雅義正合不知郭何以裔未詳耳覛者說文云衺視也脈云目財視也廣韵引作目邪視也是脈與覛同古字通用周語云太史順時覛土韋昭及薛綜西京賦注竝云覛視也文選靈光殿賦及古詩十九首運命論注竝引爾雅作脈相視也葢引郭注之文郭所以必言相視者以相

是脈之訓不知相自訓視脈亦訓視其義甚明雖不言相可也古詩云脈脈不得語運命論篇亦用脈脈今本皆作脉𧖴竝爲譌俗又今人多用𡨋覔字古書不見有覔葢亦卽覛字之譌矣胥者上文云皆也皆有相連及之意故郭引公羊桓三年傳云胥盟者何相盟也儠𩚯以證胥相之義今按郭義亦恐未然證以詩云聿來胥宇又云于胥斯原胥皆訓爲相視之相故釋文竝云相息亮反然則相兼二音其證甚明陸德明於爾雅相字獨用息羊反於義葢未通矣

乂亂靖神弗淈治也論語曰予有亂臣十人淈書序作汩音同耳神未詳餘竝見詩書

釋文云治直吏反謝如字按如字者直之反也然二音特語有輕重耳其實非有異也治訓整也正也飭也理也悳服傳云故名者人治之大者也鄭注治猶理也禮大傳云上治祖禰鄭注治猶正也是治有二音其義則一故釋名云治值也物皆值其所也通作始荀子彊國篇云彊始中國楊倞注始或爲治公羊

襄五年傳故相與往始乎晉郎往治乎晉也又通作理論語季氏篇釋文治本作理郎治之訓也乂者嬖之段借也說文云嬖治也引虞書曰有能俾嬖乂爾雅釋文乂字又作嬖通作乂謚法云乂治也洪範五行傳云言之不從是謂不乂鄭注乂治也凡書內乂字史記俱作治又通作艾詩或肅或艾傳艾治也書乂用三德漢書五行志作艾用三德俊乂在官谷永傳作俊艾在官又通作刈爾雅釋文乂亦作刈同魚廢反按艾古讀爲刈說文刈乂同字故古通用矣亂者說文云治也从乙乙治之也書亂而敬史記夏紀作治而敬殷其弗或亂正四方宋世家作不有治政不治四方馬融注亂理也理亦治也故書正義引舍人曰亂義之治也孫炎曰亂治之理也通作𤔔說文𤔔治也幺子相亂受治之也讀若亂同一曰理也又通作䜌說文䜌亂也一曰治也是䜌兼治亂二義經典通以亂字代之蓋亂䜌聲義同耳靖者上文云謀也謀亦治故詩俾予靖之毛傳靖治也鄭箋靖謀也日靖四方毛傳靖謀也鄭箋靖治也是治謀二義同

類聚八十七引韓詩曰有靖家室靖善也靖訓善者蓋善之爲言繕也繕亦精治之義矣神者引之治也神訓引引伸與治義近廣雅云伸理也理即治也伸本作敶說文云敶理也通作甸小爾雅及廣雅並云甸治也按古神字篆文作𦣝見郊特牲注蓋𦣝之省爲甸猶𦣝之省爲旦也又通作敶與甸詩信南山及韓奕兩言維禹甸之傳並云甸治也周禮稍人注甸讀與維禹敶之之敶同賈公彥疏韓詩作敶是敶甸古音同敶神聲又近故古字並通矣洪頤煊按月令毋發令而待以妨神農之事也孟子滕文公上有爲神農之言者許行神農皆謂治農弗者不之治也弗訓不說文云撟也撟揉所以治之故詩以弗無子毛傳弗去也鄭箋弗之言祓也然則祓除消去皆撟除之義也通作茀詩茀厥豐草毛傳茀治也鄭箋除治也又通作拂釋文茀韓詩作拂拂弗也蓋言拂與弗同文遝顏延年應詔讌曲水詩注拂亦作弗古字通是其證也漏者汩之叚音也說文云汩治水也書序云作汩作楚辭天問篇云不任汩鴻王逸注汩治也

通作淈書汩陳其五行漢書五行志注汩亂也後漢書張衡傳注淈亂也是淈汩同汩訓治又訓亂者亦如亂字兼治亂二義也書釋文及漢書注並云汩音骨廣韻淈汩同音玉篇淈亦汩字是皆淈汩字通之證又通作滑小爾雅及周語晉語注並云滑亂也莊子繕性篇云滑欲于俗思釋文滑音骨亂也崔云治也齊物論釋文滑向本作汩史記樗里子甘茂傳正義云滑讀爲淈是淈汩滑三字俱音義同又通作屈詩屈此羣醜鄭箋屈治也正義云釋詁文彼屈作淈某氏引此詩是音義同也

頤艾育養也汝潁梁宋之閒曰艾方言云

說文云養供養也夏小正云執養宮事又云時有養日傳並云養長也詩遵養時晦傳養取也養猶將也詩不遑將父天不我將傳箋並云將養也淮南原道篇云聖人將養其神是其義也今俗亦有將養之言矣頤者㠯之段音也說文云㠯養也室之東北隅食所居本釋宮爲說也李巡注㠯養也通作頤易序卦

云頤者養也雜卦云頤養正也曲禮云百年曰期頤文選典引云微胡瑣而不頤頤皆訓養又通作台方言云台養也郭注台猶頤也音怡又通作胎說文台从㠯聲胎从台聲古讀二字音同故方言台胎竝訓養爾雅舊注亦云胎始養也釋文胎本或作台是台胎同矣艾者上文云長也長亦養詩俾艾爾後福祿艾之毛傳竝云艾養也左氏襄九年傳大勞未艾杜預注艾息也哀十六年傳是得艾也杜注艾安也安息與養義近通作乂書萬邦作乂鄭注乂養也是乂即艾矣育者上文云長也長亦養故說文云育養子使作善也葢本虞書教育子爲說也詩帝命率育易君子以果行育德鄭箋及虞翻注竝云育養也通作鬻莊子德充符篇云四者天鬻也釋文鬻音育養也又通作粥周禮修閭氏云與其國粥夏小正云雞粥傳注竝云粥養也育聲近鞠詩蓼莪傳及方言竝云鞠養也育艾頤又俱聲轉之字

汱渾隕墜也 水落貌汱渾皆

墜者上文云落也說文作隊通作墜或作隧俱詳上文汏當爲汏字之譌汏者淅米之墜也故說文云汏淅瀾也淅汏米也廣韵云汏濤汏然則濤之汏之沙礫處下故爾雅以爲墜落之義釋文旣作顱音汏徒蓋反則其字宜作汏而又爲誤本之汏字作音非矣今據說文及顱本訂正之汏聲轉爲隤隤亦墜也故說文云隕下隊矣渾者水流之墜也說文云混流聲也一曰洿下皃洿下亦沈墜之義也郭云汏渾皆水落貌此無成文蓋以意說耳隕者上文與墜竝云落也落墜其義同故詩眂七月緜傳竝云隕墜也小弁傳隕隊也

隊墜同

際接翜捷也捷謂相接續也

捷者接也說文云捷獵也初學記廿二引蔡邕月令章句云獵捷也是捷獵互訓二字疊韵其義則皆爲接也故文選魯靈光殿賦云捷獵鱗集景福殿賦云獵捷相加李善注竝云相接貌洞簫賦云羅鱗捷獵

又作緁獵羽獵賦云鴻絧緁獵李善注緁獵相次貌也又作狎獵西京賦云披紅葩之狎獵薛綜注狎獵重接貌然則狎獵猶捷獵也莊子人閒世篇云必將乘人而鬬其捷釋文捷引續也韓詩外傳云宏演可謂忠士矣殺身以捷其君葢演刳腹納君之肝捷訓接續皆其證矣際者說文云壁會也小爾雅云際接也左氏昭四年傳爾未際孟子萬章云敢問交際淮南本經篇云上際靑雲注竝云際接也通作瘵詩無自瘵焉箋瘵接也易天際翔也釋文引鄭云際當爲瘵是瘵際通又通作戢詩戢其左翼釋文引韓詩云戢捷也捷其噣於左也是戢際又通矣接者說文云交也聘禮云接聞命楚辭哀郢篇云憂與愁其相接注竝云接續也淮南本經篇云接經歷遠高誘注接疾也接訓疾者捷有疾義捷接聲同故古字通易云晝日三接內則云接以大牢鄭皆讀接爲捷春秋經宋萬弒其君捷又鄭伯捷卒公羊捷俱作接漢書古今人表捷子莊子則陽篇作接子是接捷通皆其證矣翜者釋文云所甲反說文云翜捷也飛之疾也翜

聲近霅文選吳都賦云儵霅警捷李善注儵霅走疾貌按俗語云一霅時亦捷疾之意也此霎字與際接義異而同訓捷爾雅此例甚多

毖神溢慎也神未詳餘見詩書

慎者上文云誠也靜也誠靜與謹慎義近故說文云慎謹也愼猶馴也遜也馴遜亦謹敬之義也毖者說文云慎也引書無毖于卹詩爲謀爲毖予其懲而毖後患傳竝云毖慎也通作閟書天閟毖我成功所傳云閟慎也詩閟宮箋閟神也神亦慎也又通作祕說文云祕神也是祕閟毖竝音義同神者祕之慎也神訓申上文云治也自治理與自申束皆所以爲慎也慎兼誠靜之訓神有幽閟之義故鄭箋訓閟爲神爾雅訓神爲慎是其義同荀子非相篇云貴之神之楊倞注神之謂不敢慢也不敢慢卽慎矣溢者上文云靜也靜慎義近故詩假以溢我傳溢慎也正義引舍人曰溢行之慎也釋文溢音逸徐云毛音謚文王釋

文云謚音示愼也然則毛公讀溢爲謚謚行之迹故舍人以爲行之愼葢義本毛音也溢通作謚假以溢我說文引作誐以謐我謐溢上文又俱訓靜故靜愼二義通神之訓愼義亦同矣

鬱陶繇喜也孟子曰鬱陶思君禮記曰人喜則斯陶陶斯詠詠斯猶猶卽繇也古今字耳

上文云喜樂也此又廣釋喜義也鬱陶者陶音遙釋文陶徒刀反非矣鬱陶猶言怡悅竝字之雙聲其義又俱爲喜也孟子云鬱陶思君爾鬱陶卽喜故檀弓云人喜則斯陶鄭注陶鬱陶也鬱陶連文本爾雅爲訓也文選七發注引薛君韓詩章句曰陶暢也暢亦喜也鬱陶轉爲鬱悠方言云鬱悠思也郭注鬱悠猶鬱陶也然則悠陶疊韵陶讀爲遙亦其證矣繇者嗂之叚音也說文云嗂喜也通作傜云傜喜也又通作繇繇陶聲同也又通作猶莊子逍遙遊篇云宋榮子猶然笑之釋文引崔李云猶笑貌檀弓云咏斯猶鄭注猶當爲搖搖秦人猶搖聲相近是鄭讀猶爲搖郭讀猶爲繇繇搖疊韵亦雙聲也又通作由孟子云由由

然管子小問篇云由由乎尹知章注由由悦也又通作油逸周書官人篇云喜色猶然以出猶本或作油玉藻云禮已三爵而油油鄭注油油説敬貌是油油卽由由又轉爲言言廣雅云言言喜也蓋言言卽誾誾和説貌也又轉爲陽陽詩君子陽陽自得貌也又轉爲陶陶君子陶陶毛傳和樂貌鄭箋陶陶猶陽陽也釋文陶音遥此音是也爾雅及檀弓釋文俱失之古讀陶繇聲同書之臯陶古作咎繇是其證繇卽鬱陶之合聲也

臧穧獲也 今以獲賊耳爲臧獲禾爲穧竝見詩

獲之言得也經典獲皆訓得左氏定九年傳凡獲器用曰得得用曰獲此單主物而言實則人亦曰獲故墨子小取篇云獲人也楚辭哀時命篇云釋管晏而任臧獲兮王逸注獲爲人所係得也或曰獲主禽者也按魯人展獲字禽與或説合是獲兼人物而言説文以獲爲獵所獲亦單主物言耳獲通作穫以聲爲

義也馘者說文作聝或作䤜云軍戰斷耳也引春秋傳曰以爲俘聝是聝有从耳从首之别故詩皇矣釋文引字林截耳則作耳旁獻首則作首旁此亦不必然也聝馘二形實同一義故皇矣傳馘獲也不服者殺而獻其左耳曰馘泮水箋馘所格者之左耳是皆首旁馘亦訓斷耳可知呂說非矣王制注馘或作國此於義無可通唯聲近耳穧者說文云穫刈也詩此有不斂穧釋文穧穫也正義云穧者禾之鋪而未束者此以穧對秉言故云未束實則穧亦穫禾之總名穫獲古通用故爾雅釋文穫禾一本作獲禾禮儒行云不隕獲於貧賤釋文獲本又作穫荀子富國篇云一歲而再獲之楊倞注獲讀爲穫逸周書大開武篇云既秋而不獲維禽其饗之是皆以獲爲穫也穧通作齌釋文穧本或作齊同才細反依注字宜从禾

阻艱難也皆險難

釋文難奴旦反注同一音如字今按二讀俱通左氏哀十二年傳而藩其君舍以難之杜預注難困苦也

周禮占夢注杜子春難讀爲難問之難是皆主前一音也釋名云難憚也人所忌憚也莊子說劍篇云瞋目而語難釋文難如字艱難也是皆主後一音也實則二音理自通矣阻者說文云險也險阻難也詩雄雉谷風傳竝云阻難也書黎民阻飢鄭注阻讀曰俎阻戹也戹亦難也左氏閔二年傳狂夫阻之杜預注阻疑也正義引服虔注阻止也止疑皆畏憚之意其義亦爲難也通作沮沮亦止也疑也故詩亂庶遄沮傳沮止也小爾雅云沮疑也禮儒行云沮之以兵家語儒行篇作沮之以兵而不懾王肅注沮難也艱者說文云土難治也釋名云艱根也如物根也詩中谷有蓷傳及北門何人斯鳧鷖箋竝云艱難也書塈稷播奏庶艱食史記夏紀作與稷予衆庶難得之食又大誥篇內艱字漢書翟方進傳竝作難也艱義與蹇同易彖傳及雜卦竝云蹇難也離騷云謇吾法夫前修兮王逸注謇難也

剡䂮利也詩曰以我剡耜

說文云利銛也从刀和然後利从和省引易曰利者義之和也按和利字亦通用荀子正論篇云利而不流楊倞注利或爲和是和利通利又廉也呂覽孟秋紀云其器廉以深必已篇云廉則挫高誘注並云廉利也按廉利雙聲今人作事敢速亦稱廉利矣剡者說文云銳利也楚辭橘頌篇云曾枝剡棘淮南氾論篇云古者剡耜而耕王逸及高誘注並云剡利也通作覃詩以我覃耜傳覃利也釋文覃以冉反徐以廉反爾雅釋文剡羊冉反今按三音俱非古讀也古讀剡葢如禫知者說文剡从炎聲木部棪亦从炎聲讀若三年導服之導士虞禮記注古文禫或爲導喪大記注禫或皆作道導道與導同是導服即禫服古讀棪若導亦當讀剡若禫矣剡讀若禫故與覃通此古音也郭引詩覃耜作剡耜葢齊魯韓三家作剡毛詩段借作覃耳挈者說文作劕籒文作挈云刀劒刃也通作略詩有略其耜傳略利也釋文略字書本作挈匡謬正俗引張揖古今字詁云略古作挈一本作挈按挈葢挈之或體挈利一聲之轉淮南脩務篇云誦詩

者期於通道略物略當訓利高
誘注略達也通達與利義亦近

允任壬佞也

書曰而難任人允信者
佞人似信壬猶任也

說文云佞巧讇高材也按佞有二義廣雅云佞巧也
韓詩外傳云佞諂也與說文前義合也左氏成十三
年傳寡人不佞魯語云寡君不佞服虔及韋昭注竝以
云佞才也與說文後義合也佞从女从信省徐鉉以
爲女子之信近於佞是佞又似信也允任壬本訓爲
信爲大而又爲佞美惡不嫌同詞也韋昭晉語注僞
善爲佞然則佞者以巧辯飾其僞善故世俗以爲才
美之稱君子惡而遠之矣允者上文云信也誠也又
訓佞者逸周書寶典篇云展允干信蓋展允雖訓信
亦容有信不近義者故曰干信是允又爲佞矣任者
釋文而鴆而淫二反說文云任保也詩燕燕箋任以
恩相親信也周禮大司徒注任信於友道史記季布
欒布傳云爲氣任俠集解引如淳曰相與信爲任是
皆任訓爲信也又訓佞者佞人似信故書舜典正義

引孫炎云似可任之佞也而難任人史記五帝紀作遠佞人矣王者上文云大也詩燕燕傳任大也是任王同又訓佞者佞人好作大言以欺人故書云何畏乎巧言令色孔壬壬佞也孔甚也甚佞言大佞也必言大者王本訓大也王通作任故後漢書鄧惲傳云孔任不行孔任卽孔壬矣

俾拼抨使皆謂使令見詩**俾拼抨使從也**四者又爲隨從說文云使伶也玉篇云使令也使所里切又疏事切又云伶使也詩車鄰釋文引韓詩令作伶云使伶是使令古作使伶今俗爲使令通作史禮雜記云客使自下由路西鄭注使或爲史史使聲同也左氏襄卅年傳使走問諸朝釋文使服虔王肅本作吏詩靡使歸聘釋文使本又作所所使聲轉吏使聲同古字或相通俗非義例也俾者釋言云職也是職之使也詩書內俾訓使者非一通作卑詩俾予靖之釋文俾本作卑使也書文王卑服釋文卑馬本作俾使也又通作辯小爾雅云辨使也廣雅作辯使也書勿辯乃司

傳亦同又書序云王俾榮伯作賄肅愼之命釋文俾
馬本作辯辯卑俾俱一聲之轉也拼者當作幷是從
之使也說文云幷相從也從亦使也使亦從也故訓
從之字卽可訓使幷別作拼釋文拼北萌反以利使
人曰拼從手按从手之拼蓋後人所加以利使人此
語未見所出通作荓詩荓云不逮傳荓使也釋文荓
本或作拼又通作絣文選典引云將絣萬嗣蔡邕注
絣使也絣荓拼俱幷之叚音矣抨者俜之叚音也說
文云俜使也通作俜又云俜使也又通作抨抨本訓
彈又俗爲使釋文抨普耕反亦从手文選思玄賦云
抨巫咸以占夢兮舊注抨使也一切經音義十二云
拼古文抨同此說非也拼字非古文拼抨又不同音
蓋本玉篇而誤也又通作伻釋文抨字又作伻音同
使人也書伻來來正義引鄭注伻來來者使二人也
漢書劉向傳孟康注亦云伻使也又通作苹書平秩
東作釋文平馬作苹云使也凡此訓使之字又俱訓
從者說文從隨行也隨從亦使令之義玉篇廣韵俾
竝作俾廣韵云俾使也從也與俾同拼訓從者說文

作并云相從也

儴仍因也皆謂因緣

說文云因就也廣韵云仍也玉篇云緣也後漢書陳寵傳注因緣謂依附以生輕重也逸周書作雒篇云北因于郲山孔晁注因連接也連接亦因緣依就之義也儴者攘之叚音也釋文儴樊孫如羊反引論語其父攘羊釋之作攘注云因來而盜曰攘是樊光孫炎本作儴作攘禮器云匹士大牢而祭謂之攘鄭注攘盜竊也是攘訓盜竊因來而取故又訓因也書奪攘撟虔鄭注有因而盜曰攘無敢寇攘鄭注因其失亾曰攘是皆攘訓因之證故漢書五行志注亦云攘因也通作襄書曰贊贊襄哉釋文引馬融注襄因也爾雅釋文儴施息羊反然則儴有襄音故邢疏云儴施博士讀曰襄按謚法云因事有功曰襄是襄訓因之證又通作儴周禮司几筵鄭衆注引爾雅曰儴仍因也與今本同仍者說文云因也詩常武傳仍就也就

亦因也通作扔說文云扔因也常武釋文仍本或作扔上文仍厚釋文亦云仍本或作扔又通作乃司几筵注故書仍爲乃上文亦云仍乃也汪氏中知新記云乃仍雙聲兼疊韵

董督正也 董音譚 督御正

說文云正是也从止一以止繫傳云守一以止也按止一爲正所以爲是也反正爲乏所以爲非也正聲近定故周禮宰夫注正猶定也考工記韗人注正直也文選東京賦注正中也中直皆是之義也士冠禮注正猶善也善亦是之義也上文云正長也呂覽順民篇注正治也治長與是義亦近通作政周禮夌人注故書正爲政詩大序及周禮都司馬釋文並云正本又作政說文云政正也莊子天運篇云正者政也故政正通矣董者方言云固也董訓固與正訓定義近故楚辭涉江篇云余將董道而不豫兮王逸注董正也左氏桓六年昭三年傳杜預注同文六年傳董之以逋逃七年傳引夏書董之用威昭十三年傳董之以

武師杜注竝云董督也督亦正也董督又一聲之轉也督者說文云察也察舉與正理義近故方言云督理也郭注言正理也周禮大祝注督正也莊子養生主篇緣督以爲經司馬彪及李頤注竝云督中也中亦正也通作篤上文云篤固也則與董同訓廣雅云篤理也又與督同訓左氏昭廿二年傳司馬督漢書古今人表作司馬篤是篤督通聲轉爲端說文云端直也直亦正故曲禮云振書端書於君前祭義云以端其位端

俱訓正

享孝也 享祀孝道

釋訓云善父母爲孝主生存而言此云享孝主祭祀而言故釋名引孝經說曰孝畜也畜養也是孝以畜養爲義也享者祭祀之義也享訓祭祀又訓孝者孝以畜養爲義享又以養爲義故廣雅云享養也祭統云祭者所以追養繼孝也蓋緣孝子之心畜養無已故於祭祀追而繼之謚法云協時肇享曰孝正與爾

雅義合

珍享獻也珍物宜獻穀梁傳曰諸侯不享覲

玉篇云獻奉也進也上也奏也詩瓠葉傳獻奏也鄉飲酒禮注獻進也進奏義同呂覽異寶篇云願獻之丈人高誘注獻上也公羊隱五年經云初獻六羽何休注獻者下奉上之辭周禮玉府注古者致物於人尊之則曰獻是皆獻之義也珍者上文云美也是美之獻也文選羽獵賦注引犍爲舍人云獻珍物曰珍獻食物曰享今按舍人注但舉一邊耳實則周禮膳夫珍用八物皆謂食物王制云八十常珍又云就其室以珍從是獻食物稱珍也詩莫敢不來享曲禮云五官致貢曰享是獻珍物稱享也然則珍享對文則別散則通矣享者說文作亯云獻也从高省曰象進孰物形按孰物卽食物是許君義與舍人同詩是用孝享我將我享洪範五行傳云飲食不享毛傳鄭注竝云享獻也是皆食物稱享之證也考工記玉人云

諸侯以享天子聘禮云受享束帛加幣穀梁昭卅二年傳云諸侯不享覲鄭注及范甯注竝云享獻也是皆非僉物亦稱享之證也通作饗月令云以共皇天上帝社稷之饗鄭注饗獻也曲禮釋文饗本又作享聘義釋文享本又作饗又通作亨古多以亨爲享易云亨于西山劉熊碑云子孫亨之皆借亨爲享也

縱縮亂也縱放掣縮皆亂法也

亂者治之對也爾雅此亂蓋敵之叚借也說文云敵煩也玉篇云敵亂也通作亂亂本治之反因借爲煩亂之義也故釋訓云儚儚洄洄亂也釋名云亂渾也荀子解蔽篇注亂雜也樂記注亂謂失行列也大戴禮曾子立事篇云好道煩言亂也此卽亂訓煩之意矣縱者放也㪔也皆與亂義近又縱橫交午亦有亂義故淮南覽冥篇云縱橫閒之高誘注南與北合爲縱是縱卽交亂之意也通作從論語云從之皇侃疏從放從也內則云姑縱之釋文縱本又作從又通作總逸周書大聚篇云殷政總總若風草孔晁注總總

亂也按總總猶縱縱也檀弓云喪事欲其縱縱爾鄭注縱讀如總總領之總是總縱通矣縮者說文云亂也下文云綸也綸亂一聲之轉鄉飲酒禮云磬階閒縮霤鄭注縮從也霤以東西爲從爾凡儀禮禮記內縮字鄭訓從者非一皆以從爲縱縱橫經典本作從橫也通作摍一切經音義廿云縮字書作摍同所六反詩巷伯釋文縮又作摍同又通作數周禮司尊彝云醴齊縮酌鄭注故書縮爲數按數有煩碎之意與亂義近又通作蹙鄉飲酒及鄉射大射士虞少牢饋食有司徹鄭注竝云古文縮爲蹙

探篡俘取也書曰俘厥寶玉篡者奪取也探者摸取也

說文云取捕取也釋名云取趣也廣雅云取爲也按取訓爲者爲爲禽好爪益會以爪取物之意也探者說文云遠取之也易繫辭云探賾索隱文選西京賦云探封狐虞翻及薛綜注竝云探取也通作撢說文云撢探也集韵云探或作撢周禮撢人釋文撢與探同一切經音義十四引蒼頡篇云撢持也持取義亦

近也聲近撏方言云撏摭舍取也簒者說文云屰而奪取曰簒方言云自關而西秦晉之閒凡取物而逆謂之簒鐈後漢書逸民傳引楊雄曰鴻飛冥冥弋者何簒焉李賢注引宋衷云簒取也一切經音義二引爾雅舊注云盜位曰簒白虎通云簒猶奪也取也欲言庶奪嫡孽奪宗引奪取其位按簒从厶音私言以計數取之不敢公然劫奪故逸民傳注云今人謂以計數取物爲簒是其義矣俘者說文云軍所獲也引春秋傳曰以爲俘聝一切經音義十二引國語賈逵注云伐國取人曰俘左氏僖廿二年正義引李巡云囚敵曰俘伐執之曰取按賈李二說俱以俘爲獲取人實則獲取物亦曰俘故書序云俘厥寶玉是取物言俘也李言伐執曰取實則凡取物亦曰取也通作捊說文云捊引取也从孚聲是捊俘同捊又蒲矦切亦聲之轉也易云裒多益寡釋文引鄭荀董蜀才作捊云取也字書作掊按說文云今鹽官入水取鹽爲掊是掊
亦取矣

祖在存也以祖爲存猶以亂爲治以曩爲鄉以故爲今此皆詁訓義有反覆旁通美惡不嫌同名說文云存恤問也玉篇云有也有與恤問義近故王制云八十月告存月令云存諸孤竝以存問爲義釋訓云存存在也在既訓存存亦訓在故公羊隱三年傳有天子存何休注存在也楚辭大招篇云遽爽存只王逸注存前也前謂有在前也祖者且之叚音也詩出其東門箋云匪我思且猶匪我思存也釋文且音祖爾雅云存也是且爲本字祖爲叚音其證甚明說文云且薦也薦爲承藉之意存問亦相慰藉也且薦存又聲相轉也經內且字如詩籩豆有且及有萋有且皆與薦藉義近箋於韓奕之且則云多貌傳於有客之且則云敬愼貌此於詁訓俱無明文各以意說耳今按籩豆盛多即爲意存獎藉萋爲文章之貌且爲薀藉之貌竝與且薦義合且又語詞如云乃見狂且其樂只且竝爲助詞韵句是且又言之薦矣又儀禮禮記注甫言某甫且字於義亦當爲薦也郭蓋未明叚借之義誤據上文祖往爲訓而云以祖爲存

義取相反斯爲失矣姝不思徂往之徂本應作退徂存之徂又應作且耳在者說文云存也聘禮記云子以君命在寡君左氏僖九年傳其在亂乎鄭注及杜預注竝云在存也大戴禮曾子立事篇云存往者在來者盧辯注在猶存也按存在俱从才聲古讀才如蘖且子餘切是且在存俱一聲之轉

在存省士察也 書曰在璿璣玉衡士理官亦主聽察存即在

上文云察審也離騷注察視也呂覽本味篇注察省也省察互相訓也通作詧顏氏家訓書證篇詧古察字也在者書堯典正義引舍人曰在見物之察詩在帝左右禮文王世子必在視寒煖之節逸周書大聚篇王親在之箋注竝云在察也在察一聲之轉存者恤問是問之察也禮運處其所存大傳五曰存愛鄭注竝云存察也周禮司尊彝大喪存奠彝鄭注存省也省亦察矣省者說文云視也是視之察也書證篇引李登云省察也張揖云省今省詧也通作眚書王省惟歲史記宋世家作王眚惟歲周禮大宗伯云省

牲鑊釋文省本又作眚士者說文云事也是事之察也書汝作士正義引鄭注士察也主察獄訟之事周禮序官士師注同通作仕詩弗問弗仕箋仕察也曲禮云前有士師鄭注士或爲仕是仕士通又與伺同一切經音義二引字林云伺候也察也玉篇同而云廣雅埤蒼竝作覗

烈枿餘也晉衞之間曰櫱陳鄭之間曰烈

說文云餘饒也玉篇云殘也廣韵云賸也按俗以物餘爲賸非古義也賸俗作剩非正體也餘又羨也多也通作余周禮委人云凡其余聚以待頒賜鄭注余當爲餘聲之誤也按古字通俗非誤也史記屈原賈生傳餘何畏懼兮索隱曰楚辭餘竝作余是余餘字通之證也烈者裂之叚音也說文云裂繒餘也玉篇云㡶帛餘也廣雅云㡶餘也㡶㡶竝與裂同通作烈方言云烈餘也詩雲漢序宣王承厲王之烈箋亦云烈餘也又通作厲詩垂帶而厲下云帶則有餘是厲訓餘也故箋謂厲字當作裂裂厲聲相轉也枿者梓

之別體也說文作𣡌或作櫱云伐木餘也引商書曰若顛木之有甹𣡌古文作木亦作𣏞按𣏞蓋从𣎵聲𣎵即㚔字之省隸書變𣎵爲屮經典因之作枿故方言云枿餘也書盤庚正義引李巡曰枿槁木之餘也詩苞有三櫱廣韵引作枹有三枿俱𣏞變爲枿耳然亦有未變者淮南俶眞篇云百事之莖葉條𣏞高誘注𣏞讀詩頌苞有三蘖同又云則必無餘𣏞高注𣏞蘖經典𣏞字唯此二見高氏恐人不識故以蘖字代音爾雅釋文枿本作𣏞玉篇亦𣏞下復出枿字皆從隸變也枿轉爲肄詩伐其條肄傳肄餘也斬而復生曰肄玉藻云肄束及帶鄭注肄讀爲肄肄餘也左氏襄廿九年傳而夏肄是屏肄亦訓餘肄枿一聲之轉郭注本方言而文小異

逜迎也公羊傳曰跛者逜跛者

說文云迎逢也逆迎也關東曰逆關西曰迎是迎逆義同又與御同史記天官書云迎角而戰者不勝集

解徐廣曰迎一作御御逆迎迎俱一聲之轉也逆者說文作訝或作逆云相迎迎也引周禮掌訝曰諸侯有卿訝也聘禮云訝賓書云予逆續乃命于天逆訝竝訓迎也通作御詩百兩御之以御田祖以御于家邦箋傳竝云御迎也士昏禮云媵御沃盥交鄭注御當爲訝按古讀訝如御二字音同故文選幽通賦云𠷣衞叔之御昆兮亦以御爲訝郭引公羊成公二年傳跛者逆跛者穀梁傳逆亦作御也又通作禦書弗逆克奔史記周紀作不禦克奔又通作梧聘禮云訝受几于筵前鄭注今文訝爲梧釋文梧五故反是梧訝禦俱音近古皆通用

元良首也左傳曰狄人歸先軫之元元良未聞

上文云首始也此訓頭也葢頭爲諸陽之會居上而得氣最先故首謂之始亦謂之頭說文云頭首也百頭也禮稽命徵云三旒齊首宋衷注首頭也元者上云始也王制注善也又訓首者善之首也故易云元

者善之長也首亦衆體之長故玉篇引韓詩云元長也長亦首故詩建爾元子士冠禮始加元服傳注並云元首也左氏僖卅三年傳狄人歸其元哀十一年傳歸國子之元並以元爲首矣良者說文云善也廣雅云元良長也長善與首同義但經典良字無訓首之文或謂元良稱君協於首出之義又婦人稱夫爲良亦以爲君以此詮釋義固可通今以字形考之說文良古文作百首篆文作𦣻二字形近相亂疑爾雅元良即元首之譌也或頗以元首首重文爲疑殊不知元首連文經典非一書元首起哉文選辨亾論注引尚書大傳云元首君也廣雅同是皆以元首爲君或單稱元亦爲君猶之以元首爲首或單稱元亦爲首皆省文耳證以逸周書武順篇云元首曰末孔晁注元首頭也此即本爾雅爲訓故書益稷正義引釋詁云元首首也又申之云元與首各爲頭之別名此以元首共爲頭也是孔穎達所據爾雅本即爲元首不作元良二孔所見古本俱不誤唯郭本作元良故元良未聞矣又元良連文見於經典亦非一而俱不

訓首故文王世子云一有元良鄭注元大也良善也梅書太甲下作一人元良孔傳以爲天子有大善與鄭義同廣雅云元良長也是皆不以元良訓首之證然則爾雅之元良爲元首始無可疑矣

薦摯臻也薦進也摯至也故皆爲臻臻至也

臻者上文云至也通作轃文選甘泉賦云是時未轃夫甘泉也李善注轃與臻同至也薦者瀳之叚音也說文云瀳水至也从薦聲讀若尊通作薦上文云薦進也進至義相成又通作洊易云水洊至按洊與瀳同石經作洊葢瀳之或體爾雅作薦葢瀳之省聲耳洊京房作臻臻又薦之訓矣摯者勢之叚音也說文云勢至也引書西伯戡黎云大命不勢讀若摯同按今書勢正作摯史記殷紀作大命胡不至考工記弓人云斲摯必中函人云凡甲鍛不摯鄭注竝云摯之言致也致亦至故曲禮注摯之言至也摯又作贄故書舜典鄭注贄之言至所以自致也是贄摯俱勢之通俗

賡揚續也書曰乃賡載歌揚未詳

續者，上文云繼也。說文云連也，連繼爲屬，故說文云屬連也，屬續續義同，二字互訓，故禮深衣注續猶屬也。釋名云屬續也，續屬以聲爲義也。賡者庚之叚音也。說文以賡爲古續字，書云乃賡載歌，言續爲歌也。史記夏紀作乃更爲歌，更亦續也。管子國蓄篇云愚者有不賡本之事，言不續本也，尹知章注賡猶償也，償續義亦近也。經典賡字止此二見，賡字从庚，因借爲庚。詩西有長庚，傳庚續也，正義引釋詁文。楚辭遠逝篇云立長庚以繼日，亦以庚爲續也。檀弓云請庚之，鄭注庚償也，通作更。周禮司弓矢云弗用則更，鄭注更償也。更訓償者，爲有虧損償還如前，義亦爲續，故晉語云姓利相更，韋昭注更續也。漢書食貨志云不足以更之，集注亦云更續也。更迭相代有續之義，故訓爲續，是皆賡借爲庚也。爾雅之賡亦借爲庚，因讀爲庚，不得如說文以賡爲古續字矣。爾雅賡揚續及元首首皆特釋書益稷篇文，讀者或失之耳。揚者通作颺書之颺言史記夏紀作揚言揚訓續者葢飛揚輕舉亦有連續之形故又訓續古義或如此也錢氏大昕潛研堂文集十云燕禮主人媵觚于賓注云媵送也讀或爲揚檀弓杜蕢洗而揚觶注云禮揚作媵按禮賓主獻酢畢乃有媵觚媵爵者則揚觶之揚葢取義於續矣書立政以揚武王之大烈亦當訓續

祔祪祖也祔付也付新死者於祖廟祪毀廟主

祖者上文云始也說文云始廟也是祖兼廟而言此文當祪祖連讀祪者說文云祔祪祖也文義未明故玉篇廣韵申之云祪毀廟之祖也是祪訓爲毀上文云垝毀也垝與祪聲義同祔者說文云後死者合食於先祖祖釋名云又祭曰祔祭於祖廟以後死孫祔於祖也喪服小記云祔必以其昭穆故旣夕禮云明日以其班祔班即昭穆明日卒哭之明日也鄭注祔猶屬也祭昭穆之次而屬之是其義也祔必於毀祖者祖親盡則廟毀祔祭於此以新死之主將入此廟故祭而屬之也郭訓祔爲付義亦如此通作付周禮大

祝云付練祥鄭注付當爲祔又通作附曾子問云殤不附祭釋文附本或作祔雜記上下篇言附者非一鄭注竝云附皆當爲祔

卽尼也卽猶今也尼者近也尸子曰悅尼而來遠**尼定也**尼者止也止亦定**邇幾暱近也**暱親近也

說文云尼從後近之小爾雅云尼近也通作昵釋文尼本亦作昵同女乙反卽者方言云就也是就之尼也詩東門之墠傳卽就也通作則禮王制云必卽天論鄭注卽或爲則按則卽又皆語詞而義亦爲近故廣雅云則卽也則卽聲相轉則之言側也側訓邊近與卽義同郭云卽猶今也者今亦爲近又引尸子曰悅尼而來遠以證尼近之義書釋文引尸子云不邇遠昵按昵亦當爲尼○尼又訓定者尼定上文竝云止也止亦定邢疏引舍人曰尼者私之定也以尼爲私者尼與暱通○尼旣訓近因廣釋近義也說文近

附也古文近作岸从止是近亦止意近之義爲迫故說文迫近也玉篇迫附也附近卽親暱故華嚴經音義下引顧野王云近所以爲親也邇者說文云近也詩汝墳東門之墠杕杜傳竝云邇近也通作爾釋名云爾昵也周禮肆長云實相近者相爾也鄭注爾亦近也儀禮燕禮云南鄉爾鄉鄭注爾近也移也揖而移之近之也是皆邇通作爾故爾雅序釋文云爾字又作邇矣幾者上文云危也說文云始也始亦近易月幾望詩維其幾矣左氏昭十六年傳幾爲之笑曾語云民羸幾卒竝以幾爲近也通作幾大司馬九畿注云故書畿爲近是近與畿幾古俱音同字通又通作冀李巡注爾雅冀州云冀近也史記孝武紀云冀至姝庭焉索隱曰冀漢書作幾幾近也是幾冀又通矣暱者說文云日近也引左氏昭廿五年傳私降暱燕詩無自暱焉齊語云野處而不暱毛傳及韋注竝云暱近也左氏閔元年正義引舍人曰暱國之近也文選注引孫炎曰暱親之近也通作昵說文暱或作昵書大誓正義引孫炎曰昵親近也高宗肜日釋文

昵近也私降暱燕今左傳作私降昵宴又通作尼書正義引孫炎曰尼者近也是尼昵通

妥安坐也禮記曰妥而后傳命

說文云坐止也从土从畱省土所止也此與畱同意古文作坐釋名云坐挫也骨節挫詘也按坐有二義古有危坐危坐者跪也故釋名云跪危也兩膝隱地體危陒也詩云不遑啟處啟即跪也是危坐之義也安坐坐者亦兩膝隱地而體不危陒即安坐矣妥者上文與安竝訓止郭注妥者坐也即本此爲訓也坐止義同妥安義同故此四字反覆互訓義得兼通爾雅此讀當從坐也斷句蓋以妥安安訓坐是即上文妥安訓止之義也然妥亦可斷句妥訓安坐亦即妥安安訓坐之義也蓋此二讀於義俱通矣以妥安訓坐者玉篇引爾雅云妥坐也廣韵云妥安也漢書燕刺王旦傳集注亦云妥安也妥與綏同綏訓安即妥訓安也故漢書注妥古綏字曲禮云大夫則綏之又云國君綏視鄭注竝云綏讀爲妥是妥綏古字通徐鍇疑綏

不當从安此妟說也以妥訓安坐者詩以妥以侑傳妥安坐也士相見禮云妥而後傳言士虞禮及特牲少牢饋食禮竝云拜妥尸郊特牲云詔妥尸鄭注竝云妥安坐也又云拜之使安坐也然則毛鄭俱以安坐訓妥郭及玉篇廣韵竝以妥安訓坐二讀不同於義俱通郭引儀禮作禮記傳言作傳命俱字之誤

貉縮綸也　綸者繩也謂牽縛縮貉之今俗語亦然

釋名云綸倫也作之有倫理也說文云綸青絲綬也綬亦繩故詩言綸之繩說文繩索也釋器云繩之謂之縮之郎詩縮版以載也貉讀爲貊其德音之貊貉縮謂以縮牽連緜絡之也聲轉爲莫縮檀弓云今一日而三斬板鄭注斬板謂斷莫縮也莫縮郎貉縮謂斬斷束板之繩耳又轉爲摸蘇淮南俶眞篇云以摸蘇牽連物之微妙高誘注摸蘇猶摸索又變爲落索顏氏家訓引諺云落索阿姑餐落索蓋緜聯不斷之意今俗語猶然又變爲莫落新序雜事二云翡翠珠璣莫落連飾又爲幕絡釋名云幕膜也幕絡一體也

又云幕絡也言牢絡在衣表也又云蒖蔏曰莫莫幕也貧者箸衣可以幕絡絮也或謂之牽離蒖熟爛牽引使離散如絲然也凡此諸文皆與爾雅貉縮義近

貉嗼安定也皆靜定見詩

安定上文竝云止也止亦定也貉者上文云靜也靜亦定也通作貊詩皇矣傳貊靜也釋文貉本又作貊又通作莫釋文貉左傳作莫韓詩同云莫定也又求民之莫莫民之莫矣傳竝云莫定也莊子大宗師篇云莫然有閒釋文引崔譔注莫定也嗼者說文云㗴嗼也玉篇云靜也廣雅云安也安靜亦定故廣雅又云嗼定也呂覽首時篇云飢馬盈廄嗼然未見芻也楚辭哀時命篇云嗼寂默而無聲竝以嗼爲靜定也通作莫文選西征賦注引韓詩章句云寞靜也又通作莫釋文嗼音莫本亦作莫安者說文云靜也燕禮云君曰以我安又云皆對曰諾敢不安竝以安爲坐定也

伊維也 發語辭 **伊維侯也** 詩曰侯誰在矣互相訓 **時寔是也** 公羊傳曰寔來者何是來也

三者皆語詞也凡語詞之字多非本義但取其聲維者惟之叚音也上文云惟謀也思也思又語詞故惟亦語詞玉篇云惟有也辭也伊也離騷云惟庚寅吾以降王逸注惟辭也文選羽獵賦注引韓詩章句亦云惟辭也東京賦及甘泉賦注竝云惟有也東征賦注又云惟是也是與有亦皆語詞也通作維詩維天之命之維韓詩訓念則與惟同毛鄭無訓則亦爲語詞矣伊者亦叚借字也詩何彼襛矣及雄雉蒹葭傳竝云伊維也士冠禮云嘉薦伊脯楚辭悼亂篇云伊余云兮念茲鄭注及王逸注竝云伊惟也逸周書大匡篇云展盡不伊孔晁注伊推也推蓋惟字之譌耳又詩匪伊垂之箋伊辭也漢書禮樂志及楊雄傳注竝云伊是也是亦惟也惟亦辭也通作緊左氏僖五年傳民不易物惟德緊物服虔注緊發聲也襄十四年

傳繄伯舅是賴杜注與服注同隱元年傳繄我獨無
杜注繄語助是繄伊同故詩雄雉蒹葭東山白駒正
月箋竝云伊當作繄繄猶是也史記周紀云共王繄
扈索隱引世本作伊扈是皆伊繄字通之證又與嫛
同釋名云人始生曰嬰兒或曰嫛婗嫛是也言是人
也然則嫛之訓是與繄之訓是同爲語詞又與猗同
書斷斷猗禮記大學作斷斷兮兮猗皆語詞也故莊
子大宗師篇云而我猶爲人猗釋文引崔譔注猗辭
也又與欸同方言云欸音醫或音麀埃䜤然也南楚凡言然
者曰欸或曰䜤是䜤欸皆語詞與嫛繄同○矦者上
文云乃也乃旣語詞故矦亦語詞史記樂書云高祖
過沛詩三矦之章索隱曰矦語詞也按詩卽大風歌
當言三兮云三矦者兮矦皆語詞蓋讀同也伊訓矦
者詩伊其相謔箋伊因也因亦仍也仍亦乃也乃亦
矦也此卽伊訓矦之證維訓矦者詩矦誰在矣矦文
王孫子應矦順德傳竝云矦維也正月四月蕩箋竝
同漢書禮樂志云蕩矦休德敘傳云矦屮木之區別
兮服虔應劭注竝云矦惟也文選東京賦云矦其禕

而亦以矦爲語詞也矦訓維維訓矦故郭云互相訓
伊維矦古音疑俱相近○是者亦語詞也詞有竝施
各指所之伊維俱語詞而訓是是亦語詞而訓此故
廣雅云是此也經典是此二字通用說文云此止也
从止是直也从正正是也从止故止此是三字聲義
近而又皆爲語詞矣時者是聲之輕而浮者也古人
謂是爲時今人謂時爲是時一聲也時是一義也
故書惟時懋哉史記五帝紀作維是勉哉咸若時夏
紀作皆若是時日曷喪殷紀作是日何時喪竝以時
爲是也詩內時字傳箋訓是者非一考工記㮚氏云
時文思索士冠禮云孝友時格內則云共帥時鄭注
竝云時是也竝以是訓時也時與之同之亦語詞又
訓爲是故書云惟耽樂之從漢書鄭崇傳作惟耽樂
是從詩欲報之德鄭箋之猶是也彼其之子箋之子
是子也時又與只同只亦語詞又訓爲是故詩南山
有臺及采菽箋竝云只之言是也樛木釋文只猶是
也蓋之只聲有輕重亦猶時之與是矣寔者是聲之
弇而下者也寔从是聲而訓止說文云寔止也止亦

是也故詩寔命不同傳寔是也公羊桓六年傳寔來者何猶曰是人來也穀梁傳寔來者是來也大學云寔能容之寔不能容書秦誓寔俱作是矣通作實詩實維伊何箋實猶是也實墉實壑實畝實藉箋實當作寔趙魏之東實寔同聲左氏桓六年經云寔來文選西京賦云寔蕃有徒杜預及薛綜注竝云寔實也詩小星釋文寔韓詩作實云有也是寔實通今按釋文小星寔時職反韓奕寔市力反公羊桓六年寔亦市力反穀梁寔是常式反左氏寔時力反是陸德明凡遇經傳寔是字卽必加音其於實字則不加音故韓奕釋文實毛如字是其例也唯爾雅之寔及大學之寔二文俱不加音蓋脫漏也或疑二寔是陸本作實非也

卒猷假輟已也 猷假未詳

說文巳巳也玉篇止也畢也又訖也畢訖義皆爲盡盡爲止故經典巳訓爲止爾雅上云巳此也此訓止故巳亦止止巳又皆語詞之終也卒者上文云盡也下文云終也釋言云旣也旣亦已之詞也釋名云止

也止即已之訓也一切經音義九引李巡曰卒事之已也猷者春秋文六年云猶朝于廟公羊傳猶者何通可以已也穀梁傳猶之爲言可以已也宣八年云王午猶繹公羊傳與文六年同穀梁傳猶者可以已之辭也左氏僖卅一年云猶三望杜預注猶者可止之辭是傳注竝以猶爲止已之義猶猷古字通猶必兼可已二義者釋言云猶可也猶有疑惑之意又有遲回之意竝與止已義近故凡言猶者必兼可已二義猶已聲相轉也假者曲禮云天王登假鄭注假已也通作瑕詩烈假不瑕箋瑕已也正義引釋詁文假與格古通用書格于上下說文引作假于上下假古音與格相轉格訓至也至亦止也止亦已也故小爾雅以格爲止爾雅以假爲已其義正同矣輟者曲禮云輟朝而顧及論語微子篇鄭注竝云輟止也輟所以訓止者說文云車小缺復合者然則輟有車行中斷之義故會意爲止止即已矣

求酋在卒就終也詩曰嗣先公爾酋矣成就亦終也其餘未詳

此又因已義而廣釋終義也終亦已也極也畢也盡也竟也釋言云彌終也郭注終竟也釋名云終盡也周語云今自大畢伯士之終也韋昭注終卒也士冠禮云廣終幅鄭注終充也充終聲義近廣雅云終極也極與畢竟義竝同矣求者索之終也求索之索本作索[illegible]戟通作索敘孅索訓盡也盡亦終也故詩世德作求適求厭寧箋竝云求終也周禮牛人云凡祭祀共其享牛求牛注亦云求終也通作救大司徒正日景以求地中注故書求爲救杜子春云救當爲求是求救通故說文云救止也止亦已也已亦終也聲與究近究訓盡盡亦終矣酋者久之終也方言云久熟曰酋久終義近酋从酉酉訓就然則酋之爲言就也故范望太玄注酋就也就亦終故詩卷阿傳酋終也漢書敘傳音義引韋昭亦云酋終也通作遒爾雅釋文酋郭音遒詩卷阿正義酋正作遒是遒酋通史記魯世家云考公酋索隱引系本作就鄒本作遒詩及爾雅釋文酋俱在由子由二反亦即遒就之音又與僔同說文僔終也僔酋就又俱一聲之轉矣在者

上文云察也是察之終也尚書大傳云察者至也至
亦極也極亦終也書平在朔易史記五帝紀作便在
伏物在亦訓察按春夏秋皆言平秩唯冬言平在冬
爲歲之終察之訓終此亦其證左氏成十六年傳多
怨而階亂何以在位昭十二年傳將何以在在亦終
矣卒者說文作猝通作卒曲禮云大夫曰卒鄭注卒
終也詩日月七月節南山蓼莪箋竝與曲禮注同白
虎通云大夫曰卒精燿終卒卒之爲言終於國也一
切經音義九引舍人曰卒病之終也就者上文云成
也是成之終也廣雅云就歸也又云久也久與酋義
近歸與卒義近也越語云先人就世不穀卽位韋昭
注就世終也南史徐陵傳充宅寺慧雲法師每嗟陵
早就謂之顏回是亦以就爲終早就言不壽故比之
顏回而陵年七十七而終明慧雲之言不驗也今時
俗語亦言就了或言就已斯皆謂終爲就方俗之語
合於雅訓矣釋文就或作噈又作𡸛玉篇云𡸛千六
切㚇也又云㚇今作終又云妹終也亦作求釋文妹
又作求㚇又作終今按以上三體皆極淺俗所謂近妹

鄙別字經典
斷不可用

崩薨無祿卒徂落殪死也古者死亡尊卑同稱耳故尚書堯曰殂落舜曰陟方乃死

說文云歺澌也人所離也檀弓云君子曰終小人曰死鄭注死之言澌也事卒為終消盡為澌按死終二字對文則別散文則通故淮南精神篇云生寄也死歸也是雖君子稱死也說苑雜言篇云死者民之終也是雖小人稱終也周禮疾醫注少者曰死老者曰終此亦對文若散文則終死亦老少之通稱矣崩薨無祿卒者曲禮云天子死曰崩諸侯曰薨大夫曰卒士曰不祿庶人曰死大戴禮及白虎通俱依此次爾雅則以無祿居卒之前蓋順文無別義也析言其義則穀梁隱三年傳高曰崩厚曰崩尊曰崩天子之崩以尊也說文崩山壞也薨公侯㱙也大夫死曰㱙釋名云崩壞之形也崩硼聲也薨壞之聲也不祿不復食祿也卒言卒竟也是釋名本爾雅為序亦以無祿居卒之前矣白虎通云崩之為言倗然伏僵薨之言

奄也奄然亾也卒之爲言終於國也祿之言消也身消名彰曲禮注異其名者爲人褻其無知若猶不同然也自上顛壞曰崩薨顛壞之聲卒終也不祿不終其祿公羊隱三年注不祿無祿也然則諸家之說大意相同無祿俱作不祿其義同也然不祿之言俱屬之士故言不終其祿或言不復食祿此皆望文生義古說又復不同按通典八十三引漢石渠議聞人通漢問云記曰君赴於他國之君曰不祿夫人曰寡小君不祿大夫士或言卒或皆不能明戴聖對曰君卒未葬曰不祿既葬曰薨此則諸侯亦稱不祿矣故晉語云又重之以寡君之不祿韋昭注士卒曰不祿禮君卒赴於他國曰寡君不祿謙也韋昭注及石渠議所據皆禮雜記之文也又大夫亦稱不祿故雜記云大夫計於同國適者曰某不祿計於士亦曰某不祿又庶人亦稱不祿故曲禮云壽考曰卒短折曰不祿鄭注祿謂有德行任爲大夫士而不爲者老而卒從大夫之稱少而卒從士之稱然則不祿之言通於上下今攷其義不祿猶言不祥祥祿皆訓善廣雅云祿

善也不祿卽不善謂遭凶禍也祿又福也無祿猶言無福亦謂遭死喪也詩民今之無祿左氏昭七年傳今無祿早世其義竝同不祿又卽不淑上文云淑善也不淑卽不善故雜記云寡君使某問君如何不淑又云寡君使某如何不淑是皆弔問凶喪之詞也王照圓葩經小記說君子偕老云子之不淑云如之何詩意當與雜記同箋以不淑爲不善之行中谷有蓷云遇人之不淑亦當謂良人遭死凶之禍而箋以爲君子於已不善也夫溫柔敦厚詩人之教而二詩直露刺譏似傷忠厚之意疑皆說者失其義耳卒者猝之段借也經典通作卒而訓終終殁義亦爲死也故通典引石渠議云孝子諱死曰卒又引許愼五經通義云卒之爲言終於國也曲禮云壽考曰卒三說互異葢卒亦上下之通稱義與無祿同矣徂者殂之叚借也徂落者說文云殂往死也引虞書曰放勛乃殂落通作徂舜典正義引李巡云徂落堯死之稱郭此注又引舜陟方乃死之文白虎通兩釋之云書言殂落死者各有見義堯見憯痛之舜見終各一也釋名

云徂落徂祚也福祚殞落也徂亦往也言往去落也孟子注本爾雅云徂落落死也今按梅書舜典作帝乃殂落孟子引堯典作放勳乃徂落說文引書與孟子同書之眞古文也釋文殂音徂本又作徂落音落本又作落今從宋本作徂落與孟子合此古本矣殪者說文云死也釋名云殪翳也就隱翳也按殪亦死之通稱故晉語云擊人盡殪左氏隱九年傳衷戎師前後擊之盡殪是皆以人死爲殪也楚辭國殤篇云左驂殪兮右刃傷晉語云射兕于徒林殪以爲大甲是又以物死爲殪矣

爾雅郭注義疏上之又一

孫男聯蓀伯愷
　　　薇近垣 校字

清棲霞郝氏本爾雅郭注義疏

第二册

清 郝懿行撰

山東省圖書館藏清同治四年刻《郝氏遺書》本

山東人民出版社·濟南

爾雅郭注義疏上之二

棲霞郝懿行學

釋言弟二

言者說文云直言曰言釋名云言宣也宣彼此之意也言與詁異詁之爲言古也博舉古人之語而以今語釋之也言之爲言衍也約取常行之字而以異義釋之也言卽字也釋言卽解字也古以一字爲一言此篇所釋皆單文起義多不過二三言與釋詁之篇動連十餘文而爲一義者殊焉故次釋言

殷齊中也書曰以殷仲春釋地曰岠齊州以南

上篇首言始末言終此篇首言中亦末言終葢以中統始終之義而包上下之詞也中者玉篇云半也半者適均故考工記弓人注中猶均也均者平和故說文云中和也和者在其閒故喪服小記注中猶閒也

儒行注中中閒中則正正亦長故墨子經上篇云中同長也是皆以引伸爲義矣殷者周禮大行人云殷相聘也掌客云殷膳大牢鄭注竝云殷中也書堯典馬鄭注同廣雅云殷正也正亦中以殷仲秋史記五帝紀作以正中秋是中正義同中之言衆也居中央應四方有以寡御衆之意故殷又訓衆也盛也大也多也皆從中正之義而生也通作隱詩殷其靁之殷音隱如有隱憂韓詩作殷易豫釋文殷京本作隱皆其證矣齊者平也等也皆也同也又整齊也五者實一義皆無長短高下之差故爲中也易繫辭集解引王肅曰齊猶正也正卽中之訓故詩人之齊聖箋訓齊爲中正書天齊于民馬融注齊中也列子黃帝篇云不知斯齊國幾千里湯問篇云猶齊州也張湛注竝云齊中也周穆王篇云四海之齊謂四海之中也亦齊爲中之證

斯誃離也 齊陳曰斯誃見詩

離者二篇云散也去也兩也判也曲禮云離坐離立鄭注離兩也廣雅云離分也兩判去散其義皆爲分也離與蠡音義同方言云蠡分也楚曰蠡秦晉曰離又與劙同荀子賦篇注蠡與劙同蠡兮分判貌是矣斯者說文云析也引詩斧以斯之書有斯明亭鄭注斯析也廣雅云斯分也分析義皆爲離故詩墓門釋文及正義引孫炎曰斯析之離方言云斯離也齊陳曰斯是郭所本通作廝廣雅云廝散也史記河渠書云乃廝二渠以引其河集解引漢書音義云廝分也又通作廝方言云廝散也又與參同方言云參分也按參之言三也夜參半卽夜分半矣誃者說文云離別也周景王作洛陽誃臺按誃臺猶離宮別館也郭云誃見詩者邢疏引巷伯云哆兮侈兮說文云哆張口也張開與分離義近又與陊近說文陊落也落有離意故吳語云民人離落又與坼近說文坼裂也廣雅坼分也分落義皆爲離

謏興起也禮記曰尸謏

起者說文云能立也釋名云起啓也啓一舉體也禮孔子閒居注起猶行也史記樂書正義云起動也行動皆從起義而生也謖者特牲少牢饋食俱云尸謖列子黃帝篇云則未嘗見舟而謖操之者也鄭注及張湛注竝云謖起也通作休少牢饋食及士虞禮注竝云古文謖或作休又與慉同詩不我能慉傳慉興也說文慉起也慉謖聲近慉休聲轉其義俱同矣興者動也作也發也舉也皆起之義也與歆同周禮注歆興也興歆聲轉

還復返也皆迴返也

返者說文云還也引商書曰祖甲返又引春秋傳作彶通作反儀禮注反還還也詩猗嗟箋及執競傳竝云反復也𡰪箋及說文云反覆也覆復聲同其義亦近也還者說文云復也越語注反也詩還而不入箋還行反也通作環又通作旋周旋亦反復之義也復者說文云往來也又云夏行故道也夏復音義同易雜

卦云復反也詩黃鳥及我行其野箋傳竝同又通作反特牲饋食禮注今文復爲反葢反復一聲之轉故其字通

宣徇徧也皆周徧也

徧者說文云帀也易象傳云莫益之徧辭也虞翻注徧周匝也俗作遍通作辯又作辨廣雅云辨徧也樂記注辯徧也書徧于羣神史記五帝紀作辯於羣神鄉飲酒禮衆賓辯有脯醢有司徹云若是以辯鄭注竝云今文辯皆作徧又轉爲備玉藻注必先徧嘗之釋文徧本又作備備徧聲相轉也宣者詩內宣字傳箋俱訓爲徧逸周書謚法篇云聖善周聞曰宣亦以宣爲周徧也詩恆之秬秠傳恆徧也釋文恆古鄧反本又作亙按亙爲櫃之古文其義訓竟而音爲古鄧櫃从恆聲恆訓長久皆與周徧義近故其義同矣徇者旬之叚音也說文云旬徧也十日爲旬詩來旬來宣傳旬徧也通作徇史記五帝紀云幼而徇齊索隱

引爾雅以徇爲周偏也徇說文作侚爾雅釋文徇本又作侚又通作徇釋文徇樊本作徇郭音巡張揖字詁云徇今巡按說文徇行示也行示與周偏義亦近故一切經音義一引三蒼云徇偏也左氏桓十二年傳三巡數之杜預注巡偏也又通作洵下文云洵均也均偏義同故詩桑柔正義引李巡曰洵偏之均也

馹遽傳也皆傳車馹馬之名

說文云傳遽也遽傳也互相訓古以傳遽竝稱故周禮行人云掌邦國傳遽之小事鄭注傳遽若今時乘傳騎驛而使者也玉藻云士曰傳遽之臣鄭注傳遽以車馬給使者也詩江漢釋文以車曰傳以馬曰遽故左氏僖卅三年傳且使遽告於鄭成五年傳晉侯以傳召伯宗則知召伯宗必以車告於鄭必以馬矣蓋傳之爲言轉也以車展轉而期於早達也遽之爲言急也以馬急促而期於速到也後世驛傳起於此矣馹者說文云傳也驛置騎也騎跨馬也是驛馹義別俗或通用故左氏文十六年正義引爾雅作驛傳

又引舍人曰驛尊者之傳也驛皆當作馹釋文反音可證舍人之意蓋據傳云楚子乘馹又云子產乘遽故知尊者乘馹卑者乘遽也左氏昭二年釋文及正義竝引孫炎云傳車驛馬也郭注本孫炎今爾雅注驛又誤作馹矣釋文馹而實反郭音義云本或作遷聲類云亦馹字同

蒙荒奄也 奄奄覆也皆見詩

奄者說文云覆也詩奄有下國奄有龜蒙箋竝以爲覆通作揜說文揜一曰覆也又通作弇下文云弇蓋也蓋亦覆故廣雅云弇覆也又通作掩文選懷舊賦注引埤蒼曰掩覆也晉語及吳語注竝云掩蓋也方言云掩薆也薆亦覆蓋之意矣蒙者冡之叚音也說文云冡覆也通作蒙詩君子偕老傳蒙覆也拔葛生蒙楚蒙棘皆以蒙爲覆也又通作幪或作幪說文幪蓋衣也法言吾子篇云然後知夏屋之爲帲幪也李軌注帲幪蓋覆也又轉爲冖說文云冖覆也按冖與冪幎冥幕竝字異而義同冖蒙又一聲之轉也荒者

與奄竝訓大也大與覆義相成說文云荒艸掩地也掩卽覆葢書惟荒度土功詩葛藟荒之毛鄭竝云荒奄也皇矣及公劉正義引孫炎曰荒大之奄也通作幠說文云幠覆也詩遂荒大東郭注釋詁引作遂幠大東禮投壺云毋幠毋敖大戴禮作無荒無傲荒幠亦一聲之轉

告謁請也皆求請也

請謁告也已見釋詁告謁又爲請轉相訓

肅雝聲也詩曰肅雝和鳴

經典言肅雝者多矣此言其聲耳詩鴻雁傳肅肅羽聲也鴇羽傳肅肅鴇羽聲也是皆重文若單文亦爲聲禮祭義云肅然必有聞乎其容聲史記孝武紀云神君來則風肅然是皆以肅爲聲也以雝爲聲者詩匏有苦葉傳雝雝鴈聲和也雝與噰同已詳釋詁噰噰音聲和也下

格懷來也書曰格爾衆庶懷見詩

來格懷至也已見釋詁至卽來故格懷又爲來轉相訓來通作戾戾亦至戾戾來古音同也格者當作假亦作假竝詳釋詁通作洛方言洛來也又通作格詩神保是格中庸云神之格思緇衣云則民有格心大學云致知在格物傳注竝云格來也懷者方言云來自關而東或曰懷釋名云懷回也本有去意回來就己也亦言歸也來歸己也詩曷又懷止懷柔百神傳箋竝云懷來也周禮序官懷方氏學記云近者說服而遠者懷之鄭注亦云懷來也詩傳箋及學記注又云懷歸也歸亦來釋詁又云懷止也止亦至至亦來矣

眕厎致也皆見詩傳

致者說文云送詣也詣候至也然則致亦至也至致聲同字亦通矣眕者釋詁云告也玉篇引禮記曰眡於鬼神亦作袗今曲禮作眕於鬼神鄭注眕致也祝告致於鬼神辭也是致告義相成故眕既訓告又訓

致郭云見詩傳者今毛傳無或當在齊魯韓詩矣厎者釋詁云止也止亦致也書乃言厎可績史記夏紀作汝言致可績凡禹貢厎字夏紀俱作致又敷重厎席鄭注亦云厎致也通作耆詩耆定爾功傳耆致也釋文耆毛音指文選報任少卿書注引爾雅郭璞曰厎厎音指葢郭氏音義之文

㑪怙恃也今江東母爲㑪

說文云恃賴也詩蓼莪釋文引韓詩云恃負也楚辭注恃怙也恃怙互相訓也㑪者說文作㛊云恃也廣韵云恃土地也通作㑪廣韵引爾雅一云恃事曰㑪此葢爾雅舊注故龍龕手鑑一引爾雅云恃事自㑪也荀子非十二子篇云儉然㑪然楊倞注㑪然恃尊長之貌然則㑪之爲言侈也有所憑恃而侈然自多故侈㑪訓汰恃訓賴也郭云今江東呼母爲㑪者方言云南楚瀑洭之間謂婦妣曰母㛊說文則云江淮之閒謂母曰媞是媞㛊音義同郭意葢俗㛊以證㑪之爲恃取其聲同非㑪有母稱也注內㑪字葢傳寫之

譌怙者謚法及詩鴇羽傳竝云怙恃也韓詩云
怙賴也賴即恃之訓故說文依爾雅云怙恃也

律遹述也皆敘述也方俗語耳

述者說文云循也詩日月傳及士喪禮少牢饋食禮
注竝云述循也述又脩也脩循述俱一聲之轉通作
術詩報我不述釋文述本亦作術文選廣絕交論注
引韓詩作報我不術士喪禮注古文述皆作術按術
韓詩云法也法與律其義又同矣律者釋詁云常也
法也秦為常法即述之義故又訓述中庸注及史記
律書索隱引釋名竝云律述也周禮典同注律述氣
者也廣雅云律率也率循即述也通作聿律从聿聲
說文聿所以書也楚謂之聿吳謂之不律是律聿皆
謂筆故釋名云筆述也詩正義引爾雅作聿述也聿
即律矣遹者釋詁云自也循也循與自皆述之義也
書今民將在祗遹乃文考馬融注遹述也詩文王有
聲箋同通作曰詩正義引爾雅作曰述也又通作聿
詩遹追來孝禮器引作聿追來孝遹孫炎以為古述

字讀聿故詩聿修厥德漢書東平思王宇傳作述修厥德

俞畣然也　禮記曰男唯女俞畣者應也亦爲然

然者廣雅云譍也又云成也成定亦然諾之意禮大傳注然如是也祭義注然猶而也按而猶爾也爾之爲言猶云如是也而聲近唉今順天人謂然爲唉嚭說文云唉譍也又云誒然也方言云欸然也南楚凡言然者曰欸欸與誒唉竝聲義同俞者然之聲也俞與唯皆譍聲故說文云唯諾也廣雅云唯諾然也內則云男唯女俞鄭注俞然也凡書曰俞史記五帝紀俱作曰然然俞唯俱聲相轉與吁同方言云謣[illegible]瓜吁揞然也郭云皆應聲是吁亦俞矣畣者釋文云古荅字一本作荅玉篇云荅當也當亦對故鄉射禮記及郊特牲祭義注竝云荅對也荅對當俱聲相轉當訓應也故荅又爲譍譍亦然也通作對詩聽言則荅新序雜事五及漢書賈山傳俱作聽言則對

豫臚敘也皆陳敘也

敘者說文云次弟也次弟其先後故釋詁云敘緒也有耑緒可陳述故晉語注敘述也通作序書內敘字史記俱作序序有更代之義故序又訓更也代也豫者舒也序也故釋地釋文引春秋元命包云豫之言序也亦通作序祭義注序或爲豫鄉射禮云豫則鉤楹內鄭注豫讀如成周宣榭災之榭今文豫爲序是序豫同豫榭古音又同又通作舒釋詁云舒敘也緒也書曰豫恆燠若史記宋世家作曰舒常奧若大戴禮五帝德篇云貴而不豫史記五帝紀作貴而不舒是舒豫音又同矣臚者玉篇云陳也韋昭注漢書及辯釋名竝云臚陳敘也通作攄廣雅云攄舒也史記司馬相如傳云攄之無窮集解引徐廣曰攄一作臚臚敘也又通作旅釋詁云旅陳也鄉飲酒及鄉射禮燕禮大射儀注竝云旅序也士冠禮注古文旅作臚是臚旅通旅有臚音故周禮司儀云皆旅擯鄭注旅讀爲鴻臚之臚

庶幾尚也詩曰不尚息焉

尚者上也加也有尊高之義故釋詁云尚右也右爲嘉好之稱故尚又訓慕也願也願慕與庶幾義近故說文云尚庶幾也本爾雅爲訓也庶者下文云幸也幾者釋詁云危也危猶近也幾與覬同覬亦幸也然則庶幾爲近幸之義詩尚無爲尚可載也不尚息焉儀禮尚饗檀弓云尚行夫子之志乎哉大學云尚亦有利哉箋注竝云尚庶幾也然庶幾二字亦可單言如論語云其庶乎左傳云庶有豸乎易月幾望繫辭云或幾乎息矣義皆爲近近卽尚也故家語終記篇王肅注尚庶也庶字斷文亦其證矣

觀指示也國語曰且觀之兵

釋名云示示也玉篇云示者語也以事告人曰示也華嚴經音義上引蒼頡篇云示現也說文云天垂象見吉凶所以示人也通作視詩視民不恌箋視古示字也曲禮幼子常視毋誑注視今之示字士昏禮記

視諸衿鞶注示之以衿鞶視乃正字今文作示俗誤行之莊子應帝王及徐无鬼篇釋文竝云示本作視又通作寘周禮朝士注示于叢棘釋文示本或作寘觀者見之示也考工記㮚氏云以觀四國莊子大宗師篇云以觀衆人之耳目釋文竝云觀示也按釋宮云觀謂之闕亦所以表示於人也釋文觀施音館謂音官二音俱通矣指者手之示也廣雅及離騷注竝云指語也語亦示也曲禮云指使使亦示也仲尼燕居云治國其如指諸掌而已乎中庸云治國其如示諸掌乎

若惠順也 詩曰惠然肯來

順者釋詁云敘也緒也陳也義皆相成順者不逆也故釋名云順循也循其理也逆理爲凶順理爲從故特牲饋食記注順從也順從與慈愛義近故謚法云慈和徧服曰順孟子注云順愛也通作循大射儀云以袂順左右隈鄭注今文順爲循又通作愼禮器云順之至也釋文順亦作愼易繫辭云愼斯術也釋文

愼一本作順皆其證矣若者釋詁云善也善者和順於道德故又訓順詩烝民及閟宮傳禮曾子問及禮器注竝云若順也書之欽若及疇咨若時史記五帝紀若俱作順通作如有司徹注今文若爲如按如若皆相似之言說文如从隨也从隨卽順亦其義也惠者釋詁云憂也惠訓憂與順訓憂同表記云節以壹惠鄭注惠猶善也惠訓善與若訓善又同矣詩終溫且惠維此惠君傳箋竝云惠順也

敖憮傲也禮記曰無憮無傲傲慢也

敖者說文云倨也倨不遜也廣雅云傲傷也傷慢亦倨傲也通作敖詩彼交匪敖漢書五行志作匪儌匪傲又通作奡說文云奡嫚也引虞書曰若丹絑奡漢書劉向傳作毋若丹朱敖今書作無若丹朱傲敖者說文云出游也从出从放按出外放游皆無拘檢之意故又訓傲釋詁云謔浪笑敖戲謔也舍人注敖意舒也詩鹿鳴傳敖遊也廣雅云敖戲也戲遊舒放俱與傲慢義近重文亦然故釋訓云敖敖傲也俗作遨

詩以敖以遊釋文敖本亦作遨莊子列禦寇篇釋文同憮者釋詁云大也有也皆與傲慢義近故又訓傲禮投壺云毋憮毋敖鄭注憮敖慢也通作憮詩亂如此憮箋憮敖也甚敖慢無法度也又通作荒荒怠亦傲慢故謚法云好樂怠政曰荒餘詳釋詁

幼鞠稺也書曰不念鞠子哀

說文云稺幼禾也方言云稺小也稺年小也通作稚方言注稺古稚字五經文字云稺字林作稚詩稙稺菽麥說文作稙稚卡麥幼者說文云少也釋名云言生日少也曲禮云人生十年曰幼按十年者舉成數實則十五以前通曰幼故喪服傳注子幼謂年十五已下管子幼官篇注幼始也始稺義亦近也鞠者毓之叚音也說文毓同育云養子使作善也是育訓養與稺義近故詩谷育恐育鞠鄭箋谷育育稚也廣雅云毓稺也通作鬻詩鬻子之閔斯傳鬻稚也文選洞簫賦注鬻育古字同又通作鞠鞠者下文云生也生

養義近故詩鴟鴞正義引爾雅作鬻稚也而云郭璞曰鞠一作毓證知爾雅古本作毓稚所引葢郭音義之文也毓鬻鞠俱聲義近而字亦通又通作粥卽鬻字之省

逸諐過也書曰汝則有逸罰

過者說文云度也玉篇云越也因度越之義又爲失因失之義又爲誤也謬也皆展轉相生爾雅此義則主於謬失也逸者說文云失也失兼縱也放也逃也亾也諸義而俱名爲過故周語引書盤庚曰國之不臧則惟余一人是有逸罰韋昭注逸過也文選荅盧諶詩云逸珠盈椀李善注逸謂過於衆類通作佚公羊宣十二年傳令之還師而佚晉寇何休注佚猶過說文云佚佚民也論語微子篇作逸民又夷逸漢石經作夷佚又通作軼廣雅云軼過也一切經音義九云逸古文軼同又通作泆書誕淫厥泆史記魯世家作誕淫厥佚集解引馬融注紂大淫樂其逸書淫泆于匪彝釋文泆又作逸亦作佚又通作佾書大淫泆

有辭釋文泆又作佾馬本作肩云過也按肩从谷聲與逸音近今肩作屑音私列切其音遠矣又通作淫淫訓過度文選七發注引爾雅作淫過也淫逸聲相轉也僭者籒文愆字說文愆過也經典愆僭通用故詩不愆于儀禮緇衣作不僭于儀抑蕩釋文竝云愆本又作僭又通作遻說文遻過也又通作寋說文愆或从寒省謚法云寋過也詩不愆不忘春秋繁露作不騫不忘疑騫即寋字耳又通作僁文選贈士孫文始詩注引詩作不僁不忘後漢書馬防傳注僁過也一切經音義三云僁古文寋遻二形玉篇云僁同寋俗

疑休戾也 戾止也疑者亦止

戾者釋詁云止也止亦定故詩傳竝云戾定也已詳釋詁疑者䂸之假借也說文䂸未定也蘇衍經典俱俗作疑詩靡所止疑傳疑定也鄉射禮注疑止也士昏禮云婦疑立于席西注疑止立自定之貌是

疑俱兼止定二義儀禮疑竝同凡言其音讀則鄉飲酒禮注疑讀如仡然從於趙盾之仡是疑鄭讀爲仡儀禮釋文竝云疑魚乙反此音是也爾雅釋文無音葢讀如字非矣此不知疑乃叚借耳休者釋詁云息也息亦止詩民勞傳休定也定卽戾矣

疾齊壯也 壯壯事謂速也齊亦疾

壯者廣雅云健也健彊與疾速義近莊子徐无鬼篇云百工有器械之巧則壯釋文引李頤注壯猶疾也通作莊莊訓嚴也嚴有急意故謚法云兵甲亟作曰壯亟猶急也詩君子偕老釋文莊本又作壯荀子非十二子篇注壯或當爲莊公羊定八年傳矢箸于莊門釋文莊本或作嚴疾者釋詁云速疾也疾有急義亦有害義故後漢書傳毅傳注疾害也壯有盛義亦有傷義故易大壯馬融注壯傷也壯訓傷與疾訓害其義又同矣齊者釋詁云疾也故又爲壯詩思齊大任傳齊莊也正義以爲釋言文內則云進退周旋慎

齊注亦云齊莊也緇衣云心莊則體舒注莊齊莊
也謚法云執心克莊曰齊是齊有莊義莊卽壯矣

悈褊急也 皆狹急

急者說文云褊也釋名云急及也操切之使相逮及
也然則急之爲言猶彶彶矣悈者心之急也悈與亟
音義同釋詁云亟疾也速也速疾皆急悈通作戒詩
我是用急鹽鐵論繇役篇作我是用戒戒卽悈也又
通作革文選三國名臣序贊注引蒼頡篇曰革戒也
戒亦悈也戒俱悈字之省釋文悈或音戒非矣又通
作棘詩棘人欒欒兮毛傳棘急也正義引釋言文棘
人崔靈恩集注作悈悈人皆其證也褊者衣之急也賈
子道術篇云包衆容易謂之裕反裕爲褊詩維是褊
心按褊裕俱从衣說文別有辡字从心云辡急也然
經典俱不用
唯俗用褊

貿賈市也 詩曰抱布貿絲

詩東門之枌正義引風俗通云市恃也養贍老少恃以不匱也說文云市買賣所之也按市兼買賣二義齊策云竊以爲君市義此以買爲市也越語云又身與之市此以賣爲市也故史記項羽紀集解云市貿易也周禮司市注市者人之所交利皆其義也貿者說文云易財也一切經音義六引三蒼云貿易也交易物爲貿也聲轉爲買故下文云貿買也詩氓傳用下文實則買亦爲市故說文云買市也賈者說文云賈市也一曰坐賣售也白虎通云賈之爲言固也固其有用之物以待民來以求其利者也行曰商止曰賈然則居處賣貨物曰賈故逸周書命訓篇云極賞則民賈其上孔晁注賈賣也左氏桓十年傳若之何其以賈害也成二年傳欲勇者賈余餘勇杜預注竝云賈買也是賈亦兼買賣二義通作沽論語云求善賈而賈諸漢石經賈作沽沽依正文當爲夃說文云秦以市買多得爲夃卽沽矣

屝陋隱也禮記曰屝用席書曰揚側陋

隱者釋詁云微也說文云蔽也通作乚玉篇云乚古文隱字說文云匿也象迟曲隱蔽形讀若隱是隱乚同厞者說文云隱也士虞禮及有司徹俱云厞用席特特饋食云厞用筵鄭注竝云厞隱也通作陫釋文厞符沸反字又作陫同楚辭湘君篇云隱思君兮陫側王逸注陫陋也又通作茀有司徹注古文厞作茀按茀訓蔽與隱同義茀厞又一聲之轉陋者說文云阸陝也阸陝亦隱蔽之義荀子修身篇云少見曰陋通作漏詩尚不愧于屋漏鄭箋漏隱也正義云釋言文

遏遾逮也東齊曰遏北燕曰遾皆相及逮

釋詁云逮與也此篇下云逮及也通作隶與隸說文竝云隶及也遏遾者方言七云蝎噬逮也蝎噬與遏遾竝字之叚音證以易之噬嗑倉相逮也噬嗑倒轉即遏遾矣玉篇云迨遝行相及也迨遝即遏逮矣左氏莊六年傳若不早圖後君噬齊噬齊即遾逮矣杜預注若齧腹齊此爲望文生義凡假聲之字不論其

義但取其聲皆此類也遏又通作曷詩曷云能穀傳曷逮也正義云釋言文遾又通作逝詩逝不古處噬肯適我傳竝云逮也釋文引韓詩噬作逝逝及也

征邁行也 詩曰王于出征邁亦行

行者說文云人之步趨也从彳从亍釋名云兩腳進曰行行抗也抗足而前也按行訓步趨故去也之也往也還也皆行之義也行由道路故釋宮云行道也又云堂上謂之行皆緣步趨之義而生也征者說文作延或征云正行也通作延云行也漢書武帝紀征和功臣表俱作延和顏師古曰延亦征字也征訓行故宵征即宵行征夫即行人征伐亦即行伐也征之言正故管子心術下篇云行者正之義也邁者說文云遠行也故于邁即往行時邁即時行邁又往也與行訓往同

圮敗覆也 覆謂毀

覆者說文云覂也覂反覆也反覆卽敗故王制云不覆巢鄭注覆敗也敗亦毀故周禮𦍀蔟氏注覆猶毀也然則覆舟覆車覆邦家其義皆爲毀敗矣圮者釋詁云毀也敗亦毀也毀亦覆也淮南說林篇云蘭芝欲修而秋風敗之

荐原再也 易曰水荐至今呼重蠶爲𧓍

再者說文云一舉而兩也玉篇云兩也重也仍也荐者說文云薦席也席下施薦與再義近左氏襄四年傳戎狄荐居正義引服虔云荐草也孫炎云荐草生之再也按荐又訓仍也重也通作薦詩饑饉薦臻傳薦重也重卽再矣原者文王世子云末有原周禮馬質云禁原蠶者淮南泰族篇云原蠶一歲再收鄭注及高誘注竝云原再也再亦重故漢書禮樂志及叔孫通傳集注竝云原重也原或作𧓍釋文原舍人本作𧓍郭義本舍人

憮敉撫也憮㤄憮也敉義見書

撫者說文云安也一曰循也古文作辿按亾無古字通故撫作辿矣周禮大行人注撫猶安也禮文王世子注撫猶有也有亦存恤之意與安義近通作拊說文拊揗也拊揗猶撫循故荀子富國篇注拊與撫同撫循慰悅之也爾雅釋訓釋文拊本亦作撫憮者方言云哀也說文云㤄也竝與撫循義近一曰不動與安義又近矣通作改說文云改撫也从亾聲讀與撫同又通作煤說文云煤撫也从某聲讀若侮按侮某無亾古俱聲同聲轉之字與今讀異也敉者說文云撫也引周書曰亦未克敉公功讀若弭或从人作侎周禮小祝及男巫注竝云敉安也書洛誥注亦至敉安也

臞脙瘠也齊人謂瘠瘦爲脙

瘠者說文作膌云瘦也大司徒注瘠臞也通作瘷說文以爲膌古文也一切經音義二云瘠古文膹瘷膌

三形又通作柴易說卦云爲瘠釋文瘠京荀作柴臞者說文云少肉也史記司馬相如傳云形容甚臞索隱引韋昭曰臞瘠也舍人曰臞瘦也文選謝靈運初去郡詩注引爾雅舊注曰臞肉之瘦也通作癯釋文臞字又作癯文選注臞與癯同脙者說文云齊人謂臞脙也玉篇云齊人謂瘠腹爲脙按瘠腹之義玉篇當有所本今驗蛷螋之蟲腹甚瘠瘦廣雅謂之蛷螋博物志謂之蠷螋與臞脙瘦聲義正同臞脙雙聲脙瘦疊韵也

桄熲充也皆充盛也

充者盈也滿也盈滿則實矣故小爾雅云充塞也竟也塞竟卽肥䐈故方言云充養也養卽長故說文云充長也高也高卽崇故釋詁云崇充也凡此諸義又皆爲充盛也桄者說文云充也通作光釋文桄孫作光書光被四表傳云光充本爾雅爲訓也淮南修務篇云段干木光於德寡人光於勢亦以光爲充也光

之爲言廣也廣光聲同廣充義近故詩敬之傳光廣也水經濟水注云光里齊人言廣音與光同卽春秋所謂守之廣里者也光通作横横廣俱从黃聲黃从光聲古讀横廣竝如光故樂記云號以立横孔子閒居云以横於天下鄭注竝云横充也書之光被四表後漢書作横被四表漢之横門亦稱光門矣一切經音義十四云桄古文輄横二形同音光是其證也頻者釋詁云光也光頻聲轉故其義同

屢暱亟也親暱者亦數亟亦數也

亟者釋詁云疾也速也速亦數也言頻數也禮少儀云亟見曰朝夕吳語云而天祿亟至鄭注及韋昭注竝云亟數也方言云亟㤅也廣雅云亟敬也敬㤅亦緣亟數而生也屢者釋詁與亟俱訓疾屢𡘜字同故釋言釋文云𡘜本又作屢詩賓之初筵傳屢數也桓箋屢亟也正月及巧言箋又云屢數也亦通作數公羊宣十二年傳注屢往來爲惡言釋文屢又作數音朔是數屢通暱者釋詁云近也暱訓親近與亟訓㤅

敬義同

靡罔無也

無者說文作橆云亡也一切經音義六引聲類云無虛無也通作无易以无爲無說文云奇字無通於无者虛無道也又通作亡古有無字俱作亡詩何有何亡論語亡而爲有是也又通作毋史記魯世家引書無逸作毋逸漢書車千秋傳引無偏無黨作毋偏毋黨是也靡者細也小也皆與無義近又訓盡也空盡即虛無故詩靡日不思之死矢靡他箋傳竝云靡無也罔者从亡亡亦無易君子用罔馬融王肅注竝云罔无也書罔水行舟史記夏紀作毋水行舟罔有攸赦殷紀作無有攸赦罔古讀如莽無古讀如模靡罔無俱一聲之轉小爾雅云勿蔑微曼末沒無也今人言無有曰沒有或曰末有亦曰靡有皆一義也蔑以加言無以加也微管仲言無管仲也微古讀如眉勿古讀如沒是勿微曼末亦靡罔之聲轉

爽差也爽忒也皆謂用心差錯不專一

差者說文作𢀩云貳也段氏注貳作貣按籀文𢀩从二二謂心不一也士或二三其德所以過差也故參差之字从二三太玄廓云或生之差范望注差過差也爽者說文云明也从㸚从叕 八二爻也二不專一故又訓差詩女也不爽其德不爽傳竝云爽差也方言云爽過也過亦差謚法云爽傷也傷敗亦過差也書云惟事其爽侮老子云五味令人口爽列子黃帝篇云昏然五情爽惑竝以爽爲差也周語云實有爽德又云言爽日反其信韋昭注竝云爽貳也依段注貳亦貣矣爽又訓忒者忒亦差也廣異訓耳老子云常德不忒釋文引顧云忒爽也漢書賈誼傳注爽忒也忒說文作貸云失常也通作忒云更也更變亦失常故詩鞫人忮忒享祀不忒傳箋竝云忒變也正義俱引孫炎曰忒變雜不一不一即貳貳即差矣爾雅釋文忒或作貸是貸忒通又通作貸易豫釋文忒京本作貣月令云宿離不貣又云無或差貣呂覽貣俱作

忒又通作貣書云衍忒史記宋世家作衍貣又通作貳禮緇衣引詩其儀不忒釋文忒本或作貳音二

佴貳也佴次爲副貳

貳者說文云副益也周禮道僕掌貳車王制七十有貳膳孟子館甥於貳室竝以貳爲副也貳又代也相更代亦爲副益也佴者說文云佽也佽亦次故文選報任少卿書注引如淳曰佴次也詩決拾既佽周禮繕人注作抉拾既次佽又代也與貳同義佴之爲言猶亞也亞次也亞佴之聲又相轉

劑翦齊也南人呼翦刀爲劑刀

齊者斷也既夕記云馬不齊髦鄭注齊翦也翦斷其義同劑者說文云齊也玉篇云翦齊也太玄永云其命劑也范望注劑翦絕也周禮小宰云聽賣買以質劑鄭注質劑謂兩書一札同而別之皆今之券書也是亦取齊斷爲義也翦者說文作歬云齊斷也通作翦詩實始翦商毛傳翦齊也鄭箋翦斷也莊子人閒

世篇云且幾有翦乎釋文翦崔本作前是前翦通又通作戩說文引詩翦作戩云滅也滅亦斷絕之義故周禮序官翦氏注翦斷滅之言也郭云南方人呼翦刀爲劑刀者劑翦聲轉釋文劑卽隨反釋名云翦刀翦進也所翦稍進前也翦俗作剪

饙餾稔也今呼餐飯爲饙饙熟爲餾

稔者飪之叚音也說文飪大熟也又䭞云食飪也引易曰䭞飪今易鼎文作亨飪方言云飪熟也通作腍聘禮記云賜饔唯羹飪鄭注古文飪作腍詩楚茨傳亨飪之也釋文飪本又作腍又通作稔稔穀熟也釋文稔字又作飪詩泂酌釋文引爾雅正作飪說文亦饙餾飪三字連文可證矣饙者說文作餴或作饙餴云脩飯也郭云餐飯者釋文引蒼頡篇云餐饙也是餐脩同又引字書云饙一蒸米玉篇云半蒸飯泂酌釋文引孫炎云蒸之曰饙均之曰餾然則饙者半蒸之尚未熟故釋名云饙分也衆粒各自分也餾者說

文云飯气蒸也詩正義引作餴氣流也饎之爲言流也飯皆烝熟則氣欲流故孫炎云均之曰餾郭云饙熟爲餾詩正義引作飯均熟爲餾義本孫炎

媵將送也左傳曰以媵秦穆姬詩曰遠于將之

送者說文云遣也从倂省籀文不省荀子富國篇云送逆無禮揚倞注送致女是送以致爲義故漢書食貨志應劭注送致也媵者倂之叚音也說文云倂送也引呂不韋曰有侁氏以伊尹倂女通作媵後漢書皇后紀注引孫炎曰送女曰媵按本解以送女爲媵經典凡送亦通曰媵故易象傳云媵口說也燕禮及大射儀云媵觚于賓鄭注竝云媵送也方言云寄物爲媵媵寄也又云媵託也託寄亦送致之義又通作騰燕禮注今文媵皆作騰大射儀注古文媵皆作騰公食大夫禮云衆人騰羞者鄭注騰當作媵易之媵口說今作滕口說亦其證矣又通作揚檀弓云杜蕢揚觶鄭注禮揚作媵揚舉也媵送也揚近得之鄉飲

酒義及射義揚觶鄭注竝云今禮揚皆作騰燕禮媵
觚鄭注又云媵讀或爲揚揚舉也然則揚媵聲轉媵
騰聲近騰揚之義又近揚舉與媵送義亦近矣將者
說文𢪊扶也通作將詩我將箋將猶奉也聘禮記注
將猶致也義皆爲送故詩百兩將之周禮小宰祼將
之事傳注竝云將送也詩燕燕箋將亦送也傳云將
行也行與送義相成凡送兼行而言故公羊文十五
年傳笱將而來也蓋言簉輿行而送來也又凡將事
將命亦言銜命受事行而傳送之也故
詩敬之正義引孫炎曰將行之送也

作造爲也

爲者行也成也施也治也用也使也皆不出造作二
義造作爲三字竝見詩緇衣篇爲與僞古通用凡非
天性而人所造作者皆僞也僞卽爲矣作者說文云
起也起而動作卽爲之之義書凡言作史記俱訓爲
詩天作傳作生也駉傳作始也始與生亦皆爲之之
義也易離荀爽注作用也詩常武箋作行也周禮稻

人注作猶治也象胥注作使也諸義又皆爲之訓也作與詐古通用月令注作爲爲詐僞然則詐之通作亦猶僞之通爲作僞二字俱从人是皆人之所爲矣造者說文云就也就猶成也成亦爲之訓也故詩小子有造遭家不造傳竝云造爲也尚無造傳又云造僞也僞亦爲也周禮膳夫及儀禮士冠禮記注竝云造作也作亦爲也按玉篇爪部爲下引爾雅曰造作爲也今本誤倒宜訂正

餥餱食也方言云陳楚之間相呼食爲餥

食者釋名云食殖也所以自生殖也食與飯異故少牢饋食云尸又食鄭注或言食或言飯食大名小數曰飯食與糧異故周禮廩人云則治其糧與其食鄭注行道曰糧謂糒也止居曰食謂米也然則食兼乾濡二義爾雅之食亦兼二名也餥者方言云食也陳楚之內相謁而食麥饘謂之餥郭注饘糜也音旝是餥爲濡食說文云餱乾也則亦爲乾食矣麥饘者荀子富國篇云夏日則與之瓜麮丘舉一切經音義十三

引字書曰麩麥甘粥也蒼頡篇云耆麥也按今人耆大麥爲粥夏日食之解暑其遺象也餱者說文云乾食也一切經音義七引字林云乾飯也飯食亦通名耳故詩伐木傳餱食也公劉釋文餱字或作糇通作糗書峙乃糗糧說文引作峙乃餱糧是餱糗通糗糒也說文糒乾也糗熬米麥也按今時碎大麥爲削麨食之謂爲麨麪卽乾餱矣釋名云餱候也候人飢者以食之也餱善止飢夏月食之又解暑

鞫究窮也皆窮盡也見詩

窮者說文云極也小爾雅云竟也竟極聲轉義同又訓終也已也窘也困也諸義又皆爲盡也鞫者簕之叚音也說文云竆窮也从竆聲竆與簕同簕窮理罪人也楚辭天問篇云皆歸䠶簕王逸注簕窮也通作鞫詩谷風傳及雲漢瞻卬箋竝云鞫窮也公劉傳鞫究也究亦窮也又通作鞫爾雅釋文鞫字又作鞫詩南山及小弁傳竝云鞫窮也南山及節南山箋傳竝本釋詁云鞫盈也盈與窮亦義相成也究者詩鴻鴈

及蕩傳節南山箋並云究窮也常棣傳究深也深亦
窮也逸周書文酌篇云維有永究孔晁注究終也終
亦窮也究又畢也盡也竟也極也皆窮之訓也究聲
與九近陽窮於九故列子天瑞篇云九變者究也究
鞫窮俱一
聲之轉

滷矜鹹苦也滷苦地也可矜憐者亦辛苦苦即大鹹

苦者對甘而言月令云苦雨數來苦雨亦對甘雨而
言也釋名云苦吐也人所吐也書炎上作苦苦聲近
盬盬苦鹽也周禮鹽人云祭祀共其苦鹽杜子春讀
苦爲盬盬是鹽苦通矣滷者說文作鹵云西方鹹地也
東方謂之㡿西方謂之鹵玉篇作滷云苦地也引書
海濱廣滷易說卦云爲剛鹵釋名云地不生物曰鹵
鹵爐也如爐火處也然則㡿鹵之地不生草木其土
苦惡故曰苦矣矜者釋訓憐也矜憐古音疊韵矜本
作矜从令得聲令古讀如憐也矜訓苦者苦味近辛
故言辛苦愁苦悲辛皆可矜憐然則苦有二義味苦

曰苦矜憐其苦亦爲苦也詩箋及矜人毛傳矜憐也居以凶矜傳矜危也危苦義近爾雅釋文矜作鹶玉篇鹶苦也按鹶字非郭義葢俗作耳鹹者說文云銜也北方味也書潤下作鹹鹹極必苦故淮南墜形篇云鍊苦生鹹今驗海水鹹煑鹽味苦是其證矣

干流求也詩曰左右流之**流覃也覃延也**皆謂蔓延相被及

求者玉篇云用也見也索也曲禮注求猶務也檀弓注求猶索物學記注求謂招來也穀梁定元年傳求者請也按祈請竝訓求說文祈求福也求祈聲轉故祈福即求福祈雨即求雨矣干者說文犯也犯與求其義相反而相近故詩旱麓及假樂傳箋竝云干求也小爾雅云干得也得又緣求而生也通作奸漢書孔光及黃霸傳注竝云奸求也奸干俱訓犯古字通用故左氏成十六年傳奸時以動釋文奸本或作干是其證矣流者釋詁云擇也擇與求義近故詩關雎傳流求也流求疊韻又流動延移亦會旁求之意故

訓求矣流又訓覃者說文云䆮長味也是覃有長義覃與尋同尋亦訓長故方言云尋長也釋文覃本又作𢽴字孫叔然云古覃字同按𢽴郎尋字孫炎以爲古覃字者古讀覃尋聲近釋草之蕁莐藫孫炎以爲古藫字亦其證也然則覃尋竝訓長流有衍長之義故又訓覃矣覃又訓延者延亦長故釋詁云延長也郭云蔓延相被及者蓋覃有延義延移亦相被及故詩葛覃傳覃延也施移也又流亦有移義故考工記弓人及禮中庸注竝云流猶移也然則流覃延三字轉相訓其義同

佻偷也 且謂苟

偷者說文作愉云薄也大司徒云以俗教安則民不愉鄭注愉謂朝不謀夕通作偷表記云安肆日偷鄭注偷苟且也左氏昭十年正義引孫炎亦曰偷苟且也皆郭所本偷又單訓苟故晉語云人孰偷生韋昭注偷苟也佻者說文云愉也引詩視民不佻佻通作恌今詩作視民不恌毛傳恌愉也玉篇引爾雅亦作恌

偷也今爾雅仍作佻故左氏昭十年傳佻之謂甚矣正義引李巡曰佻偷薄之偷也周語云而卻至佻天之功以爲己力韋昭注佻偷也按佻猶侻也佻侻皆輕也輕薄義近佻偷侻俱聲相轉佻通作嬥詩佻佻公子韓詩作嬥嬥公子

潛湥也潛湥測也　測亦水湥之別名

湥者玉篇云邃也遠也考工記梓人注湥猶藏也藏伏卽潛之訓也潛者說文云藏也書之沈潛馬融注潛伏也易之潛龍崔憬曰潛隱也方言云潛亾也亾隱伏藏其義又皆爲湥故後漢書班彪傳注潛湥也方言又云潛沈也沈亦湥也沈湥潛測俱聲相轉也潛湥又爲測者說文云測湥所至也淮南原道篇注度湥曰測是測兼度湥及湥所至之名考工記弓人云漆欲測測當訓湥漆有幽湥之意也淮南說林篇云以篙測水篙終而以水爲測測亦當訓湥故郭此注以測爲水湥之別名是矣高誘訓測爲盡鄭注訓

測爲清
似失之

穀鞫生也 詩曰穀則異室

生者活也說文云進也象艸木注出土上文選魏都賦注引劉巘易義云自無出有曰生周禮太宰注生猶養也是生兼活也養也二義爾雅之生亦猶是矣穀者釋詁云善也釋言云祿也善與生活義近祿與生養義近故詩穀則異室自何能穀傳箋竝云穀生也是皆以生活爲義也小弁蓼莪四月皆言民莫不穀箋竝云穀養也是皆以生養爲義也穀字之訓二義盡之今攷經傳參以爾雅穀蓋皆穀之叚借也何以明之說文云穀乳也人及鳥生子曰乳是乳訓生穀訓乳左氏宣四年傳楚人謂乳穀穀卽穀字故莊卅年傳鬬穀於菟釋文引漢書敘傳穀作穀論語公冶長篇集解姓鬬名穀釋文穀本又作穀是穀穀通故荀子禮論篇云臧穀猶且羞之楊倞注孺子曰穀或曰穀讀爲鬬穀於菟之穀穀乳也然則左傳乳穀

本作乳穀故荀子注及論語集解漢書敘傳竝作穀字而左宣四年釋文鈌載其穀音奴口反此讀又失也穀穀二字竝古豆反與彀音近說文穀穀彀俱从㱿聲又云穀續也續亦相生之義矣鞠者上文云稺也稺養義近故詩蓼莪傳鞠養也通作育釋詁云育長也長養義皆爲生又通作毓大司徒云以毓草木晉語云怨亂毓災注竝以毓爲生也毓與鞠聲近義同故爾雅之鞠稺詩鴟鴞正義引郭璞曰鞠一作毓是毓鞠通

啜茹也 啜者拾食

茹者說文云飤馬也玉篇云飯牛也而預而與而諸三切方言云茹食也吳越之閒凡貪飲食者謂之茹郭注今俗呼能麤食者爲茹漢書集注食菜曰茹是茹爲人食之通名說文玉篇但云飤馬飯牛義未備也證以詩言柔則茹之又禮運云茹毛孟子云茹草莊子云不茹葷竝以茹爲食也蓋雲翔爲余言今萊

陽人謂牛噉長草曰茹人噉生菜連莖葉吞之亦曰茹然則茹爲吞咽之名方言謂之貪飻郭注謂之麤飻其義與今俗語同矣啜者說文云嘗也釋名云啜絶也乍啜而絶於口也然則啜但訓飻郭云拾飻者葢取掇拾爲義非爾雅之恉也知者左氏定四年正義引舍人曰啜茹飻也是啜訓茹茹訓飻趙岐孟子注以啜兼飲言亦非今閩粤人謂喫爲嘬登萊人謂喫爲撮撮與嘬俱啜聲之轉

茹虞度也皆測度也詩曰不可以茹

度者釋詁云謀也度本丈尺之名詩予忖度之忖即寸寸度言若以尺寸量度之也左氏昭廿八年傳心能制義曰度賈子道術篇云以人自觀謂之度皆寸度之義義也茹者釋詁云如謀也如茹同詩不可以茹玁狁匪茹來咨來茹傳箋竝云茹度也虞者詩有虞殷自天無貳無虞傳箋竝云虞度也晉語注虞備也太玄玄瑩注虞憂也憂與備其義亦皆爲度矣

試式用也 見詩書

用者說文云可施行也方言云行也行與由同由亦用也小大由之言小大用之也一切經音義七引蒼頡篇云用以也以亦用也雖不吾以言雖不吾用也通作庸說文云庸用也書五刑五用哉後漢書梁統傳作五刑五庸哉試者說文云用也引虞書曰明試以功試又嘗也驗也其義亦皆爲用故詩師干之試論語吾不試傳注竝云試用也式者說文云法也法制人所用故法庸釋詁竝訓常庸卽用也言常用也詩式微式微式夷式已傳竝云式用也秦策云式於政不式於勇高誘注亦云式用也方言云由式也然則式亦由也由亦用矣

誥誓謹也 皆所以約勤謹戒衆

謹者愼也亦通作愼詩謹爾侯度左氏襄廿二年傳作愼爾侯度謹與誡同義說文云誡敕也誡謹一聲

之轉誥者釋詁云告也荀子大略篇云誥誓不及五帝楊倞注誥誓以言辭相誡約也漢書刑法志注誥謹也以刑治之令謹敕也通作誥大司寇及布憲注竝云誥謹也刑法志注誥字或作誥是誥誥通誓者說文云約束也釋名云誓制也以拘制之也拘制約束皆所以爲謹敕也故曲禮云約信曰誓文王世子云曲藝皆誓之鄭注誓謹也皆使謹習其事大戴禮子張問入官篇云故儀不正則民失誓盧辯注誓敕也敕亦謹也大射儀注誓猶告也是誓誥義同

競逐彊也皆自強勉

彊者說文云弓有力也釋名云彊畺也通作強釋詁云強勤也學記云知困然後能自強也鄭注自強修業不敢倦法言五百篇云或性或強李軌注強者習學以至也競者說文云彊語也一曰逐也从言从二人拔二義俱本爾雅以誩故訓彊語从二人故訓逐也詩桑柔烈文傳及抑執競箋竝云競彊也職競用

力不競不絿箋又云競逐也淮南原道及俶眞篇注亦云競逐也呂覽分職篇注競進也進亦逐也離騷篇注競並也並亦彊也通作倞又通作勍說文竝云彊也又通作傹周禮鍾師注引呂叔玉云繫遏執傹也卽執競之異文又通作竟逸周書度訓篇云揚舉力竟卽力競也史記篇云竟進爭權卽競進也水經江水注引之蓋傹省作竟非誤也今或改逸周書爲競則非矣逐者說文云追也追逐也逐與競同意故左氏昭元年傳諸侯逐進杜預注逐猶競也漢書五行志晉灼注競走曰逐後漢書馮異傳注逐爭也爭亦競矣

禦圉禁也　制禁

禁者說文云吉凶之忌也玉篇云止也錮也呂覽離謂篇注禁法也淮南氾論篇注禁戒也戒與法亦止之義也禦者玉篇云禁也又當也小爾雅云抗也抗與當皆禁止之義文選西京賦云禁禦不若是禦亦

禁也御禦與篽同說文云篽禁苑也引春秋傳澤之自
篽篽或作魰按左氏昭廿年傳澤之萑蒲舟鮫守之
舟鮫卽舟魰之譌說文自篽亦舟篽之譌也通作御
釋文禦本或作御詩亦以御冬毛傳御禦也言御禦
同以禦亂兮大射儀注作以御亂兮又通作敔說文
云敔禁也一曰樂器釋名云敔衙也衙止也所以止
樂也一切經音義一云禦古文敔同又通作衙周禮
田僕注衙衙還之使不出圍釋文衙本又作御石門頌
云綏億衙彊卽禦彊也北海相景君碑云強衙改節
卽彊禦也圉者逸周書寶典篇云不圉我哉孔晁注
圉禁也謚法篇云威德剛武曰圉孔注圉禦也能禦
亂患也一切經音義九引舍人曰禦圉未有而預防
之也防亦禁止之義通作禦詩曾是彊禦漢書敘傳
作曾是彊圉不畏彊禦王莽傳作不畏彊圉孔棘我
圉鄭箋圉當作禦管子輕重甲篇云守圉之國用鹽
獨甚尹知章注圉與禦同又通作御詩我居圉卒荒
韓詩外傳作我居御卒荒又通作敔樂記注謂柷圉
也釋文圉本作敔又通作圄說文云圄囹圄所以拘罪

人今作囹圄玉篇云圄禁囚也

窒薶塞也謂塞孔穴

塞者實之叚借也說文云實窒也通作塞旣夕記云瑱塞耳鄭注塞充窒詩定之方中箋及祭義注並云塞充滿也又通作寋說文云寋實也引虞書曰剛而寋今書作塞中庸云不變塞焉鄭注塞猶實實與充滿義近也按塞說文作𡫳云隔也與寋寘異今則同之故玉篇云塞蘇代切隔也又蘇得切實也滿也蔽也皆其義也窒者詩七月及東山傳箋並云窒塞也廣雅云窒滿也論語云惡果敢而窒者鄭注魯讀窒爲室今從古按室說文云實也實卽塞之訓也實室窒三字聲近義通一切經音義九云窒古文憤同憤訓止與塞義亦近矣薶者說文云瘞也瘞薶互訓義俱爲塞故詩傳以塞爲瘞爾雅以薶爲塞也通作貍周禮大宗伯以貍沈祭山林川澤卽爾雅之釋天云祭地曰瘞薶也又通作埋詩鳧鷖箋有瘞埋之象釋

文理字亦作𦵔祭法云瘞埋於泰折祭地也

黼黻彰也 黼文如斧黻文如兩己相背

說文彰文彰也廣雅云彰明也通作章書彰厥有常史記夏紀作章其有常孝經云神明章矣釋文章本又作彰推是而言如考工記畫繢之事云雜四時五色之位以章之鄭注章明也周語云其飾彌章韋昭注章著也鄭語云其子孫未嘗不章韋注章顯也凡此皆以章爲彰也黼黻者說文云黼白與黑相次文黻黑與青相次文本考工記爲說也而不言所象爲何物爾雅釋器但云斧謂之黼於黻字仍無說書益稷傳及左氏桓二年注郭氏此注竝云黻兩己相背唯漢書韋賢傳集注紱畫爲亞文亞古弗字也與舊說異阮雲臺師曰自古畫黻作亞形明兩弓相背非兩己相背也兩弓相背義取于物與斧同類兩己之己何物耶得非兩弓相沿之誤與漢書師古注黻畫爲亞文亞古弗字𢎘俗本漢書遂皆譌爲亞及此語必有師傳非

師古所創云云今按以音義推之黼从甫聲其訓爲斧黻从犮聲其訓爲弗又兩弓相並爲弜𢐀兩兩弓相背爲亞似有意義釋文黼黻或作黼黻又云黻戾也戾即弗字之意師古之說蓋有徵矣黼黻訓彰者荀子富國及禮論篇並云黼黻文章章即彰矣書益稷言黼黻又言彰施亦此義

䏶身親也

親謂躳

親者說文云至也祭義云其親也慤鄭注親謂身親又云如親聽命其義亦同文王世子注親猶自也公羊莊卅二年傳注親躳親也通作寴說文云寴至也汗簡云寴出尚書是寴古親字矣䏶者說文云胷也胷與躳身義近故並訓親少儀云執箕䏶揭鄭注䏶親也通作膺釋詁云膺當也當與親義亦近膺从心與䏶从肉其義又近也身者說文云躳也躳身互訓其義同詩云弗躳弗親呂覽孟春紀注躳親也士昏禮記注躳猶親也樂記注躳猶己也已即身釋詁云身我也已與我皆親之之詞亦即身訓親之義也

愷悌發也 發發行也詩曰齊子愷悌

發者廣雅云開也釋名云發撥也撥使開也開則明故詩長發釋文撥韓詩作發發明也論語亦足以發不悱不發發俱訓明發又進也行也詩履我發兮遂視旣發傳箋竝云發行也爾雅之發則以開明爲義不兼行進爲義也愷悌者闓圛之叚音也說文云闓開也廣雅云闓明也圛者說文引尚書曰圛圛升雲半有半無讀若驛今書洪範即作曰驛古文本作曰圛史記集解引鄭注曰圛者色澤而光明也是圛訓明曰圛宋世家作曰涕聲之叚借故詩齊子豈弟箋云豈讀當爲闓弟古文尙書以弟爲圛圛明也正義引舍人李巡孫炎郭璞皆云闓明發行是諸家竝以闓明訓豈弟與鄭義同唯以發爲發行則異今郭注但有發行之文而無闓明之語以校正義所引葢有缺脫矣愷悌訓發者愷悌即豈弟經典豈弟訓樂易此訓闓明葢經師舊說相傳謂然故鄭箋云此豈弟猶言發夕也然則發訓明不訓行發夕猶旦夕也釋

文引韓詩云發旦也旦亦明也故說文引禮旦明互通爲發明詩小宛又云明發其實皆一義耳

髦士官也 取俊士令居官

官者說文云吏事君也玉篇云宦也古微書引春秋元命苞云官之爲言宣也周禮宰夫云掌小官之戒令鄭注小官士也士相見禮注居官謂士以下祭法注官師中士下士然則官爲總名也髦士者釋文云毛中之長豪曰髦士之俊傑者借譬爲名是髦士爲俊選之嘉稱故下文云髦選也俊也選士俊士司馬辨論官材論定然後官之故曰官也

畯農夫也 今之嗇夫是也

農者一切經音義引說文云農耕人也今本脫人字春秋繁露云農者民也莊子讓王篇釋文引李頤云農農人也爾雅之農夫則謂農官耳畯者說文云農夫也本爾雅畯不言田省文也農不言大夫亦省文

也實則田畯是官名大夫是爵號故詩田畯至喜毛傳田畯田大夫也田大夫即農大夫或疑爾雅農夫之閒當脫大字據周語云命農大夫咸戒農用韋昭注農大夫田畯也以此爲證今謂不然古人文字不拘故有稱農大夫者周語是也有稱農夫者爾雅是也有稱農父者書酒誥是也亦有稱農正者周語云農正再之韋昭注農正后稷之佐田畯也亦有單稱農者郊特牲云饗農鄭注農田畯也是皆農不必稱大夫之證猶之田畯亦單稱畯爾雅此文是也亦單稱田月令云命田舍東郊鄭注田謂田畯主農之官是也是又田畯二字不必兼稱之證然則田畯即農官故詩七月正義引孫炎曰農夫田官也郭云今之嗇夫者詩甫田箋田畯司嗇今之嗇夫也是郭所本嗇夫者漢書百官公卿表及晉書百官志具有其文

蓋割裂也 詳蓋未

裂者與列同說文列分解也廣雅云裂分也內則云衣裳綻裂釋文裂本又作列莊子天下篇云道術將

爲天下裂是裂列俱以分解爲義也蓋者釋文云古害反舍人本作害是害蓋通又與割同割者害也釋名云害割也如割削物也說文云割剝也从害聲故割與害同又與蓋同見禮記緇衣注是蓋割害三字以聲爲義也阮雲臺師曰害曷蓋末未古音皆相近毎加偏旁互相叚借若以爲正字則失之書呂荆云鰥寡無蓋蓋卽害字之借言堯時鰥寡無害也孟子謨蓋都君兼言井廩亦當訓害也害字與割音義最近書堯典洪水方割大誥天降割之類皆害字之借也害字與蓋亦近爾雅釋文蓋舍人本作害書君奭云割申勸寧王之德鄭氏緇衣注割之言蓋是也盇與曷同音故孟子時日害喪害卽曷也蓋與末未亦最近故公羊襄廿七年傳曰昧雉彼視何休注昧割也邵公之意若曰有渝盟者視此割雉也

豈支載也　皆方俗語亦未詳

載者說文云乘也釋名云戴也戴在其上也通作戴詩載弁俅俅此篇下文郭注引作戴弁俅俅豈者釋

文云又作擁邪疏引謝氏云邕字又作擁釋云擁者護之載也支者邵氏正義云支與榰通榰柱所以承載詳見下文

諈諉累也 以事相屬累爲諈諉

累者說文作纍云綴得理也玉篇云纍力佳切繫也又力僞切延及也累同纍是纍爲正體隸省作累今讀累力僞切纍力佳切以爲二字非矣釋文累本又作纍字又作絫是絫纍又通矣諈諉者說文云諈諉纍也諉纍也是諈諉連文及單文俱訓纍也釋文引孫炎云楚人曰諈秦人曰諉是諈諉疊韻二字義同玉篇云諈託也漢書賈誼傳注引蔡謨曰諉者託也是諈諉並訓託託屬託與屬累義亦同

漠察清也 皆清明

清者說文云朖也澂水之皃文選思玄賦云懲淟涊而爲清舊注清靜也易象上傳虞翻注清猶明也是

清兼明靜二義靜猶淨也方言云清急也急猶激也故方言又云激清矣漢者說文云清也釋文引樊光云漠然清貌音莫漢書賈誼傳注漠靜也是漠爲靜之清矣察者審之清也釋詁云察審也禮器注察猶明也老子云俗人察察河上公注察察急且疾也又與清急義合

庇庥廕也今俗語呼樹廕爲庥

廕者蔭之或體也說文蔭艸陰地玉篇引作草蔭地也是蔭从艸其實樹木之陰亦謂之蔭故淮南說林篇云蔭不祥之木人閒篇云蔭暍人於樾下皆以樹陰爲蔭也通作陰詩旣之陰女箋以陰爲覆陰釋文陰鄭音蔭覆蔭也左氏昭元年傳趙孟視蔭釋文蔭本亦作陰又通作廕爾雅釋文廕字亦作蔭詩雲漢釋文蔭本亦作廕庇者說文云蔭也表記注及考工記輪人注竝云庇庇覆也覆亦蔭故一切經音義九引孫炎曰庇覆之廕也左氏文十七年正義引舍人曰庇蔽也蔽亦覆蔭也方言云庇寄也寄託義亦同也

通作芘雲漢釋文芘本亦作庇又通作庥周禮遂師釋文庇本又作庥庥者說文與休同云息止也从人依木釋詁云休息也左傳正義引舍人曰茠依止也止息義皆爲蔭淮南精神篇云得茠越下高誘注茠蔭也三輔人謂休華樹下爲茠也釋文庥字又作休按作休爲正茠俗聲也

穀履祿也書曰旣富方穀詩曰福履將之**履禮也**禮可以履行見易

祿者釋詁云福也廣雅云善也善與福同義周禮天府注祿之言穀也孝經注倉廩爲祿是祿兼二義爾雅亦然也穀者上文云生也釋詁云善也善與祿義同生與養義近詩傳爾戩穀蔌蔌方有穀傳箋並云穀祿也孟子穀祿不平趙岐注穀所以爲祿也亦與此義合矣履者釋詁與祿並云福也詩福履綏之傳履祿也履履祿聲轉義同說文云禮履也所以事神致福也亦與此義合餘詳釋詁○履訓禮者祭義云禮者履此者也仲尼燕居云言而履之禮也坊記云履無咎言皆以履爲禮也詩履我卽兮率履不越傳並

云履禮也郭云見易者序卦云履者禮也履禮疊韵履祿雙聲故古皆以爲訓履禮字通亦詳釋詁

隱占也 隱度

占者漢書陳遵傳云口占書吏集注占隱度也口隱其辭以授吏也占音之贍反敘傳云大臣名家皆占數于長安集注占度也自隱度家之口數而箸名籍也然則占者億度之詞與占候之義亦近釋文無音葢讀如字玉篇占之鹽切候也候伺亦隱度之言是占亦不必音之贍反矣隱者文選郭有道碑文注引劉熙孟子注曰隱度也管子禁藏篇注亦同少儀云隱情以虞鄭注隱意也思也按意與億則屢中之億同億謂以意度之故禮運云非意之也鄭注意心所無慮也無慮亦隱度之義然則意亦隱也隱意聲轉字通故左氏昭十年經云季孫意如公羊作季孫隱如

逆迎也

釋詁云迓迎也迎者說文云逢也迎迓御俱音轉字通已詳釋詁又與輅同左氏僖十五年傳輅秦伯宣二年傳狂狡輅鄭人輅俱訓迎輅御又疊韵字矣逆者迕之迎也逆本逢迕之名而有逢迎之義故以逆爲迎考工記匠人云逆牆六分鄭注逆猶卻也齊策云故專兵一志以逆秦高誘注逆拒也拒與迎義相反者逆對順言故有拒意逆以迎言故有逢遇之意詁訓有相反而相同者此類是也

憯曾也見詩發語辭

曾者說文云詞之舒也蓋曾之言增增者重累故其詞舒曾猶嘗也凡言嘗如是者亦言曾如是左氏昭十二年傳注昆吾曾居許地釋文曾一本作嘗是嘗曾通曾又訓乃趙岐孟子注何曾猶何乃也憯者朁之叚音也說文朁曾也引詩朁不畏明通作憯詩民勞節南山十月之交傳箋竝云憯曾也又通作慘民勞釋文慘本亦作憯左氏昭廿年傳作慘不畏明釋文慘曾也慘憯聲同憯曾聲轉

增益也 今江東通言增

益者說文云饒也玉篇云加也易繫辭云益德之裕也是益以增多增長爲義也增者說文云益也廣雅云加也重也累也爾雅釋訓云增增衆也是皆增多增長之義通作曾說文會部云會从曾省曾益也詩曾孫篤之箋曾猶重也離騷云曾歔欷余鬱邑兮王逸注曾累也又通作層招魂篇云層臺累榭王逸注層重也魏大饗碑云蔭九增之華蓋增卽層也又通作譄說文云譄加也又通作橧禮運云夏則居橧巢釋文橧本又作增又作曾今按玉篇橧才陵子登二切卽曾增之音橧巢與營窟對文橧亦重累之義然則橧依義當作增與曾段借作橧耳

窶貧也 謂貧陋

貧者說文云財分少也莊子讓王篇云無財謂之貧是貧从財省會意說文从貝从分貝卽財分卽少矣

窶者說文云無禮居也詩北門傳窶者無禮也貧者困於財一切經音義一引蒼頡篇云無財曰貧無財備禮曰窶又引字書云窶空也類聚卅五引字林云窶貧空也按窶从婁聲婁訓空故以空言聲兼意也釋名云窶數猶局縮皆小意也小與貧近故荀子堯問篇有窶小之言小與空又與無禮居近也詩云終窶且貧是貧窶爲二窶謂無財可以爲禮貧并無以自給故言且以見意實則貧窶是一故書六極四曰貧不言窶從可知也

薆隱也謂蔽隱**僾唈也**嗚唈短氣皆見詩

隱者釋詁云微也玉篇云不見也匿也皆藏伏翳蔽之義也薆者說文作薆云蔽不見也玉篇云隱也蔽也亦作薆華嚴經音義上引珠叢云薆蔽也離騷云衆薆然而蔽之方言注薆謂蔽薆也引詩薆而不見蓋薆而卽薆然薆然又卽隱然矣通作僾廣韵云僾隱也說文云仿佛也引詩僾而不見又通作㤅今詩

作㤅而不見說者因以㤅爲可㤅非也㤅即僾之省故廣雅云㤅僾也詩㤅莫助之傳㤅隱也是其證○唈者悒之或體也說文悒不安也文選長門賦云舒息悒而增欷兮李善注悒於悒也一切經音義四引蒼頡篇云悒悒不舒之貌也通作邑漢書成帝紀贊云言之可爲於邑集注於邑短氣貌文選與滿公玉書云良增邑邑李善注邑邑不樂也又通作唈王篇云唈烏合切嗄也引爾雅淮南覽冥篇云孟嘗君爲之增欷歍唈高誘注歍唈失聲也按歍唈即於悒或作嗚唈亦作嗚咽竝字音小異耳於嗚聲同於悒又即悒悒聲相變也僾者詩亦孔之僾傳僾唈正義引孫炎曰心唈也荀子禮論篇云愅詭唈僾而不能無時至焉楊倞注唈僾氣不舒憤鬱之貌然則唈僾即僾唈也爾雅古本當作僾悒故孫炎云心悒从邑㫄心也詩正義據爾雅今本作僾唈故引孫炎云心唈从邑㫄口矣荀子今本亦作唈僾宋本則作悒僾可證

基經也基業所以自經營**基設也**亦爲造設

經者理也歷也考工記輈人注經亦謂順理也詩靈臺傳經度之也楚語注經謂經度之立其基址也是皆以理爲義也釋名云經徑也小爾雅云經過也文選魏都賦注直行爲經是皆以歷爲義也爾雅之經主前義亦包後義也鬼谷子抵巇篇云經起秋豪之末注云經始也始卽基之訓也基者釋詁云始也謀也俱與經理義近故賈子禮容篇云基者經也書周公初基基謂經度之也正義引鄭注基訓爲謀謀亦經度之義詩經始靈臺經始卽初基也周語云自后稷之始基靖民始基亦卽初基韋昭注基訓爲始非也通作期士喪禮注古文基作期士虞禮記注古文朞皆作基按朞說文作稘云復其時也然則朞者周而復始經歷一月謂之朞月經歷一年謂之朞年基之訓經亦其義矣基經雙聲○設者說文云施陳也陳列施設俱與經理義近禮容篇云基者勢也形勢與造設義亦近

祺，祥也。謂祥徵。**祺，吉也。**謂吉之先見。

祥者，釋詁云善也，說文云福也，賈子大政篇云祥者福之榮也。按榮謂先見其徵應，若草木之有華榮也。士虞禮記注：祥，吉也。漢書五行志云：祥猶禎也。禎吉亦福善之義也。祺者，士冠禮云壽考維祺，鄭注：祺，祥也。詩維周之禎，傳：禎，祥也。正義引釋言文，是禎本作祺。釋文亦作祺，云祥也，爾雅同。故正義又引舍人曰：祺，福之祥。某氏曰：詩維周之祺。臧氏據宋本改。定本、集注祺字作禎。釋文亦引徐云本又作禎，與崔本同。然則今詩作禎，蓋據徐邈及崔靈恩集注所改。釋文、正義俱作祺，今正義亦作禎，則誤矣。臧氏琳經義雜記十一云：唐石經作禎，故今本多作禎。說文：禎，祥也。崔蓋本此。今注疏本作禎，則非。○吉者，說文云善也，釋名云實也，有善實也。文選東京賦注：吉，福也。周禮大祝云吉祝，鄭衆注：祈福祥也。然則吉包福善二義，與祥同訓。故逸周書武順篇云：禮義順祥曰吉。是吉即祥矣。祺既訓祥，又言吉者，蓋祥之一字本兼吉凶二義，書

序云亳有祥桑穀此以妖怪爲祥也周語云襲于休祥此以福善爲祥也故申釋之

兆域也界謂塋**肇敏也**書曰肇牽車牛

域者說文作或云邦也或又从土玉篇云域居也封也詩蘞蔓于域傳域營域也周禮典祀注域兆表之塋域廣雅云塋域葬地也按塋營通域本邦之界限不獨葬地有域故漢書禮樂志云躋之仁壽之域集注域界也是凡界稱域矣兆者垗之叚借也說文云垗畔也爲四時界祭其中引周禮曰垗五帝於四郊通作兆今小宗伯垗作兆鄭注兆爲壇之營域樂記云行其綴兆士喪禮云兆南北面鄭注並云兆域也又通作肇書肇十有二州大傳作兆十有二州鄭注兆域也爲營域以祭十二州之分星也詩以歸肇祀箋肇郊之神位也后稷肇祀表記作后稷兆祀鄭注兆四郊之祭處也詩肇域彼四海肇當作兆兆域正天下之經界○敏者說文云疾也肇者釋詁云謀也謀敏古音相近中庸人道敏政鄭注敏或爲謀是謀

敏通詩肈敏戎公釋文引韓詩云肈長也長有敏意肈之言猶趙也穆天子傳云天子北征趙行郭注趙猶超騰也超騰與敏疾義近詩其鎛斯趙傳趙刺也按肈擊也擊刺與敏疾義又近

挾藏也今江東通言挾 **浹徹也**徹謂霑

藏者懷也說文作褱云藏也學記云藏焉脩焉鄭注藏謂懷抱之按藏古書作臧後人通俗爲藏耳挾者說文云俾持也玉篇云懷也持也廣韵云藏也護也漢書惠帝紀云除挾書律應劭注挾藏也通作俠說文云褱俠也褱俠猶褱藏左氏隱九年經云挾卒公穀作俠卒是俠挾通又與匧同匧或作篋說文云匧藏也○徹者說文云通也小爾雅云達也爾雅釋訓注徹亦道也道達義俱爲通也浹者古無正文俗挾與接爲之接亦通達之義故小爾雅云接達也廣雅云接徧也周徧亦霑洽之義此皆以接爲浹也以挾爲浹者詩使不挾四方毛傳挾達也釋文挾子協反周禮大宰及大司馬竝云挾日而斂之釋文挾子協

反字又作浹越語云浹日而令大夫朝之韋昭注從甲至甲日浹浹帀也淮南原道篇云不浹于骨髓高誘注浹通也漢書禮樂志云於是教化浹洽集注浹徹也唯荀子書浹俱作挾儒效篇云盡善挾洽之謂神挾洽卽浹洽也禮論篇云方皇周挾周挾卽周浹也故楊倞注竝云挾讀爲浹與詩及周禮合爲乇書所未見

替廢也替滅也亦爲滅絕

廢者釋詁云舍也舍謂廢置不用故又訓退也罷也止也已詳釋詁替者說文云廢一偏下也通作替詩勿替引之胡不自替離騷云謇朝誶而夕替毛傳及王逸注竝云替廢也晉語云薦可而替否韋昭注替去也去亦廢故一切經音義九引李巡曰替去之廢也釋詁云替止也止亦廢又云替待也待亦止之廢也滅者釋詁云盡也絕也晉語注滅除也除去與廢止義近替又訓滅者魯語云令德替矣晉語云君之

家嗣其替乎韋昭注竝云替滅也

速徵也徵召也易曰不速之客

徵者求也說文云召也召求義近呂覽達鬱篇云桓公樂之而徵燭漢書五行志云徵褰與襦高誘注及顏師古集注竝云徵求也速者疾之徵也文選思玄賦云速燭龍令執炬兮舊注速徵也徵亦召故詩何以速我獄以速諸父傳竝云徵召也鄉飲酒及鄉射禮速賓注同召者說文云評也呂覽分職篇云令召客者酒酣高誘注召請也請猶徵也經典徵訓召者周禮司市云成賈而徵儥縣正云縣之政令徵比典祀云徵役于司隸及鄉飲酒鄉射禮云徵唯所欲鄭注竝云徵召也凡左傳徵會徵聘徵師之類其義亦同召猶招也說文招手呼也偁謂然則召以口評招以手評故楚辭招魂序云以手曰招以言曰召詩匏有苦葉傳招招號召之貌號召亦評召也招又求也致也竝與召義同

琛寶也詩曰來獻其琛

寶者說文云珍也珍寶也通作保又作葆易繫辭云聖人之大寶曰位釋文寶孟作保書無墜天之降寶命史記魯世家作無墜天之降葆命畱矦世家集解徐廣曰史記珍寶字皆作葆又通作宲亦作瑤書云陳寶說文引作陳宲寶器穆天子傳作瑤器矣琛者詩泮水傳寶也正義及釋文引舍人曰美寶曰琛莊氏述祖說琛字古無正文當依說文作珍余按琛字見詩與金相韵若作珍則失韵其說非也玉篇琛別作賝廣韵賝賷也與玉篇異文選思玄賦云獻環琨與琛縭兮舊注琛質也質與寶異琛質之訓與爾雅又菲疑未能定也

探試也刺探嘗試

試者上文云用也此訓嘗試廣雅云試嘗也秦策云臣請試之高誘注試猶嘗視也然則易旡妄云不可

試也試試亦嘗矣釋文訓試爲驗驗與嘗近嘗與用亦近矣揆者釋詁云取也又訓刺揆刺亦采取之義刺揆猶伺揆也故軍中間諜用以揆取敵情謂之揆子然則揆之言占也試之言伺也方言云占伺視也占與覘同伺與覗同皆竊視之意試與弑古通用石經公羊殘碑云何隱爾試也試即弑矣白虎通云弑者試也釋名云弑伺也同閒而後得施也並與揆試義近

髦選也之俊選士**髦俊也**毛中之髦士中之俊如

選者說文云擇也玉篇云數也廣雅云入也逸周書常訓篇云夫民羣居而無選孔晁注選行也漢書武帝紀云知言之選應劭注選善也然則選之言善謂德行道藝可入成均充選數故王制云命鄉論秀士升之司徒曰選士白虎通引禮別名記曰十人曰選言材過十人也髦者上文云髦士官也釋文毛中之長豪曰髦然則髦之言豪也在毛謂之豪在士謂之選故選士曰髦士亦曰豪士矣○俊者禮別名記曰

百人曰俊說文云俊材過千人也書俊乂在官馬鄭注竝云材德過千人爲俊鶡冠子能天篇云德萬人者謂之俊不同者百千萬雖爲數懸殊要皆才德出衆之稱故書克明俊德鄭注俊德賢才兼人者是其義俱通矣王制云司徒論選士之秀者而升之學曰俊士通作儁左氏莊十一年傳得儁曰克釋文儁本或作俊髦乂訓俊者詩甫田椷樸傳及士冠禮注竝云髦俊也

俾職也使供職

職者釋詁云主也周禮掌固云民皆有職焉鄭注職謂守與任考工記云國有六職百工與居一焉然則職不必居官也凡事也業也主者皆謂之職大宰以八職任萬民任卽任使之義也俾者釋詁云使也從也從順使令皆與職義近以從順爲職職之卑者也以使令爲職職之尊者也通作比詩克順克比樂記引作克順克俾鄭注俾當爲比聲之誤也擇善從之曰比按比訓從則與俾同故古字通非誤也在易比

與師對比卽俾也師猶尸也釋詁云尸職主也

紕飾也 謂緣飾見詩

飾者論語鄉黨篇皇侃疏引鄭注云飾謂純緣也玉篇云純之閏之允二切緣也緣於絹切邊緣也紕者玉篇云必二扶規二切冠緣邊飾也按緣邊之飾衣冠皆有之故玉藻云縞冠素紕鄭注紕緣邊也紕讀如埤益之埤是冠緣邊曰紕也雜記下云紕以爵韋六寸鄭注在旁曰紕深衣云純袂緣純邊鄭注緣邊衣裳之側旣夕記注飾裳在幅曰綼按在幅卽裳之邊側釋文綼音毗支反綼卽紕也是衣裳緣邊俱曰紕也郭云見詩者素絲紕之毛傳紕所以織組總紕於此成文於彼鄭箋縫紕旌旗之旒縿或以維持之是毛鄭說紕義異要爲緣飾之義則同故爾雅總云紕飾也

淩慄也 淩懍戰慄

慄慼也 戰慄者憂慼

慄者凓之叚借也說文云凓寒也通作栗詩二之日栗烈傳栗烈寒氣也淩者凌之叚借也說文勝或作凌仌出也引詩納于勝陰今詩作凌陰毛傳凌陰冰室也爾雅淩慄古本作凌溧故釋文引樊注作凌冰凜也凜亦寒樊光蓋以冰凜釋溧字凜溧凌俱一聲之轉漢書楊雄傳云馳閶闔而入凌兢集注入凌兢者亦寒涼戰栗之處也與樊光義合郭所據本凌作淩溧作慄故釋文云淩力升反又云郭注淩當作倰埤蒼云倰慄也然則郭本淩慄即埤蒼之倰慄其注云淩懅亦當爲倰遽楊雄傳云虎豹之凌遽集注凌戰栗也遽惶也文選西京賦云百禽倰遽薛綜注倰猶怖也竝郭所本○慄慼者當作栗慼亦叚借也釋名云慼遒也遒迫之也詩小明及召旻傳竝云慼促也促迫皆急疾之意故燕禮記云凡公所辭皆栗階鄭注栗慼也謂越等急趨君命也聘禮云栗階升鄭注栗階趨君命尚疾不連步公食大夫禮云賓栗階升不拜鄭注栗實也不拾級連步趨主國君之命然則儀禮栗階凡三見鄭俱以栗爲疾速其栗慼之

文唯燕禮注一見明其餘同是爾雅慄慼卽栗璺故
鄭據以釋經郭氏緣詞生訓而云戰慄者憂慼失之
矣今
訂正

蠲明也蠲清明貌**茅明也**左傳曰前茅慮無**明朗也**

明者說文云照也周語注顯也祭義注明猶潔也蠲
者說文云馬蠲也引明堂月令日腐艸爲蠲今月令
蠲作螢是蠲爲螢之明也方言云病愈或謂之蠲郭
注蠲亦除也是蠲爲除之明也周禮宮人云除其不
蠲鄭注蠲猶潔也是蠲爲潔之明也故書云不蠲烝
左氏襄十四年傳云惠公蠲其大德馬融及杜預注
竝云蠲明也爾雅邢疏引樊光云蠲除垢穢使令清
明是樊注亦兼潔除爲義矣通作圭詩吉蠲爲饎韓
詩作吉圭爲饎士虞禮記注及周禮蜡氏注亦竝作
圭云圭潔也孟子圭田注同然則圭蠲聲轉義同○
茅者郭引左氏宣十二年傳云前茅慮無杜預注茅
明也正義引舍人曰茅昧之明也杜注又引或曰時茅

楚以茅爲旌識然則茅旌亦取顯明爲義故朝會以
茅蕝表位祭祀用菁茅縮酒菁亦明也所以郊特牲
云縮酌用茅明酌也是皆茅訓明之義也齊語云首
戴茅蒲韋昭注茅或作萌按古讀明若芒萌亦若芒
萌茅明竝雙聲字也○明訓朗者詩旣醉傳朗明也
左氏昭五年傳正義引樊光云高朗令終日月光明
楚語云其聖能光遠宣朗淮南原道篇云
新而不朗韋昭及高誘注竝云朗明也

猷圖也周官曰以猷鬼神祇謂圖畫 **猷若也**詩曰寔命不猷

圖者釋詁云謀也廣雅云畫也周禮小宰鄭衆注圖
地圖也按圖謂模寫其形象也猷者釋詁云謀也謀
亦圖也猷與猶同詩猶之未遠傳猶圖也小旻白華
抑訪落般篓竝同周禮凡以神仕者以猶鬼神示之
居小行人云猶犯令者儒行云猶將不忘百姓之病
也鄭注竝云猶圖也此皆圖謀郭引周禮作圖畫於
義亦通○若者如也考工記梓人云毋或若女不寧
侯公羊莊四年傳則襄公得爲若行乎鄭及何休注

竝云若如也若如古通用有司徹云若是以辯鄭注今文若爲如如如若雙聲字也猷訓若者猷如釋詁竝云謀也如卽若也猷之爲若亦如如之爲若也詩小星鼓鍾傳竝云猶若也郊特牲云猶明清與醆酒於舊澤之酒也內則云子弟猶歸器鄭注竝云猶若也猶若亦雙聲字

偁舉也書曰偁爾戈　**稱好也**物稱人意亦爲好

舉者說文作擧从手與聲云對舉也則與舁同舁共舉也舉與動義近故訓起也拔也用也行也又訓言也雜記云過而舉君之諱則起鄭注舉猶言也拔舉訓言則與稱說同義又爲銓衡之名小爾雅云兩有半曰捷倍捷曰舉是舉與稱又俱爲器名矣偁者爯之叚借也說文云爯幷舉也通作偁說文偁揚也揚亦舉故釋訓云偁偁舉也又通作稱書敢行稱亂史記殷紀作敢行舉亂士相見禮云聞吾子稱贄聘禮云賓稱面檀弓云言在不稱徵鄭注竝云稱舉也蓋稱舉俱兼言行二義凡稱述稱道皆言之類也稱量

稱度皆行之類也舉義亦同○好者說文云美也徐鍇曰子者男子之美稱會意玉篇云好呼道切美也又呼導切㤅好也釋文亦兼二音與玉篇同以㤅好爲義音詩好是正直箋好猶與也與卽舉字之聲與舉古字通也以美好爲義者詩緇衣之好傳好猶宜也宜卽稱之訓也稱者漢書刑法志云一物失稱集注稱宜也荀子禮論篇云貧富輕重皆有稱者也楊倞注稱謂各當其宜按今俗語謂之廝稱亦謂之爲恰好故考工記輪人云欲其肉稱也鄭注肉稱弘殺好也輿人云謂之參稱鄭注稱猶等也然則稱以等爲義稱等與物適平然後爲好後世有稱又有等子二者竝爲衡器之名矣郭云物稱人意亦爲好者釋文稱尺證反是矣然好字旣兼二音稱字亦有二讀如祭義云國人稱願然曰幸哉有子如此是稱爲嘉美之詞又當音尺陵反矣釋文蓋失之

坎律銓也

易坎卦主法法律皆所以銓量輕重

銓者說文云衡也廣韻云量也次也度也文選文賦注引蒼頡篇曰銓稱也聲類曰銓所以稱物也廣雅稱謂之銓吳語云無以銓度天下之衆寡通作硂廣雅云硂度也廣韻硂同銓是矣坎者水也水主法者左氏宣十二年杜預注坎爲法象說文云法刑也平之如水从水考工記輪人云水之以眡其平沈之均也權之以眡其輕重之侔也然則水主均平權知輕重水即坎也權亦銓也銓衡所以取平故坎訓銓矣律者上文云述也釋詁云常也法也法律同類故易集解師坎下並引九家注坎爲法律淮南覽冥篇注又云律度也蓋律度銓衡並主法之器故展轉相訓左宣十二年傳正義引樊光曰坎卦水也水性平律亦平銓亦平也

矢誓也相約誓

誓者上文云謹也說文云約束也釋名云誓制也以拘制之也曲禮云約信曰誓周禮典命注誓猶命也

大射儀注誓猶告也告命皆謂以言相約結信故易晉象傳虞翻注誓信也詩云信誓旦旦亦其義也矢者釋詁云陳也陳布與約信義近故論語夫子矢之釋文引孔鄭繆播皆云矢誓也蔡謨云矢陳也陳誓義近易晉象傳矢得勿恤集解引虞翻注矢古誓字然則矢誓古通用書云出矢言卽出誓言矣釋文引馬融注以爲盤庚誥誥誓義同

舫舟也 船竝兩

說文云舟船也釋名云船又曰舟言周流也通作周詩舟人之子箋舟當作周考工記總目云作舟以行水鄭注故書舟作周鄭衆云周當爲舟漢修堯廟碑云委曲舟帀韓勑後碑云舟口牆域竝以舟爲周周訓帀徧與方訓旁行其義又同矣舫者方之叚音也詩云不可泳思不可方思又云方之舟之泳之游之具有成文故爾雅此及下條分釋之葢謂方本訓泭亦舟之類故郭云方舟也泳本訓潛亦游之類故郭

云泳游也此皆爾雅釋言之意郭氏未達以爲竝兩船者葢據釋水之方舟爲併兩船而欲移注此文不思彼云大夫方舟則方舟二字連讀此加也字分釋則別爲兩義郭欲一之葢爲失矣通作舫文選贈蔡子篤詩云舫舟翩翩李善注舫與方同按古讀方若旁亦若謗釋水之方舟當讀若謗謗併聲轉也此文當讀若旁舟周流旁行也書方行天下卽旁行也

泳游也潛行游水底

游者汓之叚音也說文云汓浮行水上也汓或从囚聲作泅列子說符篇云人有濱河而居者習於水勇於泅通作游禮緇衣云故大人不倡游言鄭注游猶浮也列子黃帝篇云能游者可教也詩蒹葭傳順流而涉曰遡游周禮萍氏云禁川游者竝以游爲浮水之名也泳者釋水云潛行爲泳郭注水底行也必知泳爲水底行者黃帝篇云彼中有寶珠泳可得也商丘開復從而泳之旣出果得珠焉據開得珠不容浮

行水上故知泳爲潛行水底也潛則非浮而云泳游也者方言云潛沈也楚郢以南或曰潛潛又游也郭注潛行水中亦爲游此言與爾雅合矣說文又云古或以汓爲漫漫沈也讀若沫然則汓又爲沒沒謂沈入水中與潛行水底之義又合

迨及也東齊曰迨

及者釋詁與逮俱云與也此篇下文又云逮及也逮與迨同通作隶說文云隶及也又通作隸說文隸及也引詩曰隸天之未陰雨今詩隸作迨摽有梅匏有苦葉伐木俱作迨字方言云迨及也東齊曰迨蓋隸逮別作迨矣

冥幼也幼稚者冥昧

幼者窈之叚音也說文云窈深遠也詩關雎傳窈窕幽閒也窈窕疊韵窈窈之言幽幽窈窈雙聲也通作窅史

記項籍紀集解徐廣曰窈一作窅又通作杳文選西都賦云又杳篠而不見陽杳篠卽窈窕也故李善注窈與杳同又通作幼窈从幼聲因省作幼故詩斯干釋文幼本或作窈正義云幼爾雅亦或作作窈是窈爲正體幼爲借聲大戴禮誥志篇云幽幼也亦以聲同爲義郭注以幼稚爲言蓋失之矣冥者說文云幽也幽亦幼故斯干傳冥幼也幼亦窈故正義引孫炎曰冥深闇之窈也又引某氏曰詩噦噦其冥爲冥窈於義實安然則毛傳之冥幼卽冥窈審矣且冥窈連文經典非一老子云窈兮冥兮其中有精莊子在宥篇云至道之精窈窈冥冥史記項籍紀云窈冥晝晦文選魏都賦云雷雨窈冥而未半皆爾雅冥窈之正文也文選舞賦云獨馳思乎杳冥李善注杳冥謂遠而出冥也莊子逍遥遊篇釋文引簡文注窅冥無極故謂之冥說文云窅窅冥也皆爾雅冥窈之異文也史記司馬相如傳云紅杳渺以眩湣兮索隱引晉灼云杳渺深遠楚辭湘君篇云美要眇兮宜修王逸注要眇好貌按要眇卽杳渺蓋意態深遠之貌杳渺又卽

窈冥冥渺一聲之轉

降，下也。

下降，釋詁竝云落也，此云降下也，轉相訓。釋文降古巷反，一音戶江反。按降古戶紅反，下戶古反，降下一聲之轉。

傭，均也。 等齊

均者，釋詁云易也，說文云平徧也。按均之言勻也，訇者所用以旋轉調勻，故均又訓調也、同也。詩秉國之均，此卽徇訇爲言，故毛傳均平也。六轡旣均，亦徇訇爲比，故傳云均調也。通作鈞，又通作旬，旬亦徧也。傭者，說文云均也、直也。詩昊天不傭，傳傭均也。通作庸，釋文傭韓詩作庸，庸易也，易亦均也。公羊莊卅二年傳庸得若是乎，何休注庸猶傭傭，無節目之辭。魏都賦云超百王之庸庸，李善注庸謂凡常無奇異也。是庸有均義玉篇傭恥恭切均也直也又音庸賃也傭與鴻聲義近故考工記摶身而鴻鄭注鴻傭也傭亦均鄭意葢以龍蛇之屬其身摶圜前後均等故訓鴻爲傭義本爾雅

強暴也 強梁淩暴

暴者說文作㬥云疾有所趣也玉篇作㬥云㬥猶耗也猝也今作暴穀梁宣二年傳而暴彈之范甯注暴㬥暴通作虣釋文暴字又作虣虣同蒲報反周禮序官胥師注司虣禁暴亂文選蕪城賦注引字書云虣古文暴字強者一切經音義六引蒼頡篇云強健也健捷與猝暴義近通作彊詩蕩傳云彊禦彊梁禦善也彊梁卽麤暴

窕肆也 輕窕者好放肆 **肆力也** 肆極力

肆者說文云極陳也陳之爲言伸也伸有展放之意故肆又訓放也縱也縱有舒長之意故肆又訓長也

緩也緩長有直遂之意故肆又訓直也遂也是皆從陳義而生也凡陳設必有區域故縣鍾磬全爲肆周禮小胥所言是也市廛貨物所居亦爲肆論語百工居肆是也是又從陳義而推也窕者下文云閒也閒有寬意與淡遠義近故說文云窕淡肆極也旣言淡又言肆者義本爾雅言肆又言極者肆之至極極卽力也是說文以一句兼釋二義郭云輕窕者好放肆蓋讀窕爲佻釋文因之而云窕吐彫反此皆誤矣唯說文與爾雅義合今據以訂正○肆又訓力者力猶極也說文肆極陳也窕淡肆極也皆以極肆連言可知肆有極義故小爾雅云肆極也左氏昭十二年傳昔穆王欲肆其心周語云藪澤肆旣晉語云肆修不違呂覽仲春紀云無肆掠淮南俶眞篇云無所肆其能也注皆訓肆爲極極卽盡力之義故說文以肆爲極爾雅以肆爲力其義同力極之聲又近

俅戴也詩曰戴弁俅俅

戴者說文云分物得增益曰戴釋名云戴戴也戴之於頭也通作載經典載戴通用詩載弁俅俅郭引亦作戴矣俅俅者說文云冠飾皃引詩戴弁俅俅所引正與郭合服亦戴也釋訓云俅俅服也郭注謂戴弁服釋文俅本亦作絿

瘞幽也幽亦薶也

氂罽也毛氂所以爲罽

罽者綱之叚借也說文云綱西胡毳布也又云紕氏人綱也通作罽王會篇伊尹四方令曰正西紕罽爲獻後漢書西南夷傳冄駹夷其人能作旄氈斑罽蓋罽之有文者稱斑矣氂者毳之譌文也說文毳獸細毛也周禮司服注引鄭衆云毳罽衣也然則鄭以毳爲罽衣許以綱爲毳布證以釋文云氂李本作毳昌銳反可知爾雅古本氂罽作毳罽矣毳衣如菼經有成文故此釋之今本毳作氂氂說文以爲犛牛尾非

可作罽經典俗爲豪氂之氂又以爲毛氂故一切經音義九引三蒼云氂毛也書禹貢正義引舍人曰氂謂毛罽也胡人續羊毛作衣又引孫炎曰毛氂爲罽詩韓奕正義引郭璞云氂音貍又引舍人與書正義小異舍人所以知罽爲羊毛作者據內則云羊泠毛而毳氈一切經音義二引三蒼云毳羊細毛也又引字林義同然則羊毛細者稱毳舍人所據爾雅本正作毳與李巡同唯郭本誤作氂有氂音貍三字可證正義引舍人及孫炎亦作氂葢因郭本作氂致誤耳

烘燎也謂燒燎**煁烓也**今之三隅竈見詩

燎者說文云放火也廣雅云燒也燒燎義同在野曰野燒在庭曰庭燎其義一耳烘者詩卬烘于煁傳烘燎也正義引舍人曰烘以火燎也釋文烘火東反徐又音洪說文巨凶甘凶二反孫炎音恭爾雅釋文郭巨凶反餘音略同今按烘从共聲孫音是也今讀火東反矣○烓者說文云行竈也从圭聲讀若同玉篇

口同烏圭二切釋文引顧與玉篇同郭音恚字林口穎反詩釋文又丑弭反詩正義云烓者無釜之竈其上然火謂之烘本爲此竈上亦然火照物若今之火爐也按此火爐蓋如今燒炭所用郭云三隅竈者蓋如今之風爐形如筆筩缺其上口爲三角以受風謂之風竈形制大小隨人所爲舟車皆可攜帶故說文謂之行竈也又今登萊人謂竈爲鼾鏳烓其音正作口穎切此古音矣煁者說文云烓也玉篇云竈也詩白華傳煁烓竈也正義引舍人與毛傳同

陪朝也 爲陪朝位

朝者曲禮云天子當宁而立諸公東面諸侯西面曰朝白虎通云朝者見也大宗伯云春見曰朝鄭注朝猶朝也欲其來之早然則朝兼朝旦爲義也文選古意酬到長史溉登瑯邪城詩云金溝朝灞滻李善注小水入大水曰朝說文作淖云水朝宗于海是朝又取水淖爲義也陪者說文云重土也玉篇云貳也隨

也加也助也益也是陪有加益之義朝亦所以助益人君如上壤增崇於山細流益潤於海故參乘曰陪乘加鼎曰陪鼎侍朝曰陪位皆其義矣陪培通

康苛也謂苛刻

苛者說文云小艸也按苛爲小艸故又爲細也煩也重也又擾也一切經音義十六引國語賈逵注云苛猶擾也通作荷經典多借荷爲苛如晏子春秋諫上篇云執法之吏竝荷百姓漢街彈碑云吏無荷擾之煩皆以荷爲苛也康者釋器云康謂之蠱康亦細碎與苛擾義近聲又相轉

樊藩也謂藩籬

藩者詩价人維藩傳藩屏也一切經音義廿引蒼頡篇云藩蔽也易大壯馬融注藩籬落也通作蕃詩四國于蕃蕃卽藩字之省故大司徒九曰蕃樂杜子春讀蕃樂爲藩樂大司馬蕃畿卽職方之藩服矣樊者

楙之叚借也說文云楙藩也通作樊詩折柳樊圃止于樊傳並云樊藩也正義引孫炎曰樊圃之藩也按樊又訓邊也傍也崖也皆從藩籬之義而生也止于樊說文引作止于楙漢書昌邑王傳作止于藩史記滑稽傳作止于蕃

並同聲通借字

賦量也 以賦稅所評量

量者說文云稱輕重也玉篇力姜力尚二切釋文亦具二音周禮序官量人注量猶度也禮運月以爲量鄭注量猶分也華嚴經音義上引國語賈逵注量分齊也賦者說文云斂也詩烝民傳賦布也呂覽分職篇注賦予也方言云賦與操也是賦兼取予其義則皆爲量也故魯語云賦里以入而量其有無然則賦斂賦稅卽爲量入賦布賦予卽爲量出賦之爲言撫也撫揣料量郭注但以賦稅爲言失之

粻糧也 今江東通言粻

糧者說文云穀也詩乃裹餱糧又爲乾餈之名故周禮廩人注行道曰糧謂糒也是糧爲總名通作粮玉篇云粮同糧公劉釋文糧本亦作粮論語釋文糧鄭本作粻是粻糧又通矣粻者詩以峙其粻王制云五十異粻箋注竝云粻糧也雜記云載粻鄭注粻米糧也是粻亦兼二義通作餦集韵餦與粻通方言云餅或謂之餦餛[illegible]音渾是乾餈亦名粻

庶侈也庶者衆多爲奢侈**庶幸也**庶幾僥倖

侈者說文云奢也玉篇云泰也集韵引字林云汰也汰亦泰泰即大侈泰即侈大也通作移延移與侈大義近又俱从多聲也庶者釋詁云衆也衆多即侈泰故公羊成十年傳婦人以衆多爲侈也楚語云不陳庶侈通作胗詩爲豆孔庶箋庶胗也正義引舍人曰庶衆也胗多也又引孫炎曰庶豐多也釋文胗字又作侈○幸者說文作㚔云吉而免凶也晉語云德不純而福祿竝至謂之幸小爾雅云非分而得謂之幸

華嚴經音義上引韵圃云幸賴也又引公羊傳劉兆注幸遇也遇偶賴利亦與僥倖義近庶又爲幸者說文云钦㚔也钦猶覬也覬亦幾也庶幾皆僥倖之意

築拾也　掇謂拾

拾者說文云掇也掇拾取也匡謬正俗云拾者猶言一一拾取按射著臂韝以斂衣遂弦謂之爲拾亦取收拾爲義也築者書云盡起而築之釋文及正義引馬鄭王皆云築拾也史記魯世家集解引馬融曰禾爲木所偃者起其木拾其下禾通作築金縢釋文築本亦作筑又通作督小爾雅云督拾也又省作叔說文云叔拾也詩九月叔苴毛傳同

奘駔也　今江東呼大爲駔駔猶麤也

此有二本郭本作奘駔也說文奘駔大也奘與壯同釋詁云壯大也此皆郭義所本樊光孫炎本竝作將

且也將且皆未定之詞故秦策云城且拔矣呂覽音律篇云陽氣且泄淮南時則篇云雷且發聲高誘注並云且將也且旣訓將將亦訓且故詩方將萬舞將恐將懼箋並云將且也燕燕及簡兮丰楚茨文王旣醉烝民敬之傳並云將行也樛木那烈祖箋並云將猶扶助也行與助有趑趄之意趄且古字通古讀且七余切將且聲轉故同義同訓檀弓云夫祖者且也鄭注且未定之辭是亦以且爲將且音七余切今讀七也切非古音矣此皆樊孫所本郭氏不從據奘駔別本爲之作注但奘駔理新而於經典無會將且習見而爲經典常行廣雅亦作將且所據葢郎樊孫之本唯沈旋集注作奘豈也合將且爲一字猶依郭本奘字意在兩存則誤甚矣賴有釋文備列諸家今得依以申明古義用祛疑惑焉

集會也

會者釋詁云合也公羊隱元年傳會猶最也月令及樂記注會猶聚也聚最古字通皆合衆之詞諸侯相

見曰會亦合衆之稱也集者說文以爲雧字之省云羣鳥在木上也集从雥雥三隹也會从亼亼三合也故會集其義同詩小毖箋集會也小旻及大明傳竝云集就也成就與會合義近集就與聚最聲又相轉

舫泭也水中箄筏

泭者說文云編木以渡也方言云泭謂之箄箄謂之筏筏秦晉之通語也楚辭惜往日篇注編竹木曰泭楚人曰泭秦人曰撥也按撥卽筏字詩漢廣釋文引郭云木曰箄竹曰筏小筏曰泭不同者泭筏箄皆同類其竹木隨地所宜耳釋文泭本亦作游又作桴或作柎竝同又引樊光爾雅本作柎今爾雅釋文樊本作坿坿卽柎字之誤矣舫者亦方之叚借也上訓舟此訓泭者泭舟同類釋水云士特舟庶人乘泭齊語云方舟設泭皆其義也詩不可方思方之舟之傳箋竝云方泭也正義引孫炎云方水中爲泭筏也爾雅釋文方樊本作坊坊葢枋字之誤枋與舫同見史記張儀傳索隱

洵，均也。謂調均。**洵，龕也。**未詳。

均者，已詳上文。洵者，旬之叚借也。《說文》云：「旬，徧也。」徧即均，故又云：「均，平徧也。」十日爲旬，旬之言宣也，宣徧亦見上文。《詩》「來旬來宣」，《傳》：「旬，徧也。」其下「侯旬」，《傳》：「旬言陰均也。」《易》「雖旬无咎」，《管子·侈靡篇》云「旬身行」，注皆以旬爲均也。旬、均古通用，故《內則》云「旬而見」，鄭注：「旬當爲均，聲之誤也。」《易·說卦》「坤爲均」，今亦或作旬也。《周禮·均人》注亦同茲說。今按「雖旬无咎」，《釋文》：「旬，荀作均。」亦其證矣。通作洵，《詩》「洵直且侯」，《傳》：「洵，均也。」《桑柔》正義云：某氏引此詩，李巡曰：「洵，徧之均也。」又通作詢，《尚書大傳》云「詢十有二變」，鄭注：「詢，均也。」○洵又訓龕者，借洵爲恂，恂，信也；借龕爲堪，堪，任也。言信可堪任也。此義本錢氏《荅問》，今依用之。《釋文》：「龕字或作含，本今作龕。」按龕上从今，即含字之省，含亦聲，今《說文》从含聲，誤。宏訂正。龕或作含者，《方言》云：「鈐、龕，受也。齊楚曰鈐，揚越曰龕。受，盛也，猶秦晉言容盛也。」然則容受與堪任義近，《釋文》作含，與《方言》合。

逮遝也今荆楚人皆云遝音沓

遝者說文云迨也玉篇云迨遝行相及方言云遝及也關之東西曰遝或曰及然則遝逮俱訓及逮遝聲又相轉釋文云遝孫郭徒荅反又云沓與上同亦徒荅反今按宋雪窗本及明吳元恭本郭注遝下俱有音沓二字今本則無據釋文則唐以前本有之今補

是則也是事可法則

則者釋詁云法也是者徥之叚音也說文云徥徥行皃引爾雅曰徥則也詩好人提提釋訓作媞媞與此義合方言云徥行也又云自關而西秦晉之閒凡細而有容謂之嫢或曰徥說文云嫢媞也是媞徥古字通然則儀容行動俱謂之徥容止可法故謂之則正與下文威則也同義徥从是聲因省作是郭蓋未檢方言說文故緣詞生訓耳

畫，形也。畫者爲形象。

形者，說文云：「象形也。」釋名云：「形，有形象之異也。」按：容色體貌皆形之類。形謂表見，故又訓見也。畫者，釋名云：「繪也。以五色繪物象也。」說文云：「畫，介也。象田四介，聿所以畫之。」按：畫繪之事起於古之畫井經田。古者山川域地皆有圖畫，周禮一書言圖非一。遂人云：「以土地之圖經田野，造縣鄙形體之灋。」鄭注：「形謂制分界也。」然則田有界畫以觀縣鄙之形體，地有圖畫以寫天下之形勢，物有圖畫以盡萬物之形容，此皆畫訓形之義也。

賑，富也。謂隱賑富有。

富者，說文云：「備也。一曰厚也。」論語顏淵篇集解及皇侃疏竝云：「富，盛也。」按：富从畐聲，有盛滿之義也。賑者，說文云：「富也。」郭云「隱賑富有」，隱與殷同，殷訓衆盛，故文選西京賦云「鄉邑殷賑」，薛綜注：「殷賑，謂富饒也。」蜀都賦云邑居隱賑劉逵注隱盛也賑富也羽獵賦云殷殷軫軫李善注殷軫盛貌也是殷軫即隱賑音轉字變又爲賱賰𢫦㙧玉篇云賱賰富有也是皆疊韵之字其義即存乎聲也

局分也謂分部

分者說文云別也淮南本經篇云各守其分高誘注分猶界也禮運注分猶職也樂記注分猶部曲也皆有分別之義也局者說文云促也从口在尺下復局之一曰博所以行棊按局促即守分位之意博局亦有分限故曲禮云左右有局鄭注局部分也詩正月傳局曲也采綠傳局卷也卷曲亦局促也小爾雅及廣雅竝云局近也迫近亦局促也

懠怒也詩曰天之方懠

怒者說文云恚也匡謬正俗云怒字古讀有二音按古音不分上去二音實一音也懠者詩板傳云怒也

正義引舍人曰懠怒聲也舍人知怒為聲者素問五運行大論云其志為怒王砅注怒直聲也是怒亦有聲然非通義

僁聲也謂聲音聲亦音也通作㲃大射儀注古文聲為㲃拔說文聲从殸聲殸籀文磬也僁者說文云聲也讀若屑玉篇云僁小聲也字書偦同釋文云僁動草聲也字又作偦廣韵同又𪆧鳥之聲又僁僁呻吟也龍龕手鑑一作偦偦呻吟也今按說文玉篇但言聲廣韵乃有𪆧鳥動草呻吟之說今並未聞偦即屑之或體屑从佾聲與僁从悉聲音本相近郭讀音契則聲轉矣通作屑漢書武帝紀云著見景象屑然如有聞屑即僁也祭義云肅然必有聞乎其容聲肅僁聲亦相轉

葵揆也詩曰天子葵之**揆度也**度商

揆者說文云葵也按此雖本爾雅但爾雅本爲解經經有葵字乃揆之叚借故此釋云葵卽揆也亦如甲狎幕暮之例至於說文本爲訓義不主叚借當言揆度而言揆葵則義反晦矣疑此許君之失也葵者詩天子葵之則我莫敢葵傳箋竝云葵揆也○度者釋詁云謀也經典揆俱訓度一切經音義九引孫炎曰揆商度也

逮及也

愵飢也愵然飢意

愵者釋詁云思也說文云憂也憂思義同又訓飢者蓋言憂思之意迫切如飢耳故詩汝墳傳云愵飢意也意卽思思故箋云愵思也說文以愵爲飢餓餓蓋意字之誤本於毛傳也正義引李巡曰愵宿不食之飢也蓋本毛傳朝飢而於詩及爾雅意又失也知者詩有二愵愵焉如擣毛亦訓思可知飢非愵之本義

眕重也謂厚重見左傳

眕者說文云目有所恨而止也玉篇作目有所限而止限謂隔閡故耳有所限謂之重聽目有所限今謂之蒙蒙視蒙亦重矣重者重也累也郭引左氏隱三年傳憾而能眕者鮮矣杜預注恨則思亂不能自安自重經典眕字唯此一見通作疹詩雲漢釋文瘨韓詩作疹耻吝反云重也按疹籀文眕字一切經音義六引三蒼云眕腫也腫與重聲義同

獵虐也淩獵暴虐

虐者說文云殘也殘兼暴害賊惡諸義獵者畋獵逐禽亦爲殘害於物也邵氏正義云古者以殺爲虐書呂刑惟作五虐之刑墨子尚同篇作惟作五殺之刑左氏宣十五年傳虐我伯姬獵訓爲虐與釋詁獮殺也義同

土田也別名二

田者說文云陳也樹穀曰田一切經音義一引蒼頡篇云田種禾稼也釋名云已耕者曰田田塡也五稼塡滿其中也土者釋名云土吐也能吐生萬物也然則土爲田之大名田爲已耕之土對文則別散則通也

戍遏也戍守所以止寇賊

遏者釋詁云止也一切經音義一引蒼頡篇云遏遮也按遮謂遮迾守之與戍義正同戍者說文云守邊也从人持戈詩揚之水傳戍守也守有止定之義又有遮迾之義皆與遏同意

師人也謂人衆

人者統詞也對衆而言則人爲寡詞周語云人三爲衆是也對寡而言則人爲衆詞穀梁莊十七年傳人

者衆辭是也爾雅此義郎本之穀梁師者釋詁云衆也二千五百人爲師是師爲人衆之稱

硈鞏也 硈然堅固

硈者釋文云苦角反則當作硞但說文硞石聲與鞏義遠硈訓石堅則與鞏近釋詁劼鞏竝云固也釋文劼或作硈古黠反是劼硈通疑此作硈是也

棄忘也

忘者說文云不識也不識郎今云不記得棄者說文云捐也捐棄與遺忘忘義近忘猶亾也棄猶去也去亾義又同經典棄訓忘忘者如詩將安將樂女轉棄予言安樂相忘也又云棄予如遺對上寘予于懷而言忘我之甚如遺失物也故下遂言忘我大德以結上二章傳箋或失之又左氏昭十三年傳南蒯子仲之憂其庸可棄乎亦以棄爲忘也

鄖閑也鄖然閑暇貌

閑者閒之叚借也經典遊閒燕閒及閒習閒暇通叚爲閑故詩十畝之閒釋文閒本亦作閑史記畱矦世家云良嘗閒從容步遊下邳圯上索隱曰閒閑字也鄖者說文云聲也詩選徒囂囂左氏成十六年傳在陳而囂合而加囂又甚囂且塵上竝以囂爲聲也軍中無聲好整以暇唯選數車徒囂囂有聲然仍閒暇整齊是囂囂爲聲之閒也故爾雅釋以囂閒囂閑又一聲之轉釋文囂許嬌反此音是也又五刀反非矣五刀乃敖字之音應在釋訓釋文此囂讀如字

謀心也謀慮以心

心者釋名云心纖也所識纖微無物不貫也白虎通云心之爲言任也管子心術篇云心者智之舍也然則智藏於心心任於思思與智即謀慮所從出矣謀者說文云慮謀思也本釋詁文洪範云聽作謀此云

謀心也者論衡超奇篇云心思爲謀謀心思於易並屬坎

獻聖也睿智曰獻諡法曰聰明

白虎通云聖者通也道也聲也詩凱風傳聖叡也洪範五行傳云心之不睿是謂不聖獻者莊子大宗師篇釋文引向秀注獻善也論語八佾篇集解引鄭注獻猶賢也賢善皆與聖近故賈子道術篇云且明且賢此謂聖人諡法云稱善賦簡曰聖聰明叡哲曰獻蔡邕獨斷叡哲作睿智郭注本此

里邑也謂邑居

說文云邑國也釋名云邑猶俋也邑人聚會之稱也小司徒注四井爲邑方二里初學記引尚書大傳五里爲邑管子小匡篇六軌爲邑不同者以周禮九夫爲井準之四井則三十六家以管子五家爲軌計之六軌則三十家故齊語云制鄙三十家爲邑也然論語又云十室之邑千室之邑蓋邑爲通名大不過千

室小不過十家其中容有畸零十與千舉成數耳里者說文云居也御覽一百五十七引風俗通云里者止也止卽居故左氏襄九年傳正義引李巡云里居之邑也遂人云五鄰爲里里二十五家也小匡篇云十軌爲里里五十家也古微書引論語譔考文云古者七十二家爲里公羊宣十五年傳注一里八十戶雜記注引王度記云百戶爲里管子度地篇亦云百家爲里是里數不同亦猶邑名靡定古者邑里通名故詩于豳之里傳云里邑也里宰云掌比其邑之衆寡鄭注邑猶里也是邑里通

襄除也詩曰不可襄也

玉篇云除去也開也曲禮注除治也周禮典祀注修除芟埽之是除又兼埽除芟除爲義也襄者謚法云辟地有德曰襄辟卽開除之義說文引漢令解衣而耕謂之襄耕亦芟除之義故詩牆有茨及出車傳竝云襄除也通作攘離騷云忍尤而攘詬詩車攻序外攘夷狄史記龜策傳西攘大宛竝以攘爲除也龜策

傳集解徐廣曰攘一作襄是襄攘通爾雅釋文襄或而羊反而羊卽攘字之音

振古也詩曰振古如茲猶云久若此古者釋詁云故也故有久舊之義振者聲近塵釋詁云塵久也久故與古義近詩載芟傳振自也自有始義亦與古近箋云振亦古也皆本爾雅故正義云毛義與鄭不殊郭云久若此者本詩南有嘉魚箋云烝塵也塵然猶言久如也

懟怨也

𦅻介也𦅻者繫介猶閡介者說文云畫也文選魏都賦注引韓詩章句云介界也是介訓界畫卽分別之義也𦅻者說文云以絲介履也介字義本爾雅亦取分限爲義也釋文引李孫顧舍人本竝云緉羅也介別也按字書無緉字集

韵補或作𧝁與爾雅不合今以𧝁訓羅推之疑𧝁卽縭之譌縭猶離也離羅聲轉而義亦同故方言云羅謂之離離謂之羅然則離訓爲羅介訓爲別正與李孫顧舍人之義合矣臧氏琳經義雜記廿五以𧝁爲縛字之譌束縛有羅維意

郭義亦通葢所傳本異也

號謼也今江東皆言謼

謼者說文云評謼也通作嘑說文嘑唬也周禮雞人云夜嘑旦又通作虖說文虖哮虖也按哮虖猶號謼也又通作呼曲禮云城上不呼釋文呼號叫也詩蕩釋文呼崔本作謼爾雅釋文謼又作呼號者詩碩鼠傳呼也說文同通作諕說文云諕號也又通作唬冀州從事郭君碑云卜商唬咷郎易云號咷也

凶咎也

苞稹也今人呼物叢緻者爲稹

稹者說文云穜概也引周禮曰稹理而堅考工記注稹致也詩鴇羽箋稹者根相迫迮梱致也致與緻同注稹與縝同故聘義云縝密以栗鄭注縝緻也鴇羽釋文稹本又作縝苞者釋詁云豐也是豐之稹也搗羽傳苞稹也正義及書禹貢正義竝引孫炎曰物叢生曰苞齊人名曰稹文選六代論注引易鄭注云苞植也植即稹之形譌耳

遻寤也寤相干

寤者臧氏琳以爲啎之叚借也啎者說文云逆也通作迕一切經音義七引聲類云迕逆不遇也又通作啎史記漢書注竝云啎逆也皆啎之通借也遻者當作午釋文孫本遻字作午此蓋古本證以說文云午啎也五月陰气午逆陽冒地而出是午爲啎逆孫炎義與說文同故臧氏經義雜記六本此爲說又引史記鄭世家以爲寤生者謂啎逆難生久不得下故驚武姜也然則寤之言啎因其啎逆故名之曰寤生遂

惡之左傳與史記義尤合矣

顁題也 曰題顁也詩

題者說文云頟也莊子馬蹏篇云齊之以月題釋文引司馬崔云題馬頟上當顱如月形者也題顛聲轉故詩麟趾傳釋文題本作顛矣顁者卽下文云顛頂也顛頂顁又一聲之轉釋文顁字又作定詩釋文定字書作顁今按作定爲正

猷肎可也 詩曰猷來無棄肎今通言

可者說文云肎也按意所善曰可故檀弓云夫子曰可也鄭注善其能廉意已盡亦曰可故少儀云卽席曰可矣鄭注可猶止也然則可兼意盡未盡二義凡言可矣意已盡之詞也或言可也意未盡之詞也論語期月而已可也皇侃疏可者未足之辭是未足之辭亦得言可但意猶未盡耳猷者上文云若也釋詁

云已也已訓止則與可訓止近若訓善又與可訓善近猷與猶通故詩猶來無止之子不猶傳竝云猶可也公羊文六年宣八年傳竝云猶者何通可以已也穀梁傳云猶之爲言可以已也又云猶者可以已之辭也是皆猶訓可之證亦猶兼已若二義之證猶者意未盡又與可訓未足之義合矣肎者春秋宣四年經云公及齊侯平莒及郯莒人不肎不肎卽不可也詩惠然肎來噬肎適我箋竝云肎可也齊策云客肎爲寡人來靖郭君乎高誘注亦云肎猶可也可之言快也快意卽可意快可肎俱一聲之轉

務侮也 詩曰外禦其侮

侮者說文云傷也傷當作傷傷輕也玉篇云侮慢也方言云秦晉之閒罵奴婢曰侮然則侮人而以奴婢遇之輕慢之甚也務者侮之叚音也詩外禦其務左氏僖廿四年傳及周語竝作外禦其侮是侮僞爲務故詩常棣箋本爾雅云務侮也明務卽侮字非以侮訓務也經典此例極多如爾雅甲狎幕暮之類皆是

貽遺也 相遺歸

遺者說文訓亾經典以爲饋遺字曲禮云凡遺人弓者楚辭湘君篇云將以遺兮下女釋文及王逸注竝云遺與也詩北門傳遺加也加亦與也貽者詒之或體也說文云詒遺也詩雄雉天保傳及谷風小明思文有駜箋又梓人及表記注竝云詒遺也文王有聲箋詒猶傳也傳付亦遺與也通作台釋詁云台予也台卽詒予卽與也別作貽詩雄雉及靜女釋文竝云貽本作詒斯干釋文又云詒本作貽葢貽詒二字經典通用實則詒爲正體貽乃別體耳

貿買也 廣二名

賄財也

財者說文云人所寶也玉篇云所以資生者納財謂倉穀也貨也賂也大宰以九賦斂財賄鄭注財泉穀

也坊記先財而後禮注財幣帛也然則財賄實泉帛穀粟之通名矣賄者說文及詩氓傳竝云財也玉篇贈送財也聘禮注賄予人財之言也然則經典言賄實兼財贈二義爾雅但云財者財賄通名贈人以財亦爲賄也

甲狎也謂習狎

狎者釋詁云習也甲者詩芄蘭傳甲狎也言甲卽狎字釋文甲韓詩作狎是韓用本字毛叚借也

菼騅也菼薍也詩曰毳衣如菼菼草色如騅在青白之閒

一菼薍見釋草此云騅者說文云菼雚之初生一曰薍一曰騅詩大車傳菼騅也箋云菼薍也皆本爾雅騅釋文从馬旁云如騅馬色也詩正義从鳥旁鄭志荅張逸云騅鳥青非草色薍亦青故其青者如騅是蓋正義所本馬瑞辰說鄭君據毛傳本作騅从鳥旁不从馬旁釋文蓋據爾雅改毛傳也

粲餐也今河北人呼食爲餐

說文云餐吞也飧餔也是二字義别郭本作餐釋文作飧故云飧本又作餐字林作飧云吞食然吞是餐之訓而以詁飧則非詩緇衣釋文亦云餐飧也此皆非矣粲者漢書惠帝紀注應劭曰坐擇米使正白爲白粲是粲爲米名非食名爾雅以粲爲餐明其叚借蓋據詩言授子之粲卽謂與之以食知者詩言素餐猶素食耳

渝變也謂變易

說文云變更也渝變汙也詩羔裘傳及板箋並云渝變也通作輸廣雅云輸更也更亦變也左氏隱六年經鄭人來渝平傳云更成也公羊穀梁渝並作輸傳云輸墮也墮壞亦變更之義爾雅釋文渝舍人作繻繻蓋渝之或體見玉篇

宐肴也詩曰與子宐之

肴者說文云啖也玉篇云俎實又啖肉也按肴从肉故訓啖肉知說文啖下脫肉字初學記廿六引說文作肴雜肉也此葢別本廣雅云肴肉也通作殽經典殽肴通用詩禮記公羊釋文詳矣宐者詩與子宐之傳宐肴也正義引李巡曰宐飲酒之肴也今按周禮食醫凡會膳食之宐是膳肴稱宐宐肴聲又相轉此與粢餐同意竝釋詩言非達詁也

夷悅也詩曰我心則夷

悅者釋詁怡悅竝云樂也怡猶夷也夷者詩云胡不夷既夷既懌亦不夷懌傳箋竝云夷悅也楚辭九懷篇注夷喜也喜亦悅也郭引詩我心則夷此夷毛傳訓平以上章已云我心則說故此變爲平實則和平亦悅懌也夷釋文作恞俗

顚頂也 頭上

項者說文云顚也顚頂也方言云顚頂上也按上謂頭上頭上卽顚頂顚頂雙聲義亦互訓

鮐老也 八十爲鮐

老者說文云考也釋名云朽也獨斷云老謂久也舊也壽也鮐者詩車鄰傳鮐老也八十曰鮐正義引孫炎曰鮐者色如生鐵爾雅釋文引作老人面如鐵色釋名云鮐鐵也皮膚變黑色如鐵也按鮐說文及釋名俱本毛傳以爲八十易釋文引馬融注及詩正義引左傳服虔注並云七十曰鮐左傳正義又引舍人云年六十稱也杜預僖九年注從服虔何休宣十二年注從舍人是鮐無正訓故有六十七十八十之異要爲老壽之稱則同故爾雅以鮐爲老曲禮云七十曰老

輶輕也 詩曰德輶如毛

輕輶說文並云輕車也詩駟鐵及烝民傳箋並云輶輕也文選幽通賦注引曹大家曰輶德德輕而易行也

俴淺也 詩曰小戎俴收

淺者說文云不深也俴者詩小戎傳箋並云淺也管子參患篇云甲不堅密與俴者同實尹知章注俴謂無甲單衣者又云將徒人與俴者同實尹注俴單也按單薄亦淺略也小戎釋文引韓詩云駟馬不著甲曰俴駟是管子注所本通作踐詩有踐家室傳踐淺也又通作翦旣夕禮云緇翦鄭注翦淺也今文翦作淺又聲轉爲竊釋獸云虎竊毛謂之虦貓郭注竊淺也今按不獨此也釋鳥說諸鳸之名有竊藍竊黃竊脂竊丹並以竊爲淺也

絢絞也 糾絞繩索

絞本切直之義又爲繩索之名喪服傳云絞帶者繩帶也是繩爲絞絞者交也雜記疏云兩股相交謂之絞是其義也綯者詩宵爾索綯正義引李巡曰繩繩之絞也是綯爲繩方言云車紂或謂之曲綯郭注綯亦繩名是也此注糾絞失之

訛化也詩曰四國是訛

化者說文云教行也華嚴經音義上引珠叢云教成於上而易俗於下謂之化今按化與七同說文云七變也从到人然則化亦變易舊形之義也訛者吪之或體也說文云吪動也動作與變化義近故詩四國是吪傳吪化也通作訛節南山箋訛化也又通作譌方言云譌化也郭注譌化聲之轉也

跋躐也詩曰狼跋其胡

疐跲也詩曰載疐其尾

躐者獵之或體也獵有從旁陵獵之義不陵節之謂遯反遯爲獵獵猶捷也捷行出前也跋者蹎之段音

也說文云跙步行躐跋也躐卽躐跋卽跙跙也說文跋蹎也一切經音義十五引聲類云狽跙顚跙也顚卽蹎跙亦跋是詩之狼跋卽狽跙俗作狽狽誤矣爾雅跋當讀爲跙釋文跋蒲末反非也又云郭音貝是郭正讀跋爲跙臧氏琳經義雜記廿九論之詳矣○跲者說文云躓也中庸注同玉篇跲渠劫居業二切釋文郭又音甲廣雅云跲代也更代與疐義近疐者躓之叚音也說文躓跲也引詩載躓其尾通作疐說文疐礙不行也詩正義引李巡曰跋前行曰躐跲卻頓曰疐

烝塵也　人衆所以生塵埃

塵者釋詁云久也通作塡詩倉兄塡兮傳塡久也又通作寘寘與塡同也烝者釋詁云衆此云塵者詩南有嘉魚箋烝塵也塵然猶言久如也東山箋烝塵也傳烝寘也常棣傳又云烝塡也鄭箋古聲塡寘塵同東山箋亦云古者聲寘塡塵同也是寘塡俱塵之叚音烝塵亦語聲轉然則烝塵二字以聲爲義不須訓

詁詩桑柔正義引孫炎曰烝物久之塵郭注申之而云人衆所以生塵埃均爲失矣

戎相也相佐助

相者釋詁云導也勴也戎者詩烝也無戎傳戎相也爾雅釋文戎本或作㧓顧如勇反是㧓與搑音義同搑有翼戴之義與相義亦近

飫私也宴飲之私

私者厶之叚借也說文引韓非曰蒼頡作字自營爲厶通作私方言云私小也凡物小者謂之私然則私有纖嗇之意對公爲小也飫者說文作醧云私宴飲也文選注引薛君韓詩章句曰飲酒之禮下跣而上坐者謂之宴東都賦注能者飲不能者已謂之醧魏都賦注通作飫說文餫燕食也詩飲酒之飫傳飫私也不脫屨升堂謂之飫正義引孫炎曰飫非公朝私飲酒也馬瑞辰曰飫有二義周語云王公立飫則有房烝親戚

宴饗則有餚烝又云飫以顯物宴以合好此立飫之飫與燕異禮者也爾雅云飫私也說文飫燕食也韓詩作饇此飫私之飫與燕異名同實者也飫私卽楚茨所云備言燕私傳謂燕而盡其私恩者耳毛傳飫私也本爾雅爲義又云不脫屨升堂謂之飫本周語立飫爲說葢廣異義也箋云私者圖非常之事若議大疑於堂則有飫禮焉是以飫私卽爲立飫誤矣

孺屬也 謂親屬

屬者說文云連也釋名云續也恩相連續也孺者詩和樂且孺傳孺屬也正義引李巡曰孺骨肉相親屬也曲禮云大夫曰孺人鄭注孺之言屬

幕暮也 幕然暮夜

暮者古字作莫說文云莫日且冥也按莫有二讀說文之莫音慕故切爾雅之莫當音慕各切左氏莊廿

八年傳狄之廣莫小爾雅云莫大也宋咸注莫府言大也莫府卽幕府矣幕者說文云帷在上曰幕覆食案亦曰幕方言云幕覆也釋名云幕幕絡也在表之偁也又云賁䔶曰莫莫幕也貧者著衣可以幕絡絮也然則釋名以莫爲幕爾雅以幕爲莫其義正同幕絡新序雜事二作莫絡古字通用推是而言詩維葉莫莫莫莫猶幕幕也內則注皷謂皮肉之上魄莫也魄莫猶幕絡也是爾雅古本作幕莫聲義相兼今本作幕暮傳寫誤改郭氏望文生義以幕爲暮夜聲義俱乖矣

煽熾也熾盛也 互相訓煽義見詩

熾者說文云盛也詩六月傳同煽者偏之或體也說文偏熾盛也引詩豔妻偏方處通作扇漢書谷永傳注引魯詩作閻妻扇方處又通作煽毛詩十月之交傳煽熾也是煽訓熾熾訓盛說文簡略故總曰偏熾盛也

柢，本也。 本謂根

本者，說文云：「木下曰本。」臨人注：「昌本，昌蒲根」是矣。柢者，說文云：「木根也。」士喪禮云：「進柢。」士虞禮記云：「載猶進柢。」鄭注竝云：「柢，本也。今文柢爲胝。」泉府云：「買者名從其抵。」鄭注：「抵，實柢字。柢，本也。」通作邸，典瑞云：「四圭有邸。」鄭注引爾雅曰：「邸，本也。」按釋器云：「邸謂之柢。」郭注：「根柢皆物之邸。邸卽底，通語也。」又通作氐，詩：「維周之氐。」傳：「氐，本也。」周語云：「本見而草木節解。」韋昭注：「本，氐也。」是氐、柢同。亢、氐二星之閒名曰天根，正以此也。聲轉爲杜，方言云：「杜，根也。東齊曰杜。」

窕，閒也。 窈窕閒隙

閒者，釋文音閑或如字，蓋因郭注閒隙故存此音，卽實非也。閒，暇也，靜也，寬也。齊語云：「處士使就閒燕。」韋昭注：「閒燕猶清淨也。」楚辭招魂篇云：「像設君室，靜閒安些。」王逸注：「空寬曰閒。淸靜寬閒也。」是皆閒音閑之義也窕者上文云肆是深肆之閒也詩關雎傳窈窕幽閒也毛蓋以窈爲幽窕爲閒皆本爾雅鄭箋幽閒處深宮亦申毛義唯有正義誤會鄭箋以爲幽閒深宮亦猶郭注誤會爾雅以爲窈窕閒隙胥失之也王照圓詩經小記云窈意之幽也窕心之閒也其說是矣爾雅釋文窕舍人本作誂云誂者躍之閒此則師授之異不可通於今本及毛詩

淪率也 使相率

率者當讀如律史記老莊申韓傳云大抵率寓言也正義曰率猶類也然則率律聲同律類聲轉古皆通用凡言相類或云普律或云一律或云大率是其聲義俱通矣淪者詩淪胥以鋪無淪胥以亾無淪胥以敗傳箋竝云淪率也淪或爲勳後漢書蔡邕傳注作勳胥以痛勳帥也漢書敘傳注晉灼曰齊魯韓詩作薰薰帥也是三家作薰毛作淪淪薰古音相近皆有普徧之義故其字通淪率雙聲淪薰疊韵也

罹毒也 憂思慘毒

毒者廣雅云痛也惡也苦也罹者釋詁云憂也憂苦義相成

檢同也 模範同等

同者共也俱也皆也詩車攻傳齊也吉日箋聚也說文合會也聚亦合會之義皆俱共即齊之義也檢者禁也局也又法度也皆無同義錢氏荅問云檢當爲僉郭本譌作檢今按小爾雅云僉同也是其證邵氏正義引詩僭始旣涵鄭箋涵同也今按釋文涵鄭音咸韓詩作減从咸聲咸訓爲同是鄭所本下文又云弇同也弇蓋也弇檢聲義又近漢頤煊引孟子狗彘食人食而不知檢漢書食貨志引檢作斂隸釋任伯嗣碑姦軌檢手檢即斂字也

郵過也 道路所經過

過者上文云逸儥過也過過謂失誤凡非議人及罪責人亦爲過過也郵者古本作尤文選弔屈原文注引犍爲舍人爾雅注曰尤怨人也列子楊朱篇釋文引爾雅亦作尤過也是皆郵本作尤之證故詩載馳傳及四月箋又洪範五行傳注及論語爲政篇包咸注竝云尤過也俱本爾雅通作郵詩賓之初筵箋及王制注又晉語楚語注竝云郵過也是皆假郵爲尤郭緣詞生訓以郵爲郵驛之郵誤矣然郵固假借聲尤字亦非正體依文尤當作訧詩俾無訧兮傳訧過也唯此爲正說文訧罪也引周書曰報以庶訧今呂刑訧作尤載馳釋文尤本亦作訧緑衣釋文訧本或作尤是尤訧古通用

遜遯也謂逃亾

遯與遁同說文竝云逃也玉篇云退還也隱也經典遁遯通易下經釋文遯字又作遂爾雅釋文與易同遯又作遁矣遜者說文云遁也通作孫詩公孫碩膚箋孫讀當如公孫于齊之孫孫之言孫遁也正義引

孫炎曰遁
逃去也

斃踣也前覆**僨僵也**卻偃

踣者說文云僵也引春秋傳晉人踣之阹鑲十又云䟺僵也讀若匐是䟺踣同爾雅之踣古本作仆說文云仆頓也釋名云仆踣也頓踣而前也釋木釋文踣或作仆是仆踣古字通斃者說文云頓仆也或作斃檀弓及表記注竝云斃仆也左氏定八年傳正義引釋言云斃仆也又引孫炎云前覆曰仆釋文引同是皆爾雅古今踣作仆之證釋文斃字亦作獘玉篇獘俗獘字○僵者說文云僨也僨僵也釋名云僵正直畺然也然則僵仆皆顛頓之名但細分之仆是前覆僵爲卻偃僨斃亦然故左氏隱三年傳鄭伯之車僨于濟正義引舍人曰背踣意也
按背踣謂仰仆卽卻偃之意

𢒈殄也絕謂殄

紾者釋詁云盡也畛者田界之盡也上文云畛致也致與盡義亦近畛紾俱从㐱聲又以聲爲義也

曷盍也盍何不

盍者廣雅云何也玉篇云何不也通作盇檀弓云子蓋言子之志於公乎鄭注蓋皆當爲盍盍何不也今按蓋从盇盇聲古字通用故秦策云蓋可忽乎哉蓋卽盍也又通作闔管子小稱篇云闔不起爲寡人壽乎莊子天地篇云夫子闔行邪釋文闔本亦作盍闔亦从盇得聲也曷者說文云何也詩內曷字箋竝訓何通作害詩害澣害否不瑕有害傳箋竝云害何也菀柳及長發傳竝云曷害也經典多以害爲曷故書時日曷喪孟子作時日害喪書大誥凡言曷漢書翟方進傳竝作害詩葛覃釋文害與曷同廣雅云害曷盍何也害曷盇俱一聲之轉

虹潰也謂潰敗

潰者說文云漏也文選西都賦注引蒼頡篇云潰旁決也詩召旻傳潰潰亂也虹者訌之叚借也說文云訌讀也引詩曰蟊賊內訌今召旻傳作訌潰也抑傳又作虹潰也爾雅釋文虹李本作降下江反今按降古讀若洪水經河水東北過黎陽縣南注云尚書禹貢曰北過降水不遵其道曰降亦曰潰說文云洚水不遵道玉篇胡公胡江二切又洚潰也胡公即虹字之音是洚與降同故李巡以降爲訌鄭注以洚爲降說云訌讀之讀云中止也與潰字之義亦近

隋闇也 隋然冥貌

闇者說文云閉門也玉篇云幽也廣韵云冥也玉篇與暗同隋者玉篇與晻同釋文隋字林或作晻同烏感反一切經音義十二又以晻隋二形爲古文暗字皆非也隋於經典無見疑陰之別體也說文云陰闇也錢氏荅問云隋本當爲陰論語高宗諒陰鄭訓陰爲闇說文亦訓陰爲闇皆據此文古書陰與音通左

傳鹿尗不擇音是也本僭音爲陰後人妄加阜旁景純不援引經典而望文生義由於未通六書之旨

𥻆膠也 膠黏

膠者釋詁云固也固之言黏也黏訓黏也黏者當作昵說文云膠昵也昵昵與暱同釋詁云暱近也暱近與膠固義近聲僭爲𥻆說文𥻆䵒同云黏也引春秋傳日不義不䵒今左氏隱元年傳䵒作暱考工記弓人注杜子春引作不義不昵云昵或爲𥻆是𥻆昵通

孔甚也

厥其也

戛禮也 謂常禮

戛者釋詁云常也秩亦常也禮爲天秩秩爲天常故周禮大宰注禮經常所秉禮法常所守也

闍臺也 臺城門

臺者門臺也禮器云不臺門古者天子諸侯門皆有臺城門亦然也闍者說文云闉闍也城內重門也爾雅以爲臺者門有臺也故詩出其東門傳闍城臺也釋文引孫炎云積土如水渚所以望氣祥也郭義本毛傳詳見釋宮闍謂之臺

囚拘也 謂執拘

拘者說文云止也按止如晉人止公之止止猶執也說文紈捕罪人是也囚者說文云繫也詩泮水傳及周禮序官掌囚注並云囚拘也樂記云釋箕子之囚史記留侯世家作釋箕子之拘集解徐廣曰拘一作囚是囚拘通古讀拘如鉤易說卦云艮爲拘虞翻注拘舊作狗亦其例是囚拘以聲近爲義也

攸所也

所者一切經音義二引三蒼云處也所又語詞所之言是也故公羊文十三年傳注黨所也所猶是齊人語也所又與許同文選在郡臥病詩云良辰竟何許李善注許猶所也按詩伐木許許說文引許許作所所是其證所許聲近所是聲轉也攸者經典俱訓所通作逌說文作卤云气行皃讀若攸按漢書之攸多借逌爲之如地理志酆水逌同九州逌同五行志彝倫逌敘彝倫逌斁竝以逌爲攸也地理志注逌古攸字

展適也得自申展皆適意

適者一切經音義一引三蒼云悅也廣雅云善也善與悅皆快適之意展者釋詁云信也本以誠信爲訓亦兼屈信之義古屈伸字皆借信爲之故展又訓伸也舒也方言云舒勃展也舒亦自伸適之義舒伸適又俱一聲之轉

鬱氣也鬱然氣出

氣與气同鬱與鬱同鬱本香草以爲鬱鬯其氣芬芳故以氣言之一切經音義二引李巡曰鬱盛氣也詩雲漢釋文引韓詩云鬱隆烔烔素問至眞要大論云諸氣膹鬱左氏定二年傳鬱攸從之杜預注鬱攸火氣也是皆鬱爲盛氣之義

宅居也

居者說文作凥云處也玉篇凥與居同宅者說文云所託也釋名云宅擇也擇吉處而營之也玉篇云人之居舍曰宅宅皆訓居說文訓託者託宅俱从乇聲故土相見禮注今文宅或爲託是託宅通叉通作度方言云度凥也詩度之薨薨爰究爰度傳竝云度居也書何度非及史記周紀作何居非其宖是皆度訓居之證古書宅多作度故書宅西縫人注作度西詩宅是鎬京坊記作度是鎬京此維與宅論衡初稟篇

作此惟予度是皆宅作度之證宅度古同聲度居聲又近

休慶也 慶者說文云行賀人也詩慶旣令居祭統云作率慶士籛注竝云慶善也月令注慶謂休其善也休者釋詁云美也美善義同故廣雅云烋善也玉篇云烋美也福祿也慶善也烋與休同周語云晉國有憂未嘗不戚有慶未嘗不怡又云爲晉休戚是休訓慶也韋昭注以慶爲福休爲喜其義亦近

祈叫也 祈祭者叫呼而請事

叫者說文云嘄也詩北山傳叫號呼召也叫與訆通又與嘂通說文嘂訆竝云大呼也祈者釋詁云告也又訓叫者叫告義同故一切經音義九引孫炎曰祈爲民求福叫告之辭也大祝注祈嘄也嘄卽叫

濬幽深也 濬亦深也

濬者玉篇云濬也遠也濬者說文作睿云濬通川也引虞書曰容畎澮距川或作濬古文作濬書濬哲文明正義引舍人曰濬下之濬也通作浚詩莫浚匪泉傳浚濬也穀梁莊九年傳浚洙者濬洙也幽者釋詁云微也微有濬藏之意故詩伐木傳幽濬也斯干傳幽幽濬遠也

哲智也 智者說文作智云識詞也釋名云智知也無所不知也哲者說文方言竝云知也書舜典正義引舍人曰哲大智也知智古字通智哲聲相轉經典哲亦多作智

弄玩也

尹正也 謂官正也 **皇匡正也** 詩曰四國是皇 正者釋詁云長也長亦君故廣雅云正君也詩傳箋竝云正長也是正兼官長君長二義尹者說文云治

也治亦董正之義故詩都人士傳及書益稷鄭注竝云尹正也廣雅以尹爲官官之正也說文从尹爲君君之正也君尊所以尹正天下者也故經典君尹二字通○又言正者釋詁云董督正也說文云正是也士冠禮注正猶善也玉藻注正直方之閒語也是正又兼直方二義皇者君之正也釋詁皇爲君又爲美美善同意君尹同尊皆正之義故詩漸漸之石箋皇王也王即君君即正矣匡者玉篇云方正也方直皆正之訓故詩六月箋及夏官序官匡人注竝云匡正也匡皇聲近故詩破斧傳皇匡也詩考引董氏云皇齊詩作匡是匡皇同毛傳以皇爲匡本於齊詩其義互相證明也

服整也令服御之齊整

整者說文云齊也文選東京賦注整理也服者釋詁云事也事之整也詩服之無斁好人服之鄭箋竝云服整也按整之言治也今俗猶言整治箋義亦以整爲治郭以服御爲言失之

聘問也見穀梁傳

問者說文云訊也詩女曰雞鳴傳問道也按道謂道說猶今問候人道萬福道勝常也聘者說文作娉云問也通作聘云訪也訪亦問故詩靡使歸聘傳聘問也郭引穀梁隱九年傳同

愧慙也

殛誅也書曰鯀則殛死

誅者說文云討也曲禮注罰也大宰注責讓也今按誅有二義左氏莊八年傳誅屨於徒人費襄卅一年傳誅求無厭此皆以責讓爲義也易雜卦云明夷誅也釋文引荀云誅滅也陸韓云傷也秦策云使復姚賈而誅韓非此皆以殺戮爲義也以殺爲義則誅與殊同殛者說文云殊也引虞書曰殛鯀于羽山段氏玉裁說說文注謂爾雅殛當作極今略採其說云尚書鯀則殛死釋文殛本作極我乃其大罰殛之釋文殛

本作極毛詩致天之屆鄭箋屆極也罰極紂於商郊牧野正義屆極釋言文釋言又云極誅也武王致天所罰誅紂於牧野定本集注極皆作殛殛是殺非也據此箋疏可證爾雅是極非殛又菀柳後子極焉鄭箋極誅也正義曰極誅釋言文此又一證又周禮八柄廢以馭其罪鄭注廢放也舜極鯀于羽山是也又昭七年左傳昔堯殛鯀於羽山釋文殛本又作極此又兩證又魏志武帝紀致屆官渡裴注引鴻範鯀則極死作極可證又鄭志荅趙商鯀放居東裔非誅死左傳說流四凶族投諸四裔而已舜實未嘗殺鯀而鯀死於放所作極鯀者爲正殛爲叚借字極窮也窮與誅義相足說文曰誅討也討不必殺之

克能也

翌明也 書曰翌日乃瘳

翌者昱之叚音也說文云昱明日也玉篇作日明通作翌廣韵翌明日也漢書武帝紀云翌日親登嵩高

應劭注翌明也書王翼日乃瘳郭引翼作翌
越翼日癸巳漢書律曆志作若翌日癸巳

訩訟也言訟讀

訟者說文云爭也易訟釋文言之於公也然則訟之爲言猶公也史記呂后紀云未敢訟言誅之訟言猶公言也訩者說文作詾或省作訩云訟也詩降此鞠訩不告于訩傳箋並云訩訟也釋詁云訩盈也盈謂發言盈庭亦爭訟之義通作匈荀子天論篇云君子不爲小人匈匈也輟行楊倞注匈匈喧譁之聲與訩同又通作兇素問移精變氣論云麤工兇兇按訩說文或作說是素問兇卽說之省荀子匈亦詾之省矣訩訟以聲爲義也

晦冥也

冥者上文云幼也說文云幽也易豫釋文引馬云冥昧也詩斯干箋冥夜也晦者說文云月盡也月盡則

光闇昧故詩酌傳晦昧也昧則幽昏故風雨傳晦昏也昏昧皆冥之義故公穀僖十五年傳並以晦爲冥也冥讀如字

釋文亾定反

奔走也

走者說文云趨也釋名云疾趨曰走走奏也促有所奏至也奔者說文云走也釋名云奔變也有急變奔赴之也按釋宮云中庭謂之走大路謂之奔是奔走異經典則同故呂覽權勳篇云齊王走莒走即奔也晉語云見王必下奔奔即走也說文奔犇字皆从夭故奔犇同意

逡退也 外傳曰已復於事而逡

退者說文作復云卻也檀弓注去也鄉射禮注少退少逡遁也聘禮注三退三逡遁也玉藻注俛逡遁而退箸蹷也遁皆與巡同鄭俱本爾雅爲訓也逡者說文云復也復即復字形近而譌玉篇逡巡也退也卻

也廣韵逡巡退也皆用爾雅可證矣方言云逡循也循與遁古音同遁有去義故或言逡遁或言逡循又言逡巡竝古字叚借皆言卻退不進也漢鄭固碑云逡遁退讓正與此合山陽太守祝穆後碑云鄉黨逡逡今論語作恂恂亦退讓之義也齊語云有司已於事而竣韋昭注竣退伏也文選東京賦云已事而踆薛綜注踆退也是踆竣皆逡之叚借

壼什也 倒頓蹪什

上文云壼踣也斃踣也踣與什壼與蹪俱聲義同釋文什音赴亦踣之聲變

亞次也

次者說文云不前不精也玉篇云敘也近也敘近皆次弟之義特牲饋食禮亞獻尸注次猶貳也按次从二聲二與貳同其義又爲副貳矣亞者說文引賈侍中說以爲次弟也經典亞皆訓次通作惡易繫辭云

而不可惡也釋文惡於嫁反荀作亞亞次也尚書大傳云王升舟入水鼓鐘惡觀臺惡鄭注惡讀爲亞亞次也

諗念也相思念

諗者詩四牡傳念也箋云告也說文云深諫也引春秋傳辛伯諗周桓公鐲二諫告與念不同者念爲心中諷誦與諫告之義相足成故以告諫爲念也說文諗从念聲念从今聲是念古音奴枕切與諗聲近今奴店切則與諗聲較遠

屆極也有所限極

極者釋詁云至也至亦極也屆者釋詁作艐而訓至說文云屆極也本此爲訓詩內屆字傳箋或訓至或訓極至極其義同也屆亦借爲戒詩旣戒旣平傳戒至也至卽極戒卽屆矣屆極一聲之轉

弇同也詩曰奄有龜蒙**弇蓋也**謂覆蓋

同者上文云檢同也此云弇同者弇訓覆蓋與同義近故又爲同也洪頤煊引考工記梟氏侈弇之所由興弇謂鐘口歛歛卽檢故檢弇皆訓同矣通作奄詩奄有四方傳奄同也又通作掩方言云掩同也文選高唐賦云越香掩掩李善注掩同也○蓋者說文作盇云覆也通作蓋玉篇云掩也釋名云蓋加也加物上也弇者說文云蓋也詩閟宮正義引孫炎曰弇覆蓋亦覆之義按釋魚說龜云前弇諸果後弇諸獵是弇爲覆蓋也通作奄上文云蒙荒奄也郭注奄奄覆也又通作掩文選懷舊賦注引埤蒼云掩覆也說文作揜覆也禮器云豚肩不掩豆聘義云瑕不揜瑜俱以揜爲覆蓋也又與盦同說文盦覆蓋也玉篇云於含切是盦弇聲義同奄訓蓋者墨子曰周公旦非關叔辭三公東處於商蓋韓非子曰周公旦將攻商蓋辛公甲曰不如服衆小以劫大乃攻九夷而商蓋服矣商蓋卽商奄也以奄訓蓋因而借奄爲蓋見段氏

說文注郇篆下

恫痛也詩云神罔時恫

痛者說文云病也廣雅云傷也傷與傷同方言注痛怨痛也恫者說文云痛也一曰呻吟也匡謬正俗云今痛而呻者江南俗謂之呻喚關中俗謂之呻恫太原俗謂恫喚云通喚此亦以痛而呻吟其義一也又引爾雅郭音呻恫音通亦音恫字或作侗所引郭音義之文也說文引詩作神罔時恫云侗大皃與郭音同義異詩思齊傳本爾雅桑柔云哀恫中國史記燕世家云百姓怨恫皆以恫爲痛也桑柔釋文恫本又作痌痌蓋恫之或體見玉篇

握具也謂備具

具者釋詁云供峙共具也握者釋文引李本作幄云居位處之具也今按幄說文作楃云木帳也釋名云

帳張也然則張施陳設與供具義近通作屋詩夏屋籩屋具也正義云釋言文又通作握易萃云一握爲笑釋文引鄭云握當讀爲夫三爲屋之屋周禮巾車云組總有握釋文握劉音屋馬本作幄是幄握屋俱古字通

振訊也 振者奮迅訊者迅之叚借也振者說文云奮也文選甘泉賦注引韓詩章句同振奮卽振訊故廣雅云奮振也又云奮訊也訊卽迅故樂記注奮迅迅也管子勢篇云大周之先可以奮信信亦迅也迅爲正體信訊俱叚音故詩雄雉七月釋文及樂記公羊莊八年釋文竝云訊本作迅迅訓疾疾有奮厲之意與振動義近振迅之聲又近也

闓恨也 相怨恨

恨者當作很玉篇云很戾也諍訟也一切經音義三引國語注很違也違戾其義同鬩者說文云恆訟也引詩兄弟鬩于牆从鬥从兒兒善訟者也詩常棣傳鬩很也曲禮注很鬩也是毛鄭俱作很爾雅釋文引孫炎亦作很云相很戾也很音戶懇反左氏僖廿四年傳正義引釋言亦作鬩很又引李巡本作恨云相怨恨郭注從李巡今按恨很聲近義雖相成但作很於義爲長郭從李非也

越揚也

謂發揚

揚者說文云飛舉也易揚于王庭鄭注揚越也越者蹢也蹢舉足故爲揚騁義云叩之其聲清越以長鄭注越猶揚也周語云汨越九原又云以揚沈伏而黜散越韋昭注並云越揚也詩對越在天對越卽對揚猶云對揚王休也鄭箋對訓配越訓於似失之又干戈戚揚傳揚鉞也揚鉞卽揚越本爾雅爲訓也越鉞聲同越揚聲轉鉞字古止作戉與越通用明堂位云越棘大弓越卽戉也鄭注以爲國名恐非

對遂也 詩曰對揚王休

遂者申也進也達也通也俱與對荅義近文選注引春秋孔演圖宋均注云遂道也道亦進達之意閒居賦注引聲類云遂從意也穀梁傳云遂繼事也繼從與當對之義又近矣對者詩以對于天下對揚王休流言以對毛傳竝云對遂也祭統云對揚以辟之鄭注亦云對遂也對遂古音相近以聲爲義也廣韵云對揚也對訓揚所未詳

燬火也 詩曰王室如燬燬齊人語

火者古讀如喜左氏襄卅年傳或叫於宋大廟曰譆譆出出鳥鳴於亳社如曰譆譆譆譆即火火之聲也詩七月流火與九月授衣韵是皆火讀如喜之證又讀如毀說文燬火互訓明其聲同釋名云火化也消化物也亦言毀也物入中皆毀壞也詩七月流火與入月萑葦韵是皆火讀如毀之證二讀實一聲之轉

也今音又轉爲呼果切故詩汝墳釋文引郭璞燬又音貨是今音矣詩正義引李巡云燬一名火爾雅釋文引作㷄一音火孫炎云方言有輕重故謂火爲燬此皆以音讀爲訓於義亦通燬說文引作焜字異音同方言云煤㛪隗火也楚轉語也猶齊言焜火也周禮序官司烜氏注烜讀如衞侯燬之燬是燬烜同說文以烜爲爟之重文與鄭異

懈怠也宣緩也 謂寬緩

懈怠宣緩竝以聲爲訓也懈怠郭氏無注一切經音義十八引集注云按梁沈旋爾雅集注有懈者極也怠者嬾也今按極謂疲劇也懈怠與賷萏聲近今登萊人謂懈惰爲賷萏匡謬正俗云怠懈之字通有萏音是也懈解古字通故易序卦云解者緩也廣雅云懈緩也是懈怠與宣緩義同○緩者說文云綽也釋名云緩浣也斷也持之不急則動摇浣斷自放縱也是緩有縱弛之義下文云舒緩也寬綽也其義同宣者說文作

絙云緩也樂記云其聲嘽以緩嘽字亦作繟云帶緩也又云繟偏緩也音義皆相近宣無緩義經典亦無此訓宣與絙俱从亘聲爾雅蓋借宣爲絙矣

遇偶也 偶爾相值遇

偶者偶爾言不常也遇者逢也言不期而相值逢遇已見釋詁又訓偶者偶遇聲同也大宗伯注遇偶也欲其若不期而偶至文選注兩引爾雅並作偶遇也一切經音義二亦引作偶遇也釋名云耦遇也二人相對遇也耦與偶同然則爾雅古本或作偶遇但偶遇遇偶二義俱通遇偶俱从禺聲古音在矦部是二字聲義同

曩曏也 國語曰曩而言戲也

曏者說文云不久也玉篇云少時也莊子秋水篇云證曏今故釋文引崔注曏往也華嚴經音義下引珠

叢云曏鄉謂往時也曩者說文云曏也釋詁云久也爾雅以曩曏爲久說文以曏爲不久其義兩通故檀弓云曩者爾心或開子是曩爲未久之詞文選北征賦云豈曩秦之所圖是曩爲久詞其義則皆爲曏也郭引晉語文韋昭注曩向也北征賦注亦云曩猶向時也向與曏音義同又作嚮或作鄉竝古字通也曩之聲轉爲乃趙策蘇秦謂趙王曰秦乃者過柱山漢書曹參傳云乃者我使諫君也集注乃者猶言曩者是曩乃聲轉義同也乃與適迺又通說文云適往也一切經音義十八引蒼頡篇云迺往也往與曏其義同曏爲曩曩曰亦爲往日往曏曩俱字之疊韵

偟暇也詩曰不遑啟處

暇者說文云閑也與閒同左氏襄八年正義引舍人曰閒暇無事也通作假書須夏之子孫詩皇矣箋須夏作須假釋文假戶嫁反本又作暇正義引書多方鄭注夏之言暇也詩昭假遲遲箋亦以假爲暇矣偟

者經典通作遑皆皇之或體也皇與假俱訓大又俱爲暇其義實相足成後人見經典皇暇之皇皆作遑遂以遑爲正體遑變作徨又省作偟反以皇爲遑俗姝不知書云則皇自敬德表記云皇恤我後皇皆訓暇又左氏襄廿五年傳皇恤我後昭七年傳社稷之不皇襄廿六年及哀五年傳不敢怠皇是皆遑作皇之證襄廿九年正義引李巡曰遑閒暇也詩殷其靁釋文遑本或作偟爾雅釋文亦云遑或作偟通作皇是陸德明亦不知皇爲本字矣

暇古讀如戶偟暇一聲之轉

宵夜也

說文云夜舍也天下休舍也又云宵夜也司寤氏注宵定昏也書堯典正義及爾雅釋文竝引舍人曰宵陽氣消也

懊忨也謂憂忨 **愒貪也**謂貪羨

忨者說文云貪也引春秋傳忨歲而潵日左氏昭元年傳文晉語作忨日而潵歲韋昭注以忨愉潵遲爲訓其說未明杜預注謂翫愒皆貪是也翫與忨愒與潵並古字通易繫辭云所樂而玩者釋文引馬云玩貪也鄭作翫易翫玩並忨之叚音矣懊者玉篇云於六切貪也忨五亂切貪也㥏也是忨懊聲相轉○貪者說文云欲物也釋名云貪探也探取入他分也愒者說文以爲愒字其引左氏作潵云欲歠也欲歠欲物其義俱爲貪也玉篇愒居例切貪羨也按居例乃愒字之音愒本潵之通借當苦葛切爾雅釋文愒苦蓋反此音是矣

榰柱也相榰柱

柱者說文云楹也玉篇訓楹者音雉縷切訓塞者音株主切塞謂橕塞即榰柱之義也榰者說文云柱砥古用木今以石玉篇云榰柱也釋文榰柱作搘拄俱从手旁非也榰通作支周語云天之所支不可壞也

韋昭注支柱也又通作枝莊子齊物論篇釋文引司馬云枝柱也然則枝柱猶言枝梧省作支吾皆相撐持之義也榰柱之聲又相轉

裁節也節者止也有儉省之意故賈子道術篇云費弗過適謂之節釋名云節有限節也裁者制也有減損之義易云后以財成天地之道鄭注財節也釋文財荀本作裁

竝併也詩曰竝坐鼓瑟併者幷也竝者比也說文併竝互訓二字音同經典通用故儀禮注今文竝皆爲併又云古文竝皆作併

卒旣也旣已旣者如春秋日食旣之旣公穀桓三年傳竝云旣盡也詩汝墳傳旣已也鄉飲酒禮注旣卒也卒者釋詁

云盡

也

慒慮也 謂謀慮也

慮者釋詁云謀也思也慒者說文云慮也玉篇云謀也又慮也釋文云慒音囚字書作悰按玉篇慒字雖有囚音又徂冬切卽悰字之音然玉篇既本說文別出悰字云樂也一曰慮也是悰慒字異音義同說文則二字異矣

將資也 謂資裝

資者齎之叚音也說文云齎持遺也外府注齎行道之財用也掌皮注齎所給予人以物曰齎小祝注齎猶送也莊子列禦寇篇云萬物爲齎送是齎訓送與將義同將者上文云送也送卽持遺之義將齎又一聲之轉齎通作資外府注鄭衆云齎或謂資典婦功及典枲注竝云故書齎爲資莊子德充符篇云不以

翼資釋文引李云資送也是偕資爲齎其證甚明爾雅之資亦齎之通偕郭訓資裝與將義遠矣

黹紩也今人呼縫紩衣爲黹

紩者說文云縫也廣雅云納也急就篇注納刺謂之紩按今時亦呼縫紩爲納也方言云紩衣謂之褸秦謂之緻又云敝而紩之謂之襤褸又云其敝者謂之緻郭注緻縫納敝故名之也然則緻與紩同矣黹者說文云箴縷所紩衣又云⿰衤黹紩衣也玉篇黹或作⿰衤黹是⿰衤黹黹同偕作絺書云絺繡鄭注絺讀爲黹黹紩也司服注引作希繡云希讀爲絺或作黹

遞迭也更迭

迭者說文云更迭也文選西都賦云更盛迭貴通作佚方言云更佚代也穀梁文十一年傳兄弟三人佚宕中國范甯注佚猶更也遞者說文云更易也書益稷正義引李巡云遞者更迭呂覽蕩兵篇云遞興遞

廢西京賦云遞遞宿迭居是遞迭同遞迭雙聲亦兼疊韻

矧況也譬況

況者兄之叚音也詩倉兄塡兮傳兄滋也職兄斯引傳兄茲也常棣出車傳箋又云況茲也是況兄茲滋俱音義同古字通用況訓爲滋滋訓爲益旣已如是況又如是卽爲滋益之詞又爲譬況者凡譬況之詞皆於此詞之外有所增益故也古讀兄爲荒與況同音白虎通云兄者況也況父法也管子大匡篇云兄與我齊國之政也修華嶽碑云兄乃盛德皆以兄爲況也故詩常棣釋文況或作兄桑柔釋文兄音況本亦作況陸德明旣知兄本作況而於常棣況或作兄又以爲非蓋不知毛詩古文況俱作兄常棣出車二詩作況由人妄改陸氏習其讀而妄其義也兄旣通況又通皇故書云無皇曰漢石經作無兄曰尚書大傳云皇于聽獄乎鄭注皇猶況也是皆音同叚借字耳矧者矤之或體也說文云矤況詞也从矢引省聲

今經典通作矧不省玉篇又作敹亦或體字也經典
風矧俱訓況廣雅云矧長也方言云羨長也長與益
義近矧之訓爲長亦猶兄之訓爲長矣況之訓爲
益亦猶兄之訓爲滋矣是皆古義之展轉相通也

廩廯也 或記云卽倉廩所未詳

廯者玉篇云倉也廩也廩者說文作亩云穀所振入宗廟粢盛蒼黃亩而取之故謂之亩或从广廩是廩爲或體經典俱作廩詩豐年傳廩所以藏齍盛之穗也地官序官廩人注盛米曰廩按毛云藏穗鄭云藏米二說不同要爲倉之總名故豐年釋文廩倉也是矣爾雅釋文引舍人云廩少鮮也孫炎云廯藏穀鮮潔也是孫炎及舍人俱以廯爲鮮或取鮮少或取鮮潔可知古本廯止作鮮後人淺俗妄以意作廯耳郭云未詳蓋以經典無廯字故也若作鮮鮮訓少也廩亦少意故公羊文十三年傳羣公廩何休注廩者連新於陳上財令半相連爾鄭氏易注引作羣公濂濂猶廉也廉亦少意是廩爲鮮少之名釋名云廩矜也

矜惱亦少之義與舍人合然則廪訓爲鮮其證明矣

逭逃也 亦見禮記

說文云逃亾也逭逃也書太甲正義引樊光云行相避逃謂之逭郭云見禮記者緇衣引太甲文鄭注用爾雅

訊言也 訊相問

言者對語之稱則直言曰言對訊之稱則相問爲言廣雅云言問也曲禮君言不宿於家鄭注言謂有故所問也聘禮若有言鄭注有言有所告請若有所問也家人云言蠻車象人鄭衆注言言問其不如灋度者是皆言訓問之證釋名云言宣也宣彼此之意也然則自言與問人通謂之言矣訊者說文云問也經典訊多訓問問亦言也故詩出車箋及小司寇司刺注竝云訊言也出車傳又云訊辭也辭與言同然則

訊言卽訊問詩執訊獲醜卽執言而問也小司寇用情訊之卽以言推問也司刺訊羣臣亦訊言訪問也玉篇廣韵竝云誶言也誶訊聲轉古字通用已詳釋詁誶告也下

閒俔也 左傳謂之諜今之細作也

俔者說文云譬諭也一曰閒見本爾雅爲訓也詩俔天之妹韓詩俔作磬云譬也又說文所本矣閒者釋詁云代也閒謂空隙居其中則爲閒代出其外則爲閒見閒見猶言不常見也凡譬況之詞必取非常所見故云罕譬而諭方言謂之代語說坊說文謂之閒見其義一也郭訓閒爲諜非矣閒俔雙聲疊韵俔牽遍反[illegible]詩文爾雅釋詩當俔在閒上今本誤倒耳

沄沆也 水流漭沆

說文云沆漭沆大水也風俗通云沆者漭也言其平望漭漭無涯際也一切經音義七引通俗文云水廣

大謂之漭沆也沄者說文云轉流也讀若混楚辭哀歲篇云流水兮沄沄王逸注沄沄沸流按沸流卽轉流沄讀若混亦與沆爲雙聲

干扞也相扞衞

扞者說文云忮也玉篇云衞也與捍同華嚴經音義下引聲類扞作捍通作斁書汝多修扞我于艱說文引作斁我于艱云斁止也止有禁禦之義與衞義同也干者戰之叚借也說文云戰盾也經典借作干詩兔罝采芑傳竝云干扞也公侯干城左氏成十二年傳引又曰此公侯之所以扞城其民也書正義及詩釋文竝引孫炎曰干楯所以自蔽扞也

說文云盾所以扞身蔽目是孫義所本

趾足也足腳**踕刖也**斷足

釋名云足續也言續脛也廣雅云滿也止也卽玉切又將喩切云添物也按添物與滿止義亦相成故老

子上云常德乃足河上公注足止也趾者說文作止云下基也象艸木出有趾故以止爲足士昏禮云北止鄭注止足也古文止作趾海內經云渠股豚止漢書禮樂志云獲白麟爰五止皆以止爲趾也老子下云知足不辱知止不殆詩相鼠釋文引韓詩云止節亦卽止足之義經典止趾通用故釋名云趾止也言行一進一止也趾足聲相轉○刖者跀之叚借也說文云跀斷足也或从兀作䟡刖絕也經典俱借刖爲跀故書呂刑正義引李巡云斷足曰刖也莊子養生主篇釋文引崔云䟡斷足也𨁈者說文云跀也讀若匪通作剕釋文𨁈本亦作剕經典俱以剕爲𨁈蓋或體字也

襄駕也 書曰懷山襄陵

駕者加也玉篇云上也廣雅云椉也小爾雅云凌也凌與陵椉與乘同左氏昭元年傳猶詐晉而駕焉杜預注駕猶陵也然則駕取乘陵之義乘陵亦加上之言不獨馬在軛中稱駕矣襄者驤之叚借也說文云

驤馬之低仰也玉篇云驤駕也超也低卬也廣韻云驤馬騰躍又速也低昂也馳駕也是襄駕之襄當作驤省作襄故詩兩服上襄終日七襄鄭箋竝云襄駕也史記趙世家正義云襄舉也上也文選西京賦注襄謂高也高上舉皆駕之義卽驤字之訓故文選琴賦云參辰極而高驤李善注驤與襄同

忝辱也

燠煖也今江東通言燠

煖者說文與煗竝云溫也玉篇云煗煖同又暝暖同蓋卽煗煖之或體又云煖乃管切煖火園切分爲二音非也煖从爰聲煗从耎聲二字音同與燠相轉今讀煖乃管切燠於六切其音遂不復通矣燠者說文云熱在中也詩無衣傳燠煖也小明傳奧煖也奧與燠同書云燠若史記宋世家作奧若淇範正義引舍人曰燠溫煖也

塊，塩也。土塊也。外傳曰：枕凷以塩。

塩者，說文云：凷也。凷，墣也。凷或从鬼作塊。又云：墣，凷也。墣或从卜作圤。吳語云：涓人疇枕王以墣。郭引墣作塩，塩、墣義同。注作凷，字形之誤也。既夕記疏引孫炎云：塩，土塊也。

將，齊也。謂分齊也。詩曰：或肆或將。

齊者，少儀注：和也。亨人注：齊，多少之量。酒正注：齊者，每有祭祀，以度量節作之。文選長笛賦注：齊，分限也。然則齊有限節之義，又有和調之義，故食醫所掌食飲羹醬皆謂之齊。齊之爲言劑也，劑亦兼調劑、分劑二義，故漢書藝文志云：百藥齊和。集注：齊與劑同是矣。將者，上文云：資也。又訓齊者，齊、資與將俱以聲轉爲義。詩或肆或將，傳：將，齊也。正義及爾雅釋文竝引王肅云：分齊其肉所當用也。又既齊既稷，釋文：齊，鄭音資，一音才細反，謂分齊也。皆與郭義合。

餬饘也 麋也

饘者說文云麋也麋訓糜與鬻別而亦以爲鬻之通名說文鬻饘互訓鬻即粥字今讀若周此古音也說文饘云周謂之饘宋謂之餰本皆作饘从段本改餰與饘同饘是鬻之稠者內則釋文饘厚粥也然則爾雅之饘當作饘矣餬者鬻之段音也說文鬻饘也鬻饘即餬饘說文餬訓寄食與饘義別玉篇鬻或作糊糊即餬之或體是

餬鬻通

啟跪也 跽小

跪者說文云拜也釋名云跪危也兩膝隱地體危倪也玉篇及文選月賦注並引聲類云跪跽也啟者跽之段音也說文云跽長跪也史記滑稽傳云帣韝鞠䠊集解徐廣曰䠊與跽同謂小跪也索隱曰䠊音其紀反與跽同音謂小跪是䠊即跽也經典俗作啟詩四牡采薇傳箋並云啟跪也左氏襄八年及廿九年

正義竝引李巡曰跂小跪也是郭所本注小跽亦當
作小跪釋名云起跂也跂一舉體也按一舉體卽小
跪之
義

矊密也 密謂緻

密者緻也說文云緻密也釋名云密蜜也如蜜所塗
無不滿也矊者說文作矈云目旁薄緻宀宀也按薄
緻謂文理緻密宀宀猶緜緜說文云緜聯微也釋訓
孫炎注緜緜言詳密也文選洛神賦注緜緜密意也
是緜密卽矊
密俱雙聲字

開闢也 書曰闢
四門

袍襺也 左傳曰重
襺衣裘

襺者說文云袍衣也以絮曰襺以緼曰袍引春秋傳
盛夏重襺左氏襄廿一年傳文也今左傳及經典俱

省作䄡玉藻云纊爲襺縕爲袍鄭注襺袍衣有著之異名也爾雅釋文襺本亦作䄡䄡緜衣也袍者釋名云袍丈夫著下至跗者也袍苞也苞內衣也婦人以絳作衣裳上下連四起施緣亦曰袍義亦然也方言云褒明謂之袍按古人以袍爲裏衣故喪大記云袍必有表不禪鄭注袍褻衣詩與子同袍與與子同澤對箋亦云澤褻衣然則袍襺俱私褻之服左傳言重襺衣裘亦非禪服公羊哀十四年傳涕沾袍蓋謂霑溼裏衣何休注以袍爲衣前襟誤矣

障畛也謂壅障

畛者說文云井田閒陌也文選東京賦注引宋衷太玄經注畛界也詩載芟傳畛埸也埸障聲義近也障者說文云隔也釋文又界也然則障畛皆有界限之義界限所以隔別也文選北征賦注引蒼頡篇云障小城也按城垣爲限與田陌爲界其義亦近障畛又一聲之轉

靦姡也面姡然

姡者說文云面醜也醜葢靦字形譌詩何人斯正義引作面靦是也方言云婚娗也婚娗聲轉又云婚猶也猶婚亦聲轉也靦者詩傳用爾雅說文云面見也詩正義引作面見人無也字若依舍人注說文面見當爲面皃亦字形之誤也越語云余雖靦然而人面哉韋昭注靦面目之貌是靦爲面皃故釋文引舍人云靦擅也一曰面貌也謂自專擅之貌玉篇云靦慙貌又引埤蒼䩄同靦亦見說文又引字書䩄䩄竝靦之或體也靦訓姡者釋文引孫李云靦人面姡然也方言云楚鄭或謂狡獪爲姡姡猶獪也凡小兒多詐謂之姡是李孫義同所引方言臧鏞堂爾雅漢注定爲孫引也

鬻糜也淖糜

糜者說文訓糝糝以米和羹一曰粒也葢以米和羹爲糝以米煑鬻爲糜糜鬻通名故釋名云糜煑米使

麋爛也粥淖於麋粥粥然也鬻者經典省作粥而訓麋玉篇粥麋也飦夕禮云歠粥鄭注粥麋也粥皆鬻字之省左氏僖廿八年昭七年正義及釋文竝引孫炎云鬻淖麋也是郭所本上文餬饘郭云麋也此云淖麋然則四者同類而異名稠者曰麋淖者曰鬻今俗語猶然也又左傳正義俱連引餬饘鬻麋二文今隔別者或傳書者誤分之

舒緩也 緩謂遲

上云宜緩也此云舒緩者舒宜聲轉釋詁舒兼敘緒二義詩傳舒兼徐遲二訓實則其義俱爲緩也通作紓說文及詩采菽傳竝云紓緩也

翢纛也 今之羽葆幢 **纛翳也** 舞者所以自蔽翳

纛者翳之別體也說文云翳翳也所以舞也引詩曰左執翳君子陽陽傳翿纛也翳也釋文纛俗作纛爾

雅釋文纛字又作翳是纛古本作翳今作纛俗作纛耳詩正義引孫炎云纛舞者所持羽也翢者無正體經典作翿爾雅宋本作翢玉篇云翢纛也翿翳也翳翢並同鄭云羽葆幢者雜記云匠人執羽葆御柩鄉師注引作執翿以御柩鄭衆注翿羽葆幢也爾雅曰纛翳也詩宛丘傳及方言並云翿翳也釋名云翳陶也其貌陶陶下垂也詩正義引李巡云翿舞者所持纛也是翿翳纛並音同字通又通作翢廣雅云幢謂之翢○纛又訓翳者翳蔽也說文翳華蓋也

隍壑也城池空者爲壑

壑隍釋詁並云虛也隍又訓壑者隍壑雙聲詩韓奕正義引舍人云隍城池也壑溝也李巡云隍城池壑也

芼搴也謂拔取菜

搴者說文作摢云拔取也方言云攓取也南楚曰攓是攓搴俱摢之或體釋文引郭音義云本又作毛蹇俱叚俗字耳芼者亦叚俗字說文覒擇也讀若苗玉篇引詩左右覒之覒擇也本亦作芼是芼覒通詩關雎傳芼擇也正義引孫炎云皆擇菜也又引某氏云搴猶拔也拔引與擇義近儀禮及內則注芼菜也說文芼艸覆蔓皆非爾雅之義

典經也威則也 法則威儀可

典則釋詁竝云常也經本經緯之字又俗爲常也道也法也皆與典義合故釋名云典鎮也制教法所以鎮定天下經徑也常典也如徑路無所不通可常用也大宰注典常也經也灋也皆其義也○則者釋詁云法也威者詩有客傳威則也按威之言畏法則人所畏古讀君若威君人所畏而法則也郭注但云威儀可法似疏矣

苛妎也煩苛者多嫉妎

妎者說文云妒也苛者方言云怒也怒妒聲義俱近苛妎聲轉義又相成故以爲訓方言齘苛怒也小怒曰齘陳謂之苛是苛齘與苛妎同又內則注苛疥也聲義亦近疥瘙也亦煩苛多嫉怒也齘者齒相切也此皆詁訓之相通者

芾小也小芾者小貌

芾即市字市韠韍本蔽厀之名經典作芾假爲蔽芾韠韍之字而訓小會意釋詁云蔽蔽微也微亦小故說文云蔽蔽小艸也是蔽蔽芾俱有小義故詩甘棠傳蔽芾小貌易豐釋文引子夏傳芾小也通作茀詩卷阿傳茀小也蔽芾甘棠韓詩外傳作蔽茀甘棠茀又訓蔽蔽茀皆以微遮爲義亦猶蔽芾皆以微小爲義也蔽茀二字疊韵

迷惑也

狃復也狃忕復爲

復者又也重複之義狃者褎之叚借也說文云褎復也玉篇云習也忕也或與狃同經典俱作狃詩大叔于田傳狃習也箋云復也小爾雅云忕也按魯語云夕而習復是習復同義忕遰慣習也釋文引李巡云狃能屈申曰復腤詩正義引孫炎云狃忕前事復爲也郭與孫同復[illegible]狃以聲近爲義也說文狃犬性驕也忸慣習義亦近

逼迫也

般還也左傳曰般馬之聲

還者與旋同回也轉也圍也便也經典旋與還多通用般者說文云辟也象舟之旋按周旋本此周舟古

字通齊華周字還亦作華舟是其證也易夷于左股釋文引馬王肅作般云旋也日隨天左旋也是股般形近而義亦通又吳語云將還玩吾國於股掌之上股亦當爲般今俗呼掌爲巴掌郎般掌之聲轉推之易云盤桓郎般還也還亦音環故爾雅釋文還音旋或音環般郭音班一音蒲安反俱兼二音是也

班賦也謂布與

賦者上文云量也說文云歛也詩烝民傳又云賦布布郎班聲之轉布猶鋪也敷也皆與班義近也班者說文云分瑞玉廣韵引同玉篇引云分瑞也無玉字葢本詩班瑞而爲說周語注班分也方言云列也小爾雅云次也廣雅云序也序次分別皆賦布之意故周語云其適來班貢韋昭注班賦也一切經音義十四引李巡云班徧賦與也書舜典正義引孫炎云謂布與也按班有徧義故李巡以班徧爲言徧與辨同士虞禮記注古文班或爲辨公羊僖卅一年傳注班者布徧還之辭與李巡合通作頒小爾雅云頒賦布

也祭義注頒之言分也文選馬汧督誄注頒與班古字通又與朌同王制注名山大澤不以朌鄭注朌讀爲班

濟渡也濟成也濟益也所以廣異訓各隨事爲義

渡者說文云濟也廣雅云過也濟者詩匏有苦葉傳及檀弓注竝云濟渡也省作度方言云過度謂之涉濟郭注猶今云濟度楚辭惜賢篇云年忽忽而日度皆借度爲渡渡以過去爲義也○濟又訓成者成就也就濟聲轉樂記云事蚤濟也祭統云夫義者所以濟志也鄭注竝云濟成也詩載馳傳濟止也止亦成就之義○濟又爲益者益饒也多也又增也增濟亦聲相轉左氏桓十一年傳益請濟師於王文十八年傳世濟其美竝以濟爲益也詩旱麓傳濟濟衆多也衆多亦增益之義

緡綸也詩曰維絲伊緡緡繩也江東謂之綸

綸者釋詁貉縮綸注云綸者繩也詩言綸之繩傳綸釣繳也緡者說文云釣魚緐也詩何彼穠矣傳緡綸也正義引孫炎云皆繩名也史記平準書言緡錢酷吏傳言告緡緡皆錢貫之名

辟歷也 未詳

辟者釋詁云法也歷者厤之叚借也說文云厤治也治法義近辟歷聲近凡聲近之字古人多以爲訓如霹靂說文作劈歷釋名作辟歷釋采帛云幷者歷辟而密也然則歷辟辟歷俱以聲爲義也說文厤从秝聲秝讀若歷又㢸與辟同而訓治厤亦訓治是皆義同之字以聲爲義者也

漦盝也 漉漉出涎沫

盝者與漉同滲也素問瘧論云無刺漉漉之汗王砅注漉漉言汗大出也漦者說文云順流也釋文引李巡云吐沫漦漦也鄭語注漦龍所吐沫按說文漦从𠩺聲𠩺力之切漦盝一聲之轉

寬綽也謂寬裕也

綽者說文云緩也晉美鼎銘有綽綰眉壽之言郎綽緩也寬者本爲屋寬大寬亦緩也故詩寬兮綽兮綽綽有裕毛傳綽綽寬也坊記注綽綽寬裕貌也爾雅邢疏引孫炎云性之裕者

衮黻也衮衣有黻文

衮者說文云天子享先王卷龍繡於下幅一龍蟠阿上鄉釋名云衮卷也畫卷龍於衣也按卷衮古音近經典俗卷爲衮衮訓黻者黻爲弗文取拂弼爲義衮龍有蟠屈之形示不得伸以受弼正也故曰衮黻有闕惟仲山甫補之

華皇也釋草曰葟華榮

皇者葟之段音釋草釋文葟本亦作皇是也詩正義及爾雅疏引樊炎云詩云皇皇者華孫炎云皇皇猶

煌煌也按郭注釋草引此作華皇也此釋文亦先華後皇石經及宋本竝同今本誤倒作皇華邵氏正義及臧氏漢注辨之是矣然邵氏不知說文𠌶部所引爾雅雝華乃釋草之文臧氏未載樊光孫炎二注皆失檢也

昆後也謂先後方俗語

昆者翼之叚借也說文云周人謂兄曰翼玉篇省作翼云今作昆翼同經典通作昆左氏哀十八年傳昆命于元龜晉語云延及寡君之紹續昆裔杜預及韋昭注竝云昆後也按翼爲兄而字从弟从眔葢取次敘連及之義眔从隶省隶者从後及之然則翼字从眔从弟二體俱有後義故曰昆後矣

彌終也終竟也

終者釋詁云卒就終也終有充滿之義彌者說文作镾云久長也久長與終義近故易繫辭釋文引荀注

及詩生民卷阿傳竝云彌終也按彌又益也廣也滿也徧也方言云𢑚合也又云𢑚縫也縫合亦徧滿之義徧滿卽終矣

爾雅郭注義疏上之二

孫男聯蓀伯愷 薇近垣 校字

爾雅郭注義疏上之三

棲霞郝懿行學

釋訓弟三

訓者，釋詁云：「道也。」道謂言說之。詁與言皆道也。道不同者，詩關雎詁訓傳正義云：「訓者，道物之貌以告人也。」故爾雅序篇云：「釋詁、釋言，通古今之字，古與今異言也。釋訓，言形貌也。」然則釋訓云者，多形容寫貌之詞，故重文疊字，累載於篇。子孫孫以下則又略釋詩義，諧於古音，抑密秩清以下，復取斷文零句，詮釋終篇。釋文引張揖雜字云：「訓者，謂字有意義也。」蓋訓之一字兼意義二端，明明斤斤之類爲釋義，子子孫孫之類爲釋意，意義合而爲訓。訓之爲言順也，順其意義而道之，故以釋訓名篇。

明明、斤斤，察也。皆聰明鑒察。

察者，釋詁云：「審也。」釋言云：「清也。」清、審皆明晰之義。明明者，詩大明、常武傳並云：「察也。」常武正義引舍人曰明明言其明甚孫炎曰明明性理之察也斤斤者釋文云樊居覲反是樊光讀斤爲僅釋名云斤謹也是斤有明審之義故漢書律麻志云斤者明也詩執競傳斤斤明察也爾雅釋文引舍人云斤斤物精詳之察孫炎云斤斤重愼之察也

條條秩秩智也 皆智思深長

智者釋言云哲智也釋名云智知也無所不知也條者釋文云舍人本作攸攸流亦音條按條从攸聲古音相近條兼暢達分理諸義皆與智近廣雅云條條亂也亂訓治治理義亦爲智矣秩秩者詩小戎傳秩秩有知也巧言傳秩秩進知也賓之初筵箋秩秩知也知俱音智義本爾雅斯干傳云秩秩流行也此篇下云秩秩淸也義皆相近

穆穆肅肅敬也 皆容儀謹敬

敬也已見釋詁穆者睦之叚音也說文云睦敬和也史記司馬相如傳云旼旼睦睦集解引漢書音義曰睦敬本於爾雅也經典俱借穆爲睦釋詁云穆穆美也又訓敬者敬與美善義近故說文敬从茍茍从羊省羊與美善同意是其義也肅者說文云持事振敬也樂記云肅肅敬也按肅肅猶修修也修飾修治皆與敬義近魯語云吾冀而朝夕修我韋昭注修儆也修儆猶肅敬肅修聲轉古音相近文選思玄賦舊注云修善也修訓善與穆訓美同意

諸諸便便辯也 皆言辭辯給

辯者說文云治也治有理正分別之義與辨通用故玉藻注云辯猶正也別也辯从言故有口材者稱辯給廣雅云辯慧也言便捷巧慧也辯與平古音近平亦正也治也故書平章百姓詩采菽正義引書傳作辯章百姓馮相氏注云辯秩東作辯秩南譌今書辯皆作平是平辯通諸者說文云辯也一切經音義廿

四引蒼頡篇云諸非一也聲類云諸詞之總也廣雅云諸衆也然則衆多非一與辯義近諸之爲言者也說文云者別事詞也別與辯又聲轉義同矣便者諞之叚音也說文云諞便巧言也引周書曰截截善諞言論語曰友諞佞然則諸諸者事之辯也諞諞者言之辯也通作平詩采菽傳平平辯治也正義引服虔云平平辯治不絕之貌又通作便平平釋文引韓詩作便便云閒雅之貌按閒與嫺同嫺雅亦謂便習於事也論語便便言鄭注言辯貌友諞佞作友便佞鄭注便辯也謂佞而辯也是便便單言亦爲辯矣

肅肅翼翼恭也 皆恭敬

肅肅上文云敬也翼恭竝訓敬已見釋詁

廱廱優優和也 皆和樂

和者說文作龢云調也通作和諡法云和會也說文云咊相膺也聲相膺咊義亦通矣廱者說文以爲辟

龎字王制注云辟明龎和也省作雝又省作邕或作雍又別作噰文選笙賦注引爾雅作雍雍和也四子講德論注又作邕邕和也釋詁云噰噰音聲和也一切經音義廿五引廣雅云庸和也是庸龎同詩酌及長發傳竝云龍和也龍龎義又同也優者憂之叚音也說文云憂和之行也引詩布政憂憂通作優今詩作敷政優優

毛傳用爾雅

競兢繩戒也 皆戒愼

說文云𢍰警也从廾持戈以戒不虞方言云戒備也大僕注云故書戒爲駭按駭訓驚驚亦警矣兢者說文作競云敬也敬亦警故詩小旻傳兢兢戒也雲漢傳兢兢恐也恐亦戒也俗作矜雲漢及左氏宣十六年釋文竝云兢本作矜文選韋孟諷諫詩云矜矜元王李善注矜矜戒也繩者釋文云本或作憴宋本正作憴然憴乃或體字當依經典作繩詩螽斯傳繩繩戒愼也下武傳繩戒也漢書禮樂志云繩繩意變淮

南繆稱篇云末世繩繩乎惟恐失仁義俱本爾雅

戰戰蹌蹌動也皆恐動趨步

動者釋詁云作也戰者釋詁云懼也戰葢顫之叚音說文云顫頭不正也玉篇云顫動也廣韵云四支寒動是戰當作顫經典叚借作戰耳蹌者說文云動也與蹩同云蹩行貌廣雅云鏘鏘走也詩猗嗟傳蹌巧趨貌趨走皆動是蹡與蹌同曲禮云士蹌蹌亦謂趨走行動之貌也釋文云蹌本又作鶬或作鏘竝音同叚借字

晏晏溫溫柔也皆和柔

柔者釋詁云安也柔與剛反凡柔順柔和皆安靜之義故詩烝民箋柔濡毳𣰽也晏者宴之叚借也說文云宴安也與柔同訓通作晏晏晏猶安安故釋名云安晏也晏晏然和喜無動懼也詩氓傳晏晏和柔也

嗢者說文㬈字解云安㬈嗢也㬈嗢猶嗢嗢煖安卽柔字之訓故詩小宛傳嗢嗢和柔貌抑傳嗢嗢寬柔也按嗢潤濡柔竝聲相轉其義皆相近

業業翹翹危也皆縣危

說文云危在高而懼也釋名云危阢也阢阢不固之言也業者釋詁云大也物高大則近危故詩雲漢召旻傳箋竝云業業危也長發傳業危也常武傳業業然動也震動亦危懼之意翹者說文以爲尾長毛又縣也舉也皆有高義故詩鴟鴞傳翹翹危也廣雅云翹翹衆也衆多亦近危始又云嶢嶢危也嶢翹聲義同

惴惴憢憢懼也皆危懼

惴者說文云憂懼也引詩惴惴其慄憢者嘵之或體也釋文憢本又作嘵說文嘵懼也引詩唯予音之嘵

嘵

番番矯矯勇也皆壯勇之貌

勇者說文云气也釋名云勇踊也遇敵踊躍欲擊之也謚法云勝敵壯志曰勇番者皤字之省也皤本老人白以其老而猶健因爲勇貌故書番番良士旅力旣愆史記秦紀作黃髮番番正義曰音婆字當作皤皤廣韵云⿰番頁⿰番頁勇舞貌儛鷭說文同皤是也經典俱通作番故詩崧高傳番番勇武貌也矯者中庸注強貌詩泮水箋矯矯武貌通作蹻詩蹻蹻王之造傳蹻蹻武貌其馬蹻蹻傳彊盛也是蹻矯通爾雅釋文引舍人云矯矯得勝之勇也

桓桓烈烈威也皆嚴猛之貌

威者謚法云猛以彊果曰威詩常棣及巧言傳並云威畏也按威與君古音近君尊嚴可畏也桓者狟之

叚借也說文引周書曰尚狟狟玉篇云狟狟武皃也威也今作桓謚法云辟土服遠曰桓詩桓箋云桓桓有威武之武王泮水傳云桓桓威武貌長發傳云桓大也大與威亦義相成也烈者火猛也猛之威也左氏昭廿年傳云夫火烈民望而畏之畏卽威故長發傳云烈烈威也釋詁云烈業也業又訓大與桓訓大近釋詁大與君同義君與威同音故訓威之字亦訓大

洸洸赳赳武也 皆果毅之貌

武者謚法云剛彊理直曰武克定禍亂曰武是武兼二義經典多主後義故釋名云武舞也征伐動行如物鼓舞也洸者聲借之字古無正體釋文云洸舍人本作僙然僙亦或體鹽鐵論繇役篇引詩作武夫潢潢玉篇作趪云胡光切引西京賦曰猛虡趪趪謂作力皃又趪趪武皃是趪趪與赳赳字俱从走玉篇似近之經典俱借作洸洸詩谷風傳洸洸武也江漢傳洸洸武貌按洸之言橫也橫有武義故樂記云橫以立

武橫古音與光同其字亦通黃从芡聲芡古光字也故从黃之字或變从光說文兕觵俗作兕觥釋言桄充亦作橫充皆其證矣赳者說文云輕勁有才力也詩兔罝傳赳赳武貌後漢書桓榮傳注引作糾糾武夫叚俗字也

藹藹濟濟止也 皆賢士盛多之容止

止有二義詩云人而無止毛傳以為止息鄭箋以為容止二義俱通藹者釋木云蕡藹郭注樹實繁茂菴藹是藹本衆多之義故詩卷阿傳藹藹猶濟濟也濟者釋言云成也成有止義故詩載馳傳云濟止也是濟單文為止息重文則為衆多故詩文王傳云濟濟多威儀也正義引孫炎曰濟濟多士之容止也是皆以多兼止為義

悠悠洋洋思也 皆憂思

悠者釋詁云思也重文亦然故詩巧言箋悠悠思也洋者釋詁云多也重文俗爲多思貌也故中庸注洋洋人想思其傍偟之貌邢疏引詩中心養養養養猶洋洋矣

蹶蹶踖踖敏也 皆便速敏捷

說文云敏疾也釋名云敏閔也進敘無否滯之言也故汝潁言敏如閔也按言敏如閔今音則然古讀敏如每也蹶者釋詁云動也動與敏義近故詩蟋蟀傳云蹶蹶動而敏於事兼釋詁釋訓爲說也曲禮云足毋蹶鄭注蹶行遽貌遽亦疾行之義也踖者說文云長脛行也按長脛葢以況疾行之狀詩楚茨傳踖踖言爨竈有容也有容亦謂敏於趨事之說

薨薨增增衆也 皆衆夥之貌

薨薨者詩螽斯傳薨薨衆多也爾雅釋文引顧舍人本作雄雄其義亦同增者詩閟宮傳增增衆也聲轉爲

溱無羊傳云溱溱衆也按詩溱溱與洧說文作潧與洧郎增溱聲轉字通之證

烝烝遂遂作也 皆物盛興作之貌

作者釋詁云動作也作猶起也興也烝者釋詁云進也衆也詩泮水傳烝烝厚也箋云烝烝猶進進也進包作義厚兼衆義言衆人皆作也遂者往也進也故亦爲作祭義注陶陶遂遂相隨行之貌行亦作矣

委委佗佗美也 皆佳麗美豔之貌

委者釋文云諸儒本竝作褘於宜反舍人云褘褘者心之美今按褘从衣非舍人蓋本釋詁褘美而爲說也釋文又云佗本或作它字音徒河反顧舍人引詩釋云褘褘它它如山如河謝羊兒反詩正義引李巡曰委委佗佗寬容之美也郿㦤郭孫炎曰委委行之美佗佗長之美釋文引韓詩云德之美貌按毛傳云委委者行可委曲縱迹也佗佗者德平易也是韓毛竝言德美其義同諸家則言貌美與韓毛異隸釋八

載衞尉衡方碑云禕隋在公禕隋即委佗之聲借爾雅謝嶠佗羊兒反則讀如移詩委蛇委蛇釋文引韓詩作逶迆毛傳委蛇行可從迹也與君子偕老傳行可委曲縱迹義同說文逶迆衺去之皃是韓詩之逶迆即委蛇羔羊之委蛇又即委佗佗亦它之聲借衡方碑之禕隋亦聲借也蛇即它之或體它有曲長之義故毛傳以委爲曲孫炎以佗爲長古讀佗迆蛇俱同聲故同訓

怟怟愓愓㤅也 詩云心焉愓愓韓詩以爲悅人故言㤅也怟怟未詳

怟者說文云㤅也从氏聲釋文云郭徒啟反與愷悌音同是郭借音兼借義也又云顧舍人渠支反則與說文同又云李余之反怟怟和適之㤅也則與怡怡音義同漢書敘傳云媞媞公主孟康注媞音題媞媞愓愓㤅也按說文媞或从氏作㛅與爾雅怟字之音近故孟康借引音題則與郭同顏師古不知而非之謬矣愓者說文訓敬經典無訓㤅者詩防有鵲巢傳以爲愓愓猶忉忉亦不訓㤅郭引韓詩以爲悅人蓋

俗惕惕爲懌懌也惕从易
聲與懌音近懌悅見釋詁

偁偁格格舉也 皆舉持物

舉者說文从手與聲云對舉也偁者釋言云舉也說文云揚也揚亦舉也格者說文云木長皃一切經音義十三引蒼頡篇云格椸架也是格有枝格揚起之義故李巡注釋天攝提格云格起也起與舉義近格格猶揭揭也莊子胠篋篇釋文引三蒼云揭舉也文選過秦論注引埤蒼云揭立舉也按立舉之義與竭同說文云竭負舉也

蓁蓁孽孽戴也 皆頭戴物

戴者說文云分物得增益曰戴玉篇云戴在首也是戴訓增益戴物於首卽增益之義戴之言載乘載物亦增益其上也故釋名載戴互訓然則戴於上卽載於下矣蓁者說文云艸盛皃玉篇云衆也詩桃夭傳

蓁蓁至盛貌通作溱溱故無羊傳箋以溱溱爲衆多又轉爲增增上文增增衆也增益即戴之訓矣孽者巘之叚音也詩碩人傳孽孽盛飾釋文引韓詩作巘長貌說文巘載高皃載即戴也是韓詩之巘爲正體孽爲叚借矣高長又與戴義近

懕懕媞媞安也皆好人安詳之容

安者釋詁云止也定也懕者說文云安也引詩懕懕夜飲省作厭釋詁豫訓厭豫亦安故詩湛露傳厭厭安也小戎傳厭厭安靜也聲借爲愔湛露釋文引韓詩作愔愔和悅之貌列女傳二引詩亦作愔愔良人一切經音義十七引聲類云愔和靜貌也三蒼云愔愔性和也媞者說文云諦也楚辭怨世篇引詩作好人媞媞通作提葛屨傳提提安諦也正義引孫炎曰提提行步之安也又通作徥說文云徥徥行皃故孫炎以爲行步之安義本說文也又俗作折檀弓注折折安舒貌亦引詩好人提提

祁祁遲遲徐也 徐皆安

徐者說文云安行也徐之言舒與安義近故莊子應帝王篇釋文引司馬彪云徐徐安隱貌祁者聲僭之字疑當作徥方言云徥徥行也說文徥徥行皃必作重文疑本爾雅經典俱僭作祁詩采蘩傳祁祁舒遲也大田傳祁祁徐也韓奕傳祁祁徐靚也又僭作伎小弁傳伎伎舒貌舒與徐同是伎祁俱徥之通僭徥从是聲祁从示聲左傳提彌明公羊作祁彌明史記作示眯明皆古字聲僭之證也遲者說文云徐行也詩谷風傳遲遲舒行貌七月傳遲遲舒緩也舒卽徐矣

丕丕簡簡大也 皆多大

丕簡釋詁竝訓大重文亦然書丕丕基詩執競傳簡簡大也正義引李巡曰簡簡降福之大也

存存萌萌在也 萌萌未見所出

扗者，釋詁云存也，存又爲扗，互相通也。易繫辭云成性存存。萌者𥳑字之譌也。說文云：𥳑，存也，从心，簡省聲，讀若簡。然則書迪簡扗王庭，論語簡扗帝心，皆𥳑爲𥳑。說文𥳑存，卽簡扗矣。玉篇心部旣從說文作𥳑，而云或作蕄，又音萌，草部正作蕄，莫耕切，引爾雅云蕄蕄扗也，又云蕄同蕄，本或作萌。廣韵耕登二部引爾雅亦俱作蕄，而云本亦作萌，又作蕄，與玉篇同。釋文因之，亦云萌字或作蕄，郭武耕反，施亾朋反，此皆萌字之音，而非𥳑字之讀。且𥳑萌音讀不同，不知何時讀𥳑爲萌，因而字變爲萌，葢自郭氏已然，其誤久矣。

懋懋慔慔，勉也。皆自强勉。

勉者，已見釋詁。懋者，釋文云古茂字，非也。釋詁茂勉也，茂乃懋之叚借，非古今字。說文懋勉也，是矣。慔者，說文云勉也。釋文慔亦作慕，亦叚借也。懋慔一聲之轉。方言云：侔莫，强也。亦與懋慔之聲相轉。

庸庸慅慅勞也皆劬勞也

庸勞也已見釋詁庸訓功功亦勞荀子大略篇云庸庸勞勞是其義也慅者說文云動也動勞義近詩勞心慅兮邢疏引勞人草草毛傳草草勞心也是草草即慅慅慅慅有草音故爾雅釋文云慅郭騷草蕭三音然則詩予羽譙譙予尾翛翛亦皆勞敝之義翛本作消蓋亦慅慅之聲借

赫赫躍躍迅也皆盛疾之貌

迅者釋詁云疾也赫者釋文云郭音釋舍人本作奭失石反說文奭盛也是奭赫音義同詩常武傳赫赫然盛也正義引孫炎曰赫赫顯著之迅郭云盛疾之貌與孫義同赫本訓盛以其盛極又兼迅疾爲義也躍者詩躍躍毚兔之躍釋文音他歴反說文云躍迅也从翟聲爾雅釋文躍余斫反非矣又云躍樊本作濯引詩釋云濯濯厥靈是樊光以濯與赫義近濯濯光明盛大也

綽綰爰爰緩也皆寬緩也悠悠偁偁丕丕簡簡存存懋懋庸庸綽綽盡重語

舒緩寬綽竝見釋言說文綽綽緩互訓義本爾雅詩淇奧傳亦云綽緩也爰爰者詩兔爰傳爰爰緩意一切經音義廿三引韓詩云爰發蹤之貌也按釋詁爰兼曰于於三義皆引聲之緩也韓詩爰謂發蹤蹤與縱同葢行步之緩也

坎坎壿壿喜也皆鼓舞歡喜

坎者竷之叚音也說文云竷繇也舞也引詩竷竷舞我玉篇云竷和悅之響也今作坎按詩之坎坎竝主聲言伐木篇坎坎言鼓蹲蹲言舞兮晰甚明說文二舞字俱誤伐木釋文引作舞曲也曲字亦衍其云竷繇葢本釋詁以繇爲喜是說文竷繇卽爾雅坎喜玉篇本此故云竷和悅之響和悅卽喜響卽鼓聲伐木箋爲我擊鼓坎坎然亦其義矣壿者說文云舞也引詩曰壿壿舞我爾雅釋文引舍人云壿舞貌又引說

文舞上有士字衍也壿今詩作蹲䟫俗字也毛傳同舍人

瞿瞿休休儉也 皆良士節儉

儉者斂也賈子道術篇云廣較自斂謂之儉說文云儉約也約亦收斂之義瞿者驚顧貌休者釋詁云息也美也美亦樂息亦止止節甘樂爲儉故詩蟋蟀傳云瞿瞿然顧禮義也休休樂道之心正義引李巡曰皆良士顧禮節之儉也顧以瞿言節以休言其義較郭注爲精密

旭旭蹻蹻憍也 皆小人得志憍蹇之貌

憍者玉篇云逸也廣韵云恣也經典通作驕旭者蓋慉之叚音詩不我能慉鄭箋慉驕也義本爾雅釋文慉許六反毛興也說文起也按起與興同興訓爲善與驕義近是毛許與鄭箋合詩正義未達反以毛傳慉興爲非又以爾雅不訓慉爲驕均失檢也聲借爲旭漢書揚雄傳云嘻嘻旭旭集注旭旭自得之貌又

俗爲好詩驕人好好鄭箋好好喜讒言之人也皰有苦葉釋文旭說文讀若好好字林呼老反爾雅釋文旭郭呼老反呼老即好字之音矣蹻者詩板傳云蹻蹻驕貌正義引孫炎曰謂驕慢之貌說文云舉足行高也

夢夢訰訰亂也 皆闇亂

亂者釋名云渾也按渾謂渾渾無分別渾渾猶惛惛不憭慧之言也夢者說文云不明也不明即亂故詩抑傳云夢夢亂也正義引孫炎曰夢夢昏昏之亂也正月釋文引韓詩云夢夢惡貌也音轉字變又作芒芒文選歎逝賦云何視天之芒芒李善注芒芒猶夢夢也訰者諄之或體也詩抑釋文諄字又作訰爾雅釋文訰或作諄說文云諄告曉之孰也與煩亂義近通作啍莊子胠篋篇云啍啍已亂天下矣別作忳中庸注云肫肫讀如誨爾忳忳之忳又別作訰玉篇心部忳云悶也亂也言部訰云亂也別有諄字與說文

同訓是玉篇分諄訰爲二說文但有諄字方言云諄憎所疾也宋魯凡相惡謂之諄憎若秦晉言可惡矣玉篇本之而云諄可惡也以諄爲可惡亦猶韓詩以夢爲惡貌惡與亂義近故爾雅釋文引顧舍人云夢夢訰訰煩懣亂也楚辭惜誦篇云中悶瞀之忳忳荀子哀公篇云繆繆肫肫並與諄諄同

懪懪邈邈悶也 皆煩悶

悶者說文云懣也懣煩也懪者㬥之或體也釋文懪本又作㬥蒲卓反又布卓反引說文云大呼也自冤也今說文及玉篇冤俱作勉又脫上也字並誤矣漢書東方朔傳云舍人不勝痛呼㬥㬥集注㬥自冤痛之聲也今人痛甚則稱阿㬥㬥與說文合玉篇始收懪字云煩悶也蓋本郭注爲說耳邈者藐之或體也釋詁藐藐美也美悶以聲轉爲義詩抑傳藐藐然不入也箋云藐藐然忽略正義引舍人曰藐藐憂悶也荀子哀公篇繆繆肫肫按繆邈聲轉楊倞注讀繆爲膠失之

儚儚洄洄惛也 皆迷惛

惛者說文云不憭也與怋同云怓也詩民勞傳惛怓大亂也儚者儚之或體說文云儚惛也與儚同云不明也釋文儚字或作儚孫亾崩亾冰二反然則儚爲或體儚亦聲俗儚字經典不用故俗儚與儚爲之耳洄者亦叚俗也玉篇作佪云佪佪惛也然佪亦或體釋文引郭音義云洄本或作禬音韋說文引爾雅作禬禬禬禬是禬禬卽佪佪之聲俗然則禬禬亦卽憒憒之聲俗也說文及蒼頡篇竝云憒亂也亂亦惛也楚辭逢尤篇云心煩憒兮意無聊憒通作潰詩召旻傳潰潰亂也據說文所引則知爾雅當有潰潰二字今脫去之段氏玉裁據潛夫論云

佪佪潰潰葢用爾雅文可證矣

版版盪盪僻也 皆邪僻

說文云僻从旁牽也按从旁牽引所以偏袤經典僻與辟通故賈子道術篇云襲常緣道謂之道反道爲

辟版者詩板傳板板反也反卽僻故緇衣注板板辟也爾雅釋文引李巡云版版者失道之僻也盪盪者釋文作蕩引李云蕩蕩者弗思之僻也詩蕩正義引孫炎曰蕩蕩法度廢壞之僻按蕩蕩放縱之意故云法度廢壞又無涯涘貌故云弗思之僻

爞爞炎炎薰也 皆旱熱薰炙人

薰者釋文作熏云本亦作燻或作薰葢薰叚借燻俗體作熏爲正說文云熏火煙上出也詩雲漢傳熏灼也爞者亦俗體也詩作蟲而讀若同釋文引韓詩作烔音徒冬反是烔爲本字雖俗爲蟲仍讀爲烔爾雅釋文郭從韓音又直忠反讀如本音非矣毛傳蟲蟲而熱華嚴經音義下引韓詩傳烔謂燒草傳火焰盛也是烔烔與炎炎義近說文云炎火光上也雲漢傳炎炎熱氣也書無若火始燄燄亦與炎炎音義同

居居究究惡也 皆相憎惡

惡者說文作亞云醜也與諲同云相毀也一曰畏諲按畏諲卽憎惡之義也居者說文云蹲也蹲居也居與踞同此居居猶倨倨不遜之意故詩羔裘傳居居懷惡不相親比之貌正義引李巡曰居居不狎習之惡釋文居又音據卽倨字之音矣究者釋言云窮也究居聲轉爲義故羔裘傳究究猶居居也正義引孫炎曰究究窮極人之惡本釋言爲說也

仇仇敖敖傲也 皆傲慢賢者

傲者說文云倨也與奡同云嫚也引虞書曰若丹絑奡讀若傲今書正作傲古字通也仇者釋詁云匹也廣雅云惡也左傳怨耦曰仇是仇兼怨惡二義故釋文引舍人云仇仇無倫理之貌詩正月傳仇仇猶謷謷也敖敖者與謷同釋文敖本又作謷又作𠴲同五高反按楚有莫敖淮南修務篇作莫𠴲詩讒口𠴲𠴲釋文引韓詩作嗸嗸潛夫論賢難篇作敖敖孟子萬章及盡心篇注竝以𠴲𠴲爲自得無欲葢亦借爲敖敖

也是敖嗸謷𨟻古俱通用嗸卽謷字之省𨟻乃謷字之俗故詩板傳𨟻𨟻猶謷謷也說文云謷不省人言也然則爾雅敖當作謷釋文引舍人本傲作毁釋云謷謷衆口毁人之貌李同是皆敖作謷傲作毁則謷謷仇仇俱讒毁人之貌故毛傳云仇仇猶謷謷也

佌佌瑣瑣小也 皆才器細陋

佌者說文作㑣云小貌引詩曰㑣㑣彼有屋今詩作佌正月傳云佌佌小也釋文㑣音徙爾雅釋文郭音亦然葢㑣从囟聲㑣瑣聲轉此古音也顧音此謝音紫則皆今音又引舍人云形容小貌然則佌以形貌言瑣以才器言郭注似失之矣瑣者詩節南山傳瑣瑣小貌正義引舍人曰瑣瑣計謀褊淺之貌按瑣兮尾兮瑣亦訓小是單文亦然

悄悄慘慘慍也 皆賢人愁恨

慍者說文云怒也與慰同云安也一曰恚怒也詩車舝傳慰安也釋文作慰怨也引韓詩慰作慍慍恚也是說文慰字義兼韓毛慰慍聲相轉也悄悄者說文云憂也詩柏舟傳亦云悄悄憂貌憂慍義相成悄慘聲相轉也慘者釋詁云憂也詩抑正義引李巡曰慘慘憂怒之慍兼詁訓爲說也戴氏震云詩中慘慘皆懆懆按說文懆愁不安也从喿聲當音七倒切詩正月傳慘慘猶慼慼也慼古音近造與懆聲合是毛正讀慘爲懆北山釋文慘字亦作懆五經文字我心懆懆抑詩作我心慘慘是慘懆二字古通用懆悄雙聲兼疊韵於義又通餘詳釋詁

痯痯瘐瘐病也皆賢人失志懷憂病也

釋詁云瘉鰥病也此作瘐痯俱聲借之字痯者當作悹說文云悹憂也憂亦病故詩杕杜傳痯痯罷貌邢疏引板傳管管無所依也廣韵引作悹悹無所依是悹管同管爲借聲痯爲或體矣瘐者釋文云本今作

庚是庚爲正體別作瘐漢書宣帝紀云瘐死獄中蘇林注瘐病也囚徒病律名爲瘐顏師古注瘐音庚字或作瘉詩正月傳瘉瘉病也

殷殷惸惸忉忉慱慱欽欽京京忡忡惙惙怲怲奕奕憂也

此皆作者歌事以詠心憂

憂者說文作慐云愁也經典通作憂殷者釋文作慇說文慇痛也省作殷詩北門云憂心殷殷正月作憂心慇慇是慇爲正體殷乃叚借又借爲隱詩如有隱憂毛傳隱痛也是隱憂卽慇憂爾雅釋文引樊光慇於謹反卽隱字之音詩釋文亦有此音從樊光讀也古讀殷聲如衣說文㤢痛聲也㤢慇聲轉義同矣惸者說文引詩焭焭在疚文選寡婦賦注引韓詩作惸惸余在疚毛詩及周禮大祝注並作嬛嬛詩正月又作惸惸傳云惸惸憂意也惸葢㥚之或體說文㥚驚辭也或从心作㥚隸又變爲惸耳說文別有愬字云

憂也龍龕手鑑一云愬音瓊是愬惸音義又同矣忉忉慱慱者詩甫田及素冠傳竝云憂勞也欽欽京京者詩晨風傳思望之心中欽欽然正月傳京京憂不去也忡忡惙惙者說文竝云憂也詩草蟲傳忡忡猶衝衝也惙惙憂也怲怲奕奕者說文云怲憂也詩頍弁傳怲怲憂盛滿也奕奕然無所薄也按奕京釋詁竝訓大也毛云奕奕無所薄京京憂不去亦兼大義而言也慱慱蓋摶摶之別體也文選思玄賦云志摶摶以應懸兮言憂思摶聚不解也欽欽蓋唫唫之段音也呻吟愁歎義亦爲憂唫欽古字通用說文日部㬫字解云讀若唫唫當即爾雅欽欽之正文矣忉字說文所無詩甫田傳怛怛猶忉忉也是忉怛聲轉義同說文怛憯也是其義

畇畇田也言墾辟也

此下十句皆釋雅頌言農之事田者言治田也畇者均之或體也釋文引字林云均均田也夏小正云農

率均田釋詁云均易也孟子易其田疇是均以平治爲義釋文畇沇居賓反音義兩得矣詩信南山作畇畇均人注引作畇畇並均均之異文賈疏以爲均田得之爾雅釋文畇本或作眴郭音巡又羊倫反並非矣又引蒼頡篇云墾耕也郭注本毛傳

畟畟耜也 言嚴利

耜者說文作梠云臿也枱云耒耑也畟者說文云治稼畟畟進也詩良耜傳畟畟猶測測也箋云測測以利善之耜正義引舍人曰畟畟耜入地之貌爾雅釋文畟字或作稷按稷从畟聲稷有疾義與利亦近

郝郝耕也 言士解

郝郝者詩作澤澤並叚借字也載芟箋云耕之則澤澤然解散釋文澤澤音釋釋注同爾雅作郝郝音同此音是也釋澤古字通夏小正云農及雪澤管子乘馬篇作農耕及雪釋詩正義引爾雅作釋釋又引舍人

曰釋釋猶藿藿解散之意按爾雅釋文郝又呼各反呼各與藿音近葢舍人本作郝郝猶藿藿後人因毛詩作澤澤遂妄改舍人作釋釋耳

繹繹生也言種調

繹詁云繹陳也陳有布列之義故詩載芟正義引舍人曰穀皆生之貌是繹繹言生達之狀詩借作驛驛其義同

穟穟苗也言茂好也

穟者說文云禾采之皃引詩曰禾穎穟穟生民傳云穟穟苗好美也與爾雅合爾雅釋文引說文作禾垂之貌葢誤

緜緜穮也言芸精

穮者今登萊人謂鉏田爲報報卽穮字之音說文穮槈鉏田也據詩釋文引春秋傳曰是穮是衮左昭元年傳文詩緜緜其麃釋文引韓詩作民民云衆貌麃芸也毛傳作麃耘也耘芸麃穮古俱通用緜民古音同也釋文麃字書作穮是爾雅及詩正文作麃今從宋本作穮詩正義引孫炎曰緜緜言詳密也郭璞曰芸不息也所引郭注與今異

挃挃穫也刈禾聲

說文云穫刈穀也詩大東傳穫艾也艾與刈同挃者良耜傳挃挃穫聲也正義引孫炎與毛同說文云穫禾聲也通作銍詩臣工傳銍穫也說文銍穫禾短鐮也釋名云銍銍斷禾穗聲也是銍銍卽挃挃以聲言則曰挃以器言則曰銍矣

栗栗衆也積聚緻

栗者聘義云縝密以栗詩積之栗栗毛傳栗栗衆多也正義引李巡曰栗栗積聚之衆也說文秝引詩俱作積之秩秩解云稽積禾也秩積也是秩秩爲積之多與栗聲近義同古字通用故公羊哀二年傳戰于栗釋文栗一本作秩是秩栗通說文秩秩卽栗栗亦其證矣

溞溞淅也淅米聲

淅者說文云汏米也溞者詩作叟毛傳叟叟聲也釋文叟字又作溲溲濤米聲也然則詩及爾雅正文當作溲毛詩古文省作叟爾雅今文變作溞耳生民正義以溞叟爲古今字得之釋文叟所留反爾雅作溞音同是也又云郭音騷則非矣溲之爲言滫也滫米泔也內則注云秦人溲曰滫然則米泔水謂之滫淅米聲謂之溲二字聲轉亦義近

烰烰烝也氣出盛

烝者說文云火气上行也烰者云烝也引詩烝之烰烰聲俗作浮生民傳云浮浮氣也正義引孫炎曰烰烰炊之氣爾雅釋文烰呂郭竝音浮又符彪反按音浮之浮當作孚說文烰从孚聲郭音本於呂忱呂忱本於說文也

俅俅服也 謂戴弁服

此下四句釋雅頌言祭祀之事俅戴也已見釋言服亦爲戴故郭注謂戴弁服詩絲衣傳俅俅恭順貌亦謂戴弁之容

峨峨祭也 謂執圭璋助祭

峨謂嵯峨詩棫樸傳峨峨盛狀也箋云奉璋之儀峨峨然正義引舍人曰峨峨奉璋之貌釋文峨本又作俄叚借字耳

鍠鍠，樂也。 鍾鼓音

鍠者，說文云：「鍾聲也。」引詩「鍾鼓鍠鍠」，漢書禮樂志及風俗通引詩亦作鍠，今作喤。執競傳：「喤喤，和也。」正義引舍人曰：「喤喤，鍾鼓之樂也。」按舍人喤當作鍠，毛詩俗作喤，爾雅別作諻，卽喤之或體。說文吟或从音作訡，亦喤作諻之例。釋文諻又作鍠，是鍠爲正體，今从宋本作鍠。

穰穰，福也。 饒言多

穰者，說文以爲黍䅘，又秧字解云「禾苗秧穰也」，是穰兼二義。秧穰猶穰穰，故玉篇云：「穰，黍穰也，豐也，衆多也。」兼包說文二義而言也。詩執競傳：「穰穰，衆也。」正義引舍人曰：「穰穰，衆多之貌也。」又云：「某氏引此詩。」明穰穰是福豐之貌也。按福之言富，故祭統云：「福者，備也。備者，百順之名也。」是福有衆多之意，與穰義同。此福字當別解，某氏得之。

子子孫孫引無極也 世世昌盛長無窮

引者釋詁云長也詩楚茨箋願子孫勿廢而長行之正義引舍人曰子孫長行美道引無極也

顒顒卬卬君之德也 道君人者之德望

自此以下但解作詩興喻之義不釋詩文此卷阿文傳箋及正義引孫炎皆有說

丁丁嚶嚶相切直也 丁丁斫木聲嚶嚶兩鳥鳴以喻朋友切磋相正

切者說文云刌也直者曲禮注正也丁丁嚶嚶者詩伐木傳丁丁伐木聲也箋云嚶嚶兩鳥聲也郭注本毛鄭言伐木鳥鳴音聲互荅皆有朋友相切正之義故以爲喻文選遊西池詩注引韓詩云伐木廢朋友之道缺勞者歌其事詩人伐木自苦其事故以爲文毛詩序亦云伐木廢則朋友缺矣然則詩爲朋友而作故以相切直爲言耳

藹藹萋萋臣盡力也梧桐茂賢士衆地極化臣竭忠**噰噰喈喈民協服也**鳳皇應德鳴相和百姓懷附興頌歌

藹藹已見上文噰噰已詳釋詁此又釋興喻之義也藹者說文云臣盡力之美萋艸盛文選藉田賦注引韓詩薛君章句云萋萋盛也詩卷阿正義引舍人曰藹藹賢士之貌萋萋梧桐之貌孫炎曰言衆臣竭力則地極其化梧桐盛也孫義本毛傳郭義與孫同噰噰雝雝喈喈詩言鳳皇鳴聲爾雅以爲譬況之詞故鄭箋本之而云菶菶萋萋喻君德盛也雝雝喈喈喻民臣和協然因民服而致鳳鳴故毛傳云天下和洽則鳳皇樂德詩與爾雅義相成也

佻佻契契愈遐急也賦役不均小國困竭賢人憂歎遠益切急

佻者釋言云偷也偷薄輕佻皆行動之狀故詩大東傳云佻佻獨行貌釋文引韓詩作嬥嬥往來貌文選

魏都賦注引爾雅亦作嬥嬥是嬥佻音義同从兆从翟之字古多通用守祧注云故書祧作濯亦其證也嬥訓好貌與佻義亦近詩葢言公子輕薄素不任事而令行役道路悠遠故憂愈急也爾雅釋文佻佻獨行歎息也於毛傳下增歎息二字渋得詩意矣契者大東傳契契憂苦也擊鼓傳契闊勤苦也二義亦近契字本當作栔而訓刻故釋詁以契爲絶郭注以爲刻斷物然則契契者本刻木之聲役人勤苦夜作不休故寤寐歎息契契而憂也方言六說此詩云杼柚作也東齊土作謂之杼木作謂之柚是則土木竝興工作不息詩人所以憂歎也楚辭惜賢篇云孰契契而委棟兮亦得詩人之恉

宴宴粲粲尼居息也盛飾宴安近處優閑

尼者昵字之省與暱同釋詁云暱近也宴者與燕同釋文燕字又作宴今作宴從宋本也詩北山傳燕燕安息貌粲者大東傳粲粲鮮盛貌箋云京師人衣服鮮潔而逸豫文選鸚鵡賦注引韓詩作粲粲衣服薛

君曰采采盛貌也與毛傳同采粲聲相轉也此二條以遠近對文爲義言役使不均居遠者急切處近者優閒見政役之不本於公旬也

哀哀悽悽懷報德也悲苦征役思所生也

哀者說文云閔也詩蓼莪篇哀哀者恨不得終養父母報其生長己之苦悽者說文云痛也悽悽於詩無見故釋文云悽郭本或作萋邵氏正義引詩杕杜云其葉萋萋下云憂我父母興喻之義與蓼莪同故皆爲懷報德也按臧氏經義雜記十八云此經注俱用韵郭注征役當爲役征方與下句思所生韵

儵儵嘒嘒罹禍毒也悼王道穢塞羨蟬鳴自得傷己失所遭讒賊

罹憂已見釋詁罹毒又見釋言儵者釋文云樊本作攸引詩攸攸我里今詩作悠悠我里毛傳悠悠憂也是樊光作攸者悠字之省或作儵者儵與儵形相亂儵悠音同又俱从攸聲故叚借通用然則儵儵卽悠悠

悠毛傳悠悠訓爲憂爾雅罹亦訓憂其義正同郭注訓罹爲遭失其義也釋文儵郭徒的反又失音也郭蓋以儵爲踧據詩踧踧周道鞠爲茂草而言故云悼王道穢塞今以樊本作攸於義爲長也鳴蜩嘒嘒小弁篇文爲憂讒而作故言我獨于罹卽此云罹禍毒矣

晏晏旦旦悔爽忒也傷見棄絕恨士失也

爽差也忒也見釋詁晏晏見上文詩氓傳云晏晏和柔也旦者怛字之省說文云怛憯也从心旦聲或从心在旦下引詩信誓怛怛爾雅釋文旦本或作怛然則怛怛憯痛之意故鄭箋言其懇惻款誠正義定本云旦旦猶怛怛竝與說文合

皋皋琄琄刺素食也譏無功德尸寵祿也

皋者浩之叚音也釋文皋樊本作浩古老反是爾雅樊光作浩浩後人據毛詩改爲皋皋耳然皋浩古通

用說文臯告之也樂師云詔來瞽臯舞鄭衆注臯當爲告是臯告通浩从告聲亦可作臯左氏定四年經云盟于臯鼬公羊作浩油是其證也詩召旻傳臯臯頑不知道也正義引舍人曰臯臯不治之貌按臯有緩義左傳哀廿一年魯人之臯是也浩浩廣大貌王制云用有餘曰浩是浩臯義通舍人與毛傳亦同詩正義引某氏曰無德而空食祿也又與刺素食義合矣琄者詩大東傳鞙鞙玉貌釋文鞙字或作琄正義引某氏云琄琄無德而佩然則佩以表德無德而佩亦爲空食矣

懽懽愮愮憂無告也賢者憂懼無所訴也

說文懽字下引爾雅曰懽懽愮愮憂無告也玉篇廣韵悹字下云悹悹憂無告也是悹懽音義同古从雚从官之字亦通用故說文悺或作懽卽其例也通作灌詩板傳灌灌猶欵欵也爾雅釋文灌本或作懽今從宋本作懽與說文合也愮者玉篇云憂也引詩曰憂心愮愮通作搖釋文愮本又作搖詩黍離傳搖搖

憂無所愬又通作遙釋文愮樊本作遙詩雄雉云悠悠我思說苑辨物篇作遙遙我思釋詁云繇憂也繇愮音義同遙悠聲又近悠悠亦憂也又通作恌恌釋文與愮同

憲憲洩洩制法則也佐興虐政設教令也

憲憲洩洩俱聲借之字釋詁憲雖訓法與此義別詩板傳云憲憲猶欣欣也泄泄猶沓沓也箋云女無憲憲然無沓沓然爲之制法度達其意以成其惡正義引李巡曰皆惡黨爲制法則也孫炎曰厲王方虐諂臣竝爲制作法令洩釋文與詩同作泄說文作詍又作呭云多言也引詩亦作詍呭二體又云沓語多沓沓也是呭呭與沓沓義同故孟子言猶矣

謔謔謞謞崇讒慝也樂禍助虐增譖惡也

謔者釋詁云戲謔也謞者當作熇說文云火熱也引詩多將熇熇爾雅本亦作熇故釋文謞謞下別出熇

字是郤古本作熇之證陸德明不察以爲本今無此字非也詩板傳云謔謔然喜樂熇熇然熾盛也正義引舍人曰謔謔謞謞皆盛烈貌孫炎曰厲王暴虐大臣謔謔然喜謞謞然盛以興讒慝也是孫炎舍人竝與毛傳義合益知爾雅古本與詩同作熇熇矣釋文又云慝謝切得反切字誤疑作他諸儒竝女陟反言隱匿其情以飾非蓋慝諸儒作匿唯謝嶠讀如字是

翕翕訿訿莫供職也 賢者陵替奸黨熾背公恤私曠職事

翕者釋詁云合也訿者說文云不思稱意也引詩翕翕訿訿小旻傳云潝潝然患其上訿訿然不思稱其上釋文引韓詩云不善之貌正義引李巡曰君闇蔽臣子莫親其職召旻傳云訿訿窳不供事也釋文引說文窳嬾也於說無然則翕翕者小人黨與之合訿訿者惰窳之態此所以曠厥官也漢書劉向傳作歙歙訿訿荀子修身篇作噏噏

噏呰呰竝字異而義同

速速蹙蹙惟逑鞫也 陋人專祿國侵削賢士永哀念窮迫

惟者釋詁云思也逑者與求同釋文引郭云迫也字林云斂聚也鞫者釋言云窮也速者玉藻注遬猶蹙蹙也詩正月傳蔌蔌陋也蔌蓋遬之或體遬籀文速字也後漢書蔡邕傳注引毛詩作速速方轂云韓詩亦同楚辭逢紛篇云躬速速而不吾親王逸注速速不親附貌然則速速與蹙蹙皆爲褊急之意故毛傳以蔌蔌爲陋詩節南山箋蹙蹙縮小之貌士相見禮注蹙猶促也郭注以國侵削爲蹙於義亦通

抑抑密也 威儀審諦 **秩秩清也** 德音清泠

密者釋詁云靜也清者說文云朖也詩威儀抑抑德音秩秩鄭箋用爾雅毛於抑傳抑抑亦用爾雅假樂傳抑抑美也秩秩有常也不同者毛以抑與懿同故訓美楚語引抑詩作懿秩常也見釋詁皆毛傳所本也又秩秩智也見此篇上文智與清義亦近書云汝作秩宗下云直哉惟清是秩有清義也抑言密者詩

賓之初筵傳抑抑慎密也抑正義引舍人曰威儀靜密也靜密慎密二義竝與美近美密聲相轉也

甹夆掣曳也 挖謂牽

掣者說文作㨝云引縱曰㨝通作摯廣雅云摯引也玉篇摯與㨝同曳者說文臾曳也臾曳蓋亦牽引之言也甹夆者蓋䙮夆之省說文䙮夆竝云使也又云甹使也聲借爲荓蜂詩小毖傳荓蜂㨝曳也正義引孫炎曰謂相掣曳入於惡也文選海賦云或掣掣洩洩於裸裸人之國掣洩卽掣曳海外西經云并封其狀如彘前後有首大荒西經又作屛蓬左右有首蓋屛蓬與荓蜂俱字之叚音其義則同又借爲併螽潛夫論愼微篇引詩作莫與併螽

朔北方也 謂幽朔

北者說文云菲也从二人相背然則北之言背也詩云言樹之背背卽北也尙書大傳云北方者何也伏

方也萬物之方伏書宅朔方史記五帝紀作居北方平在朔易作便在伏物皆其義也朔者蘇也說文云朔月一日始蘇也是朔兼始蘇二義又訓北者萬物終於北方而亦始於北方如𡖋而復蘇也故堯典正義引舍人曰朔盡也北方萬物盡故言朔也李巡曰萬物盡於北方蘇而復生故言北方亦兼始蘇二義也

不俟不來也不可待是不復來**不遹不蹟也**言不循軌跡也

不來者詩采薇傳來至也俟者說文作竢引詩曰不竢不來或从彳作俟今通作俟俟待也蹟者與迹同說文云迹步處也或从足責作蹟詩沔水傳不蹟不循道也遹者釋詁云循也釋言云迹也馬瑞辰曰說文引詩竢字从來矣聲疑詩古本作我行不竢竢與俟通故爾雅作不俟而以不來釋之今詩作我行不來者竢字脫其半耳爾雅釋經俱經字在上此以不來釋不俟非以不俟釋不來也又不遹不蹟也遹古

遹字遹術字通此釋詩報我不術非釋詩念彼不蹟也亦經字在上

不徹不道也 道也徹亦 **勿念勿忘也** 勿念念也

徹者通也達也通達皆道路之名故云徹亦道也徹之言轍有軌轍可循釋文徹直列反則讀如轍玉篇徹兼丑列直列二音也不徹者詩天命不徹毛傳徹道也鄭箋不道者言王不循天之政教勿者與無同無念者詩無念爾祖傳無念念也孝經釋文引鄭注無念無忘也按無古讀如模模猶摹也無念者心中思念手中揣摹故曰無念非反言之詞

萲諼忘也 義見伯兮考槃詩

忘者說文云不識也不識言不省記也萲者蕿字之省說文作藼或作蕿又作萱云令人忘憂艸也引詩焉得藼艸今詩俗作諼伯兮傳云諼草令人忘憂爾雅釋文引作萲草令人善忘玉篇令人善忘憂草疑

毛傳今本諼上脫善字爾雅釋文諼下脫憂字也諼者詩淇奧傳及考槃箋並云諼忘也諼即萲字之叚音

每有雖也 詩曰每有良朋辭之雖也

雖者語詞也玉篇云詞兩設也每有者詩常棣箋用爾雅是每有連文其單文亦為雖故詩皇皇者華傳每雖也莊子庚桑楚篇云每發而不當釋文引爾雅亦云每雖也

饎酒食也 猶今云饎饌皆一語而兼通

饎者說文云酒食也詩天保泂酌傳同爾雅釋文引字林云熟食也士虞禮及特牲饋食禮注並云炊黍稷曰饎饎是饎本炊食之名但酒食同類故爾雅連言郭云一語而兼通得其義矣釋文又云饎舍人本作喜釋云古曰饎按舍人之意蓋謂饎俗為喜故以本字釋之詩七月正義引李巡曰得酒食則歡喜也是

李巡本亦作喜因而以喜爲釋則非矣毛詩亦作喜故鄭於七月及甫田大田箋竝云喜讀爲饎饎酒食也本爾雅義與舍人同

舞號雩也雩之祭舞者吁嗟而請雨

雩者說文云夏祭樂于赤帝以祈甘雨也或从羽作䨐雩羽舞也羽舞者舞師云教皇舞帥而舞旱暵之事鄭衆注皇舞蒙羽舞是許所本此雩有舞之證號者說文云呼也月令云大雩帝鄭注雩吁嗟求雨之祭也公羊桓五年注使童男女各八人舞而呼雩故謂之雩然則雩之言吁此雩有號之證故釋文引孫炎云雩之祭有舞有號是矣

暨不及也公羊傳曰及我欲之暨不得已暨不得已是不得及

釋詁云及暨與也是暨即及矣又言不及者郭引公羊隱元年傳而釋之云暨不得已是不得及文選赭

白馬賦及文賦注竝引爾雅作暨及也或及上脫不字抑或所引卽釋詁文蓋暨之一字包及與不及二義也說文暨日頗見也頗見謂不全見亦會不及之意

蠢不遜也 蠢動爲惡不謙遜也

遜者孫之段借也說文云孫順也引唐書曰五品不孫今通作遜蠢者釋詁云作也動也然則蠢爲妄動故不遜順楚辭惜賢篇云夷蠢蠢之溷濁王逸注蠢蠢無禮義貌也與不遜義合

如切如磋道學也 骨象須切磋而爲器人須學問以成德 **如琢如磨自脩也** 玉石之被雕磨猶人之自脩飾 **瑟兮僩兮恂慄也** 恂戰栗 **赫兮烜兮威儀也** 貌充宜 **有斐君子終不可諼兮** 斐文貌 **道盛德至善民之不能忘也** 常思詠

此釋詩淇奧之文禮記大學述之切磋琢磨者釋器云骨謂之切象謂之磋玉謂之琢石謂之磨毛傳本爾雅而申之云道其學而成也聽其規諫以自脩如玉石之見琢磨也大學注云道猶言也正義曰初習謂之學重習謂之脩瑟僩赫烜者毛傳云瑟矜莊貌僩寬大也赫有明德赫赫然咺威儀容止宣著也釋文引韓詩云僩美貌說文云武貌咺韓詩作宣宣顯也爾雅釋文烜者光明宣著說文引詩作愃云寬嫺心腹皃然則詩本作愃韓詩省作宣爾雅作烜毛詩段借作咺耳恂慄者大學注云恂字或作峻讀如嚴峻之峻言其容貌嚴栗也斐者詩借作匪毛傳云文章貌釋文引韓詩作邲美貌也諼忘也已見上文大學注云民不能忘以其意誠而德著也

旣微且尰骭瘍爲微腫足爲尰骭脚脛瘍創

微者釋文云字書作癥三蒼云足創尰者說文作㾓云脛气足腫引詩旣微且㾓籀文作尰骭者說文云

骹也骹脛也腫癰也詩巧言箋此人居下溼之地故生微腫之疾正義引孫炎曰皆水溼之疾也按微本脛創之名論衡言毒篇云微者疾謂之瘍其治用蜜與丹蜜丹陽物以類治之也瘍者陽氣所爲流毒所加也是微一名瘍本溼熱之氣流毒所生治法以芻丹蜜塗今人亦用芻丹礬麻油塗腫創古之遺法也

是刈是鑊鑊煑之也煑葛爲絺綌

刈者說文作乂云芟艸也或从刀作刈鑊者詩作濩叚借字也說文鑊鑴也鑴甕也淮南說山篇注無足曰鑊蓋鼎鑊皆煑器惟有足無足爲異耳詩葛覃釋文引韓詩云刈取也濩瀹也正義引舍人曰是刈刈取之是濩煑治之孫炎曰煑葛以爲絺綌正義又云以煑之於濩故曰濩煑非訓濩爲煑此言是也然則刈亦芟草之器因而名芟爲刈且刈與鑊配竝是器名故齊語云挾其槍刈耨鎛韋昭注刈鐮也方言云刈鉤說文鉤作𠛎云鐮也知刈本器名矣

履帝武敏武迹也敏拇也拇迹大指處

履帝武敏者詩生民傳履踐也帝高辛氏之帝也武迹敏疾也從於帝而見於天將事齊敏也毛依爾雅以武爲迹而不以敏爲拇師說之異也鄭箋帝上帝也敏拇也祀郊禖之時時則有大神之迹姜嫄履之足不能滿履其拇指之處正義引孫炎曰拇迹大指處郭義與孫同爾雅釋文敏舍人本作畝釋云古者姜嫄履天帝之迹於畎畝之中而生后稷按敏畝形近隸書畮畝似敏作畝拇聲同古讀音皆如弭臧氏爾雅漢注疑舍人是拇作畝恐非也釋文自明耳史記周本紀姜原出野見巨人迹心忻然悅欲踐之是舍人及鄭箋所本

張仲孝友周宣王時賢臣**善父母爲孝善兄弟爲友**

詩六月正義引李巡云張姓仲字其人孝故稱孝友賈子道術篇云子愛利親謂之孝兄敬愛弟謂之友

釋名云孝好也婁好父母如所說好也孝經說曰孝畜也畜養也友有也相保有也然則孝友曰善謂心誠有好之詩傳用爾雅

有客宿宿言再宿也有客信信言四宿也 再宿爲信重言之故知四宿

宿者久也言留止於此時久也信者申也言已宿留又重申也詩有客傳云一宿曰宿再宿曰信本莊二年左傳文然則信乃再宿宿僅一宿也爾雅因重文而倍言之故宿宿言再宿信信言四宿也

美女爲媛 所以結好媛 **美士爲彥** 人所彥詠

美者媄之省說文云色好也經典通作美媛者說文云美女也人所援也詩君子偕老箋媛者邦人所依倚以爲媛助也媛與援同故正義引孫炎曰君子之援助釋文引韓詩媛作援援取也取疑助之形譌耳

彥者說文云美士有文人所言也詩羔裘正義引舍人曰國有美士爲人所言道郭云人所彥詠其義同彥釋文作喭而云本今作彥則其字通

其虛其徐威儀容止也雍容都雅之貌

詩北風作其虛其邪釋文邪音餘又音徐爾雅作徐是邪本徐之叚音故毛傳虛虛也釋文一本作虛徐得之鄭箋邪讀如徐言威儀虛徐寬仁者正義引孫炎曰虛徐威儀謙退也然則虛徐猶舒徐郭云都雅於古音俱疊韵

猗嗟名兮目上爲名眉眼之閒

詩猗嗟傳本此玉篇引詩云猗嗟顯兮顯眉目閒也本亦作名文選西京賦薛綜注眳眉睫之閒檀弓云子夏喪其子而喪其明冀州從事郭君碑云卜商號咷喪子失名是名與明通詩本借名爲明故下句云

美目清兮毛傳目下爲清則知目上爲明正以清明對文爲爾雅補義也正義引孫炎解名字云目上平博按平博之義亦與明爲近

式微式微者微乎微者也 言至微

微義已見釋詁孫子虛實篇云微乎微微至於無形語意本此詩式微箋用爾雅云式發聲也毛傳式用雖本釋言但詩本不取式爲義故以發聲之詞言之鄭義爲長

之子者是子也 庿所詠

子者庿其人之詞之爲語助又訓爲是時漢廣箋用爾雅正義引李巡曰之子者論五方之言是子也按是猶此也崽也方言云崽者子也讀鄉惠湘沅之會凡言是子者謂之崽若東齊言子矣聲如今按膠萊閒人謂崽子爲宰子卽此子之聲轉又轉爲只詩南山有臺箋只之言是也樛木釋文只猶是也然則樂

只君子猶言樂是君子矣

徒御不驚輦者也步挽輦車

輦者人輓車也徒步行也御御馬也本各爲一事詩黍苗詳之此輦者專釋徒字故車攻傳徒輦也葢言此徒卽是輦者非但步行亦容輓車在內與黍苗異此釋徒不釋御輦上無徒字文省爾

襢裼肉袒也脫衣而見體

襢者說文作膻云肉膻也引詩膻裼暴虎今詩作襢大叔于田釋文襢本又作袒袒亦叚借字也說文袒訓衣縫解䘳作又云但裼也裼袒也僴䙅詩正義引李巡曰襢裼脫衣見體曰肉袒孫炎曰袒去裼衣郭注本李巡

暴虎徒搏也空手執也

搏者說文云索持也詩搏獸于敖言手執持之也暴者搏也搏暴古音相近匡謬正俗云暴有薄音是也詩大叔于田傳暴虎空手以搏之正義引舍人曰無兵空手搏之竝以空手釋徒搏也小旻傳徒搏曰暴虎郎用爾雅文

馮河徒涉也無舟楫

馮者淜之叚音也說文淜無舟渡河也玉篇徒涉曰淜今馮字詩小旻傳徒涉曰馮河正義引李巡曰無舟而渡水曰徒涉與說文合此馮字正解毛傳以馮陵爲訓未免望文生義

籧篨口柔也籧篨之疾不能俛口柔之人視人顏色常亦不伏因以名云

此及下文柔字依說文竝當作脜云面和也讀若柔玉篇正作脜云柔色以藴之是以今爲柔字籧篨者說文云粗竹席也詩新臺傳籧篨不能俯者箋云籧篨口柔常觀人顏色而爲之辭故不能俯者也正義

引李巡云籧篨巧言好辭以口饒人是謂口柔爾雅釋文引舍人曰籧篨巧言也又引孫郭義同是諸家皆不殊今按以戚施爲比推之籧篨即符篖也其名爲箽其體偃蹇其文便旋以言語悅人者似之故以爲口柔之喻

戚施面柔也　戚施之疾不能仰面柔之人常俯似之亦以名云

戚施者聲俗之字說文作䵶鼀云詹諸也引詩得此䵶鼀御覽引韓詩薛君云戚施蟾蜍喻醜惡玉篇又作𪓰靦面柔也爾雅釋文引字書作規靦俱字之別體也面柔者釋文引舍人曰令色誘人李巡曰和顏悅色以誘人是謂面柔也又引孫郭義同按晉語云戚施不可使仰蓋喻醜惡之人見人慙俛有如含垢蒙羞故曰面柔詩新臺傳用晉語箋用爾雅說文義本韓詩與諸家異其喻醜惡則同

夸毗體柔也　屈己卑身以柔順人也

夸胯也毗臍也體柔之人其足便辟其躬卑屈前俛爲恭故曰夸毗詩板傳用爾雅箋云其無夸毗以形體順從之爾雅釋文引舍人曰卑身屈已也李孫郭云屈已卑身以柔順人也夸毗字書作舿𨈡廣韻又作舿躭俱字之別體

婆娑舞也 舞者之容

說文舞樂也古文舞从羽亾按从羽舞所執也亾與無古通用舞从無聲也婆者說文作媻云奢也娑舞也引詩市也婆娑毛傳用爾雅正義引李巡曰婆娑盤辟舞也孫炎曰舞者之容婆娑然文選神女賦注婆娑猶媻娑也按媻娑猶般旋也般旋婆娑俱字之疊韻

擗拊心也 謂椎胸也

擗者叚音當作捭說文云兩手擊也从卑聲俗作擗或加手作擗玉篇引詩寤擗有摽爾雅釋文因云擗

字宊作擗引詩與玉篇同不知擗蓋擘之或體故柏舟釋文辟本又作擘然擘字亦段音若作捭則音義俱得矣拊者拍也拍亦擊也故問喪云云擊胸傷心喪大記云扱衽拊心是拊擊義同問喪又云辟踊哭泣鄭注辟拊心也與柏舟傳同

矜憐撫掩之也 撫掩猶撫拍謂慰恤也

釋詁云憮憐㤅也憮與憮同說文云憮㤅也撫掩當作憮憮俺方言云憮俺憐㤅也又云亟憐憮俺㤅也又云憮矜憐哀也是亟憐卽矜憐聲相轉矜憐憮俺方言俱本爾雅憮俺作撫掩乃古字通俗郭氏望文生義以爲撫掩猶撫拍失之矣

緎羔裘之縫也 縫飾羔皮之名

緎者說文作黬云羔裘之縫玉篇同云亦䩞字革部云䩞羔裘縫亦作緎今按緎䩞並或體也詩羔羊傳

緎縫也釋文引孫炎云緎縫之界域正義曰縫合羔羊皮爲裘縫卽皮之界緎因名裘縫爲緎五緎旣爲縫則五紽五總亦爲縫也

殿屎呻也 呻吟之聲

呻者說文云吟也殿屎者說文作唸㕷云呻也詩板傳呻吟也正義引孫炎曰人愁苦呻吟之聲也爾雅釋文殿屎或作欿[illegible]又作殿脲竝俗體字也

幬謂之帳 今江東亦謂帳爲幬

幬帳者說文云帳張也幬禪帳也文選寡婦賦注引纂要曰在上曰帳在旁曰帷單帳曰幬詩傜作裯小星箋云裯牀帳也爾雅釋文幬本又作㡘

侜張誑也 書曰無或侜張爲幻 幻惑欺誑人者

誑者說文云欺也侜者云有廱蔽也引詩誰侜予美防有鵲巢傳用爾雅郭引書無逸譸張作侜張正義引孫炎曰眩惑誑欺人也郭義與孫同

誰㫺㫺也誰發語辭

㫺者玉篇云往也久也昨也誰㫺者詩誰㫺然矣鄭箋用爾雅按釋詁云疇孰誰也故誰㫺或爲疇㫺檀弓云疇㫺之夜鄭注疇發聲也是郭義所本但疇誰出詁訓各有意義非比邾婁於越祇爲發聲之詞鄭郭胥失之

不辰不時也辰亦時也

辰者詩傳箋竝云時也我辰安在我生不辰皆言生不逢時

凡曲者爲罶毛詩傳曰罶曲梁也凡以薄爲魚笱者名爲罶

曲者薄也以曲薄爲魚梁故曰曲梁郭引詩魚麗傳文詳見釋器

鬼之爲言歸也尸子曰古者謂死人爲歸人

歸者還其家也生寄也死歸也故列子天瑞篇云鬼歸也又云古者謂死人爲歸人說文云人所歸爲鬼左氏昭七年傳云鬼有所歸乃不爲厲禮運注鬼者精魂所歸皆與此義合

爾雅郭注義疏上之三

爾雅郭注義疏上之四

棲霞郝懿行學

釋親弟四 釋名云親襯也言相隱襯也說文云親至也一切經音義九引蒼頡篇云親愛也近也然則親愛至近無如父母故親始於父母禮記奔喪及問喪注竝云親父母也公羊莊卅二年傳君親無將注亦云親謂父母是父母稱親之義也穀梁隱元年傳親親之道也詩云戚戚兄弟是兄弟稱親之義也郊特牲及哀公問竝云親之也者親之也是夫婦稱親之義也左氏昭廿五年傳云為父子兄弟姑姊甥舅昏媾姻亞以象天明杜預注以六親為釋正義曰六親謂父子兄弟夫婦也此篇首宗族次母黨次妻黨次婚姻皆親屬也故總曰釋親

父為考母為妣 禮記曰生曰父母妻死曰考妣嬪今世學者從之按尚書曰大傷厥考心事厥

考厥長聽聽祖考之彝訓如喪考妣公羊傳曰惠公者何隱之考也仲子者何桓之母也蒼頡篇曰考妣延年書曰嬪于虞詩曰聿嬪于京周禮有九嬪之官明此非殁生之異稱矣其義猶今謂兄爲晜妹爲媦卽是此例也

此釋父母之異稱也考者釋詁云成也妣者說文云殁母也曲禮云生曰父曰母殁曰考曰妣鄭注考成也言其德行之成也妣之言媲也媲於考也然則考妣者父母之異稱曲禮雖云存殁異號若通言之則生存亦稱考妣終殁亦稱父母故士喪禮云哀子某爲其父某甫筮宅又云卜葬其父某甫是終殁稱父母之例也方言云南楚瀑洭之閒謂婦妣曰母姼⿰多音稱婦考曰父姼郭注古者通以考妣爲生存之稱此注引蒼頡篇考妣延年是生存稱考妣之例也

父之考爲王父父之妣爲王母加王者尊之也**王父之考爲曾**

祖王父王父之妣爲曾祖王母曾猶重也曾祖王父之考爲高祖王父曾祖王父之妣爲高祖王母高者言最在上

此從父母推而上之至於高曾祖以親由父母起故還從父母稱之也釋名云父甫也始生已也母冒也含生己也是親由父母之義又云祖祚也祚物先也又謂之王父王暀也家中所歸暀也王母亦如之然則祖父母而曰王者王大也君也尊上之稱故王父母亦曰大父母也曾者重也說文云曾益也與增同釋名云曾祖從下推上祖位轉增益也高者尊崇之稱釋名云高祖高臯也最在上臯韜諸下也曲禮云祭王父曰皇祖考王母曰皇祖妣變文言皇者鄭注更設尊號尊神異於人也皇君也然則皇王皆大君之稱其義亦同祭法又以曾祖王父爲皇考高祖王父爲顯考曲禮所言祭時之尊號祭法所說廟制之姝稱皆非常義所施是至於存歿通稱則以爾雅爲正焉

父之世父叔父爲從祖祖父之世母叔母爲從祖祖母從祖而別世世統異故父之晜弟先生爲世父後生爲叔父世有爲嫡者嗣世統故也

此又推言父之伯叔兄弟也釋名云父之世叔父母曰從祖父母言從已親祖別而下也亦言隨從已祖以爲名也檀弓注云敬姜者康子從祖母魯語云公父文伯之母季康子之從祖叔母也韋昭注祖父昆弟之妻也然則準是而言父之世父當爲從祖伯父父之叔父當爲從祖叔父爾雅文畧魯語則詳矣又言世父叔父者釋名云父之兄曰世父言爲嫡統繼世也又曰伯父伯把也把持家政也父之弟曰仲父仲中也位在中也仲父之弟曰叔父叔少也叔父之弟曰季父季癸也甲乙之次癸最在下季亦然也然則爾雅不言仲父季父者亦畧之如從祖父之例世父叔父俱有父名者喪服傳曰世父叔父何以期也

與尊者一體也晜者說文云周人謂兄曰䍗玉篇省作罤爾雅又作晜釋文本亦作昆下同

男子先生爲兄後生爲弟男子謂女子先生爲姊後生爲妹父之姊妹爲姑

此釋兄弟姑姊妹之親也姑與世父叔父尊同而別言之者以與姊妹同類故也兄弟者釋名云兄荒也荒大也故青徐人謂兄爲荒也弟第也相次第而生也白虎通云兄者況也況父法也弟者悌也心順行篤也姊妹者女兄弟也異其稱者別之也釋名云姊積也猶日始出積時多而明也妹昧也猶日始入歷時少尙昧也白虎通云姊者恣也妹者末也按詩云遂及伯姊是女子亦謂女子先生爲姊爾雅畧舉一邊耳姑者釋名云父之姊妹曰姑姑故也言於已爲久故之人也詩泉水正義引孫炎曰故之言古尊老之名也左氏襄十二年正義引樊光曰春秋傳云姑姊妹按襄廿一年傳有公姑姊列女傳有梁節姑妹

然則古人謂父姊爲姑姊父妹爲姑妹今
人省文故單稱姑爾雅不言者亦畧之

父之從父晜弟爲從祖父父之從祖晜弟爲族父族父之子相謂爲族晜弟族晜弟之子相謂爲親同姓同姓之親無服屬**兄之子弟之子相謂爲從父晜弟**從父而別

云父之從父晜弟者是卽父之世父叔父之子也當
爲從父而言從祖父者言從祖而別也亦猶父之世
父叔父爲從祖祖父之例也御覽五百一十三引作
父之從父昆弟爲從從伯叔按從伯叔古無此稱葢誤
耳喪服小功章亦云從祖父母通典九十二引馬融
云從祖祖父之子是父之從父昆弟也云父之從祖
晜弟者是卽從祖祖父之子也族父亦當爲族祖父如
下文族祖母之例御覽引亦作族父喪服云從祖昆
弟鄭注父之從父昆弟之子通典引馬融云謂曾祖
孫也於己爲再從昆弟同出曾祖故言從祖昆弟緦

麻三月章云族父母族昆弟通典引馬融云族父從祖昆弟之親也賈疏云族父母者己之父從祖昆弟也族昆弟者己之三從兄弟也按謂之族者白虎通云族者湊也聚也謂恩愛相流湊也云族昆弟之子相謂爲親同姓者是四從兄弟同出高祖者也大傳云四世而緦服之窮也又云絕族無移服鄭注族昆弟之子不相爲服是則所謂親同姓也賈子六術篇云六親始曰父父有二子二子爲昆弟昆弟又有子子從父而昆弟故爲從父昆弟從父昆弟又有子子從祖而昆弟故爲從祖昆弟從祖昆弟又有子子從曾祖而昆弟故爲從曾祖昆弟從曾祖昆弟又有子子爲族兄弟備於六此之謂六親按此以從曾祖昆弟當爾雅族晜弟以族兄弟當爾雅親同姓其義自明矣云兄弟之子相謂爲從父晜弟者此覆釋上文之義也喪服大功章云從父昆弟鄭注世父叔父之子也

子之子爲孫（孫猶後也）**孫之子爲曾孫**（曾猶重也）**曾孫之子爲玄**

孫玄者言親屬微昧也**玄孫之子爲來孫**言有往來之親**來孫之子爲晜孫**晜後也汲冢竹書曰不窋之晜孫**晜孫之子爲仍孫**仍亦重也**仍孫之子爲雲孫**言輕遠如浮雲

此釋子孫之異名也釋名云子孽也相生蕃孳也孫遜也遜遁在後生也按孫亦遠孫之通稱詩后稷之孫實維大王是也曾孫者釋名云義如曾祖也按曾孫又遠孫之通稱詩曾孫篤之鄭箋曾猶重也自孫之子而下事先祖皆稱曾孫孔疏引哀二年左傳云曾孫蒯聵敢告皇祖文王烈祖康叔是其義也玄孫者釋名云玄懸也上懸於高祖最在下也說文玄幽遠也來孫者釋名云此在無服之外其意疏遠呼之乃來也按此說來字似望文生義來之言離也離亦遠也下文謂出之子爲離孫離來音義同耳晜孫者釋名云昆貫也恩情轉遠以禮貫連之耳按晜孫亦遠孫之通稱左氏昭十六年傳云孔張君之昆孫據

孔張是鄭穆公之曾孫今云昆孫則亦通名郭本釋言昆後是矣仍孫者釋名云以禮仍有之耳恩意實遠也按此說仍字亦非郭訓重是也其義如曾孫矣仍孫或稱耳孫耳仍音相轉也雲孫者釋名云言去已遠如浮雲也按雲古文作云廣雅云云遠也然則雲孫謂遠孫猶言裔孫也如浮雲之說亦望文生義矣

王父之姊妹爲王姑曾祖王父之姊妹爲曾祖王姑高祖王父之姊妹爲高祖王姑父之從父姊妹爲從祖姑父之從祖姊妹爲族祖姑

王姑者從王父而得尊稱也喪服緦麻章謂之父之姑是也曾祖王姑高祖王姑其義竝同父之從父姊妹爲從祖姑其義與父之從父晜弟爲從祖父同父之從祖姊妹爲族祖姑其義與父之從祖晜弟爲族

父同

父之從父晜弟之母爲從祖王母父之從祖晜弟之母爲族祖王母父之兄妻爲世母父之弟妻爲叔母父之從父晜弟之妻爲從祖母父之從祖晜弟之妻爲族祖母

父之從父晜弟之母者是卽父之世母叔母也上云從祖祖母此言從祖王母一耳父之從祖晜弟之母是卽族父之母也謂爲族祖王母卽族祖祖母也父之兄妻爲世母弟妻爲叔母者喪服傳云世母叔母何以亦期也以名服也大傳云服術有六三曰名鄭注名世母叔母之屬也按此二母亦稱伯母叔母故雜記云伯母叔母疏衰踊不絕地是也父之從父晜弟之妻爲從祖母者上云父之從父晜弟爲從祖父

故其妻爲從祖母也父之從祖昆弟之妻爲族祖母者上云父之從祖昆弟爲族父故其妻爲族祖母也本爲族母言祖者亦如從母言從祖母之例

父之從祖祖父爲族曾王父父之從祖祖母爲族曾王母

族曾王父母卽己之從曾祖父母也喪服緦麻三月章族曾祖父母鄭注曾祖昆弟之親也賈疏己之曾祖親兄弟也

父之妾爲庶母

庶者衆也庶母猶言諸母也妾者釋名云接也以賤見接遇也庶摭也拾摭之也謂拾摭微賤待遇之也喪服緦麻三月章云士爲庶母傳曰何以緦也以名服也大夫以上爲庶母無服

祖王父也晜兄也今江東人通言晜

此覆釋上文之義上云父之考爲王父喪服謂之祖父母即王父母也晜兄也晜兄已見釋言昆後也下

宗族題上事也宋本此二字進在前非今從唐石經改正下俱放此謂之宗族者宗尊也主也族湊也聚也然則父之黨謂宗族不言父黨者母妻異姓故別稱黨父族同姓故總言宗族也

母之考爲外王父母之妣爲外王母母之王考爲外曾王父母之王妣爲外曾王母異姓故言外

言外者所以別於父族也外王父母喪服小功五月章云爲外祖父母傳曰何以小功也以尊加也賈疏云外親之服不過緦麻以祖是尊名故加至小功通典引馬融云母之父母也本服緦以母所至尊加服

小功故曰以尊加按檀弓云或曰外祖母也故爲之服鄭注外祖母小功也然則外曾王父母禮不爲制服故畧之

母之舅弟爲舅母之從父舅弟爲從舅

舅者詩渭陽正義引孫炎曰舅之言舊尊長之稱喪服緦麻三月章云舅傳曰何以緦從服也鄭注從於母而服之按母之從父舅弟爲從舅此於禮無服開元禮謂之堂舅也

母之姉妹爲從母從母之男子爲從母舅弟其女子子爲從母姉妹

從母者猶宗族之中有從父言從母而得尊稱也檀弓云從母之夫言從母有服其夫無服也喪服小功章云從母丈夫婦人報傳曰何以小功也以名加也外親之服皆緦也按異姓服不過緦以有母名故加

重也然則舅與從母尊同而服異者以從母與母同類尤親故順母之心而加之也知者從母有母名舅無父名也云從母舅弟從母姊妹者以從母有母名故子亦有舅弟姊妹之名也䜿服緦麻三月章云從母昆弟傳曰何以緦也以名服也左氏襄廿三年傳云穆姜之姨子也杜預注穆姜姨母之子與穆姜爲姨昆弟正義云據父言之謂之姨據子言之當謂之從母但子效父語亦呼爲姨按釋名云母之姊妹曰姨傳言姨子知時已有姨母之稱緣父呼姨故子呼曰姨母雖不合爾雅及禮經之言時俗稱謂亦尙未巨失也後世踵之遂有姨兄弟姨姊妹之稱矣

母黨亦題上事也黨猶所也以皆母所屬大傳云從服有屬從鄭注子爲母之黨本爾雅爲言也

妻之父爲外舅妻之母爲外姑謂我舅者吾謂之甥然則亦宐呼壻爲甥孟子

曰帝館甥於貳室是也

舅姑皆尊老之稱加外者別之也釋名云外舅外姑言妻從外來謂至己家爲婦故反以此義稱之夫妻匹敵之義也坊記云壻親迎見於舅姑舅姑承子以授壻鄭注舅姑妻之父母也喪服緦麻三月章云妻之父母傳曰何以緦從服也鄭注從於妻而服之服問云有從重而輕爲妻之父母鄭注妻齊衰而夫從緦麻不降一等言非服差

姑之子爲甥舅之子爲甥妻之晜弟爲甥姊妹之夫爲甥四人體敵故更相爲甥甥猶生也今人相呼蓋依此

此因妻黨而并及外親敵體者之稱也喪服緦麻三月章云姑之子鄭注外兄弟也傳曰何以緦報之也又云舅之子鄭注内兄弟傳曰何以緦從服也釋名云妻之晜弟曰外甥其姊妹女也來歸己内爲妻故

其男爲外姓之甥甥者生也他姓子本生於外不得如其女來在已內也按妻之舅弟者婿兄弟也姊妹之夫者媦兄弟也檀弓云申詳之哭言思鄭注言思子游之子申詳妻之昆弟然則申詳爲言思姊妹之夫也有相哭之禮無相服之道故喪服篇無文此四甥字竝生之聲俗據郭注及釋名知古來有此稱今所不行又按左傳有騅甥聃甥養甥陰飴甥恐亦俗甥爲生所未詳

妻之姊妹同出爲姨同出謂俱已嫁詩曰邢侯之姨**女子謂姊妹之夫爲私**詩曰譚公維私

姨者左氏莊十年傳蔡侯曰吾姨也據蔡侯息侯同娶陳是夫於妻之姊妹互相謂姨也釋名云妻之姊妹曰姨姨弟也言與己妻相長弟也說文云妻之女弟同出爲姨變姊妹爲女弟者蓋古之媵女取於姪娣娣爲妻則娣爲妾同事一夫是謂同出詩碩人及左傳正義竝引孫炎曰同出俱已嫁也然則此有二

義據詩左傳同出謂各自行嫁據說文釋名同出謂共事一夫二義俱通詩及左氏於義爲長○私者釋名云姊妹互相謂夫曰私言於其夫兄弟之中此人與己姊妹有恩私也詩正義引孫炎曰私無正親之言按雜記云吾子之外私某是私無正親凡有恩私皆得稱之

男子謂姊妹之子爲出公羊傳曰蓋舅出**女子謂晜弟之子爲姪**左傳曰姪其從姑**謂出之子爲離孫謂姪之子爲歸孫女子子之子爲外孫**

出者釋名云姊妹之子曰出出嫁於異姓而生之也郭引公羊襄五年傳又云蓋欲立其出也又文十四年傳云接菑晉出也玃且齊出也皆本爾雅何休注以出爲外孫誤矣姪者說文云兄之女也釋名云姑謂兄弟之女爲姪姪迭也共行事夫更迭進御也公羊成二年傳云蕭同姪子者是皆以姪專指女子子

而言郭引左氏僖十五年傳云姪其從姑姪謂子圉則義得兼男子而言故喪服大功章云姪丈夫婦人報鄭注爲姪男女服同是女子於晜弟之子男女均稱爲姪也謂出之子爲離孫者離猶遠也釋名云言遠離己也按離孫亦曰彌甥左氏哀廿三年傳云以肥之得備彌甥杜預注彌遠也康子父之舅氏故稱彌甥又謂之從孫甥哀廿五年傳云太叔疾之從孫甥也杜注姊妹之孫孫謂從孫甥與孫同列正義曰男子謂兄弟之孫爲從孫故謂姊妹之孫爲從孫甥按今人省略從孫甥直曰孫甥矣謂姪之子爲歸孫者釋名云婦人謂嫁曰歸姪子列故其所生爲孫也鄭駁五經異義云婦人歸宗女子雖適人字猶繫姓明不與父兄爲異族然則歸有二義以服制推之鄭義爲長喪服緦麻三月章云父之姑鄭注歸孫爲祖父之姊妹是其義也女子子之子爲外孫者與外舅外姑其義同也緦麻三月章云外孫賈疏曰以女出外適而生故云外孫春秋僖五年經云杞伯姬來朝其子何休注禮外孫初冠有朝外祖之道

女子同出謂先生爲姒後生爲娣同出謂俱嫁事一夫公羊傳曰諸侯娶一國二國往媵之以姪娣從娣者何弟也此其義也

姒者姊也列女傳有魯公乘姒是子皮之姊姊姒聲近義同也娣者說文云女弟也易反歸以娣詩諸娣從之毛傳諸侯一取九女二國媵之諸娣衆妾也按娣姒卽衆妾相謂之詞不關嫡夫人在內其嫡夫人則禮稱女君易云其君之袂不如其娣之袂良是其義也然則女子同出郭知爲俱嫁事一夫者左氏成十一年正義引孫炎云同出謂俱嫁事一夫也是郭所本方言云自家而出謂之嫁由女而出爲嫁也正與此義合

女子謂兄之妻爲嫂弟之妻爲婦猶今言新婦是也

嫂者說文云兄妻也釋名云嫂叜也叜老者稱也婦者說文云服也从女持帚灑埽也然則婦爲卑服之

稱嫂是尊老之號其男子於兄弟之妻稱號亦同獨舉女子者從其類也嫂婦女子相爲服男子不相爲服以遠別也

長婦謂稚婦爲娣婦娣婦謂長婦爲姒婦今相呼先後或云妯娌

稚者幼禾也稚婦名以此然則幼者爲稚婦長者當爲稙婦故釋名云青徐人謂長婦曰稙長禾苗先生者曰稙取名於此也是稙稚對言此稚長對言者互相明也娣姒加婦者別於女子同出之稱也釋名云少婦謂長婦曰姒言其先來已所當法似也長婦謂少婦曰娣娣弟也已後來也或曰先後以來先後弟之也喪服小功章云娣姒婦報傳曰娣姒婦者弟長也以弟長解娣姒知娣是弟姒是長也鄭注娣姒婦者兄弟之妻相名也今按對文稱娣姒散文娣亦稱姒故左氏成十一年傳云聲伯之母不聘穆姜曰吾不以妾爲姒據聲伯母是宣公弟叔肸之妻又昭廿八年傳云長叔姒生男據叔向嫂謂叔向之妻是皆

娣亦稱姒之例也賈逵鄭康成杜預竝云兄弟之妻相謂爲姒孔穎達於成十一年正義據左氏二文準諸爾雅以爲娣姒之名止言身之長稚不計夫之長幼於義亦通也娣姒猶言先後史記封禪書云先後宛若集解孟康曰兄弟妻相謂先後按亦言妯娌方言云築娌匹也郭注今關西兄弟婦相呼爲築娌廣雅云妯娌娣姒先後也然則妯娌先後竝娣姒之通名古今方俗語雖不同要皆爲匹敵之義左傳爾雅可互相證明耳

妻黨

婦稱夫之父曰舅稱夫之母曰姑姑舅在則曰君舅君姑没則曰先舅先姑國語曰吾聞之先姑**謂夫之庶母爲少姑**

舅姑者釋名云夫之父曰舅舅久也久老稱也夫之母曰姑姑亦言故也白虎通云稱夫之父母謂之舅姑

何尊如父而非父者舅也親如母而非母者姑也魯語云古之嫁者不及舅姑謂之不幸夫婦學於舅姑者禮也君舅君姑者說文引漢律曰婦告威姑按古讀君如威威姑卽君姑也士昏禮云敢奠嘉菜于皇舅某子敢告于皇姑某氏鄭注皇君也然則君謂之皇者君皇同訓存叚異稱也先舅先姑者魯語公父文伯之母曰吾聞之先姑又曰吾聞之先子韋昭注先子先舅然則以先舅爲先子蓋從其夫稱也謂夫之庶母爲少姑者因夫有母名故婦有姑名也

夫之兄爲兄公 今俗呼兄鍾語之轉耳 **夫之弟爲叔夫之姊爲女公夫之女弟爲女妹** 今謂之女妹是也

兄公者釋名云夫之兄曰公公君也君尊稱也俗間曰兄章章灼也章灼敬奉之也又曰兄伀言是己所敬忌見之怔伀自肅齊也俗或謂舅曰章又曰伀亦如之也按玉篇云伀職容切妐之容切夫之兄也是

妐伀音同又云嫜夫之父母也是嫜章義同俗謂舅姑爲姑嫜又曰兄章者章鍾聲轉鍾伀聲同也爾雅釋文作兄妐音鍾本今作公然則兄公當讀爲兄鍾郭注欲顯其音讀故俗鍾爲妐耳夫之弟爲叔者釋名云叔少也幼者稱也叔亦俶也見嫂俶然卻退也夫之姊爲女公者女公與兄公義同夫之女弟爲女妹者女妹當作女叔與夫弟爲叔之義同也昏義云和於室人鄭注室人謂女妐女叔諸婦也正義曰女妐謂壻之姊也女叔謂壻之妹然則爾雅及郭注女妹並女叔之誤賴有昏義注可以正之所以叔誤爲妹者叔字俗書作𠭁或變作妹與草書妹字形近因而致譌矣

子之妻爲婦長婦爲嫡婦衆爲庶婦

婦子婦也白虎通云婦者服也以禮屈服又云服於家事事人者也嫡婦庶婦者嫡正也庶衆也內則謂之冢婦介婦義亦同也士昏禮記云庶婦則使人醮之鄭注適婦酌之以醴尊之庶婦酌之以酒卑之

女子子之夫爲壻

夫者白虎通云扶也以道扶接也壻者說文云夫也徐鍇通論云壻者胥也胥有才智之稱也方言云東齊之閒壻謂之倩郭注言可借倩也今俗呼女壻爲卒便是也按卒便合聲爲倩倩亦美稱廣韻云倩利也

壻之父爲姻婦之父爲婚

說文云姻壻家也女之所因故曰姻婚婦家也禮娶婦以昏時婦人陰也故曰婚釋名云婦之父曰婚言壻親迎用昏又恆以昏夜成禮也壻之父曰姻姻因也女往因媒也按白虎通婦人因夫而成故曰姻因夫之說於義爲長

父之黨爲宗族母與妻之黨爲兄弟

此總釋三黨之稱號也父黨爲宗族者卽大傳云同姓從宗合族屬是也母與妻黨爲兄弟者卽大傳云異姓主名治際會是也母黨兄弟若舅之子爲內兄弟妻黨兄弟若妻之舅弟爲婚兄弟皆有兄弟之名故曾子問云某之子有父母之喪不得嗣爲兄弟大司徒三曰聯兄弟鄭注兄弟昏姻嫁娶也鄭知兄弟爲婚姻者以上云族墳墓是同宗明此兄弟是外親故賈疏引此文而云兄弟之名施於外親爲正是其義也古者兄弟與舅弟別此篇宗族皆稱舅弟是矣然宗族亦有稱兄弟者若曾子問云宗兄宗弟喪服傳云小功以下爲兄弟母黨亦有稱舅弟者若上文云從母之子爲從母舅弟皆其證也詩兄弟無遠鄭箋兄弟父之黨母之黨此則父黨母黨俱稱兄弟也又知兄弟舅弟其實皆通名矣

婦之父母壻之父母相謂爲婚姻兩壻相謂爲亞 詩曰瑣瑣姻亞今江東人呼同門爲僚壻

上文已云壻之父爲姻父之婦爲婚此又兼言母者嫌與父異稱故覆釋之也據士昏禮壻有見婦之父母之禮又據曾子問父喪稱父母喪稱母是婚姻兩家父母皆相接見通慶弔旣彼此通問則必有其禮與其詞也云兩家父母相謂爲婚姻者婚姻二字實亦通稱故詩云婚姻之故士昏禮云某以得爲外婚姻是皆以婚姻通擧爲文也亞者釋名云兩壻相謂曰亞言一人取姊一人取妹相亞次也又並來至女氏門姊夫在前妹夫在後亦相亞也又曰友壻言相親友也按友壻即郭云僚壻其義同

婦之黨爲婚兄弟壻之黨爲姻兄弟古者皆謂婚姻爲兄弟

此申言婚姻之黨皆爲兄弟也不言母黨明其義同詩云宴爾新昏如兄如弟婚兄弟也穀梁宣十年傳云公娶齊齊繇以爲兄弟反之姻兄弟也

嬪婦也書曰嬪于虞

嬪者詩大明傳及周禮序官九嬪注竝云嬪婦也大宰注嬪婦人之美稱也曲禮注嬪婦人有法度者之稱也竝與爾雅合說文嬪婦竝云服也嬪訓服者嬪與賓同釋詁云賓服也釋名云嬪賓也大宰注嬪故書作賓

謂我舅者吾謂之甥也

男子謂姊妹之子爲出又謂甥者甥之言生與出同義故釋名云舅謂姊妹之子曰甥甥亦生也出配他男而生故其制字男旁作生按上文云舅姑之子妻之昆弟姊妹之夫俱相爲甥彼謂敵體此則同名而異實也喪服傳云甥者何也謂吾舅者吾謂之甥何以緦也報之也然則妻之父謂外舅壻亦爲甥其服以緦亦與舅爲甥同

婚姻

爾雅郭注義疏上四

孫男聯蓀伯愷、薇近垣校字

清棲霞郝氏本爾雅郭注義疏

第三册

清 郝懿行撰

山東省圖書館藏清同治四年刻《郝氏遺書》本

山東人民出版社·濟南

爾雅郭注義疏中之一

棲霞郝懿行學

釋宮弟五

釋名云宮穹也屋見於垣上穹隆然也室實也人物實滿其中也易繫辭云上古穴居而野處後世聖人易之以宮室上棟下宇以待風雨此篇所釋上至梁桴下窮瓴甋旁及連簃別爲臺榭以至扆序位宁途路隄梁靡不依類而釋之事繫於宮故總曰釋宮

宮謂之室室謂之宮皆所以通古今之異語明同實而兩名

說文云宮室也室實也从宀从至至所止也考工記匠人云室中度以几宮中度以尋此是對文至於散文則通故詩定之方中傳室猶宮也楚辭招魂篇注宮猶室也古者宗廟亦稱宮室公羊文十三年傳魯公稱世室羣公稱宮詩云公矦之宮又云宗室牖下皆宗廟也貴賤皆稱宮室故詩斯干序云宣王考室

也內則云由命士以上父子皆異宮詩云入此室處又云上入執宮功爾雅釋文古者貴賤同稱宮秦漢以來惟王者所居稱宮焉書秦誓正義引李巡與郭同

牖戶之間謂之扆窗東戶西也禮云斧扆者以其所在處名之**其內謂之家**今人稱家義出於此**東西牆謂之序**所以序別內外

釋名云扆倚也在後所依倚也書設黼扆綴衣牖閒南嚮不言戶者省文耳牖閒即牖戶之間故正義引李巡曰謂牖之東戶之西爲扆覲禮云天子設斧依于戶牖之間鄭注依如今綈素屏風也明堂位注斧依爲斧文屏風於戶牖之間釋器云斧謂之黼是黼與斧扆與依竝音同字通也石經尙書幾碑作黼衣即扆字之省魏書李謐明堂制度論引鄭氏禮圖說扆制曰縱廣八尺畫斧文於其上今之屏風也然則屏風與扆形制同但屏風不畫爲異古者屏風通名爲依故詩旣登乃依鄭箋公劉旣登堂負依而立士

虞禮記云佐食無事則出戶負依南面是皆屏風稱依依即扆也唯天子畫斧文於上故獨名黼扆耳○家者說文云居也居處也其內謂之家者內謂牖戶以內也詩緜正義引李巡曰謂門以內也門即戶不言牖者亦省文也○序者說文云東西牆也書顧命正義引孫炎曰堂東西牆所以別序內外也御覽一百八十五引舍人曰殿東西堂序尊卑處按東西堂即東西廂義見下文舍人本牆蓋作廂故書正義及文選後漢書注御覽竝引爾雅作東西廂從舍人本也郭從孫炎本作牆與說文合

西南隅謂之奧 室中隱奧之處 **西北隅謂之屋漏** 詩曰尚不媿于屋漏其義未詳 **東北隅謂之宧** 宧見禮亦未詳 **東南隅謂之窔** 禮曰埽室聚窔窔亦隱闇

奧者說文云宛也繫傳窔也宛室之西南隅釋名云室中西南隅曰奧不見戶明所在祕奧也論語皇侃疏云奧內也謂室中西南角室向東南開戶西南安牖牖內隱奧無事恆尊者所居之處也書堯典正義引孫

炎云室中隱奧之處也郭注同釋文奧本或作隩○屋漏者釋名云西北隅曰屋漏禮每有親疾者輒撤屋之西北隅薪以爨竈煑沐供諸喪用時若值雨則漏遂以名之也御覽一百八十八引舍人曰古者徹屋西北扉以炊浴汲者訖而復之故謂之屋漏也詩抑箋云屋小帳也漏隱也禮祭於奧旣畢改設饌於西北隅而扉隱之處此祭之末也按釋言云庰陋隱也陋漏聲同是鄭所本正義引孫炎曰屋漏者當室之白日光所漏入然則諸家之說孫炎劉熙以漏射爲義鄭君舍人主扉隱爲言金鶡屋漏解云屋之西北隅有向向北出牖也日光自牖中漏入故名屋漏不得如鄭破屋爲幄及偕釋言漏隱爲說余按偕漏爲陋鄭義爲長○宧者說文云養也室之東北隅倉所居按宧與頤同釋詁頤訓養也云倉所居者古人庵廚倉閣皆在室之東北隅以迎養氣故御覽引舍人曰東北陽氣始起萬物所養故謂之宧釋文引李巡義與舍人同郭云宧見禮者今未聞曲禮正義引孫炎云宧日側之明蓋日在西南爲昃反照東北隅

而益明是孫義乃謂宧之所在正當日昃之明非卽以明訓宧正義誤會而便以宧爲明則謬矣○窔者說文作窅云戶樞聲也室之東南隅宂部窔云窅窔深也是窅爾雅叚借作窔故釋名云東南隅曰窔窔幽也亦取幽冥也與說文合爾雅釋文从宀作㝔誤矣郭引旣夕禮云埽室聚諸窔釋文誤與爾雅同別作穾漢書敘傳云守穾奧之熒燭應劭註引爾雅東南隅謂之突又或作穾御覽引舍人曰東方萬物生蟄蟲必出䫇畢無不由戶穾是舍人本窔作穾據穾突二字俱从穴可知窔古本正作窔

柣謂之閾門限**棖謂之楔**門兩旁木**楣謂之梁**門戶上橫梁**樞謂之椳**門戶扉樞**樞達北方謂之落時**門持樞者或達北檼以爲固也**落時謂之戺**道二名也

閾者說文云門榍也榍限也經典榍通作柣詩丰正義引孫炎曰柣門限也按榍从屑聲古音同切爾雅

釋文柣郭千結反郎切字之音古謂門限爲切故考工記輪人鄭衆注眼讀如限切之限限切郎門限也漢書外戚傳云切皆銅沓黃金塗集注以切爲門限切通作砌廣雅云柣砌也匡謬正俗云俗謂門限爲門僂僂是柣聲之轉耳然則柣切聲同切僂聲轉今登萊人亦有門僂之言矣○棖者釋文及詩正義引李巡曰棖謂梱上兩旁木王藻云大夫中棖與闑之閒鄭注棖門楔也論語皇侃疏云門左右兩棖邊各豎一木名之爲棖棖以禦車過恐觸門也然則其棖訓爲觸文選祭古冢文注南人以物觸物爲棖是其義也楔者說文櫼楔互訓繫傳引爾雅而申之云郎今府署大門脫限者兩旁斜柱兩木於櫼之耑是也據繫傳說是楔訓爲柱其音當先結切如禮家楔齒之讀而義亦如之釋文楔古點反讀如楔荊桃之楔恐非矣○楣者說文作楣云門樞之橫梁繫傳云門楣橫木門上樞鼻所附或亦連兩鼻爲之以冒門楣也按說文以楣爲梠郎下文檐謂之樀其門上之楣橫木爲孔以貫樞楣之言冒冒在門上今登萊謂之門

梁江浙謂之門龍皆是此物經典楣俱作楣故公食大夫禮云公當楣北鄉喪服四制云高宗諒闇雖儌梁鄭注竝云楣謂之梁是許鄭義異釋文兩存其字故云楣忘悲反又云或作楣亾報反楣楣聲亦相轉○樞者說文云戶樞也又云門樞謂之椳淮南原道篇注樞本也御覽一百八十四引孫炎曰門戶扇樞開可依蔽爲椳也然則椳之言偎偎薆亦依隱之義○樞達北方者戶在東南其持樞之木或達於北方者名落時落之言絡連綴之意郭云達北檼以爲固者檼復屋棟也○戹者說文戹本或作阸同音俟王篇阸狹巳切砌也引爾雅曰落時謂之阸阸亦作戹按阸訓砌蓋別一義釋文戹或作戹

垝謂之坫坫在堂隅坫端也**牆謂之墉**書曰既勤垣墉

垝者說文云毀垣也是垣亦名垝釋文垝本又作庪按庪閣也置也音義與祭山曰庪縣之庪同坫者說文云屏也屏猶障也累土以爲障蔽也禮坫有五明堂位云反坫出尊此反爵之坫也又云崇坫康圭此

亢圭之坫也二坫皆在廟中兩楹之閒旣夕記云設棜于東堂下南順齊于坫士冠禮云執以待于西坫南鄭注坫在堂角此二坫皆在堂之東西隅內則說閣之制云士于坫一此庋食之坫近於庖廚當在室之東北隅爾雅垝謂之坫實兼諸義而言郭氏但主堂隅之坫疏矣云坫端也者釋文端作墆達結達計二反云高貌也或作端丁果反本或作端○說文云牆垣蔽也墉城垣也以城爲墉者易之高墉詩之崇墉義皆訓城故詩皇矣良邦傳竝云墉城也省作庸崧高傳庸城也按城雖墉之一訓但墉實牆之通名故詩行露傳及士冠士昏禮注竝云墉牆也書旣勤垣墉詩何以穿我墉俱汎說牆垣不指城垣而言故釋名云牆障也所以自障蔽也墉容也所以蔽隱形容也書大傳云天子賁庸鄭注牆謂之庸庸亦墉矣

鏝謂之杇泥鏝**椹謂之榩**斫木櫍也**地謂之黝**黑飾地也**牆謂之堊**白飾牆也

鏝者說文云鐵杇也或从木作槾云杇也杇所以涂也秦謂之杇關東謂之槾按鏝古葢用木後世以鐵今謂之泥匙釋文引李巡云泥鏝一名杇塗工之作具是也杇本作烏釋文又音胡然則鏝杇猶言槾餬亦言漫畫俱一聲之轉釋文鏝又作墁經典杇或作圬左氏襄卅一年傳云圬人以時塓館宮室塓墁亦聲相轉○椹者斫木櫍也椸者詩云方斮是虔鄭箋用爾雅正義引孫炎曰椹斮材質也郭與孫同文選擣衣詩注引爾雅作砧謂之虔砧椸俱俗體字質作櫍亦俗體也○黝者說文云微青黑色引爾雅文聲借作幽見釋器黑謂之黝下○堊者說文云白涂也釋名云堊亞也次也先泥之次以白灰飾之也一切經音義十一引蒼頡篇云堊白土也按飾牆古用白土或用白灰宗廟用蜃灰故掌蜃注謂飾牆使白之蜃也賈疏白盛主於宗廟堊牆也

樴謂之杙橜也在牆者謂之楎禮記曰不敢縣於夫之楎箷在地者謂

之臬即門橜也大者謂之栱長者謂之閣別杙所在長短之名

杙當作弋說文弋橜互訓詩兔罝正義引李巡云杙謂橜也是郭所本樴者說文云弋也周禮牛人注職讀爲樴樴謂之杙可以繫牛左氏襄十七年傳云以杙抉其傷按說文云弋象析木衺銳箸形故傳言抉傷禮言繫牛皆以其形銳可椓於地爾雅以爲木橜之通名故內則正義引李巡曰樴謂橜杙也釋文樴音特又之力反玉篇亦兼二音○楎者郭引內則云不敢縣於夫之楎箷鄭注楎杙也正義曰植曰楎橫曰椸然則楎植於牆即杙之別名故考工記匠人注引爾雅作在牆者謂之杙杙即楎矣○臬者說文以爲射準的是臬植於地與爾雅合郭以爲門橜則與闑同胡培翬曰臬與匠人之埶同[illegible]娃槷謂於平地之中樹八尺之臬以規識日景非門中之闑鄭氏考工記注甚明爾雅旣云在地者謂之臬又云橜謂之闑是臬與闑殊郭氏以門橜釋臬則謬矣○栱者御覽三百卅七引埤蒼云栱大弋也文選景福殿賦云

欒栱夭蟜而交結李善注栱欒類而曲也夭蟜欒栱長壯之貌然則栱之言拱拄上枓栱所以拱持梁棟故廣韵云枓柱上方木也帝範審官篇注引爾雅注曰栱杙也大者謂之栱枓也○閣者卽下文云所以止扉者也又内則注閣以板爲之庋食物也是庋物之閣與止扉之閣皆長木故二者同名

闍謂之臺積土四方**有木者謂之榭**臺上起屋

釋言云闍臺也臺有城臺詩出其東門傳云闍城臺也禮器云天子諸侯臺門鄭注闍者謂之臺是門臺城臺俱名闍矣詩釋文引孫炎云積土如水渚所以望氣祥也月令及禮器注竝闍下有者字疑此脫去之○榭者謂臺上架木爲屋名之爲榭古無榭字借謝爲之左氏宣十六年經成周宣榭火釋文榭正作謝穀梁及禮運釋文竝云榭本作謝皆其證也書泰誓正義引李巡曰臺積土爲之所以觀望也臺上有屋謂之榭郭注本李巡其云積土四方者據下文云四方而高曰臺也又云無室曰榭彼榭謂堂堭

此謂臺上起屋所以不同

雞棲於弋爲榤鑿垣而棲爲塒今寒鄉穿牆棲雞皆見詩

榤當作桀弋即橜也今田家村落或椓弋於壁或聚柴於庭齊民要術云雞棲據地爲籠籠內作棧是其象也塒者說文及詩君子于役傳俱用爾雅正義引李巡曰別雞所棲之名寒鄉鑿牆爲雞作棲曰塒按今人家棲雞亦爾

植謂之傳傳謂之突戶持鎖植也見埤蒼

植者說文云戶植也淮南本經篇云縣聯房植高誘注植戶植也墨子非儒篇云爭門關決植然則植爲立木所以鍵門持鎖古人門外閉訖中植一木加鎖其上所以党距兩邊固其鍵閉其木植故謂之植又可傳移故謂之傳傳之言轉也又謂之突釋文本或作椩莶或體字依義當作突謂其突然立也其制如

今匱櫝中閒立木及官署門閒皆有之一切經音義引三蒼云戶㫄柱曰植說文繫傳以爲橫鍵所穿木是矣

杗廇謂之梁屋大梁也其上楹謂之梲侏儒柱也閞謂之槉柱上欂也亦名枅又曰楷栭謂之楶卽櫨也棟謂之桴屋檼桷謂之榱屋椽桷直而遂謂之閱謂五架屋際椽正相當直不受檐謂之交謂五架屋際椽不直上檐交於檼上檐謂之樀屋梠

梁者屋之大梁杗者說文云棟也引爾雅文又云廇中庭也玉篇云屋廇也又作霤釋名云中央曰中霤古者寢穴後室之霤當今之棟下直室之中然則廇爲中央之名杗本棟名杗廇中央斯謂之梁說文以棟訓杗非以杗爲梁也又釋名云檼或謂之望言高可望也或謂之棟是棟一名望望杗聲同望卽杗矣

○楹者柱也棁者明堂位正義引李巡曰梁上短柱
也一作棳玉篇云棳棳梁上楹也棁同棳釋名云棳儒
梁上短柱也棳儒猶侏儒短故以名之也淮南主術
篇注侏儒梁上戴蹲跪人也禮器注用爾雅正義引
孫炎云梁上侏儒柱郭義同○開者說文云門欂櫨
也玉篇作栟云門柱上欂櫨也亦作開是說文門下
脫柱上二字當以玉篇訂正之㮩者玉篇云栟也御
覽一百八十八引爾雅作筭謂之疾榼栟枅形近枅
筭聲同所以致譌疾亦㮩耳又引舍人曰朱儒下小
方木今按下當作上字之誤也說文繫傳云斗上承
棟者橫之似筭然則筭即枅也郭又曰楷者本三蒼
楷亦沓也柱頭交處橫小方木令上下合故謂之沓
作楷亦或體也○栭者說文云屋枅上標也引爾雅
曰栭謂之榕又云榕欂櫨也禮器及明堂位正義引
李巡云栭謂欂櫨也一名楶皆謂斗栱也然則楶與
㮩本一物而兩名楶言其標則㮩言其本謂之斗栱
者言方木似斗形而拱承屋棟故釋名云斗在欒兩
頭如斗也斗負上員檼也爾雅釋文楶音節舊本及

論語禮記皆作節禮器正義引孫炎作節李巡作㮝郭本从李巡○棟者說文云極也極棟也釋名云棟中也居屋之中也按極亦訓中故棟極二字說文互訓桴者說文棟名郭云屋檼檼者今人名棟曰檼或曰脊檼釋名云檼隱也所以隱桷也然則檼之言隱郎知桴之言浮浮高出在上之言也○桷者說文云榱也椽方曰桷引春秋莊廿四年傳曰刻桓宮之桷穀梁釋文方曰桷圓曰椽釋名云桷确也其形細而疏确也或謂之椽椽傳也相傳次而布列也或謂之榱在檼旁下列衰衰然垂也說文云秦名為屋椽周謂之榱齊魯謂之桷一帝範審官篇注引爾雅注曰桷椽也一曰屋角斜枋一曰梠也所引蓋舊注之文與孫郭異梠又檐名以為桷非也○閲交者別椽長短之名也椽之長而直達於檐者名閲閲歷也言歷於檐前也其短而不直達於檐者名交交接也言接於棟上也郭云五架屋者鄉射記注云是制五架之屋也正中曰棟次曰楣前曰庪今按五架之制通乎上下唯堂有廣狹椽有長短爾雅因別其名耳○檐者說

文云槐也槐梠也梠梢也梢秦名屋櫋聯也齊謂之檐楚謂之梠梠特牲饋食禮疏引孫炎云謂室梠周人謂之梠齊人謂之檐淮南本經篇云縣聯房植橑檐榱題高誘注縣聯聯受雀頭箸椽者一曰辟帶也橑檐橑也檐屋垂也釋名云檐接也接屋前後也梠旅也連旅旅也或謂之櫋櫋緜也緜連榱頭使齊平也上入曰爵頭形似爵頭也梢着也近前各兩若面之有眉也然則梢槐梠橑櫋聯爵頭皆檐也但隨所在而異名耳楄者說文云戶楄也引爾雅曰檐謂之楄讀若滴門部又云闔謂之楄楄廟門也段氏注據徐鍇本檐謂之楄下有楄朝門三字謂檐闔形異而義別今按闔檐異文徐本之楄朝門三字當有脫誤邵氏正義疑以下文閍謂之門之異文非也

容謂之防　形如今牀頭小曲屏風唱射者所以自防隱見周禮

郭云容見周禮者射人云王三獲三容鄭衆注容者乏也待獲者所蔽也鄉射禮云乏參侯道鄭注容謂

之乏所以爲獲者御矢也是皆郭義所本但爾雅方釋宮室與射無關荀子正論篇云居則設張容負依而坐楊倞注引此文及郭注而申之云言施此容於戶牖閒負之而坐也是容與扆同扆爲屏風容唯小曲爲異爾雅容謂之防正指此言古人坐處皆有容飾故車有童容所以障蔽其車居設張容所以防禦其室張與帳同容卽今之圍屏其形小曲射者之容葢亦放此鄉射禮注容謂之乏此云容謂之防防乏異名始非同物郭不據荀子而援周禮葢爲失矣

連謂之簃堂樓閣邊小屋今呼之簃廚連觀也

簃當作移說文云禾相倚移也按倚移猶延施皆相連及之意逸周書作雒篇云設移旅楹孔晁注承屋曰移然則爾雅古本作移魏晉以後始加竹爲簃故御覽一百八十四引通俗文云連閣曰簃郭云簃廚連觀並據時驗而言知魏晉人始有簃字也釋文簃丈知反則與謻同說文謻離别也周景王作洛陽謻

臺徐鍇繫傳卽引爾雅此注爲釋但離別與連義差遠簃字古本作移當讀如字

屋上薄謂之筄屋笮

薄卽簾也以葦爲之或以竹屋上薄亦然謂之筄者玉篇云筄屋危也屋棟爲危以至高而得名郭云屋笮者說文笮迫也在瓦之下棼上釋名云笮迮也編竹相連迫迮也匠人注云重屋複笮也葢凡屋皆有笮重屋故複笮矣

兩階閒謂之鄉人君南鄉當階閒**中庭之左右謂之位**羣臣之列位也

門屏之閒謂之宁人君視朝所宁立處**屏謂之樹**小牆當門中

兩階者堂之東西階也人君嚮明而治當兩階閒而南鄉因謂之鄉郊特牲云君之南鄉荅陽之義也文選魏都賦云肅肅階闢李善注引爾雅曰兩階閒曰闢許亮反是闢鄉同○中庭者聘禮云公揖入立于

中庭又云擯者還中庭皆舉中以表左右也位者說文云列中庭之左右謂之位本爾雅文增一列字其義尤明也左右猶東西羣臣列位處位即所立之位古者君臣皆立論語東帶立於朝曲禮天子當依而立小宗伯注古者立位同字古文春秋經公即位爲公即立也金鶚求古録云三朝惟內朝有堂階則庭指內朝路寢庭也凡言庭皆廟寢堂下聘禮中庭謂廟堂下之庭燕禮中庭謂路寢堂下之庭若治朝外朝皆無堂則亦無庭而名之曰廷所謂朝廷也庭與廷有別治朝外朝旣無庭則所謂中庭之左右曰位者必內朝矣○宁者釋名云宁佇也將見君所佇立定氣之處也曲禮云天子當宁而立正義引李巡曰門屏之間謂正門內兩塾間名曰宁孫炎曰門內屏外人君視朝所宁立處也正義又云諸侯內屏在路門之內天子外屏在路門之外而近應門金鶚駁之云天子外屏此言出於禮緯鄭注禮記引其說未可信也太微垣有屏四星在端門內此天子內屏之象也又云凡門皆有屏惟皋門無之應門內有屏故宁

在門屏之閒門卽應門也今按外屏之說亦見淮南書金氏駁之是矣又人臣朝位古亦名宁詩云俟我于箸左氏昭十一年傳云朝有箸定周語云大夫士日恪位箸毛傳及韋昭注俱用爾雅是箸宁通〇屏者說文云屏蔽也釋名云屏自障屏也一切經音義廿引蒼頡篇云屏牆也是屏以土爲牆也卽今之照壁故論語皇侃疏云今黃閣用板爲郭古者未必用板爲或用土御覽一百八十五引舍人曰以垣當門蔽爲樹曲禮正義引李巡云垣當門自蔽名曰樹郊特牲云臺門而旅樹鄭注樹所以蔽行道又引管氏樹塞門塞猶蔽也淮南主術篇云天子外屏所以自障高誘注屏樹垣也引爾雅曰門內之垣謂之樹此所引非本文蓋亦駁外屏之說耳明堂位注用爾雅而云今桴思也按釋名云罘罳在門外又云蕭牆在門內蕭肅也臣將入於此自肅敬之處也是蕭牆卽屏劉熙以爲非卽罘罳與鄭異也吳語云越王入命夫人王背屏是寢門內亦有屏矣

閍謂之門詩曰祝祭于祊

門廟門也閍說文作鬃或作祊祊云門內祭先祖所以徬徨詩楚茨傳祊門內也箋云孝子不知神之所在故使祝博求之平生門內之旁待賓客之處然則祊在門內禮器云爲祊乎外葢以門內對廟中爲外耳鄭以祊爲繹祭郊特牲注遂謂祊之禮宜於廟門外之西堂此二注似皆失之祊與繹本二祭祊又不在廟門外也左氏襄廿四年正義引李巡曰祊故廟門名也孫炎曰祝祭于祊謂廟門也按郊特牲索祭祝於祊祊注云廟門曰祊正義以爲釋宮文禮器正義亦引釋宮廟門謂之祊郊特牲祊之於東方正義又引釋宮云門謂之祊脫廟字參以李孫二注並以廟門釋祊疑爾雅古本當作廟門謂之祊賴有注疏可證惟左傳正義引爾雅與今本同或後人據今本改耳

正門謂之應門朝門

應門者詩緜傳云王之正門曰應門毛知惟王曰應門者以書言康王朝諸侯於應門之內而明堂位言庫門天子皋門雉門天子應門明天子曰皋應諸侯曰庫雉也正門者正猶中也言應門居內外之中明皋門爲外門路門爲內門也知應門爲朝門者以君每日視朝在應門內路門外其地爲正朝故匠人注應門謂朝門也詩緜正義引孫炎與鄭注同箋云諸侯門曰皋應天子加以庫雉明堂位注又云天子五門皋庫雉應路魯有庫雉路則諸侯三門與今按鄭於箋注說已不同參以諸家說又互異諸侯三門旣無成文天子五門亦無明證故戴氏震考工記補注據明堂位及詩緜傳斷以天子之門不聞有庫雉諸侯之門不聞有皋應又云天子諸侯皆三朝三門其說甚的可以匡鄭之失矣

觀謂之闕 宮門雙闕

闕者說文云門觀也觀者釋名云觀觀也於上觀望也闕闕也在門兩旁中央闕然爲道也詩子衿正義

引孫炎曰宮門雙闕舊章懸焉使民觀之因謂之觀今按詩言城闕孫必知此闕在宮門者以城闕無觀宮闕有觀是爲異耳故禮運言祭蜡事畢仲尼出遊於觀之上鄭注觀闕也葢蜡饗之禮兼祭宗廟廟在雉門內觀設門兩旁故出遊其上春秋定二年雉門及兩觀災雉門即宮門觀在門旁故災及之然則諸矦之闕在雉門即知天子之闕在應門矣穀梁桓三年傳云禮送女母不出祭門諸母兄弟不出闕門祭門謂廟門則闕門謂宮門也

宮中之門謂之闈謂相通小門也**其小者謂之閨小閨謂之閤**大小異名**衖門謂之閎**左傳曰盟諸僖閎閎衖頭門

闈者說文云宮中之門也周禮保氏注闈宮中之巷門左氏閔二年傳賊公於武闈杜預注宮中小門謂之闈哀十四年正義引孫炎曰宮中相通小門也後漢書陰皇后紀宦者傳注引爾雅之門竝作小門必

知闈爲小門者以哀十四年左傳攻闈與大門對大門言知闈爲小門也士虞禮記注闈門如今東西掖門是漢掖門爲郎古闈門矣匠人注廟中之門曰闈士冠禮注婦人入廟由闈門雜記云夫人至入自闈門是闈門便婦人出入因知宮中廟中俱有闈門也○閨者說文云特立之戶上圜下方有似圭儒行云篳門圭窬鄭注圭窬門旁窬也穿牆爲之如圭矣是圭閨同公羊宣六年傳有人荷畚自閨而出者又云入其大門入其閨是閨爲小門也閣當作閤說文云門旁戶也按閨爲特立之戶不在門旁其閤必云門旁不特立者以閤又小於閨耳公羊宣六年疏引李巡曰皆門戶大小之異言於小之中又分大小也古者閨閤連言多不分別故楚辭逢尤篇注閨閤也漢書汲黯傳臥閨閤內不出漢書無讕字文翁傳敎令出入閨閤公孫宏傳開東閤以延賢人集注閤者小門也東向開之是則閤有東西隨所在以爲名後世輔臣延登謂之入閤或稱閤下義本於此作閣非○衖者說文作𨞚云里中道从𨙨从共皆在邑中所共也

篆文作巷閎巷門也按下云宮中衖謂之壼郭注巷閤閒道是閨閤旁有道通名閎不獨里中爲然故左氏成十七年傳云蒙衣乘輦而入於閎正義引孫炎曰衖舍閒道也李巡曰閎衖頭門也是宮中衖亦名閎因而廟中門亦名閎左氏襄十一年傳乃盟諸僖閎杜預注僖宮之門逸周書皇門篇云周公格左閎門孔晁注路寢左門也是宮廟門皆名閎又左氏昭廿年傳及閎中杜注閎曲門中據上文言郭門是郭門亦名閎文選魏都賦注引爾雅曰閎巷門也一曰閎門中所從出入也蓋本爾雅舊注

門側之堂謂之塾夾門堂也

塾者詩絲衣正義引白虎通云所以必有塾何欲以飾門因取其名明臣下當見於君必孰思其事也學記云古之教者家有塾書大傳云上老平明坐於右塾庶老坐於左塾書顧命有左右塾士冠禮有東西塾絲衣傳云基門塾之基匠人注云門堂門側之堂是自天子以至士庶皆有塾也一門凡四塾外塾皆

南鄉內塾皆北鄉夾門東西因謂之東堂西堂故絲衣正義引孫炎曰夾門堂也錢氏荅問以說文無塾字而云壔郎塾也但埻爲射臬之名塾是門堂之號施用既異名義亦殊且塾字由來已久或者經典塾字古止作孰取孰思其事之義如白虎通所云後人加土作塾耳

橛謂之闑門閫闔謂之扉公羊傳曰齒著於門闔所以止扉謂之閣門辟旁長橛也左傳曰高其閈閣閣長杙即門橛也

闑者曲禮云由闑右士冠禮云布席於門中闑西鄭注茲以門橛爲釋橛是豎木設於門中其旁曰棖其中曰闑玉藻云大夫中棖與闑之閒益門中閒豎一短木東曰闑東西曰闑西闑古文作槷禮注冠所以門必設棖與闑者以爲尊卑出入中閒及兩旁之節制知槷爲豎木者莊子達生篇云吾處身也若厥株拘釋文引李云厥豎也厥即橛之省文知橛爲豎木矣說文以橛爲門梱廣雅亦云橛闑朱也朱與梱同

是皆郭注所本循文考義胥失之矣棡是門限橫木爲之闑是門橛豎木爲之說者多誤惟禮鄭注得之○闔謂之扉者說文云闔門扉也扇扉也扉戶扇也左氏襄十七年傳云以枚數闔廿八年傳云子尾抽桷擊扉三杜預注扉門闔也是闔扉皆謂門扇月令注云用木曰闔用竹葦曰扇葢對文則別散則通也○閣者說文云所以止扉也上云杙長者謂之閣此閣以長木爲之各施於門扇兩旁以止其走扇故郭云門辟旁長橛也釋文閣作閤云本亦作閣又云郭注本無此字葢陸德明據誤本作閤反以作閣爲非郭引襄卅一年傳云高其閈閎釋文亦據誤本作閤而反議作閣者爲穿鑿此皆謬也玉篇引爾雅作閣廣韻引作閤與陸本同

瓴甋謂之甓甗甎也今江東呼瓴甓

甓者說文云令甓也引詩中唐有甓防有鷊巢正義引李巡曰瓴甋一名甓爾雅釋文引詩傳作令適按

說文亦作令適見土部甓字解與詩傳同後人傳寫作瓴瓴瓶名非瓦名也甓與甓皆今之甎但甓未燒爲異耳匠人注云堂涂謂階前若今令甓甋也賈疏漢時名堂涂爲令甓甋令甓則今之甎也甋則甎道也

宮中衖謂之壼巷閤閒道廟中路謂之唐詩曰中唐有甓堂途謂之陳堂下至門徑也

壼者說文作𡔷云宮中道引詩室家之壼巷伯正義引孫炎曰巷舍閒道也毛傳云壼廣鄭箋云捆緻並與爾雅不合爾雅釋文壼郭呂竝立屯反或作韋按作韋及立屯之讀俱不可解或有誤字○唐者詩防有鵲巢傳堂塗也正義引李巡曰唐廟中路名逸周書作雒篇云隄唐山廧孔晁注唐中庭道文選西都賦注引如淳曰唐庭也甘泉賦云平原唐其壇曼李善注引鄧展曰唐道也是原野之道亦通名唐矣又

周語云陂唐汙庳晏子問下篇云治唐園是唐又爲蓄水之名偁塘土與爾雅異也○陳者詩何人斯傳堂塗也釋名云言賓主相迎陳列之處也詩正義引孫炎曰堂塗堂下至門之徑也鄉飲酒禮注云三揖者將進揖當陳揖當碑揖是陳在堂下因有下陳之名晏子諫上篇云辟拂三千謝於下陳蓋言屏退之謝於堂下而去也古者狗馬之屬以爲庭實故曰充下陳婢妾卑賤與庭實同故亦曰充下陳俱本爾雅也堂途者詩傳作堂塗考工記匠人作堂涂鄭注引爾雅亦作堂涂竝叚借字途或體字也

路旅途也途即道也**路場猷行道也**博說道之異名

途者釋名云涂度也人所由得通度也旅者郊特牲云旅樹鄭注旅道也按釋詁旅陳也此以堂途爲陳陳既爲途故旅亦爲途矣○路場者說文云道所行道也路道也場祭神道也詩町畽鹿場說文云田踐處曰町畽禽獸所踐處也然則鹿場即鹿之蹊徑方言六有蝖場及蚍蜉犁鼠之場皆謂其所居途徑耳

猷者說文作䢖云行䢖徑也通作繇釋詁云繇道也又通作猶詩釆芑傳猶道也猶與猷同行者詩行露周行之類傳箋竝訓道書云日月之行郎日月之道也詩云有夷之行郎有夷之道也本以行道爲行因而道亦爲行也

一達謂之道路道長二達謂之歧旁歧道旁出也三達謂之劇旁今南陽冠軍樂鄉數道交錯俗呼之五劇鄉四達謂之衢交道四出五達謂之康史記所謂康莊之衢六達謂之莊左傳曰得慶氏之木百車於莊七達謂之劇驂三道交復有一歧出者今北海劇縣有此道八達謂之崇期四道交出九達謂之逵四道交出復有旁通

達者徹也通也出也至也道路者說文云一達謂之道無路字道路一也釋名云道一達曰道路道蹈也

路露也言人所踐蹈而露見也按遂人云澮上有道川上有路鄭注道容二軌路容三軌是路大於道一蓋對文則別散則通也又彼注言其廣此云長者以兩達言旁無歧出故直云長矣○歧旁者釋名云物別爲歧在邊曰旁此道並出似之也按歧枝也木別生曰枝道別出曰歧歧與枝俱在旁故曰歧旁也釋文云歧樊本作技音支是技枝音義同○劇旁者釋名云古者列樹以表道道有夾溝以通水潦恆見修治此道旁轉多用功稍劇也詩兔罝正義引孫炎云旁出歧多故曰劇按劇者甚也言此道歧多旁出轉甚也即列子說符篇云歧路之中又有歧焉○衢者說文用爾雅釋名云齊魯閒謂四齒杷爲欋欋杷地則有四處此道似之也公羊定八年疏引李巡云四達各有所至曰衢孫氏曰交通四出是也按衢爲四道交錯故周禮保氏說五馭云舞交衢大戴禮子張問入官篇云六馬之離必於四面之衢郭氏注中山經云言樹枝交錯相重五出有象衢路也楚辭天問篇注九交道曰衢淮南繆稱篇注云道六通謂之衢

荀子勸學篇注衢道兩道也今秦俗猶以兩爲衢然則衢無定名據楚辭淮南注是道四達以上通謂之衢荀子注又以兩道爲衢衢與歧聲轉疑秦人讀歧如衢因而以兩爲衢耳楚辭九衢蓋直以衢爲道之通名非爾雅義也○康者釋名云康昌也昌盛也車步併列並用之言充盛也詩正義引孫炎云康樂也交會樂道也按康有廣大之義故五穀並登謂之康年五途並出謂之康衢列子仲尼篇云堯遊康衢晏子諫上篇云公驅及之康內皆與爾雅合○莊者釋名云莊裝也裝其上使高也孫炎云莊盛也道煩盛[illegible][illegible][illegible]引按莊之言壯壯亦大也史記云開第康莊之衢亦言其衢路之大耳郭引襄廿八年左傳文杜賁注以莊爲六軌之道非也正義曰注爾雅者皆以爲六道旁出此蓋舊注之文○劇驂者釋名云驂馬有四耳今此道有七比於劇也孫炎云三道交復有一岐出者初學記廿四引云驂馬有四今此有七比之方驂劇所引亦孫炎注與釋名同方驂劇者方併也劇甚也言比之併驂尤甚也○崇期者釋名云崇

充也道多所通人充滿其上如其期也初學記引孫炎曰祟多也多道會期於此按祟亦高也與逵同義期猶其也祟其猶逵師矣○逵者說文作馗云九達道也似龜背故謂之馗馗高也或作逵釋名云齊魯謂道多為逵師此形然也左氏隱十一年注云逵道方九軌也正義引李巡注爾雅亦取竝軌之義是杜注本李巡今按經涂九軌雖出考工記然九軌言其廣九達則以縱橫交午為言義各不同文選注引韓詩章句以中馗為九交之道可知李巡注非也左傳於鄭國每言逵蓋其國多此道爾

室中謂之時堂上謂之行堂下謂之步門外謂之趨中庭謂之走大路謂之奔此皆人行步趨走之處因以名云

時者玉篇作跱引爾雅曰室中謂之跱跱止也說文峙云躇也玉篇云止不前也是峙跱同與時聲近其字可通葢室中迫阨行立安舒故曲禮云室中不翔即峙躇不前之意峙躇與踟蹰同○行者釋名云兩

腳進曰行行抗也抗足而前也說文云行人之步趨也按行步趨走四者異名而同實其義互訓散文俱通爾雅對文故隨在異稱也曲禮云堂上接武鄭注武迹也迹相接謂每移足半躡之中人之迹尺二寸按堂上地稍闊可容舉足而行接武卽行容之度也○步者說文云行也釋名云徐行曰步步捕也如有所可捕務安詳也爾雅邢疏引白虎通云人踐三尺法天地人再舉足曰步備陰陽也曲禮云堂下布武鄭注布武謂每移足各自成迹不相躡按堂下地又益闊可容舉足徐行步武卽行步之節也淮南人間篇云夫走者人之所以爲疾也步者人之所以爲遲也是步爲徐行韓詩外傳云齊桓公出遊遇一丈夫裒衣應步然則步之名非獨施於堂下矣○趨者說文云走也釋名云疾行曰趨趨赴也赴所期也左氏成十六年傳云免冑而趨風言疾行之容也故曲禮云帷薄之外不趨鄭注行而張足曰趨按張開其足爲便於疾趨樂師注云趨謂於朝廷是朝廷以趨爲敬又公羊僖十年傳云吾夜者夢夫人趨而來然則

趨之名亦非獨施於門外矣○奔走者說文云走趨也奔走也是皆互訓亦散文通也釋名云疾趨曰走走奏也促有所奏至也奔變也有急變奔赴之也按禮唯親喪言奔日行百里見星止舍明其速疾至於中庭言走則左氏襄卅年傳云使走問諸朝釋文以為走速疾之意其說是也然經典多奔走連文詩駿奔走在廟廟中非大路亦可言奔矣

隄謂之梁郎橋也或曰石絕水者為梁見詩傳**石杠謂之徛**聚石水中以為步渡彴也孟子曰歲十月徒杠成或曰今之石橋

隄者說文云唐也俗作塘玉篇云隄塘也橋也一切經音義二引李巡曰隄防也障也按隄本積土防水之名梁亦為隄以偃水故周語云川不梁又云十月成梁說文梁水橋也橋水梁也郭知隄即橋者釋地注梁隄也孫炎曰梁水橋也義本說文又曰石絕水為梁者詩有狐傳文因知隄梁無論土石皆可為矣

○徛者說文云舉脛有渡也釋文引作舉腳有度玉篇舉足以渡也廣雅云徛步橋也是徛本渡水之名因以爲步橋名說文榷字解云水上橫木以渡徐鍇繫傳此即今所謂水彴橋也爾雅謂之石杠亦曰略彴漢書武帝紀注同今按榷以木爲之與石杠別徐鍇誤矣郭引孟子徒杠又曰今石橋者孫奭疏引說文云石矼石橋也是郭所本今本說文脫去矼字矣馬瑞辰說石杠今南方謂之石步

室有東西廂曰廟夾室前堂**無東西廂有室曰寢**但有大室**無室曰榭**榭卽今堂堭**四方而高曰臺陝而脩曲曰樓**脩長也

廂當作箱後漢書虞詡傳注引埤蒼云箱序也字或作廂廂廟者說文云尊先祖貌也釋名云廟貌也先祖形貌所在也按廟之制中爲大室東西序之外爲夾室夾室之前小堂爲東西廂亦謂之東西堂公羊宣十六年疏引李巡曰室有東西廂謂宗廟殿有東西小堂也孫炎云夾室前堂是郭注所本廟所以有箱

者箱之言相相謂左右助勴也故公食大夫禮注箱俟事之處覲禮記注東箱東夾之前相翔待事之處文選爲賈謐作贈陸機詩注引爾雅廟作廊蓋字形之誤又引舍人曰殿有東西小堂也與李巡同○寢者說文作寑云臥也釋名云寢寢也所寢息也按寢本臥息之名又以爲室名故隷僕注云五寢五廟之寢也前曰廟後曰寢月令正義云廟是接神之處其處尊故在前寢衣冠所藏之處對廟爲卑故在後按寢之制但有大室而無左右夾室故無東西廂○榭者月令正義引李巡云但有大殿無室名曰榭書大誓正義引孫炎曰榭但有堂也宣十六年左傳注以榭爲屋歇前正義云歇前者無壁也如今廳事也按廳事郎堂皇漢書胡建傳云列坐堂皇上集注室無四壁曰皇然則無四壁是無室但有堂故杜預謂屋歇前矣上文云有木者謂之榭謂臺上起屋與此異也○臺者說文云觀四方而高者於爾雅上增一觀字觀郎闕也臺觀同類但觀缺中央臺如側成而四方以是爲異其高則相等故說文高字解云象臺觀

高之形是臺觀俱稱高故釋名云臺持也築土堅高能自勝持也淮南本經篇注積土高丈曰臺然則臺之高不過一丈矣○樓者說文云重屋也釋名云樓言牖戶之間諸射孔婁婁然也按婁婁空也射孔婁婁卽說文廔云屋麗廔也玉篇廲云廲廔綺窗然則樓之言婁又言廔也門戶洞達窗牖交通足資登眺故月令云可以居高明鄭注高明謂樓觀也孟子館於上宮注云上宮樓也是樓最高而在上爾雅不言高者蒙臺文也云陜而脩曲者言屋之形勢陜隘脩長而迴曲異於臺之四方也類聚六十三引陜作俠葢叚俗字或陜俗作狹缺脫其旁因作俠耳

爾雅郭注義疏中之一　孫男聯蓀伯愷　薇近垣　校字

爾雅郭注義疏中之二

棲霞郝懿行學

釋器弟六

器者說文云皿也械字解云一曰器之總名一曰有盛爲械無盛爲器按器械通名耳故禮大傳云異器械鄭注器械禮樂之器及甲兵也少儀云不度民械不訾重器鄭注民械民家之器用是器械古通名今但以兵仗爲械矣此篇所釋皆正名辨物依類象形至於豆籩旐虡禮樂之事而略載於篇者以皆器皿之屬也若乃衣服飲食非可以器言而雜見茲篇者以本器用之原也禮器云宮室之量器皿之度故釋器次於釋宮

木豆謂之豆豆禮器也**竹豆謂之籩**籩亦禮器**瓦豆謂之登**即膏登也

豆者說文云古食肉器也梓人云食一豆肉中人之食也是豆爲肉器此文豆當作梪說文云木豆謂之

梪釋文豆本又作梪是也其形則三禮圖云口圓徑
尺墨漆飾朱中大夫以上畫以雲氣諸侯以象天子
以玉皆謂飾其口也其質則皆用木其高通蓋一尺
其受實則旊人注云豆實四升是也其中柄謂之校
其足跗謂之鐙祭統云夫人薦豆執校執醴授之執
鐙鄭注校豆中央直者也鐙豆下跗也其飾則明堂
位云夏后氏以楬豆殷玉豆周獻豆鄭注楬無異物
之飾也獻疏刻之按周禮外宗云佐王后薦玉豆是
則周亦玉豆也○籩者說文云竹豆也籩人注云籩
竹器如豆者其容實皆四升按籩口有緣故士喪禮
云毼豆兩兩籩無縢鄭注縢緣也士虞禮記注豆不
楬籩有縢是則豆籩之用吉凶異施也籩豆同類用
不單行故單言豆者即可統籩詩楚茨云爲豆孔庶
是也其單言籩者亦可概豆周語云品其百籩是也
○登者叚借字也俗作豋說文作𧯠或云無是字經
典俱作登通作鐙故釋文云登本又作鐙公食大夫
禮云大羹湆不和實于鐙鄭注瓦豆謂之鐙是即爾
雅作鐙之本也詩生民傳木曰豆瓦曰登豆薦菹醢

也登大羹也正義曰太古之羹以質故以瓦器盛之
郭云郎膏登也者蓋特舉類以曉人非禮器之登郎
然膏之登也今北方瓦登猶存禮器遺象登之容實
亦與豆同豆是大名分别言之爲木竹瓦總統言之
俱曰
豆
盎謂之缶盆也**甌瓿謂之瓵**瓿甊小甖長沙謂之瓵**康瓠謂之甈**瓠壺
也賈誼曰寶
康瓠是也
缶者詩宛丘正義引孫炎曰缶瓦器說文云瓦器所
以盛酒漿秦人鼓之以節謌象形按缶盛酒者易樽
酒簋貳用缶是也以節謌者易不鼓缶而歌詩坎其
擊缶是也左氏襄九年宋災傳云具綆缶備水器是
缶又汲水之器也其受實則禮器云五獻之尊門外
缶鄭注缶大小未聞韋昭魯語注云缶庾也按陶人
云庾實二觳觳卽是缶爲二斛賈疏引聘禮記云十
六斗曰籔注云今文籔爲逾逾卽庾也是缶又爲十

六斗小爾雅云籔二有半謂之缶宋咸注缶四斛也
是又爲四十斗然則缶之大小迄無定論故鄭云未
聞矣盎者說文云盆也盆盎也急就篇以缶盆盎竝
稱實一物其形則急就篇注大腹而斂口按缶象篆
文缶之形口微斂而腹大正如今之汲水鑵也左氏
襄九年正義引爾雅作罌謂之缶說文罌缶也是爾
雅盎一作罌疑許君所見郎作罌矣○甌瓿者說文
云甌小盆也瓿甂也甂似小瓿大口而卑用食然則
甌瓿蓋盆盎之小者其形微庳其口甚大其名亦謂
之缶故方言云缶謂之瓿甌甔罃甈謂之盎其小者
謂之升甌說文云䍜小缶也玉篇䍜亦作瓿是瓿䍜
同甌瓿盆盎聲俱相轉故古通名矣瓴者說文云甌
瓿謂之瓴本爾雅玉篇云瓴小罌也本郭注其瓴之
大小則史記貨殖傳集解引孫叔然云瓴瓦器受斗
六升○甈者說文云康瓠破罌許知爲破罌者廣雅
云甈裂也法言先知篇云甄陶天下者其在和乎剛
則甈柔則坯是甈爲破裂之名周禮牧人注故書毀
爲甈杜子春云甈當爲毀皆說文所本也釋文云康

埤蒼作甗字林作瓶口光反李本作光按光猶廣也
大也李巡葢以光瓠爲大瓠故史記索隱引李巡云
康謂大瓠也文選弔屈原文注引李巡曰大瓠瓢也
郭云瓠壺與李義異故注方言遂云爾雅甈康壺而
方言以爲瓮未詳也爾雅此文皆言瓦器
李巡以康瓠謂大瓠失之當以郭義爲長

斪斸謂之定鋤屬**斫謂之鐯**钁也**斛謂之疀**皆古鍬鍤字

說文云斪斸斫也又云欘斫也齊謂之茲其車人注
引爾雅作句欘謂之定是句欘卽斪斸矣定者釋文
引李巡云斪斸鋤也定鋤別名御覽八百廿三引舍
人注同釋名云鋤助也去穢助苗長也齊人謂其柄
曰櫌櫌然正直也頭曰鶴似鶴頭也又云槈似鋤偃
薅禾也鎛亦鋤田器也鎛迫也迫地去草也然則鎛
槈皆鋤之異名故呂覽任地篇云槈柄尺此其度也
其槈六寸所以開稼也高誘注槈所以芸苗也刃廣
六寸所以入苗閒也廣雅云定謂之槈○斫者與斸
聲轉其義則同鐯者櫡之或體也說文本爾雅作斫

謂之櫡又作䃜云斫也釋文鐯字又作櫡郭云钁也者淮南精神篇注钁斫也音矍廣雅云櫡謂之钁說文云钁大鉏也鉏立薅所用也然則櫡與定皆鉏名但定偃薅所用故其柄短櫡立薅所用其柄長故云钁大鉏矣○斛者說文云利也引爾雅曰斛謂之疀古田器也又云疀斛也郭云皆古鍬鍤字可知鍬鍤今字文選祭古冢文注引爾雅作鍬謂之鍤矣鍬盍俗字鍤亦俗聲故釋名云鍤插也插地起土也或曰銷銷削也能有所穿削也拔銷郎鍬之聲轉叚借字也鍤當作臿故方言云臿燕之東北朝鮮洌水之閒謂之斛然則斛疀本雙聲字郭注方言斛湯料反非矣今燕齊閒以插地起土者爲鐵鍬與方言合登萊閒謂之钁頭盍古今異名耳又拔有司徹注挑謂之歃疑斛疀之異文而義又别

緵罟謂之九罭九罭魚罔也今之百囊罟是亦謂之䍡今江東謂之緵**嫠婦之笱謂之罶**毛詩傳曰罶曲梁也謂以薄爲魚笱**罺謂之汕**今之撩罟**篧謂之**

罩捕魚籠也**槮謂之涔**今之作槮者聚積柴木於水中魚得寒入其裏藏隱因以薄圍捕取之

罔者說文云庖犧所結繩以漁九罭者詩毛傳云九罭緵罟小魚之網也正義引孫炎曰九罭謂魚之所入有九囊也按囊所以持魚即今之網口罭之言域也所以囊括爲界域緵之言總也孟子所謂數罟言其綱目細密故毛以爲小魚之網御覽八百卅四引韓詩曰九罭取蝦芘也文選西京賦云布九罭摷鯤鮞與韓毛義合李善注罭與緎古字通○按罭緎俱非古字蓋文選本作緎今從詩改作罭矣○笱者說文云曲竹捕魚笱也罶曲梁寡婦之笱魚所留也釋訓云凡曲者爲罶詩魚麗正義引孫炎曰罶曲梁其功易故謂之寡婦之笱今按孫義未免望文生訓蓋寡婦二字合聲爲笱嫠婦二字合聲爲罶正如不來爲貍終葵爲椎古人作反語往往如此孫炎以義求之鑿矣今河上人曲竹爲笱其口可入而不可出故淮南兵略篇云發笱門是其制也○罺者樔之或體也詩南有嘉魚傳汕汕樔也箋云樔者今之撩罟也是

罺古作樔或作罺御覽引舍人曰以薄罺魚曰罺者也詩正義引李巡曰汕以薄汕魚孫炎曰今之撩罟按撩罟今謂之抄網也汕者說文以爲魚游水皃引詩烝然汕汕與爾雅異也○籗者籗之或體也說文作籱或省作籗云罩魚者也罩捕魚器也詩傳云罩籗也正義引李巡曰籗編細竹以爲罩捕魚也孫炎曰今楚罩也然則罩以竹爲之無竹則以荊故謂之楚罩今按此義亦非蓋楚罩二字合聲爲籗也今魚罩皆以竹形似雞罩漁人以手抑按於水中以取魚故淮南說林篇云罩者抑之抑即按也○槮者槮之誤字也釋文槮爾雅舊文并詩傳並米旁作小爾雅木旁作郭因改米從木詩潛釋文大意同按毛傳潛糝也然則槮古本作糝故御覽引舍人曰以米投水中養魚爲涔也詩正義引李巡同唯米作木爲異今萊陽人編楚爲箈笓沈之水底投米其中候魚入食舉而取之是即爾雅所謂糝也後人不知糝字之義改米從木因生積柴之說故詩正義引孫炎曰積柴養魚曰槮是郭注本孫炎特暢其說陸德明謂郭

始改米从木非也椮乃罧之叚音說文云罧積柴水中以聚魚也淮南說林篇云罧者扣舟高誘注罧者以柴積水中以取魚魚聞擊舟聲藏柴下壅而取之然則說文罧字義本淮南而非爾雅之義爾雅自以作椮爲是矣涔者潛之叚音也毛詩作潛韓詩作涔故釋文引韓詩云涔魚池小爾雅作橬云橬椮也今亦改作潛矣

釋文可證

鳥罟謂之羅謂羅絡之**兔罟謂之罝**罝猶遮也見詩**麋罟謂之罞**冒其頭也**彘罟謂之羉**羉幕也**魚罟謂之罛**最大罟也今江東云**繴謂之罿罿罬也罬謂之罦罦覆車也**今之翻車也有兩轅中施罥以捕鳥展轉相解廣異語

說文云罟网也羅以絲罟鳥也古者芒氏初作羅詩兔爰傳鳥網爲羅正義引李巡曰鳥飛張網以羅之

按方言云羅謂之離離謂之羅是羅離聲轉義同故詩魚網之設鴻則離之離卽羅矣○罝者說文云兔网也詩兔罝正義引李巡曰兔自作徑路張罝捕之也按罝之言阻也兔性狡而善逸張者必於要路阻之也說文䍍兔䍍也是罝又名䍍䍍省作罘月令注獸罟曰罝罘是也顧氏炎武日知錄云得兔忘蹏蹏古罬字通䍐蟰鱊蹏兔罥也然則罬又罝之異名矣○罬者冒也郭云冒其頭益網麋者必罥其角也御覽八百卌二引舍人曰麋有難制張罬也釋文罬本或作茅又音蒙葢茅叚借蒙聲轉也○羉者郭云幕也謂幕絡之釋文羉又莫潘反此音是也羉幕一聲之轉釋文又云羉本或作罠亾巾反罠羉亦聲轉也纚毚者必罥其足孟子云又從而招之趙岐注招罥也亦謂罥其足也文選吳都賦云罠蹏連綱劉逵注罠麋網廣雅云罠兔罟說文又云罠釣也其不同如此張協七命云布飛羉張修罠李善注引爾雅云羉或作罠又云羉或爲羅按羉音力端反則與羅聲轉御覽引舍人曰毚剛惡齕人故張網而羅之也然則

舍人本罬蕬作羅矣○罛者魯語云講罛罶說文云魚罟也詩碩人正義引李巡曰魚罟捕魚具也郭云最大罟者以上云緵罟是其小者此罛最大故別言之○罿者說文用爾雅又云罿罬也罬捕鳥覆車也俱本爾雅罿罬讀若衝拙亦聲相轉也詩兔爰釋文引韓詩云施羅於車上曰罿學者說文作䍖或作罦云覆車也引詩雉離于䍖詩正義引孫炎曰覆車網可以掩兔者也一物五名方言異也郭云今翻車有兩轅中施罥者月令正義引孫炎云覆車是兩轅網

絇謂之救救絲以爲絇或曰亦罥名

絇者說文云纑繩絇也讀若鳩玉篇云又音衢屨頭飾也周禮屨人青句注云絇謂之拘著舄屨之頭以爲行戒士冠禮青絇注云絇之言拘也以爲行戒狀如刀衣鼻在屨頭然則鄭本爾雅作絇謂之拘拘救聲轉郭本作絇謂之救救蓋僃聲救之言糾也糾繚斂聚之意穀梁襄廿七年傳云織絇邯鄲是絇織絲

爲之也爾雅釋文約苦侯其俱二音郭蓋苦侯反與救相韵約拘竝从句聲古讀句若鉤此皆以聲爲義也郭引或說亦胃名蓋舊注之文

律謂之分律管可以分氣

王氏紹蘭爲余言律謂之分此與上句皆胃名也律乃率之假音分蓋紛之省文律率古字通說文云率捕鳥畢也分與紛其音同羽獵賦青雲爲紛內則云左佩紛帨是則紛亦通名率謂之紛蓋省文作分耳郭注望文生訓其義非也

大版謂之業築牆版也**繩之謂之縮之**縮者約束之詩曰縮版以載

說文云版判也業大版也所以飾縣鐘鼓捷業如鋸齒以白畫之象其鉏鋙相承也釋名云筍上之板曰業刻爲牙捷業如鋸齒也詩靈臺及有瞽傳竝云業大版也正義引孫炎曰業所以飾栒刻版捷業如鋸

齒也明堂位注簨以大版爲之謂之業是鄭許孫劉諸家俱本毛傳以爾雅之業爲樂縣之飾築牆版經典皆無業名郭以下句相連定爲築牆版失其義矣

○繩縮者說文云索也縮者釋詁云貉縮綸也是綸卽繩縮卽縮也詩緜正義引孫炎曰繩束築版謂之縮檀弓注斬版謂斷其縮也引詩縮版以載蓋斬斷其束版之繩故曰斷其縮也詩緜傳用爾雅作乘謂之縮鄭箋乘正義引作繩謂之縮是爾雅古本蓋如此今本兩之字衍宜據以訂正汪氏中知新記云注訓縮爲約束非也古人謂縮爲直禮記古者冠縮縫孟子書自反而縮是也繩所以爲直故謂之縮

彝卣罍器也皆盛酒尊彝其總名**小罍謂之坎**罍形似壺大者受一斛

器者當篇之總名獨於此言器者尊彝禮器莫尚故獨擅器名也彝者說文云宗廟常器也小宗伯辨六彝之名物以待果將祼鬯六彝者雞彝鳥彝斝彝黃彝虎彝蜼彝也序官司尊彝注鬱鬯曰彝賈疏云同

是酒器但盛鬱鬯與酒不同故異其名然則尊彝祼神之器故專器名明堂位正義云彝法也與餘尊爲法故稱彝是其義也○卣者詩秬鬯一卣毛傳卣器左氏僖廿八年正義引李巡曰卣鬯之器也然則卣亦鬯器以非祼時所用故次於彝鬯人云廟用修鄭注脩讀曰卣卣中尊謂獻象之屬司尊彝釋文卣本亦作攸攸然則攸與脩皆卣之通俗矣○罍者詩泂酌傳祭器也說文作櫑云龜目酒尊刻木作雲雷象象施不窮也或从缶作罍按櫑从木則以木爲之故詩卷耳正義曰禮圖依制度云刻木爲之韓詩說言士以梓是也罍从缶則以瓦爲之故鬯人云社壝用大罍鄭注大罍瓦罍是也然亦有金玉爲之者卷耳正義引異義罍制韓詩說金罍大夫器也天子以玉諸侯大夫皆以金士以梓毛詩說金罍酒器也諸臣之所酢人君以黃金飾尊大一碩金飾龜目蓋刻爲雲雷之象又云雖尊卑飾異皆得畫雲雷之形以其名罍取於雲雷故也又云毛說言大一碩禮圖亦云大一斛則大小之制尊卑同也邢疏引禮圖云六彝爲

上受三斗六尊爲中受五斗六罍爲下受一斛左傳
正義引孫炎曰尊彝爲上罍爲下卣居中也按此篇
下云卣中尊也卣旣居中故知彝爲上罍爲下○坎
者坑也猶言空也樂器有箜篌一曰坎侯一曰空侯
名罍之意葢亦取中空爲義也易坎云尊酒簋貳用
缶是坎有酒器之象詩蓼莪正義引孫炎曰酒罇也
是坎爲酒罇言小於
罍則受實不及一斛

衣裗謂之視衣縷也齊人謂之攣或曰袿衣之飾黼領謂之襮繡刺黼文以褗領
緣謂之純衣緣飾也袕謂之褮衣開孔也衣眥謂之襟交領衱謂之
裾衣後裾也衿謂之袸衣小帶佩衿謂之褑佩玉之帶上屬執衽謂之
袺持衣上衽扱衽謂之襭扱衣上衽於帶衣蔽前謂之襜今蔽膝也婦人
之褘謂之縭縭緌也即今之香纓也褘邪交落帶繫於體因名爲褘緌繫也裳削

幅謂之襆削殺其幅深衣之裳

此釋衣裳之制裗者流之或體也釋文裗本又作流玉藻云齊如流鄭注衣之齊如水之流是也視者郭云衣縷釋文縷又作褸方言云褸謂之袩袩卽衣襟釋名云袩襜也在旁襜襜然也然則裗視猶言流曳皆謂衣袩下垂流移搖曳之貌故云在旁襜襜然也云齊人謂之攣者攣裗聲相轉○襮者說文云黼領也引詩素衣朱襮揚之水傳襮領也正義引孫炎曰繡刺黼文以褗領郊特牲注繡黼丹朱以爲中衣領緣也是中衣領以黼文爲緣褗卽緣也孫炎以繡爲刺詩箋及郊特牲注竝以繡爲綃綃綺屬也以綃爲領義本魯詩見士昏禮宵衣注○緣者說文云衣純也純者曲禮注純緣也玉藻注緣飾邊也按飾邊者深衣云純袂緣純邊廣各寸半鄭注純謂緣之也緣緆也緣邊衣裳之側廣各寸半釋文引鄭注旣夕禮云飾衣領袂口曰純裳邊側曰綼下曰緆也是則衣裳皆有純但言衣純足以包之又冠屨亦有純玉藻

云縞冠素紕鄭注紕緣邊也士冠禮云黑屨青絇繶純鄭注純緣也是則冠屨之緣亦皆曰純爾雅所言主謂衣純耳○衻者郭讀與穴同故云衣開孔釋文一音術則與郭異褮者說文云鬼衣又鬼部魌云鬼服也引韓詩傳曰鄭交甫逢二女魌服是魌即褮矣玉篇褮衣開孔又鬼衣也衻鬼衣也按雜書言鬼衣無縫爾雅方釋人衣何故此句忽言鬼服許郭所言二文又無旁證其義疑也○眥者說文云目匡也衣有眥者淮南齊俗篇云隅眥之削蓋削殺衣領以爲斜形下屬於襟襟若目眥然也洪頤煊云經典無衣眥之名眥疑前字形譌以說文前作歬與眥相近又據釋名襟亦於前及公羊哀十四年傳涕沾袍注袍衣前襟也而爲說義亦可通襟者說文作裣云交衽也玉篇云交裣衣領也通作襟釋名云襟禁也交於前所以禁禦風寒也又通作衿方言云衿謂之交郭注衣交領也詩子衿傳青衿青領也正義引李巡曰衣眥衣領之襟孫炎曰襟交領也顏氏家訓書證篇云古者斜領下連於衿故謂領爲衿然則此當言衣眥

謂之領以領屬於襟因言襟矣○衱者玉篇云裾也裾衣褎也𧝓俳襒詉說褎衣前襟也說文褎裏也衣之前襘可懷抱物故謂之裾裾言物可居也裾名衱者方言衱謂之褗郭注即衣領也融讔戴氏震疏證云衱袷古通用禮玉藻注袷曲領也深衣注交領也今按玉篇衱又衣領然則衱爲本字袷爲通俗領屬於襘襘裾同物廣異名耳裾襘袷衱俱聲相轉也方言又云袿謂之裾袿褅聲亦相轉郭注與此注並云衣後裾也釋名裾倨也倨倨然直亦言在後常見踞也此䘳郭注所本其說非矣當據玉篇訂正之○衿者當作紟說文云紟衣系也籀文作絵玉篇衿亦作紟結帶也按經典紟衿通用故詩東山傳施衿結帨內則衿纓注衿猶結也漢書楊雄傳注衿音衿系之衿皆俗衿爲紟也紟衿義又相通故釋名云衿亦禁也禁使不得解散也褵者郭云衣小帶玉篇云褰脬衣廣韵與郭同釋文褵郭辭見反孫音荐○褑者釋文引埤蒼云佩綾也玉篇云佩襝也襝當作絵方言云佩今謂之綎郭注所以系玉佩帶也按凡佩皆有系不

獨玉佩故釋名云佩倍也言其非一物有倍貳也有珠有玉有容刀有帨巾有觿之屬也說文緌系綬也然則緌即襚也襚緌俱襚之異名○袺襭者詩芣苢傳袺執衽也扱衽曰襭正義引孫炎曰持衣上衽李巡曰扱衣上衽於帶郭注同孫李說文云以衣衽扱物謂之襭襭或从手作擷然則扱衽者謂以衽收取物故龍龕手鑑一云襭以衣衽盛物是也扱訓收曲禮云以箕自鄉而扱之鄭注以扱爲收云扱讀曰吸此音㬥也爾雅釋文扱楚洽反失之矣說文䟡云進足有所拾取也拾本作襭此从玉篇誤引爾雅曰䟡謂之襭疑爾雅上脫讀若二字䟡當作扱形之誤也扱从及聲扱襭聲轉楚洽音非○襜者詩采綠傳用爾雅正義引李巡曰衣蔽前衣蔽郄也方言云蔽郄江淮之間謂之褘或謂之袚魏宋南楚之間謂之大巾自關東西謂之蔽郄齊魯之郊謂之袡䘿詹袡即襜之或體也作襜亦或體釋名云韠蔽膝也又曰跪襜襜跪時然張也方言又云絜襦謂之蔽郄是皆襜之異名也其形制則說文云韠韍也所以蔽前以韋下廣二尺上

廣一尺其頸五寸一命緼韠再命赤韠皆本玉藻文

○褘者說文以爲蔽厀方言以爲褘卽襜也婦人有襜者詩不盈一襜釋名云韠所以蔽膝前也婦人蔽膝亦如之是婦人之褘卽蔽膝郭以爲香纓誤矣說文幃囊也郭蓋誤以幃爲褘縭者詩東山傳縭婦人之褘也母戒女施衿結帨士昏禮記文正義引孫炎曰褘帨巾也是孫毛同以結帨卽結縭知帨爲巾者以內則云左佩紛帨然蔽厀亦名巾者方言以蔽厀爲大巾釋名亦云婦人蔽膝齊人謂之巨巾田家婦女出至田野以覆其頭故蔽膝因以爲名也然則婦人之褘旣以蔽厀又以覆頭今青州婦人以巾覆者其遺象也登州婦人絡頭用首帕其女子嫁時以絳巾覆首謂之袱子此卽古所謂市此市歟市與韍同說文市从巾象連帶之形蔽厀名巾此亦其證然則詩言結縭卽結其蔽厀之系也今田家嫁女母爲施妝名曰上頭卽繫袱於首至壻家解下與釋名之義又合矣文選思玄賦及琴賦注竝引爾雅作婦人之徽謂之縭○爾雅釋文幃本或作褘又作徽徽幃皆褘之叚音耳○纀者說文用爾雅

幅布帛廣也按布幅廣二尺二寸帛幅廣二尺四寸削猶殺也深衣云制十有二幅以應十有二月鄭注裳六幅幅分之以爲上下之殺玉藻衽當旁注衽謂裳幅所交裂也凡衽者或殺而下或殺而上是以小要取名焉江氏永鄉黨圖考云深衣等裳無辟積其當旁之衽須斜裁謂之殺朝服祭服喪服皆用帷裳有辟積則前三幅後四幅皆以正裁無辟積故有殺按裳削幅唯深衣則然故郭云深衣之裳

輿革前謂之鞎以韋靶車軾**後謂之笰**以韋靶後戶**竹前謂之禦**以簟衣軾**後謂之蔽**以簟衣後戶**環謂之捐**著車衆環**鑣謂之钀**馬勒旁鐵

載轡謂之轙車軛上環轡所貫也**轡首謂之革**轡靶勒見詩

輿者釋名云舉也玉篇云車乘也蓋言所以乘載人物輿舉義同也鞎者說文云車革前曰鞎詩載驅正義引李巡曰輿革前謂輿前以革爲車飾曰鞎郭云以韋靶車軾者說文軾車前也詩韓奕傳鞹革也鞃

軾中也是鞹鞃卽革前郭蓋本此爲說但軾中名鞃不名鞎恐非也郭注靶當爲鞔字之誤○第者玉篇廣韻竝云輿後第也詩正義引李巡曰第車後戶名也按第當作茀碩人傳茀蔽也載驅傳車之蔽曰茀是茀取茀蔽爲義車後戶者升車自後入故以後爲戶也○竹者簟也說文簟竹席也禦者詩正義引李巡曰竹前謂編竹當車前以擁蔽名之曰禦禦止也孫炎曰禦以簟爲車飾也毛傳簟方文席也○蔽者巾車注引詩翟蔽以朝是蔽猶茀也巾車云王之喪車五乘本車蒲蔽素車棼蔽藻車藻蔽駹車雀蔽漆車藩蔽按五蔽皆不用竹者喪車去飾也其吉車則飾以簟故韓奕箋簟茀漆簟以爲車蔽今之藩也○環者詩小戎傳游環靷環也游在背上所以禦出也釋名云游環在服馬背上驂馬之外轡貫之游移前卻無定處也然則游環所以制驂馬車有兩服兩驂是有二環郭云衆環者以車衡轅上復有環以貫轡故云衆環也捐者釋文云呂沈因絹反顧辭玄反郭與專反按捐與肙音義同肙空也環中空以貫轡故

謂之捎○鑣者說文云馬銜也釋名云銜在口中之言也鑣苞也在旁苞斂其口也詩碩人傳幩飾也人君以朱纏鑣扇汗且以爲飾釋文鑣馬銜外鐵也一名扇汗又曰排沫是皆鑣之異名也钀者玉篇云鑣也魚傑切說文以钀爲轙之或體今所未詳○轡者釋名云拂也牽引拂戾以制馬也轙者說文云車衡載轡者淮南說山篇云遺人車而脫其轙高誘注轙所以縛衡也是轙在衡上衡橫也轅耑著橫木以戹馬領使不得出名之曰衡亦曰軛故論語包咸注衡軛也軛上施環以貫轡謂之轙文選東京賦注引此注作在軾上環轡所貫也與今本異軾上環即詩云鋈以觼軜是矣○革者詩蓼蕭傳鞗轡也革轡首也采芑箋鞗革轡首垂也按轡首垂即靶也以革爲之因名革韓奕箋鞗革謂轡也以金爲小環往往纏搤之說文鞗作鋚云轡首銅然則轡首有革有銅爾雅單言革者轡以革爲主銅爲飾耳郭云轡靶勒者勒字衍也張聰咸曰說文云勒馬頭絡銜也靶轡革也是轡勒異物自東晉時後趙避石勒名呼馬勒爲轡

幌讕於是溷轡與勒爲一物郭注本無勒字蓼蕭正義所引甚明爾雅釋文於鞗字下亦無勒音今本多勒字遂與鑣銜之訓相溷

餀謂之餘說物臭也**食饐謂之餲**飯餲臭見論語**摶者謂之爤**飯相著

米者謂之糵飯中有腥**肉謂之敗**臭壞**魚謂之餒**肉爛

餀者說文云食臭也引爾雅曰餀謂之喙釋文引李巡云餀餘皆穢臭也○饐者說文云飯傷溼也又云饖飯傷熱也按熱溼同類故釋文引字林云饐飯傷熱溼也又引葛洪字苑云饐餿臭也按今亦謂飯熱臭爲餿矣餲者說文云飯餲也引論語曰食饐而餲孔安國注饐餲臭味變也皇侃疏饐謂飲食經久而腐臭也餲謂經久而味惡也又引李巡云饖穢皆飲食壞敗之名也○爤者釋文引李巡云飯涫糜相著也按爤郭音輦非尋音義當作爛孟子云糜爛今語云爛熟皆是呂覽本味篇云熟而不爛高誘注爛失

飪也蓋爛謂過熟故言失飪說文亯云飯剛柔不調相箸讀若適然則亯與爛皆飯相箸之名摶者飯爛則黏箸而不解故謂之摶曲禮云毋摶飯義亦近之○糜者說文云炊米者謂之糜炊字衍也釋文引李巡云米飯半腥半熟名糜郭云飯中有腥腥俱當作胜而讀若生亦通作生故玉篇云糜謂半生也生即胜字之省說文胜不熟也禮運云飯腥而苴熟菹鹹腥亦胜字之俗生對熟言爛傷於熟糜傷於生皆爲失飪故論語孔注失飪失生熟之節也○敗者壞也餒者說文云魚敗曰餒論語皇疏餒謂魚臭壞也魚敗而餒餒然也肉敗者肉臭壞也又引李巡云肉敗久則臭魚餒肉爛按郭亦云肉爛蓋皆內爛字形之誤公羊僖十九年傳魚爛而亾也何休注魚爛從內發是此注所本惟邢疏作內爛不誤

肉曰脫之剝其皮也今江東呼麋鹿之屬通爲肉**魚曰斮之**謂削鱗也**冰脂也**莊子云肌膚若冰雪冰雪脂膏也**肉謂之羹**肉臛也廣雅曰湆見左傳**魚謂之鮨**鮨鮓

屬也見公倉大夫禮

肉謂之醢肉醬**有骨者謂之臡**雜骨醬見周禮

脫者解也內則正義引李巡云肉去其骨曰脫皇氏云治肉除其筋膜取好處今按皇侃之說與郭義近皆即內則所謂去其皽也鄭注皽謂皮肉之上魄莫也○斮之內則作作作之正義引李巡云作之魚骨小無所去皇氏云作謂動搖也凡取魚搖動之視其鮮餒餒者不食公羊成二年疏引樊光云斮斫也歛䃨按斫訓擊蓋謂敲擊其鱗甲與內則作之皇侃以爲動搖之義近郭以爲削鱗非樊意也○冰者說文以爲凝之本字故釋文冰孫本作凝云膏凝曰脂按內則注脂肥凝者釋者曰膏是脂膏散文則通對文則別鄭君孫炎俱本爾雅爲訓也詩碩人傳如脂之凝淮南原道篇注凝如脂凝也竝與爾雅合郭引莊子逍遙游篇文以冰雪爲脂膏冰亦音凝也釋文乃云冰彼凌反聲義俱舛矣○羹者說文作鬻云五味盉羹也引詩亦有和鬻小篆作羹釋名云羹汪也汁汪郎也按古讀羹若岡與汪郎韵儀禮每言羹定羹飪

鄭注竝云肉謂之羹古者名肉汁爲羹故士虞禮注湆肉汁也士昏禮注今文湆皆作汁廣雅云膜謂之湆臛𪏰𤏩郭云肉臛也者說文臛肉羹也又云見左傳者襄廿八年傳云則去其肉而以其洎饋洎即湆也字異而義同又隱元年傳食舍肉下云未嘗君之羹然則羹即肉矣○鮨者說文魚䏙醬也𢕟𩹉疑出蜀中書鈔一百四十六引爾雅舊注云蜀人取魚以爲鮨與說文合郭以鮨爲鮓屬非也鮓乃以鹽藏魚鮨是以魚作醬爾雅方釋諸醬之名說文甚允郭旣誤注玉篇廣韵又承郭注而誤也云見公食大夫禮者鄭注牛鮨云內則謂鮨爲膾今按內則有牛膾與儀禮之牛鮨非即一物郭又誤引矣鮨从旨聲釋文引字林止尸反此音是也音巨伊反亦非○醢者說文云肉醬也釋名云醢晦也晦冥也封塗使密冥乃成也醢多汁者曰醓醓瀋也宋魯人皆謂汁爲瀋按醓說文作肬云肉汁滓也詩行葦作醓毛傳以肉曰醓醢正義引李巡曰以肉作醬曰醢○臡者說文作䐞云有骨醢也或从難作臡釋名云醢有骨者曰臡

臡脠也骨肉相傳脠無汁也郭云見周禮者醢人云朝事之豆有麋臡鹿臡麋臡鄭注作醢及臡者必先膊乾其肉乃後莝之雜以粱麴及鹽漬以美酒塗置瓶中百日則成矣是臡醢同物唯有骨無骨爲異耳

康謂之蠱米皮

康者說文作穅云穀皮也或省作康又云檜穅也是穅亦名檜檜古外切與康雙聲若依此爲訓當言康謂之檜便爲明白易曉而云康謂之蠱蠱訓疑也康爲穀皮有何可疑左氏昭元年傳穀之飛爲蠱杜預注穀久積則變飛蟲名曰蠱論衡商蟲篇云穀蟲曰蠱蠱若蛾矣粟米饐熱生蠱按今麥腐生小白蛾粟生小黑甲蟲卽蛘子也若依左傳穀飛爲蟲參以論衡所言然則爾雅當云穀謂之蠱蓋穀能爲飛蟲康不能爲飛蟲矣

澱謂之垽滓澱也今江東呼垽

澱者說文作𪑱云𪑱謂之垽垽滓也又云澱滓垽也滓澱也垽澱也是澱𪑱同廣雅澱謂之滓釋名云緇滓也泥之黑者曰滓按澱今之滓泥是也滓泥即涅說文涅黑土在水中也淮南俶眞篇云以涅染緇則黑於涅是滓即涅也今日照人以滓泥染緇與俶眞義合說文繫傳乃云今之青澱澄澱所出誤矣青澱是藍所出以染青者非爾雅之義

鼎絕大謂之鼐最大者**圜弇上謂之鼒**鼎斂上而小口**附耳外謂之釴**鼎耳在表**款足者謂之鬲**鼎曲腳也

鼎者說文云三足兩耳和五味之寶器也鼐者詩絲衣傳大鼎謂之鼐說文鼎之絕大者又引魯詩說鼐小鼎與爾雅異也禮圖言天子諸侯之鼎容一斛大夫羊鼎容五斗士豕鼎容三斗然則天子諸侯之鼎即牛鼎也容一斛爲最大是即爾雅所謂鼐矣○鼒者絲衣傳小鼎謂之鼒箋用爾雅正義引孫炎曰鼎

斂上而小口者說文云鼎之圜掩上者又云掩斂也小上曰掩是爾雅弇當作掩今作弇叚借字也類聚七十三引舊注云鼐鼎然則鼐之言子也子亦幼小之稱也○附耳外者言近於耳而在外之處謂之鉽鉽猶翼也史記楚世家云吞三翮六翼索隱曰謂九鼎也六翼即六耳翼近耳傍事具爾雅是翼即鉽聲借字也○款者釋文云本或作窾苦管反闊也按玉篇窾空也漢書郊祀志說鼎云其空足曰鬲空即窾也司馬遷傳其實中其聲者謂之端實不中其聲者謂之款款言不聽姦迺不生楊王孫傳窾本爲匱服虔注並云款空也是款窾同鼎款足謂足中空也足中實者必直空者必曲故郭云鼎曲腳也曲腳者外必闊故釋文以款爲闊闊疏義近故御覽七百五十七引舍人曰鼎足相去疏閒曰鬲也鬲者說文云鼎屬實五觳本考工記陶人斗二升曰觳象腹交文三足史記吞三翮索隱曰翮亦作鬲同音歷按說文鬲即鬲之或體

䰝謂之鬵詩曰漑之釜鬵**鬵鉹也**涼州呼鉹

說文云䰝鬵屬鬵大釜也一曰鼎大上小下若䰝曰鬵方言云甑自關而東謂之甗或謂之鬵詩匪風傳鬵釜屬按鬵與甑異甑有七穿見陶釜鬵烹魚必非有箅毛以爲釜屬是矣○鉹者說文云曲鉹也一曰鬵鼎匪風正義引孫炎曰關東謂甑爲鬵涼州謂甑爲鉹方言注亦云涼州呼鉹

璲瑞也詩曰鞙鞙佩璲璲者玉瑞**玉十謂之區**雙玉曰瑴五瑴爲區

瑞者說文云以玉爲信也璲者詩大東傳用爾雅箋云佩璲者以瑞玉爲佩按璲瑞區瑴皆以聲爲義也璲瑞聲近區瑴聲轉○區者瑴之異名說文云二玉相合爲一玨玨或作瑴杜預左傳注雙玉爲瑴郭氏西山經注雙玉爲瑴半瑴爲隻此云五瑴爲區者五瑴爲玉十也初學記引逸論語曰玉十謂之區治玉謂之琢亦謂之雕所引葢論語問玉篇

羽本謂之翮鳥羽根也一羽謂之箴十羽謂之縳百羽謂之緷別羽數多少之名

說文云羽鳥長毛也翮羽莖也周禮羽人注翮羽本也爾雅釋文引埤蒼云緷大束也羽人云凡受羽十羽為審百羽為摶十摶為縳鄭注審摶縳羽數束名也引爾雅曰一羽謂之箴十羽謂之縳百羽謂之緷其名音相近也一羽有名葢失之矣是鄭意一羽不當別立名爾雅釋文孫同鄭意云葢誤郭云凡物數無不從一為始以爾雅不失周官未為得也按此引郭音義之文若準周禮則此一羽句當屬衍文但箴審摶縳緷音皆相近且竝出古書爾雅未必誤也羽人釋文緷李又基遠反然則李巡注葢讀緷為絹矣

木謂之虡縣鐘磬之木植者名虡旄謂之藣旄牛尾也

虡者說文作虡云鐘鼓之柎也篆文省作虡釋名云所以懸鐘鼓者橫曰筍筍峻也在上高峻也從曰虡

虡舉也在旁舉筍也詩靈臺傳植者曰虡橫者曰栒正義引孫炎曰虡栒之植所以縣鐘磬也郭義與孫同○旄者氂之叚借也說文云氂犛牛尾也周禮樂師有旄舞鄭衆注旄舞者犛牛之尾是旄卽氂也故序官旄人注旄旄牛尾舞者所持以指麾也是旄卽氂氂从犛省當讀若釐釐與龍相韵亦以聲爲義也釋文旄音毛蓋失之矣樂師釋文亦云氂舊音毛劉音來沈音貍按貍來古同聲沈劉二音是也龍者說文訓艸繫傳云蓋旄似此艸也望文生義亦失之鑿

菜謂之蔌

蔌者菜茹之總名見詩

蔌者餗之叚音也說文作鬻云鼎實惟葦及蒲陳畱謂健爲鬻或从食束聲作餗按易鼎釋文引馬云餗健也鄭云菜也詩韓奕傳蔌菜殽也是蔌餗通說文兼包二義從詩則蔌爲菜殽故云惟葦及蒲偉嗣從易則餗爲糜鬻故云謂健爲鬻郭但言見詩義未備也周禮醢人鄭衆注糝食菜餗蒸賈疏引易覆公餗

鄭注云糝謂之餗震爲竹竹萌曰筍筍者餗之爲菜也說文糝以米和羹也然則餗兼菜米郭唯以蔌爲菜茹之名疏矣鄭云糝謂之餗糝餗聲轉疑爾雅別本作糝謂之餗故醢人及易注二鄭依以爲說也郭本作蔌故但言菜遂失蔌餗通俗之義

白蓋謂之苫白茅苫也今江東呼爲蓋

苫者說文睒字解云讀若白蓋謂之苫又云苫蓋也蓋苫也左氏昭廿七年正義及釋文竝引李巡曰編菅茅以覆屋曰苫襄十四年正義引孫炎曰白蓋茅苫也按說文云茨以茅葦蓋屋是蓋屋亦用葦但不白白唯茅耳周禮圉師云茨牆則翦闔鄭注茨蓋也闔苫也然則闔蓋聲同古字叚借通用左傳云被苫蓋今四方人語通名苫爲蓋

黃金謂之璗其美者謂之鏐白金謂之銀其美者謂之

鐐此皆道金銀之别名及精者鏐卽紫磨金鉼金謂之鈑周禮曰祭五帝卽供金鈑是也錫謂之鈏白鑞

銀錫銅鐵皆金也黃金爲之長鐐者說文云金之美者與玉同色引禮佩刀諸侯璗琫而璆珌鏐者說文云黃金之美者書梁州貢璆鐵銀鏤史記夏紀集解引鄭注云黃金之美者謂之鏐禹貢釋文引韋昭云紫磨金水經溫水注華俗謂上金爲紫磨金夷俗謂上金爲陽邁金也銀者說文云白金也北山經云少陽之山多赤銀是銀有赤者要以白爲多故稱白耳鐐者說文云白金也釋文引字林云美金也漢書食貨志云朱提銀重八兩爲一流直一千五百八十它銀一流直千然則梁州所貢當卽朱提銀此鐐是也詩瞻彼洛矣傳諸侯璗琫而璆珌大夫鐐琫而鏐珌按說文引上句作禮文蓋禮家舊說也○鉼金者說文釘字解云鍊鉼黃金然則鉼金蓋鍊冶而成類聚寶玉部引郙原别傳曰金三鉼與原初學記寶器部

引爾雅鉼金作鉼金荅段借字也錢氏荅問云鉼當作幷孟子王餽兼金兼金者幷金也今按說文注說有鉼字又云金百鍊不輕是不必改鉼爲幷矣鈑者釋文云本亦作版是也周禮職金云旅于上帝則共其金版鄭注鉼金謂之版此版所施未聞○錫者說文云銀鉛之閒也礬鐏鑦峊禹貢楊州錫貢史記集解引鄭注云有錫則貢之或時乏之則不貢錫所以柔金也釗者說文云錫也周禮廾人注錫釗也郭云白鑞者職方氏注錫鑞也中山經謹山多白錫郭注今白鑞也按經又云嬰侯之山多赤錫是錫非一色但白者多耳

象謂之鵠角謂之觷犀謂之剒木謂之剫玉謂之雕左傳曰山有木工則剫之五者皆治樸之名

鵠者釋文云白也本亦作䚡廣雅作觟云治象牙也是鵠乃叚借字古無正體从齒从角各以意爲之耳

觷者說文云治角也玉篇廣韵竝云或作礐又音學亦叚俗字也剒者玉篇廣韵竝引爾雅作犀謂之剒文選長笛賦注引亦同是古本皆作剒唯陸德明本作斮云本或作厝按說文云厝厲石也礪同引詩他山之石可以爲厝今俗作錯故玉篇引爾雅剒亦作錯然則犀角堅緻治之用錯因謂之錯矣剫者說文云判也判分也詩小弁傳伐木者椅其巔析薪者隨其理此卽剫之之事玉篇木部引爾雅作木謂之榹今江東斫木爲榹此所引葢爾雅別本其云今江東斫木爲榹當卽舊注之文也雕者瑚之叚俗也說文云瑚治玉也文選思玄賦注引爾雅正作玉謂之瑚通作雕又作彫孟子趙岐注彫琢治飾玉也引詩云彫琢其章又敦琢其旅正義曰雕琢皆治玉之名敦雕古今字按雕敦聲相轉非古今字

金謂之鏤木謂之刻骨謂之切象謂之磋玉謂之琢石謂之磨六者皆治器之名

鏤者說文云剛鐵可以刻鏤引夏書曰梁州貢鏤然則鏤可以刻金因名治金爲鏤詩小戎鏤膺韓奕鏤錫鄭箋竝云刻金飾械樸傳金曰彫彫卽鏤也此篇下云鏤鋟也鋟亦彫矣刻者說文云鏤也是刻鏤通名爾雅對文故別耳春秋莊廿四年經云刻桓公桷是其例也切者說文云刌也玉篇云治骨也大宰鄭衆注珠曰切賈疏以爾雅云骨曰切蓋鄭讀爾雅本作珠也今按珠質堅滑非可切之物恐誤耳然骨亦難切斷釋文切本或作⿰骨屑說文⿰齒屑齒差也从齒屑聲讀若切玉篇⿰骨屑治骨也是⿰骨屑切同玉篇竝云治骨是其字通臧氏經義雜記十七云⿰齒屑是齒之參差治骨者因其差參而治之俾齊一故切磋字以⿰齒屑爲正今爾雅作切後人改也磋者玉篇云治象也論衡量知篇作象曰瑳說文瑳玉色鮮白蓋治象齒令其鮮白如玉上云象謂之鵠亦訓爲白是爾雅磋字當依論衡作瑳矣琢者說文云治玉也詩追琢其章箋云追琢玉使成文章是鄭以追琢皆治玉之名追卽雕也以此上云玉謂之雕下云雕謂之琢是雕琢通名箋

義本爾雅也磨者說文作𥗊𥗊礱也礪也以礪石礱磨之論語磨而不磷言石堅難治也詩淇奧傳治骨曰切象曰磋玉曰琢石曰磨於爾雅上加一治字卽文義了然矣故正義引孫炎曰治器之名郭與孫同

璆琳玉也璆琳美玉也

璆者釋文云本或作球說文球或作璆以爲玉磬與爾雅異也詩長發傳球玉也箋云受小玉謂尺二寸圭也受大玉謂珽也長三尺按珽卽玉藻云笏天子以球玉鄭注球美玉也書顧命正義引鄭注天球雍州所貢之玉色如天者然則璆蓋青色玉矣琳者說文云美玉也書禹貢鄭注以爲美石石卽玉也西都賦云琳珉青熒上林賦云玫瑰碧琳是琳爲碧青玉與天璆同色爾雅以其珍貴異於它玉故特釋之耳

簡謂之畢今簡札也**不律謂之筆**蜀人呼筆爲不律也語之變轉**滅謂之點**以筆滅字爲點

簡者說文云牒也釋名云簡閒也編之篇篇有閒也內則注簡謂所書篇數也畢者學記云呻其佔畢鄭注引爾雅而云吟誦其所視簡之文是畢卽簡矣釋文畢李本作篳按畢用竹故李巡从竹至用木則曰牘牘謂之業故曲禮云請業則起鄭注業謂篇卷是也○筆者釋名云述也述事而書之也不律者蓋筆之合聲說文云聿所以書也楚謂之聿吳謂之不律燕謂之弗秦謂之筆郭云蜀人呼筆爲不律可知此皆方俗語音輕重其義卽存乎聲也曲禮云史載筆晉語云臣以秉筆事君是則書之用筆由來舊矣韜筆謂之管內則注管筆彄也詩云貽我彤管○滅者沒也除也點者說文點黑也釋文李本作沾孫本作坫按坫宋本作玷玷俗字也說文作㓠云缺也引詩白圭之㓠沾卽添之本字說文沾益也然則滅除其字故爲玷缺重復補書故爲添益李孫作沾作玷其義兩通郭本作點當屬叚借而云以筆滅字爲點蓋失之矣古人書於簡牘誤則用書刀滅除之說文作㓠爲是非如後世誤書用筆加點也郭氏習於今而

忘於古耳

絕澤謂之銑銑郎美金言最有光澤也國語曰玦之以金銑者謂此也

此覆說金事句上當脫金字也銑者說文云金之澤者下文說弓云以金者謂之銑是銑爲美金之名也晉語云玦之以金銑者寒之甚矣韋昭注銑猶灑灑寒也然則銑之爲言灑也灑掃與洒滌俱與光澤義近

金鏃翦羽謂之鍭今之錍箭是也骨鏃不翦羽謂之志今之骲是也

鏃者說文作族云矢鋒也束之族族也翦作歬云齊斷也鍭云矢金鏃翦羽謂之鍭詩行葦正義引孫炎曰金鏑斷羽使前重也司弓矢云鍭矢用諸近射田獵鄭注前尤重中深而不可遠也旣夕記云猴矢一乘骨鏃短衞鄭注猴猶候也候物而射之矢也四矢曰乘骨鏃短衞亦示不用也生時猴矢金鏃賈疏云

短衞卽翦羽也謂之衞者羽所以防衞其矢故名羽爲衞淮南兵略篇云疾如錐矢高誘注以錐爲金族翦羽之矢郭云鍭箭也者方言云凡箭鏃廣長而薄鎌謂之鍭○骨鏃不翦羽者以骨爲鏑而不斷齊其羽令前後輕重適均也御覽三百四十九引舊注云不翦謂以鳥羽自然淺狹不復曰也志者書云若射之有志司弓矢云恆矢用諸散射鄭注散射謂禮射及習射也恆矢之屬軒輖中所謂志也旣夕記云志矢一乘軒輖中亦短衞鄭注志猶擬也習射之矢無鏃短衞亦示不用生時志矢骨鏃然則骨鏃不翦羽卽不短衞矣郭云骨骲也者釋文引埤蒼云骨鏃也按骲箭古用骨今亦用木仍曰骲頭

弓有緣者謂之弓緣者繳纏之卽今宛轉也無緣者謂之弭今之角弓也左傳曰左執鞭弭以金者謂之銑以蜃者謂之珧以玉者謂之珪用金蚌玉飾弓兩頭因[illegible]

弓者以近窮遠之器此別其所飾之異名也緣者上云緣謂之純此以爲弓飾之名旣夕記云有弭飾焉鄭注弓無緣者謂之弭弭以骨角爲飾左氏僖廿三年正義引李巡曰骨飾兩頭曰弓不以骨飾兩頭曰弭孫炎曰緣謂繳束而漆之無緣謂不以繳束骨飾兩頭者也無緣二字本作弭此從臧氏爾雅漢注改二說不同孫及鄭義爲長云繳束者繳生絲也郭云今宛轉者宛轉繩也又云弭今角弓者斯言失矣詩采薇箋弭弓反末彆者以象骨爲之以助御者解轡紒宜骨也說文弭弓無緣可以解轡紛者曲禮注簫弭頭也釋名云其末曰簫言簫梢也又謂之弭以骨爲之滑弭弭也然則弭是弓末之名非卽弓名弭之言已也止也言弓體於此止已也爾雅以無緣爲弭葢因其無飾故從本名卽謂之弭非以弭爲弓名也鄭旣夕注弭以骨角爲飾正謂飾弭以骨或以角以骨則象弭是也以角者經典雖無文要爲弭頭施角郭氏誤會鄭義以弭爲角弓之名則謬矣詩言角弓有二卧義雅謏之譖頌非弭此之謂爾雅弓弭對言止別有緣無緣之異名耳今

弓有絲纏弭者亦有骨飾弭者以今證古鄭孫二義葢不誣矣○銑者卽金之絕澤者也珧者楚辭天問篇云馮珧利決王逸注珧珧弓名也釋文珧以蜯飾弓弭然則銑與珪亦以金玉飾弭之名推是而言有緣無緣亦皆謂弭可知

珪大尺二寸謂之玠詩曰錫爾玠珪璋大八寸謂之琡璋半珪也璧大六寸謂之宣漢書所云瑄玉是也肉倍好謂之璧肉邊好孔好倍肉謂之瑗孔大而邊小肉好若一謂之環邊孔適等

此釋玉器之名覲禮云設六玉白虎通以珪璧琮璜璋爲五瑞爾雅止釋珪璋璧三者所以起度也珪者說文作圭古文作珪云瑞玉也上圜下方白虎通云珪之言潔也玠者說文云大圭也引周書曰稱奉介圭按釋詁介大也介與玠通詩崧高箋圭長尺二寸謂之介非諸侯之圭故以爲寶據考工記玉人鎭圭

尺有二寸天子守之是玠圭即鎮圭故鄭云非諸侯之圭然韓奕云以其介圭入覲于王則命圭亦稱介圭故長發箋受小玉謂尺二寸圭也彼對珽玉長三尺言故以介圭爲小此對璋玉大八寸言故謂之大矣○璋者說文云剡上爲圭半圭爲璋白虎通云璋之爲言明也玉人云牙璋七寸射二寸厚寸以起軍旅以治兵守瑑圭璋八寸以規聘是彼瑑璋即此所謂琡也琡者說文作璹云玉器也讀若淑○璧者說文云瑞玉圜也白虎通云璧之爲言積也宣者釋文云宣如字本或作瑄音同郭引漢書郊祀志云有司奉瑄玉孟康注璧大六寸謂之瑄類聚引爾雅正作瑄瑄俗字也臧氏經義雜記廿八云說文無瑄字有珣字云玉器讀若宣知爾雅宣字當作珣洪頤煊云說文旬古文㫗汗簡引石經旬作宣字形本相近爾雅宣璧說文珣玉詛楚文宣璧皆一字○因釋璧而兼及瑗環又明三者之度也說文瑗環注及玉人鄭衆注俱連引爾雅三句荀子大略篇云問士以璧召人以瑗反絕以環又兼釋三者之用也瑗者釋文引

蒼頡篇云玉佩名說文瑗大孔璧人君上除陛以相引肉好者玉人云璧好三寸鄭衆注好璧孔也詩泮水正義引孫炎曰肉身也好孔也身大而孔小左氏昭十六年正義引李巡云好孔也肉倍好邊肉大其孔小也好倍肉其孔大邊肉小也肉好若一其孔及邊肉大小適等曰環也

繸綬也卽佩玉之組所以連繫瑞玉者因通謂之繸

綬者說文云韍維也韍卽蔽厀維訓爲繫是綬爲蔽厀之系又佩玉亦有系故玉藻天子佩玉以下皆有組綬鄭注綬者所以貫佩玉相承受者也然則綬之言受取承受爲義也繸者當作縌說文云縌綬維也蓋綬韍維是韍之系縌綬維是綬之系系施於綬以貫所佩之玉也縌之言逆逆猶迎也言與佩綬相迎受故後漢輿服志云縌者古佩璲也佩綬相迎受故曰縌然則縌綬相連故志又云縌綬之閒卽本爾雅縌綬爲說也縌綬繫璲故劉昭注引徐廣曰今名璲爲縌也旣以璲爲縌因而變縌爲繸郭本卽作繸故

此注依上文璲瑞注而云因通謂之綫也葢綫璲聲誤綫綖形誤矣宜據說文及輿服志以訂正

一染謂之縓今之紅也再染謂之赬淺赤三染謂之纁纁絳也青謂之蔥淺青黑謂之黝黝黑貌周禮曰陰祀用黝牲斧謂之黼黼文畫斧形因名云

縓者說文云帛赤黃色一染謂之縓纁土冠禮注凡染絳一入謂之縓再入謂之赬三入謂之纁旣夕記注一染謂之縓今紅也喪服記注縓淺絳也按說文絳大赤也紅帛赤白色然則縓色在白赤黃之閒縓與縕同故玉藻注縕赤黃之閒色所謂韎也詩瞻彼洛矣傳韎韐者茅蒐染韋也一入曰韎韐據正義定本有入字是縓以茜草染之故經典縓字釋文竝七絹反意葢爲此但縓从原聲則音七絹非矣○赬者說文作䞓云赤色也䞓或作赬考工記鍾氏注引爾雅作再染謂之竀左氏哀十七年傳如魚竀尾竀葢赬之別體耳

○纁者說文云淺絳也按淺字誤鄭注以纁爲淺絳以一染色猶淺至纁三染色成故鍾氏云三入爲纁五入爲緅是纁已成大赤若再染則爲黑矣故禹貢正義引李巡云三染其色已成爲絳纁絳一名也然則纁卽爲絳可知許君誤矣○蔥者繱之叚借也說文繱帛青色玉篇云青白色也經典省作蔥詩有瑲蔥珩傳蔥蒼也玉藻云三命赤韍蔥衡鄭注青謂之蔥荀子性惡篇云桓公之蔥楊倞注蔥青色也○黝者說文云微青黑色按鍾氏云三入爲纁五入爲緅七入爲緇是從赤入黑法此云青謂之蔥黑謂之黝是從青入黑法故說文以爲微青黑色也玉藻正義引孫炎曰黝青黑蔥則青之異色與說文合周禮序官掌染草注染草藍蒨象斗之屬賈疏藍以染青象斗染黑是矣黝古通借作幽玉藻云一命緼韍幽衡再命赤韍幽衡鄭注幽讀爲黝黑謂之黝周禮牧人守祧鄭衆注並云幽讀爲黝黝黑也黝本皆幽誤例按詩其葉有幽傳幽黑色也是幽卽黝矣○黼者說文云白黑相次考工記畫繢之事云白與黑謂之黼書益

稷正義引孫炎曰黼文如斧形又申之云蓋半白半黑似斧刃白而身黑是其義也按覲禮云天子設斧依書顧命作黼扆是黼卽斧也斧黼以聲爲義

邸謂之柢根柢皆物之邸邸卽底通語也

柢者說文云木根也釋言云柢本也邸者本爲邸舍經典假借爲根柢故此釋之也典瑞云四圭有邸弁師云象邸玉人云兩圭五寸有邸皆以邸爲柢故鄭於弁師典瑞注引爾雅曰邸本也弁師注邸下柢也玉人注邸謂之柢有邸僢共本也俱本爾雅爲訓也柢省作氏周語云天根見而水涸本見而草木節解韋昭注天根亢氏之閒本氏也是氐柢同

雕謂之琢治玉名也

上云玉謂之雕又云玉謂之琢此申釋之

蓐謂之兹公羊傳曰屬負兹兹者蓐席也竿謂之箷衣架簀謂之笫牀版

蓐者席薦之名一切經音義引三蒼及華嚴經音義引聲類並云蓐薦也左氏文七年傳秣馬蓐食宣十二年傳軍行右轅左追蓐皆以蓐爲草薦也其有著者則謂之茵少儀云茵席鄭注茵箸蓐也兹者草也素問五藏生成篇云色見青如草兹者死蓋以兹爲草席也郭引公羊桓十六年傳云屬負兹史記周本紀云衛康叔封布兹集解徐廣曰兹者藉席之名諸侯病曰負兹其以龍鬚草爲席者謂之龍兹荀子正論篇注龍兹卽今之龍鬚席其以草薦馬者謂之馬兹周禮圉師春除蓐鄭注蓐馬兹也○竿者說文云竹挺也箷者曲禮云不同椸枷鄭注椸可以枷衣者內則云夫之楎椸鄭注竿謂之椸曲禮釋文椸作杝內則釋文杝本又作椸爾雅釋文箷李本作䈕同羊支反字林上支反然則此字古無正體亦無正音說文樆云木樆施玉篇云樆施不正皃是椸當作施施者延移之義竿椸衣橫貫牆內施然而長疑禮記

爾雅古本俱止作施施从也聲則音羊支反是矣玉篇雖有椸箷二字竝云衣架當由後人增入之李巡本作⿱竹是⿱竹⿰貝說⿰屬攵⿱竹是亦叚借字耳○簀者說文云牀棧也檀弓注簀牀第也第者說文云簀也按簀以竹爲之許云牀棧郭云牀版皆謂分析竹片施於牀榦之上故易剝牀以辨釋文引黃云辨牀簀也葢辨爲分析之名施於牀上辨辨然其義與許郭合矣本以竹片爲簀因而竹席亦名簀故史記范雎傳云卷以簀置廁中葢謂竹席耳索隱以簀爲葦荻之薄非也旣以牀薦爲簀因而牀亦名簀故方言云牀齊魯之閒謂之簀陳楚之閒或謂之第左氏襄廿七年傳牀第之言正義引孫炎曰牀也葢直以第爲牀之通名雖義本方言而非於雅訓何以明之喪大記云設牀禮第鄭注禮第袒簀也旣言牀又言第可知以第爲牀非也周禮玉府云衽席牀第旣言席又言第可知以簀爲席亦非矣

革中絕謂之辨中斷皮也革中辨謂之𩌏復分半也

革者郎上云鞶首謂之革辨者說文作辨云判也釋文辨孫蒲莧反釋云辨半分也是孫炎讀辨爲片玉篇辨部及廣韻卌二霰並引爾雅作革中絕謂之辨革車勒鞶也增革字從廣韻玉篇脫去之是爾雅別本有作辨者葢因辨有片音故作此字證以釋木云桑辨有葚辨亦音片今本作辨皆淺人妄加之耳孫氏星衍曰晏子春秋雜篇下云景公病疽在背問墮者何如曰如履辨下又曰如珪據此則履辨形如珪而中空耳○鞶者說文云革中辨謂之鞶廣韻廿八獮引爾雅同而申之云車上所用皮也玉篇云鞶革中片也片郎辨字缺脫其旁然則鞶首之革中分之謂之辨又中分之謂之鞶說文襲字解云鞶衣也繫傳云鞶革中辨也然則辨鞶皆分判之名說文鞶衣晏子春秋履辨其義皆與爾雅合

鏤鋄也　爲刻鏤物爲鋄

已見上文金謂之鏤下

卣中尊也不大不小者已見上文卣器也下

爾雅郭注義疏中之二

孫男聯蓀 伯愷
　　　　薇 近垣 校字

爾雅郭注義疏中之三

棲霞郝懿行學

釋樂第七

樂者釋文引說文云總五聲八音之名象鼓鞞之形木其虡也新引檝一切經音義六引世本云伶倫作樂周衰樂壞遭秦絕學古樂淪亾漢興武帝時河閒獻王作樂記劉向所校廿三篇樂器第十三今禮記所取才止十一合爲一篇其餘十二篇別錄存其名其文則闕焉白虎通引樂記曰土曰塤竹曰管皮曰鼓匏曰笙絲曰弦石曰磬金曰鍾木曰柷敔又引樂記曰壎坎音也管艮音也鼓震音也弦離音也鍾兌音也柷敔乾音也所引當即樂器篇文史記樂書索隱引孫炎釋廉直經正云經法也類小大之稱云作樂器小大稱十二律也奮至德之光云至德之光天地之道也動四氣之和云四氣之和四時之化樂主其反云反謂曲終還更始也所引孫注於爾雅文無所附疑古本在篇內今缺脫矣

此篇首舉五聲之別號次及八音大小之異名皆言其器未論其義其篇末將有闕文歟

宮謂之重商謂之敏角謂之經徵謂之迭羽謂之柳皆五音之別名其義未詳

宮商角徵羽者五聲也聲之起由人心之感於物也故管子地員篇云凡聽宮如牛鳴窌中凡聽商如離羣羊凡聽角如雉登木以鳴音疾以清凡聽徵如負豬豕覺而駭凡聽羽如鳴馬在野是五聲象五物之鳴清濁高下由斯生焉重敏經迭柳者唐徐景安樂書引[illegible]歆云宮者中也君也爲四音之綱其聲重厚如君之德而爲重商者章也臣也其聲敏疾如臣之節而爲敏角者觸也民也其聲圓長經貫清濁如民之象而爲經徵者祉也事也其聲抑揚遞續其音如事之緒而爲迭羽者宇也物也其聲低平掩映自高而下五音備成如物之聚而爲柳爾雅釋文引孫炎云宮音濁而遲故曰重也按孫炎與劉歆義同樂書

所引郎其爾雅注也釋文引劉歆乃漢書律麻志之文臧氏爾雅漢注說是

大瑟謂之灑長八尺一寸廣一尺八寸二十七弦

瑟者說文云庖犧所作弦樂也釋名云瑟施弦張之瑟瑟然也玉海引世本云瑟潔也使人精潔於心淳一於白虎通云瑟者嗇也閑也所以懲忿窒欲正人心之德也大瑟者明堂位有大瑟小瑟風俗通云今瑟長五尺五寸非正器也應劭所說葢小瑟郭注所言乃大瑟也邢疏引世本曰庖犧氏作五十弦黃帝使素女鼓瑟哀不自勝乃破爲二十五弦其二均聲禮圖舊云雅瑟長八尺一寸廣一尺八寸二十三弦其常用者十九弦頌瑟長七尺二寸廣尺八寸二十五弦盡用之通典引同郭云二十七弦未見所出謂之灑者釋文引孫炎云音多變布出如灑也月令正義引作音之布告如埽灑也釋文灑所蟹所綺二反按灑从麗聲所蟹非古音灑瑟以聲轉爲義

大琴謂之離或曰琴大者二十七弦未詳長短廣雅曰琴長三尺六寸六分五弦

琴者說文云禁也神農所作洞越練朱五弦周加二弦𣘨譚瀕瀹姣鈺烒酊各白虎通云琴者禁也所以禁止淫邪正人心也風俗通云今琴長四尺五寸法四時五行也七弦者法七星也琴操云長三尺六寸六分象三百六十六日廣六寸象六合也按此是常用之琴明堂位有中琴豈是歟又有大琴則此大琴是也初學記引樂錄曰大琴二十弦今無此器御覽五百七十七引爾雅注云大琴曰離二十弦此是伏羲所製郭注作二十七弦疑與大瑟相涉而誤也汪氏中據宋書樂志校七字衍去之是矣然通典已引作二十七弦則自唐本已然謂之離者離猶羅也衆音分散羅羅然與灑義同也月令正義引孫炎云聲留離也邢疏引作音多變聲流離也流離與留離同

大鼓謂之鼖鼖長八尺小者謂之應詩曰應朄縣鼓在大鼓側

鼓者說文云郭也春分之音萬物郭皮甲而出故謂之鼓繫傳郭者覆冒之意釋名云鼓郭也張皮以冒之其中空也白虎通云鼓震音煩氣也萬物憤懣震動而出荀子樂論篇云鼓其樂之君邪鼖者說文云大鼓謂之鼖鼖八尺而兩面以鼓軍事本鼓人及韗人文也鼖从賁省聲詩賁鼓維鏞賁卽鼖也釋詁墳大也墳鼖音義同應者以應和爲義也釋文引李巡云小者音聲相承故曰應應承也孫炎云和應大鼓也釋名云在後曰應應大鼓也郭引詩應朄縣鼓毛傳應小鞞也鄭箋朄小鼓在大鼓旁應鼙之屬也

大磬謂之毊毊形似犂錧以玉石爲之

磬者說文云樂石也从石殸象縣虡之形殳擊之也古者毋句氏作磬釋名云磬罄也其聲罄罄然堅緻也白虎通云磬者夷則之器象萬物之成也其氣清故曰磬樂記云石聲磬皆以磬爲罄罄有堅成之義也說文磬古文作硜論語鄙哉硜硜乎疑卽硜硜之或體耳郭知磬玉石爲之者詩那箋云磬玉磬也通

典云泗濱石可爲磬近代出自華原大磬者玉海載三禮圖舊圖引樂經云黃鍾磬前長三律二尺七寸後長二律一尺八寸此謂特縣大磬配鎛鐘者也爾雅大磬蓋卽此謂之毊者釋文引李巡云大磬聲清燥也故曰毊毊燥也孫炎云毊喬也喬高也謂其聲高也按孫讀毊爲喬釋文虛嬌反非音喬是也喬磬一聲之轉郭云形似犂錧者釋文江南人呼犂刃爲錧說文瑁字解云似犂冠繫傳云犂冠卽犂鑱也廣韵鑱吳人云犂鐵按今登萊人謂犂鐵爲鑱鑱頭形不似磬磬之形則磬氏云倨句一矩有半是也

大笙謂之巢列管匏中施簧管端大者十九簧**小者謂之和**十三簧者鄉射記曰三笙一和而成聲

笙者說文云十三簧象鳳之身也笙正月之音物生故謂之笙大者謂之巢小者謂之和古者隨作笙又簧云笙中簧也古者女媧作簧釋名云笙生也竹之貫匏象物貫地而生也以匏爲之故曰匏也按匏卽

笙或單言簧亦即笙故詩左執簧毛傳以簧爲笙正義曰簧者笙管之中金薄鐷也郭云十九簧者未見所出云十三簧者本笙師注鄭衆說也風俗通云長四尺十三簧象鳳之身孟子疏引禮圖云笙長四尺諸管參差亦如鳥翼皆其形狀也謂之巢與和者御覽五百八十一引舍人云大笙音聲衆而高也小者音相和也釋文引孫炎云巢高也言其聲高和應和於笙李巡云小者聲少音出和也郭引鄉射記文鄭注三人吹笙一人吹和是也釋文巢孫顧並仕交莊交二反孫又徂交反今按巢讀若纅與笙雙聲和與小鼓名應義同

大篪謂之沂 篪以竹爲之長尺四寸圍三寸一孔上出一寸三分名翹橫吹之小者尺二寸廣雅云八孔

篪者說文作䶵云管樂也或从竹作篪釋名云篪嘑也聲從孔出如嬰兒嘑聲也大篪者郭據廣雅長尺

四寸又云尺二寸者三禮圖引舊圖云雅篪長尺四寸頌篪長尺二寸是大篪即雅篪也小篪即頌篪也郭又云名翹横吹之者通典引蔡邕月令章句云篪六孔有距横吹之通典云今横笛加觜者謂之義觜笛即篪之遺象也御覽引世本注云篪吹孔有觜如酸棗然則或言觜或言距或言翹皆指吹孔之上出者而言也至其孔數廣雅云八孔笙師注云七孔月令章句作六孔禮圖作九孔風俗通又云十孔不同者或器有大小亦或所傳之異也謂之沂者御覽五百八十引舍人曰大篪其聲悲沂鏘然也釋文引李孫云篪聲悲沂悲也是諸家並以悲訓沂知沂讀魚衣切與篪疊韵此古音也釋文郭魚斤反非矣

大塤謂之嘂塤燒土爲之大如鵝子鋭上平底形如稱錘六孔小者如雞子

塤者說文作壎云樂器也以土爲之六孔周禮小師注塤燒土爲之大如鴈卵風俗通云圍五寸半長三寸半有四孔其二通凡爲六孔御覽五百八十一引爾雅注曰塤壎鋭上平底形象稱錘大者如鵝子聲

合黃鍾大呂也小者如雞子聲合大簇夾鍾也皆六
孔與篪聲相諧故曰壎篪相應鱴鏞以瀸白虎通云
壎在十一月壎之爲言薰也陽氣於黃泉之下薰蒸
而萌釋名云塤喧也聲濁喧喧然也謂之嘂者嘂喧
義同喧說文作吅讀若讙與壎疊韻嘂與叫同釋文
嘂本或作叫引李巡云叫大壎也詩何人斯正義引
孫炎曰音大
如叫呼也

大鐘謂之鏞書曰笙鏞以閒亦名鏄音博**其中謂之剽小者謂之棧**

鐘者說文云樂器也鐂謣嫙儸鐓謭秋分之音物種
成古者垂作鐘釋名云鐘空也內空受氣多故聲大
也白虎通云鐘之爲言動也陰氣用事萬物動淮南
本經篇注鐘音之君也鏞者說文云大鐘謂之鏞詩
云庸鼓有斁逸周書世俘篇云王奏庸庸皆鏞之省
僭也書益稷正義引李巡曰大鐘音聲大鏞大也孫
炎曰鏞深大之聲○剽者釋文郭音瓢孫匹妙反釋
云剽者聲輕疾李云其中微小故曰剽剽小也按李

巡蓋以剸爲蕝蕝訓末末亦微小之言○棧者俴之叚音也說文俴淺也釋文引李巡云棧淺也又引東晉太興元年會稽剡縣人家井中得一鐘長三寸口徑四寸上有銘按晉書郭璞傳作鐘長七尺二分口徑四寸半上有古文奇書璞曰棧鐘云今按當時以所得鐘爲棧鐘故釋文援之其言尺寸則晉書較詳備然棧鐘亦無攷

大簫謂之言編二十三管長尺四寸**小者謂之筊**十六管長尺二寸簫亦名籟

簫者說文云參差管樂象鳳之翼白虎通云簫者中呂之氣也萬物生於無聲見於無形勠也肅也釋名云簫肅也其聲肅肅然清也按荀子解蔽篇云鳳皇秋秋其聲若簫是簫形象鳳翼音亦象鳳聲矣詩有瞽箋簫編小竹管如今賣餳者所吹也周禮小師注同廣雅云簫大者二十四管小者十六管有底類聚引三禮圖云雅簫長尺四寸二十四彄頌簫長尺二寸十六彄彄卽管也是簫之管數廣雅以禮圖爲據郭不同者通典引月令章句云簫編竹有底大者二十三管是郭所本也風俗通又云十管長二尺所未詳也

謂之言與筊者有聲正義引李巡曰大簫聲大者言言也小者聲揚而小故言筊筊小也急就篇補注引周禮注云有底而善應謂之管有底而交鳴謂之筊譯筊戜詁僻𥳑然則言訓應也筊訓交也因疑言或譍字之缺筊亦筊字之壞嫭贆歔御筊筊言譍俱聲相轉或音變形譌耳

大管謂之簥管長尺圍寸併漆之有底賈氏以爲如箎六孔**其中謂之篞小者謂之篎**

管者說文云如箎六孔十一月之音物開地牙故謂之管風俗通引樂記管漆竹長一尺六孔周禮小師注管如篴而小併兩而吹之今大子樂宮有焉宋書樂志引月令章句云管者形長尺圍寸有六孔無底廣雅亦云無底郭注作有底誤也又引賈逵以爲如箎六孔與小師鄭衆注同說文所本也謂之簥者御覽五百八十引舍人曰大管聲高大故曰簥簥者高也中者聲精密故曰篞篞密也小者聲音清妙也按

舍人讀篞如曬訓篎
為妙說文篎用爾雅

大籥謂之産籥如笛三孔而短小廣雅云七孔其中謂之仲小者謂之箹

籥者龠之段借也說文云龠樂之竹管三孔以和衆聲也通作籥少儀注籥如笛三孔笙師注同皆郭所本也又引廣雅云七孔詩簡兮傳六孔不同者蓋籥施用有異故孔數不同其施於吹以和樂者則三孔如笛而短其施於舞所執者則六孔當如笛而長知者風俗通引樂記云笛長一尺四寸七孔簡兮釋文云籥長三尺執之以舞是舞籥長於笛有半則知吹籥短於笛其體當不過一尺也笛與籥全相似故廣雅云龠謂之笛又云有七孔以簡兮傳六孔推之則知廣雅之七孔亦當指舞籥而言矣舞籥有孔者雖施於舞亦用以吹故周禮序官籥師注云籥舞者所吹是其義也然籥既如笛而有三孔六孔七孔不同

者說文云笛七孔箭也羌笛三孔笙師注杜子春云篴今時所吹五空竹篴是笛之孔數亦未有定然則吹籥短於笛而三孔舞籥長於笛而六孔或七孔始無可疑矣產仲約者說文以龠爲籟仲亦爲籟故云籟三孔龠也大者謂之笙按笙當作簅字形之誤釋文正作簅其中謂之籟小者謂之箹又云箹小籟也風俗通引樂記與說文同唯其中謂之仲句爲異御覽五百八十引舍人云仲其聲適中仲呂也小者形聲細小曰箹也是舍人本作仲與郭同籟又簫之別名故廣雅云籟謂之簫淮南齊俗篇注簫籟也孟子注籥簫也是簫籟籥古皆通名故說文以籥爲籟矣

徒鼓瑟謂之步獨作之**徒吹謂之和徒歌謂之謠**詩云我歌且謠

徒擊鼓謂之咢詩曰或歌或咢**徒鼓鐘謂之修徒鼓磬謂之寋**未見義所出

凡八音備舉曰樂一音獨作不得樂名此別其異稱也鼓者擊也動也周禮小師注出聲曰鼓徒者空也但也猶獨也徒鼓瑟謂之步者步猶行也文選樂府詩注引歌錄有齊瑟行行卽步步之意也○吹者釋文云本或作歈說文作龡釋名云竹曰吹吹推也以氣推發其聲也按吹有吹管吹壎要以竹爲主樂記云竹聲濫濫以立會謂之和者吹竹其聲繫會取相應和爲義也○歌者說文云詠也釋名云人聲曰歌按歌有弦歌笙歌要以人聲爲主謠者說文作䚻云徒歌从言肉聲卽人聲石經作謠詩園有桃傳曲合樂曰歌徒歌曰謠初學記引韓詩章句有章曲曰歌無章曲曰謠文引爾雅注云謂無絲竹之類獨歌之詩正義引孫炎曰聲消搖也然則謠有消搖之義檀弓云孔子消搖於門而歌此歌卽徒歌矣○咢者說文作咢云譁訟也詩行葦正義引孫炎曰聲驚咢也驚咢卽譁訟之意樂記云鼓鼙之聲讙讙卽譁也鼓聲使人警動故謂之咢行葦傳云歌者比於琴瑟也徒擊鼓曰咢初學記引爾雅有聲比於琴瑟曰歌一句

以毛傳推之今本似有脫文○脩者長也大也樂記云鐘聲鏗鏗者聲宏大而遠聞故謂之脩矣○寋者釋文引李巡云置擊衆聲寋連也本或作謇或作蹇非按初學記引爾雅正作徒擊磬謂之寋蹇郎釋文所非者但寋謇俱或體寋爲正字易云往蹇來連馬融注連励善亦難也是蹇連義同李巡與馬融合因知李本寋蓋作蹇陸德明不知作蹇乃古本反據今本作寋而非之謬矣樂記云石聲磬磬與經古音近而義同論語經於溝瀆郎禮記磬於甸人之義磬經蹇俱聲相轉

所以鼓柷謂之止柷如漆桶方二尺四寸深一尺八寸中有椎柄連底挏之令左右擊止者其椎名

所以鼓敔謂之籈敔如伏虎背上有二十七鉏鋙刻以木長尺櫟之籈者其名

說文云柷樂木空也倥檔所以止音爲節椌柷樂也敔樂器椌楬也形如木虎詩有瞽傳柷木椌也圉楬也圉與敔同明堂位注指擊謂柷敔皆所以節樂者也書合止柷敔鄭注柷狀如漆筩中有椎合之者投

椎於其中而撞之敔狀如伏虎背上刻之所以鼓之以止樂風俗通引樂記云柷漆桶方畫木方三尺五寸高尺五寸中有椎上用㩳𨖿當柷止音爲節廣雅說尺寸與樂記同郭云二尺四寸未知出何書也書益稷正義云擊柷之椎名爲止戛敔之木名爲籈漢禮器制度及白虎通馬融鄭玄李巡其說皆爲然也惟郭璞爲詳據此則郭注亦本李巡但其義加詳耳白虎通云柷敔者終始之聲萬物之所生也柷始也敔終也釋名云柷以作樂敔以止樂按柷之言俶俶始也敔之言禦禦止也說文柷所以止音爲節葢釋爾雅鼓柷謂止之義非止樂之止也舊說止者欲戒止於其早也籈者欲修潔於其後也

大鼗謂之麻小者謂之料麻者音槩而長也料者聲清而不亂

鼗者說文作鞀云鞀遼也或作鞉又作鼗籀文作磬釋名云鞉導也所以導樂作也周禮小師注鼗如鼓而小持其柄搖之旁耳還自擊賈疏云後鄭解鼗依漢法而知賈知鄭依漢法者據詩置我鞉鼓鄭箋置

讀曰植植䩦鼓者爲楹貫而樹之以彼貫而樹者爲古法卽知持而搖者爲漢法矣謂之麻者麻之言靡緻密之意故春秋說題辭云麻之爲言微也陰精寢密女作纖微也郭云槩居器反者卽稠密之義宋書樂志云小鼓有柄曰鞀大鞀謂之鞞月令仲夏修鞀鞞是也然則宋志蓋以鞞卽麻矣料者量也數也說文料讀若遼鞀訓鞈遼蓋以其聲了了遠聞故郭云聲清而不亂

和樂謂之節

和者說文作龢云調也節者邢疏云樂器名謂相也樂器云治亂以相鄭注相卽拊也亦以節樂拊者以韋爲表裝之以穅穅一名相因以名焉周禮大師云令奏擊拊書益稷謂之搏拊明堂位謂之拊搏皆一物也釋名云搏拊以韋盛穅形如鼓以手拍拊之也樂記云會守拊鼓是拊乃鼓屬用以節樂因名節鼓通典云節鼓狀如博局中開圓孔適容其鼓擊以節樂所說形狀與劉熙及鄭又異宋書樂志節在鼓類

則仍同舊說又云節不知誰所造傳玄節賦云黃鐘唱哥九韶興舞口非節不詠手非節不拊此則節所從來亦遠矣

爾雅郭注義疏中之三

孫男聯蓀伯愷 徵近垣 校字

爾雅郭注義疏中之四

棲霞郝懿行學

釋天弟八

天者，說文云顛也至高無上从一大釋名云天豫司兗冀以舌腹言之天顯也在上高顯也青徐以舌頭言之天坦也坦然高而遠也釋文引春秋說題辭云天之言鎮也居高理下爲人經緯故其字一大以鎮之也又引禮統云天之爲言鎮也神也陳也珍也施生爲本運轉精神功效列陳其道可珍重也此篇所釋四時祥災歲陽歲名月陽月名風雨星名皆天所運轉列陳而爲敬授庶徵之本故以次詮釋其祭名以下葢附見焉翟氏灝爾雅補郭云祭名與講武旌旂三章俱非天類謂當更有釋禮篇與釋樂篇相隨此其殘文孫氏志祖脞錄非之今無取焉

穹蒼蒼天也 天形穹隆其色蒼蒼因名云 春爲蒼天 萬物蒼蒼然生 夏爲昊

天言氣皓旰秋爲旻天旻猶愍也愍萬物彫落冬爲上天言時無事在上臨下而已

穹蒼者詩桑柔傳用爾雅以詩言穹蒼故以蒼天釋之正義引李巡曰古時人質仰視天形穹隆而高其色蒼蒼然故曰穹蒼郭義與李同○春夏秋冬天異名者釋名云春曰蒼天陽氣始發色蒼蒼也夏曰昊天其氣布散灝灝也秋曰旻天旻閔也物就枯落可閔傷也冬曰上天其氣上騰與地絕也詩黍離傳元氣廣大則稱昊天仁覆閔下則稱旻天自上降鑒則稱上天據遠視之蒼蒼然則稱蒼天正義引李巡曰春萬物始生其色蒼蒼故曰蒼天夏萬物盛壯其氣昊大故曰昊天秋萬物成熟皆有文章故曰旻天冬陰氣在上萬物伏藏故曰上天御覽廿四引孫炎云冬天藏物物伏於下天清於上其義與李巡同白虎通四時篇旣言春曰蒼天夏曰昊天云云又引爾雅一說與此不同黍離正義引異義天號今尚書歐陽說春曰昊天夏曰蒼天爾雅亦云書堯典正義引鄭讀爾雅云春爲昊天夏爲蒼天說文云春爲昦天元

氣昦昦以日介廣雅亦云東方昦天皆本尙書歐陽說也然則許鄭及張揖所據爾雅春昊夏蒼郭與李巡作春蒼夏昊可知爾雅古有二本卽白虎通所言是也然此皆循文訓義未爲觀其會通若通而論之則堯命羲和而云欽若昊天非必夏也魯誄孔子而曰閔天不弔非必秋也上言彼黍離離下言悠悠蒼天其非春可知矣方言有菀者柳卽云上天甚神觀鬫楚其非冬亦明矣爾雅略釋其義讀者勿泥其詞可也

四時題上事也白虎通云時者期也陰陽消息之期也四時天異名何天尊各據其盛者爲名也春秋物變盛冬夏氣變盛釋名云四時四方各一時時期也物之生死各應節期而止也按御覽十七引釋名作爾雅又曰時空也可空主地各主一方物之生死據此所引蓋爾雅舊注也又據白虎通四時天異名云云則知四時二字本爾雅舊題祥災以下義亦同焉

春爲青陽氣清而溫陽夏爲朱明氣赤而光明秋爲白藏氣白而收藏冬爲玄英氣黑而清英四氣和謂之玉燭道光照

說文云青東方色也陽高明也釋名云陽揚也氣在外發揚也朱明者御覽廿一引孫炎云夏氣赤而光明郭與孫同卽此一條可知郭注俱本孫炎也四氣和者史記樂書索隱引孫炎云四氣之和四時之化玉燭者釋文引李巡云人君德美如玉而明若燭邪疏引尸子仁意篇述太平之事云燭於玉燭四時和正光照此之謂玉燭

春爲發生夏爲長嬴秋爲收成冬爲安寧此亦四時之別號尸子皆以爲太平祥風四時和爲通正道平暢也謂之景風所以致景風

發生長嬴者釋文引李巡云萬物各發生長也嬴本或作贏四時和爲通正者類聚一及文選新刻漏銘

注竝引爾雅作四氣和爲通正尸子論衡亦云然也景風者法苑珠林引李巡曰景風太平之風也尸子作永風仁意篇云其風春爲發生夏爲長嬴秋爲方盛冬爲安靜四氣和爲通正此之謂永風按御覽作升風與此異論衡作景星是應篇云爾雅釋四時章曰春爲發生夏爲長嬴秋爲收成冬爲安寧四氣和爲景星夫如爾雅之言景星乃四時氣和之名也恐非著天之大星然則論衡所據爾雅本作謂之景星而以爲非大星推此則知景風之義亦當如論衡所說

甘雨時降萬物以嘉莫不善之**謂之醴泉**所以出醴泉

甘雨時降者類聚二引尸子曰神農氏治天下欲雨則雨五日爲行雨旬爲穀雨旬五日爲時雨正四時之制萬物咸利故謂之神呂覽季春孟夏二紀竝云甘雨至三旬與尸子義合是葢自古以來相傳甘雨時降之期會也邢疏引尸子仁意篇云甘雨時降萬物以嘉高者不少下者不多此之謂醴泉君治篇云

舜南面而治天下天下太平燭於玉燭息於永風食於膏火飲於醴泉是又本爾雅而推廣其義也論衡是應篇云爾雅言甘露時降萬物以嘉謂之醴泉醴泉乃謂甘露也今儒者説之謂泉從地中出其味甘若醴故曰醴泉又言甘露其味甚甜未可然也以雨濟而陰一者謂之甘雨非謂雨水之味甘也推此以論甘露必謂其降下時適潤養萬物未必露味甘也王充此論足解陋儒之惑今按爾雅此章題之曰祥者善也夫天地順而四時當民有德而五穀昌此祥之謂大當祥莫祥於是矣自世儒喜談緯候侈言符命封禪名書符瑞著志爾雅此篇將以杜絶謬妄玉燭景風甘雨醴泉雖依其名而無取其實蓋以四時光照卽爲玉燭四氣和正卽爲景風甘澍應期卽爲醴泉所以破讖緯之陋説標禎祥之本名將欲人君敬天勤民以致陰陽和而年穀豐也郭氏未達斯指其注景風醴泉猶以致出爲言頗復近惑緯書遠乖雅訓宜據尸子王充之論訂正其失焉

祥

穀不熟爲饑五穀不成**蔬不熟爲饉**凡草菜可食者通名爲蔬**果不熟爲荒**果木子**仍饑爲荐**連歲不熟左傳曰今又荐饑

穀者說文云續也百穀之總名饑者說文及詩傳用爾雅雨無正正義引李巡曰五穀不熟曰饑穀梁襄廿四年傳云一穀不升謂之嗛二穀不升謂之饑三穀不升謂之饉四穀不升謂之荒五穀不升謂之大饑又謂之大侵按此但據穀言荒饉亦在其內實則五者皆謂饑也又五穀亦無定名周禮疾醫注五穀麻黍稷麥豆據月令爲說也職方注五種稻黍稷麥菽素問金匱眞言篇說五穀與職方注同經典多從之○蔬者經典多作疏大宰注云疏材草木根實可食者引爾雅亦作疏魯語云能殖百穀百蔬韋昭注草實曰蔬按草菜通名故李巡曰可食之菜皆不熟爲饉說文及毛傳用爾雅依穀梁說三穀不升爲饉

是穀蔬通名故曲禮云稻曰嘉蔬鄭注稻菰蔬之屬也○果者說文云木實也在木曰果在地曰蓏按蓏草菜之屬卽蔬之類與果異也荒者說文作穅云虛無倉也謚法云凶年無穀曰穅又云穅虛也是穅荒義同穀梁四穀不升爲荒與謚法竝據穀言者穀與果蔬實相表裏凡穀不熟之年果蔬亦多不蕃也又周易言百果魯語言百蔬與詩書言百穀皆舉大數而言實亦通名故初學記廿七引楊泉物理論云粱稻菽三穀各二十種爲六十蔬果之實助穀各二十凡爲百穀是則穀爲大名蔬果亦穀之類故不熟同謂之災○仍者釋詁云因也荐者釋言云再也左氏僖十三年正義引李巡云連歲不熟曰荐爾雅釋文荐李本作薦是薦荐通詩饑饉薦臻傳薦重也又按爾雅此篇題之曰災易鄭注害物曰災春秋書火爲災爾雅以饑爲災左傳晉荐饑下云天災流行是亦以饑爲災與爾雅合

災

太歲在甲曰閼逢在乙曰旃蒙在丙曰柔兆在丁曰強圉在戊曰著雝在己曰屠維在庚曰上章在辛曰重光在壬曰玄黓在癸曰昭陽

甲者說文云位東方之孟陽气萌動从木戴孚甲之象釋名云甲孚也萬物解孚甲而生也閼逢者一切經音義十七引李巡曰言萬物鋒芒欲出擁遏未通故曰閼逢淮南天文篇云寅在甲曰閼逢高誘注與李巡同史記厤書作焉逢○乙者說文云象春艸木冤曲而出陰气尚彊其出乙乙也釋名云乙軋也自抽軋而出也旃蒙者天文篇云丣在乙曰旃蒙高注言萬物遏蒙甲而出故曰旃蒙也厤書作端蒙○丙者說文云位南方萬物成炳然釋名云丙炳也物生炳然皆著見也柔兆者一切經音義引李巡曰言萬物皆垂枝布葉故曰柔兆也孫炎曰萬物柔婉有條兆也天文篇云辰在丙曰柔兆高注與李巡同厤書

作游兆徐廣曰一作游桃○丁者說文云夏時萬物皆丁實釋名云丁壯也物體皆丁壯也強圉者李巡曰言萬物皆剛盛未通故曰強圉孫炎曰萬物皮孚堅者也天文篇云己在丁曰強圉高注言萬物剛盛今按四月陽氣已盛故曰剛盛李云未通非也高注得之厤書作彊梧○戊者說文云中宮也釋名云戊茂也物皆茂盛也天文篇云午在戊曰箸雝高注言位在中央萬物繁養四方故曰箸雝也釋文箸孫直略反又陟慮反廱字又作雍箸廱本或作祝黎按厤書戊作徒維己作祝犂與爾雅異釋文葢本此而誤○己者說文云中宮也象萬物辟藏詘形也釋名云己紀也皆有定形可紀識也屠維者天文篇云未在己曰屠維高注言萬物各成其性故曰屠維屠別維離也厤書作祝犂○庚者說文云位西方象秋時萬物庚庚有實也釋名云庚更也庚堅強貌也上章者天文篇云申在庚曰上章高注言陰氣上升萬物畢生故曰上章也厤書作商橫○辛者說文云秋時萬物成而孰金剛味辛辛痛卽泣出釋名云辛新也物

初新者皆收成也重光者天文篇云酉在辛曰重光高注言萬物就成熟其光煌煌故曰重光也厤書作昭陽○壬者說文云位北方也象人裹妊之形釋名云壬妊也陰陽交物懷妊也至子而萌也玄黓者天文篇云戌在壬曰玄黓高注言歲終包任萬物故曰玄黓也按玄黓言物終而幽翳也厤書作橫艾○癸者說文云冬時水土平可揆度也釋名云癸揆也揆度而生乃出土也昭陽者天文篇云亥在癸曰昭陽高注言陽氣始萌萬物含生故曰昭陽厤書作尚章

歲陽

太歲在寅曰攝提格在卯曰單閼在辰曰執徐在巳曰大荒落在午曰敦牂在未曰協洽在申曰涒灘在酉曰作噩在戌曰閹茂在亥曰大淵獻在子曰困敦在丑曰

赤奮若

寅者說文云髕也正月陽气動去黃泉欲上出陰尙彊象宀不達髕寅于下也釋名云寅演也演生物也攝提格者史記天官書索隱引李巡云言萬物承陽起故曰攝提格格起也開元占經廿三引孫炎云陽攝持攜萬物使之至上按攝提星名屬東方亢宿分指四時從寅起也故鄭注是類謀云攝提招紀天元甲寅之歲又離騷云攝提貞于孟陬不言提格者省文○丣者說文云冒也二月萬物冒地而出史記律書云丣之爲言茂也言萬物茂也單閼者天官書索隱引李巡云陽氣推萬物而起故曰單閼單盡也閼止也[illegible]屈原賈生傳索隱引孫炎本作蟬焉蟬猶伸也占經引孫炎作嬋猶伸也閼壅之物于此盡伸也○辰者說文云震也三月陽气動靁電振民農時也釋名云辰伸也物皆伸舒而出也執徐者釋文引李巡云執蟄也徐舒也言蟄物皆敷舒而出故曰執徐也占經引孫炎云句者必達蟄伏之物盡敷

舒也淮南天文篇注同李巡○巳者說文云巳也四
月陽气已出陰气已藏萬物見成文章釋名云巳巳
也陽氣畢布已也大荒落者占經引李巡云言萬物
皆熾茂而大出霍然落落故曰荒落孫炎云物長大
荒蕪落莫也厤書作大芒落天官書作大荒駱堂邑
令費鳳碑云歲徭于大荒不言落者省文○午者說
文云啎也五月陰气午逆陽冒地而出律書云午者
陰陽交故曰午敦牂者占經引李巡云言萬物皆茂
壯猗那其枝故曰敦牂敦茂也牂壯也史記索隱引
孫炎云敦盛也牂壯也言萬物盛壯也天文篇注同
李孫○未者說文云味也六月滋味也釋名云未昧
也日中則昃向幽昧也協洽者占經引李巡云言陰
陽化生萬物和合故曰協洽協和也洽合也孫炎云
物生和洽含英秀也○申者說文云神也七月陰气
成體自申束釋名云申身也物皆成其身體各申束
之使備成也涒者說文云食已而復吐之引爾雅曰
太歲在申曰涒灘一切經音義十七引李巡曰言萬
物皆循修其精氣故曰涒灘灘單盡也孫炎曰涒灘

萬物吐秀傾垂之貌也天文篇注渃大灘修也言萬物皆修其精氣也呂覽序意篇注義同又云渃灘誇人物短舌不能言爲渃灘也按渃灘雙聲兼疊韵諸家各以意說釋文灘本或作攤漢孔廟禮器碑作涒歎○酉者說文云就也釋名云秀也秀者物皆成也作噩者釋文云噩本或作咢史記索隱引李巡云作鄂皆物芒枝起之貌占經引李巡云在酉言萬物墜落故曰作鄂作索也鄂茂也按茂當作落天文篇注作鄂零落也萬物皆陊落義本李巡可證孫炎云作鄂者物落而枝起之貌然則李孫竝以作爲起鄂爲落漢書天文志鄂作詻○戌者說文云滅也九月陽气微萬物畢成陽下入地也釋名云戌恤也物當收斂矜恤之也亦言脫也落也闇茂者占經引李巡云言萬物皆蔽冒故曰闇茂闇蔽也茂冒也按天文篇注同高誘多本李巡史記索隱引作孫炎蓋誤孫炎云霜闇茂物使俱落也是李孫竝以闇爲掩漢書及淮南俱作掩○亥者說文云荄也十月微陽起接盛陰釋名云亥核也收藏百物核取其好惡眞僞也亦言物成皆堅核也大淵獻者占經引李巡云言萬物落於亥大

小淵藏屈近陽故曰淵獻淵藏也獻近也按近當作迎天文篇注作迎可證孫炎云淵淺也大獻萬物于淺謂葢藏之于外也○子者說文云十一月陽氣動萬物滋釋名云子孳也陽氣始萌孳生於下也困敦者占經引李巡云在子言陽氣皆混萬物芽孽故曰困敦史記索隱引孫炎云困敦混沌也言萬物初萌混沌於黃泉之下也按敦音頓亦通作頓說文敘云困頓之年○丑者說文云紐也十二月萬物動用事釋名云丑紐也寒氣自屈紐也赤奮若者厤書正義引李巡云陽氣奮迅萬物而起無不若其性故曰赤奮若赤陽色奮迅也若順也按陽色上舊脫赤字今據天文篇注補占經引孫炎云物萌芽赤奮動順其心而氣始芽也赤奮若厤書作汭漢

歲陰今本無此二字然十干旣題歲陽則十二支當題歲陰故淮南天文篇云太陰在寅歲名曰攝提格太陰在卯歲名曰單閼云云俱本爾雅為說史記厤書索隱引爾雅釋天云歲

陽者甲乙丙丁戊己庚辛壬癸十干是也歲陰者子丑寅卯辰巳午未申酉戌亥十二支是也歲陽在甲云焉逢謂歲干也歲陰在寅云攝提格謂歲支也據索隱所引是古本有歲陰二字之證今依臧氏爾雅漢注補

載，歲也。夏曰歲，取歲星行一次**商曰祀，**取四時一終**周曰年，**取禾一熟**唐虞曰載。**取物終更始

此釋年歲之名所以代必異名者書堯典正義引李巡云各自紀事示不相襲也載歲也者左氏昭七年正義引李巡曰載一歲莫不覆載也孫炎曰四時一終曰歲取歲星行一次也說文云歲木星也越歷二十八宿宣徧陰陽十二月一次然則夏曰歲者主于占星紀事夏小正云初歲祭耒是也○祀者說文云祭無已也書正義引孫炎曰祀取四時祭祀一訖也然則商曰祀者商人尚鬼以祀爲重書洪範惟十有

三祀蓋爲箕子作也○年者說文云穀孰也書正義引孫炎曰年取年穀一熟也然則周曰年者以稼穡興年穀爲重春秋書大有年是也○載者釋名云載生物也白虎通云載之言成也載成萬物終始言之也邢疏引孫炎曰載始也取物終更始郭注俱本孫炎唐虞曰載者以更始爲義書云九載績用弗成三載考績是也按尚書大傳引書曰三歲考績是唐虞亦曰歲禹貢云作十有三載是夏亦曰載洪範五行傳云維王后元祀鄭注王謂禹也是夏亦曰祀大傳又引書曰高宗梁闇三年不言是商亦曰年詩殷武云歲事來辟是商亦曰歲周禮哲蔟氏云十有二歲之號大史云正歲年以序事是周亦曰歲也然則此類蓋亦通名矣

歲名

月在甲曰畢在乙曰橘在丙曰修在丁曰圉在戊曰厲

在巳曰則在庚曰窒在辛曰塞在壬曰終在癸曰極

月陽猶歲陽也史記厤書云月名畢聚索隱曰聚音陬是則正月得甲爲畢陬也又云虞喜云月雄在畢雌在訾訾則陬訾之宿今按月雄月雌卽月陽月陰也畢陬乃以月陽配月陰十二月皆然也橘本或作⿰月喬廣韵云⿰月喬月在乙也然則畢橘者畢星象匕橘之言矞以錐穿物之名月在甲乙盛德在木象萌芽穿地而出也修圉者猶柔兆强圉也月在丙丁盛德在火象長大剛彊而壯也厲則者厲讀爲烈則訓爲法月在戊己盛德在土生養萬物有功烈法則也窒塞者其義皆爲實也月在庚辛盛德在金物成皆堅實壬也終極者其義皆爲盡也月在癸盛德在水物生皆究盡也

月陽

正月爲陬離騷云攝提貞於孟陬**二月爲如三月爲寎四月爲余**

五月爲皐六月爲且七月爲相八月爲壯九月爲玄國語云至于玄月是也十月爲陽純陰用事嫌于無陽故以名云十一月爲辜十二月爲涂皆月之別名自歲陽至此其事義皆所未詳通故闕而不論

正月者白虎通云日尊於月不言正日言正月何也積日成月物隨月而變故據物爲正也陬者虞喜以爲陬訾是也按陬訾星名卽營室東壁正月日在營室日月會於陬訾故以孟陬爲名說文敘云孟陬之月漢書劉向傳云攝提失方孟陬無紀史記厤書月名畢聚聚與陬同○如者隨從之義萬物相隨而出如如然也○寎者釋文李陂病反本或作寎廣韵引爾雅作三月爲寎云本亦作寎是寎寎同玉篇寎穴也筆永切然則寎者丙也三月陽氣盛物皆炳然也○余者釋文餘舒二音孫作舒詩小明正義引李巡曰四月萬物皆生枝葉故曰余余舒也孫炎曰物之枝葉敷舒是李孫義同孫本作舒爲異曰月其除鄭

箋四月爲除是鄭讀除爲余○皋者釋文或作高同今按皋高音義同皋者皋韜在下也本釋名親屬篇高者上也五月陰生欲自下而上又物皆結實橐韜下垂也○且者次且行不進也六月陰漸起欲遂上畏陽猶次且也○相者導也三陰勢已成遂導引而上也○壯者大也八月陰大盛易之大壯言陽大盛也○玄者懸也本釋名陰遂在上也詩何草不黃正義引李巡曰九月萬物畢盡陰氣侵寒侵與寖同其色皆黑孫炎曰物衰而色玄也引詩曰何草不玄按詩言春非秋也正義已駁之郭引越語云至於玄月韋昭注引爾雅謂魯哀十六年九月也○陽者詩歲亦陽止毛傳陽歷陽月也鄭箋十月爲陽時坤用事嫌於無陽故以名此月爲陽孫郭義與鄭同皆以十月無陽強名之耳今按陰陽消息迭運不窮故董仲舒雨雹對云十月陰雖用事而陰不孤立詩采薇正義引詩緯曰陽生酉仲陰生戌仲是十月中兼有陰陽舊說非也○辜者故也十一月陽生欲革故取新也十月建亥亥者根荄也至建子之月而孳孳然生矣○涂者古本作荼荼亦舒也

言陽雖微氣漸舒也舒荼古字通用周禮哲蔟氏注月謂從娵至荼是爾雅陬涂古作娵荼馬瑞辰曰廣韵涂與除同音除謂歲將除也小明詩日月方除毛傳除除陳生新也葢指十二月爲除言之

月名

南風謂之凱風詩曰凱風自南**東風謂之谷風**詩云習習谷風**北風謂之涼風**詩云北風其涼**西風謂之泰風**詩云泰風有隧

風者釋名云風兗豫司冀橫口合脣言之風氾也其氣博氾而動物也青徐言風踧口開脣推氣言之風放也氣放散也按風古字今反氾放俱語聲之轉也凱風者詩傳用爾雅而申之云樂夏之長養正義引李巡曰南風長養萬物喜樂故曰凱風凱樂也按凱又闓也其風開明養育萬物說文以南風爲景風夏小正謂爲俊風俊景皆明大之義也○谷風者詩傳用爾雅而云陰陽和而谷風至正義引孫炎曰谷之

言穀穀生也谷風者生長之風也谷本通川之名毛傳以陰陽和爲言是谷風宣通陰陽谷卽通也說文以爲明庶風明亦通矣○涼風者說文云北風謂之䬝从涼省聲釋文涼本或作古䬝字詩北風傳北風寒涼之風說文以爲廣莫風廣莫亦荒寒之義也○泰風者泰卽大也詩桑柔箋西風謂之大風本爾雅文正義引孫炎曰西風成物物豐泰也是孫炎亦以泰爲大說文以爲閶闔風按閶闔本天門之名天門在西北故以西風爲大也又按風有八方爾雅止及四方據詩文爲釋也故郭注亦俱引詩

焚輪謂之穨暴風從上下**扶搖謂之猋**暴風從下上**風與火爲庉**庉庉熾盛之貌**迴風爲飄**旋風也

穨者詩谷風傳穨風之焚輪者也風薄相扶而上正義引李巡曰焚輪暴風從上來降謂之穨穨下也孫炎曰迴風從上下曰穨按李孫釋穨字甚明毛傳相扶而上似與穨義相反疑必有誤焚輪疊韵字也釋

文梦本或作焚頹本或作穨隤○猋者說文作飆云扶搖風也詩正義引李巡曰扶搖暴風從下升上故曰猋猋上也孫炎曰迴風從下上曰猋拔迴風是大名頹猋是其異號故月令注回風爲猋是孫炎所本也扶搖者莊子逍遙遊篇云摶扶搖而上者九萬里淮南原道篇云扶搖抮抱羊角而上高誘注扶搖如羊角曲縈而上也文選恨賦及文賦注並引爾雅作飆飄皆俗字也○庉者釋文云本或作炖玉篇炖風與火也方言云炖[illegible]孫赫也郭注火盛熾之貌與此注同是庉當作炖也風與火者火得風而熾風因火而烈也○迴者說文作回飄者詩匪風卷阿傳俱本爾雅正義引李巡曰迴風旋風也一曰飄風別二名拔旋風回旋于地不上不下異于穨猋其行飄飄故謂之飄其容蛇蛇故謂之颰颾廣韵颰小旋風咸陽有之小颰于地也然則此風咸陽尤多咸陽周之舊地詩三言飄風其二在周境廣韵之說近有徵矣

日出而風爲暴風詩曰終風且暴**風而雨土爲霾**風詩曰終風且霾**陰而風**

爲曀 詩曰終風且曀

㬥者說文作㬥云疾有所趣也詩終風傳㬥疾也霾曀者說文及詩傳用爾雅釋名云霾晦也言如物塵晦之色也曀翳也言掩翳日光使不明也詩正義引孫炎曰陰雲不興而大風暴起又曰大風揚塵土從上下也又曰雲風曀日光

天氣下地不應曰雺 言蒙昧 **地氣發天不應曰霧霧謂之晦** 言冥

雺者說文作霿云天气下地不應曰霿霿晦也霧者說文作霚云地气發天不應籀文省作雺玉篇雺者霚同云天氣下地不應也霧與霿同云地氣發天不應也與說文互異釋文雺或作霚霧亦作霿與玉篇同蓋俱傳寫之誤耳雺者書云蒙恆風若正義引鄭注蒙作雺云雺者色澤鬱鬱冥冥也是雺與蒙同釋

名正作蒙云蒙日光不明蒙蒙然也霧者釋名云霧冒也氣蒙亂覆冒物也按霧俗字也務今音也古讀霧如慕慕蒙聲轉故史記宋世家引洪範蒙作霧文選甘泉賦注引爾雅作天氣下地不應曰霧霧與蒙同然則霧雺二字亦音轉字通矣霧謂之晦者釋言云晦冥也說文云霧晦也是霧霧字亦通經典多淆當以說文爲正

螮蝀謂之雩螮蝀虹也俗名謂美人虹江東呼雩音芌**蜺爲挈貳**蜺雌虹也見離騷挈貳其別名見尸子

虹者說文云螮蝀也狀似蟲詩作蝃蝀段借字也釋名以蝃爲啜飲鑿矣古微書引春秋元命苞云陰陽交爲虹霓是虹乃陰陽祲氣淮南說山篇云天二氣則成虹是也謂之雩者釋文云雩今俗爲芌然則雩猶芌也芌驚呼也螮蝀映日倏然成質光氣駭人乍見驚呼也虹从工聲故釋名云虹攻也讀虹爲工釋

文引字林虹工弄反皆古音也又引陳國武古巷反郭音講俗亦呼爲青絳也按今登萊人謂虹爲醬絳亦爲醬皆方音之轉耳釋名虹又曰美人此郭注所本○蜺者霓之叚借說文霓屈虹青赤也一曰白色陰气也此從釋文所引按白色二句蓋別一義非謂霓也[illegible][illegible][illegible][illegible]虹霓散文俱通故郉疏引郭氏音義云虹雙出色鮮盛者爲雄雄曰虹闇者爲雌雌曰霓楚辭悲回風篇云處雌蜺之標顛遠遊篇云雌蜺嫂嬛以曾橈皆郭義所本也霓有齧音故釋文引如淳五結反漢書天文志注文選西都賦注引尸子曰虹霓爲析翳郭作挈貳

弇日爲蔽雲

郎暈氣五彩覆日也

弇者說文云葢也雲山川气也弇日爲蔽雲者說文弇字解云雲覆日也淮南說林篇云日月欲明而浮雲蓋之皆郎此意郭云郎暈也者釋名云暈捲也氣在外捲結之也日月俱然然則暈但映日而不弇日

此雲弇日又非暈也暈周禮作煇視眡說文作暉云
光也郭旣失之鄭樵注以爲弇日者卽虹也尤非

疾雷爲霆霓雷之急激者謂霹靂

雷霆者說文云靁陰陽薄動靁雨生物者也霆靁餘
聲也鈴鈴所以挺出萬物又云震劈歷振物者一切
經音義十五引蒼頡篇云霆礔礰也是霆爲疾雷霓
字衍也知者文選東都賦注及書鈔一百五十二類
聚二初學記一御覽十三竝引作疾雷爲霆僞譌之或
字無霓字知今本衍也宋翔鳳曰霓當爲電形近而
誤余按穀梁隱九年傳云震雷也電霆也是霆電通
名淮南兵略篇云疾雷不及塞耳疾霆不暇掩目是
亦以霆爲電與穀梁合二書所言理固可通但爾雅
文不虛設審若霆電幷釋言霆已明加電反贅霆電
連文又復不詞
故知非電之誤

雨霓爲霄雪詩曰如彼雨雪先集維霓霓
水雪襍下者故謂之消雪

雪者說文云凝雨說物者釋名云雪綏也水下遇寒氣而凝綏綏然也霓者與霰同說文云霰稷雪也或从見作霓釋名云霰星也水雪相搏如星而散也詩頍弁箋將大雨雪始必微溫雪自上下遇溫氣而摶謂之霰是霰之爲言猶摶也雪遇溫氣而摶如粟粒襍下故說文以爲稷雪釋名以爲星散皆得其形狀文選雪賦注引韓詩薛君曰霰霙也宋書符瑞志引韓詩霙作英而云花葉謂之英又云霰爲花雪草木花多五出花雪獨六出彼以花雪爲霰夋援韓詩之霙其說竝謬矣霄雪者雪字亦衍說文雨霓爲霄齊語也無雪字今本蓋緣郭注而衍也水經洛水注云長霄冒嶺層霞冠峯霄字之義蓋本於此郭云霰水雪襍下者初學記二引爾雅云雪與雨襍下曰霰其說亦失之

暴雨謂之涷 今江東呼夏月暴雨爲涷雨離騷云令飄風兮先驅使涷雨兮灑塵是也涷音東西之東

小雨謂之霢霂 詩曰益之以霢霂

久雨謂之淫 左傳曰天作淫雨

淫

謂之霖雨自三日以上爲霖濟謂之霽今南陽人呼雨止爲霽音薺

暴者說文作瀑云疾雨也涷者淮南覽冥篇云降扶風襍涷雨高誘注扶風疾風也涷雨暴雨也郭云江東呼暴雨爲涷雨文選思玄賦舊注云巴郡謂暴雨爲涷雨各據方俗爲言也亦曰淮雨尚書大傳久矣天之無別風淮雨鄭注淮暴雨之名也○霢霂者說文及詩傳用爾雅釋名云霢霂小雨也言裁霢歷霑漬如人沐頭惟及其上枝而根不濡也詩信南山正義引李巡曰水雪俱下按爾雅無雪字詩雖言雪不云一時俱下李注非也霢霂字之雙聲轉爲溟濛說文以濛濛爲微雨以溟溟爲小雨是溟濛霢霂皆以雙聲爲義釋名之說似未免望文生訓矣○淫者說文云久雨爲淫晉語云底著滯淫是淫有久意故韋昭注淫久也淫又名霤說文霤久雨也○霖者說文云雨三日已往本左氏隱九年傳文晏子春秋諫上篇云景公之時霖雨十有七日是三日已上通名霖也霖猶䨏也說文䨏霖雨也南陽謂霖雨曰䨏月令

淫雨蚤降鄭注淫霖也今月令曰衆雨按衆說文作⿱雨衆引明堂月令曰⿱雨衆雨然⿱雨衆訓小雨⿱雨衆訓霖雨依聲義當爲⿱雨衆○霽者說文云雨止也濟者釋訓云止也淮南時則篇云九月失政三月春風不濟覽冥篇云風濟而波罷並以濟爲止也濟與霽音義同故書洪範曰霽鄭注作濟云濟者如雨止之雲氣在上也漢書郊祀志如淳注三輔謂日出清濟爲晏是濟霽通也說文霋字解云霽謂之霋所引或爾雅古本之文今脫去之

風雨

壽星角亢也 數起角亢列宿之長故曰壽 **天根氐也** 角亢下繫於氐若木之有根

星者說文云萬物之精上爲列星釋名云星散也列位布散也宿宿也星各止宿其處也周禮馮相氏掌二十有八星之位哲蔟氏以方書二十有八星之號鄭注星謂從角至軫也按十二次玄枵爲首爾雅先

壽星者以角亢爲列宿長也角者兩星相觸天官書云左角李右角將亢者四星似彎弓天官書云亢爲疏廟氐者四星側向以承柢故天官書氐爲天根索隱引孫炎以爲角亢下繫於氐若木之有根也律書云氐者言萬物皆至也亢者言萬物亢見也角者言萬物皆有枝格如角也月令云仲秋之月日在角仲夏之月旦亢中季冬之月旦氐中周語云辰角見而雨畢天根見而水涸本見而草木節解韋昭注辰角大辰蒼龍之角角星名也見者朝見東方建戌之初寒露節也天根氐亢之間謂寒露雨畢之後五日天根朝見本氐也謂寒露之後十日是則氐又名本也壽星者晉語云歲在壽星又云復於壽星韋昭注自軫十二度至氐四度爲壽星之次是角亢氐俱屬壽星也開元占經分野略例云於辰在辰爲壽星三月之時萬物始達於地春氣布養萬物各盡其天性不罹天夭故曰壽星漢書郊祀志杜亳有壽星祠史記索隱以爲南極老人星誤

天駟房也龍爲天馬故房四星謂之天駟大辰房心尾也龍星明者以爲時候故曰大辰大火謂之大辰大火心也在中最明故時候主焉

房者四星直下爲明堂律書云房者言萬物門戶也至於門則出矣天駟者天官書房爲天府曰天駟索隱引詩氾歷樞云房爲天馬主車駕宋均云房既近心爲明堂又別爲天府及天駟也按駟卽馬祖也房南星曰左驂北星曰右驂中二星曰左服右服是則四星合爲天駟也周語云駟見而隕霜又云月在天駟又云辰馬農祥也韋昭注辰馬謂房心星也駟馬也故曰辰馬房星晨正而農事起焉故謂之農祥又注農祥房星也晨正謂立春之日晨中於午也○心者三星中央色最明尾者九星如鉤首上歧律書云尾言萬物始生如尾也心言萬物始生有華心也天官書心爲明堂尾爲九子夏小正云五月大火中六月斗柄正在上用此見斗柄之不正當心也蓋當依依尾也是尾一名依依依尾聲同語有輕重耳辰者說

文晨字解云辰時也又辰云房星天時也農云房星爲民田時者是辰訓時時主房房爲農祥以候田時星謂之大辰者言其星最明大也春秋昭十七年有星孛於大辰穀梁傳于大辰者濫于大辰也范甯注引劉向曰謂濫于蒼龍之體不獨加大火左傳正義引李巡云大辰蒼龍宿之體最爲明故曰房心尾也大火蒼龍宿心以候四時故曰辰孫炎曰龍星明者以爲時候故曰大辰大火心也在中最明故時候主焉夏小正云八月辰則伏辰也者謂心也然則小正單舉心說文單舉房其實房心尾三宿通有辰名也○又言大火謂之大辰者大火謂心也左氏襄九年傳云古之火正或食於心是故心爲大火公羊昭十七年傳云大火爲大辰伐爲大辰北辰亦爲大辰按此所謂三大辰也唐虞夏皆五月昏火中故堯典以星火正仲夏夏小正五月初昏大火中是也周秦則六月昏火中故左氏昭三年傳云火中寒暑乃退杜注心以季夏昏中而暑退季冬旦中而寒退月令云季夏之月昏火中是也然則周秦上校虞夏星候差及一次此昏旦中星所以

不同也火至初秋則昏見於西詩云七月流火是也火以三月始出九月之昏始入十月之昏則伏左氏哀十七年傳云火伏而後蟄者畢是也旣言大辰房心尾又言心爲大辰者心三星最明大舉頭卽見故詩屢言三星皆謂心也所以名大火者分野略例云於辰在卯爲大火東方爲木心星在卯火出木星故曰大火

析木之津箕斗之閒漢津也箕龍尾斗南斗天漢之津梁

箕者四星狀如簸箕律書云箕者言萬物根棋集解徐廣曰棋一作柢故曰箕天官書云箕爲敖客曰口舌詩巷伯箋箕星哆然踵狹而舌廣大東箋翕猶引也引舌者謂上星相近按箕有口舌之象故詩以喻讒言有簸揚之義故書云星好風也斗者六星狀如北斗天官書云南斗爲廟其北建星建星者旗也月令云仲冬之月日在斗仲春之月旦建星中孟秋之月昏建星中按建星在斗魁上形如簋月令以建星識南斗用

此見昏旦之不正當斗也漢津者大東傳漢天河也有光而無所明雲漢箋倬然天河水氣也精光轉運於天夏小正云七月漢案戶漢也者河也案戶也者直戶也言正南北也今按河漢分南北二道北指危室南横箕斗爾雅獨言箕斗者以箕爲木宿斗爲水宿二宿相交於漢有津梁之義故曰漢津然則不言析水獨言析木者天漢起自尾宿於辰在寅爲木故主起處而名爲析木也左氏昭八年正義引孫炎曰析別水木以箕斗之閒是天漢之津也左傳及周語竝云析木之津韋昭注津天漢也析木次名從尾十度至南斗十一度爲析木其閒爲漢津是則經典俱作析木之津今爾雅宋本析木下有謂字郭注有卽漢津也四字竝非

星紀斗牽牛也牽牛斗者日月五星之所終始故謂之星紀

牽牛者律書云言陽氣牽引萬物出之也牛者冒也言地雖凍能冒而生也牛者耕植種萬物也按牽牛

郎何鼓非牛星也牛六星角上歧腹下踠廢其星微小爾雅以牽牛爲星紀不以牛宿爲星紀也舊說多誤詳見下文星紀者分野略例云自南斗十二度至須女七度於辰在丑爲星紀星紀者言其統紀萬物十二月之位萬物之所終始故曰星紀也郭義本孫炎[illegible]左月令注仲冬者日月會於星紀大宗伯疏引星備云五星初起牽牛逸周書周月篇云日月俱起于牽牛之初右回而行月周天進一次而與日合宿日行月一次而周天歷舍于十有二辰終則復始是謂日月權輿按逸書及爾雅皆據周而言也上溯虞夏冬至日在虛爲玄枵正中殷在婺女周在牽牛則斗值星紀之初爲十二次紀首故曰星紀至漢冬至日在斗元明在箕則爲析木之津正中

玄枵虛也虛在正北北方黑色枵之言秏秏亦虛意**顓頊之虛虛也**顓頊水德位在北方

北陸虛也虛星之名凡四

虛者二星上下如連珠律書云虛者能實能虛言陽氣冬則苑藏於虛日冬至則一陰下藏一陽上舒故曰虛天官書虛爲哭泣之事堯典宵中星虛月令季秋之月昏虛中是虞夏以仲秋昏虛中周秦則在季秋此所謂歲差也玄枵者說文引春秋傳歲在玄枵玄枵虛也左氏襄廿八年傳淫於玄枵玄枵虛中也枵秏名也正義引孫炎曰虛在北方北方色玄故曰玄枵枵之言秏秏虛之意也分野略例云自須女八度至危十五度於辰在子爲玄枵也玄者黑北方之色枵者秏也十一月之時陽氣在下陰氣在上萬物幽死未有生者天地空虛故曰玄枵也按亦曰天黿周語云星在天黿韋昭注天黿次名一曰玄枵也○顓頊之虛者左氏昭十年傳今茲歲在顓頊之虛正義曰北方之次以玄枵爲中玄枵次有三宿又虛在其中以水位在北顓頊居之故謂玄枵虛星爲顓頊之虛也按北方三宿婺女虛危爾雅不言女危以虛在中舉中足以包之也○北陸者左氏昭四年傳古者日在北陸而藏氷杜預注陸道也謂夏十二月日

在虛危正義引孫炎云陸中也北方之宿虛爲中也
按郭云虛星凡四者連虛爲數其實虛星有此三名
也

營室謂之定 定正也作宮室皆以營室中爲正 **娵觜之口營室東壁也** 營東壁星四方室似口因名云

營室者二星相對出旁綴離宮六星兩兩而居律書云營室者主營胎一徐儣詒陽氣而產之天官書云營室爲清廟曰離宮閣道東壁者避釋擊今作徾耘林二星上下相掣曳與營室連體而正方月令云孟春之月日在營室仲冬之月昏東壁中按壁曰東者據昏中視之壁在營室東也二宿皆值北方水位故又謂之水左氏莊廿九年傳水昏正而栽是也又謂之天廟周語云日月底于天廟韋昭注天廟營室是也定者詩定之方中傳定營室也方中昏正四方箋云定星昏中而正於是可以營制宮室故謂之營室定昏

中而正謂小雪時其體與東壁連正四方正義引孫炎曰定正也天下作宮室者皆以營室中爲正按周語云營宮之中土功其始是鄭孫義所本也定本斫斸之名覿釋營宮室者所資星名定者營室形似鉏橿離宮施其上有鉏刃之象几諸星名起於古之田父多取物象爲名營室名定義葢本此孫郭訓定爲正非本義也娵觜者當作陬訾月令注作諏訾爾雅作娵觜皆叚俗也左襄卅年傳云歲在娵訾之口正義引李巡曰娵觜玄武宿也營室東壁北方宿名孫炎曰娵觜之歎則口開方營室東壁四方似口故因名也分野略例云自危十六度至奎四度於辰在亥爲諏訾諏訾歎息也十月之時陰氣始盛陽氣伏藏萬物失養育之氣故哀愁而歎息嫌於無陽故曰諏訾是諏訾以歎息爲義孫炎作娵觜之歎是也邢疏引歎作次注

降婁奎婁也奎爲溝瀆故名降

奎者十六星刕殺而下垂象兩髀說文奎兩髀之閒
足也律書云奎者主毒螫殺萬物也奎而藏之天官
書云奎曰封豕爲溝瀆婁者三星下勢連而上體舒
律書婁者呼萬物且內之也天官書婁爲聚衆犧牲
貙膢月令云仲春之月日在奎季夏之月旦奎中季
冬之月昏婁中降婁者左襄卅年傳云歲在降婁降
婁中而旦杜預注本爾雅正義引孫炎曰降下也奎
爲溝瀆故稱降也一切經音義六引李巡曰降婁白
虎宿也分野略例云自奎五度至胃六度於辰在戌
爲降婁降下也婁曲也陰生於午與陽俱行至八月
陽遂下九月剝卦用事陽將剝盡
萬物枯落卷縮而死故曰降婁

大梁昴也西陸昴也昴西方之宿別名旄頭

昴者七星攢聚大小相繫說文云昴白虎宿星堯典
云日短星昴夏小正云四月昴則見詩小星傳昴畱
也正義引元命苞云昴六星昴之爲言畱也言物成
就繫畱也律書昴正作畱云畱者言陽氣之稽畱也

故曰畱郭云旄頭者天官書昴曰髦頭漢晉天文志竝作旄頭也大梁者左昭十一年傳云歲及大梁天官書昴畢閒爲天街索隱引孫炎云昴畢之閒日月五星出入要道若津梁是則大梁取橋梁之義也分野略例云自胃七度至畢十一度於辰在酉爲大梁昴爲大梁之次之中星也詩七月正義引孫炎曰西方之宿昴爲中也按大梁三宿胃昴畢爾雅獨言昴者亦舉中以包之○西陸者左昭四年傳云西陸朝覿而出之正義引鄭志荅孫皓問云西陸朝覿謂四月立夏之時按四月昴則見是鄭以西陸朝覿爲昴星朝見也二十八宿分列四方當有四陸左傳爾雅獨言北陸西陸又於二陸之中各舉一星爲識故云北陸虛也西陸昴也是皆舉一以包之耳

濁謂之畢 掩兔之畢或呼爲濁因星形以名

畢者八星纍貫兩叉出說文云畢田罔也从華象畢形微也天官書云畢曰罕車爲邊兵主弋獵詩大東

傳畢所以掩兔也箋云祭器有畢者所以助載鼎實按畢有二義詩云畢之羅之是田網名畢也特牲饋食禮云宗人執畢是祭器名畢也鄭注畢狀如叉蓋爲其似畢星取名焉然則田網祭器皆象畢星義得兩通毛傳爲長故郭義所本也月令孟夏之月日在畢孟秋之月旦畢中月離于畢畢星好雨詩書說之詳矣濁者叚借字也律書云濁者觸也言萬物皆觸死也故曰濁濁是濁以觸爲義亦象星形濁或作噣叉作蠋皆象形兼取聲也詩漸漸之石傳畢噣也盧令箋畢噣也正義引李巡云噣陰氣獨起陽氣必止故曰畢畢止也孫炎曰掩兔之畢或謂之噣因以名星按四字疑倒當作因星以名郭注可證

咮謂之柳咮朱鳥之口柳鶉火也鶉鳥名火屬南方

柳者八星曲頭垂似柳月令云季夏之月日在柳季秋之月旦柳中柳之言摟也摟訓聚也咮者說文云鳥口也天官書云柳爲鳥注律書云注者言萬物之始衰陽氣下注故曰注索隱曰注咮也考工記輈人之

注軥之揉者形如注星是皆以注爲咮也咮又作喙索隱引漢書天文志注作喙爾雅鳥喙謂之柳孫炎云喙朱鳥之口柳其星聚也咮又作噣詩小星傳三心五噣正義引元命苞云柳五星釋文引爾雅作噣謂之柳鄭箋噣在東方正月時也夏小正云正月鞠則見戴氏震曰鞠當爲噣爾雅噣謂之柳虞夏正月日躔奎婁奎婁西沒則柳東升是戴氏以鞠卽噣也噣鞠聲近咮噣聲同與注又聲相轉故皆段借通用

○鶉火者軥人云鳥旟七斿以象鶉火也鄭注鶉火朱鳥宿之柳左襄九年傳云古之火正或食於咮是故咮爲鶉火杜預注建辰之月鶉火星昏在南方分野略例云自東井中六度至柳八度於辰在未爲鶉首南方七宿其形象鳥以井爲冠以柳爲口鶉鳥也首頭也故曰鶉首自柳九度至張十七度於辰在午爲鶉火南方爲火言五月之時陽氣始隆火星昏中在朱鳥之處故曰鶉火按埤雅八引師曠禽經曰赤鳳謂之鶉然則鶉爲朱鳥謂此矣南方三次曰鶉首鶉火鶉尾鶉尾亦曰鳥帑見左襄廿八年傳注爾雅獨言鶉火

亦舉中以包之柙居鶉火之首故舉以爲識

北極謂之北辰北極天之中以正四時

北辰者論語以爲居其所說者謂北極五星弟五爲天樞最小是不動處然實不動處猶在樞星之下今按樞星非不動但其動也微人所不見故以爲居其所耳北極者天官書云中宮天極星索隱引春秋合誠圖云北辰其星五在紫微中楊泉物理論云北極天之中然則極者中也辰者時也故公羊昭十七年疏引李巡云北極天心也居北方正四時謂之北辰孫炎云北極天之中以正四時謂之北辰是郭所本也然公羊以北辰與心伐同爲三大辰何休注迷惑不知東西者須視北辰以別心伐所在北辰大端指心小端指參爾雅不言參伐以北辰居中爲衆星所拱向也故文選長楊賦注引天官星占曰北辰一名天關關者極機之地總要之名也天官書謂之太一其一明者太一常居馬融謂之太極易繫辭釋文引文耀鉤謂之中宮大帝天官書索隱引

鄭氏謂之天皇大帝耀魄寶大宗伯疏引鄭注是皆北辰之異名也雖語出緯書理難徵信要以星精爲帝帝位應星爾雅言星以該帝緯書名帝以著星其義相通其實不異或以帝號星名二文乖舛以此致疑則陋矣

何鼓謂之牽牛今荆楚人呼牽牛星爲擔鼓擔者荷也

此申說牽牛之名以附列宿之後明星紀之牽牛即何鼓也恐人不識故復明之舊說以爲別於星紀之牽牛誤矣今驗牽牛三星牛六星天官書誤以牛星爲牽牛故以何鼓牽牛爲二星矣牟廷相曰牛宿其狀如牛何鼓直牛頭上則是牽牛人也詩云睆彼牽牛睆明星貌也何鼓中星最明舉頭即見而牛宿差不甚顯詩人觸景攄情不宜舍極明之何鼓而取難見之牛宿睆彼之詠謂何鼓不謂牛宿明矣毛傳取爾雅爲釋精當不移月令季春旦牽牛中仲秋昏牽牛中皆何鼓也凡舉中星不必皆正指其宿有仲春

弧建之例夏小正之織女南門亦其比也攷諸經典無名牛宿曰牽牛者天官書云牽牛爲犧牲其北何鼓葢星家失傳自此始今按牟氏此說足訂史記之誤何鼓亦名黃姑聲相轉耳郭云擔鼓擔者荷也擔荷說文作儋何今南方農語猶呼此星爲扁擔葢因何鼓三星中豐而兩頭銳下有儋何之象故因名焉自史記誤以何鼓牽牛爲二星釋爾雅者因之而誤故詩大東正義引李巡曰何鼓牽牛皆二十八宿名也孫炎曰何鼓之旗十二星在牽牛北故或名何鼓爲牽牛也繇註謬戾爾雅以何鼓牽牛爲一星如李孫之義則二星孫炎又以何鼓左右之旗強名爲何鼓斯皆失矣文選長楊賦注引星經曰牽牛神一名天關然則星紀之名葢以此

明星謂之啓明太白星也晨見東方爲啓明昏見西方爲太白

啓者說文云開也通作啟詩大東傳曰日且出謂明星爲啟明日旣入謂明星爲長庚正義引孫炎曰明星

太白也晨出東方高三舍命曰啟明昏出西方高三舍命曰太白天官書索隱引韓詩云太白晨出東方爲啟明昏見西方爲長庚是皆孫郭義所本也太白一名大囂覬歖其謂之明星者詩明星有爛明星煌煌是也启明又曰開明大戴禮四代篇云東有開明避漢諱改也此釋五星之異名餘四星不言者略之廣雅則詳矣

彗星爲欃槍亦謂之孛言其形孛孛似掃彗

彗者說文云埽竹也或从竹作篲釋名云彗星光稍似彗也孛星星旁氣孛孛然也天官書正義云天彗者一名埽星本類星末類彗小者數寸長長或竟天而體無光叚日之光故夕見則東指晨見則西指若日南北皆隨日光而指一切經音義二引孫炎曰妖星也四曰彗按彗春秋作孛凡三見文十四年有星孛入于北斗公羊傳孛者何彗星也穀梁傳孛之爲言猶茀也昭十七年有星孛于大辰西及漢左傳彗

所以除舊布新也哀十三年有星孛于東方公羊傳其言于東方者何見于旦也欃槍者開元占經八十五引孫炎云欃槍妖星別名也天官書云歲星之精生天棓彗星天欃天槍天文志云欃槍棓彗雖異其姎一也是史記漢書俱以彗星欃槍爲非一星與爾雅異孫炎注四曰彗本漢志

奔星爲彴約流星

奔星者天文志云彗孛飛流張晏注飛流謂飛星流星也孟康注飛絕迹而去也流光迹相連也然則飛流有異郭以奔星即流星者流奔雖有遲速大小之異其類則同故占經七十一引爾雅舊注云流星大而疾曰奔是也彴者說文約也占經引舊注云彴便窕切釋文作彴蒲博步角皮約二反約如字又於詔反又音握按彴約猶爆爍竝字之疊韵蓋言奔星急疾之狀耳

星名按經星二十有八爾雅止記十七其末及者北方則須女也危也西方則胃也觜觽

也參也南方則東井也輿鬼也七星也張也翼
也軫也十有二次止言其九其未及者則實沈
也鶉首也鶉尾也五星止言其一其未及者則
歲星也熒惑也塡星也辰星也蓋爾雅釋六藝
之文文有不備可類推也又如月令所載二十
六星益以建弧而無箕昴鬼張史記麻書備二
十八星之號有建罰狼弧而無斗觜井鬼是則
爾雅之不備非缺脫也鄭樵疑爲簡編之失非
矣獨淮南天文及漢書麻志所載二十八宿與
今世無異蓋舊有此名也至於分野之說亦
家所傳不知所自起周禮保章氏以星土辨九
州之地所封封域皆有分星以觀妖祥鄭衆說
星土以春秋傳曰參爲晉星商主大火國語曰
歲之所在則我有周之分野之屬是也鄭注云
大界則曰九州州中諸國中之分域於星亦有
分焉其書亾矣堪輿雖有郡國所入度非古數
也今其存可言者十二次之分也星紀吳越也
玄枵齊也娵訾衛也降婁魯也大梁趙也實沈

晉也鶉首秦也鶉火周也鶉尾楚也壽星鄭也大火宋也析木燕也此分野之妖祥主用客星彗孛之氣爲象按爾雅兼及彗星奔星意亦如此

春祭曰祠祠之言倉**夏祭曰礿**新菜可汋**秋祭曰嘗**嘗新穀**冬祭曰烝**進品物也

祠烝嘗礿祭也已見釋詁此以爲四時祭名也禮王制云天子諸侯宗廟之祭春曰礿夏曰禘秋曰嘗冬曰烝鄭注此蓋夏殷之祭名周則改之春曰祠夏曰礿以禘爲殷祭詩禴祠烝嘗于公先王大宗伯以祠春禴夏嘗秋烝冬享先王然則四時祭名蓋周公所定也說文云春祭曰祠品物少多文詞也礿夏祭也王制正義引皇氏云礿薄也春物未成其祭品鮮薄也春秋繁露云祠者以正月始食韭也礿者以四月食麥也嘗者以七月嘗黍稷也蒸者以十月進初稻也又云始生故曰祠善其司也夏約故曰礿貴所初

約也先成故曰嘗嘗言甘也畢熟故曰蒸蒸言衆也此皆釋其名與其義也詩正義引孫炎云祠之言食禴礿新菜可汋嘗嘗新穀烝進品物也郭注俱本孫炎

祭天曰燔柴既祭積薪燒之**祭地曰瘞薶**既祭埋藏之

燔柴者說文作㸑祡云燒祡㸑燎以祭天神按燔也柴也二事也大宗伯注三祀皆積柴實牲體焉或有玉幣燔燎而升煙是則燔以玉幣柴以牲體鄭衆注實柴實牛柴上是也亦謂之炮祭大祝辨九祭三曰炮祭鄭衆注炮祭燔柴也祭法云燔柴於泰壇祭天也大宗伯以禋祀祀昊天上帝以實柴祀日月星辰以槱燎祀司中司命飌師雨師皆天神之屬也瘞埋者亦兼牲玉而言詩晃鷺正義引李巡曰祭地以玉埋地中曰瘞埋孫炎曰瘞者翳也既祭翳藏地中禮運注云埋牲曰瘞李巡舉玉康成舉牲實則瘞薶之中兼包二義故鄭於司巫注云瘞謂若祭地祇有埋牲玉者也祭法云瘞埋於泰折祭地也大宗伯注祭

山林曰埋又云不言祭地
此皆地祇祭地可知也

祭山曰庪縣或庪或縣置之於山山海經曰縣以吉玉是也**祭川曰浮沈**投祭水中或浮或沈

庪縣者覲禮云祭山丘陵升賈疏引爾雅而申之云
升即庪縣也公羊僖卅一年疏引李巡曰祭山以黃
玉及璧以庪置几上遙遙而眂之若縣故曰庪縣孫
炎曰庪縣埋於山足曰庪埋於山上曰縣按大宗伯
注祭山林曰埋如孫炎說則庪縣即是埋如李巡說
則庪爲皮置李說是也爾雅與周禮不同鄭志荅張
逸問已言之矣詩釋文庪本或作庋又作攱今按
亦僞作祈考工記玉人注祈沈以馬釋文引小爾雅
曰祭山川曰祈沈祈九委反與庪同音則祈即庪也
鄭注本用爾雅今小爾雅亦無此文恐誤引耳浮沈
名覲禮云祭川沈賈疏云不言浮亦文略也公羊疏
引孫炎云置祭於水中或浮或沈故曰浮沈邵氏正

義以爲祭川並用牲玉故或沈或浮金鶚求古錄駁之云據周官小子凡沈辜侯禳飾其牲鄭司農注沈謂祭川是沈以牲不以玉也左傳之沈玉非祭禮見襄十八昭廿四定三年史記河渠書所言非周制也

祭星曰布布散祭於地祭風曰磔今俗當大道中磔狗云以止風此其象

祭星者蓋爲壇祭之祭法云幽宗祭星也鄭注宗當爲禜字之誤也幽禜亦謂星壇也星以昏始見禜之言營也布者釋文引李巡曰祭星者以祭布露地故曰布孫炎曰旣祭布散於地似星辰布列也按辰字從公羊疏增埤雅廿引釋名云祭星曰布布取其象之布也今釋名無按封禪書有諸布諸嚴諸逑之屬索隱引爾雅或云諸布是祭星之處淮南氾論篇云羿除天下之害而死爲宗布高誘注羿堯時諸侯有功於天下故死託於宗布或曰司命傍布也按司命是星名祭星之布義或本此羿死而爲宗布蓋猶傳說騎箕尾爲列星矣○磔者說文云辜也按辜卽疈辜也祭風者左氏昭元年傳雪霜風雨之不時於是乎禜之是古有

祭風之禮也大宗伯以槱燎祭飌師蕬磔牲體而燔燎之公羊僖卅一年疏引李巡曰祭風以牲頭蹏及皮破之以祭故曰磔孫炎云旣祭披磔其牲以風散之郭云磔狗以止風者大宗伯注鄭衆云罷辜披磔牲以祭若今時磔狗祭以止風封禪書云磔狗邑四門以禦蠱菑索隱引風俗通云殺犬磔禳也按淮南萬畢術云黑犬皮毛燒灰揚之止天風然則磔狗祭風蓋古遺法秦風磔狗禦蠱當亦祭風之意易蠱象云山下有風蠱也

是禷是禡師祭也 師出征伐類於上帝禡於所征之地

禷者說文云以事類祭天神書云肆類于上帝詩皇矣正義引尙書夏侯歐陽說以事類祭之天位在南方就南郊祭之周禮肆師注類禮依郊祀而爲之引大傳曰柴于上帝然則類者以類於郊祀而名也然小宗伯云四類亦如之鄭衆注四類三皇五帝九皇六十四民咸祀之鄭注四類日月星辰小宗伯又云

凡天地之大裁類社稷宗廟則爲位鄭注類者依其正禮而爲之是凡祭皆有類惟類於上帝爲尊耳類爲師祭者王制云天子將出征類乎上帝是也禡者說文云師行所止恐有慢其神下而祀之曰禡引周禮曰禡於所征之地詩序云桓講武類禡也皇矣傳於內曰類於野曰禡王制注禡師祭也爲兵禱其禮亦亾按公羊莊八年傳出曰祠兵何休注將出兵必祠於近郊是祠兵卽禡祭古禮猶未亾也禡僭作貉肆師云祭表貉則爲位鄭注貉師祭也貉讀爲十百之百於所立表之處爲師祭造軍灋者禱氣勢之增倍也其神蓋蚩蚘或曰黃帝又甸祝云掌表貉之祝號杜子春讀貉爲百爾所思之百書亦或爲禡貉兵祭也甸以講武治兵故有兵祭引詩及爾雅然則禡本兵祭因田獵習兵故亦依倣爲之實則禡宜於所征之地也

旣伯旣禱馬祭也伯祭馬祖也將用馬力必先祭其先

伯者詩吉日傳伯馬祖也重物愼微將用馬力必先爲之禱其祖禱禱獲也按禱說文作禂云禱牲馬祭也甸祝云禂牲禂馬杜子春云禂禱也爲馬禱無疾爲田禱多獲禽牲引詩及爾雅爲釋然則詩之既伯是爲馬祭郎甸祝禂馬是也詩之既禱乃爲獲禽郎甸祝禂牲是也爾雅主爲釋詩當云伯馬祭也禱禽祭也今壹不言直云馬祭也者以馬爲重故特釋之不言禱禽略可知也此與釋訓徒御不驚輦者也文義正同彼以輦者釋徒不釋御亦略之

禘大祭也五年一大祭

禘者說文云諦祭也引周禮曰五歲一禘本禮緯文也公羊文二年傳五年而再殷祭何休注以爲五年禘也按禘之名古多異說有時祭之禘則王制云春曰礿夏曰諦祭義云春禘秋嘗鄭注竝以爲夏殷禮也有殷祭之禘則詩序云雝禘大祖也鄭箋禘大祭也大於四方而小於祫又有郊祭之禘亦詩序云長

發大禘也鄭箋大禘郊祭天也祭法云有虞氏禘黃帝而郊嚳鄭注此禘謂祭昊天於圜丘也魯語韋昭注同金鶉禘祭考云禘祭有七圜丘之祭爲最大爾雅所謂大祭蓋主圜丘之禘故在釋天篇中孫炎郭璞皆以禘爲五年一大祭非也孫注見王制正義引按王制正義引鄭禘祫志云閔公之喪僖三年禘禧六年祫僖八年禘凡三年喪畢新君二年爲祫新君三年爲禘閔公二年五月吉禘于莊公則祫當在吉禘之前是鄭據禮緯三年祫五年禘之文以正魯禮之非故王制注魯禮三年喪畢而祫於太祖明年春禘於羣廟自爾之後五年而再殷祭一祫一禘此鄭據魯禮云然耳非通義也實則魯禘非禮春秋書之皆以示譏杜預不知此意見經所書便以爲禮故僖八年禘于太廟注云禘三年大祭之名此妄說也王制正義曲殉杜說以爲祫郎禘也尤謬

繹又祭也祭之明日尋繹復祭**周曰繹**春秋經曰壬午猶繹**商曰肜**書曰高宗肜日

夏曰復胙未見義所出

禘之名四代所同繹則三代異名繹者釋詁云陳也方言云長也白虎通封禪篇云繹繹者無窮之意也是繹取尋繹不絕故曰又祭詩絲衣序繹賓尸也鄭箋繹又祭也天子諸侯曰繹以祭之明日卿大夫曰賓尸與祭同日知繹以明日者春秋宣八年經云辛巳有事于大廟仲遂卒于垂壬午猶繹然則辛巳壬午正得二日故公羊傳繹者何祭之明日也詩正義引李巡曰繹明日復祭曰又祭左傳正義引孫炎曰祭之明日尋繹復祭也何休注禮繹祭昨日事但不灌地降神爾禮器云爲祊乎外鄭注祊祭明日之繹祭也謂之祊者於廟門之旁因名焉有司徹注天子諸侯明日祭於祊而繹是皆繹之禮與其地也釋文繹或作襗字書爲鐸鐸二字竝俗作○知周曰繹者絲衣言繹繹列於周頌春秋書繹猶秉周禮郊特牲云繹之於庫門內孔子曰失之矣蓋亦譏時人也○肜者融之叚音也書云高宗肜日絲衣箋商謂之肜釋

文彤作融是也釋詁融長也方言融與繹俱訓長是融繹義同詩正義引孫炎曰彤者亦相尋不絶之意公羊注彤者彤彤不絶是皆以彤爲融故左氏隱元年傳其樂也融融文選思玄賦作彤彤李善注融與彤古字通也○夏曰復胙者絲衣箋及公羊注引爾雅竝無此句徐彥疏云諸家爾雅悉無此言故不引之然則此句獨郭本有之也釋文胙本作昨又音祚

祭名

春獵爲蒐搜索取不任者**夏獵爲苗**爲苗稼除害**秋獵爲獮**順殺氣也**冬獵爲狩**得獸取之無所擇

四時之田通謂之獵何獵者捷也蔡邕月令章句云獵者捷取之名也說文獵畋獵也逐禽也釋言云獵虐也蒐者當作搜穀梁桓四年釋文云蒐麋氏本又作搜是也搜訓求故以爲搜索取禽之名或作獀祭

義獀狩鄭注春獵爲獀獀卽搜之叚借矣○苗者左氏隱五年正義引大司馬注鄭解苗田言擇取不孕任者若治苗去不秀實者孫炎亦然是鄭孫義同爾雅舊注以爲爲苗除害其義疏矣○獮者釋詁云殺也說文作獮云秋田也左傳釋文引亦同爾雅釋文又引作從薾或作禰從示並非也說文獮从璽聲古讀若徙轉爲息淺反非古音矣因息淺之音遂改說文从薾以就其讀玉篇又出獼字亦作禰今按作禰是也說文徐鍇本示部云禰秋畋也从示爾聲與犬部從璽聲者音近義同獮或作禒从豕與璽聲亦近可知从薾者非○狩者說文云犬田也按冬寒雪下獸肥草枯功狗在蹏便於馳逐詩言從公于狩又云載獫歇驕是冬田用犬也段注犬田改爲火田恐未然也周語云狩于畢時夏小正云十一月王狩是狩以仲冬也謂之狩者詩叔于田及伐檀正義引李巡曰冬圍守而取禽無所擇也左氏隱五年傳春蒐夏苗秋獮冬狩杜預注蒐索擇取不孕者苗爲苗除害也獮殺也以殺爲名順秋氣也狩圍守也冬物畢成

獲則取之無所擇也正義引爾雅四時獵名與此同說者皆如此注故杜依用之據此知杜依爾雅舊注郭亦然也經典言此四獵多有異文周語云蒐於農隙獮於既烝狩於畢時既闕苗名公羊桓四年傳春曰苗秋曰蒐冬曰狩又闕夏田穀梁傳春曰田夏曰苗秋曰蒐冬曰狩雖具諸名文復參差獨周禮大司馬及隱五年左傳與爾雅合又詩車攻云駕言行狩復云之子于苗苗狩互見春秋屢書蒐狩不言苗獮偏闕二文禮玉藻云惟君有黼裘以誓省鄭注省當爲獮獮秋田也經典所言略備於此矣

宵田爲獠獠管子曰獠獵畢弋今江東亦呼獵爲獠音遼或曰卽今夜獵載鑪照也

火田爲狩放火燒草獵亦爲狩

此釋非時之田也獠者說文云獵也不云宵田詩伐檀箋宵田曰獵不言爲獠許鄭二君以互見爲文也詩火烈具舉正義曰此爲宵田故持火炤之伐檀正義引郭注云獠猶燎也今之夜獵載鑪照者也江東

亦呼獵爲獠管子曰獠獵畢弋較今本郭注文義爲長所引管子四稱篇文也爾雅釋文獠或作燎獠獵聲轉義同故鄭引獠即作獵矣○狩者與冬獵同名故郭云亦也火田者王制云昆蟲未蟄不以火田周禮羅氏蜡則作羅襦鄭注今俗放火張羅其遺教買疏云漢之俗間在上放火於下張羅承之以取禽獸春秋桓七年二月焚咸丘杜預注焚火田也譏盡物正義引李巡孫炎皆云放火燒草守其下風今按火田非古也夏官春蒐已言火弊王制畢蟄乃以火田因知爾雅此語蓋亦後人所增何以明之昆蟲雖蟄么麿之屬半匿草根淺土休息隨陽今烈焰焚燒聚族殲旃仁人用心當不若是詩言火烈具阜春秋書焚咸丘左傳鋌四田於大陸焚焉三者皆譏淫獵孔子垂教不弋宿鳥周公作法乃容火田禮經漢儒所傳恐有增飾康成注經以放火張羅爲漢俗可知斯事不起於古矣

乃立冢土戎醜攸行冢土大社戎醜大衆起大事動大衆必先有

事乎社而後出謂之宜有事祭也周官所謂宜乎社

冢戎釋詁云大也醜衆也此釋詩緜篇文冢土大社毛傳文也天子之社謂之大社祭法云王爲羣姓立社曰大社是也起大事動大衆必先有事乎社而後出者緜正義引孫炎曰大事兵也有事祭也知兵爲大事者左氏成十三年傳云國之大事在祀與戎是也春秋書有事于大廟鍹入有事于武宮昭十五年皆謂祭事故知祭爲有事也謂之宜者緜正義曰兵凶戰危慮有負敗祭之以求其福宜故謂之宜孫炎曰宜求見使祐也書正義引作求見福祐也禮記正義引作求使宜也周禮大祝云大師宜乎社又云設軍社鄭衆引春秋傳曰君以師行祓社釁鼓祝奉以從賈疏云宜祭於社即將社主行是也

振旅闐闐振旅整衆闐闐羣行聲出爲治兵尚威武也幼賤在前貴勇力入爲振旅反尊卑也尊老在前復常儀也

旅者釋詁云衆也振者整齊之意詩采芑箋振猶正也闐者說文云盛皃闐闐蓋師旅整嚴之象出爲治兵入爲振旅者春秋莊八年公穀傳文但公羊治兵作祠兵祠即治也故采芑箋引傳仍作治兵矣何休注謂祠祭失之云尚威武反尊卑也者詩正義引孫炎曰出則幼賤在前貴勇力也入則尊老在前復常法也是郭所本又按大司馬云中春教振旅中秋教治兵蓋春主農事故以入言秋尚威武故以出言是爲二時習戰之名也左氏隱五年傳三年而治兵入而振旅又爲三年習戰之名也穀梁以治兵振旅爲習戰公羊亦云其禮一也皆習戰也公穀之義與爾雅合

講武

素錦綢杠以白地錦韜旗之竿纁帛縿纁帛絳也縿衆旒所箸素陞龍于縿畫白龍於縿令上向練旒九練絳練也飾以組用綦組飾旒之邊維以縷縷用朱維

連持之不欲令曳地周禮曰六人維王之大常是也

此釋龍旂之制也錦者說文云襄邑織文綢者檀弓云綢練鄭注以練綢旌之杠郎引此文但彼喪葬所用故綢以練此吉事所用故綢以錦也綢皆讀若韜謂纏縣之也杠者釋文引廣雅云天子之杠高九仞諸侯七仞卿大夫五仞士三仞纁者絳也帛者繒也大宗伯注帛如今璧色繒也明堂位注引此文帛作白纁白縿者言以絳色及白繒爲縿也縿者說文以爲旌旗之斿葢旒所箸處故詩干旄正義引孫炎曰爲旒於縿按巾車注正幅爲縿斿則屬焉賈疏正幅爲縿爾雅文又覲禮疏爾雅說旌旗云正幅爲縿據此二文可知爾雅今本葢脫去四字也云素陞龍于縿者明堂位注引陞作升覲禮侯氏裨冕疏引白虎通云禮記曰天子乘龍載大旗象日月升龍傳曰天子升龍諸侯降龍按司常云交龍爲旂鄭注諸侯畫交龍一象其升朝一象其下復也據此則升龍者畫一龍降龍者畫二龍也爾雅綢杠升龍皆用素葢旂

從殷制商頌所言龍旂十乘必是白色賈公彥司常疏引此以爲施於喪葬之期非無見也練者說文云湅繒也經典說練皆純素郭注絳練非也郭意蓋以周人尚赤據司常注九旗之帛皆用絳因以此練爲絳練耳然司常是周制爾雅練旒白明是殷制何可同也旒者當作流說文游旇竝云旌旗之流也爾雅釋文旒經典亦作流是也又引廣雅天子十二旒至地諸矦九旒至軫卿大夫七旒至轂士三旒至肩然則練旒九九者必是殷制與周不同周制天子十二旒亦不容九旒矣組者說文綬屬詩素絲組之箋以素絲縷縫組於旌旗以爲之飾蓋本此爲說也是組用素郭云綦組亦非據釋文綦本亦作纂說文纂似組而赤以此注上下推之知郭本綦必作纂矣維者持之也縷者綫也周禮節服氏六人維王之大常鄭注維維之以縷王旌十二旒兩兩以縷綴連旁三人持之禮天子旌曳地詩正義引孫炎曰維持以縷不欲其曳地然則組飾其上縷持其旁以詩素組準之知縷亦當用素箋云素絲爲縷是矣郭云朱縷非也

緇廣充幅長尋曰旐帛全幅長八尺繼旐曰旆帛續旐末爲燕尾者義見詩

旐者說文云龜旐四斿以象營室游游而長引周禮曰縣鄙建旐本司常及輈人文也釋名云旐兆也龜知氣兆之吉凶建之於後察度事宜之形兆也緇者帛黑色也公羊宣十二年疏引孫炎云緇黑繒也云廣充幅長尋者充終也布幅廣二尺二寸帛幅廣二尺四寸然則旐之制以緇帛廣二尺四寸長八尺爲之也公羊注緇作繒云繒廣充幅長尋曰旐恐誤也旐畫龜蛇屬北方宿是當以黑爲主檀弓云設旐夏也然則旐從夏制知色尚黑矣鄭注用爾雅而云旌之旐緇布廣充幅長尋曰旐於緇上增旌之旐三字緇下增布字葢以設旐與設披設崇其字同類故釋旐爲旌旐之旐非爾雅之義○旆者說文云繼旐之旗也沛然而垂釋名云白旆殷旌也以帛繼旐末也公羊疏引孫炎云帛續旐末亦長尋詩云帛旆英英是也郭云帛續旐末爲燕尾者公羊注繼旐如燕尾曰旆不言用帛釋名云雜帛爲旆以雜色綴其邊爲燕

尾也將帥所建象物雜也然則旆亦雜色爲之不專用白矣郭云義見詩者六月傳白旆繼旐者也按白與帛古字通故知帛續旐末矣詩正義及釋文旆俱作茷茷釋文茷本又作旆蒲貝反繼旐曰茷左傳云蒨茷是也按茷假借字

注旄首曰旌載旄於竿頭如今之幢亦有旒

旌者說文云游車載旌⿰文司常析羽注旄首所以精進士卒釋名云析羽爲旌旌⿰常赤⿰文司旌精也有精光也又云綏有虞氏之旌也注旄竿首其形燊燊然也以綏爲有虞氏旌本明堂位文鄭注注旄牛尾於杠首所謂大麾詩干旄正義引李巡曰旄牛尾著干首孫炎曰析五采羽注旄上也其下亦有旒縿然則旌者其上有旄其下有羽爾雅不言羽者疑有虞氏惟竿首注旄其形綏綏因謂之綏至周加文析采羽爲飾故周禮夏采注綏以旄牛尾爲之綴於幢上所謂注旄於干首者是鄭亦以注旄首爲即有虞氏之綏且爾雅

旂用殷制旐用夏制則旌宜用有虞之制也許君說旌云析羽注旌首蓋以周制兼虞制言爾雅不言析羽無妨專言有虞之制也夏采序官注謂有虞氏巳以夏翟羽爲緌恐未然也郭云載旄於竿頭如今九幢者釋言注今之羽葆幢是矣

有鈴曰旂（縣鈴於竿頭畫交龍於旒）

此覆說旂事也鈴者說文云令丁也旂有鈴者說文旗有衆鈴以令衆也其鈴所在之處則詩載見傳鈴在旂上公羊宣十二年疏引孫炎曰鈴在旂上旂者畫龍詩正義引李巡曰以鈴著旐端郭注以爲縣鈴竿頭似失之也又此此上文說旂之制不言有鈴知鈴乃周制且此下旟旐亦皆周制也必知鈴周制者詩言龍旂陽陽和鈴央央周頌文也

錯革鳥曰旟（此謂合剝鳥皮毛置之竿頭卽禮記云載鴻及鳴鳶）

旟者說文云錯革畫鳥其上所以進士衆旟旟衆也引周禮曰州里建旟司常文也輈人云鳥旟七斿以象鶉火也詩六月傳鳥章錯革鳥爲章也箋云鳥隼之文章正義引孫炎曰錯置也革急也畫急疾之鳥於縿也鄭志荅張逸亦云畫急疾之鳥隼是則孫義本於鄭也公羊宣十二年疏引李巡云以革爲之置於旒端其說又異李巡之意蓋以司常但云鳥隼爲旟爾雅亦止云錯革皆不言畫故云以革爲之置於旒端此郎郭義所本但旒端與竿頭異耳郭注合字未安汪氏中校定本據隨書禮儀五作全字是矣御覽三百四十引爾雅舊注云刻爲革鳥置竿首也與郭注剝鳥皮毛又復不同參考諸家之說當以孫炎爲長郭義爲短郭又引曲禮云載鴻及鳴鳶者其意亦謂載當載其皮毛

因章曰旃以帛練爲旒因其文章不復畫之周禮云通帛爲旃

旃者說文云旗曲柄也所以旃表士衆引周禮曰通帛爲旃或从亶作旜司常云孤卿建旜釋名云旃戰

也戰戰恭已而已也通以赤色爲之無文采三孤所建象無事也司常注云通帛謂大赤從周正色無飾又云孤卿不畫言奉王之政敎而已按因章者謂因帛之色以爲章不加文飾故司常謂之通帛爾雅謂之因章左氏僖廿八年正義引孫炎曰因其繒色以爲旗章不畫之是也又按爾雅釋文引世本云黃帝作旃是旃起於黃帝其時葢用黃色至周尙赤始用絳帛以此推之知因章鏴革二條俱從周制也又文選西京賦薛綜注引爾雅曰熊虎爲旗今爾雅無之

旌旂

爾雅郭注義疏中之四

孫男聯蓀 伯愷
　　　徽近垣 校字

爾雅郭注義疏中之五

棲霞郝懿行學

釋地弟九

地者，說文云元气初分輕清陽爲天重濁陰爲地萬物所陳列也釋名云地者底也其體底下載萬物也亦言諦也五土所生莫不審諦也白虎通云地者易也言養萬物懷任交易變化也釋文引張顯古今訓云土乙力爲地許愼注淮南子云地麗也物理論云地底也著也陰體下著禮統云地施也諦也應變施化審諦不誤按大司徒云以天下土地之圖周知九州之地域廣輪之數辨其山林川澤丘陵墳衍原隰之名物此篇所釋自九州以訖四極其閒陵藪異名原野異勢五方異氣莫不備載下篇釋丘釋山釋水皆地之事故總曰釋地

兩河閒曰冀州 自東河至西河

冀者說文云北方州也釋名云冀州取地以爲名也其地有險有易帝王所都亂則冀治弱則冀強荒則冀豐也釋文引李巡云兩河閒其氣清厥性相近故曰冀冀近也按職方云河內曰冀州此云兩河閒者卽兩河之內也言東河西河不言南河者以豫州見之又古以冀爲中州之通名穀梁傳云鄭同姓之國也在乎冀州淮南覽冥篇注冀九州中謂今四海之內大荒北經注冀州中土也竝與爾雅義異

河南曰豫州自南河至漢

豫者釋詁云安也釋名云豫州地在九州之中京師東都所在常安豫也釋文引春秋元命苞云豫之言序也言陽氣分布各得其處故其氣平靜多序也又引李巡云河南其氣著密厥性安舒故曰豫豫舒也按禹貢豫州以荊河爲界爾雅豫州以漢水爲界知者以下文漢南曰荊州荊在漢南明豫在漢北矣郭云自南河至漢公羊莊十年疏引孫氏郭氏皆云自東河至西河之南曰豫州與今本郭注異

河西曰雝州自西河至黑水

雝者邕之叚借說文作邕隸作雍釋名云雍州在四山之內雍翳也釋文云雍者擁也東崤西漢南商於北居庸四山之內擁翳也李巡云河西其氣蔽壅厥性急凶故曰雍雍壅也又引太康地記云雍州兼得梁州之地西北之位陽所不及陰氣壅閼故取名焉按周禮及爾雅皆無梁州則雍州兼有梁州之地也禹貢雍梁皆西界黑水故郭據以爲言

至漢改雍梁爲益州今其地則四川也

漢南曰荆州自漢南至衡山之陽

說文云荆楚木也釋名云荆州取名於荆山也必取荆爲名者荆警也南蠻數爲寇逆其民有道後服無道先彊常警備之也邢疏引李巡云漢南其氣燥剛稟性強梁故曰荆荆強也按禹貢荆州言荆及衡陽爾雅言漢南者衡陽舉其南界漢南舉其北界也漢北卽豫州界

江南曰揚州自江南至海

楊者釋名云楊州之界多水水波揚也釋文引太康地記云以楊州漸太陽位天氣奮揚履正含文明故取名焉禹貢正義引李巡云江南其氣燥勁厥性輕揚故曰揚揚輕也案禹貢言淮海惟楊州公羊疏引鄭注楊州界自淮而南至海以東也爾雅變淮言江者明楊徐二州以江爲界江南爲楊州即知江北爲徐州矣郭云自江南至海公羊疏引孫氏郭氏曰自江至南海也蓋至南二字誤倒當以今本爲是

濟河閒曰兖州自河東至濟

濟兖說文作泲沇云泲沇也東入于海沇水出河東東垣王屋山東爲泲釋名云兖州取兖水以爲名也類聚六引春秋元命苞曰兖之言端也按兖州界東南據濟西北據河是在濟河閒也釋文及公羊疏引李巡云濟河閒其氣專質厥性信謹疏書弨証議假謙刪故曰兖兖信也

濟東曰徐州自濟東至海

徐州者，釋文引太康地記以爲取徐丘爲名。釋名云：徐，舒也，土氣舒緩也。公羊疏引李巡曰：濟東至海，謂義引作淮濟闕三字其氣寬舒，稟性安徐；徐，舒也。又引孫炎，與郭注同。按禹貢徐州界東至海，北至岱，南至淮。爾雅舉濟東爲言者，殷仍夏制，徐兗二州以濟爲界，濟西爲兗，東爲徐也。至周幷徐於青，與夏殷異。太康地記周合其地於青州是矣。

燕曰幽州自易水至北狄

燕，說文作郾，云地名。釋名云：燕，宛也，北方沙漠平廣，此地在涿鹿山南，宛宛然以爲國都也。幽州在北幽昧之地也。釋文引李巡云：燕其氣深要，厥性剽疾，故曰幽。幽，要也。又引太康地記以爲因於幽都爲名，或云北方太陰，故以幽冥爲號，二者相依也。按職方云：東北曰幽州，正北曰幷州。禹貢合幽於冀，爾雅合幷

於幽公羊疏引孫郭竝云自易水至北狄也據職方涞易幷州川浸昭余祁幷州澤藪爾雅十藪燕有昭余祁此注易水屬燕是皆幷合於幽之證

齊曰營州自岱東至海此蓋殷制

齊者以天齊淵水而得名史記封禪書云齊所以爲齊以天齊也集解蘇林曰當天中中齊索隱引解道彪齊記云臨菑城南有天齊泉五泉並出有異於常言如天之腹臍也釋名云齊齊也地在勃海之南勃齊之中也營州者釋名云古有營州齊衞之地於天文屬營室取其名也公羊疏引李巡曰齊其氣清舒受性平均故曰營營平也今爲青州又引孫郭竝云自岱東至海本禹貢青州界而言也釋文營者蓋取營丘以爲號引博物志云營與青同海東有青丘齊有營丘豈是名乎按說苑辨物篇本爾雅作齊曰青州是營卽青矣禹貢正義引漢末公孫度據遼東自號青州刺史以爲堯時青州當越海而有遼東也舜爲十二州分青州爲營州營州卽遼東其

說是矣郭云此蓋殷制者釋文引李郭同詩周南召南譜正義引孫炎曰此蓋殷制禹貢有梁青無幽營周禮有幽幷無徐營是孫炎以爾雅之文與禹貢周禮異故疑爲殷制今按十藪多異職方疑亦殷制

九州 九州之制或云起於黃帝顓頊尚書獨載堯以來說文云水中可居曰州周遶其旁从重川昔堯遭洪水民居水中高土故曰九州詩曰在河之州一曰州疇也各疇其土而生之是則九州之名蓋起於堯矣釋名云州注也郡國所注仰也禹貢序釋文引春秋說題辭云州之言殊也王制注云州猶聚也爾雅所釋則殷九州之疆域也逸周書大匡篇云三州之侯咸率程典篇云文王合六州之侯奉勤于商商頌云奄有九有毛傳九有九州也又云帝命式于九圍毛傳九圍九州也殷有九州皆其證

魯有大野 今高平鉅野縣東北大澤是也

釋名云魯鈍也國多山水民性樸魯也按爾雅魯兼徐兗二州之地故禹貢大野屬徐州職方屬兗州爾雅實兼二文也左氏哀十四年傳西狩於大野杜預注與郭同晉地理志鉅野屬高平國漢志屬山陽郡史記夏紀集解引書鄭注大野在山陽鉅野北名鉅野澤今按鉅亦大也元和郡縣志云大野澤一名鉅野在縣東五里南北三百里東西百餘里水經濟水注引何承天云鉅野湖澤廣大南通洙泗北連清濟舊縣故城正在澤中然則鉅野古縣因藪澤爲名也

晉有大陸今鉅鹿北廣河澤是也

釋名云晉進也又取晉水以爲名其水迅進也大陸者呂氏春秋有始覽及淮南墜形篇並云晉之大陸高誘注大陸魏獻子所游焚焉而死者是也水經清水注云脩武故甯也魏獻子田大陸還卒於甯大陸即吳澤矣魏土地記曰脩武城西北二十里有吳澤水陂南北二十許里東西三十里左氏定元年傳杜

預注云大陸疑卽吳澤陂近甯是鄭注本杜預以吳澤陂爲大陸其地在河內脩武今之獲嘉縣西北春秋時晉之境內左傳晉始啟南陽謂此地也呂覽淮南又云趙之鉅鹿高注以鉅鹿廣阿澤當之其地在今順德府鉅鹿任縣之閒乃趙之境內故別爲趙藪緣鉅鹿亦有大陸之名故郭注本孫炎遂以此爲晉藪誤矣水經濁漳水注又云自甯迄於鉅鹿出於東北皆爲大陸張聰咸曰脩武距鉅鹿南北千里鄭元欲聯爲一地乃以淇口當禹貢北過絳水之支故強爲牽合胡氏渭云淇口在黎陽西南距脩武二百餘里信如鄭言則河之所經當先大陸而後降水斥其無定見云云是矣孫炎郭璞所云廣阿澤者孫郭注同見左傳正義阿作河誤卽漢志尙書鄭注所指禹貢之大陸呂覽淮南所云趙之鉅鹿矣竝與此違

秦有楊陓今在扶風汧縣西

說文云秦伯益之後所封國地宜禾釋名云秦津也其地沃衍有津潤也楊陓者職方冀州藪曰楊紆注

云所在未聞雍州藪曰弦蒲注云在汧漢地理志右扶風汧北有蒲谷鄉弦中谷雍州弦蒲藪然則漢志所說與職方同鄭注甚明郭欲以職方之弦蒲當爾雅之陽陓參差不合其說非矣淮南墬形篇云秦之陽紆高誘注陽紆蓋在馮翊池陽一名具圃按左氏僖卅三年傳秦有具囿杜預不注其地如高誘說以具圃即具囿錢氏坫說文斠詮云今池陽爲西安府涇陽縣地並無高原大澤然則高注亦非矣淮南脩務篇云禹之爲水以身解於陽盱之河穆天子傳云至于陽紆之山河伯無夷之所都居然則陽紆陽盱聲雖相近而於爾雅之楊陓都亦無會邵氏正義說以有始覽云秦之陽華高注陽華在鳳翔或曰在華陰西以爲近之今按爾雅釋文陓郭烏花反則與華音相近似楊陓即陽華然鳳翔之名非高所得聞錢氏所謂後人附入者不足依據高引或說以爲在華陰西亦無的指難以取證後漢郡國志注於弘農郡華陰下引呂覽及高注於右扶風汧下引爾雅及郭注亦不以爲一地則邵氏亦失之釋文陓引孫於于反

本或作紆字非然則陽紆楊陓非一地明矣攷之諸書既多差舛按之職方又相抵互竊謂爾雅此義當如鄭君之闕疑不當如郭氏之誤注

宋有孟諸今在梁國睢陽縣東北

釋名云宋送也地接淮泗而東南傾以爲殷後若云滓穢所在送使隨流東入海也孟諸者禹貢作孟豬史記作明都漢志作盟諸職方作望諸鄭注望諸明都也左傳作孟諸與爾雅同諸豬聲同孟望明盟古聲近也元和郡縣志云宋州虞城縣孟諸澤在縣西北十里周迴五十里俗號盟諸澤晉地理志梁國睢陽春秋時宋都漢志故宋國微子所封禹貢盟諸澤在東北是郭所本也睢陽今之歸德府商丘縣也自宋末以來屢遭河決藪澤厓岸不可復識

楚有雲夢今南郡華容縣東南巴丘湖是也

雲夢者職方云荆州其澤藪曰雲瞢鄭注雲瞢在華容漢志華容雲夢澤在南荆州藪司馬相如子虛賦云楚有七澤一曰雲夢雲夢者方九百里是雲夢實一藪也經傳或分言者省文從便耳左氏昭三年傳王以田江南之夢杜預注楚之雲夢跨江南北是則夢亦雲也定四年傳楚子涉睢濟江入于雲中杜注入雲夢澤中是則雲亦夢也楚辭招魂篇云與王趨夢兮課後先王逸注夢澤中也楚人名澤爲夢中然則夢中猶雲中矣淮南墬形篇云南方曰大夢高誘注夢雲夢也地理志江夏郡有雲杜即禹貢之雲土土杜古字通然則雲土亦夢土矣雲土夢作乂史記夏紀及漢志竝變作雲夢土皆得禹貢之意各順文從便耳漢晉華容縣今爲荆州府監利石首二縣地郭云巴丘湖者太平寰宇記引宋永初山川古今記雲夢澤一名巴丘湖是也

吳越之閒有具區今吳縣南太湖即震澤是也

吳越者，釋名云：吳，虞也。太伯讓位而不就，歸封之於此，虞其志也。越，夷蠻之國，度越禮義，無所拘也。具區者，禹貢云震澤底定，職方云楊州其澤藪曰具區，漢地理志會稽郡吳具區澤在西，楊州藪，古文以爲震澤，是具區郎震澤。其地在吳，謂之吳越者，有始覽云吳之具區，墬形篇吳作越，高誘注具區在吳越之閒是矣。郭以太湖郎震澤者，水經沔水注引虞翻曰是湖有五道，故曰五湖。韋昭曰五湖今太湖也。尚書謂之震澤，爾雅以爲具區，方圓五百里。郭氏本之，而以太湖震澤爲一，非也。邵氏正義雖致疑難，終泥舊說，以爲吳越水鄉，濤湖汎決，川瀆難悉，此亦依違郭氏之失也。按避暑錄話云：孔氏以太湖爲震澤，非是。尚書傳震澤吳南太湖名周官九州有澤藪，有川有濅，楊州旣以具區爲澤藪，則震澤卽具區也。太湖乃五湖之總名耳。職方云其浸五湖凡言藪者，皆人資以爲利，而濅則但水之所鍾也。今平望八尺震澤之閒，水瀰漫而極淺，與太湖相接，而非太湖。積潦暴至，無以洩之，則溢而害田，所以謂之震。他州之澤無水暴至之患，則爲一名而已而具區與三江通塞爲利害故二名以別之據葉夢得言則知震澤與太湖相接而爲二太湖有隄漊之限震澤水極漫淺或溢而害田亦或隄而爲田與太湖純水者形勢自別葉氏生於宋代所見如此今烏程有震澤上下二鄉自上林軋村至南潯鎮皆是地濱太湖與葉氏所見無異頗疑邵氏吳越之人乃不能舍太湖而別指具區何歟至於湖澤增減古今異形顏真卿石柱記稱太湖周四萬八千頃視越絕書已廣一萬二千頃矣越絕太湖周三萬六千頃韋昭云方圓五百里今康熙間周八百餘里矣瀰康區熙卅駕八恭年紘太蓋積年衡敝隄岸變遷然震澤之非太湖東南人要可目驗而知也

齊有海隅　海濱廣斥

此釋營州之藪海隅者有始覽及墬形篇並云齊之海隅高注海隅猶崖也蓋近海濱墬形篇又云申池在海隅高注海隅藪也史記齊世家集解引左思齊都賦注曰申池在海隅齊藪也是皆本爾雅爲說但海

隅是大名申池是其閒小地名縣絡川原隹饒竹樹故左氏襄十八年傳焚申池之竹木文十八年傳公游于申池蓋地饒竹木足可娛遊杜預不據申池在海隅之文乃依京相璠說以齊南城西門名申門左右有池疑此爲是水涇淄水注反是杜而駁齊都賦注之非斯皆失矣今自登萊之黄縣掖縣以西歴青州之壽光樂安以東及武定之海豐利津以北延袤千餘里閒皆海隅之地管子所謂渠展之鹽左傳所云澤之萑蒲藪之薪蒸蓋胥於是在焉或疑十藪皆舉地名齊藪獨汎指海隅以斯致疑此又非也子虚賦言齊王畋於海濱與楚之雲夢對舉海濱即海隅且雲夢一藪猶方八九百里跨江南北況齊洋洋大風海隅之藪跨越數郡包絡千餘里何足異也子虚所稱列卒滿澤罘網彌山騖於鹽浦平原廣澤遊獵之地皆非虚語然則郭注以海濱廣斥爲言斯爲當矣張聰咸據胡氏渭禹貢錐指以管子渠展即爾雅海隅今以其説未備因復推廣之耳

燕有昭余祁 今太原鄔陵縣北九澤是也

此釋幽州之藪殷之幽州兼周之并州故職方并州其澤藪曰昭余祁鄭注昭余祁在鄔漢志太原郡鄔九澤在北是爲昭余祁并州藪郭注本此鄔陵陵字衍也有始覽作燕之大昭墜形篇作燕之昭余無祁字者省文耳今其地在太原府祁縣東七里水經汾水注鄔澤祁藪是也然則祁縣因藪爲名釋文祁孫本作底音之視反蓋叚借字作祁爲正

鄭有圃田 今滎陽中牟縣西圃田澤是也

釋名云鄭町也其地多平町町然也圃田者職方豫州藪於西周時在東都畿內故詩東有甫草鄭箋以爲圃田之草也眡經渠水注圃澤多麻黃草東遷以後屬於鄭故左氏僖卅三年傳鄭之有原圃杜預注以爲圃田澤是也元和郡縣志云圃田澤一名原圃在中牟縣西北七里其澤東西五十里南北二十六里西限長城東

極官渡上承鄭州管城縣界曹家陂又溢而北流爲
二十四陂按中牟今屬開封府漢屬河南郡晉屬滎
陽郡

周有焦護 今扶風池陽縣瓠中是也

釋名云周地在岐山之南其山四周也詩六月正義
引孫炎曰周岐周也焦護者詩作焦穫爾雅釋文穫
又作護水經沮水注云沮水東注鄭渠渠首上承涇
水於中山西邸瓠口所謂瓠中也爾雅以爲周
焦穫矣元和郡縣志云焦穫藪亦名瓠口郎鄭白二
渠也晉之扶風郡池陽縣今爲西安府三原縣也

十藪 說文云藪大澤也左氏襄廿五年正義引
李巡曰藪澤之別名也周禮冢宰注云澤
無水曰藪澤虞注云覬序水希曰藪是藪澤名
同而實異故冢宰云藪牧養蕃鳥獸左氏昭廿
年傳藪之薪蒸虞候守之然則藪者湊也薪蒸
鳥獸之所湊風俗通云藪厚也有草木魚鼈所

以厚養人也釋文其藪之名數則淮南本於呂覽無大野焦護而以趙之鉅鹿與晉之大陸竝稱說文本於職方其言九藪全襲彼文而青州孟諸雝州弦蒲幽州奚養冀州楊紆與爾雅乖違豈此之藪名爲從殷制而周有焦護非可預言疑殷有九州亦當九藪焦護一藪或後人所增今風俗通十藪之名雖與此同而非應劭舊本不足依據鄭注澤虞又云爾雅有八藪益復可疑賈疏曲爲之說以爲周秦同在雍州秦有楊紆周有焦護一州有二故言十爾雅除畿內一州而言故云八其說亦未可信且八藪之名未聞其審今亦無以言焉闕之可也

東陵阠南陵息愼西陵威夷中陵朱滕北陵西隃鴈門是也卽鴈門山也

陵者說文云大𨸏也東陵者禹貢有其名漢志廬江郡金蘭西北有東陵鄉又元和郡縣志東陵山在章

正縣南二十八里引莊子駢拇篇云盜跖死利於東陵之上是又一東陵也但東陵雖有二處夙字遂不見所出至於息愼朱勝亦猶是焉威夷者文選西征賦云登峭坂之威夷李善注引韓詩曰周道威夷薛君曰威夷險也按威夷漢志作郁夷屬右扶風雖地可言西然未必便是西陵潘賦以威夷連峭坂爲言與地志又復乖異李善注所引亦非也西險者史記作先俞趙世家云反巠分先俞於趙集解徐廣曰爾雅西隃鴈門是也正義曰西先聲相近葢陘山西隃二山之地並在代州鴈門縣皆趙地也又謂之隃穆天子傳云乃絕隃之關隥郭注謂北陵西隃鴈門山也北山經注鴈門山卽北陵西隃鴈門之所出因以名云郭氏二注竝與此合

鴈門山在今代州東北

陵莫大於加陵 今所在未聞

加陵者風俗通云國語周單子會晉厲公於加陵引爾雅曰陵莫大於加陵言其獨高厲也淮南人間篇

云晉厲公合諸侯於嘉陵按周語云柯陵之會韋昭注柯陵鄭西地名也盟於柯陵在魯成十七年然則柯陵即加陵加嘉古聲同嘉柯聲借也韋注柯陵在鄭西今未聞其審

梁莫大於溴梁溴水名梁隄也

溴梁者溴是水名梁其隄也左氏襄十六年會于溴梁杜預注溴水出河內軹縣東南至溫入河水經濟水注溴水出原城西北原山勳掌谷俗謂之爲白澗水引爾雅而云梁水隄也溴水又南注於河公羊襄十六年疏引孫炎曰梁水橋也郭云隄者釋宮云隄謂之梁梁陵同類故列於八陵

墳莫大於河墳墳大防

釋厓岸云墳大防方言云墳地大也郭注即大陵也鮑照蕪城賦稱三墳此言河墳詩言汝墳及言淮墳三墳之中河墳爲大故獨在八陵胡氏禹貢錐指以漢河隄謂爲金隄者當之金隄在今濬縣但本是人

所爲恐非也錢氏坫釋地注今蒲州府榮河縣是其地漢之汾陰脽也引水經注曰長阜背汾帶河長四五里廣二里餘高十丈然則爾雅河墳必謂此矣

八陵

東方之美者有醫無閭之珣玗琪焉醫無閭山名今在遼東珣玗琪玉屬

職方幽州其山鎭曰醫無閭鄭注醫無閭在遼東賈疏云目驗知之漢光武十三年以遼東屬青州二十四年還屬幽州漢地理志遼東郡無慮應劭曰慮音閭是無慮卽無閭楚辭遠遊篇云夕始臨乎於微閭王逸注東方之玉山也引爾雅爲釋醫無閭作於微閭語聲之轉也墜形篇作醫毋閭釋文醫李本作毉玆聲俗字也珣玗琪者說文云周書所謂夷玉也書顧命釋文夷玉馬云東夷之美玉正義引鄭云夷玉東北之珣玗琪也是馬鄭許玆依爾雅爲言邵氏正義云今大淩河有錦川石美者瑩潤如玉大者可作

凡醫無閭山在今錦州府廣寧縣西十里

東南之美者有會稽之竹箭焉會稽山名今在山陰縣南竹箭篠也

職方揚州其山鎮曰會稽鄭注會稽在山陰漢晉二志竝云山陰會稽山在南今山在紹興府會稽縣南二十里矣史記夏紀云禹會諸矦江南計功而崩因葬焉命曰會稽會稽者會計也竹箭者釋草云篠箭禹貢篠簜既敷夏紀作竹箭既布說文引書曰竹箭如搢按職方注故書箭爲晉晉搢音同疑說文所引有脫誤也竹箭堅實以無節爲異墜形篇注今會稽郡出好竹箭也戴凱之竹譜云箭竹高者不過一丈節間三尺堅勁中矢江南諸山皆有之會稽所生最精好

南方之美者有梁山之犀象焉犀牛皮角象牙骨

職方荊州其山鎮曰衡山鄭注衡山在湘南本漢志文墜形篇本爾雅作梁山高誘注梁山在會稽長沙

湘南是高據職方以梁山郎衡山會稽二字衍也或疑衡無梁山之名非也會稽古防山亦曰茅山又曰棟山見水經注乃有四名衡山一名何足異也犀象者職方注齒象齒也革屬兕革也按二物珍貴爲世要用故載之禹貢列於爾雅焉

西南之美者有華山之金石焉黃金礄石之屬

職方豫州其山鎮曰華山鄭注華山在華陰晉地理志弘農郡華陰華山在縣南金石者墜形篇注金美金也石含玉之石也郭云礄石之屬者礄當作碝說文碝石次玉者玉藻云士佩瓀玟張揖子虛賦注碝石白者如冰半有赤色

西方之美者有霍山之多珠玉焉霍山今在平陽永安縣東北珠如今雜珠而精好

職方冀州其山鎮曰霍山鄭注霍山在彘據漢志後漢改彘爲永安故墜形篇注今河東永安縣也至晉又改河東爲平陽故晉志平陽郡永安故霍伯國霍山在東郭注與晉志同山在今平陽府霍州東三十里也墜形篇珠玉上無多字高誘注出夜光之珠五色之玉也史記貨殖傳山西饒材竹穀纑旄玉石邵氏正義曰今山西有玉邑黑美者可以鑑里人謂之玫玉郭云珠如今雜珠而精好據目驗也然則珠玉以美好爲珍非以多爲異也多字蓋衍

西北之美者有崐崘虛之璆琳琅玕焉璆琳美玉名琅玕狀似珠也山海經曰崐崘山有琅玕樹

崐崘古文作昆侖史記夏紀索隱引鄭以爲昆侖析支渠搜三山皆在西戎漢志金城郡臨羌有昆侖山祠敦煌郡廣至有昆侖障璆琳琅玕者禹貢雝州所貢昆侖虛也管子輕重甲篇云崐崘之虛不朝請以

璆琳琅玕爲幣乎墜形篇崐崘下無虛字高誘注璆琳琅玕皆美玉也按高注非詩韓奕釋文引鄭注尙書云璆美玉琳美石琅玕珠也說文亦云琅玕似珠者故禹貢正義引釋地說者皆云璆琳美玉名琅玕石而似珠者玉藻正義引李巡孫炎郭璞等竝云璆琳美玉是郭義同李孫皆據釋器璆琳玉也爲說鄭必以璆美玉琳美石分爲二者葢據子虛賦琳瑉竝稱上林賦碧琳與玫瑰連文知琳爲美石實則玉石同類古皆通名耳郭引山海經琅玕樹者海內西經文墜形篇云崐崘虛中有增城九重琅玕在其東似眞篇云鍾山之玉高注鍾山崐崘也皆與爾雅合姚元之曰和闐之西南曰密爾岱者其山緜亘不知其終其山產玉鑿之不竭是曰玉山山恆雪回民挾大釘巨繩以上鑿得玉繫以巨繩縋下其玉色靑今密爾岱卽古崐崘虛矣余按此玉靑色卽璆琳也已詳釋器璆琳玉下

北方之美者有幽都之筋角焉幽都山名謂多野牛筋角

幽都者一統志云山在昌平縣西北古之幽州蓋因山爲名也海內經云北海之內有山名曰幽都之山筋角者考工記云燕之角貨殖傳云龍門碣石北多馬牛羊旃裘筋角墬形篇注古之幽都在鴈門以北其畜宜牛羊馬出好筋角可以爲弓弩魏都賦云燕弧盈庫而委勁是北方筋角之利舊有名矣

東北之美者有斥山之文皮焉虎豹之屬皮有縟綵者

斥山瀕海之山隋地理志東萊郡文登縣有斥山寰宇記云即爾雅之斥山齊乘云文登東南六十里蓋以海濱廣斥得名按山在今登州府榮城縣南一百二十里矣文皮者墬形篇注虎豹之皮也郭注因之管子揆度篇云發朝鮮之文皮巇毲亦輕重甲篇云發朝鮮不朝請文皮毤服而以爲幣乎然則朝鮮亦出文皮其地與斥山唯限一海皆古營州之地因知營州益越海而有朝鮮矣

中有岱岳與其五穀魚鹽生焉言泰山有魚鹽之饒

岱岳所在詳見釋山五穀魚鹽者職方兗州其山鎮曰岱山其利蒲魚其穀宜四種鄭注四種黍稷稻麥豫州并州其利其穀宜五種鄭注五種黍稷菽麥稻也幽州其利魚鹽禹貢青州厥貢鹽絺海物惟錯鄭注海物海魚也魚種類尤雜左氏昭廿年傳海之鹽蜃祈望守之管子輕重甲篇云齊有渠展之鹽貨殖傳云太公望封於營丘地瀉鹵人民寡於是太公通魚鹽則人物歸之墬形篇中作中央之美者五字五穀魚鹽之閒有桑麻二字疑據爾雅古本今脫去之然五穀魚鹽之饒非必泰山所有爾雅言中有岱岳實概舉中土而言耳

九府

府者釋文云猶庫藏也春官序官天府注府府物所藏論語鄭注藏財貨曰府曲禮注府謂寶藏貨賄之處也小爾雅云府叢也廣韻引風俗通云府聚也公卿牧守道德之所聚也然則人物所聚通謂之府故一切經音義九引三蒼云府文書財物藏也茲篇所釋皆九州寶

藏之屬故
題曰九府

東方有比目魚焉不比不行其名謂之鰈狀似牛脾鱗細紫黑色一眼兩片相合乃得行今水中所在有之江東又呼爲王餘魚

鰈者說文狧字解云讀若比目魚鰈之鰈封禪書云東海致比目之魚集解韋昭曰各有一目不比不行其名曰鰈文選吳都賦云罩兩鮃劉逵注鮃左右各一目所謂比目魚也云須兩魚竝合乃能遊若單行落魄著物爲人所得故曰兩鮃丹陽吳會有之上林賦云禺禺魼鰨郭氏注魼比目魚狀似牛脾細鱗紫色兩相得乃行與此注同爾雅釋文鰈本或作鰨同音牒按上林賦注以魼鰨爲二則鰈作鰨者非北戶錄謂之鰜廣韻亦以鰜爲北目魚矣郭云王餘魚者吳都賦云雙則比目片則王餘劉逵注比目魚東海所出王餘魚其身半也俗云越王鱠魚未盡因以殘半棄水中爲魚遂無其一面故曰王餘也然則王餘

比目非一魚賦及注甚明王餘今登萊人謂之偏口魚與比目相似而有異其魚單行非兩兩相合郭以比目即王餘誤矣初學記引臨海異物志云比目魚似左右分魚蓋分魚即王餘也又云南越志謂之版魚封禪書索隱引郭注王餘下有亦曰版魚四字牛脾下有身薄二字今本俱缺脫而衍今水中所在有之七字當據索隱刪去之比目海魚今出日照故封禪書謂出東海非水中所在皆有也

南方有比翼鳥焉不比不飛其名謂之鶼鶼似鳧青赤色一目一翼相得乃飛

鶼鶼者西次三經崇吾之山有鳥焉其狀如鳧而一翼一目相得乃飛名曰蠻蠻郭注比翼鳥也色青赤不比不能飛爾雅作鶼鶼鳥也海外南經比翼鳥在其東其爲鳥青赤兩鳥比翼博物志云比翼鳥一青一赤逸周書王會篇云巴人以比翼鳥是鳥出西南方也公羊宣五年疏引舊說云雙雙之鳥一身二首

尾有雌雄隨便而偶常不離散卽此類也

西方有比肩獸焉與邛邛岠虛比爲邛邛岠虛齧甘草卽有難邛邛岠虛負而走其名謂之蟨呂氏春秋曰北方有獸其名爲蟨鼠前而兔後趨則頓走則顚然則邛邛岠虛亦宐鼠後而兔前前高不得取甘草故須蟨食之今鴈門廣武縣夏屋山中有獸形如兔而大相負共行土俗名之爲蟨鼠音厥

邛當作蛩說文云蛩蛩獸也蟨鼠也一曰西方有獸前足短與蛩蛩巨虛比其名謂之蟨韓詩外傳蟨作蹷聲借字耳釋文引李巡云邛邛岠虛能走蟨知美草卽若驚難者邛邛岠虛便負蟨而走故曰比肩獸孫炎云邛邛岠虛狀如馬前足鹿後足兔前高不得食而善走蟨前足鼠後足兔善求食走則倒故齧甘草則仰食邛邛岠虛邛邛岠虛負以走是皆以邛邛岠虛爲一獸司馬相如子虛賦云蹵蛩蛩轔距虛又

爲二獸郭氏注以距虛卽蛩蛩變文互言非也邛岠本二獸故王會篇云獨鹿邛邛善走也孔晁注邛邛獸似距虛負蟨而走也又云孤竹距虛孔注距虛野獸驢騾之屬穆天子傳云邛邛距虛走百里郭注亦馬屬又引尸子曰距虛不擇地而走則皆以爲二獸子虛賦張揖注曰蛩蛩靑獸狀如馬距虛似嬴而小其說是矣郭引呂氏春秋愼大覽不廣篇文也晉地理志鴈門郡廣武漢志太原郡廣武賈屋山在北賈屋卽夏屋今代州東夏屋山也羅願爾雅翼云遼北境慶州之地大漠中有蟨鼠

北方有比肩民焉迭食而迭望此卽半體之人各有一目一鼻一孔一臂一腳亦猶魚鳥之相合更望備驚急

比肩民者名婁韓詩外傳五云北方有獸名曰婁更食而更視不相得不能飽然則此亦獸屬爾雅謂之爲民郭云卽半體之人者海外西經一臂國一臂一目一鼻孔卽此注所本唯鼻孔中間衍一字文選三

月三日曲水詩序注引郭注作一目一鼻孔是也但魚鳥作魚鼠爲異

中有枳首蛇焉 岐頭蛇也或曰今江東呼兩頭蛇爲越王約髮亦名弩弦

枳者宋雪牎本作軹叚借字也釋文云本或作賛郭巨宜反係音支云蛇有枝首者名曰率然然則孫讀爲枝郭讀爲岐岐枝枳音皆近廣雅云枳枝也楚辭天問篇注中央之州有岐首之蛇爭共食牧草之實自相啄嚙顏氏家訓勉學篇云蟲有螝者一身兩口爭食相齕遂相殺也螝古之虺字即此枳首蛇也俗以兩頭蛇見者必死故孫叔敖殺而埋之而劉恂嶺表錄異云嶺外極多長尺餘大如小指背有錦文腹下鮮紅人視爲常不以爲異也陳藏器本草拾遺云兩頭蛇大如指一頭無口目兩頭俱能行此說非也若一頭無口目何以能爭食而相齕也孫炎以此蛇名率然亦非孫子九地篇云率然者常山之蛇擊其首則尾至非兩頭也郭云越王約髮以其錦文長尺餘似之亦似弩弦也類聚九十六引郭氏贊云蘷稱

一足蛇則二首少不知無多不覺有雖貧天然無異駢拇

此四方中國之異氣也

夫四方中國廣谷大川牝牡異制陰陽生肖絪縕異形夏鼎鑄姦俾民不逢不若爾雅紀異令人多見多聞者也

五方

邑外謂之郊郊外謂之牧牧外謂之野野外謂之林林外謂之坰邑國都也假令百里之國五十里之界界各十里也

邑者說文云國也左氏莊廿八年傳凡邑有宗廟先君之主曰都無曰邑釋名云邑猶俋也邑人聚會之稱也是邑國通名此邑即國都矣郊者說文云距國百里爲郊此據王畿千里而言設百里之國則十里

爲郊矣郊有遠近以國爲差聘禮云賓及郊鄭注郊遠郊也周制天子畿內千里遠郊百里以此差之遠郊上公五十里矦四十里伯三十里子二十里男十里也徵按詩拾駉注正脫義六引字補此近郊各半之如鄭此言是天子近郊五十里大戴禮盛德篇近郊三十里非周制也詩云在浚之郊則雖都邑亦有郊矣○牧者牧放之地詩出車傳出車就馬於牧地靜女箋自牧田歸美載師云以牧田任遠郊之地遠郊在郊外牧田在遠郊是郊外謂之牧矣小司徒云井牧其田野左氏襄廿五年傳牧隰皐井衍沃是井牧皆田地之名爾雅釋文引李本牧作田字釋云田瞰也謂瞰列種穀之處然則李巡本作郊外謂之田正與載師牧田任遠郊之義合○野林坰者說文云野郊外也平土有叢木曰林坰作冂象遠盻也詩駉傳坰遠野也邑外曰郊郊外曰野野外曰林林外曰坰說文亦云邑外謂之郊郊外謂之野野外謂之林林外謂之冂俱本爾雅而無郊外謂之牧句詩叔于田箋及遂人注亦云郊外曰野文選西都賦注引亦作邑外曰郊郊外

曰野是李善所見本與毛鄭許同御覽五十五引作邑外謂之牧牧外謂之野素問六節藏象及三部九候篇王砅注又引作郊外爲甸甸外爲牧牧外爲林林外爲坰坰外爲野以校今本多有參差葢爾雅別本也李巡孫炎又復不同詩駉正義引孫炎曰邑國都也設百里之國五者之界界各十里孫意葢以郊牧野林坰五者之界各十里而異名也郭本孫炎五者二字誤衍作五十里三字

下溼曰隰大野曰平廣平曰原高平曰陸大陸曰阜大阜曰陵大陵曰阿

隰者說文云阪下溼也釋名云下溼曰隰隰蟄也蟄濕意也一切經音義四引爾雅舊注云隰溼墊也詩車鄰正義引李巡曰下溼謂土地窊下常沮洳名爲隰也毛用爾雅○平者釋名云下平曰衍言漫衍也按大野地勢平因謂之平平與坪音義同說文坪地平也○原者說文作邍云高平之野人所登釋名云

廣平曰原原元也如元氣廣大也水經汾水注引耆
秋説題辭云高平曰太原原端也平而有度按説文
及説題辭俱作高平釋名及爾雅諸家俱作廣平御
覽五十七引舍人曰廣平謂土廣而平詩公劉正義
引李巡曰廣平謂土地寬博而平正也鄭箋亦作廣
平曰原大司徒注又作高平曰原不同者高廣義近
散文可通文選西都賦注引亦作高平曰原○陸阜
陵阿者説文俱本爾雅釋名云高平曰陸陸漉也水
流漉而去也左氏定元年杜預注引作廣平曰陸漢
書郊祀志注同亦散文通也阜説文作𠂤云大陸山
無石者釋名云土山曰阜阜原也言高厚也陵隆也
體高隆也文選長楊賦注引韓詩章句云四平曰陵
按四平謂中央高四邊下故廣雅云四隤曰陵也阿
有二義詩菁菁者莪傳用爾雅考槃傳又云曲陵曰
阿不同者蓋四邊高而中央卷曲低下故一切經音
義一引韓詩傳云曲京曰阿京亦高大之名義與此
同也陸阜陵阿皆土山也以高大而異名故詩天保
及左傳正義引李巡曰高平謂土地豐正名爲陸大

陸謂土地高大名曰阜阜最大名爲陵陵之大者名阿

可食者曰原可種穀給食**陂者曰阪**陂陀不平**下者曰溼**公羊傳曰下平曰隰

此別可耕種之野所謂穀土者也大宰注鄭衆云三農平地山澤也鄭注三農原隰及平地然則穀別有九而土別惟三即此原阪隰之各異其名也穀土而曰可食者古謂可耕之土爲食土檀弓云擇不食之地而葬我焉鄭注不食謂不墾耕左氏昭七年傳食土之毛鄭語云食溱洧皆其證也左氏襄廿五年正義引孫炎曰可食謂有井田也陸陂當作阿山田可種穀者亦曰原也孫意蓋以上云廣平曰原原是原之本名此云可食曰原是原之通名山田下隰凡可耕種通謂之原欲明陂者下者皆以可食總之詩周原膴膴傳云原田每每非必廣平之地獨擅原名矣○陂者說文云阪也阪字解云坡者曰阪又云陂阪也是

陂阪音義同故得兩通釋文陂又作坡郭皆普何反此音得之古讀皮爲坡也釋名云山旁曰陂言陂陁也玉篇云陂陀靡迆也然則坡之言頗也阪之言反也謂山田頗側之處可耕種者故詩車鄰正義引李巡曰陂者謂高峰山陂正月箋云阪田崎嶇墝埆之處淮南齊俗篇云陵阪耕田易說卦云其於稼也爲反生虞翻本反作阪云陵阪也是阪反通○溼者當作隰字之誤也車鄰正義引李巡曰下者謂下溼之地隰溼也說文云隰阪下溼也增一阪字者許意葢以下溼曰隰其訓已明又言下者曰隰明此義對阪而言田之陂陀不平者名爲阪其下而平者卽爲隰不必沮洳漸溼之處始名隰也且此三句俱言可耕之田故說苑復恩篇說祠田云下田洿邪得穀百車蟹堁者宜禾尊賢篇云蟹堁者宜禾洿邪者百車洿邪卽隰蟹堁卽阪詩車鄰亦阪隰對言毛傳用爾雅月令孟春之月善相丘陵阪險原隰土地所宜五穀所殖皆與此義合郭引公羊昭元年傳下平曰隰平亦對陂而言

田一歲曰菑今江東呼初耕地反草爲菑**二歲曰新田**詩曰于彼新田**三歲曰畬**易曰不菑畬

說文云田陳也樹穀曰田釋名云已耕者曰田田塡也五稼塡滿其中也蔡邕月令章句云穀田曰田此文皆言田之異名故以田統之也菑者說文云反耕田也[illegible]引易曰不菑畬詩采芑正義云菑者災也引孫炎曰菑始災殺其草木也易无妄釋文引董遇云菑反草也葢田久蕪薉必須利耜熾菑發其冒橛拔彼陳根故云反草詩俶載南畝箋讀俶載爲熾菑是其義也江南以首春墾草爲翻田江北以初冬耕田爲翻草皆與菑義合釋文菑孫音災○新田者耕之二歲彊壚剛土漸成柔壤采芑正義引孫炎曰新田新成柔田也毛傳用爾雅○畬者田和柔也孫炎曰畬和也田舒緩也葢治田三歲則陳根悉拔土脈膏肥畬之言舒易釋文引董遇云悉耨曰畬是也馬鄭俱本爾雅詩臣工傳同唯禮坊記注二歲曰

畬三歲曰新田易釋文引說文亦云畬二歲治田也竝與爾雅毛傳不合葢異說也

野

野對邑言如左傳云謀於野則獲謀於邑則否周禮鄉師以歲時巡國及野遂人掌邦之野是國門以外通謂之野若別而言之郊牧林坰皆野之異名原隰陸阜陵阿藟畬新田皆野之細目故總題曰野也

東至於泰遠西至於邠國南至於濮鉛北至於祝栗謂之四極皆四方極遠之國

釋詁云極至也四方所至故謂之四極泰遠者大戴禮千乘篇四辟之民皆云至於大遠此之泰遠則東極地名也邠者釋文云本或作豳說文作汃云西極之水也引爾雅曰西至汃國謂四極文選上林賦注文頴引爾雅曰至于豳國爲西極濮鉛者廣韵濮字注云濮鉛南極之夷尾長數寸巢居山林出山海經

纖按無今逸周書王會篇伊尹四方令曰正南百濮蓋濮鉛亦可單言濮也祝栗者史記周紀封黃帝之後於祝樂記作封帝堯之後於祝蓋祝薊俱近燕皆北極地名疑祝即祝栗也邵氏正義以祝栗即涿鹿之轉聲史記黃帝紀邑於涿鹿之阿也

觚竹北戶西王母日下謂之四荒觚竹在北北戶在南西王母在西日下在東皆四方昏荒之國次四極者

荒者書禹貢荒服正義引馬融注荒政教荒忽因其故俗而治之然此猶在五服內者若爾雅之四荒則政教所不加故次於四極也觚竹即孤竹齊語云北伐山戎刜令支斬孤竹漢地理志遼西郡令支有孤竹城按其地在今永平府也北戶者史記舜紀云南撫交阯北發索隱以北發當云北戶南方有地名北戶淮南墬形篇作反戶高誘注在日之南皆爲北鄉戶故反其戶也漢志日南郡屬交州吳都賦云開北

戶以向日按北戶亦地名特言郡在極南實則日南非真在日之南北戶亦非向北看日也西王母亦國名也竹書帝舜九年西王母來朝大戴禮少閒篇云西王母來獻其白琯淮南墬形篇云西王母在流沙之瀕漢志金城郡臨羌西北至塞外有西王母石室西域傳云安息長老傳聞條支有弱水西王母亦未嘗見也又云條支臨西海是西王母乃西海遠荒之國從未有人至其地者也日下者鄭樵以爲卽今日本國也邵氏正義以爲嵎夷但嵎夷雖在東表然是賓日之地而無日下之名

九夷八狄七戎六蠻謂之四海九夷在東八狄在北七戎在西六蠻在南次四荒者

四海者御覽卅六引舍人云晦冥無識不可教誨故曰四海曲禮正義引李巡注四海遠於四荒餘同舍人詩蓼蕭正義引孫炎曰海之言晦晦闇於禮義也初學記謂之四海下言皆近於海也似引爾雅舊注

之文與諸家義異也夷狄戎蠻者蓼蕭箋云九夷八狄七戎六蠻謂之四海與爾雅合正義曰職方氏及布憲注亦引爾雅云九夷八蠻六戎五狄謂之四海數旣不同而俱云爾雅則爾雅本有兩文今李巡所注謂之四海之下更三句云八蠻在南方六戎在西方五狄在北方此三句唯李巡有之孫炎郭璞諸本皆無也李巡與鄭同時鄭讀爾雅葢與巡同又引鄭志荅趙商云戎狄之數或五或六兩文異云云鄭疑兩文必有一誤故不敢定之耳據孔此義則知鄭於箋注所引互異葢疑未敢定也但爾雅及職方明堂位其數俱不合邵氏正義以爾雅釋地多述殷制此言四海亦當指殷之肇域而言盧辯大戴禮用兵篇注又以此爲夏之所服而云殷之夷國東方十南方六西方九北方十有三此言復不知出何書也賈公彥職方疏以爲夏制與盧辯同今按夏制殷制皆無可攷此等皆臆度耳王制正義引李巡注八蠻六戎五狄竝指其名今不錄

岠齊州以南戴日爲丹穴岠去也齊中也北戴斗極爲空桐戴值東至日所出爲太平西至日所入爲太蒙即蒙汜也

岠者當作岠通作距書子決九川距四海漢書食貨志注岠至也此注岠去也去至義相成也齊中也者本釋言文列子湯問篇云不知距齊州幾千萬里御覽卅六引舍人云自中州以南日光所照故曰丹穴莊子讓王篇云逃乎丹穴淮南汜論篇注丹穴南方當日下之地戴訓值者考工記弓人鄭衆注牛戴牛角直一牛也直與值古字通禮投壺云馬各直其算史記項羽紀云直夜潰圍此皆以直爲值值當也斗極者北斗中也空桐汜論篇作空同史記黃帝紀集解韋昭曰在隴右正義引括地志笄頭山一名崆峒山然此自西方山非爾雅所指也錢氏釋地注以今順天府薊州東北空桐山當之恐亦未然莊子在宥篇釋文引司馬云空同當北斗下山也一曰在梁國虞城東三十里今亦疑未敢定也太平者大荒東經

云東海之外大荒之中有山名曰大言日月所出蓋此卽太平也大平大言古讀音近大蒙者楚辭天問篇云出自湯谷次于蒙汜淮南覽冥篇云遭回蒙汜之渚高注蒙汜日所入之地

太平之人仁丹穴之人智大蒙之人信空桐之人武地氣使之然也

王制云五方之民皆有性也不可推移鄭注地氣使之然與此注同淮南汜論篇云丹穴大蒙反踵空同大夏北戶奇肱修股之民是非各異習俗相反隆形篇注東方木德仁故有君子之國此卽太平之人仁也推是而言南方火德明故其人智西方金德實故其人信北方水德怒故其人武中國土德和平故其人五性具備也

四極題上事也上文復有四荒四海不言者舉一足以包之逸周書王子晉篇云善至于

四海曰天子達於四荒曰天王列子湯問篇云
以是知四海四荒四極之不異也並與此義合

爾雅郭注義疏中之五

孫男聯蓀伯愷　徽近垣校字

爾雅郭注義疏中之六

棲霞郝懿行學

釋丘弟十

說文云丘土之高也非人所爲也从北从一一地也人居在丘南故从北中邦之居在崐崘東南一曰四方高中央下爲丘象形古文从土作𡊡風俗通云尚書民乃降丘度土堯遭洪水萬民皆山棲巢居以避其害禹決江疏河民乃下丘營度爽塏之場而邑落之故丘之字二人立一上一者地也四方高中央下象形也大司徒注土高曰丘易象上傳虞翻注半山稱丘廣雅又云小陵曰丘是丘之名無定經典丘陵連言凡土之高者舉可稱丘也茲篇所釋俱因形以定名宛丘以下始兼地望而以厓岸附焉

丘一成爲敦丘成猶重也周禮曰爲壇三成今江東呼地高堆者爲敦再成爲陶

丘今濟陰定陶城中有陶丘再成銳上爲融丘者鐵項三成爲崐崘丘崐崘山三重故以爲名

覲禮注成猶重也司儀云爲壇三成皆郭所本敦之爲言堆也敦訓爲厚厚重義近故一重之丘因以爲名下文如覆敦者敦丘彼舉其形此言其義其實一耳敦與頓通故詩氓傳作頓丘正義引孫炎曰形如覆敦敦器似盂下文注曰丘一成之形象也是敦頓字異音義同釋名云丘一成曰頓丘一頓而成無上下大小之殺也蓋望文生訓耳漢志頓丘屬東郡今爲大名府清豐縣○陶者說文云再成丘也引書東至于陶丘禹貢正義引李巡曰再成其形再重也按陶从匋匋是瓦器丘形重累似之故後漢書明帝紀注引孫炎云形如累兩盂也釋名亦云陶丘於高山上一重作之如陶竈然也是皆以匋爲義但丘非人所爲釋名假言作之其實自然生成也漢志濟陰郡定陶禹貢陶丘在西南陶丘亭今在曹州府定陶縣

南七里水經濟水注引墨子以爲釜丘蓋丘象陶竈亦兼得釜名矣○銳者釋山銳而高注言鐵峻是也融丘者釋名云銳上曰融丘融明也明陽也凡上銳皆高而近陽者也按融炊气上出也宜兼高長二義長與高即銳上之意張氏照攷證云陸璣白雲賦興曜曾泉升迹融丘○崐崘者水經河水注引崑崘說云崑崘之山三級下曰樊桐一名板桐二曰玄圃一名閬風上曰層城一名天庭邢疏引崑崘山記云崑崘山一名崑丘三重高萬一千里是崑崘亦名崑丘又名崑崘丘西山經云崑崘之丘實惟帝之下都是也但爾雅特偁崑崘以定三重丘名非指崑崘山也故釋名云三成曰崑崘丘如崑崘之高而積重也其說是矣

如椉者椉丘形如車椉也或云椉謂稻田塍埒**如陼者陼丘**水中小洲爲陼

釋名云如椉曰乘丘四馬曰椉一基在後似車四列在前似駕馬車之形也釋文引李郭皆云形如車椉

郭又以椉謂稻田塍埒者說文云塍稻田畦也郭葢俗塍爲椉椉當從前說春秋莊十年公敗宋師於椉丘杜預注謂魯地漢志屬泰山郡括地志云椉丘在瑕丘縣西北三十里按瑕丘今屬兗州府也又漢志濟陰郡椉氏應劭以爲卽春秋椉丘非也濟陰之椉氏與泰山之椉丘非一地應氏誤合之耳○如陼之陼說文作渚云如渚者陼丘水中高者也釋名云如陼者陼丘形似水中之高地隆高而廣也文選注引聲類云陼或作渚是渚陼通

郭云小洲爲陼本釋水文

水潦所止泥丘頂上汚下者

泥者廣韻引作屔說文云屔反頂受水丘从泥省聲繫傳以爲頂當高今反下故曰反頂按反頂卽汙頂史記孔子世家說夫子圩頂索隱曰圩頂言頂上窊是也正義引輿地志闕里有尼丘山今在兗州鄒城闕里然則夫子之字出仲尼葢本此釋名云水潦所止曰泥丘其上汙水留不去成泥也此亦望文生義

方丘胡丘形四方

釋名云圜丘方丘就其方圜名之也漢志山陽郡有瑕丘表記鄭注瑕之言胡也是瑕丘卽胡丘胡瑕古音相近邵氏正義以淮南墬形篇和丘當之和胡聲轉也

絕高爲之京人力所作**非人爲之丘**地自然也

此以京丘對言故說文云京人所爲絕高丘也又云丘之高也非人所爲也左氏襄廿五年傳辨京陵呂覽禁塞篇云爲京丘若山陵高誘注合土築之以爲京觀故謂之京丘淮南覽冥篇云築重京是皆人力所爲故曰絕高爲之詩正義引孫郭竝云人力所作是也丘則地性自然而高不叚人爲此篇釋丘所載諸丘是也然京丘古亦通名故詩序云文公徙居楚丘而詩乃言景山與京毛傳京高丘也皇矣傳京大阜也是京與丘通名故呂覽以京丘爲言詩正義引李巡亦曰丘高大者爲京也是皆京丘通稱之證

水潦所還埒丘謂丘邊有界埒水繞環之

埒者玉篇云淮南道有形埒說文云埒庳垣也邢疏埒小隄也墳土爲之然則埒有人爲者亦有自然者淮南本經篇云聚埒畝方言注有界埒似耕壠是耕壠界限亦謂之埒水潦所還者還猶環也言此丘中有界埒外則水潦所環形似稻田塍埒因名埒丘矣

上正章丘頂平

章之言正也謂丘形平正唐書地理志齊州濟南郡章丘元和郡縣志章丘縣本漢陽丘隋改章丘取縣南章丘山爲名

澤中有丘都丘在池澤中

都之言瀦也禹貢被孟諸史記作被明都風俗通云水澤所聚謂之都亦曰瀦省作豬檀弓注豬都也南

方謂都爲豬釋名云澤中有丘曰都丘言蟲鳥往所都聚也韓詩外傳云禽獸厭㴱山而下於都澤

當途梧丘途道

梧者讀如寤叚借字也釋詁云遻逢也說文云啎逆也竝與此合故釋名云當途曰梧丘梧忤也與人相當忤也晏子春秋雜下篇云景公畋於梧丘蓋本此以爲名

途出其右而還之畫丘言爲道所規畫**途出其前戴丘**道出丘南**途出其後昌丘**道出丘北

釋名云道出其右曰畫丘人尙右凡有指畫皆用右也道出其前曰載丘在前故載也道出其後曰昌丘此句無釋蓋有缺脫載戴古字通用而還之三字不見蓋文省耳戴卽戴日戴斗極之戴戴値也謂途與丘相値昌當也見釋詁謂途與丘相當是昌戴其義同也

水出其前渻丘水出其後沮丘水出其右正丘水出其左營丘今齊之營丘淄水過其南及東

說文云水出丘前謂之渻丘釋名作阯丘云水出其前曰阯丘阯丘阯基阯也言所出然沮丘作阻丘云水出其後曰阻丘背水以爲險也正丘作沚丘云水出其右曰沚丘沚止也西方義氣有所制止也竝與今本異○營丘者詩正義以爲水所營繞故曰營丘引孫炎曰今齊之營丘淄水過其南及東是也與郭注同水經淄水注引爾雅曰水出其前左爲營丘史記集解及檀弓正義引亦同然則云淄水過其南者南即前也云及水者東即左也據酈裴所引及孫郭注可知左上當有前字故王氏念孫曰作前左者是也元和郡縣志引爾雅亦有前字又申釋之云今臨淄城中有丘淄水出其前經其左故曰營丘也參攷諸家之義自以本有前左爲長但釋名及詩正義仍引作水出其左曰營丘竝無前字葢據今本刪去之也漢

志臨淄屬齊郡營陵屬北海郡應劭以營陵即營丘誤矣營陵春秋謂之緣陵

如覆敦者敦丘敦盂也

即上敦丘此又申釋其狀故孫炎云丘一成之形象也明二者是一敦讀爲堆郭注上文江東呼地高堆爲敦孫云形如覆敦敦器似盂蓋盂體圓上下相連敦形似之鄭注周禮禮記竝以爲黍稷器寰宇記敦丘在觀城縣南二十里

邐迆沙丘旁行連延

說文云邐行邐邐也迆衺行也沙丘者漢志鉅鹿郡鉅鹿紂所作沙丘臺在東北七十里史記殷紀益廣沙丘苑臺正義於秦紀沙丘臺趙世家沙丘宮竝引括地志云在邢州平鄉東北三十里徐廣以爲趙沙丘在鉅鹿則是皆一地也但沙丘所在多有其形皆邐迆連延不獨鉅鹿爲然也廣韵云岃巃沙丘狀岃

音邐是峛崺卽邐迆之異文

左高咸丘右高臨丘前高旄丘詩云旄丘之葛兮後高陵丘偏高阿丘詩云陟彼阿丘

左高而右卑者名咸丘春秋桓七年焚咸丘杜預注魯地高平國鉅野縣有咸亭公羊以爲邾婁之邑也右高而左卑者名臨丘地道尊右於易地澤爲臨此丘義亦同也旄丘者詩傳云前高後下曰旄丘釋文引字林作堥云堥丘也亾周反又音毛又亾付反爾雅釋文引字林作嵍又作堥俱亾付反玉篇云嵍丘也或作堥前高後平丘名顏氏家訓書證篇云柏人城東北有一孤山世俗或呼爲宣務山余讀碑銘知此嶐嵍山也嵍字依諸字書卽旄丘之旄也是呂忱顧野王顏之推竝以旄丘爲堥丘文選荅賓戲注應劭引爾雅正作前高堥丘又內則注牟讀曰堥卽此堥字鄭應同時葢必所見爾雅本旄丘作堥丘故一

讀一引字俱作嫯可知今本作旄叚借字耳釋名作髦因云前高曰髦丘如馬舉頭垂髦也殆望文生訓矣寰宇記云旄丘在澶州臨河縣東今在大名府開州也○丘之後高而前卑者名陵丘此陵葢夌之叚借說文云夌越也一曰夌偓也玉篇云夌古陵字然則夌偓即陵遲古字通用陵丘謂後邊高前稍陵遲低平與下文陵丘異也丘之一隅偏高而不正當左右前後者曰阿丘詩載馳傳用爾雅正義引李巡曰謂丘邊高釋名云偏高曰阿丘阿何也如人儋何物一邊偏高也

宛中宛丘宛謂中央隆高

宛丘者釋名云中央下曰宛丘有丘宛宛如偃器也詩宛丘傳四方高中央下曰宛丘正義引李巡孫炎皆云中央下郭獨以爲中央隆峻與諸家異故正義駁之云爾雅上文備說丘形有左高右高前高後高若此宛丘中央隆峻言中央高矣何以變言宛中此駁是也今按釋山有宛中隆郭葢本此爲說詳見下

篇

丘背有丘爲負丘此解宛丘中央隆峻狀如負一丘於背上

丘背有丘者背猶北也言丘之北復有一丘若背負然因名負丘古讀負若陪二字義相通俗陪訓貳也重也皆與丘背有丘義合此自別爲一丘郭意欲爲宛丘作解蓋失之矣且此明言丘背有丘亦非中央隆高之義

左澤定丘右陵泰丘宋有太丘社亾見史記

定丘者漢志齊郡有鉅定又爲澤名蓋本古縣依澤以爲名也疑此爲近之但陵谷變遷丘形亦不可復識矣其地在今青州府樂安縣也泰丘者史記封禪書集解引爾雅作石陵太丘索隱引郭注云宋有太丘社以社名此地也所引與今本異太丘社亾六國表在顯王三十一年

如畝畝丘丘有壟界如田畝如陵陵丘陵大阜也

畝丘者詩巷伯正義引李巡曰謂丘如田畝曰畝丘也孫炎曰方百步也釋名云畝丘丘體滿一畝之地也與孫義同郭注本李巡丘之如陵者名陵丘陵大阜也體隆而勢平與後高之陵丘名同義異

丘上有丘爲宛丘嫌人不了故重曉之

丘上有丘爲宛丘者即上宛丘但其中閒窊處復起一小部婁是謂丘上有丘從其本名仍曰宛丘臧氏經義雜記廿八云謂有上下兩丘上一丘中央宛下亦非言中央高也又云宛施博士於阮反讀爲宛郭於粉反讀爲菀與毛傳李孫皆並異矣今按宛郭音藴謂藴聚隆高也說見釋文蓋出郭氏音義

陳有宛丘今在陳郡陳縣晉有潛丘今在太原晉陽縣淮南有州黎丘今在壽春縣

陳有宛丘者韓詩外傳陳之富人觴於韞丘之上韞丘當即宛丘聲近叚借字也詩譜云陳都於宛丘之側水經渠水注云宛丘在陳城南道東王隱云漸欲平今不知所在矣按此則王隱尙及見之酈氏已不知所在而元和郡縣志云在宛丘縣南三里寰宇記又云高二丈姝未可信陳郡陳縣今爲陳州府淮寧縣○潛丘者元和志及寰宇記俱云在太原縣南三里隋開皇二年於其上置大興國觀按舊圖經宋修惠明寺陶土作瓦是丘遂湮然則亦僅存其名矣晉陽縣今爲太原縣○州黎丘者劉氏台拱經傳小記云鹽鐵論論儒孔子能方不能圓故飢于黎丘哀公二年蔡遷於州來四年孔子自陳適蔡絕糧鹽鐵論所謂黎丘蓋即州黎之丘也今按古讀來如黎是州黎即州來劉說是矣呂氏春秋梁北有黎丘非此晉志淮南郡壽春縣今爲鳳陽府壽州

天下有名丘五其三在河南其一在河北說者多以州黎宛營爲河

南潛敦爲河北者按此方稱天下之名丘恐此諸丘碌碌未足用當之始自別更有魁梧桀大者五但未詳其名號今者所在耳

郭引說者以州黎宛營爲河南潛敦爲河北盖本爾雅舊注之文翟氏灝爾雅補郭云今以郭意求之惟西域有崐崘軒轅二丘海外西北有平丘東南有蹉丘東有青丘依山海經所言此五丘爲天下最魁梧桀大而名稱於上古軒轅平丘在河以北蹉青在河以南河出崐崘西北則崐崘亦屬河南云云按此說亦無以知其必然姑存之

丘

望厓洒而高岸 厓水邊洒謂深也視厓峻而水深者曰岸

此釋厓岸之名也說文云岸水厓而高者又云厓山邊也巖岸也是山邊亦名厓此則指水邊而言也洒

者詩新臺傳洒高峻也郭謂湀也高則必湀義雖相成但洒峻雙聲訓湀未聞

夷上洒下不漘厓上平坦而下水湀者爲漘不發聲

說文漘水厓也詩葛藟傳漘水隒也伐檀傳漘厓也正義引李巡曰夷上平上洒下陗下故名曰漘不者蓋衍字李孫訓洒爲陗義本毛傳孫以不爲衍字郭不從者以釋魚云左倪不類右倪不若不皆發聲

隩隈今江東呼爲浦隩淮南子曰漁者不爭隈

隩澳同說文竝云隈厓也隈水曲隩也許讀厓文上屬與李郭異郭讀與李巡同也隩俗作奧詩淇奧傳奧隈也正義引孫炎曰隈水曲中也郭云今江東呼爲浦隩隩當作隈文選詩注引作今江東人呼浦爲隈是也郭又引淮南覽冥篇云漁者不爭隈高誘注隈曲湀處魚所聚也是隈有湀曲之義隩猶奧也亦

淡隱之義也詩正義引陸璣以淇澳爲二水名劉昭郡國志注引博物志奥水流入淇水水經注引肥泉謂之澳水竝與爾雅不合今無取焉

厓內爲隩外爲隈

別厓表裏之名

此有二文隈作鞫者詩芮鞫之卽周禮職方注引作汭坭之卽爾雅釋文鞫字林作云隈厓外也九六反坭是汭坭卽芮鞫古作字通俗廣韻作阸玉篇作沉漢志右扶風汧下說作芮阸顏師古曰阸讀與鞫同詩芮鞫韓詩作芮阸然則阸蓋阸字形譌韓作阸毛作鞫芮亦汭字叚借故詩公劉箋芮之言內也水之內曰隩水之外曰鞫芮水厓也鞫究也正義引李巡曰厓內近水爲隩其外曰鞫孫炎曰內曲裏也外曲表也此皆作鞫之本今作隈者以上方云隩隈下卽云厓內爲隩外爲隈文義相承故說文澳字解云澳隈厓也其內曰澳其外曰隈義本爾雅釋文本作鞫而云今作本隈左氏閔二年正義引爾雅亦作隈是唐初二本竝行故陸孔兩存

其舊後寫石經作鞫然作隈之本仍存不廢故南宋雪聰本及明吳元恭本並仍作隈邢疏亦是作隈之本而云隈當作鞫蓋作鞫者古本也然鞫字不見於郭注知郭本已作隈矣

畢堂牆 今終南山道名畢其邊若堂之牆

畢堂者詩有紀有堂毛傳堂畢道平如堂也鄭箋畢也堂也亦高大之山所宜有也畢終南山之道名邊如堂之牆然正義引李巡曰堂牆名崖似堂牆曰畢是李以堂即為牆名與毛鄭異李說為長逸周書作雒篇云隄唐山廧唐即堂也古字通借此蓋李說所本韓子所謂行馬邑山中溪澗峭如牆溪百仞是其形狀也

重厓岸 兩厓累者為岸 **岸上滸** 岸上地

重厓者言其高非必累兩厓也此即上文望厓洒而高岸之義蓋厓已高其岸尤高故云重厓錢坫據說

文屵岸高也重厓岸應作此字洪頤煊據說文屵岸上見也岸上見岸卽是重厓說皆可通姑兩存之滸者說文作汻云汻水厓也據釋水云滸水厓此云岸上滸是厓岸通名故二文互見滸猶許也許與所通所謂處所故郭以爲岸上地矣

墳大防 謂隄

墳當作坋說文云坋大防也墳墓也方言云冢秦晉之閒謂之墳郭注取名於大防也是墳坋通詩汝墳傳用爾雅正義引李巡曰墳謂厓岸狀如墳墓名大防也常武鋪敦淮濆傳云濆厓也箋云屯其兵於淮水大防之上是濆墳又通稻人云以防止水月令云修利隄防左氏襄廿五年傳町原防正義引孫炎曰謂隄也郭注同

涘爲厓 謂水邊

說文涘水厓也引周書曰王出涘此今文大誓之辭詩葛藟正義引李巡曰涘一名厓謂水邊也岭[illegible]剝[illegible]為郭按涘之言廁也史記張釋之傳居霸陵北臨廁廁為岸邊近水之名與涘義近聲亦相轉

窮瀆汜水無所通者**谷者溦**通於谷

說文汜窮瀆瀆古文瀆字瀆通溝也瀆溝也是瀆當作瀆瀆訓通溝其窮竭無所通者名汜汜之言澌也窮盡意也谷者說文云泉出通川曰谷水經瀧水注引爾雅曰谷者微郭景純曰微水邊通谷也據注谷上當脫通字微溦同疑作微是也釋文溦本又作湄

厓岸

爾雅郭注義疏中之六　孫男聯蓀伯愷　薇近垣校字

爾雅郭注義疏中之七

棲霞郝懿行學

釋山第十一

釋名云山產也產生物也說文云山宣也宣气散生萬物也有石而高象形大宰注云積石曰山周語云山土之聚也是山包土石爲名文選琴賦注引春秋運斗樞云山者地之基然則地之高者爲山由地凝結而成故次於釋地首言五山舉其大而名者以下俱釋山之形體篇終以五嶽及繫地望者附焉

河南華華陰山 **河西嶽**吳嶽 **河東岱**岱宗泰山 **河北恆**北嶽恆山 **江南衡**衡山南嶽

此釋五山之名職方氏山鎮有九此特舉五者以槩之其四因河爲界其一以江爲界也華者叚借字也

說文作嶽華嶽者職方注以爲吳嶽中庸云載華嶽郎此嶽也禹貢名岍漢志右扶風汧吳山在西古文以爲汧山水經渭水注以吳山即國語所謂虞蓋虞吳聲近字通也史記封禪書以吳嶽爲二山漢書郊祀志注吳山在今隴州吳山縣嶽山未詳所在徐廣云岳山在武功地理志亦無之故注爾雅者多依職方注以爲一山御覽四十四引孫炎云雍州鎮有吳嶽山也郭義同孫其餘四山所在具詳下文書舜典及左昭四年正義引李巡曰華西嶽華山也岱東嶽泰山也恆北嶽恆山也衡南嶽衡山也蓋此四山即四嶽故李云爾其吳嶽不在此列故李亦不數之乃鄭注大宗伯之五嶽既以嵩高爲說其大司樂注又以吳嶽爲言二文不同詩崧高正義引鄭志雜問有云周都豐鎬故以吳岳爲西岳不數崧高此說非是故正義駁之云若必據己所都以定五岳則五岳之名無代不改此駁是也而猶未盡何以明之蓋鄭見爾雅前後異文故於宗伯司樂二注兩存其說實則爾雅首列五山不言五嶽其五嶽定名乃在下文鄭以

五山即五嶽故於雜問創爲異說邵氏正義欲據此爲定論則非矣今詳爾雅此文但舉山名不加嶽號蓋表五山以爲鎮非眞五嶽而稱尊也古者封山濬川翕河喬嶽作鎮一方所以安地德崇望秩而重觀瞻也唐虞封十二山則十二鎮職方辨九州則九鎮爾雅定五方則五鎮河南華者豫州鎮也河西嶽者雍州鎮也河東岱者兗州鎮包青州故不數沂山也河北恆者幷州鎮包冀州幽州故不數霍山醫無閭也江南衡者荆州鎮包楊州故不數會稽也爾雅之恉與職方同必舉江河爲界者北方以河爲大南方以江爲殷特表五山之名以槩九州之巨鎮也至泰山爲東嶽以下方標五嶽以繫地望故郭此注不言五嶽於河西嶽但云吳嶽不加西嶽之名得其解矣若依鄭志及周禮注則是周家當有兩五嶽矣恐不然也

山三襲陟襲亦重再成英兩山相重一成坯書曰至于大坯

襲本重衣之名故郭云襲亦重陟者升也登也故三
重之山以登陟爲名列子湯問篇云四方悉平周以
喬陟張湛注以爲山之重甗殷敬順釋文引此郭注
云重甗也甗甗竝襲字之誤○成猶重也已見釋丘
英本華萼之名華萼相銜與跗連接重累而高故再
重之山取此爲名書禹貢正義引李巡曰山再重曰
英○坯者當作坏說文云丕再成也再蓋一字之誤
水經河水注引許愼呂忱竝以爲丕一成可證禹貢
正義引鄭注云大坯在修武武德之界張揖云成皋
縣山也又引漢書音義臣瓚以爲修武武德無此山
成皋縣山又不一成今黎陽縣山臨河豈不是大坯
乎瓚言當然按此音義見漢書溝洫志注惟張揖作張晏據孔此說可知岯
水經注於成皋大伾山引爾雅亦非矣元和郡縣志
大伾山在黎陽縣正南去縣七里郎黎山也隋地理
志亦言黎陽有大伾山竝依瓚說山在今衞輝府濬
縣東南二里周語云檮杌次於丕山韋昭注大邳山
在河東是邳丕同史記夏紀正義引作邳禹貢釋文
伾本或作岯字或作秠按惟作坏爲正餘皆叚借

山大而高崧今中嶽嵩高山蓋依此名釋文崧又作嵩釋名云山大而高曰嵩嵩竦也亦高稱也嵩嵩與崇古字通故崇山卽嵩山見周語注然嵩崇並見釋詁或說古無嵩字非也詩崧高傳以崧爲高貌正義引李巡曰高大曰崧是皆不以爲中嶽之名應劭以崧高爲中嶽誤

山小而高岑言岑崟

銳而高嶠言鑯峻

卑而大扈扈廣也

小而衆巋小山叢羅岑者說文云山小而高釋名云岑嶃也嶃嶃然也趙岐孟子注岑樓山之銳嶺者是岑樓卽山義本爾雅郭注方言岑崟貌公羊僖卅三年傳殽之嶔巖卽崟巖也穀梁作巖唫聲借字也岑崟疊韵崟巖雙聲○釋名云山銳而高曰嶠形似橋也釋文引字林作嶠云山銳而長也通作喬詩及河喬嶽淮南泰族篇

引喬作嶠又通作橋史記本紀黃帝葬橋山正義引爾雅嶠作橋○扈者說文云鄠有扈谷古文作岵从山弓玉篇作扈云山廣貌王照圓曰檀弓記孔子誨南宮縚之妻髽曰爾毋從從爾爾毋扈扈爾從從猶崇崇也謂其太高郎山大而高曰崧矣扈扈猶俁俁也謂其太廣郎山卑而大曰扈矣○巋者釋文引字林云丘追反小山而衆也按釋文巋然高峻貌文選靈光殿賦云巋嵬穹崇李善注高大貌莊子天下篇釋文巋字或作巍竝與爾雅義異方言云凡物盛多謂之寇郭注今江東有小鳧其多無數俗謂之寇鳧然則寇與巋義近而聲亦相轉

小山岌大山峘 岌謂高過

峘者釋文引埤蒼云峘大山岌魚泣反高也按岌與及義近說文云馺馬行相及也讀若爾雅小山馺大山峘此言馺讀若岌則非爾雅本作馺矣疑馺字誤

屬者嶧言駱驛相連屬獨者蜀蜀亦孤獨

嶧者蒸繹繹之叚借詩保有鳧繹是也後漢郡國志注引郭云繹山純石積構連屬蒸郭音義之文御覽四十二引舊注云言絡繹相連今魯國鄒縣有嶧山純石相積構連屬而成山蒸謂此也按此郭義所本初學記引亦同○蜀者方言云一蜀也南楚謂之蜀郭注蜀猶獨耳按蜀本桑蟲其性孤特故詩言蜎蜎者蜀以興喻敦彼獨宿是蜀有獨意蜀形類蠶今棲霞縣北三十里有蠶山孤峰獨秀旁絕倚連舊名爲蠶合於爾雅矣

上正章山上平宛中隆山中央高

釋丘云上正章丘宛中宛丘此又以爲山名也文選詩注兩引一作山正鄣一作山正曰障障與鄣同皆叚借字山與上字形之譌也宛中隆者謂中央下而四邊高因其高處名之爲隆此與釋丘之宛中義同

而名異者彼據中言故曰宛此據外言故曰隆矣郭以中央高爲義誤與釋丘同

山脊岡謂山長脊**未及上翠微**近上旁陂

說文云岡山骨也釋名云山脊曰岡岡亢也在上之言也詩卷耳及公劉傳用爾雅正義引孫炎曰長山之脊也必言長者脊脊骨長○翠微者初學記引舊注云一說山氣青縹色曰翠微劉逵蜀都賦注翠微山氣之輕縹也義本爾雅蓋未及山頂孱顏之閒蔥鬱葐蒀望之谸谸青翠氣如微也舊注似較郭義爲長

山頂冢山巔**崒者厜㕒**謂山峰頭巉巖

詩言山冢崒崩毛傳山頂曰冢正義引孫炎曰謂山巔也巔頂本釋言文○說文云崒危高也厜㕒山顛也通作崔嵬鄭箋十月之交云崒者崔嵬漸漸之石云卒者崔嵬謂山巔之末也俱本爾雅卒崒字通崔

嵬厜㕒字異義同正義引孫炎云厜子規反㕒語規反是皆疊韵之字爾雅釋文本或作崖㕒又作嵳峩亦音轉字通也郭注謂山峰頭巉巖邢疏及監本脫山字詩正義引及宋本竝有之今據補

山如堂者密形如堂室者尸子曰松柏之鼠不知堂密之有美樅**如防者盛**防隄

說文云密山如堂者檀弓注堂形四方而高漢志河南郡密元和志引爾雅此文以爲縣因山爲名也按今密縣三面皆山唯東面缺形似堂室郭引尸子邢疏以爲綽子篇文○盛者釋文謂山形如黍稷之在器此望文生訓也盛與成同封禪書云成山斗入海郊祀志作盛山在今登州府榮成縣海濱半入海其山漫長横亙數里望之如隄防矣檀弓注防形旁殺平上而長可想見是山形狀也

巒山墮謂山形長狹者荊州謂之巒詩曰墮山喬嶽

墮者隋之叚借說文云巒山小而銳隋山之隋隋者本詩般傳隋山山之隋隋小者而爲說也但詩言隋

不言巒說文巒不名隋所未能詳劉逵蜀都賦注巒山長而狹也一曰小而銳也是巒隋俱兼二義釋文引埤蒼云巒山小而銳字林云隋山之施隋者是呂忱以隋爲延施卽狹長也士冠禮注隋方曰篋釋文隋謂狹而長隋與橢同與隋聲俗竝郭所本也云荆州謂之巒者楚辭七諫云登巒山而遠望兮此正楚人語也

重甗隒　謂山形如累兩甗甗甑也山形狀似之因以名云

說文云隒崖也甗者釋畜云善升甗疑甗皆巘之叚俗玉篇引作重巘隒文選晚出射堂詩注引亦作巘詩葛藟釋文引李巡云隒阪也正義引孫炎曰隒山基有重岸也以此推之巘亦崖岸高大之名故釋畜釋文引舍人一云甗者阪也顧云山嶺曰甗皆與隒訓崖岸義合詩公劉亦作巘是皆古本作巘之證孫郭本作甗因而望文生訓始有甗甑之說與隒義遠恐非也

左右有岸厒夾山有岸

厒廣韻作⿸厂坐㗊荅云山左右有岸龍龕手鑑二以厒爲金之或體字孫氏星衍云當作⿸厂坐說文⿸厂坐石地也

大山宮小山霍宮謂圍繞之禮記曰君爲廬宮之是也小山別大山鮮不相連

郭注中山經云今平陽永安縣廬江灊縣晉安羅江縣河南鞏縣皆有霍山引此文云大山繞小山爲霍是郭以宮爲繞明山以霍名者非一皆本此爲義也今灊縣之天柱山中峰小而四圍有大山以繞之與此合矣宮有容受包含之義故訓圍繞郭引喪大記文鄭注宮謂圍障之也○鮮者釋文引李巡曰大山少故曰鮮詩皇矣正義引孫炎曰別不相連也金鶚云鮮斯聲近而通鮮亦斯字之假釋言云斯離也別與離義同阮雲臺師說亦云爾余按文選吳都賦及長笛賦注竝引爾雅小山別大山嶰玉篇云嶰山不

相連也宋翔鳳說以律厤志嶰谷注云一說昆侖之北谷名此正是小山別大山之嶰也張聰咸說蜆頁經嶰古本鮮當作解後人加山鮮解古得通俗鮮古音在紙部解古音在寘部解讀若巇鮮讀若斯孫炎注不相連此正釋解字之義李巡不寤而曰大山少此何言與今按皇矣詩傳小山別大山曰鮮公劉傳巘小山別於大山也是毛意以鮮巘為一周禮獻羔開冰据覽月令作鮮羔開冰卽其例也孔穎達以鮮巘義別為疑葢失之矣此義又見臧氏經義雜記四

山絕陘連山中斷絕

說文陘山絕坎也史記趙世家云與之陘集解徐廣曰陘者山絕之名常山有井陘中山有苦陘元和郡縣志懷州河內縣太行陘在西北三十里連山中斷曰陘引述征記曰太行山首始于河內北至幽州凡有八陘是山凡中斷皆曰陘通作䧓說文云䧓谷也法言吾子篇云山䧓之蹊吳祕注山中絕也

多小石磝多礓礫 多大石礐多磐石

磝礐當作嶅嵒說文嶅山多小石也嵒山多大石也釋名云磝堯也每石堯堯獨處而出見也礐學也大石之形學學然也釋文磝或作磽礐或作确按今人皆用磽确字不復知本於爾雅矣磝从敖聲郭五交反礐从學省聲郭戶角反二讀是也釋文又引字林磝口交反礐郭苦角反錢氏坫說以左傳晉師在敖鄗之閒敖卽嶅鄗卽嵒也

多草木岵無草木峐詩皆見

說文岵山有草木也屺山無草木也釋名云山有草木曰岵岵怙也人所怙取以爲事用也無草木曰屺屺圮也無所出生也釋文引三蒼字林聲類竝云峐猶屺字詩陟岵傳山無草木曰岵山有草木曰屺與此相反正義以傳爲傳寫誤是也王照圓詩小記云爾雅以岵爲多草木卽知屺爲少草木非全無草木

也毛傳有無二字不必涘泥

山上有水埒有停泉

釋名云山上有水曰埒埒脫也脫而下流也釋丘云水潦所還埒丘郭注丘邊有界埒水環繞之謂水繞其下也此云有停泉言山上有界埒水得停聚也雖俱名埒其義自別

夏有水冬無水㶆有停潦

說文夏有水冬無水曰㶆㶆或作澩水經泗水注云桃墟有漏澤方十五里綠水澄渟三丈如減澤西際阜阜側有三石穴廣圓三四尺穴有通否水有盈漏漏則數夕之中傾陂竭澤矣酈注但言穴有通否水有盈漏而無說冬夏者元和郡縣志始詳之云泗水縣漏澤漏穴有五其澤每夏積水秋冬漏竭然則澤卽㶆矣郭云停潦潦是雨水未必恆有其義疑也廣雅以水自渭出爲㶆與此異

山瀆無所通谿 所謂窮瀆者雖無所通與水注川同名

說文云谿山瀆無所通者釋丠云窮瀆氾是氾卽谿也釋水云水注川曰谿彼有所通與此同名無嫌故郭援之左氏隱三年正義引李巡曰山中水瀆雖無所通與水注川同名此郭所本郭注雖監本作⿰彳賣亦非

石戴土謂之崔嵬 石山上有土者 **土戴石爲砠** 土山上有石者

釋文戴本或作載說文云嵬高不平也上文崒者厜㕒鄭箋引作崔嵬文選南都賦注⿱山非嵬山石崔嵬高而不平也甘泉賦注辠隗高貌是皆崔嵬通轉之字也徐鍇說文本無崔字遂以崔爲俗字云从⿸厂崔省非也說文漼摧俱从崔何得云無崔字也陳壽祺欲以⿸厂崔爲崔亦非○砠者說文作岨云石戴土也詩卷耳傳崔嵬土山之戴石者石山戴土曰砠釋名亦同並與爾雅相反正義以爲傳寫誤馬瑞辰曰此爾雅誤

定從毛傳又曰說文兀高而上平也阢石山戴土也是高而上平者爲石山戴土則知高而不平者爲土山戴石矣此說是也今按毛許劉所見爾雅古本俱不誤唯孫郭所注始據誤本知者詩正義引孫炎注與郭同可證

山夾水澗陵夾水澞別山陵間有水者之名

釋名云山夾水曰澗澗間也言在兩山之間也左氏隱三年正義引李巡亦曰山間有水故以爲谿亦澗也是谿澗通名○澞者釋文云本又作虞蓋古本作虞後人加水作澞耳或說虞通澞非

山有穴爲岫謂巖穴

說文云岫山穴也籀文作窗蓋因訓穴故从穴矣禮運云窾於山川窾卽穴也今山巖往往有之水經河水注云懸巖之中多石室焉蜀都賦云嘉魚出於丙穴東京賦云王鮪岫居蓋山澑潄激水齧石穿遊鱗

瀺灂潛泳其中矣

山西曰夕陽暮乃見日山東曰朝陽旦即見日

詩云度其夕陽又云于彼朝陽故此釋之書武成正義引李巡曰山西暮乃見日故曰夕陽山東朝乃見日故云朝陽詩公劉及卷阿正義引孫炎曰夕乃見日朝先見日也釋名云隨日所照而名之也按書傳云山南曰陽周禮柞氏疏引爾雅云山南曰陽山北曰陰蓋爾雅之舊說故孔傳賈疏俱援以釋經今亦以古義存之

泰山爲東嶽華山爲西嶽霍山爲南嶽即天柱山潛水所出恆山爲北嶽常山嵩高爲中嶽大室山也

嶽者說文云東岱南靃西華北恆中大室王者之所以巡狩所至白虎通云嶽者何嶽之爲言桷也桷功

德也東方爲岱者言萬物更相代於東方也南方爲
霍霍之爲言護也言太陽用事護養萬物也西嶽爲
華華之爲言穫也言萬物成熟可得穫也北方爲恆
恆者常也萬物伏藏於北方有常也中央爲嵩嵩言
其高大也從左傳正義及挪疏脈張風俗通云泰山山之尊者一
曰岱宗岱始也宗長也萬物之始陰陽交代故爲五
嶽之長王者受命恆封禪之衡山一名霍山言萬物
霍然大也從書正義脈弨是應劭以衡霍泰岱皆一山而二
名其說是也詩崧高正義引孫炎以霍山爲誤當作
衡山二說雖不同要其大意皆以南嶽爲指衡山郭
氏不從而以霍山爲指天柱詩及左昭四年正義引
郭注云霍山今在廬江灊縣潛水出焉別名天柱山
漢武帝以衡山遼曠故移其神於此今其土俗人皆
呼之爲南嶽南嶽本自以兩山爲名非從近來也而
學者多以霍山不得爲南嶽又言從漢武帝始乃名
之如此言爲武帝在爾雅之前乎斯不然也此所引
益郭音義之文雖本爾雅以天柱爲霍山但爾雅之
霍山本謂衡山不謂天柱自漢武移嶽祠於天柱而

後彼土俗人皆呼之爲南嶽此說甚明可知天柱無妨亦名霍山而不得冒南嶽之名郭爲誤據乃孔穎達不主應劭而駮孫炎反以郭說爲然謬矣審如其說以霍山卽天柱亦止得爲漢武之南嶽而不得爲爾雅之南嶽矣故洪頤煊著霍山爲南嶽解深明此義今依以爲說也洪又以文選遊天台山賦注引爾雅衡山爲南嶽當卽據孫炎所改之本余謂孫炎惟云字誤未嘗改霍爲衡李善所引或別本或誤書耳至於五嶽所在泰山在博漢晉志屬泰山郡或在奉高今在泰安府泰安縣北華山在華陰漢屬京兆晉改屬弘農郡今在同州府華陰縣南衡山在湘南漢屬長沙晉改屬衡陽郡今在衡州府衡山縣西天柱山在灊屬廬江郡漢晉志同既無霍山之名亦無南嶽之號當得其實今在安慶府潛山縣西北恆山在上曲陽屬常山郡漢晉志同今在定州曲陽縣西北嵩高漢志潁川郡崈高武帝置以奉大室山是爲中岳古文以爲外方山也今在河南府登封縣西此五嶽之名蓋周所定知者唐虞惟言四岳周禮大宗伯

及司樂乃有五嶽之名史記封禪書引尚書於北嶽恆山下有中嶽嵩高也五字此自以意連言非經文有缺脫何休公羊注引尚書遂云還至嵩高如初禮蓋本緯書之說惠氏九經古義信之而云書有脫文非也邵氏正義又謂唐虞以霍太山爲中岳此無明文但據禹貢太岳爲證恐山以岳名者多難可依據至謂成周以華山爲中岳此即本鄭志以吳岳爲西岳之說如孔穎達所駁云五岳之山每代一改又云軒居上谷處恆山之西舜居蒲坂在華陰之北豈當據已所在改岳祀乎詩正義言弗可易矣

梁山晉望也晉國所望祭者今在馮翊夏陽縣西北臨河上

梁山本韓國之山晉滅韓屬晉故爲晉望望者書云望乎山川周禮有四望詩韓奕正義引孫炎曰晉國所望祭也漢志左馮翊夏陽梁山在西北晉改馮翊爲郡餘同漢志今山在同州府郃陽韓城二縣界公羊成五年傳梁山者何河上之山也穀梁傳梁山崩壅遏河三日不流皆郭所本也

中之七

清棲霞郝氏本爾雅郭注義疏

第四册

清 郝懿行撰

山東省圖書館藏清同治四年刻《郝氏遺書》本

山東人民出版社·濟南

棲霞郝懿行學

釋水弟十二

說文云水準也北方之行象衆水竝流中有微陽之气也釋名云水準也準平物也管子水地篇云水者地之血氣如筋脈之流通者也白虎通云水盛氣也左氏昭十七年傳云水火之牡也茲篇所釋自泉原川流及谿谷溝澮經通灌注靡不詳賅乃至津涉舟航游泂宛在水以四瀆爲大故著於篇禮表先河書甄會海故九河終焉

泉一見一否爲瀸瀸纔有貌

說文云泉水原也象水流出成川形瀸漬也引此文否作不古今字耳蓋泉有時出見有時涸竭水脈常舍津潤故以瀸漬爲言此古說也郭義則以瀸爲纖纖小意也

井一有水一無水為瀱汋山海經曰天井夏有水冬無水即此類也

易井釋文引雜卦云井通也周書云黃帝穿井世本云化益作井宋衷云化益伯益也釋名云井清也泉之清潔者也井一有水一無水曰瀱汋瀱渴也汋有水聲汋汋也說文云汋激水聲也與釋名合其瀱汋下竝引此文郭引中山經文彼云視山有井名曰天井夏有水冬竭又超山亦有井冬有水而夏竭與前相反尤有異者水經涯水注云斟水導源穴口若井一日之中十溢十竭信若潮流而注涯水由茲以談造化神奇誠難理喻井攡蠡測難語通方者也

濫泉正出正出涌出也公羊傳曰直出直猶正也**沃泉縣出縣出下出也**從上溜下**氿泉穴出穴出仄出也**從旁出也

說文云濫濡上及下也引詩觱沸濫泉今詩采菽瞻卬俱俗作檻傳箋竝用爾雅正義引李巡曰水泉從

下上出曰涌泉涌者說文云滕也滕水超涌也然則涌有濆溢之意水本卑下今直上出同於氾濫故被斯名矣公羊昭五年傳濆泉者何直泉也直泉者何涌泉也是傳訓直爲正故郭援之釋名云濫泉濫銜也人口有所銜口闓則見也旣未顯涌出之義又與正出無會公羊於義爲長○說文云沃溉灌也縣繫也釋名云縣出曰沃泉水從上下有所灌沃也詩下泉傳下泉泉下流也正義引李巡曰水泉從上溜下出是下泉郎沃泉沃與下義相成郭注溜釋文作霤叚借字也○氿說文作厬云仄出泉也借作氿釋名云側出曰氿泉氿軌也流狹而長如車軌也詩大東傳用爾雅正義引李巡曰水泉從旁出名曰氿氿側出然則李劉俱未顯穴出之義穴說文作泬云水从孔穴疾出也又云漀側出泉也是側出之泉又名漀漀从殸聲殸籒文磬字蓋漀之言傾傾郎側意此泉旁側不從正出又異縣流故被斯名矣仄與側穴與泬俱古字通列子黄帝篇云濫水之潘鐇爲淵沃水之潘爲淵氿水之潘爲淵俱本此爲說也

湀闢流川通流**過辨回川**旋流

釋名云川穿也穿地而流也說文云川貫穿通流水也引虞書曰濬くく距川言深くく之水會爲川也考工記兩山之閒必有川焉此釋川之形狀也湀闢說文作湀辟云流水處也玉篇云湀闢通泉○過辨者旋水之名釋文過本或作渦回又作洄竝叚借字說文云淀回泉也葢回淀猶回旋淀水善休人故別其名過辨湀闢聲又相轉

灉反入卽河水決出又還入者河之有灉猶江之有沱

水反入者名灉說見下釋名云水從河出曰雝沛言在河岸限內時見雝出則沛然也水經河水注引爾雅曰灉反入言河決復入者也河之有灉若漢之有潛也元和郡縣志灉湖在巴陵縣南引爾雅云河水決出還復入者爲灉葢因灉灉聲同故相假證實則灉湖一名翁湖非爾雅所指也元和志引左定四年傳吳敗楚於雍澨卽

北

潬沙出今江東呼水中沙堆爲潬音但

水中有積沙上出者爲潬說文云沙水散石也从水从少水少沙見玉篇云江南人呼水中沙堆爲潬廣韵云今河陽縣南有中潬城按城東魏所築見元和志命名之義葢不可知或說潬海中沙也商賈泛海取捷謂之登潬見邵氏正義可備一解郭注江東監本作河中誤又脫音但二字今據宋本改補

汧出不流水泉潛出便自停成汙池

水出於地便自停蓄而不通流猶人慳吝不肯施散厥名曰汧汧汧之爲言慳也列子黃帝篇云汧水之潘盤爲淵淵然則淵水停而不流與此義合邢疏引地理志扶風汧縣汧出西北入渭以其初出不流停成弦蒲澤藪其終則入渭也

歸異出同流肥毛詩傳曰所出同所歸異爲肥

詩泉水傳用爾雅釋名云所出同所歸異曰肥泉本同出時所浸潤少所歸各枝散而多似肥者也與毛傳義同水經淇水注云美溝水東南流注馬溝水又東南注淇水爲肥泉引詩肥泉又引舍人曰水異出流行合同曰肥今是水異出同歸矣是鄘本舍人與毛傳異又以斯水卽詩泉源之水也列子肥水之潘爲淵殷敬順釋文亦云水所出異爲肥俱本舍人爲說呂忱又以爾雅異出同流爲瀵瀵肥聲亦相轉然則諸家爾雅本其不同如此

瀵大出尾下今河東汾陰縣有水口如車輪許濆沸涌出其深無限名之爲瀵馮翊郃陽縣復有

瀵亦如之相去數里而夾河河中渚上又有一瀵瀵源皆潛相通在汾陰者人壅其流以爲陂種稻呼其本所出處爲瀵魁此是也尾猶底也

說文云濆水涘也引此文水經河水注引呂忱曰爾雅異出同流爲濆水然則今本疑有脫文釋文亦云濆水本同而出異與呂忱合也列子湯問篇云壺領山頂有口狀若員環有水涌出名曰神濆一源分爲四然則濆水噴流甚大底源潛通故曰出尾下也水經注云濆水出汾陰縣南四十里去河三里平地開源濆泉上涌大幾如輪深則不測俗呼之爲濆魁古人壅其流以爲陂水種稻東西二百步南北百餘步與郃陽濆水夾河河中渚上又有一濆水皆相潛通故呂忱曰異出同流爲濆其水歷蒲阪西西流注於河又云郃陽城北有濆水東逕其城內東入於河又於城內側中有濆水東南出城注於河城南又有濆水東流注於河酈注所言與郭義同而加詳漢晉汾陰竝屬河東郡今爲蒲州府榮河縣馮翊郃陽今爲同州府郃陽縣矣又曾鞏齊州二堂記云歷城之西有泉涌出高或至數尺齊人名曰趵突之泉嘗有棄穅於黑水之灣者而見之於此蓋泉自渴馬之厓潛流地中而至此復出也今按趵突卽濆之類凡濆必

數處潛通歷城趵突濟水之所溢出也汾陰郃陽諸瀵河水之所溢出也

水醮曰厬謂水醮盡

醮當作潐說文潐盡也厬作氿水厓枯土也引此文云水醮曰氿其厬字訓仄出泉也讀若軌然則厬氿二字爾雅說文互易古字叚借通用玉篇與今本同

水自河出爲灉書曰灉沮會同**濟爲濋汶爲瀾洛爲波漢爲潛**書曰沱潛旣道**淮爲滸江爲沱**書曰岷山導江東別爲沱**過爲洵潁爲沙汝爲濆**詩曰遵彼汝濆皆大水溢出別爲小水之名

出者溢也此皆謂水所溢故以自出總之說文派別水也葢大水枝派別出爲細流也灉者說文云河灉水在宋又云汳水受陳留浚儀陰溝至蒙爲雝水即汳汳水經注云陰溝即蒗蕩渠首受大河於卷縣晉楚之戰

晉軍爭濟舟中之指可掬即是處也淮南人閒篇云楚莊王勝晉於河雍之閒是雍即灉矣水經河水注又云一水分大河故瀆北出爲屯氏河然則枝津分裂川原綺錯雖皆仰挹河流而不得濫膺灉目至於灉水擅名許君特言河灉在宋厥義昭矣又按上言灉反入者彼言入此言出也實一水耳水經瓠子河注引作水自河出爲雝釋名作水從河出曰雍沛雍雝古今字皆叚借也○濟爲濋者水經濟水注汜水西分濟瀆東北逕濟陰郡南爾雅曰濟別爲濋呂忱曰水洓復入爲汜廣異名也是酈以汜爲濋但下文云洓復入爲汜說文汜从巳聲音似與濟水分出之汜水音范者異呂忱不誤酈注葢失引矣錢氏坫釋地注以濋字誤應爲滎恐是○汶者漢志有二汶泰山郡萊蕪原山禹貢汶水所出西南入泲此一汶也禹貢爾雅皆指此汶琅邪郡朱虛東泰山汶水所出東至安丘入維又一汶也水經注所謂東汶淮南墜形篇云汶出弗其西流合濟弗其即不其瑯邪縣名此乃漢志入濰之汶非入濟之汶也淮南誤顏師古以二汶爲疑不知齊有三汶見於齊乘又述征記泰山郡水皆

名汶何止二汶也汶汶爲瀾者釋文引李巡云瀾溢也水經洙水注引呂忱曰洸水出東平陽上承汶水於剛縣西闡亭東爾雅曰汶別爲瀾其猶洛之有波矣是洸水即闡水春秋經齊人取闡即此旁加水非○洛水亦有二漢志左馮翊褱德洛水東南入渭雍州寖詩所謂瞻彼洛矣者也弘農郡上雒禹貢雒水出冢領山東北至鞏入河豫州川書所謂伊洛瀍澗者也水經注云洛水又東門水出焉爾雅所謂洛別爲波也是酈以門水即波水職方鄭注波讀爲播按禹貢滎波正義引馬鄭皆作滎播是播波古字通○漢爲潛者說文同荀子大略篇注引李巡曰漢水溢流爲潛禹貢荆梁二州竝有沱潛旣道正義引郭音義云有水從漢中沔陽縣南流至梓潼漢壽入大穴中通岡山下西南潛出一名沔水舊俗云即禹貢潛也水經潛水注云葢漢水枝分潛出故受其稱餘同郭義又引鄭曰漢別爲潛其穴本小水積成澤流與漢合大禹自導漢疏通即爲西漢水也是鄭義與郭異又此二說竝指梁州之潛而言不及荆州也○淮爲

詩者漢志臨淮郡淮浦游水北入海水經注云淮水於縣枝分北爲游水引爾雅曰淮別爲滸游水亦枝稱者也是游卽滸矣○江爲沱者漢志蜀郡郫禹貢江沱在西東入大江說文云沱江別流也出㟭山東別爲沱寰宇記引李巡云江溢出流爲沱禹貢正義引鄭音義云沱水自蜀郡都安縣揃山與江別而更流又引鄭注云今南郡枝江縣有沱水其尾入江耳首不於江出也華容有夏水首出江尾入沔蓋此所謂沱也是鄭以夏水爲荆州之沱郭以郫江爲梁州之沱二說不同兼之乃備○過爲洵者說文云過水受淮陽扶溝浪湯渠東入淮水經注云陰溝始亂蒗蕩終別於沙而過水出焉引爾雅曰過爲洵呂忱曰洵過水也按說文洵過水中也過當爲過中當爲出釋文過本或作過漢志作渦竝爲叚借○潁爲沙者漢志潁川郡陽城陽乾山潁水所出東至下蔡入淮水經注臨潁縣潁水自縣西流注小㶏水出焉爾雅曰潁別爲沙亦猶江別爲沱也是小㶏水卽沙水矣○汝爲濆者說文云汝水出弘農盧氏還歸山東入

淮水經注云汝水東南逕奇頟城西北濆水出焉世亦謂之大㶏水爾雅曰河有雝汝有濆然則濆者汝别也故其下夾水之邑猶流汝陽之名是或濆㶏之聲相近矣按㶏今變作溵大溵水在今郾城縣即汝水别流也說文引爾雅作汝爲涓釋文引字林同云衆爾雅本亦作涓是濆古作涓涓唯郭本作濆耳

水決之澤爲汧水決入澤中者亦名爲汧**決復入爲汜**水出去復還

汧已見上此申釋之說文云決行流也水經注云渭水東逕郁夷縣故城南汧水入焉水出汧縣之蒲谷鄉弦中谷決爲弦蒲藪爾雅曰水決之澤爲汧汧之爲名實兼斯舉郭云亦名汧者亦亦上文錢氏坫曰澤亦弦蒲澤也弦汧聲同是矣闞駰以楚水爲汧水非也○說文云汜水别復入水也釋名云水決復入爲汜汜已也如出有所爲畢已而還入也詩江有汜傳用爾雅淮南道應篇云至於河上而航在一汜高誘注汜水涯也葢俗汜爲涘非此.

河水清且瀾漪大波爲瀾言渙瀾小波爲淪言蘊淪直波爲徑言徑侹

詩河水清且漣漪河水清且直漪河水清且淪漪此釋之也不並引者文省也正義引李巡云分別水大小曲直之名說文云波水涌流也大波爲瀾瀾或作漣詩伐檀傳風行水成文曰漣釋名云風行水波成文曰瀾瀾連也波體轉流相及連也水小波曰淪淪倫也小文相次有倫理也水直波曰涇涇徑也言如道徑也詩釋文引韓詩云順流而風曰淪淪文貌毛傳小風水成文轉如輪也直直波也按直又訓徒也徒波無風自波對淪漣皆因風成文此自生波故曰直波直有徑遂之義故曰徑也徑釋文作侹云字或作徑今從宋本

瀾釋文作灡

江有沱河有灉汝有濆此故上水別出耳所作者重見

水名已具上文此重見者詩汝濆正義引李巡曰江河汝旁有肥美之地名然則此以地言彼以水言名同義異李說是也今以其意求之梁州之沱其地在蜀郫土江鄉膏腴沃壤至於荆州之沱江夏雲杜郝墟相望皆其地矣河之有灉左傳所云雝鉏至於衡雍杜注以爲鄭地在滎陽卷縣是其地濱河岸密邇王宮雍即灉矣若乃詩之汝濆樵採所遵枚條蘇茂其爲地號更不待言孔氏正義猶以彼墳從土此濆從水爲疑非矣郭以爲水名重見尤非

滸水厓水邊地

此亦水邊地名與沱灉濆同故竝釋之上文云滸爲滸彼以水言此以地言也詩葛藟正義引李巡曰滸水邊地名厓也北山正義引孫炎曰厓水邊也釋丘岸上滸涘爲厓與此義互相足

水草交爲湄詩曰居河之湄

湄者說文用爾雅釋名云湄眉也臨水如眉臨目也水經川歸之處也左氏僖廿八年正義引李巡曰水中有草木交會曰湄水經濟水注引舍人云水中有草木交合也郭引詩巧言文湄詩作麋左傳余賜女孟諸之麋竝古字通

濟有深涉謂濟渡之處**深則厲淺則揭揭者揭衣也**謂褰裳也**以衣涉水爲厲**衣謂褌**繇厀以下爲揭繇厀以上爲涉繇帶以上爲厲**繇自也

詩匏有苦葉文此釋之也左氏襄十四年正義引李巡曰濟渡也水深則厲水淺則揭衣渡也不解衣而渡水曰厲孫炎曰揭褰衣裳也以衣涉水濡褌也毛傳俱本爾雅唯不引繇厀以下爲揭一句文省耳釋文引韓詩云至心曰厲至心卽是繇帶以上雖變其文實用其意也必以繇厀繇帶言者蓋爲空言淺深

恐無準限故特舉此爲言明過此以往則不可渡也然亦略舉大槩而言實則繇帶以下亦通名厲故論語鄭注及左傳服虔注竝云由郄以上爲厲明繇郄以上卽繇帶以下故約略其文耳衣是大名裳與褌皆衣類以言揭故知爲褰裳以衣涉故知衣謂褌也釋名云褌貫也貫兩腳上繫要中也厲有淩厲之義因爲涉水之名故說文涉字解云徒行厲水也是厲涉通名列子說符篇云懸水三十仞圜流九十里有一丈夫方將厲之上林賦云越壑厲水皆以厲爲涉也說文厲作砅引詩淺則砅或作濿云履石渡水也按詩在彼淇厲蓋以厲爲橋梁此皆別解義與爾雅異也繇與由同由自也本釋詁文

潛行爲泳 水底行也晏子春秋曰潛行逆流百步順流七里

說文泳潛行水中也潛涉水也詩云泳之游之葢游與泳對文則別散文亦通故釋言云泳游也是其義同詩云不可泳思列子黃帝篇云彼中有寶珠泳可得也毛傳及張湛注俱用爾雅郭引晏子春秋古冶

子詞也

汎汎楊舟紼縭維之紼䋁也䋁索縭緌也緌繫

詩采菽文毛傳紼繂也纚緌也正義引李巡曰繂竹爲索所以維持舟者孫炎曰繂大索也舟止繫之於樹木戾竹爲大索正義云紼訓爲繂繂是大綆纚訓爲緌緌緌又爲繫正謂舟之止息以綆繫而維持之詩釋文引韓詩云纚筰也釋名云引舟者曰筰然則筰可引舟亦可繫舟筰與緌義相成也䋁說文作繂詩作繂縭作纚竝字異音義同

天子造舟比船爲橋諸侯維舟維連四船大夫方舟併兩船士特舟單船庶人乘泭併木以渡

說文云舟船也古者共鼓貨狄刳木爲舟剡木爲楫以濟不通釋名云舟言周流也造舟者詩大明傳用

爾雅正義引李巡曰比其舟而渡曰造舟孫炎曰造舟比舟爲梁也公羊宣十二年疏引舊說云以舟爲橋詣其上而行過故曰造舟也按此雖爾雅舊說但以造爲詣不及李孫訓造爲比葢比竝其船加板於上孔穎達謂即今浮橋是也方言云船艁造舟謂之浮梁閒居賦云浮梁黝以徑度皆其義也至其竝船之數釋文引郭圖云天子竝七船按禮自上以下降殺以兩若以諸侯四大夫二士一推之則天子當竝六船也又說文引此四句作禮葢出古禮經之文○維舟者詩正義引李巡曰中央左右相維持曰維舟公羊疏引孫炎云維連四船音義曰維持使不動搖以也按維非竝也但連繫之使不散孔穎達謂維舟以下則水上浮而行之但船有多少爲等差耳其說是矣○方舟者詩正義引李巡曰併兩船曰方舟說文方併船也象兩舟省總頭形方或从水作汸方言云方舟謂之灠郭注楊州人呼渡津舫爲灠荆州人呼杭音橫說文杭方舟也杭航郭詩俗爲杭一葦杭之是也方古讀如旁亦讀如傍傍併聲轉今俗爲併爲傍

此古音也金鶚云併船是方本義通而言之凡相併皆曰方鄉射禮云不方足鄭注方猶併也詩維鳩方之亦謂茲處於一巢也○特舟者公羊疏引李巡云一舟曰特又云庶人乘泭者併木以渡別尊卑也然則併亦方也釋言云舫泭也舫即方字又借爲枋史記張儀傳云枋船載卒枋與舫同枋船即舫泭也論語乘桴桴亦泭也泭舟同類故齊語云方舟設泭蓋兼士庶言之

水注川曰谿注谿曰谷注谷曰溝注溝曰澮注澮曰瀆

此皆道水轉相灌注所入之處名

此別水所注入之名舊注云皆以小注大大小異名郭注上林賦云自谿及瀆皆水相通注也谿者釋山云山豄無所通谿彼謂窮瀆此則通川之谿也蓋謂谿澗之水能自達於通川故左氏隱三年正義引李巡曰水出於山入於川爲谿也谷者說文云泉出通川爲谷从水半見出於口公羊僖三年傳無障谷蓋

谷口出水無障斷之使通於谿故疏引李巡云水相屬曰谷然則谷者屬也水流相屬灌輸也溝澮者釋名云水注谷曰溝田閒之水亦曰溝溝搆也從橫相交搆也注溝曰澮澮會也小溝之所聚會也瀆者御覽七十五引舊注云水流不絕曰瀆然則瀆之爲言猶續也相續不絕之意說文云瀆溝也是溝瀆通名釋山又以谿瀆竝稱可知此皆山閒瀉水非有巨浸洪流且瀆無妨四瀆同名溝澮亦非匠人舊制豈便有四尺二尋之規乎匠人溝廣四尺深四尺澮廣二尋深二仞邢疏泥考工之文失爾雅之義乃謂自溝以下與上不類謬矣彼是田閒水道此乃谿谷細流何可同也今試倒轉其文則爲瀆注於澮澮注於溝溝注於谷谷注於谿谿注於川上下文義俱順矣此自言水轉相灌注之異名耳云何不類

逆流而上曰泝洄順流而下曰泝游皆見詩

泝說文作𣳚云逆流而上曰𣳚洄𣳚向也水欲下違之而上也𣳚或作遡洄𣳚洄也游作汓云浮行水上

也浮或作泅詩遡洄傳用爾雅遡游傳云順流而涉曰遡游正義引孫炎曰逆渡者逆流也順渡者順流也按洄猶回也華嚴經音義下引三蒼云水轉曰洄葢逆流則向水回轉順流則但浮游直行而已左氏哀四年傳吳將泝江入郢杜預注逆流曰泝莊十八年傳閻敖游涌而逸杜注游涌水而走也

正絶流曰亂直横渡也書曰亂于河詩涉渭爲亂傳用爾雅正義引孫炎曰直横渡也是正訓直絶猶截也截流横渡不順曰亂郭引書禹貢梁州文

江河淮濟爲四瀆四瀆者發原注海者也

釋名云天下大水四謂之四瀆江河淮濟是也瀆獨也各獨出其所而入海也江公也諸水流入其中所公共也淮圍也圍繞揚州北界東至海也河下也隨地下處而通流也濟濟也言源出河北濟河而南也

海晦也主承穢濁其色黑而晦也白虎通云瀆者濁也中國垢濁發源東注海其功著大故稱瀆也風俗通云尚書大傳禮三正記江河淮濟爲四瀆瀆者通也所以通中國垢濁民陵居殖五穀也江者貢也珍物可貢獻也河者播爲九流出龍圖也淮者均均其務也濟者齊齊其度量也四瀆發原注海禹貢具詳其文河說見下漢志蜀郡湔氐道禹貢嶓山在西徼外江水所出東南至江都入海今江出四川松潘衞邊徼外西番地之岷山至江南通州入海漢志南陽郡平氏禹貢桐柏大復山在東南淮水所出東南至淮陵入海今淮出河南南陽府桐柏縣之桐柏山至江南清河縣與河合流至安東縣入海漢志河東郡垣禹貢王屋山在東北沇水所出東南至武德入河軼出滎陽北地中又東至琅槐入海今濟出河南懷慶府濟源縣之王屋山至武陟縣入於河管子度地篇云水之出於山而流入於海者命曰經水水別於他水入於大水及海者命曰枝水然則四瀆者經流也挾衆枝流而注於海者也說文海天池也以納百

川者注灌也原水泉本也原今作源

水泉題上事也管子水地篇云水者何也萬物之本原也水之原在乎泉故釋水之篇先泉後水又總題曰水泉也初學記引郭氏讚云類聚作釋水讚川瀆綺錯渙瀾流帶潛潤旁通經營華外姝出同歸混之東會

水中可居者曰洲小洲曰陼小陼曰沚小沚曰坻人所爲爲潏人力所作

此釋水中之地名洲者說文作州引詩在河之州釋名云水中可居者曰洲洲聚也人及鳥物所聚息之處也詩關雎正義引李巡曰四方皆有水中央獨可居一切經音義十七引孫炎曰水有平地可居者也方言云水中可居爲洲三輔謂之淤蜀漢謂之䕯郭注引上林賦曰行乎洲淤之浦○陼當爲渚說文引

作小州曰渚釋名云渚遮也體高能遮水使從旁回也詩江有渚傳渚小洲也水岐成渚釋文引韓詩云一溢一否曰渚渚小洲也按廣雅云渚處也是渚亦可居處故韋昭齊語注水中可居者曰渚爾雅不言者文省耳又以上句例之不言可知○沚者詩采蘩傳沚渚也不言小者亦文省也說文用爾雅釋名云沚止也小可以止息其上也然則沚小於渚不可居處但容止息而已○坻者釋名云小沚曰坻坻遲也能遏水使流遲也說文本詩蒹葭傳云坻小渚也變沚言渚者渚沚雖大小異名其實一耳正義云以渚易知故繫渚言之邢疏引李巡云但大小異其名是也○潏者說文云水中坻人所爲爲潏是潏亦坻也但以人所爲爲異耳釋名云潏術也偃水使鬱術也魚梁水碓之謂也魚梁者周禮𩰫人掌以時𩰫爲梁鄭衆注梁水偃也偃[匽谷]偃水爲關空以笱承其空是也水碓者於急流水中偃水爲之設轉輪於下用水衝激速於賃舂魚梁水碓皆人所爲故舉以譬況焉釋文引郭圖云水中自然可居者爲洲人亦於水中

作洲而小不可止住者名潏水中地也御覽七十一引舍人云潏人力水爲居止𩇕䠞按釋文潏郭述洩二音是也

水中 題上事也洲渚沚坻潏皆水中高地故題曰水中也

河出崐崘虛色白 山海經曰河出崐崘西北隅虛山下基也發源處高激峻湊故水色白也所渠幷千七百一川色黃 潛流地中汩漱沙壤所受渠多衆水溷淆宜其濁黃百里一小曲千里一曲一直 公羊傳曰河曲流河千里一曲一直

水經注引春秋說題辭云河之爲言荷也荷精分布懷陰引度也考異郵云河者水之氣四瀆之精也初學記引孝經援神契云河者水之伯上應天漢又引穆天子傳河與江淮濟三水爲四瀆河曰河宗四瀆之所宗也按爾雅旣言四瀆而以九河終焉其意蓋在此也說文云河水出焞煌塞外昆侖山發原注海

釋文引郭音義云禹本紀及山海經皆云河出崐崘山漢書曰張騫使西域窮河源其山多玉石而不見崐崘也世人皆以此疑河不出崐崘按山海經曰東望泑澤河水之所潛也其源渾渾泡泡又云敦薨之水注于泑澤出乎崐崘之西北隅實惟河源也西域傳又云河有兩源一出葱嶺山一出于闐于闐在南山下其河北流與葱嶺之河合東注鹽澤鹽澤一名蒲昌海去玉門陽關三百餘里水經注三上有千字漢書脫之此仍其失輪廣三四百里其水停冬夏不增減皆以爲潛行地下而南出於積石山而爲中國河云然則河出崐崘便潛行地下至葱嶺及于闐復分流岐出也張騫所見蓋謂此矣其去崐崘里數遠近所未得而詳也泑澤卽鹽澤也又引郭圖讚云崐崘三層號曰天柱實惟河源水之靈府按此以上釋文所引皆是古來相傳舊說然於河出崐崘里數遠近靡得而詳新唐書吐蕃傳載劉元鼎所經紫山直大羊同國虜曰悶摩黎山卽古所謂崐崘距長安五千里而元史地理志稱河源出吐蕃朵甘思西鄙名火敦腦兒譯言星宿

海也又言朵甘思東北有大雪山卽崐崘不知此乃積石山也康熙乾隆年閒兩遣侍衞尋河源後乃得之阿勒坦郭勒之西遠出星宿海之上三百餘里其崐崘在今之回部所以知河出崐崘虛者一統志言西藏有岡底斯山在阿里之達克喇城東北三百十里直陝西西寧府西南五千五百九十餘里乃西域記水經注所謂阿耨達山今名岡底斯山卽崐崘也河源紀略圖說詳矣近人徐松能言西域地形今採其說曰岡底斯山分爲四幹向西北者爲僧格喀巴布山譯言獅子口也繞阿里而北二千五百餘里入西域爲和闐南山及葱嶺葱嶺在今葉爾羌喀什噶爾境和闐南山在今和闐境和闐卽古于闐漢書西域傳言河有兩源一出葱嶺一出于闐其實出葱嶺者尚有南河北河之分與于闐河而三也今以新疆地形驗之和闐河二源皆出南山東源曰玉隴哈什河西源曰哈喇哈什河二水分流經和闐城東西又北流二百餘里而合爲和闐河是爲河源之一葱嶺南河者卽今葉爾羌河二源東源曰聽雜布河西源

曰澤普勒善河二水分東北流至葉爾羌城東南而合爲葉爾羌河是爲河源之二葱嶺北河者卽今喀什噶爾河二源南源曰雅璊雅爾河北源曰烏蘭烏蘇河分東流至喀什噶爾城南而合爲喀什噶爾河是爲河源之三三源分東流至噶巴克阿克集而合爲塔里本河又東流一千四百餘里瀦爲羅布淖爾卽古鹽澤亦謂之蒲昌海也諸河水皆澄清無滓惟喀什噶爾河之北源烏蘭烏蘇色赤而濁而東至葉爾羌東北衡阿喇克之地亦清流見底故統謂之色白也又曰郭注引山海經作崐崘西北隅邵氏正義據今本作東北隅以郭爲譌非也按南山葱嶺皆發脈於僧格喀巴布而僧格喀巴布實分幹於岡底斯山之西北隅故山海經謂之崐崘西北隅灼然明顯且後漢書張衡傳注及廣韵引此文皆作西北邵氏之說未可依據又曰崐崘虛者僧格喀巴布山西北趨千六百餘里爲葱嶺葱嶺環千八百餘里包西域之西以周其北外如半規中謂虛地故謂之虛余按徐以虛讀如字實則虛卽墟字故郭云山下基明其

匊池縣亙諸山皆得崐崘之目故言河出崐崘虛也釋文引李巡云河水始出其色白也孫炎云崐崘山名也墟者山下之地白者西方之色也又引郭注有發源處高激峻湊故水色白也十二字爲宋本所無今據補離騷云朝吾將濟於白水兮登閬風而緤馬後漢書注引河圖云崐山出五色流水其白水東南流入中國名爲河然則白水即河水故晉文投璧于河而曰有如白水晉語卽作有如河水是其證也○渠者說文云水所居川者釋文引李巡云水流而分交錯相穿故曰川也色黃者孫炎云所受渠多轉流溷濁故色黃水經注引物理論曰河色黃者衆川之流蓋濁之也河源錄云自發源至漢地南北澗溪細流旁貫莫知紀極然則渠川之水其數難詳千七百者特舉大槩而言耳徐松曰河入鹽澤水皆清澈伏流一千五百餘里東南至巴顏哈喇山麓伏流自崖壁上涌出灑爲百道皆作黃金色東南流爲阿勒坦郭勒譯言黃金河也○河隨山勢爲曲折千里百里亦大槩言之耳釋文引李巡云水勢小曲乃大直也

故曰小曲水陰節每一曲一直通無極也故曰千里一曲一直郭引公羊文十二年傳云河曲疏矣河千里而一曲也何休注河曲流郭蓋兼引傳注又傳不言一直郭據爾雅加之也漢志太原郡陽曲應劭注云河千里一曲當其陽故曰陽曲也然則陽曲亦河曲之地名故傳云河曲疏矣河源錄云世言河九折彼地有二折朱思本云河源東北流歷西番至蘭州凡四千五百餘里始入中國又東北流過達達地凡二千五百餘里始入河東境內又南流至河中鄉蒲凡一千八百餘里通計九千餘里

河曲 此釋河耳謂之曲者河勢善曲其地疏闊隨處委折咸被斯名故題曰河曲也

徒駭 今在成平縣義所未聞 **太史** 今所在未詳 **馬頰** 河勢上廣下狹狀如馬頰 **覆鬴** 水中可居往往而有狀如覆釜 **胡蘇** 東光縣今有胡蘇亭其義未聞 **簡** 水道簡易 **絜** 水多約絜 **鉤盤** 水曲如鉤流盤桓也 **鬲津** 水多阨狹可隔以爲津而橫渡

此釋九河之名徒駭者釋文及禹貢正義引李巡曰禹疏九河以徒衆起故云徒駭孫炎曰禹疏九河此河功難書正義作用功雖廣四字衆懼不成故曰徒駭郭云今在成平縣者晉志成平屬河間國漢志屬勃海郡今河間府交河縣東有漢成平故城按漢志成平虖池𣶒河民曰徒駭河是虖池即徒駭疑語倒竝聲之轉○太史者釋文作大云謝音泰孫如字本今作太然則古本作大是也詩般正義引李巡曰禹大使徒衆通水道故曰太史孫炎曰大使徒衆故依名云爾雅釋文引或云太史者史官記事之處按此葢因大本作太望文生訓耳李孫於義爲長導河一書云太史在德州安德縣東南經滄州臨津縣西明一統志在南皮縣北○馬頰者釋文引李孫郭竝云河勢上廣下狹狀如馬頰也元和郡縣志德州安德縣馬頰河在縣南五十里平昌縣今德平縣馬頰河在縣南十里按漢志平原郡平原有篤馬河通典云馬頰在平原郡然則篤馬豈即馬頰之異稱今所未詳○覆鬴者釋文引郭云鬴古釜字李孫郭竝云水中多渚往往而有可

居之處狀如覆釜之形通典云覆釜在平原郡界導河書云覆鬴在永靜軍阜成縣東經東光縣西北按漢志阜成屬勃海郡○胡蘇者詩正義引李巡曰其水下流故曰胡蘇胡下也蘇流也孫炎曰水流多散胡蘇然也漢志勃海郡東光有胡蘇亭今河間府東光縣有漢東光故城光釋文及宋本竝誤作莞今據詩書正義改正○簡者書正義引李巡曰簡大也河水湙而大也詩正義引孫炎曰簡者水通易也釋弓教縣同與此是史記正義云簡在貝州歷亭縣界○絜者釋文戶結反引孫郭竝云水多約絜又苦八反李云河水多山石之苦故曰絜絜苦也書正義石下作治之苦絜絜苦也興地廣記簡絜在臨津金史地理志南皮縣有潔河按漢志勃海郡南皮莽曰迎河亭齊乘云滄州之南有大連澱自注今日大絜五龍鄧殿南至西無棣縣百餘里間有曰大河曰沙河皆瀕古隄縣城南枕無棣溝茲非簡絜等河歟○鉤盤者釋文盤作般云本又作盤李本作股云水曲如鉤折如人股詩書正義引作歷折如盤故曰鉤股孫郭同云水曲如鉤流盤桓不直前也今郭注脫孫直前三字詩

疏證引叙無漢志平原郡般水經注河水故渠川脈東入般縣爲般河元和志棣州陽信縣鉤般河經縣北四十里後漢書公孫瓚傳遂出軍屯槃河袁紹傳還屯槃河章懷注槃即爾雅九河鉤槃之河也其枯河在今滄州樂陵縣東南又云故河道在今德州平昌縣界入滄州樂陵縣今名枯槃河○鬲津者釋文引李云河水狹小可隔以爲津故曰鬲津孫郭同云水多阨狹可隔以爲津而橫渡漢志平原郡鬲平當以爲鬲津元和志德州安德縣鬲津枯河在縣南七十里平昌縣鬲津枯河南去縣二十里按鬲縣故城在今德州北也

九河 禹貢兗州已云九河既道至于大陸又云播爲九河者詩般正義引鄭志荅趙商問云曰河流分兗州界支自明矣然九河從兗州而分大陸以北明是再分故特言播鄭義似未了也禹貢正義引漢書溝洫志成帝時河隄都尉許商上書曰古記九河之名有徒駭胡蘇鬲津

今見在成平東光鬲縣界中自鬲津以北至徒駭其閒相去二百餘里是知九河所在徒駭最北鬲津最南蓋徒駭是河之本道東出分爲八枝也許商上言三河下言三縣則徒駭在成平胡蘇在東光鬲津在鬲縣其餘不復知也爾雅九河之次從北而南旣知三河之處則其餘六者太史馬頰覆釜在東光之北成平之南簡絜鉤盤在東光之南鬲縣之北也其河塡塞時有故道鄭禹貢注云周時齊桓公塞之同爲一河今河閒弓高以東至平原鬲津往往有其遺處春秋寶乾圖云移河爲界在齊呂塡閼八流以自廣鄭蓋據此文爲說也言閼八流拓境則塞其東流八枝并使歸於徒駭也按詩正義大意亦與此同而此爲賅備爾雅釋文引郭音義亦本鄭注而義稍略故舍彼引此也然則八流雖塞遺處猶存今驗青滄景德之閒古隄沙阜舊迹宛然故溝洫志載韓牧以爲可略於禹貢九河處穿之縱不能爲九但爲四五亦有益而王

橫言河入勃海勃海地高於韓牧所欲穿處又言九河之地已爲海所漸此妄說也古河隄處今猶可見安得爲海所漸但自周定五年河徙以來歷漢至今轉徙而南土淺沙浮潰決難制禹河故道日就沈湮更數百年始將不可復識矣

從釋地已下至九河皆禹所名也

自釋地已下凡四篇此其總題也書吕刑云禹平水土主名山川蓋禹敷土醜渠因而各制以名禹貢一篇略可槩見或疑祭法黃帝正名百物以明民共財物有定名其來舊矣然水經注言廬山有大禹刻石無妨舊已有名禹更新定爾

爾雅郭注義疏中之八

孫男聯蓀伯愷

　　　徵近垣校字

爾雅郭注義疏下之一

棲霞郝懿行學

釋草弟十三

說文艸百卉也从二屮屮艸木初生也卉艸之總名也茻衆艸也从四屮又引商書曰庶艸蕃無天官九職謂之疏材大司徒以土會之法辨其物生川澤宜膏物墳衍宜莢物原隰宜叢物鄭注膏當爲櫜字之誤也蓮芡之屬有櫜韜莢物薺莢王棘之屬叢物萑葦之屬淮南原道篇云秋風下霜倒生挫傷高誘注草木首地而生故曰倒生莊子外物篇云草木之倒植者過半說文菿艸木倒是也草一曰蘇方言蘇草也江淮南楚之閒曰蘇論衡云地性生草山性生木言生處之異也此篇所釋品羅衆卉實多識之資也

萑山韭茖山蔥葝山䪥蒚山蒜今山中多有此菜皆如人家所種者茖蔥細莖

大葉

此釋菜也說文云菜艸之可食者故先釋蒚韭葱䪥蒜皆人家所常種其生於山則異名豳風以春蚤獻羔祭韭繁露因春生實夏小正以圃見紀時是皆毓自家園事同井竈韭曰豐本言其根豐而葉茂也其生於山者別曰藿說文云藿艸也引詩食鬱及藿邪疏引韓詩作藿藿一名韱說文韱山韭也南山經云招搖之山有草焉其狀如韭郭注引璨曰韭爾雅云藿山亦多之霍藿葢以形近而誤說文韭一種而久故謂之韭今驗韭宿根在地年年分栽故言一種而久山中者亦象家韭而葉差狹根宿地自生○葱之生於山者名茖說文云茖艸也一切經音義八引爾雅舊注云茖一名山葱并州以北多饒茖葱也北山經云邊春山其草多葱韭郭注山葱名茖大葉與此注同後漢書章帝紀注葱領在燉煌西其山高大多葱是皆葱生於山之證茖通作格馬融廣成頌云格韭葅于章懷注茖與格古字通按茖葱今名角葱作莖生

有枝格旋摘旋生食之不盡其味甘而不辛冬亦不枯管子所謂伐山戎出戎菽及冬葱卽此○䪥者說文云菜也葉似韭按古葱䪥並稱肉則言切而和以膏醢少儀言擇而絕其本末今惟用葱不用䪥矣王禎農書云野䪥俗名天䪥生麥原中葉似䪥而小味益辛亦可供食但不多有蘇頌本草圖經云山䪥與家䪥相似而葉差大玉篇葝作韮廣韵引爾雅作韮山䪥云韮蒲罪切本亦作葝○蒜之生於山者名蒚本草陶注小蒜根名薍子蜀本注云小蒜野生小者一名蒚說文蒜葷菜夏小正云十有二月納卵蒜卵蒜也者本如卵者也按此卽今澤蒜生山澤間葉如韭莖根如鳥卵十二月及正月掘取食之古今注云蒜卵蒜也俗人謂之小蒜爾雅翼云大蒜爲葫小蒜爲蒜二說並非蒜是總名葫乃俗稱卵蒜自別一種非凡蒜俱名卵也爾雅翼又引孫炎以蒚爲山名其上出蒚亦非

薜山蘄　廣雅曰山蘄當歸當歸今似蘄而麤大

說文云蘄艸也蓋艸以蘄名者非一山蘄一名薜一名白蘄說見下文本草云當歸一名乾歸不名山蘄廣雅以山蘄卽當歸郭云當歸似蘄而麤大釋文蘄古芹字麤本今作麤李時珍云當歸本非芹類特以花葉似芹故得芹名古今注云古人相贈以芍藥相招以文無文無一名當歸芍藥一名將離故也

椵木堇櫬木堇別二名也似李樹華朝生夕隕可食或呼日及亦曰王蒸

釋文櫬本又作藽堇本或作槿詩有女同車傳舜木槿也說文舜作蕣云蕣木槿朝華暮落引詩顏如蕣華正義引陸璣疏云舜一名木槿一名櫬一名曰椵齊魯之閒謂之王蒸今朝生暮落者是也又引樊光云別二名也其樹如李其華朝生暮落與草同氣故在草中按月令木堇榮爾雅草謂之榮是木堇草類也旣得榮名兼膺木號於義方備海外東經有薰華草朝生夕死郭注薰或作堇是亦以堇爲草名樊光所言非無據矣莊子逍遙游篇云朝菌不知晦朔釋文引司馬彪云大芝也一名日及支遁云一名舜英

潘尼云木槿也是支潘以朝菌爲木堇司馬雖以爲芝亦同日及之名堇菌聲近支潘是也釋文大椿又引司馬云一名橓橓木槿也崔音橓華同然則椿蕣聲亦相近椿櫬聲又相轉然椿壽考而蕣脆薄名雖同即實乖矣日及王羲之帖作日給給及通也抱朴子論僊篇云白芨料大椿白芨即日及字形之譌郭云王蒸月令鄭注木堇王蒸也呂覽高誘注華可用作蒸是王蒸以作蒸得名今堇華蒸之可啖

朮山薊 本草云朮一名山薊今朮似薊而生山中 **楊枹薊** 似薊而肥大今呼之馬薊

朮說文从艸作𦬸一繫傳今𦬸苗似薊也本草云朮一名山薊一名山薑一名山連吳普本草又名山芥天薊並廣異名也陶注朮有兩種白朮葉大有毛而作椏根甛而少膏赤朮葉細無椏根小苦而多膏陶言白朮即山薊赤朮即楊枹薊爾雅下文赤枹薊郭云即上枹薊此陶所本然赤朮今呼蒼朮矣蒼朮苗高二三尺葉似棠梨束如鋸齒根蟠如薑䕩淡紫色今藥用以茅山者艮然古方不言赤白也南方草木狀

云藥有乞力伽即朮也中山經云首山多朮芫郭注用爾雅類聚入十一引范子曰朮出三輔黃白色者善枹朴子僊藥篇云朮一名山精

葥王蔧 王帚也似藜其樹可以爲埽蔧江東呼之曰落帚

說文作蒴蒴王蔧繫傳云今落帚艸也又云今落帚或謂落藜初生時可食藜之類也本草地膚一名地葵別錄一名地麥唐本注名涎衣草蘇頌圖經名鴨舌草皆今埽帚草也枝莖繁密乾之作帚蜀本草云子色青似一眠起蠶沙矣

菉王芻 菉蓐也今呼鴟腳莎

說文引詩菉竹猗猗今詩作綠毛傳綠王芻也終朝采綠鄭箋綠易得之菜也離騷云薋菉葹以盈室兮王逸注用爾雅詩正義引舍人云菉一名王芻李巡云一物二名某氏云菉鹿蓐也說文又云藎艸也唐

本注藎草俗名菉蓐草葉似竹而細薄莖亦圓小按此即今淡竹葉也其葉如竹花色深碧人取汁入畫如點黛御覽引吳普本草云藎草一名黃草蓋以其可染黃綠也說文莀艸可以染留黃莀草即盭草漢書百官表云諸侯王盭綬如淳注盭綠也晉灼云盭草出琅邪似艾可染綠因以名綬然則莀草即藎草藎草即菉以可染綠因而名綠綠菉字通也莀又作綟說文綟帛艸染色急就篇注綟蒼艾色是綟莀盭竝聲同叚借莀菉又一聲之轉也

拜蔏藋 蔏藋亦似藜

說文藋一曰拜蔏藋繫傳云蔏藋俗所謂灰藋也今按灰藋唐本草名白藋今名灰菜莖有紅縷葉青背白其葉心有白粉四月初生可食高數尺秋開細白華結子作穗藜全似藋而葉心赤俗謂之紅灰菜與白者皆可食藜堪爲杖

蘩皤蒿白蒿 蒿菣今人呼青蒿香中炙啖者爲菣 蔚牡菣無子者

蘩說文作⿱艹緐詩采蘩傳蘩皤蒿也七月傳蘩白蒿也正義引孫炎同左氏隱三年正義引陸璣疏云凡艾白色爲皤蒿今白蒿也春始生及秋香美可生食又可蒸一名游胡北海人謂之旁勃夏小正云蘩母者旁勃也邢疏引本草白蒿唐本注云此蒿葉麤於青蒿從初生至枯白於衆蒿所在有之又云葉似艾葉上有白毛麤澀俗呼蓬蒿可以爲葅今按白蒿或說即蔞蒿非也蔞蒿初生雖白而非白蒿爾雅蔞有專條說見下文○說文蒿菣菣香蒿也菣或作⿱艹堅詩鹿鳴正義引陸璣疏蒿青蒿也荊豫之閒汝南汝陰皆云菣也又引孫炎云荊楚之閒謂蒿爲菣是菣即青蒿青蒿即草蒿本草草蒿一名青蒿一名方潰陶注處處有之即今青蒿人亦取雜香菜食之按黃蒿氣臭因名臭蒿青蒿極香故名香蒿黃蒿不堪食人家采以罨醬及黃酒麴青蒿香美中啖也○蔚者說文云牡蒿也詩蓼莪正義引舍人曰蔚一名牡菣某氏

日江河閒曰菣陸璣疏云蔚牡蒿也三月始生七月華華似胡麻華而紫赤八月爲角角似小豆角鋭而長一名馬新蒿按馬新廣雅作馬先謂因塵也因塵卽菌陳雖亦蒿類而與牡蒿有別陸疏誤矣牡蒿蘇恭謂卽齊頭蒿也葉似防風細薄而無光澤李時珍謂諸蒿葉皆尖此蒿葉獨奓而秃故有齊頭之名今按此蒿名牡故郭云無子然陸璣謂角似小豆則非無子矣舊謂實大如車前實而內子微細不可見故人謂無子也

齧彫蓬薦黍蓬 別蓬種類

說文蓬蒿也籒文省作莑蓋莑之言莑茸枝葉蘇盛蓬蓬然故謂之蓬晏子春秋雜上篇云譬之猶秋蓬也孤其根而美枝葉秋風一至根且拔矣今驗秋蓬葉似松杉秋枯根拔風卷爲飛所謂孤蓬自振此卽齧彫蓬矣其薦黍蓬者說文薦獸之所食艸古者神人以薦遺黃帝帝曰何食曰食薦卽此薦矣薦古文

作虋釋文引孫李本作虋从古文也鄭樵通志以彤蓬爲彤胡黍蓬爲野葵楊愼卮言以蓬有水陸二種彤蓬乃水蓬彤茋是也黍蓬乃旱蓬青科是也青科結實如黍羌人食之今松州有焉此二說竝無依據蓬乃蒿類與葵茋別李時珍本草菰米下引孫炎云彤蓬卽葵米亦未可信

蘢鼠莞 亦莞屬也纖細似龍須可以爲席蜀中出好者

說文莞艸也可以作席書正義引樊光曰詩云下莞上簟郭云似龍須者中山經云賈超山多龍脩郭注龍須也似莞而細出山石穴中可以爲席是鼠莞卽龍須之屬龍須本草名石龍芻一名草續斷一切經音義四引爾雅作葥鼠莞今从宋本作蘢疑書寫之誤竝據以訂正

葝鼠尾 可以染皁

葝一名鼠尾吳普本草名山陵翹陶注田野甚多人採作滋染皁蜀本注云葉如蒿莖端夏生四五穗穗

若車前華有赤白二種按今蔓草野人呼鴞子萮結
莢銳長形如鳥觜亦似鼠尾也御覽九百九十五引
孫炎云勁巨
盈切可染皂

菥蓂大薺

薺葉細俗呼
之曰老薺

菥說文作析易通卦驗立冬薺麥生月令鄭注以薺
爲靡草之屬薺之大者名菥蓂南都賦云菥蓂芉瓜
薺民要術十引舍人曰薺有小故言大薺廣雅菥蓂
馬辛也本草菥蓂一名蔑析一名大蕺一名馬辛生
川澤及道旁呂覽任地篇云孟夏之昔殺三葉而穫
大麥高誘注昔終也三葉薺亭歷菥蓂也是月之季
枯死大麥熟而可穫高分薺與菥蓂爲二非也薺之
老者其葉轉細謂之大薺非大其葉郭注得之類聚
八十二引郭注作似薺
葉細今本脫去似字

蒤虎杖

似紅草而麤大有
細刺可以染赤

菉卽紅草之大者本草陶注曰寔甚多狀如大馬蓼莖斑而葉圓齊民要術六作杬子法如無杬皮用虎杖根卽此

孟狼尾似茅今人亦以覆屋

孟玉篇作蓋俗御覽九百九十四引廣志云狼尾子可作黍子虛賦云其高燥則生藏莨蒹葭史記集解引漢書音義云莨莨尾草也是莨尾卽狼尾郭注子虛賦云藏莨草中牛馬芻按今狼尾似茅而高人以苫屋俗名蘆稈莛

瓠棲瓣瓠中瓣也詩云齒如瓠棲

說文匏瓠也詩匏有苦葉傳匏謂之瓠通作壺詩八月斷壺傳壺瓠也又通作華郊特牲云天子樹瓜華鄭注華果蓏也是華讀爲瓠瓠華古音同也瓠曰瓠𤬪或作壺盧亦作瓠𤬛有甘苦二種詩云甘瓠纍之

魯語云苦匏不材於人共濟而已今農家言瓠之甘者來年或變苦欲驗之於蔓初生時嚌其莖葉苦即拔去之瓠中實謂之瓣釋文引舍人本瓠作瓠釋云瓠也詩正義引孫炎云棲瓠中瓣也郭注同引詩齒如瓠棲毛詩作瓠犀段借字也傳云瓠犀瓠瓣本爾雅又爾雅本亦有作瓠犀者文選祭古冢文注及御覽九百七十九引爾雅竝作瓠犀瓣是也瓜中實亦曰瓣說文瓣瓜中實也御覽引吳普本草云瓜子一名瓣七月七日採可作面脂是瓜子名瓣之證

茹藘茅蒐 今之蒨也可以染絳

說文茅蒐茹藘人血所生可以染絳又云茜茅蒐也茜與蒨同中山經云釐山其陰多蒐郭注茅蒐今之蒨草也詩東門之墠正義引陸璣疏云一名地血齊人謂之茜徐州人謂之牛蔓蜀本草圖經云染緋草也葉似棗葉頭鋭下闊莖葉俱澀四五葉對生節間蔓延草木上根紫赤色按葉甚光澤今田家名驢𩨍

子驢喜唉之也茅蒐所染謂之韎韐而韎即茅蒐之合聲詩瞻彼洛矣傳云韎韐者茅蒐染草也[illegible]韐韠凝諱鄭箋韎韐者茅蒐染也茅蒐韎韐聲也正義引鄭駁五經異義云韎草名齊魯之間言茅蒐聲如韎韐陳畱人謂之蒨晉語云韎韋之跗注韋昭注茅蒐今絳草也急疾呼茅蒐成韎也胡培翬曰鄭箋茅蒐韎韐聲也謂茅蒐聲近韎也聲上韐字衍文左傳正義及國語注引皆云韎聲無韐字余按韎爲茅蒐之合聲茅蒐聲轉即韎韐非衍也古讀蒐从鬼得聲陸氏釋文蒐色畱反非矣李孫義與郭同

果臝之實栝樓今齊人呼之爲天瓜

栝樓果臝聲相轉臝當爲蓏栝樓當爲苦蔞皆叚借也說文云萿蔞果蓏也在木曰果在地曰蓏苦蔞實兼二名詩東山正義引李巡曰栝樓子名也孫炎曰齊人謂之天瓜爾雅釋文引本草栝樓一名地樓一名天瓜一名澤姑一名果臝實一名黃瓜陶注云出近道藤生狀似土瓜而葉有叉實中人今以雜作手

膏用也按栝樓以實得名故詩及本草皆以實言其實黃色大如拳山中人呼爲生牛膽

荼苦菜 詩曰誰謂荼苦苦菜可食

說文荼苦菜也經典單言荼者如采荼薪樗堇荼如飴及誰謂荼苦皆謂苦菜也單言苦者如詩采苦采苦內則濡魚包苦實蓼及公食大夫禮鉶芼羊苦亦皆謂苦菜也詩緜正義引樊光曰苦菜可食者也爾雅釋文引本草云苦菜名荼草一名選別錄云一名游冬生山陵道旁冬不死月令孟夏之月苦菜秀易通卦驗玄圖云苦菜生於寒秋經冬歷春得夏乃成今苦菜正如此處處皆有葉似苦苣亦堪食但苦耳顏氏家訓書證篇云葉似苦苣而細摘斷有白汁花黃如菊李時珍云稍葉似鸛觜故名老鸛菜合顏陸李三說可盡荼菜之形狀邵氏正義引夏小正云四月取荼荼也者以爲君薦蔣也此引非也小正取荼乃是茅秀非苦菜也蔣爲薦藉非供食也詩有女如荼周禮掌荼國語望之如荼皆謂茅秀非爾雅苦菜

之茶苦菜華枯亦放白英圓小如毬隨風旋轉如輪而不類茅秀陶注本草及徐鍇說文繫傳竝以茶爲茗此又失之蓋緣釋木檟苦茶而誤不知說文茶苦茶在草部自是茶耳

萑蓷今茺蔚也葉似荏方莖白華華生節閒又名益母廣雅云

說文云蓷萑也從段本改詩中谷有蓷傳作蓷鵻也鵻與隹同萑訛詩釋文引韓詩云蓷茺蔚也正義引陸璣疏云舊說及魏博士濟陰周元明皆云菴蕳是也韓詩及三倉說悉云益母故曾子見益母而感引本草云益母茺蔚也一名益母故劉歆曰蓷臭穢臭穢即茺蔚也又引李巡曰臭穢草也是臭穢即茺蔚之轉聲蓷又茺蔚之合聲也今此草氣近嗅惡故蒙嗅穢之名爾雅釋文引本草一名大札一名益明一名貞蔚又引陶注義與郭同今此草莖方葉三岐高四五尺亦有紅華者子細長三楞管子地員篇云蔚下於萑萑下於茅蓋言燥溼之異宜也

虉綬小草有雜色似綬

虉說文作虉引詩邛有旨虉毛詩作鷊傳云綬草也正義引陸璣疏虉五色作綬文故曰綬草然形狀今未聞

粢稷今江東人呼粟爲粢**衆秫**謂黏粟也

說文云稷齋也五穀之長齋稷也或作粢楚辭招魂注粢稷也並用爾雅稷名首種月令孟春行冬令則首種不入鄭注舊說首種謂稷淮南時則篇作首稼不入葢百穀惟稷先種故曰首也今時種稷登州率以三月或二月故農人謂之上春言種之最先而又獨稟中和之氣故爲五穀長也左傳桓二年正義引舍人曰粢一名稷稷粟也齊民要術引孫炎注與舍人同○說文云秫稷之黏者或省禾作朮齊民要術引孫炎曰秫黏粟也孫郭曰黏粟許君曰黏稷實一物耳然粟本諸穀之大名故說文㮚嘉穀實也猶之

穀爲大名故詩言播百穀也粟穀既爲大名故月令孟秋之月農乃登穀鄭注黍稷之屬於是始熟是黍稷皆得稱穀也左桓二年杜預注黍稷曰粢是黍稷皆得稱粢也經典黍稷連言以今北方驗之黍爲大黃米稷爲穀子其米爲小米然稷又包高粱高粱與粟同種差早高粱謂之木稷廣雅云藋粱木稷也言其禾麤大如木矣又謂之蜀黍蜀亦大也博物志云地三年種蜀黍其後七年多蛇王楨農書云蜀黍一名高粱一名蜀秫是也蜀黍假黍爲名高粱假稷爲名蓋稷米之精者稱粱粱亦大名故高粱與穀子通矣秫者稷之黏者也然稻之黏者亦名秫廣雅云秈稉也秫稬也月令云秫稻必齊唐本草注引氾勝之種植書云三月種秔稻四月種秫稻晉書陶潛傳云五十畝種秫五十畝種秔爾雅釋文江東人皆呼稻米爲秫米是皆以秫爲黏稻之名也爾雅之衆秫則謂黏稷也今北方謂穀子之黏者爲秫穀子其米爲小黃米謂高粱之黏者爲秫秫亦曰胡秫胡亦大也雖皆從俗得名其秫字要爲依於雅訓也今以不黏

者爲飯以黏者爲酒秫穀子得酒少不如秫秫得酒多而味益美也故釋文云北閒自有秫穀全與粟相似米黏北人用之釀酒其說是矣然又云其莖稈似禾而麤大此即秫秫矣陸以爲秫穀則非也秫穀與高粱全別陸是南人容不識耳秫穀有赤色者曰紅秫穀子其高粱亦有赤白二種赤色者多考工記鍾氏染羽以朱湛丹秫此即紅秫穀紅高粱也經典稷粱秫儒者多不辨韋昭注晉語以稷爲粱鄭衆注九穀有黍稷秫後鄭易爲黍稷粱至於舍人孫郭注爾雅以稷爲粟而本草稷米在下品別有粟米在中品又似二物漢書平當傳注引漢律[illegible]稷米粟米別言程氏瑤田著九穀考以稷爲高粱粟爲穀子粟米爲粱米蒙意亦有未盡聊復申之爾雅釋文引本草稷米陶注云不識書多云稷恐與黍相似詩黍稷稻粱禾麻菽麥此八穀世人莫能證辨如此穀稼米不能明而況芝英者乎

戎叔謂之荏菽即胡豆也

菽說文作尗釋文尗本亦作菽詩生民傳用爾雅箋云戎菽大豆也正義引孫炎與箋同又引樊光舍人李巡郭璞皆云今以爲胡豆璞又云春秋齊侯來獻戎捷穀梁傳曰戎菽也管子亦云北伐山戎出冬葱及戎菽布之天下今之胡豆是也此蓋引郭音義之文然胡豆或說卽豌豆而廣雅以胡豆爲跭𨇨與豌豆別條則非一種矣后稷所種垂之萬世齊桓所布出自衰周必非同物爾雅戎菽本釋詩文孫炎從鄭以爲大豆確不可易郭及諸家竝云胡豆其義非也大豆卽名菽小豆別名荅見於廣雅凡經典單稱菽多指大豆而言蓋大豆切於民用小豆資於投壺用處較少然周禮九穀實兼大豆小豆之名管子地員亦箸大菽細菽之目今時農家蓺小菽每雜瓜疇芋區之內知其收入薄也齊民要術引氾勝之種植書云大豆保歲易爲宜古之所以備凶年也三月楡莢時有雨高田可種大豆又云夏至後二十日尚可種小豆不保歲難得椹黑時注雨種畝一升是也

戎王釋詁竝云大王荏古字通荏戎聲相轉也

卉草百草總名

說文云卉艸之總名也从艸屮書禹貢正義引舍人曰凡百草一名卉類聚八十一引爾雅作卉百草臧庸據舍人及郭注遂補百字余按詩卉木萋萋又百卉具腓二處毛傳亦無百字類聚所引疑衍文

䕛雀弁未詳

下文葍藑陸璣疏一名爵弁爵與雀古字通

蘥雀麥即燕麥也

說文蘥爵麥也蘇恭本草注云所在有之生故墟野林下苗葉似小麥而弱其實似穬麥而細一名杜姥草一名牛星草御覽九百九十四引古歌云道邊燕麥何嘗可穫蓋形雖似麥不可食也今驗此草葉如小麥而結穗疎散枝莖柔纖隨風搖動如不自勝虛標燕雀之名曾乏來牟之用者也郭知雀麥即燕麥

者一切經音義廿一引舊注與郭同蓋古義相傳云然矣史記司馬相如傳索隱云葴析音諴斯析漢書作斯孟康云斯禾似燕麥廣志云涼州地生析草皆如中國燕麥是也邵氏正義引枚乘七發云穱麥按穱音捉鄭注內則生穜曰穛說文作穛云早取穀也穛與穱音義同可知穱麥非蘥麥矣又楊慎謂麥有昧音引范文正公安撫江淮進民間所食烏昧草謂即今燕麥草亦非也烏昧草不知何物就令以為烏麥則蘥麥亦名烏麥何必此

蘾烏蕵萰葂荄蘩葂蒵皆未詳

蘾者下文云澤烏蘾郭云即此說見下文萰者玉篇云白蘞也說文蘞或作薟繫傳云本草白蘞藥也一名葂荄作藤生根似天門冬一株下有十許詩蘞蔓于野陸璣疏云蘞似栝樓葉盛而細其子正黑如燕薁不可食也幽州人謂之烏服其莖葉煑以哺牛除熱也今驗白蘞根形似核故以核名萰與蘞葂與菟

芸與核並古字通僭繫者下云
菟奚顆凍卽款冬也亦說在下

黄菟瓜 菟瓜似土瓜

說文黄菟瓜也郭云似土瓜按土瓜有二菲芴廣雅謂之土瓜本草王瓜又名土瓜郭注未明邢疏但以王瓜當之王瓜又無黄菟之名胥失之矣御覽九百九十五引孫炎云一名瓜刻也此以莿蘢之莿上屬與郭讀異

莿蘢豕首 本草曰彘盧一名蟾蠩蘭今江東呼豨首可以燭蠶蛹

說文蘢豕首也無莿字與孫讀同與孫本異也呂覽任地篇云豨首生而麥無葉高誘注豨首草名也至其生時麥無葉皆成熟也本草云天名精一名麥句薑一名鰕蟇藍一名豕首別錄云一名彘顱一名蟾蜍蘭一名覲按覲蘢聲形俱近故致譌矣圖經云天名精生平原川澤夏秋抽條頗如薄荷花紫白色葉

如菘葉而小故南人謂之地菘香氣似蘭故名蟾蜍蘭狀如藍故名蝦蟇藍其味甘辛故名麥句薑江東人用此煬蠶蛹五月採按郭引本草不取麥句薑說見大菊瞿麥條下又鄭注地官掌染草以豕首爲染草之屬後世雖不以染然其狀似藍是必藍草之類而本草未言

荓馬帚似著可以爲埽篲

管子地員篇云蔞下於荓夏小正七月荓秀荓也者馬帚也廣雅云馬帚屈馬第也今按此草叢生葉小圓莖紫赤疎直而瘦勁野人以爲埽帚極耐久有高五六尺者故曰馬帚馬之言大也郭云似著似別一物

瘣懷羊未詳

瘣本或作䕘類篇云芋之惡者曰䕘西京賦云戎葵懷羊萬希槐困學紀聞集證八引大戴記勸學篇蘭

氏之根懷氏之苞懷氏卽懷羊也荀子勸學篇作蘭槐之根是爲芷槐卽蘪也與蘭竝言當是香草

茭牛蘄今馬蘄葉細銳似芹亦可食

說文茭牛蘄艸也[illegible]草蜀本引孫炎云似芹而葉細銳可食菜也郭注與[illegible]義同唐本注云馬蘄生水澤旁苗似鬼鍼菾菜等花青白色子黃黑色似防風子或曰馬蘄一名野茴香

葖蘆萉萉宜爲菔蘆菔蕪菁屬紫華大根俗呼雹葖

說文云菔蘆菔似蕪菁實如小尗者繫傳云卽今之蘿蔔也後漢書更始亂宮人食蘿菔根是蘆讀爲蘿菔讀爲蔔蘆菔又爲蘿蔔又爲萊菔竝音轉字通也埤雅乃云萊菔言來麰之所服謂其能制麪毒失之鑿矣廣雅云菈遬蘆菔也方言云其紫華者謂之蘆菔東魯謂之拉遬郭注今江東名爲溫菘實如小豆按今蘿蔔華紫所謂紫華菘也產於北土者佳過江則形味俱變有大小赤白數種一種細而長者可作

人蔆故潛夫論云治疾當得眞人參反得支羅服文選到大司馬記室牋李善注引孔融汝潁優劣論陳羣曰頗有蕪菁唐突人參也郭云俗呼雹葖者齊民要術三引廣志曰蘆菔一名雹突突不从草宜據以訂正蘆突與拉遫亦但一聲之轉

滷灌未詳茵芝芝一歲三華瑞草

釋文引聲類云滷灌茵芝也是滷灌一名茵芝蓋滷之釋言殖也灌猶叢也菌芝叢生而蕃殖因以爲名郭以滷灌一物茵芝一物故云未詳又以芝爲一歲三華瑞草蓋沿時俗符命之陋以神芝爲瑞草以三秀爲三華見九歌王逸注經典言芝止有蕈菌別無神奇故芝栭標於內則庾蔚之云無華葉而生者曰芝栭茵芝箸於爾雅實一物耳茵字不見它書孫氏星衍嘗致疑問余按類聚九十八引爾雅作菌芝之蓋菌字破壞作茵耳證以列子湯問篇云朽壤之上有菌芝者生於朝死於晦殷敬順釋文引諸家說即今糞土所生之菌也莊子逍

遥游篇釋文引司馬彪崔譔竝以菌爲芝然則爾雅古本正作菌芝故莊列諸家竝見援摭又神農本草下經有雚菌孫氏校定疑即此雚菌或一名㴩一名芝未敢定也

筍竹萌初生者**簜竹**竹別名儀禮曰簜在建鼓之閒謂簫管之屬

說文竹冬生艸也象形下垂者箁箬也又云筍竹胎也詩韓奕正義引孫炎曰竹初萌生謂之筍陸璣疏云筍竹萌也皆四月生唯巴竹筍八月九月生始出地長數寸鬻以苦酒豉汁浸之可以就酒及食也今按筍可爲菹故醢人豆實有筍菹又可爲笠故齊語云首戴茅蒲韋昭注茅蒲簦笠也茅或作萌萌竹萌之皮所以爲笠也○說文簜大竹也引書瑤琨筱簜禹貢正義引李巡曰竹節相去一丈曰簜孫炎曰竹闊節者曰簜與說文合郭注不從李孫以簜爲竹別名無大小之分故引大射儀云簜在建鼓之閒鄭注簜竹也謂笙簫之屬是郭兼引鄭義以明簜不必大竹之名也葢竹名類實繁爾雅舉簜以槩諸名下文

則詳矣廣雅云笁竹也初學記引戴凱之竹譜云竹之別類有六十一焉

莪蘿今莪蒿也亦曰蘪蒿

說文用爾雅詩菁菁者莪傳莪蘿蒿也正義引舍人曰莪一名蘿陸璣疏云莪蒿也一名蘿蒿生澤田漸洳之處葉似邪蒿而細科生三月中莖可生食又可蒸香美味頗似蔞蒿郭云亦曰蘪蒿者據廣雅云莪蒿蘪蒿也說文作菻菻與蘪同本草拾遺云蘪蒿生高岡宿根先於百草一名莪蒿今按莪蒿亦蔞蒿之屬而葉較細莖可蒸啖葉不堪食見購蔏蔞下蔞與蘿蘿與蘪俱聲相轉莪蘿又疊韵也釋蟲有蛾羅釋鳥有鵱鷜鵝亦雙聲疊韵字

苨菧苨薺苨

本草別錄薺苨陶注云根莖都似人參而葉小異別本注云根似桔梗以無心爲異按今薺苨葉似杏葉

根如沙蔘故名杏葉沙蔘又名甛桔梗陶云根味甜絶能殺毒以與毒藥共處毒皆自然歇薺苨莀苨亦以聲爲義也

經履未詳

莕接余其葉苻叢生水中葉圓在莖端長短隨水深淺江東食之亦呼爲莕音杏

接余皆叚借字說文莕菨餘也莕或作荇詩關雎傳用爾雅正義引陸璣疏云接余白莖葉紫赤色正圓徑寸餘浮在水上根在水底與水深淺等大如釵股上青下白鬻其白莖以苦酒浸之肥美可案酒顏氏家訓書證篇云先儒解釋皆云水草圓葉細莖隨水淺深今是水悉有之黃華似蓴江南俗亦呼爲豬蓴或呼爲荇菜今按荇非蓴也但似蓴耳說文茆鳧葵蘩鳧葵蓋荇與茆二物相似而異唐本草謂一物非也茆乃是蓴故詩泮水正義引陸疏云茆與荇菜相似葉大如手赤圓有肥者箸手中滑不得停莖大如

匕柄葉可以生食又可鬻滑美江南人謂之蓴菜或謂之水葵諸陂澤水中皆有然則蓴與荇有大小之異陸疏甚明今蓴菜葉如馬蹏荇葉圓如蓮錢俱夏月開黃華亦有白華者白或干葉黃則單葉俱結實如指頂中有細子亦可種但宿根自生也楚辭招魂篇紫莖屏風注屏風水葵也是蓴一名屏風

白華野菅 菅茅屬詩曰白華菅兮

說文菅茅互訓蓋一物二名詩白華傳用爾雅而又云已漚爲菅明野菅是未漚者已漚則成爲菅毛傳甚明乃詩東門之池陸璣疏云菅似茅而滑澤無毛根下五寸中有白粉者柔韌宜爲索漚乃尤善矣是以菅爲茅之別種今驗茅葉有毛而澀未見無毛滑澤如陸所云者恐別一物或陸誤也邢疏引舍人注云茅菅白華一名野菅是亦以爲一物茅根謂之荺其秀謂之菽竝見說文其華白因名白華華卽秀也牡茅曰藗見下文

薜白蘄即上山蘄

上云薜山蘄即當歸又名白蘄者陶注本草云歷陽所出色白而氣味薄不相似呼爲草當歸唐本注云當歸苗有二種一種似大葉芎藭一種似細葉芎藭細葉者名蠶頭當歸大葉者名馬尾當歸陶稱歷陽者蠶頭當歸也如唐本注則白蘄葉較細即蠶頭者可知山蘄葉麤大即馬尾者矣陶注馬尾當歸稍難得出隴西

菲芴即土瓜也

說文菲芴互訓詩谷風傳用爾雅箋云此二菜者蔓菁與葍之類也正義引孫炎曰葍類也釋草又云菲葸菜郭璞曰菲草生下溼地似蕪菁華紫赤色可食陸璣云菲似葍莖麤葉厚而長有毛三月中烝鬻爲茹滑美可作羹幽州人謂之芴爾雅謂之葸菜今河內人謂之宿菜爾雅菲芴與葸菜異釋郭注似是別

草如陸璣之言又是一物某氏注爾雅二處引此詩郎菲也葍也蒠菜也土瓜也宿菜也五者一物也其狀似葍而非葍故云葍類也按陸不言菲名土瓜郭云土瓜復不言其形狀今竝未詳廣雅云土瓜芴也此郭所本本草王瓜亦名土瓜非此也御覽引崔寔四民月令云二月盡三月可采土瓜根則土瓜根可食詩言采葑采菲無以下體謂此

葍䔰大葉白華根如指正白可啖

說文葍䔰互訓廣雅云烏蘞葍也管子地員篇云山之側其草葍與蔞詩我行其野傳葍惡菜也齊民要術十引義疏曰河東關內謂之葍幽兗謂之燕葍一名爵弁一名藑根正白箸熱灰中溫噉之饑荒可蒸以禦飢漢祭甘泉或用之其華有兩種一種莖葉細而香一種莖赤有臭氣今按葍草蔓生難治故毛詩謂之惡菜今登萊閒田野多有之俗名葍子苗玉篇作蔔子初春掘取烝啖生食俱甘美其葉如牽牛葉

而微長華色淺紅如牽牛華而差小即鼓子花也亦有白華者然不多見陸云一名藅弁則上文蕶雀弁即此矣又云華有兩種今亦未見郭云大葉則正似牽牛恐非

熒委萎 藥草也葉似竹大者如箭竿有節葉狹而長表白裏青根大如指長一二尺可啖

今之萎蕤即玉竹也熒玉篇作蕶云萎蕤也御覽九百九十一引吳普本草女萎一名葳蕤一名玉馬一名地節一名蟲蟬一名烏萎一名熒一名玉竹生太山山谷葉青黃相值如薑陶注本經有女萎無萎蕤別錄有萎蕤而爲用正同疑女萎即萎蕤也今處處有其根似黃精而小異按今玉竹野人呼筆管子葉似竹而少肥根似黃精而多鬚高四五尺三月開青華結小圓實其根烝啖微苦不及黃精尤甘美也饑年亦可代穀女萎疑委萎之文省烏萎即委萎之聲轉也

蔏芓熒 未詳

熒玉篇作熒蒻說文作朐云芋熒朐也張氏照攷證引神農本草蒟蒻一名鬼芋酉陽雜俎云蒟蒻根大如椀至秋葉滴露隨滴生苗畢氏沅說以中山經熊耳之山有草其狀如蘇而赤華名曰葶薴疑即此葶薴芋熒音近也

竹萹蓄似小藜赤莖節好生道旁可食又殺蟲

蓄說文作茿云萹茿也又云𧂇水萹茿讀若督詩淇奧釋文引韓詩竹作𧂇云𧂇萹茿也石經同是說文義本韓詩也毛傳用爾雅萹蓄作萹竹正義引李巡曰一物二名是竹一名萹一名蓄也孫炎某氏皆引此詩陸璣云綠竹一草名其莖葉似竹青綠色高數尺今淇隩旁生此人謂此為綠竹按陸說形狀即所謂水萹茿也好生水旁而非爾雅之萹蓄御覽九百九十八引吳普本草曰萹蓄一名蓄辯一名萹蔓皆音相近今登萊人呼萹竹草正讀萹如褊矣水經淇水注引詩及毛云菉王芻也竹編竹也漢武帝塞決

河靳淇園之竹寇恂爲河內伐竹淇川治矢百餘萬今通望淇川無復此物惟王芻編草不異毛與是鄘據目驗以申毛與爾雅合矣陶注本草云處處有之布地生葉節間白葉細綠人亦呼爲萹竹煑汁與小兒飲療蚘蟲有驗今按方書酢煎萹竹可殺蚘蟲郭注殺蟲謂此也此草登萊尤多別錄云生東萊山谷信不誣矣節間開小紅華其葉麪柔中啖

葴寒漿今酸漿草江東呼曰苦葴音針

玉篇云葴寒蔣釋文寒本今作寒御覽引吳普云酸漿一名酢漿陶注處處人家多有葉亦可食子作房房中有子如梅李大皆黃赤色蜀本注云酸漿即苦葴也根如菹芹白色絕苦按苦葴今呼苦精聲相轉也子外稃如皮弁一名皮弁草楊慎卮言本草燈籠草苦耽酸漿皆一物也重複耳燕京野果有紅姑孃者乃紅瓜囊之譌此說得之今京師人以充茗飲可滌煩熱故名寒漿其味微酸故名酸漿矣又詳下文

蘵黃蒢苦蘵苦耽

皆苦蘵聲之轉

薢茩芵茪

芵明也葉銳黃赤華實如山茱萸或曰蔆也關西謂之薢茩

郭云芵茪卽芵明但本草有決明而不云名薢茩下文有蔆蕨攈而不言卽芵茪郭氏疑未能定故兩釋之也本草決明子陶注云葉如茳芏子形如馬蹏呼爲馬蹏決明蜀圖經云葉似苜蓿而闊大夏花秋生子作角今按此草葉大於苜蓿而黃華亦黃色結角如豆莢子形如馬蹏此卽吳普所云草決明郭所說者今未見也又引或曰蔆關西謂之薢茩者說文蔆芰也楚謂之芰秦曰薢茩廣雅亦同徐鍇繫傳因郭注芵明遂生異說謂決明菜治目故以茪明爲名又引楚語屈到嗜芰是決明菜而非水中菱此皆非矣郭於爾雅兩存其說徐鍇欲混爲一非所聞也今棲霞人猶謂蔆爲蔆薢此古之遺言矣薢茩芵茪蕨攈俱以聲轉爲義又詳下文

莁荑蔱蘠 一名白蕢

下云蕢赤莧郭意赤莧名蕢故白者名白蕢矣蔱玉篇作殺今俗呼人莧爲人青葢卽蘠聲之轉本草蕪荑一名蔱蘠唐本注以蔱蘠爲蔱蘠之誤然蕪荑在木部與莁荑非一物矣

瓞瓝其紹瓞 俗呼瓝瓜爲瓞紹者瓜蔓緒亦箸子但小如瓝

說文云瓞㼓也㼓小瓜也瓞或作⿰弗瓜㼓卽瓝也紹者釋詁云繼也詩緜箋云瓜之本實繼先歲之瓜必小狀似瓝故謂之瓞釋文引韓詩云瓞小瓜也正義引舍人曰瓞名瓝小瓜也紹繼謂瓞子漢中小瓜曰瓞孫炎云瓞小瓜子如瓝其本子小紹先歲之瓜曰瓞義本鄭箋郭義則謂瓜之細蔓其耑緒尋亦箸子但小於本者與鄭孫異瓝步角反

芍鳧茈 根生下田苗似龍須而細根如指頭黑色可食

說文芍𦵡茈也齊民要術引樊光曰澤草可食也後漢書云王莽末南方饑饉人庶羣入野澤掘𦵡茈而食注引續漢書作符訾同聲叚借字也本草衍義作葧臍今呼蒲薺亦呼必薺並語聲之轉也本草別錄有烏芋一名藉姑陶注誤爲𦵡茨唐本注因謂烏芋今𦵡茨蘇頌圖經謂即芍斯皆非也烏芋今之茨菰葉如錍箭根黃似栗可煑啖別錄謂葉如芋亦非也𦵡茈苗似龍須一莖直上有苗無葉以莖爲葉其根圓黑剝取肉白甛脆中啖非茨菰比也一種小而堅實者呼野葧臍亦可啖本草舊說云誤吞銅錢嚼汁則自然化爲水益消堅破積之物又能避蠱毒也

蘱薡蕫似蒲而細

說文蕫鼎蕫也繫傳云今人以織屨廣雅云蘱茅蔽也廣韵云蔽茅類蘱草名似蒲一云似茅然則蘱亦菅蔽之屬今俗名蘱絲莛野人刈取爲索柔韌難斷其葉如茅而細長有毛而澀莛薡聲相轉也龍龕手

鑑云蘱草一名鼎童似烏尾可食說文又引杜林以薑爲蕅根竝與此異

蕛苵 蕛似稗布地生穢草

說文云蕛蕛苵也廣韵云蕛或作稊又通作荑孟子云五穀不熟不如荑稗莊子知北游篇云道在稊稗說文稗禾別也六書故云稗葉純似稻惟節閒無毛今按稗即穇子音慘蒃陽謂穇爲稗是人所種爾雅蕛苵是野生者今驗其葉似稻而細青綠色作穗似稗而小穗又疏散其米亦小人不食之陶注本草稗云又有烏禾生野中如稗荒年可代糧而殺蟲煮以沃地螻蚓皆死此似別物非蕛苵也

鉤芺 大如拇指中空莖頭有臺似薊初生可食

說文云芺艸也味苦江南食以下气繫傳云今苦芺也按本草苦芺一名苦板初生及莖頭臺俱作長白毛與白頭翁草極相似六書故引蜀圖經曰苦芺子若貓薊莖圓無朿然則苦芺似薊而非薊說文便云

薊芺非也說見芺薊其實䔢下鉤芺卽苦芺鉤苦聲相轉也

䪔鴻薈卽䪔菜也

上云葝是山䪔此謂人家䪔也䪔一名鴻薈本草名菜芝之䪔鴻薈雙聲疊韵字也釋言云虹潰也此云鴻薈並以聲爲義

蘇桂荏蘇荏類故名桂荏

說文用爾雅繫傳云荏白蘇也桂荏紫蘇也按方言云蘇荏也則二者亦通名古人用以和味鄭注內則薌無蓼云薌蘇荏之屬也陶注本草云蘇葉下紫而氣甚香其無紫色不香似荏者名野蘇生池中者爲水蘇一名雞蘇皆荏類也今按荏與蘇同唯葉青白爲異蘇之爲言舒也方言十云舒蘇也楚通語也然則舒有散義蘇氣香而性散

薔虞蓼 虞蓼澤蓼

說文蓼辛菜薔虞也內則烹炰用蓼取其辛能和味故說文以爲辛菜又云薔虞則斷蓼爲句詩良耜正義引某氏曰薔一名虞蓼孫炎曰虞蓼是澤之所生郭注亦同則斷虞蓼爲句與許讀異許君於義爲長類聚八十二引吳氏本草云蓼實一名天蓼一名野蓼一名澤蓼今驗蓼有數種而皆水生故毛傳蓼水草也蓼華皆紅白色澤蓼即水蓼葉比水葒而狹較馬蓼爲小馬蓼葉中間有墨點呼墨記草也類聚引劉向別錄云尹都尉書有種蓼篇

蓧蓨 未詳

說文蓨苗苗蓨互訓玉篇蓧蓨苗三字互訓爾雅下文苗蓨是皆同物郭俱未詳釋文蓧他彫反蓨他的反又苗徒的反郭他六反是苗蓨疊韻蓧蓨雙聲皆古音通轉字也管子地員篇云其草宜苹蓨詩我行

其野釋文云蓫本又作蓄齊民要術十引詩義疏曰今羊蹏似蘆菔莖赤煑爲茹滑而不美多噉令人下痢幽州謂之羊蹏揚州謂之蓫一名蓨亦食之是蓨卽蓫也本草云羊蹏羊蹏一名東方宿一名連蟲陸一名鬼目別錄云一名蓄陶注今人呼爲禿菜卽是蓄音之譌按苖郭音他六反正讀爲禿廣雅云堇羊蹏也集韵堇或作苖通作蓫羊蹏也是苖堇蓫皆字異音同笛古作篴亦可旁證蓫蓄音近古字又通爾雅蓧蓨竝从攸聲古字蓋亦通用周亞夫封條侯條卽蓨字音同亦其證矣今羊蹏或呼羊髀葉長尺許抽莖作穗華青白色子三棱如蕎麥其根黏噆腫毒俗名土大黃

虋赤苗今之赤粱粟**芑白苗**今之白粱粟皆好穀**秬黑黍**詩曰維秬維秠**秠一稃二米**此亦黑黍但中米異耳漢和帝時任城生黑黍或三四實實二米得黍三斛八斗是

詩生民云誕降嘉種維秬維秠維穈維芑此釋之也穈與虋同說文虋赤苗嘉穀芑白苗嘉穀穀卽粟今

以粟爲穀子是也郭言粱者粱卽粟之米故三蒼云粱好粟也此皆言苗郭以粟言者粟卽穀通名耳今直隸山西猶曰紅苗穀白苗穀矣虋猶璊也說文璊字解云禾之赤苗謂之虋言璊玉色如之今按芑猶玖也玖玉色如之古讀玖如芑也毛詩以芑爲菜陸機疏謂似苦菜莖與此異齊民要術二引舍人曰是伯夷叔齊所食首陽草也似以虋芑爲菜誤矣○秬說文本作𪏰或作秬稃穭也穭穅也稃或作粰秠一稃二米然則秬秠皆黑黍之名秠是一稃二米者之別名也爾雅文義甚明詩生民正義引舍人注作秬如黑黍一秠二米又引鄭志荅張逸以秠卽皮其稃亦皮似皆非也詩言秬秠虋芑四穀爾雅復別秬秠二名孔引鄭志以秠稃俱爲米皮非詩與爾雅之義也秠蒙黑黍之文與黍同類卽今之穄說文穄䵚也䵚穄也一切經音義引倉頡篇云穄大黍也又云似黍而不黏關西謂之䵚按今京師人亦謂穄爲䵚登州人通謂之黍三者實同物異名也齊民要術引廣志云穄有赤白黑青黃凡五種呂覽本味篇云陽山

之穄南海之秬穄亦黍也異其名耳隋書禮儀志云北齊藉於帝城東南千畝內種赤黍黑穄然則穄黍通名赤黍卽赤穄黑穄卽黑黍矣三國志注烏丸宜青穄葢青穄亦黑黍之異名也釋文旣云秬黑黍又引或云今蜀黍也米白穀黑其說非也蜀黍乃高粱之別名邵氏正義誤據此說遂以黍爲高粱失之甚矣惟程氏九穀考多目驗爲有據云

今沛國呼稌

稌稻

說文稻稌互訓義本爾雅鄭衆注食醫以稌爲稉又注膳夫以稌爲六穀之一是皆以稌爲稻名也說文秔或作稉云稻屬又云沛國呼稻曰稉是稉秔亦稻之通名釋文引字林云穤字俗稬黏稻也秔稻不黏者李登聲類亦以秔爲不黏稻是皆以秔稉爲黏不黏之異名葢漢以後始然非古義也稉亦曰秫秔亦曰秈故廣雅云秈稉也秫稻也氾勝之書三月種秔稻四月種秫稻是也釋文引本草云秔米主益氣止煩

泄稻米主溫中令人多熱是又以秔稻爲黏不黏之異名穬穤亦猶之以稷米粟米分中品下品穲䅉䅖𥝥盎皆後人異稱不足依據當以經典爲正或單言稌禮云牛宜稌詩云多黍多稌是也或單言稻論語食夫稻内則稻醴清糟是也是皆直言稻稌不分黏與不黏然釀酒必需黏者故月令云秫稻必齊炊飯多是用秔亦用稉者各適其便

葍藑茅　葍華有赤者爲藑藑葍一種耳亦猶蔆苕華黃白異名

說文藑茅葍也一名舜舜當作䑞云艸也楚謂之葍秦謂之藑蔓地蓮華象形然則藑又名䑞䑞藑聲近上䓝雀弁釋文䓝悅轉反又藑詳䓝反藑䓝聲亦相近上文葍葍陸璣云葍一名爵弁一名藑如陸說卽葍藑䓝三者爲一物郭以白華者名葍赤華者名藑則亦以爲一物與陸同也廣韵葍蔦菜名蔦徂兗切蔦藑聲又相轉今蔦子蓮華色淺紅其蔓箸地旋復生根作華連緜不斷葉似劍攢根如筋攣肥白可啖

本草旋花一名筋根蜀本注云旋葍花也所在川澤皆有蔓生葉似薯蕷而狹長花紅白色根無毛節蒸煑堪噉味甘美是旋卽葍音義同耳離騷云索藑茅注謂靈草非此

臺夫須 鄭箋詩云臺可以為禦雨笠

詩南山有臺傳用爾雅正義引舍人曰臺一名夫須陸璣疏云舊說夫須莎草也可為蓑笠陸引舊說疑卽爾雅古注須莎聲相轉也今人以莎草為蓑不以為笠故詩無羊傳蓑所以備雨笠所以禦暑都人士傳又云臺所以禦暑笠所以禦雨疑暑雨二字誤倒耳箋云以臺皮為笠與傳義異郭所本也按詩釋文臺如字爾雅作薹今爾雅釋文無又吳語云簦笠相望於艾陵唐固注簦夫須也然則臺簦古通用亦一聲之轉也

攀蒚 未詳

玉篇云虋草名類篇虋草名藭也是攀當作虋釋文攀藭本亦作搴藭

莔貝母根如小貝員而白華葉似韭

說文莔貝母也通作䖟管子地員篇云其山之旁有彼黃䖟又通作蝱詩載馳傳蝱貝母也陸璣疏云蝱今藥草貝母也其葉如栝樓而細小其子在根下如芋子正白四方連累相著有分解貝母廣雅謂之貝父釋文引本草云貝母一名空草一名藥實一名苦華一名苦菜一名商草一名勤母陶注出近道形似聚貝子故名貝母蘇頌圖經二月生苗莖細青色葉亦青似蕎麥葉隨苗出七月開花碧綠色形如鼓子花郭注白華葉似韭此種罕復見之

荍蚍衃今荊葵也似葵紫色謝氏云小草多華少葉葉又翹起

說文荍蚍衃也詩東門之枌傳作荍芘芣也正義引舍人作荍一名蚍衃並同聲叚借字也陸璣疏云芘

荍一名荊葵似蕪菁華紫緑色可食微苦廣雅云荊葵荍也爾雅翼云荊葵華似五銖錢大色粉紅有紫文縷之一名錦葵按錦荊荍俱聲相轉荍之言翹也今順天人呼回回秫稭高二三尺葉頗不似蜀葵華如羅願所說其實則如蜀葵之實惟形小耳阮芸臺師云此即經典所謂葵也詩秋亨葵禮夏用葵古人常食今人不識惟揚州人以爲常蔬清油淡煑味極甘滑余因檢郭此注及菺戎葵注並云似葵不知所云葵者復是何物葢郭氏亦不識葵耳其云紫華則是謝氏得之錢氏荅問云注引謝氏未知何人葢在郭後陸氏釋文稱陳國子祭酒謝嶠撰爾雅音當即其人也此本邢疏采自詩正義後來校書者又依邢疏攙入

注文

艾冰臺今艾蒿

說文用爾雅詩采葛傳艾所以療疾葢醫家灼艾灸病故師曠謂之病草別錄謂之醫草離騷注艾白蒿

也今驗艾亦蒿屬而莖短苗葉白色棲霞有艾山產艾莖紫色小於常艾或烝以代茗飲蓋異種也埤雅引博物志言削冰令圓舉以向日以艾承其影則得火此因艾名冰臺妄生異說不知冰古凝字艾从乂聲臺古讀如題是冰臺卽艾之合聲

蕇亭歷實葉皆似芥一名狗薺廣雅云

說文用爾雅鄭注月令靡草引舊說云靡草薺亭歷之屬淮南天文篇云五月爲小刑薺麥亭歷枯繆稱篇云大戟去水亭歷愈脹釋文引廣雅云狗薺大室亭歷也又引本草云一名大室一名大適[illegible]歷一名丁歷一名蕇按今本草蕇下有蒿字此引蓋脫去之大適與丁歷爲雙聲丁亭蕇又俱雙聲字也釋文又云今江東人呼爲公薺亦卽狗薺聲之轉也今驗亭歷實葉皆似芥蘇頌圖經謂似薺非也形頗類蒿而小多生麥田故俗呼麥裏蒿三月開黃華結角子亦細黃味苦翟氏灝爾雅補郭云亭歷有二種一種

葉近根生角細長俗謂之狗芥其味微甛一種單莖向上葉端出角粗且短其味至苦郭云實葉似芥一名狗薺乃甛亭歷也

苻鬼目 今江東有鬼目草莖似葛葉員而毛子如耳璫也赤色叢生

本草白英一名穀菜別錄一名白草唐本注云鬼目草也蔓生葉似王瓜小長而五椏實圓若龍葵子生青熟紫黑者汁能解毒東人謂之白草按此亦菜類吳志云孫皓時有鬼目菜郭云江東有之即此

薜庾草 未詳

蔜蕿蔞 今蘩蔞也或曰雞腸草

說文云蕿艸也不言爲蔜亦不名蔞本草別錄有蘩蔞陶注此菜人以作羹唐本注云即雞腸也多生溼地坑渠之間俗流通謂雞腸雞士總名蘩蔞蘇頌圖經云雞腸草葉似荇菜而小夏秋閒生小白黃華其

莖梗作蔓斷之有絲縷又細而中空似雞腸因得此名也按下文云蔝蘋闍氏若璩謂卽此今未知其審

離南活莌 草生江南高丈許大葉莖中有瓤正白零陵人祖日貫之爲樹

釋文莌字或作蔙此卽下文倚商活脫也陳藏器本草云通脫木生山側葉似萆麻心中有瓤輕白可愛女工取以飾物俗亦名通草爾雅所謂離南活脫也今按古之通草今之木通一名附支一名丁翁陶注本草繞樹藤生非此也此是草類而高大似樹陳藏器謂通脫木者近之活脫一名寇脫中山經云升山其草多寇脫郭注寇脫草生南方高丈許似荷葉莖中有瓤正白零桂人植而日灌之以爲樹此注祖貫卽植灌形聲之譌

龍天蘥須葑蓯 未詳

說文云龍天蘥也管子地員篇云其山之淺有龍與斥龍卽此也下文紅龍古疑亦此蓋此草高大故名

天蘥釋鳥有鸐天蘥令作鶲釋文弜說文作蘥與此同名鸐孫音流與龍聲亦相轉○說文葑須從也按釋蟲有斯螽蜙蝑即蜙蠑也與此草聲亦相轉凡物名多此類皆以聲爲義也詩谷風傳葑須也正義引孫炎曰須一名葑蓯鄭箋及坊記注竝云葑蔓菁也齊民要術引注曰江東呼爲蕪菁或爲菘菘須音相近蕦則蕪菁要術所引葢舊注之文谷風釋文引作郭云菘菜似誤又引草木疏云蕪菁也正義引云葑蕪菁幽州人或謂之芥方言云蘴蕘蕪菁也蘴與葑同郭注蘴舊音蜂今江東音嵩字作菘依郭此音是葑須亦聲相轉與釋蟲之蜙蝑音又同矣蕪菁蔓菁聲亦相轉今蔓菁與蘆菔芥三者相似而異北方人能識之陸璣疏及方言竝以蔓菁爲芥非矣芥味辛蔓菁味甛燒食烝啖甚美要術引廣志云蕪菁有紫華者白華者今驗紫華即蘆菔方言說之是矣字林又以葑爲蕪菁苗亦非

蒚隱荵似蘇有毛今江東呼爲隱荵藏以爲菹亦可瀹食

亦作忍蘧管子地員篇云其種忍蘧陶注本草桔梗云葉名隱忍可煑食之療蠱毒是隱荵卽桔梗然別錄一名薺苨陶注則云薺苨非桔梗而葉甚相似今按桔梗葉較薺苨橢長而不圓華紫碧色與薺苨又別故陶注以別錄爲非葢薺苨雖名䓹桔梗其實非一物也郭云似蘇有毛管子云忍葉如藿葉以長二者復與桔梗異類篇又謂隱荵菜名似蕨

莤蔓于多生水中一名軒于江東呼莤音猶

莤當爲蕕說文蕕水邊艸也繫傳云似細蘆蔓生水上隨水高下汎汎然也故曰蕕游也管子地員篇云其草魚腸與蕕廣雅云馬唐馬飯也本草別錄馬唐一名羊麻一名羊粟生下溼地莖有節生根陳藏器云生水田中似結縷葉長馬食之卽蕕是矣今驗此草俗人卽名蘆子其形狀悉如徐鍇所說一名軒于子虛賦云菴閭軒于張揖注軒于蕕草也生水中揚州有之按今水中皆有亦單名于馬融傳注于一名

蕕生於水中是也蕕于軒蔓俱以聲爲義

蓾蔖 作屨苴草

說文𧆂或作蓾云艸也可以束蔖作苴云屨中艸繫傳云屨中屆也釋文引字苑云靸苴屨底然則蓾之言藾也藾又名蔽可以織屨苴之言麤也草屨爲麤麤與苴蓾與藾並一聲之轉也漢書賈誼傳云冠雖敝不以苴屨

柱夫搖車 蔓生細葉紫華可食今俗呼曰翹搖車

詩卭有旨苕陸璣疏云苕苕饒也幽州人謂之翹饒蔓生莖如營豆而細葉似蒺藜而青其莖葉綠色可生啖味如小豆藿縿臍張要是苕饒卽翹搖方音有輕重耳陸璣所言卽今野豌豆也詳見下文薇垂水

出隧蘧蔬 蘧蔬似土菌生菰草中今江東啖之甛滑音氈氍毹

苽草中菌也說文苽雕胡蔣苽也膳夫苽備六穀內則苽宜羹魚古人恆食故列經中西京雜記菰之有米者長安人謂之彫胡有首者謂之綠節綠節即蘧蔬矣今菰葉大於蒲春抽白萌謂之菰首亦曰菰手蜀本草注其根生小菌名菰菜是也方俗呼菰爲茭故名茭白郭云音氍毹者邢疏引張揖云氍毹毛席取其音同按出隧蘧蔬俱疊韵字

蘄茝蘪蕪香草葉小如萎狀淮南子云似蛇牀山海經云臭如蘪蕪

說文云茝虈也楚謂之蘺晉謂之虈齊謂之茝是茝即江蘺故說文云江蘺蘪蕪釋文引本草云蘪蕪一名微蕪微古讀如蘪也一名江蘺芎藭苗也陶注云葉似蛇牀而香據本草及說文則芎藭江蘺蘪蕪皆一物子虛賦云芎藭昌蒲江蘺蘪蕪上林賦云被以江蘺糅以蘪蕪復似二物本草唐本注云此有二種一種似芹葉一種如蛇牀今按蘄古芹字以葉似蘄故謂之蘄淮南說林篇云蛇牀似蘪蕪而不能芳史

記司馬相如傳索隱引樊光曰藁本一名藁蕪根名蘄茝是樊本茝作芷釋文引本草云白芷一名白茝茝芷古字同聲通用實一物也藁本葉圓如蘇與藁蕪異樊注非矣郭云葉小如萎狀大觀本草引作如萎蕤之狀邪疏蕤作甤誤

茨蒺藜 布地蔓生細葉子有三角刺人見詩

茨說文作薺云蒺藜也引詩曰牆有薺通作蕡玉篇作蕡離騷云蕡菉葹以盈室兮王逸注蕡蒺藜也引詩楚楚者蕡韓詩外傳云春樹蒺藜夏不可採其葉秋得其刺焉釋文引本草蒺藜一名旁通一名屈人一名止行一名豺羽一名升推一名即藜一名茨多生道上布地子及葉並有刺狀如雞菱按釋蟲有蒺藜蝍蛆與此同名亦皆雙聲字也

蘮蒘竊衣 似芹可食子大如麥兩兩相合有毛著人衣

邢疏俗名鬼麥鬼蘬聲相轉說文虡字解云讀若蘬
蘬艸之蘬王逸九思作蘬蘽自注云草名齊民要術
十引孫炎云似芹江淮閒食之實如麥兩兩相合其
華箸人衣故曰竊衣䶜膠彌今按此草高一二尺葉
作榼鈌莖頭攢蔟狀如瞿麥黃蘂蓬茸卽其華蓴黏
著人衣不能解也郭注云是其毛不如孫注言華差
爲近之其實是其華下苡刺耳

髦顚蕀 細葉有刺蔓生一名商蕀廣雅云女木也

本草云天門冬一名顚勒勒卽蕀也詩如矢斯蕀韓
詩作如矢斯朸朸勒音同勒蕀字通御覽引孫炎云
一名白蕀陶注本草云俗人呼苗爲蕀刺唐本注云
此有二種苗有刺而澀者無刺而滑者俱是門冬按
蘇頌圖經春生藤蔓大如釵股高至丈餘葉如茴香
極尖細而疎滑有逆刺亦有澀而無刺者其葉如絲
杉而細散所說形狀唐注二種盡矣圖經又因下文
蘠蘼虋冬與此相涉本草復有牛蕀牛勒諸名遂幷

指爲一物誤矣說又見下

雚芄蘭雚芄蔓生斷之有白汁可啖

雚說文作莞云芄蘭莞也詩鄭箋云芄蘭柔弱恆蔓延於地有所依緣則起陸璣疏云一名蘿藦幽州人謂之雀瓢本草陶注蘿藦作藤生摘之有白乳汁人家多種之葉厚而大可生啖亦蒸煮食之按陶所說今驗葉似馬蹏六月中開紫華蔓延籬落子綴如鈴至秋霜下裂作小瓢中出絮然今不名蘿藦人亦無啖之者乃有小草細葉色兼青白枝蔓柔弱其瓢圓銳中亦出絮嫩時兒童摘啖有白汁味甜疑此是蘿藦也俗呼苦蔓與果蠃之實同名爾雅釋文雚郭音灌雚蘭聲轉即苦蔓矣苦蔓與雚蘭爲雙聲恐此是也

薚莐藩生山上葉如韭一曰提母

釋文引孫云蕁古藫字說文蕁或作薚芜藩也又云芪芪母也廣雅芪母兒踵東根也玉篇蒀母草即知母也本草一名蚳母一名連母一名貨母一名蝭母郭云一名提母提蝭葚蚳芪知竝聲俗字通也陶注云形似菖蒲而柔潤葉至難死掘出隨生須枯燥乃止堪治熱病亦主瘧疾蘇頌圖經四月開青華如韭華八月結實

蕍蕮今澤蕮

郎澤瀉也劉向九歎云筐澤瀉以豹鞹兮王逸注澤瀉惡草也本草云一名水瀉一名及瀉一名芒芋一名鵠瀉陶注葉狹而長叢生淺水中蘇頌圖經葉似牛舌草獨莖而長秋開白華作叢似穀精草按此郎今河芋頭也華葉悉如圖經所說根似芋子故本草有芒芋之名

蔨鹿藿其實莥今鹿豆也葉似大豆根黃而香蔓延生

蔨說文作蔍云鹿藿也讀若剽繫傳據爾雅蔍麃疑說文誤今按廣雅亦云蔍鹿藿也是鹿藿亦名蔍無妨與麃莓同名徐鍇便以爲誤非也說文又云莥鹿藿之實名也郭云今鹿豆者舊說鹿豆一名豋豆豋鹿聲轉王磐野菜譜作野綠豆綠鹿聲同也本草鹿藿唐本注云此草所在有之苗似豌豆有蔓而長大人取以爲菜亦微有豆氣名鹿豆也今驗野綠豆形狀悉如唐注所說其豆難爛故人不食之藿豆苗也蔨郭巨阮反謝其隕反見釋文

薃侯莎其實媞夏小正曰薃也者莎蓶媞者其實說文莎鎬侯也是莎一名鎬侯徐鍇斷侯莎爲句非也廣雅云地毛莎蓶也本草別錄莎一名夫須須莎蓶俱雙聲其根名香附其實名媞夏小正云正月緹縞縞也者莎蓶也緹也者其實也縞鎬隋蓶緹媞竝聲借字也夫須即臺臺古讀如緹廣雅又云其蒿青蓑也蒿亦鎬之聲借莎可以爲蓑故因名青蓑蓑即

菸矣今驗菸有二種一種細莖直上一種麤而短莖頭復出數莖其葉俱如韭葉而細莖有三稜實在莖端其色赤緹故曰緹矣

莞苻蘺其上蒚今西方人呼蒲爲莞蒲蒚謂其頭臺首也今江東謂之苻蘺西方亦名蒲中莖爲蒚用之爲席音羽翮

莞說文作⿱艹睆云夫蘺也蒚夫蘺上也楚辭注莞夫離也詩斯干箋莞小蒲也正義引某氏曰本草云白蒲一名苻蘺楚謂之莞蒲類聚八十二引舊注云今水中莞蒲可作席也今按莞與藺相似莖圓而中空可爲席蒲葉闊而不圓其細小者亦可爲席所謂蒲苹者也是蒲莞非一物爾雅之莞乃蒲屬非藺屬故說文莞訓艸與藺相屬又別出⿱艹睆與蒲爲類爾雅俗莞爲⿱艹睆舊注及郭俱云莞蒲可知此乃蒲之別種細小於蒲爲形纖弱故名蒲蒻作席甚平故曰蒲苹鄭箋以莞爲小蒲之席是矣釋文猶以莞草莖圓非蒲爲

疑不知此乃似蒲之莞非似蘭之莞也此莞似蒲故亦抽莖作臺謂之爲蒚本草蒲黃陶注謂之蒲蘴蘴蒚聲轉也似蘭之莞但有莖而無臺今江南席子草是矣叔琟侄本草白芷別錄一名白茝一名虈一名莞一名苻蘺葉名蒚麻蓋因苻蘺江蘺相涉而誤耳

荷芙渠別名芙蓉江東呼荷**其莖茄其葉蕸其本蔤**莖下白蒻在泥中者**其華菡萏**見詩**其實蓮**蓮謂房也**其根藕其中的**蓮中子也**的中薏**中心苦

詩澤陂正義引李巡曰皆分別蓮莖葉華實之名芙渠其總名也詩山有扶蘇傳荷華扶渠也離騷注作荷芙渠也別名芙蓉亦見離騷荷是大名故爲稱首類聚八十二引郭氏讚云芙蓉麗草一曰澤芝泛葉雲布映波椒熙伯陽是食饗比靈期○茄者說文云夫渠莖詩正義引樊光注引詩有蒲與茄蓋三家詩

荷作茄也漢書楊雄傳云衿芰茄之緑衣兮集注茄亦荷字見張揖古今字詁按茄居何切古與荷通故詩澤陂箋芙蕖之莖曰荷陸璣疏亦以芙蓉莖爲荷皆與樊光義合○蘧者說文作荷云夫渠葉初學記引爾雅作其葉荷類聚又引作其葉葭按釋文云蘧字或作葭衆家竝無此句惟郭有然就郭本中或復脫此一句亦竝闕讀然則荷是大名又葉名者荷之言何也負何言其葉大王逸招魂注云或曰紫莖言荷莖紫色也屏風謂荷葉障風也亦是言其葉大○蔤者說文云夫渠本繫傳云藕節上初生莖時萌芽殼也在泥中者何晏景福殿賦云茄蔤倒植吐被芙蕖按詩正義引此句郭注下尚有五十九字爲今注所無臧氏經義雜記四因謂今本闕然邢疏亦未引疑本郭氏音義之文非注文○菡萏者詩傳云荷華也說文作菡蔄云夫渠華未發爲菡蔄已發爲夫容按招魂云夫容已發易林云菡萏未華是皆說文所本爾雅翼引詩義疏云其華未發爲菡萏已發爲芙蕖曹植芙蓉賦云夫蕖蹇產菡萏星屬竝與說文合

○蓮者說文云夫渠之實也郭云蓮謂房者房卽其殼比戶相連連蓮之言猶連也詩有蒲與蕑箋蕑當爲蓮蓮芙蕖實以詩上下皆言蒲荷故鄭云爾郭音義云北方人以藕爲荷亦以蓮爲荷此語今所未聞○藕者說文作蕅云夫渠根續博物志云藕生應月閏月益一節類聚引周書曰藪澤已竭卽蓮藕掘按說文引杜林以藿爲蕅根釋文引本草云藕一名水芝丹或郭音義云蜀人以藕爲茄此皆藕異名也○釋文的或作菂按下文菂薂郭云卽蓮實是菂卽的也攢蔟房中皮青子白的的然故曰的也詩正義引李巡曰的蓮實也初學記引詩義疏曰的五月中生生噉脃至秋表皮黑的成可食或可磨以爲飯如栗飯輕身益氣令人强健又可爲糜○薏者李巡曰薏中心苦者也陸璣疏云的中有青爲薏味甚苦故里語云苦如薏是也按薏是其萌芽薏者意也

紅蘢古其大者蘬俗呼紅草爲蘢鼓語轉耳

上文龍天蘥即此通作龍詩隰有游龍傳龍紅草也正義引舍人曰紅名龍古其大者名蘬陸璣疏云一名馬蓼葉大而赤白色生水澤中高丈餘今按埤雅作莖大而赤詩正義引莖作葉誤白色上疑脫華紅二字也紅草非即馬蓼其莖葉俱似蓼而高大陸璣失之紅即水葒也今福山人呼水葒音若工郭注龍鼓二字倒轉即得工字之音工紅古字通也廣雅云葒蘢蘋馬蓼也本草及類篇又作鴻藹淮南墜形篇云海閭生屈龍高誘注屈龍游龍鴻也鴻與紅古與鼓竝聲同叚借鼓與屈又聲轉字通蘋讀若戛蘢蘋與蘢古聲亦相轉

蒫薺實名薺子

說文蘬薺實也無蒫字葢即以蘬爲蒫所見本異也本草陶注薺類甚多此是人所食者其葉作菹及羹亦佳今按薺抽莖開小白華子細薄黃黑色味甘即蒫也其根名蘆說文云蘆一曰薺根

黂枲實禮記曰苴麻之有黂 枲麻別二名

說文萉或作䵋云枲實也通作蕡喪服傳云苴絰者麻之有蕡者也賈疏引孫炎注蕡麻子也齊民要術引蕡作黂爾雅釋文黂本或作蕡是也又通作墳司烜氏共墳燭故書墳爲蕡鄭衆注蕡燭麻燭也蕡又名蘊要術引崔寔曰苴麻麻之有蘊者莩麻是也一名黂御覽引吳普本草云麻子一名麻蘊一名麻蕡蕡蘊音相近也蕡亦通謂之枲刻子楊朱篇云昝人有美戎菽甘枲者枲卽蕡也亦通謂之麻月令食麻與犬以犬嘗麻皆謂蕡也又通謂之苴詩九月叔苴傳苴麻子也郭引喪服傳苴絰亦是也黂旣麻子因而麻亦名黂淮南說林篇云黂不類布而可以爲布是又以黂爲麻之通名矣本草麻子與麻黂別出而云黂一名麻勃誤也吳普以麻勃爲麻華其說是矣古者以黂爲豆籩之實春官籩人及少牢饋食竝云麷蕡今人罕充食餌唯作油然鐙及和味用之○說文枲麻也官有典枲詩言績麻麻枲一耳詩采蘋正

義引孫炎曰麻一名枲是也要術引崔寔以牡麻爲枲葢據喪服傳云牡麻者枲麻也要其正稱則枲麻通名苴今俗呼芓麻爲種麻牡麻爲華麻牡麻華而不實芓麻實而不華其華白故九歌云折疏麻兮瑤華

須薞蕪 薞蕪似羊蹄葉細味酢可食

陶注本草羊蹄云一種極似羊蹄而味酢呼爲酸模亦療疥也按此即今醋醋流也酸模薞蕪一聲之轉莖葉俱似羊蹄而小葉青黃色生啖極肥味酸欲流兒童謂之醋醋流郭注陶注甚明邢疏誤以須葑蓯與薞蕪爲一物邵氏正義仍其失也陳藏器云即山大黃一名當藥一名蓨此皆非也所說乃是羊蹄非薞蕪也

菲葸菜 菲草生下溼地似蕪菁華紫赤色可食

已詳上文菲芴條下陸璣疏云蒠菜今河內人謂之宿菜宿蒠聲相轉也某氏注引詩采葑采菲亦見上文按此菜極似蘿蔔野地自生宿根不斷冬春皆可採食故云蒠菜蒠當作息釋文蒠本又作息是也

蕢赤莧今之莧赤莖者

說文莧莧菜也管子地員篇云蘢下于莧莧下于蒲按莧有數種陶注本草云赤莧療赤下而不堪食今驗赤莧莖葉純紫濃如燕支根淺赤色人家或種以飾園庭不堪啖也周易集解莧陸下引荀爽曰莧者葉柔而根堅且赤亦謂此也葢諸莧中唯此根赤餘俱不也齊民要術人莧下引爾雅及郭注云今人莧赤莖者宋本人字作之字疑爲校書者所改監本誤將邢疏混入故郭注全非而邢疏竟闕

蘠蘼虋冬門冬一名滿冬本草云

說文云蘠蘼虋冬也郎今薔薇本草營實一名牆微一名牆麻別錄一名薔蘼蘼麻虋聲相轉蘼薇古音

同也一名牛棘一名牛勒一名山棘與上文髦顛棘相涉又虋冬天門冬二名相亂故說者或失之釋文又誤爲麥門冬也今驗蘠蘼細葉莖間多刺蔓生華白子若棠梨多生水側春初葉芽人亦啖之郭引本草一名滿冬今本草無滿冬之名葢古本有之也虋滿聲亦相轉釋文又引中山經條谷之山其草多芍藥虋冬郭注以虋今作門爲俗按門俗聲虋俗作耳

扁苻止未詳濼貫衆葉員銳莖毛黑布地冬不死一名貫渠廣雅云貫節

釋文云扁苻止郭云未詳本草乃是貫衆云貫衆一名貫節一名貫渠一名百頭一名虎卷一名扁苻一名伯藥一名藥藻此謂草鴟頭也按今本草伯藥作伯萍餘如釋文所引陶注云葉如大蕨其根形色毛芒全似老鴟頭故呼爲草鴟頭御覽引吳普曰葉青黃兩兩相對莖黑毛聚生冬夏不死今按貫衆苗葉全似蕨唯莖黑有毛爲異吳陶二說盡之御覽又引孫炎云一名貫渠與郭注同扁苻名見本草唯止濼

二字本草所無郭讀蔦苻止爲句故云未詳然據本草一名伯藥釋文濼孫餘若反是卽藥字之音或藥濼聲偕伯止形譌若讀止濼爲句卽伯藥矣

莙牛藻似藻葉大江東呼爲馬藻

說文藻水艸也或作藻莙牛藻也从艸君聲讀若威釋文莙孫居筠反若依孫炎當讀爲君如從說文當讀爲威左隱三年傳云蘊藻之菜蘊與莙聲相近威與蘊聲相轉是則蘊卽莙也詩采蘋傳藻聚藻也齊民要術引詩義疏曰藻水草也生水底有二種其一種葉如雞蘇莖大如箸可長四五尺一種莖大如釵股葉如蓬謂之聚藻此二藻皆可食煑熟挼去腥氣米麪糝蒸爲茹佳美荆楊人飢荒以當穀食陸說二藻之狀其言葉如雞蘇卽今之大葉藻郭注所謂馬藻也言葉如蓬卽此所謂牛藻其葉細如毛也顔氏家訓書證篇亦以牛藻卽陸璣所謂聚藻葉如蓬者又引郭注三倉云蘊藻之類也細葉蓬茸生一節長

數寸細茸如絲圓繞可愛長者二三十節猶呼爲莙顏以聚藻爲莙郭以蘊藻爲莙然則莙卽蘊明矣此注以牛藻爲馬藻蓋誤宜據三倉注以訂正

蓫薚馬尾廣雅曰馬尾蔏陸本草云別名薚今關西亦呼爲薚江東呼爲當陸

薚說文作蓫云艸枝枝相値葉葉相當釋文蓫他六反薚呂郭他羊反然則蓫薚合聲爲當以其枝葉相當因謂之當陸矣易之莧陸夬夬陸卽當陸廣雅作蔏陸云常蓼馬尾蔏陸也說文蔁艸也玉篇蔁桺當陸別名又云藰樀蔁陸也蔁蔏當藰桺陸音俱相近商與常蓼與陸古字音又同也本草商陸一名薚根一名夜呼如人形者有神蜀圖經云葉大如牛舌而厚脆有赤花者根赤白花者根白蘇頌圖經云商陸俗名章桺多生人家園圃中春生苗高三四尺葉青如牛舌而長莖青赤至柔脆夏秋開紅紫花作朶根如蘆菔而長今按此草俗名王母桺其形狀悉如圖經所說但今所見皆赤華無白華者耳齊民要術引

詩義疏以藡荻根下白而甛脆者一名蓫
薚楊州謂之馬尾幽州謂之旨苹誤矣

苹蓱水中浮蓱江東謂之薸音瓢**其大者蘋**詩曰于以采蘋

說文云蓱苹也苹蓱也無根浮水而生者詩采蘋正義引舍人曰苹一名蓱按苹經典作萍以別於苹蘋蕭逸周書時訓篇云穀雨之日萍始生夏小正云七月湟潦生苹蓋苹以季春生及至秋霖時行湟潦苹滿故又言生埤雅云世說楊華入水化爲浮萍類聚八十二引異術曰萬年血爲萍此蓋事之或有非可常然故列子楊朱篇云晉人有甘枲莖芹萍子者是萍亦緣子實而生非必由物化也廣雅云薸蓱也呂覽季春紀注萍水薸也淮南墬形篇云容華生蔈蔈生蘋藻高誘以蔈爲無根水中草是蔈卽薸薸蓱蘋俱一聲之轉○蘋說文作薲云大蓱也詩釋文引韓詩云沈者曰蘋浮者曰蓱按蘋亦浮水上但根連水底故曰沈耳本草舊說四葉合成一葉如田字又云其葉四衢中折如十字俗謂之四葉菜一云田字草

五月開白華皆其形狀也古者蘋藻芼羹可薦鬼神羞王公又可蒸食邢疏引詩義疏云今水上浮萍是也其麤大者謂之蘋小者曰萍季春始生可糝蒸爲茹又可苦酒淹以就酒

莃菟葵 頗似葵而小葉狀如藜有毛汋啖之滑

說文莃菟葵也本草唐本注云菟葵苗如石龍芮而葉光澤花白似梅其莖紫黑煑噉極滑所在下澤田閒皆有人多識之御覽引廣志云菟葵瀹之可食今按此亦葵類而葉小華白寇宗奭謂葉如黃蜀葵莖別一種

芹楚葵 今水中芹菜

說文芹楚葵也又云菦菜類蒿周禮有菦菹今醢人作芹菹是芹菦古字通又云菜之美者雲夢之䓞今呂覽本味篇䓞作芹高誘注芹生水涯然則芹䓞亦古字通古讀芹若旂蘄若芹竝同聲字也詩泮水箋

芹水菜也本草水蘄蒲一名水英蜀本注云芹生水中葉似芎藭六書故云葉如鞠藭莖虛三脊根長數寸正白甘香可食秋開白華鞠藭當歸苗葉皆似芹故鞠藭有蘄茝之名當歸有山蘄之名蘄古芹字也張聰咸質疑錄云余讀詩薄采其茆傳曰茆鳧葵也毛傳多本爾雅是篇莃菟葵芹楚葵之閒疑脫去茆鳧葵三字文選南都篇注引爾雅曰茆鳧葵六字可證矣

藚牛蘈 今江東呼草爲牛蘈者高尺餘許方莖葉長而銳有穗穗閒有華華紫縹色可淋以爲飲

詩言采其藚箋藚牛蘈也亦仲春時生可采也陸璣疏以藚爲羊蹏鄭亦當然御覽九百九十五引孫炎曰車前一名牛蘈二說不同今按本草車前一名牛遺蓋孫所本藚與蓄通蓄有禿音與藚蘈聲相轉古讀蘈遺聲又相近羊蹏已見上文車前詳具下文二義俱與郭異如郭所說似即益母草而云高尺許及有穗穗閒華又復不同陳藏器謂天麻即益母之紫花者是爾雅所謂蘈李時珍謂萑蘈同音乃一類二

種此皆肌說郭義既未能定
鄭孫又復兩岐當在闕疑

藚牛脣毛詩傳曰水蕮也如續斷寸寸有節拔之可復

詩言采其藚傳及說文竝云藚水舄也不引爾雅疑
古本與今異詩正義引李巡曰別二名陸璣疏云今
澤蕮也其葉如車前草大本草澤瀉一名水瀉瀉與
蕮同是藚卽澤瀉與上蕍蕮同也郭云如續斷今驗
馬舄生水中者葉如車前而大拔之節節復生
俗名馬耳郭注似指此為水蕮而非卽澤瀉也

苹藾蕭今藾蒿也初生亦可食

說文蕭艾蒿也管子地員篇云其草宜苹蓨詩鹿鳴
箋用爾雅齊民要術引詩疏云藾蕭青白色莖似箸
而輕脆始生可食又可蒸也然則說文謂之艾蒿以
其色青白似艾耳樂器簫一名籟此藾一名蕭古人
異物同名多此比也子虛賦云薛莎青薠張揖注薛
藾蒿也是薛卽蕭蕭薛聲轉下文蕭萩陸璣疏謂似

白蒿白葉莖麤卽此蘋蕭非萩蕭也

連異翹 連一名連苕又名連草本草云

連一名異翹本草謂之連翹唐本注云此有兩種大翹葉狹長如水蘇花黃可愛著子似椿實之未開者作房翹出衆草其小翹葉花實皆似大翹而小細按今所見一如唐注所說其莖中空高二三尺雖名爲翹不能翹出草上也郭云一名連苕又名連草今本草無之而云一名異翹一名蘭華一名折根一名軹一名三廉連蘭聲近華草通名耳

澤烏蘾 卽上蘾也

卽上蘾烏蘾也邢疏云蘾生於水澤者按爾雅圖作莖岐出葉如蔥華生葉閒在水石側

傳橫目 一名結縷俗謂之鼓箏草

一切經音義十四引孫炎云三輔曰結縷今關西饒之俗名句屢草也按句屢即結縷聲相近上林賦云布結縷郭注結縷蔓生如縷相結漢書音義云結縷似白茅蔓聯而生顏師古曰結縷著地之處皆生細根如綫相結故名結縷今俗呼鼓箏草者兩幼童對銜之手鼓中央則聲如箏也因以名焉今按此即今莛草也葉如茅而細莖閒節節生根其節屈曲故名句屢猶今言痀僂也穗作三四岐實如稊穀野人作餅餌食之其莖柔韌難斷晉書五行志載武帝太康中江南童謠曰局縮肉數横目蓋謂此草句屢不伸故云局縮矣

釐蔓華一名蒙華

釐說文作萊云蔓華也萊與釐古同聲詩北山有萊齊民要術引義疏云萊藜也莖葉皆似菉王芻今兖州人蒸以爲茹謂之萊蒸玉篇廣韻竝以萊爲藜與義疏合藜釐聲相近也藜即灰藋之屬說已見前義

疏又云譙沛人謂雞蘇爲菉三倉以茱萸爲菉斯皆同名異物非正稱也毛鄭此條未引爾雅蓋失之郭云一名蒙華

蒙蔓聲相轉

蔆蕨攈 蔆今水中芰

說文云蔆芰也楚謂之芰離騷云製芰荷以爲衣王逸注芰蔆也釋文云攈亾悲反孫居郡反又居羣反是攈孫本作攗旁从諸侯麇至之麇與今本異也蔆名薢茩已詳上文英光卽薢茩之音轉蕨攈又卽英光之音轉英又蕨攈之合聲也蜀本草云生水中葉浮水上其華黃白色實有二種一四角一兩角唐本注云芰作粉極白潤宜人今按菱角小者烝曝可以充糧大者甘脆可生啖之管子地員篇有鴈膳黑實今蔆角紫黑色疑是也

大菊蘧麥 一名麥句薑卽瞿麥

說文大菊蘧麥繫傳云今謂之瞿麥又名句麥其小而華色深者俗謂石竹本草云瞿麥一名巨句麥一名大菊一名大蘭陶注一莖生細葉花紅紫赤可愛子頗似麥故名瞿麥然則瞿麥一名巨句麥郭據廣雅以爲麥句薑似誤本草麥句薑乃地菘即上文蘵豕首也麥句巨句二名相亂遂令薑麥二種異類同名矣今按石竹華大如錢葉形似竹莖亦有節以是得名其華紅紫赤白其翠葉相鮮如陶所云也蘧瞿巨句音俱相近巨句又卽瞿之合聲

薛牡蘔 未詳

蘔當作贊說文薛牡贊也郭云未詳今亦未知其審或云卽薛荔也恐非

葥山莓 今之木莓也實似藨莓而大亦可食

莓當作苺說文云葥山苺也管子地員篇云其山之末有葥與莞疑葥卽葥或聲借抑形借也苺有數種

堇藨皆蔓生說在下文此則植生樹高四五尺枝亦柔輭莖多逆刺葉有細齒頗似櫻桃葉而狹長四月開白華結實如覆盆而大郭氏所云木莓陳藏器所謂懸鉤子者也凡諸莓形狀略同名稱各異南人呼爲菩盤北人呼爲盤門皆卽藨莓聲之轉也劉昭注後漢郡國志武陵郡下引荊州記云郡社中木藨樹是光武種至今也

木藨卽此木莓

齧苦堇今堇葵也葉似柳子如米汋食之滑

說文蓳艸也根如薺葉如細柳蒸食之甘繫傳云詩所謂堇荼如飴然則此荼味苦也夏小正二月榮堇堇菜也牟應震曰野菜也葉如車前莖端作紫華子房微稜葉長者甘葉圓者苦余按生下溼者葉厚而光細於柳葉高尺許莖紫色味苦瀹之則甘郭云滑者公食大夫禮云鉶芼有滑鄭注堇荁之屬內則云堇荁枌榆免薧滫瀡以滑之是堇味苦瀹則滑甘古人芼羹恆用之也本草唐注堇菜野生非人所種葉

似蕺華紫色爾雅翼引三十國春秋曰劉殷曾祖母王氏盛冬思菫殷入澤中慟有菫生焉得斛餘又後魏書崔和爲平昌太守性鄙悋其母季春思菫惜錢不買二人用心不同如此今按菫類有三烏頭一也蒴藋二也菫菜三也此菫爲菜蒴藋卽下芨菫草詩緜正義以此爲烏頭非

藫石衣水苔也一名石髮江東食之或曰藫葉似䪥而大生水底亦可食

釋文藫徒南反藫與苔聲相轉說文云菭水衣菭卽苔也水衣卽石衣一曰魚衣醢人云加籩之實有菭菹鄭衆注菭水中魚衣也一名石髮廣雅云石髮石衣也郭氏江賦云綠苔鬖髿乎研上李善注引風土記云石髮水苔也青綠色皆生於石本草別錄陟釐生江南池澤陶注云此卽南人用作紙者唐本注引藥對云河中側黎拾遺記云側理紙水苔爲之溪人語訛謂之側理然則側理陟釐聲相近釋文菭或丈之反是菭古讀若治陟釐卽菭之合聲矣郭又引或曰藫葉似䪥而大此自別是一種海藻之屬說見下

文

蘜治蘠今之秋華菊

說文蘜治蘠也又云蘜日精也以秋華是郭云秋華菊乃日精非治蘠也繫傳云本草菊有十名不言治蘠又云本草蘜即九月黃華者也一名日精是徐鍇據本草以駮郭注其說是也但爾雅治蘠遂不知爲何物陶注本草菊有兩種一種莖紫氣香而味甘葉可作羹食者爲眞一種青莖而大作蒿艾氣味苦不堪食者名苦薏非眞也今驗莖淡紫色綠葉肥潤華色淡黃而大於錢俗名燈下黃者乃眞菊也先大夫言月令鞠有黃華即此蓻蘜省俗作鞠今又俗作菊耳懿行按今秧菊華色豔異百種千名大抵蕭艾所爲都非眞菊陶注之苦薏秋官蟈氏之牡蘜皆此也爾雅治蘠未知誰屬

唐蒙女蘿女蘿菟絲別四名詩云爰采唐矣

說文蒙王女也說見下文郭注蒙即唐也是唐蒙一物二名詩桑中傳唐蒙菜名頍弁傳云女蘿菟絲松蘿也按本草菟絲一名菟蘆一名菟縷一名唐蒙一名王女不言女蘿而木部別有松蘿一名女蘿似爲二物故陸璣疏云今菟絲蔓連草上生黃赤如金今合藥菟絲子是也非松蘿松蘿自蔓松上生枝正青與菟絲殊異陸蓋據本草以匡毛而不知義乖雅訓也且菟絲雖多依草亦或附木爾雅女蘿菟絲自足兼有所包故頍弁釋文在草曰菟絲在木曰松蘿吳普本草亦云菟絲一名松蘿竝與爾雅合矣舊說菟絲無根以茯苓爲根灠韶讚嶋讔櫋[illegible]亦不必然今驗菟絲初亦根生及至蔓延其根漸絕因而附物以生蓋亦寄生之類故詩以蔦蘿竝稱一名兔丘廣雅云兔丘兔絲也[illegible][illegible]古讀丘如欺與絲疊韻又云女蘿松蘿也與詩及爾雅合郭云別四名詩正義引舍人曰唐蒙名女蘿女蘿又名菟絲孫炎曰別三名舍人以唐蒙爲一物孫炎以爲別三名竝與郭異郭注爲長

苗蓨 未詳

說文云苗蓨也類篇云苗羊蹏草也已詳上文蓧蓨下

茥蒛葐 覆葐也實似莓而小亦可食

蒛葐當作缺盆說文茥缺盆也御覽九百九十八引孫炎云青州曰茥又引吳普云缺盆一名决盆决缺聲同茥讀若桂與缺聲轉廣雅云蒛葐陸英莓也是缺盆即莓說文莓馬莓也類篇即覆盆也本草云蓬藟一名覆盆陶注蓬藟是根覆盆是實非也李當之云蓬藟是人所食莓又云覆盆子是莓子乃似覆盆之形然則蓬藟覆盆葢一類二種今蓬藟莖葉大於覆盆皆蔓生有刺覆盆以四五月開白華結實差小而甘與麥同熟俗呼大麥莓也爾雅三莓此爲最勝又有蛇莓黃華葉似覆盆無刺其子圓赤而無荔枝皺嫩紅可愛九月方熟江南謂之蛇盤子云食之傷人

芨堇草卽烏頭也江東呼爲堇音靳

此有二說郭云卽烏頭也江東呼堇盖據時驗而言但檢本草烏頭不名芨而芨一名藋故說文云芨堇艸也又云藋堇艸也廣雅云堇藋也是藋一名堇一名芨芨堇聲轉與烏頭別故詩緜釋文引廣雅云堇藋也今三輔之言猶然亦據時驗而言也爾雅釋文引本草蒴藋一名堇草一名芨非烏頭也是陸據本草及廣雅以駁郭注芨爲烏頭之非陸說是也蘇頌圖經云蒴藋生田野所在有之春抽苗莖有節節閒生枝葉大如水芹寇宗奭衍義云蒴藋花白子初青熟紅皆其形狀也爾雅芨堇乃是蒴藋郭必以爲烏頭者晉語云置堇於肉賈逵注堇烏頭也淮南說林篇云蝮蛇螫人傳以和堇則愈物固有重爲害反爲利者是皆郭所本也然烏頭名堇不名芨郭特以意說耳廣韵因云芨烏頭別名又作𦺇集韵亦芨急通而以𦺇爲蒴藋集韵得之又按說文繫傳堇字下引字書蒴藋一名堇玉篇蒴藋有五葉堇一名芨堇

又作蘁說文蘁藋堇艸一本作蘁艸此皆非矣廣雅堇爲羊蹏堇堇字形易混說文蘁艸似又因堇蘁形聲相近而誤矣郭此注堇音靳者別於上文蘁苦堇之堇音謹也

蘵百足未詳

說文蘵山韭也此字从艸从水疑後人所加翟氏灝補郭云今所呼地蜈蚣草也

菺戎葵今蜀葵也似葵華如木槿華

蜀葵似葵而高大戎蜀皆大之名非自戎蜀來也或名吳葵胡葵胡吳亦皆謂大也今蜀葵葉如葵而大莖高丈許江南呼爲丈紅華京師呼秫稽華登萊又呼秫齊華並蜀葵之聲相轉耳史記孝武帝紀立后土祠汾陰脽上索隱云脽音誰漢舊儀作葵上河東人呼誰與葵同即其例也爾雅翼引古今注云戎葵似木槿而光色奪目有紅有紫有青有白有黃莖葉不殊但花色異耳按此說蜀葵是而言黃則非黃者

名黃蜀葵葉如龍爪雖冒葵名實非葵類崔豹羅願
竝以此爲蜀葵誤矣廣韻戎作茙非其三十五馬䅇
字下云䅇穀南人食之一云
茙葵丑寡切是戎葵又名䅇

蘻狗毒 樊光云俗語苦如蘻

說文蘻狗毒也蘻傳以爲今狼毒本草別錄狼毒陳
而沈水者良陶注云與防葵同根類但置水中沈者
便是狼毒浮者則是防葵博物志云房葵似狼毒是
陶注所本抱朴子雜應篇以狼毒治葛治耳聾也開
寶本草注云狼毒葉似商陸及大黃莖
葉上有毛根皮黃肉白以實重者爲良

垂比葉 未詳

蕧盜庚 旋蕧似菊

說文蕧盜庚也本草旋蕧一名金沸草一名盛椹陶
注云出近道下溼地似菊花而大蜀圖經云葉似水

蘇黃華如菊今按此有二種人家庭院植者華色淡黃名曰金盞生下溼者華淺黃色葉有細毛俗呼毛耳朵是矣

莩麻母苴麻盛子者

莩說文作芓云麻母也一曰芓卽枲也又云萁芓也是芓一名萁釋文莩孫音嗣齊民要術引孫炎曰莩苴麻盛子者郭與孫同又引崔寔曰苴麻子黑又實而重堪治作燭不作麻又曰苴麻麻之有藴者莩麻是也一名黂按苴麻今曰種麻苴種聲轉也已詳上文黂枲實下

瓟九葉今江東有草五葉共叢生一莖俗因名爲五葉郎此類也

釋文引舍人云瓟九葉九枚共一莖樊本瓟字作駮釋云駮也一名九葉郭氏未詳故但舉類以言翟氏灝曰圖經本草關中呼淫羊藿爲三枝九葉草疑卽此也其草一根數莖莖三椏椏三葉葉形似藿根似

黃連磊䰟相連因又名黃連祖

藐茈草 可以染紫一名茈䓞廣雅云

說文藐茈草也茈茈艸也又云䓞艸也可以染留黃西山經云勞山多茈草郭注一名茈䓞中染紫也廣雅云茈䓞茈草也鄭注掌染草云染草紫茢之屬紫茢卽茈䓞竝聲偕字也䓞通作綟又通作盭䓞兼紫綠二色上云菉王芻卽綠䓞也此云藐茈草卽紫䓞也劉昭續漢輿服志注引徐廣云綟草名也以染似綠又云似紫史記司馬相如傳云攢䓞莎徐廣注草可染紫是也按今紫草有二種人所種者苗葉肥大以之染色不及野生者細小尤良也本草云紫草一名紫丹一名紫芺芺藐聲近也唐本注云苗似蘭香莖赤節青華紫白色而實白

倚商活脫 卽離南也

離南巳見上文釋文倚舍人本作猗活孫音括脫又作莌釋文倚或其綺反則讀爲掎角之掎

蘵黃蒢 蘵草葉似酸漿華小而白中心黃江東以作葅食

蘵玉篇作蘵云蘵草葉似酸漿按蘵蘵皆或體古本作職釋文蘵又作職是也說文蒢黃蒢職也通作識夏小正三月采識識草也識卽職職與識古字通樊毅脩華嶽廟碑云周禮職方氏是其證也顏氏家訓書證篇云江南別有苦菜葉似酸漿其華或紫或白子大如珠熟時或赤或黑此菜可以釋勞卽爾雅蘵黃蒢也今河北謂之龍葵按此卽上文葴寒漿華小而白開作五出中心甚黃故名黃蒢根味絕苦故名苦菜又名苦蘵大觀本草龍葵苦耽別條而云又有一種小者名苦蘵蓋苦蘵比苦葴差小也蘵與葴同葴耽蘵蒢又俱一聲之轉

藒車芞輿 藒車香草見離騷

說文藒芞輿也芞芞輿也並無車字釋文車本多無此字與說文合臧氏經義雜記十三云車卽輿字之駮文也離騷云畦留夷與揭車兮上林賦云揭車衡蘭揭與藒同叚借字耳御覽引廣志云藒車香味辛生彭城高數尺黃葉白華齊民要術云凡諸樹有蛀者煎此香冷淋之卽辟也

權黃華 今謂牛芸草爲黃華華葉似荍蓿

釋木有權黃英說文云權黃華木加木字者明此爲權黃華草也黃華郭云牛芸說文芸艸也似目宿按芸有草有蒿邢疏引雜禮圖曰芸蒿也葉似邪蒿香美可食此卽月令仲冬芸始生及夏小正正月采芸二月榮芸皆謂蒿也說文及郭注所云則謂草也鄭樵通志以爲野決明是也今驗野決明葉似目宿而華黃枝葉婀娜人多種之似不甚香而王氏談錄以爲嗅之尤香蓋初時香不甚噀以醋則甚香凡香草皆然也

葞春草 一名芒草本草云

本草衍義引孫炎云藥草也俗呼爲菵草圖經引爾雅釋曰藥草莽草也本草別錄莽草一名葞一名春草陶注今是處皆有葉青辛烈者良人用擣以和米內水中魚吞卽死浮出人取食之無妨莽草字亦作菵御覽引萬畢術曰莽草浮魚中山經云朝歌之山有草名曰莽草可以毒魚是皆陶注所本今毒魚用水莽草葉如柳葉而微紫似水蓼而光澤郭云一名芒草者中山經葌山有芒草可以毒魚芒與菵聲近芒莽葞又俱一聲之轉

終葵蘩露 承露也大莖小葉華紫黃色

考工記玉人云大圭杼上終葵首鄭注齊人謂椎曰終葵馬融廣成頌云翬終葵是也此草葉圓而剡上如椎之形故曰終葵冕旒所垂謂之蘩露本草落葵一名蘩露陶注又名承露人家多種之蜀圖經云蔓

生葉圓厚如杏葉子似五味子生青熟黑所在有之按此所說今未見如郭所說似今西番蓮獨莖高大莖葉俱青葉小於掌華大於盤淡黃色中有紫心子如松子之形亦堪煼食然未知是此否也

菋荎藸 五味也蔓生子叢在莖頭

說文菋荎藸也通作味本草五味一名會及陶注今第一出高麗多肉而酸甜次出青州冀州味過酸其核並似豬腎又有建平者少肉核形不相似味苦亦良唐本注云五味皮肉甘酸核中辛苦都有鹹味此則五味具也其葉似杏而大蔓生木上子作房如落葵大如蘡子蜀圖經云莖赤色華黃白子生青熟紫味甘者佳

蒤委葉 詩云以茠蒤蓼

蒤當作荼詩及說文並同良耜正義引舍人曰荼一名委葉某氏引詩與郭同此荼是穢草非苦荼也故

異其名

皇守田 似燕麥子如彫胡米可食生廢田中一名守氣

陳藏器本草云蔛米可爲飯生水田中苗子似小麥而小四月熟此卽皇守田也皇蔛聲亦相轉

鉤藈姑 鉤𤬪也一名王瓜實如瓝瓜正赤味苦

廣雅云藈菇𤬏𤬪王瓜也釋文藈菇本作睽姑又引字林云𤬏𤬪王瓜也月令王瓜生鄭注萆挈也萆挈與菝挈同廣雅菝挈狗脊也是菝挈王瓜非一物鄭注誤矣呂覽孟夏紀云王菩生高誘注菩或作瓜瓠𤬪也又注淮南時則篇云王瓜括樓也瓠𤬪與括樓同以王瓜括樓爲一物高注亦誤矣本草王瓜一名土瓜陶注云今土瓜生籬院閒亦有子熟時赤如彈丸唐本注云蔓生葉似括樓圓無叉缺子生青熟赤今按王瓜五月開黃華華下結子形似小瓜今京師名爲赤雹子是也釋文藈孫苦圭反鉤藈姑俱聲相

轉古讀瓜如姑是姑即瓜也鉤瓠亦疊韵字

望椉車可以爲索長丈餘

說文蘷字解云牂蘷可以作縻綆繫傳云芒之屬可爲汲綆也按牂蘷即望椉芒與望古同聲今黃縣人謂麥芒爲望文登人謂望爲芒證知芒望聲同也芒即莣杜榮說見下文唐韵蘷女庚切釋文椉本又作乘居本亦作車

困衱袶未詳

釋文衱居業反袶施音絳則夆从夅孫蒲空反則夆从甹夅之夆廣韵一東蓬紐下引爾雅正作袶與孫本同

欔烏階即烏杷也子連相著狀如杷齒可以染皁

邢疏今俗謂之狼杞陳藏器本草云狼杞草生道旁秋穗子竝染皁按釋名云齊魯閒謂四齒杷爲欋以證郭注所說子連著如杷齒則爾雅欋當作欋今作欔居縛反恐字形之誤耳

杜土鹵 杜衡也似葵而香

說文若杜若香艸本草杜若一名杜衡然陶注云今復別有杜衡不相似則非一物矣陶注以爲葉似薑而有文理根似高良薑而細味辛香蓋此卽所謂杜若也郭云似葵而香本草杜蘅香人衣體唐本注葉似葵形如馬蹄故俗云馬蹄香史記司馬相如傳索隱引博物志云杜蘅一名土杏其根一似細辛葉似葵西山經云天帝之山有草焉其狀如葵其臭如蘼蕪名曰杜蘅此皆郭注所本爾雅所謂杜蘅也其爲二物甚明故本草衡若別條離騷九歌杜若與杜衡分舉子虛賦亦以衡蘭芷若竝稱皆其證矣釋文據陶注本草以議郭誤非也廣雅云楚蘅杜蘅也杜楚聲近杜衡土杏古讀音同杜土古字通也衡古文作

奧與鹵字形近疑土奧缺脫其下因誤爲土鹵耳

盱虺牀 蛇牀也一名馬牀廣雅云

本草蛇牀一名蛇米別錄一名蛇粟一名虺牀一名思益一名蠅毒一名棗棘一名牆蘼陶注云華葉正似蘼蕪淮南氾論篇云夫亂人者芎藭之於藁本也蛇牀之於蘪蕪也此皆相似說林篇云蛇牀似蘪蕪而不能芳是皆陶注所本蜀圖經云似小葉芎藭華白子如黍粒黃白色生下溼地今按蛇牀高四五尺華葉繁碎獨莖作叢細子攢生普盤如結故有粟米諸名華白而實繁故名牆蘼與蘼冬同矣

蘇蔜 未聞

釋文引樊本作蘇蔜麥玉篇云蘇子菜也閻氏若璩困學紀聞注即上文蔜蕿蔞

赤枹薊 即上枹薊

此即赤朮今之所謂蒼朮也

菟奚顆凍款凍也紫赤華生水中

顆凍即款冬顆款聲轉凍冬聲同也本草款冬一名橐吾一名顆凍一名虎鬚一名菟奚廣雅云苦萃款凍也凍與冬義亦同此草冬榮忍凍而生故有款冬苦萃諸名西京雜記引董仲舒曰葶藶死於盛夏款冬華於嚴寒水經注引述征記云洛水至歲末凝厲則款冬茂悅曾冰之中按款冬蓋有二種類聚八十一引吳普本草云款冬十二月華黃色陶注本草云形如宿蓴未舒者佳其腹裏有絲其華乃似大菊華如吳陶所說華俱黃色與郭注異唐本注云葉如葵而大叢生華出根下不言華色蘇頌圖經又有紅華者葉如荷此說蓋與郭同又本草款冬橐吾爲一物如急就篇橐吾款冬又爲二物顏師古注以款冬生水中華紫赤色橐吾似款冬而腹中有絲生陸地華黃色然陶注言腹有絲者即是款冬非橐吾則此蓋

一類二種也類聚引郭氏讚云吹萬不同陽煦陰蒸款冬之生擢穎堅冰物體所安焉知渙凝

中馗菌地蕈也似蓋今江東名爲土菌亦曰馗廚可啖之**小者菌**大小異名

說文菌地蕈也⿱艹六云菌⿱艹六地蕈叢生田中蕈桑䓴䓴木耳也繫傳云地蕈似釘蓋者名菌又云蕈多生桑楮之上也按菌有土木二種說文桑䓴即今桑鵝內則云芝㮕㮕與䓴音義同鹽鐵論散不足篇云豐奕耳菜韓愈有荅道士寄樹雞詩注云樹雞即木耳竝指木菌而言也爾雅所說則謂土菌莊子逍遙游篇朝菌不知晦朔司馬彪云大芝也天陰生糞土見日則死一名日及故不知月之終始崔譔云糞上芝朝生暮死廣雅云朝菌朝生也本草別錄鬼蓋一名地蓋陶注云今鬼繖竝指土菌而言也今蕈生樹上及樹根者多可食而生平地者溼熱所蒸或毒蟲盤踞食者愼之物類相感志引孫炎云聞雷即生俗呼地菌白如脂可食亦名地蕈北丁馗廚江東人今呼土菌可食者是郭注所本也鄒張正中馗釋文引舍人

本作中鳩云菟奚名顆東顆東名中鳩是讀中鳩上屬與郭氏異又按說文云菌地蕈蕃許亦讀中馗屬上與舍人同而云菌地蕈則郭注地蕈二字疑古本在正文寫書者誤入注中因加也字足句耳

⿱艹毦小葉未詳

釋文⿱艹毦又作菆說文菆麻蒸也邵氏正義引管子地員篇謂麻之細者如蒸細卽小也菆爲小葉之麻所以別於山麻

苕陵苕一名陵時本草云黃華蔈白華茇苕華色異名亦不同音沛

說文苕艸也蔈苕之黃華也艸之白華爲茇詩苕之華傳用爾雅箋云陵苕之華紫赤而繁陸璣疏云一名鼠尾生下溼水中七八月中華紫似今紫草華可染皁煮以沐髮卽黑如陸所說卽上文葝鼠尾可染皁者然鼠尾自名陸翹不名陵苕陸說誤矣陶注本草又引李云是瞿麥根然吳普說紫葳一名瞿陵不

名瞿麥陶注亦誤矣按本草紫葳一名陵苕廣雅以紫葳爲瞿麥葢異物同名耳詩正義引某氏曰本草云陵時一名陵苕今本草無陵時之名葢古本有之也又引舍人曰苕陵苕也黃華名蔈白華名茇别華色之名也齊民要術引孫炎云苕華色異名者御覽引孫與郭同本草唐注卽淩霄也霄苕聲近蔈茇聲轉也今驗淩霄引蔓於樹必造其巔著處生根狀如守宮之趾葉銳而多岐華似牽牛而大赭黃色未見有白華者唐注云山中亦有白華者

虇從水生 生於水中

釋文虇草生江水中按水草交白涓詩俗作虇與虈聲同非草名也

薇垂水 生於水邊

說文薇菜也似藿繫傳云薇似萍御覽引廣志云薇葉似萍可蒸食釋文引顧云水濱生故曰垂水詩草

蟲傳薇菜也陸璣疏云山菜也莖葉皆似小豆蔓生其味亦如小豆藿可作羹亦可生食今官園種之以供宗廟祭祀公食大夫禮云鉶芼豕以薇是薇可芼羹又可供祀大觀本草引三秦記曰夷齊食之三年顏色不異武王誡之不食而死然則亦可生食如陸疏所云矣六書故引項安世曰今之野豌豆也莖葉華實皆似豌豆而小莢可菹蜀人謂之小巢菜豌豆謂之大巢也今按詩言采薇是生於山者爾雅所言是生於水者實一物或曰薇名垂水非生水濱

薜山麻似人家麻生山中

莽數節竹類也節間促桃枝四寸有節今桃枝節間相去多四寸粼堅中竹類也其中實簢筡中言其中空竹類仲無笐亦竹類未詳䈬箭萌萌筍屬也周禮曰䈬菹鴈醢篠箭別二名

節竹約也數節促節也葤竹節短葢如今馬鞭竹齊民要術引異物志曰有竹曰篙其大數圍節閒相去局促初學記引戴凱之竹譜云筮竹似桂而穊節又云箽竹堅而促節皮白如霜是皆葤之類也○桃枝者春官司几筵云加次席黼純鄭注次席桃枝席有次列成文竹譜云桃枝皮赤編之滑勁可以爲席顧命篇所謂篾席者也吳都賦云桃笙象簟劉逵注桃笙桃枝簟也又可爲杖蜀都賦云靈壽桃枝是也其類又有鉤端西山經嶓冢之山中山經騎山高梁之山龍山竝云多桃枝鉤端郭注鉤端桃枝屬也○粼者釋文云又作䉮齊民要術引字林曰䉮竹實中吳都賦注篻竹大如戟穫實中勁強交趾人銳以爲矛甚利初學記引廣志曰利竹蔓生實中堅韌中山經云雲山有桂竹郭注交阯有篥竹實中勁強有毒銳以刺虎中之則死亦此類又云龜山多扶竹郭注卭竹高節實中中杖也名之扶老竹廣韵云筇竹名實中宋書孝義傳云卜天生乃取實中若竹剡其端使利是皆粼之類也○簢者釋文云或作慇筡者說文

云析竹筤也筤竹膚也方言云簝析也析竹謂之簝然則簝筤皆析竹之名筤簢字異音同聲轉爲篙說文篙簝也又轉爲篾顧命云敷重篾席鄭注篾析竹之次靑者是簢簝皆析析竹析竹必須中空者因以爲竹名矣贊寧筍譜云簢筍嫩而節耎薄信乎簢中空矣初學記引沈懷遠南越志云博羅縣東蒼州足簞竹銘曰簞竹旣大薄且空中節長一丈其直如松是簞竹卽簢屬之大者也○仲者郭未詳牟廷相曰鄭樵謂仲爲簀簹竹簀簹於竹中爲最大今以釋樂篇文參之籥中謂之仲釋文仲或爲筗則仲當爲中竹非大竹也云無笐者說文笐竹列也養大竹欲得成列中竹以下任其延布而已○篙者說文云竹萌也上文云筍竹萌是筍爲總名箭爲小竹篙爲箭竹之筍名也周禮醢人加豆之實箈菹鴈醢筍菹魚醢鄭注箈箭萌筍竹萌釋文箈爾雅作篙同○篠者說文作筱云箭屬小竹也蓋篠可爲箭因名爲箭西山經云竹山其陽多竹箭郭注箭篠也中山經云暴山其木多竹箭䉋箘求山其木多䉋郭注箘亦篠類中箭

簫篠屬然則惟箘簬楛荊邦致貢厥名故王彪之閩中賦云竹則粉苞赤箬縹箭班弓是其證也竹譜云箭竹高者不過一丈節間三尺堅勁中矢江南諸山皆有之會稽所生最精好

枹霍首素華軌鬷皆未詳

邵氏正義云枹通作苞說文云苞艸也南陽以爲麤屨翟氏補郭云霍藿省類篇引爾雅直作藿字釋文鬷郭音總廣韻引爾雅云軌鬷一名素華但其形狀未聞

芏夫王芏草生海邊似莞藺今南方越人采以爲席

釋文夫孫音苻莞名苻離此名夫王夫與苻同也釋文又云今南人以此草作席呼爲芏音杜按陸德明即南方人其言此草作席呼爲芏則席即名芏也今燈草薦席即芏草席杜燈一聲之轉其草圓細似莞

綦月爾即紫綦也似蕨可食

說文綦月爾也廣雅茈綦蕨也茈綦即紫綦是郭所本下文蕨虇注又以廣雅爲非似失之矣紫綦即紫蕨以其色紫因而得名蕨之名爲綦猶蕨之訓爲其也以此參證廣雅茈綦爲蕨蓋不誤矣後漢書馬融傳茈其芸蒩茈其亦即紫綦其綦茈紫俱聲借字也齊民要術引詩義疏以綦菜即莫菜誤又按釋文引說文云綦土夫也與今本異所未詳

葴馬藍 今大葉冬藍也

說文藍染青艸也葴馬藍也子虛賦云高燥則生葴菥苞荔張揖注用爾雅藍有數種今所見者多是小藍葉如槐又有蓼藍葉如蓼華實亦皆似蓼影宋圖所繪正如此而說者謂馬藍葉如苦蕒乃是大葉冬藍以未審知不能定也

姚莖涂薺 未詳

苄地黃 一名地髓江東呼苄音怙

本草地黃一名地髓別録一名苄一名芑公食大夫禮云鉶芼牛藿羊苦豕薇鄭注苦苦荼也今文苦爲苄說文引正作苄古人芼羹用苄葢取新生苗葉爲其益於人也蘇頌圖經云葉似車前葉上有皺文而不光花似油麻花而紅紫色今按其華葉亦全似苣蕩子唯根實形味不同耳淮南覽冥篇云地黃主屬骨而甘草主生肉之藥也然地黃亦主生肌肉張鷟朝野僉載云雉被鷹傷銜地黃葉點之

蒙王女 蒙卽唐也女蘿別名

詩桑中正義引孫炎曰蒙唐也一名菟絲一名王女錢氏大昕養新録云女蘿之大者名王女猶王彗王芻也今本譌王爲玉唯唐石經不誤按宋雪聰本亦不誤今從之

拔蘢葛 似葛蔓生有節江東呼爲龍尾亦謂之虎葛細葉赤莖

北方葛類既稀此草似葛有節而葉細今所未見無以言焉

薆牡茅 白茅屬

說文薆牡茅也本草茅根一名蘭根一名茹根別錄一名地筋陶注卽今白茅菅詩云露彼菅茅其根如渣芹甛美按今小兒喜啖謂之甛草其白華初茁茸茸如鍼亦中啖也陸璣疏云茅之白者古用包裹禮物以充祭祀縮酒用之然甸師蕭茅共祭祀卽是白茅其縮酒乃菁茅荆州所貢非常茅也茅曰牡者邪疏云茅之不實者也

菤耳苓耳 廣雅云枲耳也亦云胡枲江東呼爲常枲或曰苓耳形似鼠耳叢生如盤

說文苓卷耳也詩傳用爾雅淮南覽冥篇云位賤尚葈高誘注葈葈耳菜名也幽冀謂之檀菜雒下謂之胡葈主是官者至微賤也今按詩序以爲求賢審官左氏傳言能官人襄十五年淮南官名尙枲皆本詩爲說

也廣雅苓耳蒼耳葹常枲胡枲枲耳也離騷云薋菉葹以盈室王逸注葹枲耳也本草枲耳一名胡枲一名地葵別錄一名葹一名常思陶注一名羊負來昔中國無此言從外國逐羊毛中來按蒼耳子多刺故生此說實未必然負來二字古音相近常思常枲其聲又同此皆方俗異名未必皆有意義也陸璣疏云葉青白色似胡荽白華細莖蔓生可煑爲茹滑而少味四月中生子如婦人耳中璫今或謂之耳璫幽州人謂之爵耳按今蒼耳葉青黃色圓銳而澀高二三尺俗言稀見其華子如蓮實而多刺嫫時亦堪摘以下酒未見有蔓生者陸疏與郭異郭云叢生今亦未見

蕨虌廣雅云紫綦非也初生無葉可食江西謂之虌

說文蕨虌也釋文虌亦作鼈葉初出鼈蔽因以名云詩釋文俗云初生似鼈腳故名焉是虌从草非也詩正義引舍人曰蕨一名虌齊民要術引詩義疏曰蕨山菜也初生似蒜莖紫黑色二月中高八九寸老有

葉淪爲茹滑美如葵三月中其端散爲三枝枝有數葉葉似青蒿而麤堅長不可食周秦曰蕨齊魯曰鼈按今蕨菜全似貫衆而差小初出如小兒拳故名拳菜其莖紫色故名紫蕨謝靈運詩云山桃發紅萼野蕨漸紫苞廣雅以爲紫綦不誤說已見上

蕎邛鉅

今藥草大戟也本草云淮南繆稱篇云大戟去水本草云大戟一名邛鉅陶注近道處處皆有蜀圖經云苗似甘遂高大葉有白汁花黃根似細苦參本草又有澤漆云是大戟苗也陶注生時摘葉有白汁故名澤漆亦能嚙人肉今按此草俗呼貓眼睛高一二尺莖黃而圓如鵝眼錢其中湊黃有似目睛因以爲名葉如柳葉而黃其莖中空莖頭又攢細葉摘皆白汁齧人如漆

蘩由胡

未詳

夏小正二月采蘩蘩由胡由胡者蘩母也陸璣詩疏皤蒿一名游胡游胡卽由胡蘩卽蘩省詳見上文

莣杜榮今莣草似茅皮可以爲繩索履屩也

說文莣杜榮也釋文莣字亦作芒杜舍人作牡按芒與莣通華嚴經音義上云芒草一名杜榮西域既自有之江東亦多此類其形似荻皮重若筍體質柔弱不堪勁用陳藏器云芒今東人多以爲箔六七月生穗如荻今按芒草葉如茅而長大其鋒刺人長莖白華望之如荼而繁卽上文孟狼尾也一名芭芒一名芭芋孟芒古同聲芒茅聲又相轉

稂童粱稂莠類也

說文蓈禾粟之采生而不成者謂之蕫蓈蓈或作稂詩下泉大田傳竝用爾雅正義引舍人曰稂一名童粱陸璣疏云禾秀爲穗而不成崱嶷然謂之童粱今人謂之宿田翁或謂之守田也大田云不稂不莠外

傳曰馬飆不過稂莠皆是也陸所云蓨田翁今謂之穀經紀穗如亂毳爲色青黃中亦有稃而不成米魯語以爲馬飆今人以飼牛驢郭云莠類也者鄭志韋曜問云甫田維莠今何草荅曰今之狗尾也魯語注莠草似稷而無實魏策一云幽莠之幼也似禾按今之穀莠子莖葉穗全似穀子而秕稃外多毛極似毛狗子草鄭謂狗尾草是矣而非稂也爾雅翼以稂爲孟狼尾誤

藨麃

麃即莓也今江東呼爲藨莓子似覆盆而大赤酢甜可啖

上文葥山莓茥諸盆皆藨也藨一名麃通作苞史記司馬相如傳集解引漢書音義云苞藨也是苞即藨矣藨類有蓬藟覆盆懸鉤皆莓屬也故茥冒莓名莓即藨也故皆蒙藨號此皆同類而異名今登萊人謂藨莓爲媻門又語聲之轉耳李時珍本草云一種蔓小於蓬藟一枝三葉葉面青背淡白而微有毛開小白華四月實熟其色紅如櫻桃即爾雅所謂藨者也淮南覽冥篇云入榛薄食薦梅高誘注薦梅草實也

狀如桑椹其色赤生江濱今按蔿栂卽藨苺苺栂聲同蔿藨形誤此草處處皆有非必生於江濱也

的薂卽蓮實也

釋文菂今作的薂又作敫戶歷反按薂卽覈也蓮實熟時堅覈卽本草石蓮子陶注云八九月采黑堅如石者

購蔏蔞蔏蔞蔞蒿也生下田初出可啖江東用羹魚

說文蔞艸也可以亯魚繫傳云今人所食蔞蒿也詩漢廣傳蔞草中之翹翹然正義引舍人曰購一名蔏蔞陸璣疏云其葉似艾白色長數寸高丈餘好生水邊及澤中正月根芽生旁莖正白生食之香而脆美其葉又可蒸爲茹按今京師人以二三月賣之卽名蔞蒿香脆可啖唯葉不中食四川人言彼處食之亦去葉也今驗其葉似野麻而疏散嫩亦可啖陸璣以爲似艾白色葢其初生時耳生水邊者尤香美楚辭

大招所云吳酸蒿蔞不沾薄是也蘇軾詩云蔞蒿滿地蘆芽短正是河豚欲上時蓋蔞蒿可烹魚蘆芽解河豚毒見本草

茢勃茢 一名石芸 本草云

范子計然曰石芸出三輔本草別錄石芸味甘無毒一名螫烈一名顧啄按螫烈葢即勃烈之異文其形狀今未聞

葽繞棘蒬 今遠志也似麻黃赤華葉銳而黃其上謂之小草廣雅云

說文蒬棘蒬也葽艸也引詩四月秀葽劉向說此味苦苦葽也廣雅云蕀蒬遠志也其上謂之小草蒬與菀同廣雅不言葽繞說文葽不言繞詩傳與說文同葽繞疊韻疑爾雅古本無繞字或有而葽繞與棘蒬別自爲條本草始合爲一故云遠志一名棘菀一名葽繞葉名小草陶注小草狀似麻黃而青蘇頌圖經

云亦有似大青而小者三月開花白色泗州出者花紅根葉俱大於它處是遠志有大葉小葉二種陶所說者小葉也圖經所說大葉也大葉者華紅與郭注合今惟見小葉者苗似麻黃而無節莖葉俱絕細俗呼綫兒草即小草矣

茦刺草刺針也關西謂之刺燕北朝鮮之閒曰茦見方言

刺當作莿茦莿雙聲兼疊韻故說文互訓繫傳引爾雅注即草木之莿也通作刺廣雅云茦刺箴也是郭所本方言云凡草木刺人北燕朝鮮之閒謂之茦或謂之壯自關而東或謂之梗或謂之劌自關而西謂之刺江湘之閒謂之棘

蕭萩即蒿

蕭萩古亦疊韻故爾雅與說文互訓詩采葛正義引李巡曰萩一名蕭陸璣疏云今人所謂萩蒿者是也

或云牛尾蒿似白蒿白葉莖麤科生多者數十莖可作燭有香氣故祭祀以脂爇之爲香許慎以爲艾蒿非也按爾雅有二蕭許君所謂艾蒿乃是藾蕭陸所云似白蒿白葉莖麤科生數十莖此卽藾蕭非萩蕭陸以此爲牛尾蒿亦誤矣牛尾蒿色青不白細葉直上如牛尾狀非此也今萩蒿葉白似艾而多岐莖尤高大如蔞蒿可丈餘左襄十八年傳伐雍門之萩是也萩之言楸蕭之言脩以其脩長高大異於諸蒿故獨被斯名矣

薚海藻　藥草也一名海蘿如亂髮生海中本草云

薚玉篇作藫上云藫石衣孫炎以爲薚古潭字是藫薚同竝是水苔其生於海者名海藻也廣雅云海蘿海藻也本草海藻一名落首別錄一名藫陶注云生海島上黑色如亂髮而大少許葉大都似藻葉初學記引沈懷遠南越志云海藻一名海苔或曰海羅生研石上劉逵吳都賦注海苔生海水中正青狀如亂

髮乾之赤鹽藏有汁名曰濡苔臨海出之張勃吳錄云薩離生海水中正青如亂髮按此即海蘿蘿與薩聲相轉又即海苔苔與藫亦聲相轉也此皆細葉又有大葉者陳藏器云大葉藻生深海中及新羅葉如水藻而大博物志云石髮生海中者長尺餘大小如韭葉以肉雜蒸食極美此即藫石衣注所云葉似䪥而大者即大葉藻也今海中亦饒之

長楚銚芅 今羊桃也或曰鬼桃葉似桃華白子如小麥亦似桃

四字俱雙聲說文萇楚銚弋一名羊桃詩傳用爾雅箋云銚弋之性始生正直及其長大則其枝猗儺而柔順不妄尋蔓草木正義引舍人曰萇楚一名銚弋陸璣疏云今羊桃是也葉長而狹華紫赤色其枝莖弱過一尺引蔓於草上今人以爲汲灌重而善沒不如楊柳也近下根刀切其皮著熱灰中脫之可韜筆管陸說華紫赤與郭異知此有二種也本草羊桃一名鬼桃一名羊腸別錄一名御弋一名銚弋陶注山

野多有甚似家桃又非山桃子小細苦不堪噉花甚赤按今羊桃即夾竹桃華紫赤色莖葉形狀鄭箋陸疏得之中山經云豐山其木多羊桃狀如桃而方莖可以爲皮張郭注治皮脹起田氏雯黔書云羊桃藤也用此汁以合石粉可固石此或言藤或言木蓋皆別種非草類也

蘦大苦 今甘草也蔓延生葉似荷青黃莖赤有節節有枝相當或云蘦似地黃

說文苷甘艸也蘦大苦也通作苓詩隰有苓釆苓釆苓毛傳並云苓大苦廣雅云美甘丹草也本草別錄一名蜜甘一名美草一名蜜草一名蕗草陶注云赤皮斷理看之堅實者是枹罕草最佳枹罕羌地名亦有火炙乾者理多虛疎又有如鯉魚腸者被刀破不復好青州閒亦有不如詩正義引孫炎曰本草云蘦今甘艸是也蔓延生葉似荷青黃其莖赤有節節有枝相當或云蘦似地黃郭義同孫炎云似地黃者地黃名芐芐苦古字通已見上文然則大苦即大芐也沈括筆談云郭注乃黃藥也其味極苦故謂之大苦

非甘草也甘草枝葉悉如槐蘇頌圖經亦同茲說俱不足信廣雅疏證辨之極當云苦乃芐之叚借非以其味之苦也

芣苢馬舄馬舄車前今車前草大葉長穗好生道邊江東呼爲蝦蟆衣

說文芣苢一名馬舄其實如李令人宜子周書所說此本王會篇文繫傳亦引韓詩芣苢木名實如李並與爾雅不合詩釋文辨其誤也故御覽九百九十八引郭注蝦蟆衣下有周書所載同名耳非此芣苢十一字爲今本所無蓋脫去之文選注引韓詩章句芣苢澤瀉也其序云芣苢傷夫有惡疾也然澤瀉是蕍舄非馬舄亦誤矣詩釋文又引韓詩云直曰車前瞿曰芣苢瞿謂生於兩旁然芣苢即車前何有瞿直之分惟毛傳與爾雅合陸璣疏云馬舄一名車前一名當道喜在牛跡中生故曰車前當道也幽州人謂之牛舌草可鬻作茹大滑其子治婦人難產按毛傳宜懷妊序謂婦人樂有子其義互相備也本草車前一

名當道別錄一名蝦蟆衣一名牛遺一名勝舄蘇頌圖經春初生苗葉布地如匙面累年者長及尺餘抽莖作長穗如鼠尾花甚細青色微赤結實如葶藶赤黑色今驗此有二種大葉者俗名馬耳小葉者名驢耳圖經所說葉長尺餘似是馬耳今藥所收乃是驢耳野人亦煮啖之其馬耳水生不堪啖也

綸似綸組似組東海有之綸今有秩嗇夫所帶糾青絲綸組綬也海中草生彩理有象之者因以名云**帛似帛布似布華山有之**草葉有象布帛者因以名云生華山中

說文綸青絲綬也組綬屬鄭注緇衣云綸今有秩嗇夫所佩也疏引張華云綸如宛轉繩續漢輿服志云百石青紺綸一采宛轉繆織長丈二尺百石郎有秩嗇夫見漢書百官公卿表晉仍漢制故郭據以爲言也海中草有彩理象綸組者因以名焉御覽引吳普本草云綸布一名昆布別錄昆布陶注云今惟出高

麗繩把索之如卷麻作黃黑色柔韌可食按今登萊出者正如此其可食者乃是海帶非昆布也釋文綸古頑反綸昆聲近故以昆布爲綸陶謂靑苔紫菜皆似綸昆布亦似組非矣吳都賦云綸組紫絳郭氏江賦云靑綸競糾縟組爭映劉逵及李善注竝引爾雅

○西山經小華之山其草有萆荔畢氏沅校正引說文云萆薜似烏韭爾雅帛似帛布似布華山有之疑此草矣

莣東蠡未詳

本草蠡實別錄一名荔實又名劇草吳普一名劇荔華月令仲冬荔挺出鄭注荔挺馬薤也廣雅云馬薤荔也管子地員篇云其種大荔細荔說文荔似蒲而小根可爲㕞馬薤通俗文一名馬藺顏氏家訓書證篇江東呼爲旱蒲按蒲藺薤竝以葉形得名荔蠡聲同蠡藺聲轉馬藺又轉爲馬楝也蘇頌圖經蠡實馬藺子也北人呼爲馬楝子葉似薤而長厚三月開紫碧花五月結實作角子如麻大而赤色有稜根細長

通黃色人取以爲刷今按此草北人通呼馬楝所見又有黃白二華俱香於紫碧華者然不多有餘悉如圖經所說參以本草蠡實疑即爾雅苀東蠡也集韵云苀草名葉似蒲叢生西京賦云薇蕨荔苀蓋荔苀同類因同名矣

緜馬羊齒 草細葉葉羅生而毛有似羊齒今江東呼爲鴈齒繅者以取繭緒 郭據目驗今所未聞

萿麋舌 今麋舌草春生葉有似於舌 釋文麋俱綸反本或作麋音眉今從宋本釋鳥有鶬麋鴰鴰萿聲同本草別錄麢舌生水中五月採麢與麋同

搴柜朐 未詳

上文𦸏蔏釋文𦸏本亦作𢷎然則𢷎即
𦸏也郭俱未詳𢷎柜雙聲柜朐疊韻

蘩之醜秋爲蒿 醜類也春時各有種名至秋老成皆通呼爲蒿

蘩之類莪蕭皆是至秋通名爲蒿蒿與蓬異蓬草秋
枯逐風飛轉蒿之言槁但色枯槁或黃或白乾暵而
已不解
飛也

芙薊其實荂 芙與薊莖頭皆有蓊臺名荂荂即其實音俘

芙薊並見下文此又釋其實之名也說文云薊芙也
蓋言薊芙同類非即一物故郭注云芙與薊也荂即
華榮說見下文凡草抽莖作蓊臺者即於其
上開華結實芙薊亦然故即以荂名其實也

蔈荂荼即芀**猋藨芀**皆芀荼之別名方俗異語所未聞

荼者秀也地官掌荼掌以時聚荼考工記鮑人之事
望而眂之欲其荼白也旣夕禮云茵著用荼注皆以

荼爲茅秀也萑葦之秀亦爲荼夏小正七月灌荼荼萑葦之秀是也荆楚歲時記引犍爲舍人曰杏𠌶如荼可耕白沙此引卽爾雅注見說文繫傳荼字下臧氏漢注未載荼又名蔈與苕黃華同說文蔈末也華在上故言末苕亦華秀之名與蔈聲近苕卽芀也與荼聲轉荂者說文與𠌶同詳下文○苕者下云葦秀釋文芀或作苕下同是苕芀通詩鴟鴞傳荼萑苕也陸璣文賦或苕發頴豎皆以苕爲芀也苕之爲言猶條繇也猋藨猶言藨麃皆以聲爲義

葦醜芀其類皆有芀秀**葭華**卽今蘆也

說文劉芀也芀葦華也繫傳云芀者抽條搖遠生華而無孚萼也今人取之以爲帚曰苕帚是也釋文芀或作苕荀子勸學篇云繫之葦苕唐本草注蘆葦花名蓬蕽○華亦芀也葭亦葦也廣異名耳詩正義引舍人曰葭一名華今按經傳無名葭爲華者舍人葢以葭華蒹薕俱曡韵相屬故爲此說今移葭華與葦

芳相從庶乎可通焉

蒹薕似萑而細高數尺江東呼爲薕藡藡音廉**葭蘆**葦也**菼薍**似葦而小實中江東呼爲烏蓲音丘**其萌虇**今江東呼蘆筍爲虇然則萑葦之類其初生者皆名虇音繾綣

說文薕蒹也蒹萑之未秀者繫傳云今人以爲簾薄疑因此名蒹也未秀謂其小詩蒹葭傳用爾雅陸璣疏云蒹水草也堅實牛食之令牛肥彊青徐州人謂之蒹兗州遼東通語也郭云似萑而細江東呼爲藡藡者藡與荻同郭注子虛賦云蒹荻也似萑而細小淮南說林篇云藡苗類絮而不可爲絮藡即荻也今萊陽人謂之蔣荻以爲薄簾極堅實而中有白瓤廣雅云藡萑也說文以薕爲萑之未秀者是萑藡蒹薕爲一物郭云似萑則爲二物恐非○葭者說文云葦之未秀者詩騶虞傳用爾雅正義引李巡曰葦初生郭云葭即今蘆叉云葭葦也詩七月傳葭爲葦是皆一物隨時異名故夏小正云葦未秀爲蘆淮南修務

篇注未秀曰蘆已秀曰葦今按葦空中而高大其初茁謂之葭葭古讀如姑與蘆疊韻○菼者說文菿或作菼云萑之初生一曰薍一曰騅釋言云菼騅也菼薍也夏小正云萑未秀爲菼是皆說文所本說文又云萑薍也薍菼也八月薍爲葦葦字誤當作萑七月傳薍爲萑是也詩正義引樊光云菼初生葸騂色海濱曰薍郭云似葦而小實中葢郎上注所謂薕也今驗荻小於葦而實中菼薍與蒹薕實一物皆即今之蔣荻荻即蒹蒹即菼已秀爲萑未秀爲菼故詩碩人正義引陸璣云薍或謂之荻至秋堅成則謂之萑是矣郭又云江東呼烏蓲者釋文引張揖云未秀曰烏蓲是亦菼之異名碩人正義引李巡曰分別葦類之異名非也葭蘆是葦菼薍是萑故詩大車傳以菼爲蘆之初生戴氏震以蘆當作萑辨其誤是也此詩正義引孫炎郭璞皆以蘆薍爲二草李巡舍人樊光以蘆薍爲一草竝襲毛傳之誤孫郭說是○萌者說文云艸芽也郭云江東呼蘆筍爲虇者西京雜記云葭蘆之未解葉謂之紫籜籜即虇矣郭又云萑葦之類

其初生皆名虇者莊子則陽篇云欲惡之孽爲性萑葦蒹葭始萌以扶吾形是四者同萌故同名也又按說文蔓字解云灌渝讀若萌是蔓灌渝卽爾雅萌虇蕍下文蘛字上屬與郭讀異也牟廷相方雅云說文之灌渝釋草作虇蕍釋詁作權輿並同聲叚借字也按大戴禮誥志篇云孟春百草權輿是草之始萌通名權輿矣

蕍芀葟蕐榮釋言云華皇也今俗呼草木華初生者爲芀音豴豬蕍猶敷蕍亦華之貌所未聞

蕍者郭云猶敷蕍亦華之貌玉篇廣韻並云蒀蕍花皃蘛同蕍吳都賦云異荂蓲蘛劉逵注敷蘛華開貌李善注蓲蘛與敷蕍同然則蘛蓋蕍之異文蕍省作蒀蓲省作蒀蓲又敷之俗聲也干寶注說封傳震爲旉云鋪爲花貌謂之藪是也芀者說文云艸之皇榮也玉篇芀古文作蕐又云蘤華榮也是蘤芀聲義同釋文芀樊本作葦亦俗聲也葟者說文云雞華榮也引爾雅曰雞華也雞或作葟通作皇釋言蕐皇郭注

亦引此文詩云皇皇者華

卷施草拔心不死 宿莽也離騷云

方言云莽草也是凡草通名莽惟宿莽是卷施草之名也離騷云夕攬中洲之宿莽王逸注草冬生不死者楚人名之曰宿莽類聚八十一引南越志云寧鄉縣草多卷施拔心不死江淮閒謂之宿莽又引郭氏讚云卷施之草拔心不死屈平嘉之諷詠以此取類雖邇興有遠旨按施玉篇作葹又廣雅云無心鼠耳也彼草生本無心與此異

菂茭 今江東呼藕紹緒如指空中可啖者爲茭茭卽此類

說文菂茇也茅根也茇草根也方言亦以根爲茇是爾雅古本茭作茇與郭異也釋文茭又作薂胡巧反又胡交反廣雅云薂根也玉篇藃黃茅根是藃薂同今俗作茭與菰同名廣韻十六軫菂字下引爾雅而

云蔈葦根可食者曰茇是草根通名茇郭獨以藕紹緒為言舉類以曉人也藕紹今謂之藕腸矣玉篇菂蘮也江東人呼藕根為蘮蘮與郭義合臧氏經義雜記四云茇即茷之異文廣雅杜蘮茷荄株根也則爾雅菂茇荄根者別四名也不當分為二郭氏誤也

荄根別二名俗呼韭根為荄

方言說文竝云荄根也韓詩外傳云草木根荄淺通作核漢書五行志云乃毓根核集注核亦荄字也又通作箕易箕子之明夷劉向云今易箕子作荄滋蓋箕荄古同聲荄根又一聲之轉

欔橐含未詳

邵氏正義云上文欔烏階郭注以為染草鄭注掌染草有橐盧疑鄭所見本橐含作橐盧即烏階也

蕐荂也今江東呼蕐為荂音敷 **蕐荂榮也**轉相解

說文蕚榮也蕚艸木蕚也蕚或作荂方言云華荂曉也齊楚之閒或謂之華或謂之荂郭注荂亦華別名按華荂古音同荂瓠俱从夸聲郊特牲注以瓜瓠爲瓜華說文𠌶或作荂是其音同之證也華或作花別作蘤後漢書張衡傳云百卉含蘤李賢注引張揖字詁云蘤古花字也廣雅蘤花竝云華也顧氏炎武唐韵正云考花字自南北朝以上不見於書晉以下書中閒用花字或是後人改易又云始見於後魏書今按廣雅已有花字則非起於後魏矣

木謂之華草謂之榮不榮而實者謂之秀榮而不實者謂之英

詩七月正義引李巡曰分別異名以曉人也木謂之華者月令桃始華桐始華是也草謂之榮者夏小正榮芸榮鞠是也然榮華亦通名故月令鞠有黃華木堇榮是也不榮而實者謂之秀詩四月秀葽實發實

秀是也。然詩又云黍稷方華，是蕐秀通名矣。爾雅釋文衆家竝無不字，郭雖不注，而音義引不榮之物證之，則郭本有不字。按今推尋上下文義，本無不字者是。類聚八十一引爾雅亦無不字，此即釋文所謂衆家本也。榮而不實者謂之英，說文英艸榮而不實者。按詩云顏如舜英，離騷云夕餐秋菊之落英是也。西山經云嶓冢之山有草焉，其葉如蕙，其本如桔梗，黑華而不實，名曰蓇蓉。郭注引爾雅榮而不實者謂之蓇，音骨。按蓇上脫英字。然英華亦通名耳，故詩曰舜華，又曰舜英矣。

爾雅郭注義疏下之一

孫男聯蓀伯愷 薇近垣校字

爾雅郭注義疏下之三

棲霞郝懿行學

釋木第十四

説文云木冒也冒地而生从屮下象其根白虎通云木之爲言觸也陽氣動躍觸地而出也大司徒土會之灋謂之植物而云山林宜皁物川澤宜膏物丘陵宜覈物墳衍宜莢物鄭衆謂植物根生之屬皁物柞栗之屬膏物楊柳之屬理致且白如膏鄭君謂膏當爲櫜字之誤也蓮芡之實有櫜韜覈物梅李之屬莢物薺莢王棘之屬賈疏薺莢即皁莢也此篇所釋喬者條者朻者核者皆木之類木爲總名故題曰釋木

槄山榎 今之山楸

釋文榎古雅反舍人本又作檟詩終南正義引李巡曰山榎一名槄孫炎曰詩云有條有梅條槄也義本

毛傳條槄雙聲疊韻故古字通榎通作夏學記云夏楚二物鄭注夏槄也詩正義引陸璣疏云槄今山楸也亦如下田楸耳皮葉白色亦白材理好宜爲車板能溼又可爲棺木宜陽共北山多有之餘見下文榎楸

栲山樗 栲似樗色小白生山中因名云亦類漆樹

說文㭱山樗也（樗字依段注改）㭱通作栲詩山有栲南山有栲毛傳俱本爾雅正義引舍人曰栲名山樗陸璣疏云山樗與下田樗略無異葉似差狹耳吳人以其葉爲茗方俗無名此爲栲者似誤也今所云爲栲者葉如櫟木皮厚數寸可爲車軸或謂之栲櫟許慎正以栲讀爲糗今人言考失其聲耳所引許君之讀今說文無蓋脫去之糗巨九切詩兩言栲俱與杻韵此古音也爾雅釋文引方志云櫄樗栲漆相似如一詩正義引作俗語蓋當時方俗之言故陸孔竝援之邵氏補入郭注非也櫄說文作杶即今之椿其葉類樗而

香可啖山樗葉似樗而多鋸齒又堅緊桼木色白葉亦似樗

柏椈 禮記曰鬯臼以椈

說文柏鞠也詩言新甫之柏本草別錄云生泰山山谷然柏處處有之三月華九月實莊子所謂秋柏之實也郭引禮雜記云鬯臼以椈杵以梧鄭注所以擣鬱也椈柏也孔疏柏香桐潔白於神爲宜按柏有脂而香其性堅緻材理最美

髡梱 未詳

釋文梱五門反則與梱聲義近說文梱梡木未析也梥落樹頭爲髡齊民要術有髡柳法又云大樹髡之小則不髡

椵柂 白椵也樹似白楊

釋文引字林云椵木似白楊一名柂檀弓云柂棺一鄭注所謂椑棺也引爾雅曰椵柂按椵與木堇同名今椵木皮白者爲白椵葉大如白楊皮赤者爲赤椵葉如水楊其皮柔韌宜以束物白者材輕耐溼故宜爲棺也

梅枏 似杏實酢

說文枏梅也梅枏也可食梅或作楳詩墓門有梅有條有梅毛傳俱本爾雅陸璣疏云梅樹皮葉似豫樟豫樟葉大如牛耳一頭尖赤心華赤黃子青不可食枏葉大可三四葉一叢木理細緻於豫樟子赤者材堅子白者材脆江南及新城上庸蜀皆多樟枏終南山與上庸新城通故亦有枏也詩正義引孫炎曰荊州曰梅楊州曰枏一切經音義廿一引樊光云荊州曰梅楊州曰枏益州曰赤楩葉似豫樟無子也是樊義與陸疏合孫與樊同蓋皆以梅枏爲大木非酸果之梅郭注似杏實酢及說文云可食俱誤矣南山經

云虖勺之山其上多梓柟郭注柟大木葉似桑今作楠音南爾雅以爲柟此注得之文選西京賦注引爾雅注作柟木似水楊與今本異

柀煔 煔似松生江南可以爲船及棺材作柱埋之不腐

宋本及釋文俱作煔不成字葢黏字之誤徐鉉作檆亦非段氏說文注依爾雅改作黏是也按後漢書華陀傳有漆葉青黏散黏亦不成字注音女廉反恐卽黏字之誤也釋文煔字或作杉所咸反郭音芟又音纖據陸音郭注此卽今杉木也但爾雅作黏似當依後漢書注作女廉反矣

櫠椵 柚屬也子大如盂皮厚二三寸中似枳食之少味

說文椵木可作牀几讀若賈繫傳以爲椵梓之屬非郭義也桂海虞衡志云廣南臭柚大如瓜可食其皮甚厚染墨打碑可代氊刷且不損紙卽郭注所說也

杻檍 似棣細葉葉新生可飼牛材中車輞關西呼杻子一名土橿

檍今字說文作楮云梓屬大者可爲棺椁小者可爲弓材考工記弓人取榦檍次之注引爾雅按說文有檍無杻其檍字云杶也櫏之杶䣛又杶字古文似杻段氏注依汗簡謂卽杻字側書似矣但謂說文今無杻字恐非也詩中杻字毛傳俱用爾雅陸璣疏云杻檍也葉似杏而尖白色皮正赤爲木多曲少直枝葉茂好二月中葉疏華如練而細蘂正白蓋樹今官園種之正名曰萬歲旣取名於億萬其葉又好故種之共汲山下人或謂之牛筋或謂之檍材可爲弓弩榦也郭注西山經云杻似棣而細葉與此注同卽陸璣疏所謂檍也說文楮云梓屬蓋楸類非此也

楙木瓜 實如小瓜酢可食

詩木瓜傳楙木也可食之木齊民要術引詩義疏曰楙葉似柰葉實如小瓜上黃似著粉香欲噉者截著

熱灰中令萎蔫淨洗以苦酒豉汁蜜度之可案酒食蜜封藏百日食之甚益人考工記弓人取榦木瓜次之是其木中弓材也本草陶注木瓜最療轉筋如轉筋時但呼其名及書土作木瓜字皆愈俗人拄木瓜杖云利筋脈也要術引廣志云木瓜子可藏枝可為杖舊作數依類聚改號一尺百二十節西山經云中曲之山有木焉實大如木瓜水經江水過魚復縣南注云故陵郡谿卽永谷也地多木瓜樹有子大如甒白黃實甚芬香爾雅之所謂楙也

椋卽來 今椋材中車輞

說文椋卽來也釋文引埤蒼字林並作椋云椋也木今作來御覽九百六十一引舊注云椋有髓熊折而乳之唐本草注葉似柹兩葉相當子細圓如牛李子生青熟黑其木堅重煮汁赤色陳藏器云卽松楊一名椋子木

栵栭樹似槲樕而庳小子如細栗可食今江東亦呼為栭栗

詩其灌其栵毛傳說文俱用爾雅陸璣疏云葉如榆木理堅韌而赤可為車轅今人謂之芝櫧也郭云似槲樕者今槲樹似櫟亦似栗而實小細栗即今茅栗是也詩釋文引舍人云江淮之閒呼小栗為栭栗廣韵云楚呼為茅栗也爾雅釋文檽字又作栭音而後漢書王符傳注引爾雅曰栵檽音而注反是栭或作檽今依宋本作栭是也栭當讀反其旄倪之倪倪訓小也栭亦小也栵栭字之疊韵

檴落可以為杯器素

說文檴木也以其皮裹松脂从虖聲讀若華檴本榑二篆瓬𤮽柃或作檴繫傳云此即今人書樺字今人以其皮卷之然以為燭裹松脂亦所以為燭也按樺燭謂此其皮即煖皮緻密輭溫今人以裹鞍及弓靶者是也詩無浸檴薪鄭箋檴落木名也正義引某氏曰可作杯圈皮韌繞物不解陸璣疏云今椰榆也其葉如

楡其皮堅韌剝之長數尺可爲繩索又可爲氈帶其材可爲杯器漢書司馬相如傳云罶落胥邪郭注落檴也中作器素與此注同素謂樸也

柚條似橙實酢生江南

說文柚條也似橙而酢引書厥苞橘柚通作櫾中山經云荊山多橘櫾郭注櫾似橘而大也皮厚味酸云似橙者釋文引呂忱云橙橘屬上林賦云黃甘橙楱廣雅云柚楱也楱柚條古音俱相近因以爲名橘柚皆生江南踰淮而化爲枳楚辭橘頌云受命不遷生南國兮文子尚德篇云橘柚有鄉呂覽本味篇云果之美者雲夢之柚

時英梅雀梅

說文楰梅也玉篇作楧梅也無時字未審楧卽英不酸果之梅說文作某云酸果也古文作槑亦通作楳

詩摽有梅釋文引韓詩作楳楳本梅枏之梅之或體韓偺楳爲某也古以梅爲籩實故小正以煑梅紀候周禮以乾橑實籩內則釋文乾桃乾梅皆曰諸是也齊民要術引詩義疏云梅杏類也樹木葉皆如杏而黑耳實赤於杏而酢亦生噉也煑而曝乾爲脯置羹臛䪥中又可含以香口亦蜜藏而食按此乃梅枏注所謂似杏實酢者也爾雅英梅說文楰梅葢非果類故南都賦楰柘檍檀連言可知楰梅非果類矣要術引郭此注英梅未聞然則今注雀梅非郭語也

楥柜桏 未詳或曰桏當爲桺柜桺似桺皮可以煑作飲

說文桏櫻椐木也段氏注云櫻楥形似椐柜聲同櫻疑楥之譌也郭引或說桏當爲桺者馬融廣成頌云柜桺楓楊玉篇廣韵並云桏柜桺釋文柜郭音舉然則柜桺即欅桺也本草陶注欅樹山中處處有之皮似檀槐葉似櫟槲人多識之今按欅桺多生谿澗水側其葉方桺爲短比槐差長其材擁腫不中器用郭

云皮可煑作飲者陶注夏月作飲去熱是也南方採茗人多雜取其葉爲䛂茶北方無作飲者俗呼之平楊栭或謂之鬼栭鬼桓聲相轉也椶栭聲轉爲楊栭桓栭又轉爲杞栭趙岐孟子注杞栭桓栭也

栩杼　柞樹

說文柔栩也栩柔也其實皁一曰樣鄭樵宋嘉祐本草引孫炎云栩一名杼詩集于苞栩陸璣疏云今柞櫟也徐州人謂櫟爲杼或謂之爲栩其子爲皁或言皁斗其殼爲汁可以染皁今京洛及河內多言杼汁謂櫟爲杼五方通語也杼或作芧莊子齊物論云狙公賦芧司馬彪注芧橡子也橡通作象鄭注掌染草云藍蒨象斗之屬又謂之皁物鄭衆注大司徒云皁物柞栗之屬是也今柞樹花葉俱似栗四五月開花黃色實圓銳磨粉及烝食可禦饑年嫩葉可代茗飲其木衰理故匠石以爲不材之木而作薪炭則宅木皆不及也杼又名采史記李斯傳云采椽不斲徐廣注采一名櫟漢書司馬相如傳應劭注櫟采木也高

誘淮南本經篇注杼栗實也栗杼雙聲栩杼疊韵

菋荎著 釋草已有此名疑誤重出

釋文菋本今作味引舍人本荎著作柢都樊本作屠是樊光舍人俱不以爲菋菋荎藸之重文又菋音亾戒反周禮序官穌師注杜子春讀穌爲菋荎著之菋是菋旣異讀師說當復不同齊民要術十引皇覽冢記孔子冢塋中樹有柞枌雒離女貞五味欒檀之屬然則木中亦有五味不獨草矣翟氏補郭引啟蒙記如何之樹隨刀改味雖未必卽爾雅所指然亦可見木類之中亦有諸味具者郭疑重出似未然耳

櫙荎 今之刺榆

釋文櫙烏侯反引詩云山有櫙本或作蓲同隸釋載石經魯詩作蓲郭云今刺榆者說文樞山枌榆有朿廣雅云柘榆梗榆也方言云凡草木刺人者自關而東或謂之梗郭注梗今之梗榆也是梗榆卽刺榆廣

雅又云桎刺也桎與莖聲義同莖之爲言猶刺也邪疏引陸璣疏云其針刺如柘其葉如榆瀹爲茹美滑如白榆榆之類數十種葉皆相似皮及木理異矣按刺榆卽今山榆葉小於常榆刺皆如柘刺齊民要術云刺榆木甚牢肕可以爲犢車材

杜甘棠今之杜梨

詩蔽芾甘棠說文毛傳俱用爾雅杜與棠有甛酢之分今通謂之杜梨其樹如梨葉似蒼朮而大二月開華白色結實如小楝子霜後可食棠一名楟廣雅云楟梨也漢書司馬相如傳云亭柰厚朴張揖注亭山梨也亭史記作楟初學記引序志云上黨楟梨小而甘或云孝子尹伯奇采楟花以爲食楟花卽棠梨花楟棠一聲之轉也

狄臧槔貢綦皆未詳

釋文槔舍人作本皋樊本作榕說文榕木也廣雅云株榕也玉篇云楸㰌槔也爾雅補郭引集韵云榕相也

朹繫梅 朹樹狀似梅子如指頭赤色似小柰可食

唐本草赤爪木一名鼠樝一名羊梂宋圖經又名棠梂皆山樝也梂與朹同今山樝有二種小者高數尺繁枝柯葉銳而多岐其華白核若牽牛子大者高丈許華葉俱同有有刺者實大經霜乃赤謂之棠梂子其小者今呼山樝也齊民要術引廣志曰朹木易長多種之爲薪又以肥田釋文繫樊本作槅工厄反按廣韵十二齊云繫苦奚切引爾雅則讀若期朹古音如雞梅如迷然則朹繫雙聲又與梅疊韵也

朻者聊 未詳

阮雲臺師曰朻即梂也梂即椒檓醜莍之莍爾雅此條似專爲唐風椒聊而釋毛鄭皆知故傳云椒聊椒

也也上必脫梂字箋云一梂之實意即承傳而述言之緣傳已專訓不必再爲聯梂也之訓矣

魄榽橀魄大木細葉似檀今江東多有之齊人諺曰上山斫檀榽橀先殫

釋文橀本亦作醯按榽音同徯方言六云徯醯危也此皆疊韵之字取聲不取義並無正文也魄即今白木也今京西諸山有之其木皮白材理細密作炭甚堅謂之白木白魄聲同也陸璣詩疏云檀木皮正青滑澤與繫迷相似又似駁馬駁馬梓榆故里語曰斫檀不諦得繫迷繫迷尚可得駁馬繫迷一名挈橀故齊人諺曰上山斫檀挈橀先殫是挈橀即榽橀又云駁馬梓榆也其樹皮青白駁犖遙視似駁馬故謂之駁馬此即陸疏檀也繫迷也梓榆也三木皆相似故伐者疑焉繫迷一作繫彌齊民要術引廣志曰繫彌樹子赤如楔棗可食又作莢迷唐本草注莢迷子兩兩相對色赤味甘是皆榽橀之異名也榽橀莢繫挈繫迷彌並雙聲及疊韵段借字也

梫木桂 今江東呼桂厚皮者爲木桂桂樹葉似枇杷而大白華華而不著子叢生巖嶺枝葉冬夏常青間無雜木

說文梫桂也桂江南木百藥之長王會篇云自湥桂孔晁注自湥亦南蠻也楚辭遠游篇云嘉南州之炎德兮麗桂樹之冬榮是桂爲江南木也郭以皮厚者爲木桂木桂草作牡桂牡木音相近也南方草木狀云桂生合浦交阯生必高山之巔冬夏常青其類自爲林更無雜樹有三種皮赤者爲丹桂葉如柿者爲菌桂葉似枇杷者爲牡桂雷公炮炙論云桂釘木根其木卽死故呂覽云桂枝之下無雜木也南山經云招搖之山多桂樹郭注與此注大意同蜀都賦云其樹則有木蘭梫桂類聚八十九引郭氏讚云桂生南裔拔萃岑嶺廣莫熙葩凌霜津穎氣王百藥森然雲挺

棆無疵 棆楩屬似豫章

說文棆母杶也从侖聲讀若易卦屯按此則棆杶雙聲兼疊韵母與無古字通說文疷字書作⿰木疷玉篇廣韵竝作柢是無正文疑與杶形近而誤也郭云棆屬似豫章者子虛賦云楩枏豫章集注楩即今黃楩木也西山經云虖陽之山其木多櫻枏豫章郭注豫章大木似楸葉冬夏青服虔子虛賦注豫章生七年迺可知也

椐樻腫節可爲杖

椐樻亦雙聲也說文椐樻互訓釋文引樊孫竝云椐樻腫節可作杖毛詩草木疏云節中腫似扶老即今靈壽是也今人以爲馬鞭及杖弘農共北山皆有之漢書孔光傳云賜太師靈壽杖孟康注扶老杖也顏師古注木似竹有枝節長不過八九尺圍三四寸自然有合杖制不須削治也陳藏器本草云生劍南山谷圓長皮紫

檉河柳今河旁赤莖小楊**旄澤柳**生澤中者**楊蒲柳**可以為箭左傳所謂董澤之蒲

夏小正正月柳稊三月蔞楊是本二物今亦判然兩種故書雅記則皆通名故說文云柳小楊也詩言楊柳依依有菀者柳東門之楊皆一物耳○爾雅檉旄楊通謂之柳蒲柳又謂之楊是皆通名矣○詩其檉其椐說文毛傳俱本爾雅詩正義引某氏云河柳謂河傍赤莖小楊也陸璣疏云生河旁皮正赤如絳一名雨師枝葉似松廣雅雨師檉也爾雅翼云天之將雨檉先知之起氣以應今驗天將雨檉先華羅願此語不虛也又謂之朱楊子虛賦云檗離朱楊史記索隱引郭注赤莖柳生水邊也又謂之三春柳言一歲三華也華色紅白細蘂蓬茸今滄州文安彌望如莽條肆鬖鬖紅翠相鮮檉之為言赬也樹皮赬赤故被斯名矣○旄與冬桃同名說文作楙冬桃讀若髦拔柳桃葉相似髦旄象毛髮下垂今之垂絲柳枝葉阿儺如將委地尤宜近水○郭云生澤中也今東齊人或謂之麻柳麻旄聲相轉○說文楊木也類聚初學記

御覽俱引說文作楊蒲柳也蓋今本缺脫之詩不流束蒲鄭箋蒲蒲柳陸璣疏云蒲柳有兩種皮正青者曰小楊其一種皮紅者曰大楊其葉皆長廣似柳葉皆可以爲箭幹故春秋傳曰董澤之蒲可勝旣乎今又以爲箕鑵之楊也按楊唐本草謂之水楊云葉圓闊而尖枝條短硬與柳全別柳葉狹長枝條長軟唐本所說卽今所謂楊也人多插壓河邊抽作長條輕脃易斷至若陸璣所說卽今柳條插壓其枝不令成樹其葉長大其條柔輭可作籔箕者也水經河水過楊虛縣注引三齊畧記曰鬲城東南有蒲臺秦始皇東遊海上於臺下蟠蒲繫馬至今每歲蒲生縈委若有繫狀似水楊可以爲箭卽此所謂蒲柳是矣詩釋文引孫毓以蒲與戍許相協是蒲柳之蒲當讀作浦段氏遂欲改蒲爲浦恐非

權黃英輔小木 權輔皆未詳

說文權黃華木英字解云一曰黃英是說文於爾雅權黃英作華於釋草之權黃華作英也玉篇亦云黃

英木蓋英華散文通名矣翟氏補郭引宋書符瑞志云花葉謂之英以葉爲英非雅義也○邵氏正義引詩山有扶蘇傳云扶蘇扶胥小木輔爲扶胥之合聲段氏說文注扶扶疏四布也疏通作胥亦作蘇引詩傳謂木上本無小字今按以扶胥爲小木此於雅訓無文而輔又不可謂即扶胥也扶胥雖可通扶疏而扶疏又不可謂即木名也蒙意未安當在闕疑

杜赤棠白者棠棠色異異其名

說文牡曰棠牝曰杜此言赤白許言牝牡所未詳詩有杕之杜傳杜赤棠也陸璣疏云赤棠與白棠同耳但子有赤白美惡子白色爲白棠甘棠也少酢滑美赤棠子子澀而酢無味俗語云澀如杜是也赤棠木理韌亦可以作弓幹詩正義引樊光云赤者爲杜白者爲棠舍人曰杜赤色名赤棠白者亦名棠六書故引作白者爲棠赤者爲杜爲甘棠爲赤棠按上云杜甘棠此云赤棠蓋杜實兼二名今亦通名杜棃也西山

經云中皇之山其下多蕙棠郭注彤棠之屬彤卽赤矣

諸慮山櫐今江東呼櫐爲藤似葛而麤大欇虎櫐今虎豆纏蔓林樹而生莢有毛刺今江東呼爲欇欇者涉

諸慮櫐韵與釋蟲之奚相同名說文藟艸也引詩莫莫葛藟又云虆木也繫傳云本草謂蘡薁爲千歲虆卽今人言萬歲藤大者如盎又冬不彫故從木其形蔓似草故從艸在草木之閒也廣雅云藟藤也玉篇云今總呼草蔓延如藟者爲藤是藤藟皆兼草木二種爾雅所釋則皆木也齊民要術引詩義疏曰櫐巨荒也似燕薁連蔓生葉似艾此二字詩釋文補白色子赤可食酢而不美幽州謂之椎櫐又曰櫻薁實大如龍眼黑色今車鞅藤實是然則陸以車鞅藤爲蘡薁蘡薁似櫐卽今之山蒲桃葉小如蒲桃而肥澤其子亦如蒲桃可食生於山陂之閒故有山櫐之名矣○虎櫐卽今紫藤其華紫色作穗垂垂人家以飾庭院謂之

虎櫐者其莢中子色斑然如貍首文也大觀本草云江東呼爲招豆藤郭云虎豆者古今注云虎豆似貍豆而大中山經云卑山其上多櫐郭注今虎豆貍豆之屬櫐一名縢縢與藤櫐與櫐竝古字通也云江東呼欇櫑者謝靈運山居賦云獵涉蘡薁自注云獵涉字出爾雅是獵涉即欇櫑皆音同叚借字也

杞枸檵今枸杞也

說文檵杞竝云枸杞也廣雅椅乳苦杞也又云地筋枸杞也枸椅同又作苟南山經云虖勺之山其下多荊杞郭注杞苟杞也又作句左傳昭十二年傳云我有圃生之杞乎正義引舍人曰句杞也禮表記豐水有芑注芑枸檵也正義引孫炎云即今枸芑本草一名枸忌御覽引吳普一名枸已詩釋文枸本作苟左傳釋文枸又作狗按今人通呼狗嬭子狗苟句忌已芑俱聲同叚借字也大觀本草引陸璣疏云一名苦杞一名地骨春生作羹茹微苦其莖似莓子秋熟正赤莖葉及子服之輕身益氣耳蘇頌圖經云春生苗

葉如石櫑葉而軟薄堪食俗呼為𦲷菜其莖榦高三五尺作叢六七月生小紅紫花隨便結紅實形微長如棗核其根名地骨吳普本草一名羊乳蓋以其子形似也

杬魚毒 杬大木子似栗生南方皮厚汁赤中藏卵果

說文芫魚毒也本草芫華別錄一名毒魚一名杜芫其根名蜀桑可用毒魚按此即今芫條苗高二三尺其華紫色葉如柳葉而小擣其汁以毒魚則効然則芫乃草屬不知何故列於釋木既改从木旁杬且云中藏卵果而又空冒魚毒之名皆所未曉郭云杬大木生南方即吳都賦云緜杬杶櫨是也劉逵注引異物志云杬大樹也其皮厚味近苦澀剝乾之正赤煎訖以藏眾果使不爛敗以增其味豫章有之臨海異物志云杬味似楮用其皮汁和鹽漬鴨子齊民要術作杬子法本此輟耕錄云今人以米湯和入鹽草灰以團鴨卵謂曰鹹杬子要術又云無杬皮者用虎杖根虎杖似紅草然則用杬皮亦取其紅色耳今北方

無杬汁以柞木灰代之取竹柏枝煮汁漬鴨卵卵中遂作竹柏形宛然似眞謂之變卵矣

欓大椒

今椒樹叢生實大者名欓

椒說文作茮云茮菉詩貽我握椒傳云椒芬香也椒聊之實傳云椒聊椒也陸璣疏云椒樹似茱萸有針刺葉堅而滑澤蜀人作茶吳人作茗皆合煮其葉以爲香今成臯諸山閒有椒謂之竹葉椒其樹亦如蜀椒少毒熱不中和藥也可著飲食中又用烝雞豚最佳香東海諸島亦有椒樹枝葉皆相似子長而不圓甚香其味似橘皮島上獐鹿食此椒葉其肉自然作椒橘香本草秦椒蜀椒竝居中品別錄蜀椒一名巴椒一名蓎藙口閉者殺人陶注秦椒云今從西來形似椒而大色黃黑味亦頗有椒氣或呼爲大椒類聚八十九引范子計然曰蜀椒出武都赤色者善秦椒出天水隴西細者善然則秦椒大於蜀椒爾雅之欓大椒即秦椒矣秦椒今之花椒本產於秦今處處有人家種之齊民要術有種椒篇是也其子落自生者

爲狗椒豬椒本草謂之蔓椒不堪食人皆拔去之椒辛熱有毒急就篇與附子芫華竝列其毒可知舊說中其毒者涼水麻仁漿解之中山經云琴鼓之山其木多穀柞椒柘郭注椒爲樹小而叢生下有草木則蠚死

椴鼠梓楸屬也今江東有虎梓

詩北山有椴毛傳說文俱用爾雅正義引李巡曰鼠梓一名椴陸璣疏云其樹葉木理如楸山楸之異者今人謂之苦楸按陸云山楸之異者異於上文槄山榎也今一種楸大葉如桐葉而黑山中人謂之檟楸即郭所云虎梓

楓欇欇楓樹似白楊葉圓而岐有脂而香今之楓香是

說文楓木也厚葉弱枝善搖一名欇不作重文又云欇木葉搖白也是木葉搖通謂之欇欇楓尤善搖故獨

曰聶聶也繫傳引山海經黃帝殺蚩尤棄其桎梏爲
楓木大荒南經文也又云其上瘤遇風雨則長曰楓
人南方草木狀有其說也史記司馬相如傳索隱引
舍人曰楓爲樹厚葉弱莖大風則鳴故曰楓御覽十
一引孫炎曰欇欇生江上有寄生枝高三四丈儣𨻶
生毛一名楓子天旱以泥泥之卽雨廣韻引同又云
楓脂入地千年化爲虎魄大觀本草引草木狀曰楓
香樹子大如鴨卵二月花發乃連著實八九月熟曝
乾可燒惟九眞郡有之按今北方楓
樹小亦無脂香霜後紅葉可觀耳

寓木宛童 寄生樹一名蔦

寓猶寄也寄寓木上故謂之蔦蔦猶鳥也其狀宛宛
童童故曰宛童詩蔦與女蘿傳蔦寄生也說文蔦或
作樢陸璣疏云蔦一名寄生葉似當盧子如覆盆子
赤黑甛美本草云桑上寄生一名寄屑一名寓木一
名宛童陶注生樹枝閒寄根在皮節之內葉圓青赤
厚澤易折旁自生枝節冬夏生四月花五月實赤大

如小豆今按子汁甚黏枝葉通瑩如樹木上著氷同榦異條自成叢茂雖名寄公獨標高異亦猶兎絲女蘿附物而不易其操故詩人竝致諷詠焉又陶注占斯引李當之云是樟樹上寄生然則寄生之樹羣木多有今驗楓栭櫟樗隨柯堪寓奚必桑樟二樹獨擅斯名矣東方朔云著樹爲寄生明凡樹皆有也中山經云龍山上多寓木郭注云見爾雅

無姑其實夷 無姑姑榆也生山中葉圓而厚剝取皮合漬之其味辛香所謂無夷

釋文夷舍人本作桋說文梗山枌榆有朿莢可爲蕪荑者是梗即刺榆上文藲茎是也爲蕪荑必用山榆莢故廣雅云山榆毋估也毋估即無姑又作无枯易枯楊生荑釋文引鄭注枯謂无姑山榆荑木更生謂山榆之實御覽九百五十六引爾雅無姑作無枯與鄭義同秋官壺涿氏以牡橭午貫象齒杜子春注橭讀爲枯枯枯榆木名是牡橭即無姑此皆聲同之字故經典俱通矣郭云姑榆也者類聚八十八引廣志云

有枯楡有郎楡郎楡無莢材又任車用枯楡卽姑楡也左氏莊四年傳樠木之下正義云木有似楡者俗呼爲朗楡朗楡亦卽郎楡也春秋繁露郊語篇云蕪荑生於燕橘柚死於荆此言物性之相感也急就篇云蕪荑鹽豉醯酢醬本草云蕪荑一名無姑主去三蟲陶注今惟出高麗狀如楡莢氣臭如㹮彼人皆以作醬食之性殺蟲置物中亦辟蛀但患其臭然則陶言氣臭郭言辛香明知此有二種又說文云醔𨡕楡醬也蓋醔𨡕用家楡人蕪荑用山楡莢所以不同郭注葉圓葉字急就篇注引作莢字是

櫟其實梂有梂彙自裹

櫟卽柞也與栩杼皆一物說文梂櫟實樣𣚪栩實草草斗櫟實也一曰象斗子詩山有苞櫟陸璣疏云秦人謂柞櫟爲櫟河內人謂木蓼爲櫟椒樧之屬也其子房生爲梂木蓼子亦房生故說者或曰柞櫟或曰木蓼璣以爲此秦詩也宐從其方土之言柞櫟是也按水經河水注引周處風土記云舜所耕田於山

下多柞樹吳越之閒名柞爲歷歷與櫟同是柞櫟之名不獨秦人語然也淮南時則篇云十二月其樹櫟高誘注櫟可以爲車轂木不出火惟櫟爲然以應除氣也高注非是今種櫟正以十二月蓋應生氣非除氣也今東齊人通謂櫟爲柞或曰樸樕亦曰槲櫟皆苞櫟之聲相轉耳釋文引舍人云櫟實名梂也孫云櫟實橡也有梂彙自裹郭同今按梂之爲言猶裘溲也釋名釋牀帳云裘溲猶婁𩪘數毛相離之言也櫟實外有裹彙形如彙毛狀類球子下云椒榝醜莍莍梂聲義亦同

檖羅 今楊檖也實似梨而小酢可食

詩隰有樹檖說文作樣羅也毛傳檖赤羅也陸璣疏云檖一名赤羅一名山梨今人謂之楊檖實如梨但小耳一名鹿梨一名鼠梨今人亦種之極有脃美者亦如梨之美者按今一種小梨圓而赤極脃美濟南有之謂之梨果即赤羅也

楔荆桃今櫻桃

月令羞以含桃鄭注含桃櫻桃也孔疏云月令諸月無薦果之文此獨羞含桃者以此果先成異於餘物故特記之其實諸果於時薦今按漢世薦果本於此古所未有孔疏亦非通論蜀都賦云朱櫻春熟今櫻桃皆夏熟故於其熟而薦焉非可爲典要也月令釋文含本作函高誘注呂覽仲夏紀及淮南時則篇竝云含桃鸎桃也鸎鳥所含故言含桃此說非也含與函鸎與櫻俱聲同叚俗之字高注未免望文生訓矣西京雜記說上林苑有櫻桃含桃以爲二物亦非也類聚引廣志云櫻桃有大八分者白色多肌者凡三種又引吳氏本草云一名朱桃一名麥英齊民要術引博物志一名英桃英櫻亦叚俗也古無櫻字故英與鸎俱可通俗楔古黠反今語聲轉爲家櫻桃以別於山櫻桃則謬矣

旄冬桃子冬熟　**榹桃山桃**實如桃而小不解核

旄說文作楙云冬桃讀若髦釋文引字林亦作楙然則旄段借也齊民要術引廣志曰桃有冬桃秋白桃桂海虞衡志云冬桃狀如棗軟爛甘酸冬月熟按今冬桃有十一月熟者形如常桃青若膽○山桃者北山經云邊春之山多桃李郭注山桃榹桃子小不解核也夏小正正月梅杏杝桃則華杝桃山桃也又六月煮桃桃也者杝桃也杝桃也者山桃也煮以為豆實也杝與榹古音同御覽引曹毗魏都賦注云山桃子如胡麻子又引裴淵廣州記云山桃大如檳榔形亦似之色黑而味甘酢李時珍云榹桃小而多毛核黏味惡其仁充滿多脂而入藥用

休無實李一名趙李**𣐊椄慮李**今之麥李**駁赤李**子赤

釋文休又作林本草別錄徐李生太山之陰樹如李而小其實青色無核熟則采食之輕身益氣延年按此無核李也爾雅所說則無實李然郭云趙李此云徐李又疑同類所未詳聞○𣐊釋文作痤玉篇作梐

亦作榁廣韵八戈榁引爾雅作座或從木初學記引作座接慮李然則此無正文今从雪窗本作榁棲慮李郭云麥李李者本草陶注李類甚多京口有麥李麥秀時熟小而肥甜類聚引廣志曰麥李細小有溝道益雲翔曰今麥李樹小而多刺葉圓而長面青背白實似麥粒細小有溝生紫黑熟赤甜與麥同熟山中有之○駁釋文亦作駮齊民要術引廣志曰赤李細小有溝道西京雜記上林苑有朱李魏文帝與吳質書沈朱李郇赤李也

棗壺棗今江東呼棗大而銳上者爲壺壺猶瓠也邊要棗子細腰今謂之鹿盧棗櫅白棗郇今棗子白熟樲酸棗樹小實酢孟子曰養其樲棗楊徹齊棗未詳遵羊棗實小而圓紫金色今俗呼之爲羊矢棗孟子曰曾晳嗜羊棗洗大棗今河東猗氏縣出大棗子如雞卵煑填棗未詳蹶泄苦棗子味苦晳無實棗不著子者還味稔棗

還味短味

說文棗羊棗也羊棗二字俱誤壺與瓠古通用釋文引孫云棗形上小下大似瓠故曰壺與郭義同今棗形長有似瓠者俗呼馬棗或曰唐棗○鹿盧與轆轤同謂細腰也齊民要術引廣志曰棗有細腰之名○白棗者凡棗熟時赤此獨白熟爲異初學記引廣志云大白棗名曰蹙咨小核多肌按蹙咨之合聲爲櫅櫅子兮切說文以爲木名非此○樲者說文用爾雅孟子云養其樲棗趙岐注樲棗小棗所謂酸棗也今孟子棗誤作棘爾雅注宋本不誤今從之樲一名㯄故說文㯄酸小棗㯄與樲亦聲相轉也古有酸棗縣故水經濟水注引圖稱曰豫章以樹氏郡酸棗以棘名邦○楊徹者釋文徹本或作㯙玉篇徹棗也翟氏補郭云齊地所產之棗其方俗謂之楊徹唐盧照鄰詩齊棗云夜合霜齊棗與戎葵爲偶也按說文樸棗也在樲㯄二文閒或卽楊徹之異名聊附於此○羊棗者小而圓其味善故曰羊羊善也今人家亦種之爲其

早熟味尤甛美此卽曾晳所嗜者也郭云紫黑色俗呼羊矢棗者乃上林賦所謂梬棗說文梬棗似柹卽今輭棗其樹葉實皆頗似柹齊民要術所謂可於根上插柹者也今人亦依其法雖冒棗名其實柹類郭以此爲羊棗恐誤○洗者釋文屑典反本草別錄大棗一名美棗陶注云世傳河東猗氏縣棗特異今青州出者形大而核細多膏甚甛猗氏今屬蒲州是郭鄉里故獨舉以爲言魏注杜畿傳注畿爲河東太守劉勳嘗從畿求大棗卽郭所謂大如雞卵者矣又按白帖以洗犬儷遵羊又以蹲鵄對洗犬犬大形淆可知唐本大一作犬釋文不收陸德明葢未見此本也○煑塡棗者須煑熟又鎭壓之進取其油鎭與塡古字通也齊民要術說棗油法引鄭氏曰棗油擣棗實和以塗繒上燥而發之形似油也乃成之此所引鄭義卽古煑棗法也今荷澤有煑棗城漢書樊噲傳云屠煑棗晉灼注淸河有煑棗城史記蘇秦說魏襄王云大王之國東有煑棗徐廣注在宛句倇鐺又功臣表有煑棗侯張守節正義云煑棗城在信都縣六國

時於此煮棗油然則煮棗氏城亦猶酸棗名縣矣○蹶洩者今登萊人謂物之短尾者爲蹶洩音若厥雪棗形肥短故以爲名釋文蹶居衞反洩息列反初學記引廣志曰有桂棗夕棗之名然則桂洩蹶聲同夕洩聲轉疑桂夕卽蹶洩矣○晳者無實棗名晏子春秋所謂東海有棗華而不實者也今樂陵棗無核非此○還者說文作櫏云櫏味棇棗繫傳引爾雅注還味短苦也與今本異

櫬梧今梧桐

說文梧梧桐木一名櫬然則此云櫬梧下云榮桐葢二物通名爾雅或曰梧或曰桐互言之耳今驗二樹葉形相類但皮色異一種皮青碧而滑澤今人謂之青桐卽此櫬梧是也一種皮白材中樂器卽下榮桐是也樹皆大葉濃陰青桐尤爲妍美人多種之以飾庭院四月開小黃華結莢亦黃至秋莢裂作橐鄂如小瓢其子纍纍綴瓢閒可綴食之其味腴美醫家作丸如桐子大正謂此也文選風賦注引莊子曰桐乳

致巢司馬彪注桐子似乳是矣梧桐亦單言梧孟子云舍其梧檟亦單言桐詩云其桐其椅是也棺謂之櫬古者以桐爲棺因而桐亦名櫬本草陶注以白者爲梧桐無子者爲青桐失之齊民要術說之極明又引郭注今梧桐下有皮青者三字今脫去之

樸枹者樸屬叢生者爲枹詩所謂棫樸枹櫟

樸猶薄也薄謂相迫近也枹卽苞也苞積相叢緻也方言云樸聚也郭注樸屬藂相著貌考工記注樸屬附著堅固貌詩棫樸傳樸枹木也正義引孫炎曰樸屬叢生謂之枹郭義亦同又詩山有苞櫟郭引作枹櫟苞與枹古字通樸枹音相轉也枹櫟卽柞櫟方俗亦名爲槲其小而叢生者爲枹也今棲霞福山人呼柞櫟爲樸櫨聲轉呼爲薄羅沂州人名槲不落以其葉冬不揭然不落亦卽薄羅語聲之轉也又沂州日照棲霞俱饒薄羅旣收山繭之利野人兼可樵採爲薪然則爾雅此條與下相屬蓋言樸枹及櫬梧皆堪

採取爲薪樸枹卽薄羅矣

謂櫬采薪采薪卽薪 指解今樵薪

釋文謂舍人本作彙按李孫亦作彙故釋文云舍人引上句櫬梧來合在此句以謂字作彙釋云櫬梧者樸枹者櫬者其理也樸者相迫附也彙者茥也如竹箭一讀曰枹也櫬名采薪又名卽薪樊引詩云薪是穫薪荆州曰柞木采木詩人不曉薪意言薪謂身卽薪伐之也李云采薪一名彙櫬言卽薪謂二薪也孫引詩云薪是穫薪薪一名彙櫬郭云指解今樵薪今依郭氏說然則四家說義略同惟郭謂不作彙故云依郭說也鄭注易彙征彙作蒏舍人等謂作彙茲古字通

棪樕其 棪實似柰赤可食

說文棪遬其也讀若三年導服之導按導與禫古字通見鄭注喪大記然則棪讀爲禫釋文音餘念反非

古音矣齊民要術引異物志曰梓棪材貞勁堪作船其實類棗曹毗魏都賦云果則谷棪山梈南山經云堂庭之山多棪木

劉劉杙　劉子生山中實如梨酢甛核堅出交趾

或疑說文無劉字然杙云劉劉杙又偏旁多有之徐鍇以鐂爲劉非矣南方草木狀云劉樹子大如李實三月花色仍連著實七八月熟其色黃其味酢煑蜜藏之仍甘好吳都賦云楔榴禦霜劉逵注榴子出山中實如梨核堅味酸美交趾獻之是榴卽劉也或以爲安石榴非廣雅云楉榴石榴柰也初學記引埤蒼云石榴柰屬則與此異

櫰槐大葉而黑　槐樹葉大色黑者名爲櫰　**守宮槐葉晝聶宵炕**　槐葉晝日聶合而夜炕布者名爲守宮槐

秋官朝士面三槐注槐之言懷也類聚引莊子曰槐之生也入季春五日而兔目十日而鼠耳槐皆細葉緊陰一種葉大而黑者別名櫰也西山經云中曲之山有木焉其狀如棠而圓葉赤實實大如木瓜名曰櫰郭氏無注漢書西域傳罽賓國奇木有櫰集注以爲槐類葉大而黑卽本此爲說也○釋文炕樊本作抗初學記引孫炎曰聶合炕張也又引郭注炕布也下云江東有樹與此相反俗因名爲合昏眹晝夜各一其理等耳此二十三字蓋本注文今脫去之御覽引晉儒林祭酒杜行齊說在朗陵縣南有一樹似槐葉晝聚合相著夜則舒布而守宮也江東有樹與此相反類聚亦引此二句誤作正文益知必注文矣

槐小葉曰榎槐當爲楸楸細葉者爲榎**大而皵楸**老乃皮麤皵者爲楸**小而皵榎**小而皮麤皵者爲榎左傳曰使擇美榎

說文楸梓也檟楸也引春秋傳曰樹六檟於蒲圃襄四年傳文榎與檟同字之或體楸檟同物異名小葉

者名檟卽知大葉者名楸今則通名小葉爲楸大葉如桐葉者爲檟楸矣楸俗作萩左襄十八年傳伐雍門之萩史記貨殖傳河濟之閒千樹萩其人與千戶侯等皆以萩爲楸也云大而皵小而皵者左襄二年正義引樊光云大老也皵楷皮也皮老而麄楷者爲楸小少也少而麤楷者爲檟爾雅釋文引孫郭云老乃皮麤皵者爲楸是郭與孫同今亦二種通名楸矣

椅梓卽楸

說文椅梓也又云賈侍中說檹卽椅木可作琴是檹椅同詩椅桐梓漆傳云椅梓屬似爲二物實則楸也檟也椅也梓也皆同類而異名故詩正義引舍人曰梓一名椅郭云卽楸也陸璣云楸之疏理白色而生子者爲梓梓實桐皮曰椅則大類同而小別也齊民要術云楸梓二木相類白色有角者名爲梓似楸有角者名爲角楸或名子楸黄色無子者爲柳楸世人見其色黄呼爲荆黄楸也按椅木有美文故庾信賦

云青牛文梓尸子云荆有長松文椅是椅梓同矣

桋赤楝白者楝赤楝樹葉細而岐鋭皮理錯戾好叢生山中中爲車輞白楝葉圓而岐爲大木

詩隰有杞桋毛傳說文俱用爾雅正義引舍人曰桋名赤楝也某氏曰白色爲楝其色雖異爲名同江淮閒楝可作鞍邪疏引陸璣疏云楝葉如柞皮薄而白其木理赤者爲赤楝一名桋白者爲楝其木皆堅韌今人以爲車轂

終牛棘郎馬棘也其刺麤而長

棘卽小棗叢生者其一種大棘刺麤而長者名終一名牛棘也牛棘卽王棘鄭注大司徒云莢物薺莢王棘之屬士喪禮云決用正王棘若檡棘鄭注王棘與檡棘善理堅刃者皆可以爲決世俗謂王棘矺鼠文檡詆譌夏官繕人注亦引檡棘然則矺檡音同其矺鼠則不知何語也牛棘一名牛傷中山經云大𦍽之山

有草焉其狀葉如榆方莖而蒼傷其名曰牛傷郭注卽牛棘也然則棘刺傷人因名傷矣棘與枋通詩如矢斯棘韓詩作枋水經淯水注云棘力聲相近世以棘子木爲力子木也棘一名榛左思招隱詩注引高誘淮南注云小栗小棘曰榛是榛卽棘也榛與終聲相轉

灌木叢木　詩曰集于灌木

詩葛覃傳用爾雅皇矣正義引李巡曰木叢生曰灌木夏小正云啟灌藍蓼灌也者聚生者也又云灌聚也然則灌訓爲叢叢訓爲聚故說文云叢聚也顏氏家訓書證篇云江南詩古本皆爲叢聚之叢古叢字似冣字近世儒生因改爲冣按冣不成字葢冣字之譌冣最[illegible]句𡿡形近而音義別與叢聚二字聲俱相轉古或叚借通用故詩舊本叢或作冣或作最此皆通借非爲改字又云叢周續之音徂會反劉昌宗音在公反又祖會反二音亦俱可通顏之推以爲穿鑿非矣爾雅釋文灌本作樌叢或作菆皆別體字

瘣木苻婁謂木病尫傴瘻腫無枝條

說文瘣病也引詩譬彼瘣木今詩作壞毛傳壞瘣也本爾雅又云謂傷病也釋瘣之義徐幹中論藝紀篇云木無枝葉則不能豐其根幹故謂之瘣與毛義相發明也苻婁者疊韻字猶傴僂也說文府傴病也瘻頸腫也義亦通也釋文樊引詩云譬彼瘣木疾用無枝也詩正義引作某氏注李云苻婁者尫傴內病磈磊無枝也婁一名瘣木無枝木郭注本樊光詩正義引舍人注苻婁屬下句則與蕡藹義近諸家所不從也

蕡藹樹實繁茂菴藹

說文蕡雜香艸詩桃夭傳蕡實貌是郭所本菴藹者雙聲字蜀都賦云豐蔚所盛茂八區而菴藹焉江淹檉頌云碧葉菴藹今按菴藹二字詞人競用盍本離騷揚雲霓之晻藹兮王逸注晻藹猶蓊鬱蔭貌也又作晻薆上林賦云晻薆咇茀史記作晻曖又作闇藹高唐賦云隨波闇藹羽獵賦登降闇藹又作奄藹上

林賦注引說文曰馣馤香氣奄藹也於說無然則菴藹二字古無正文皆可通借但取其聲不論其字也

枹遒木魁瘣謂樹木叢生根枝節目盤結磈磊

枹即上云樸枹遒者說文遒迫也或作逎釋文謂叢攢迫而生又云魁字亦作魁瘣郭盧罪反則與瘣木之瘣異音磈磊本或作傀儡然則魁瘣磈磊皆字之疊韻亦論聲不論字也

棫白桵桵小木叢生有刺實如耳璫紫赤可啖

說文棫白桵桵也通志引陸璣疏云三蒼說棫即柞也其葉繁茂其木堅韌有刺今人以爲梳亦可以爲車軸其材理全白無赤心者爲白桵直理易破可以爲犢車軸又可爲矛戟矜今人謂之白梂或曰白柘按詩緜正義引此疏無其葉以下二十一字趙鹿泉師草木疏校正據通志所引補今從之也詩每柞棫竝稱當爲二物漢郊祀志有棫陽宮而漢又別有五柞宮柞又無刺知與棫非一物又郭云小木叢生則非

可爲車軸及梳者與陸說又異矣桵通作蕤薛綜西京賦注棫白桵也本草蕤核陶注形如烏豆大圓而扁有文理狀似胡桃核蜀圖經云樹生葉細似枸杞而狹長花白子附莖生紫赤色大如五味子莖多細刺圖經所說與郭注合然則此樹高不過數尺故詩以柞棫斯拔爲言矣

棃山樆 即今棃樹

本草陶注棃種殊多竝皆冷利多食損人故俗人謂之快果不入藥用按棃生人家者即名棃生山中者別名樆也樆本作離子虛賦云楟離朱楊文選注引張揖云離山棃也是樆古本作離釋文反以作離爲非謬矣郭注亦非

桑辨有葚梔 辨半也 **女桑桋桑** 今俗呼桑樹小而條長者爲女桑

說文桑蠶所食葉木葚桑實也通作黮詩食我桑黮傳黮桑實也王楨農書云荊桑多葚魯桑少葚按魯

桑蓋今之大葉桑也辨讀若革中絶謂之辨之辨辨半分也俗本作辨非也釋文引舍人云桑樹一半有葚半無葚名梔也樊本同○詩猗彼女桑傳女桑荑桑也荑即桋之正文謂木更生細者故鄭箋云女桑少枝長條是也王照圓詩小紀云桋當爲荑荑與薙音義同謂芟夷復生者桑樹芟夷彌茂猗言茂美也女言柔弱也齊民要術言種椹長遲不如壓枝之速是矣

楡白枌 枌楡先生葉卻著莢皮色白

詩東門之枌傳枌白楡也正義引孫炎曰楡白者名枌内則云堇荁枌楡鄭注楡白者枌本草云楡名零楡博物志云食枌楡則眠不欲覺故嵇康養生論云豆令人重楡令人眠也楡有赤白二種赤楡先著莢後生葉白楡先生葉後著莢以此爲異白楡皮白剝其麤皺中更滑白今人礫爲屑以和香也

唐棣移 似白楊江東呼夫移 **常棣棣** 今山中有棣樹子如櫻桃可食

說文栘棠棣也文選甘泉賦注引爾雅正作棠棣栘也類聚引詩何彼穠兮棠棣之華是唐當作棠經典通俗作唐論語疏引舍人曰唐棣一名栘又引陸璣云奧李也一名雀李亦曰車下李所在山皆有其華或白或赤六月中熟大如李子可食是陸璣以唐棣卽奧李也奧本草作郁一名雀李一名車下李廣雅云山李爵某爵李鬱也爵與雀某與梅竝同是張揖又以雀李卽鬱也詩七月傳鬱棣屬也齊民要術引詩義疏云其樹高五六尺實大如李正赤色食之甜是陸璣與張揖俱以鬱卽奧李也奧郁聲同奧鬱聲轉雀李今東齊人呼爲策李順天人呼爲側李側策雀亦聲相轉也其樹高二三尺華葉實俱如李而形小爾其實正赤甘酸微澀寡於肉而豐於核今藥中郁李用此而以爲唐棣則非也牟願相爲余言唐棣華白卽今小桃白也其樹高七八尺華葉俱似常棣其華初開反背終乃合幷詩所謂偏其反而者也但其樹皮色紫赤不似白楊耳郭云江東呼夫栘者類聚八十九引詩夫栘燕兄弟也閔管蔡之失道夫栘

之華鄂不韡韡所引蓋三家詩此郭所本漢書蘇武爲栘中監栘與夫栘未審同不○說文棣白棣也詩常棣傳無白字正義引舍人曰常棣一名棣按詩有單言棣者晨風篇云山有苞棣是也亦有單言常者采薇篇云維常之華是也齊民要術引詩義疏云其實似櫻桃薁麥時熟食美北方呼之相思也邢疏引陸疏云許愼曰白棣樹也如李而小如櫻桃正白今官園種之又有赤棣樹亦似白棣葉如刺榆葉而微圓子正赤如郁李而小五月始熟自關西天水隴西多有之今按赤棣棲霞山中尤多白棣殊少人俱呼爲山櫻桃小於櫻桃而多毛味酢不美閒居賦云梅杏郁棣之屬李善注棣山櫻桃也

檟苦荼 樹小似梔子冬生葉可煑作羹飲今呼早采者爲荼晚取者爲茗一名荈蜀人名之苦荼

釋文檟與榎同荼埤蒼作𣘻今蜀人以作飲音直加反茗之類按今茶字古作荼故陶注本草苦菜云疑此即是今茗一名荼又令人不眠亦淩冬不凋此說非是蘇軾詩云周詩記苦荼茗飮出近世又似因陶

注而誤也郭云樹小似梔子今茶樹高或數丈小乃數尺其葉都似梔子南中人説春初早採者佳郭以早采爲茶晚取爲茗陸璣詩疏云椒蜀人作茶吳人作茗檟吳人以其葉爲茗是皆以茗與茶異爾雅釋文云荈茶茗其實一也故茶經云其名有五一茶二檟三蔎四茗五荈則茗茶亦通名耳茶經又引凡將篇有荈詫是知茗飲起於漢世王褒僮約亦有武陽買茶之語吳志韋曜傳云曜初見禮異或密賜茶荈以當酒茗事見史始此而雲谷雜紀引晏子春秋雜下篇云食脱粟之食炙三弋五卵茗菜困學紀聞集證八云今本茗作苔考御覽八百六十七引作茗菜載入茗事中知今作苔誤據此茗又起於漢以前矣又諸書説茶處其字仍作茶至唐陸羽著茶經始減一畫作茶今則知茶不復知茶矣

樕樸心槲樕別名

詩林有樸樕正義引孫炎曰樸樕一名心某氏曰樸樕槲樕也有心能溼江河間以作柱是爾雅古本依

詩作樸樕惟釋文誤倒作樕樸今本仍之宜據詩以訂正郭注槲樕別名葢本某氏注說文繫傳引作槲別名樕非也槲與樸相似其樹樸屬叢生故名樸樕有心耐溼故郎名心毛傳及說文竝作樸樕小木小字疑誤隸書立心似小小木當爲心木

榮桐木 卽梧桐

說文榮桐木也桐榮也是桐一名榮月令季春桐始華夏小正三月拂桐芭葢桐華尢繁茂故獨擅榮名矣初學記引詩義疏云有白桐有靑桐有赤桐雲南牂牁人績以爲布齊民要術云白桐無子任爲樂器於山石閒生者爲樂器則鳴今按白桐亦名梧桐華紫黃色有華無實其皮白色故顏氏家訓風操篇云有諱桐者呼梧桐樹爲白鐵樹正謂此矣本草陶注白桐與岡桐無異岡桐無子是作琴瑟者白桐一名椅桐人家多種之

棧木干木殭木也江東呼木觡

說文棧棚也蓋棚以棧木爲之因名棧棧閣也猶車以棧木爲之因名棧車道以棧木爲之因名棧道矣干者叚借字釋文干樊本作杆廣雅云杆柘也杆與幹同禹貢荊州厥貢杶幹考工記疏引鄭注幹柘幹也葢弓人取幹柘爲上此柘所以名幹杆木爲棚棧亦所以立幹也詩之干旄左傳引作竿旄是竿杆干竝古字通郭云殭木也者玉篇杆殭木也釋文引字書云死而不朽本或作僵郭云江東呼木觡者觡之言猶格也格猶閣也說文格木長皃

檿桑山桑似桑材中作弓及車轅

詩其檿其柘說文柘桑也檿山桑也按柘檿同類故通名其實桑柘非一物也今山桑葉小於桑而多缺刻性尤堅緊禹貢青州厥篚檿絲蘇軾注檿絲出東萊以織繒堅韌異常東萊人謂之山繭然則檿絲可

佚織作卽如今登州山繭織成者非獨絲中琴瑟取貴也書正義引郭注有柘屬也三字疑今本脫去之郭云材中作弓者考工記弓人取榦柘爲上檿桑次之周語所謂檿弧是矣其木堅勁故又可作車轅

木自獘柛踣獘**立死椔**不獘頓**蔽者翳**樹蔭翳覆地者詩云其椔其翳

說文獘頓仆也獘或作斃無柛字有槇云仆木也繫傳引書若顚木之有由枿本作此字作顚叚借也按槇从眞聲與柛聲義俱近柛猶伸也人欠伸則體弛懈如顚仆也○椔者詩皇矣篇作菑傳云木立死曰菑正義引李巡曰以當死害生曰菑今按菑者植也鄭衆輪人注云泰山平原所樹立物爲菑聲如胾博立梟棊亦爲菑然則菑有植立之義故木立死爲菑也釋文菑作甾云字林作椔今從宋本○翳者皇矣傳云自斃爲翳是蔽當作斃作蔽亦叚借也李巡曰斃死也是爾雅古本蔽作斃故詩正義云自斃者生木自倒枝葉覆地爲蔭翳故曰翳也爾雅直云斃者傳以其非人斃之故曰自斃按此則斃卽蒙上自斃

神而言作數

於義爲長

木相磨，槸。樹枝相切磨

棤，皵。謂木皮甲錯

梢，梢櫂。謂木無枝柯梢櫂長而殺者

說文槸木相磨也或从艸作蓺又云榣樹動也然則樹因摇動而相摩槸槸之言猶曳也掣曳亦切摩之意○棤皵者釋文棤七各反皵謝音舃郭音夕上文大而皵小而皵釋文皵孫七各七路二反下同然則皵依孫讀爲是皵之聲轉爲甓甓也又轉爲錯言皮甲麤錯也○說文梢木也釋文梢郭音朔擢直角反引方言云拔也蒼頡篇云抽也廣雅云出也按說文擢引也是擢有引長之義梢讀如輪人掣爾而纖之掣鄭注掣纖殺小貌也然則梢之言掣擢言其長而翹出也此蓋謂木喬竦無旁枝者謂之梢亦謂之梢擢下云無枝爲櫢又謂之櫢擢

樅，松葉柏身。今大廟梁材用此木尸子所謂松柏之鼠不知堂密之有美樅

檜，柏葉松

身詩曰檜楫松舟說文樅松葉柏身按老子師常樅以此木爲名也類聚八十九引魯連子曰松樅高十仞而無枝非憂正類室之無柱是樅任爲棟梁材也今棲霞縣太虛宮前舊有二株其一久枯蘚立不孀其一嘉慶初年生意猶存葉如松葉身則似柏扣之銅聲枝幹類鐵俗人呼之鐵樹余以爾雅知爲樅也○說文檜柏葉松身通作栝禹貢栝幹栝柏史記集解引鄭注云柏葉松身曰栝薛綜西京賦注及玉篇竝作栝廣雅云栝柏也栝檜聲轉字通葉形似柏故名柏耳類聚引祀應記曰孔子廟列七碑無象檜柏猶茂爾雅翼云檜今人謂之圓柏按今檜葉似柏而圓體幹類松但無鱗爾

句如羽喬樹枝曲卷似鳥毛羽下句曰朻上句曰喬如木楸曰喬楸樹性上竦如竹箭曰苞篠竹性叢生如松柏曰茂枝葉婆娑如槐曰

茂言亦扶疏茂盛

疏說文句曲也釋文句居具反下同按句古讀如鉤不必依釋文也此言樹枝上繚如鳥羽脩曲者名喬說文喬高而曲也釋詁云喬高也○朻者說文云高木下曲也朻叚通作樛詩樛木傳木下曲曰樛釋文樛馬融韓詩本竝作朻是朻樛同李善高唐賦注引爾雅作下句曰糾糾與朻聲義同也廣雅云下支謂之椑樕廣韵椑木枝下也然則椑之爲言卑也下句則枝卑下垂朻之爲言糾也糾繚相結謂枝曲下垂之貌也又言上句曰喬者詩喬木傳喬上竦也如木楸曰喬者楸性上竦凡如是者咸被斯名禹貢厥木惟喬是也喬之一字實兼高曲二義故此言如羽如楸皆謂之喬下云槐棘醜喬小枝上繚爲喬○釋言云苞稹也詩斯干云如竹苞矣言其叢生稹密如竹箭也釋文苞本作枹○如松柏曰茂者詩斯干云如松茂矣天保云如松柏之茂言其密葉蘩陰望之鬱蔚也如槐曰茂者郭云亦扶竦茂盛說文云枎疏四布

也

祝州木髦柔英 皆未詳

祝州古讀音同字通禱州吁穀梁傳作祝吁是也此祝一名州木髦一名柔英廣韻引髦柔英英於梲字下非也州玉篇集韵並作栦云木名俗所加也齊民要術引南方記曰州樹野生三月花已乃連著實五月熟剝核滋味甜出武平然則此即州木矣釋草有髦顛棘廣雅謂之女木與此柔英疑同類

槐棘醜喬 枝皆翹竦 **桑柳醜條** 阿那垂條 **椒樧醜菉** 菉萸子聚生成房貌今江東亦呼菉樧似茱萸而小赤色 **桃李醜核** 子中有核人

槐棘之類年久枝皆喬竦郎下云小枝上繚爲喬也秋官朝士掌外朝之灋左九棘右九棘面三槐鄭注樹棘以爲位者取其赤心而外刺象以赤心三刺也槐之言懷也懷來人於此欲與之謀按槐棘樹於外

朝後世街彈樹槐曰槐街矣○說文條小枝也詩汝墳傳枝曰條榦曰枚廣雅則云枚條也是枚條對文則別散文則通七月篇云蠶月條桑是桑稱條也傳玄栭賦云阿那四垂凱風振條是栭稱條也○椒說文作茉云茉茱又云㰛似茱萸出淮南廣雅則云㰛即茉萸也說文又云藙煎茱萸漢律會稽獻藙一斗內則云三牲用藙鄭注與說文同又云藙爾雅謂之㰛是㰛一名藙故孔疏引賀氏云煎茱萸今蜀郡作之九月九日取茱萸折其枝連其實廣長四五寸一升實可和十升膏名之藙也㰛又名欓廣雅云梂㰛欓越椒茱萸也唐本草欓子謂之食茱萸以別於吳茱萸又可調食也南都賦云蘇蔱紫薑拂徹羶腥蔱與㰛同是古人調味用㰛椒㰛同類故茶經引凡將篇云芫椒茱萸是也菉者說文云茉㰛實裹如裘者詩椒聊正義引李巡曰㰛茱萸也椒茱萸皆有房故曰梂梂實也今按上云櫟其實梂梂與菉聲義同菉之言裘也茈刺鋒攢如裘自裹故謂之菉也○核者人也古曰核今曰人曲禮云賜果於君前其有核者

懷其核玉藻云食棗桃李弗致於核初學記引孫炎曰桃李之類實皆有核按核當作覈說文云覈實也大司徒注覈物李梅之屬經典段借作核耳醜者類也汪氏中曰古醜疇二字音義同洪範九疇宋微子世家作九類

瓜曰華之桃曰膽之棗李曰疐之樝棃曰鑽之皆啖食治擇之名樝似棃而酢澀見禮記

說文云瓜㼌也曲禮云爲天子削瓜者副之巾以絺爲國君者華之巾以綌鄭注華中裂之不四析也孔疏云謂半破也按華猶刳也蓋言析之而不絕也夏官形方氏云無有華離之地音義並與此同內則云棗曰新之栗曰撰之桃曰膽之柤棃曰鑽之鄭注皆治擇之名也初學記及御覽引舊注云膽擇取其美者內則疏云桃多毛拭治去毛令色青滑如膽也或曰膽謂杏桃有苦如膽者擇去之也棗李曰疐之者

初學記引孫炎曰疐去其柢也曲禮言削瓜亦曰士疐之其義同也樝者說文云果似梨而酢內則注云樝梨之不臧者莊子天運篇云柤梨橘柚其味相反而皆可於口鄭言不臧莊言可口者張揖子虛賦注樝似梨而甘齊民要術引風土記曰柤梨屬肉堅而香陶注本草木瓜云樝子小而澀王楨農書云樝似小梨西山唐鄧閒多種之味劣於梨與木瓜而入蜜煑湯則香美過之按樝即今鐵梨黃赤而圓肉堅酸澀而入湯煑熟則更甜滑今順天人呼之鐵梨要術所云凡醋梨易水熟煑則甘美斯言信矣樝梨曰鑽之者內則疏云恐有蟲故一一鑽看其蟲孔也本草陶注謂鑽去核非

小枝上繚爲喬謂細枝皆翹繚上句者名爲喬木無枝爲檄檄擢直上木族生爲灌族叢

此皆申釋上文之義枝者說文云木別生條也葢木之喬者其細枝皆翹繚上竦此即上句曰喬也檄者

猶言弋也弋橜也樹無旁枝檄擢直上卽上梢梢擢也族者猶言叢也叢聚也卽上灌木叢木也顔氏家訓書證篇釋爾雅云族亦叢聚也又廣雅云木藂生曰榛榛叢族聚俱一聲之轉詩葛覃正義引孫炎曰族叢也是郭所本

爾雅郭注義疏下之二

孫男聯蓀伯愷　薇近垣校字

清棲霞郝氏本爾雅郭注義疏

第五册

清 郝懿行撰

山東省圖書館藏清同治四年刻《郝氏遺書》本

山東人民出版社·濟南

爾雅郭注義疏下之三

棲霞郝懿行學

釋蟲弟十五 說文云有足謂之蟲蚰蟲之總名也又云虫一名蝮象其臥形物之微細或行或飛或飛二從釋文蠕或毛或蠃或介或鱗以虫為象按此則凡蟲屬字旁作虫音許偉反既非蚰之省文亦非蟲之段借今人相承以虫為蟲或書蟲作虫胥失之矣考工記梓人云外骨內骨卻行仄行連行紆行以脰鳴者以注鳴者以旁鳴者以翼鳴者以股鳴者以胷鳴者謂之小蟲之屬月令鱗毛羽介通謂之蟲大戴記易本命篇又以人為倮蟲而聖人為之長是人與物通有蟲名此篇則云有足為蟲無足為豸然亦對文散則通耳易本命及淮南墜形篇云風生蟲蟲八日而化古微書引春秋考異郵云蟲之為言屈伸也是蟲豸通名故題曰釋蟲

螜天螻螻蛄也夏小正曰螜則鳴

說文螻螻蛄也一曰螜天螻本夏小正文又云蠹螻蛄也是蠹與螜同物方言云蛄詣謂之杜蛒螻蟓謂之螻蛄或謂之蟓蛉南楚謂之杜狗或謂之蛞螻蓋此類皆方俗語異蛞狗蛒俱聲相轉廣雅又云炙鼠津姑螻蛾螻蛄也炙鼠邪疏作碩鼠易云晉如鼫鼠釋文引本草螻蛄一名鼫鼠廣韵一名石鼠一名仙蛄石鼫碩俱聲義同但廣雅炙鼠不謂碩鼠詩言碩鼠又非螻蛄本草螻蛄亦無鼫鼠之名此皆誤耳鄭注月令螻蟈鳴以螻蟈爲蛙高誘注呂覽以爲蝦蟇月令釋文引蔡邕章句以螻爲螻蛄蟈爲蛙蓋蛙與螻蛄竝以立夏後鳴故諸家異說唯廣雅以螻蛾爲螻蛄此說得之蛾蟈字同見於說文蟈蛞聲轉故其字通諸說紛如不足辨矣螻蛄又聲轉爲蠷蛄埤雅引廣志小學篇云螻蛄會稽謂之蠷蛄孟子滕文公篇云蠅蚋姑嘬之釋文蚋諸本或作蠷一說云蠷姑即螻蛄也按今順天人呼拉拉古亦螻蛄之聲相轉

耳埤雅又引孫炎正義云蟼是雄者喜鳴善飛雌者腹大羽小不能飛翔食風與土也今按螻蛄翅短不能遠飛黄色四足頭如狗頭俗呼土狗郎杜狗也九喜夜鳴聲如蚯蚓喜就燈光陶注本草云此物頗協鬼神今人夜見多打殺之言爲鬼所使也又按本草螻蛄一名蟪蛄與蟬同名疑相涉而誤耳

蜚蠦蜰　蜰郎負盤臭蟲

說文蠽或作蜚云臭蟲負蠜也蜰盧蜰也廣雅云蛪蟦蜰也又飛蠊飛蠊也本草作蜚蠊別錄云形似䗪蛾腹下赤陶注形亦似䗪蟲而輕小能飛本在草中八月九月知寒多入人家屋裏逃爾有兩三種以作廉薑氣者爲眞南人亦噉之唐本注云此蟲味辛辣而臭漢中人食之言下氣名曰石薑一名盧蜰一名負盤然則此蟲氣如廉薑故名飛廉圓薄如盤故名負盤今俗人呼之㜸般蟲其大如錢輕薄如葉黄色解飛其氣㜸惡春秋莊廿九年有蜚漢五行志劉歆以爲負蠜也性不食穀食穀爲災介蟲之孽是說文

從劉歆以蚩爲負蠜蠜盤聲近邢疏以作蠜爲涉草蟲負蠜而誤其說是也又云此蟲名蚩舍人李巡皆云蚩蠦一名蜸非也

螾衙入耳 蚰蜒

鄭注梓人云卻行螾衍之屬釋文此蟲能兩頭行是卻行也淮南泰族篇云昌羊說林篇即昌蒲注去蚤蝨而人弗席者爲其來蛉窮也御覽引高誘注蛉窮幽冀謂之蜻蜓入耳之蟲也方言云蚰蜒自關而東謂之螾蜇或謂之入耳或謂之蛝蠷趙魏之間或謂之蚨虷北燕謂之蛆蚭郭注江東又呼蛩按蛩卽蛉窮之合聲螾蜇蚰蜒聲相轉蛆蚭蜻蜓聲相近入耳螾蜇亦音轉字變也邢疏云此蟲象蜈蚣黃色而細長呼爲吐古陳藏器本草云好脂油香能入耳及諸竅中以驢乳灌之化爲水按今蚰蜒青黑色多足雞食之死其所食脂油人食之亦死

蜩蜋蜩夏小正傳曰蜋蜩者五彩具螗蜩夏小正傳曰螗蜩者蝘俗呼爲胡蟬江南謂之螗蛦音荑蚻蜻蜻如蟬而小方言云有文者謂之蠽夏小正曰鳴蚻虎懸蠽茅蜩江東呼爲茅截似蟬而小青色蝒馬蜩蜩中最大者爲馬蟬蜺寒蜩寒螿也似蟬而小青赤月令曰寒蟬鳴蜓蚞螇螰即蝭蟧也一名蟪蛄齊人呼螇螰

詩蕩正義引舍人曰皆蟬也方語不同初學記引李巡曰自蜩螗以下皆分別五方之語而名不同也說文蟬以旁鳴者梓人注云旁鳴蜩蜺屬淮南說林篇云蟬無口而鳴三十日而死方言云秦晉之閒謂之蟬海岱之閒謂之[虫奇]郭注齊人呼爲巨[虫奇]音技廣雅云[虫奇]蛣蟬也蛣曹憲音去結反今黃縣人謂之蛣蟟棲霞謂之蠽蟟順天謂之蝍蟟皆語聲之轉也類聚引郭氏讚云蟲之潔清可貴惟蟬潛蛻棄穢飲露恆鮮萬物皆化人胡不然論衡無形篇云蠐螬化爲復育復育轉而爲蟬蟬生兩翼不類蠐螬奇怪篇云夫

蟬之生復育也閻背而出按復育所解皮即蟬蛻說
文云秦謂蟬蛻曰蛩然則蛩即復育論衡以爲蠐螬
所化或言朽木所爲舊說蜣蜋所變斯皆非也今驗
唯蟬不鳴遺子入地而生也○說文蜩蟬也或从舟
作蜩引詩五月鳴蜩毛傳蜩螗也又鳴蜩嘒嘒如蜩
如螗傳竝云蜩蟬也是蜩爲諸蟬之總名蜋者方言
云蟬楚謂之蜩陳鄭之閒謂之蜋蜩初學記引孫炎
曰蜋五色具蜩宮中小青蟬也是孫郭俱本夏小正
蜋彼彼作良同○螗蜩者詩蕩傳云螗蝘也亦本夏小
正彼蝘作匽螗作唐同方言云蟬宋衛之閒謂之螗
蜩郭注今胡蟬也似蟬而小鳴聲清亮江南呼螗蛦
與此注同詩疏引舍人曰三輔以西爲蜩梁宋以東
謂蜩爲蝘按今螗蜩小於馬蜩背青綠色頭有花冠
喜鳴其聲清圓若言烏友烏友與胡蛦之聲相轉蛦
蝘又聲相轉也蛦蟦如爾雅釋文作蛦朱本作蛦今
從釋文○蛩者夏小正作札寧縣郭引作虎懸蜻蜻
者方言云有文者謂之蜻蜻其雌蜻謂之𧊲詩碩人
傳蠑首顙廣而方箋云蠑謂蜻蜻也正義引孫炎曰

方言云有文者謂之蝶今方言作蜻者蝶蜻聲相轉也正義又引舍人曰小蟬色青青者某氏曰鳴蚻蚻者然則蚻蚻象其聲蜻蜻象其色今驗此蟬棲霞人呼桑蠽蟟順天人呼咨咨其形短小方頭廣領體兼彩文鳴聲清婉若咨咨然與蚻蚻之聲相轉矣○蠽者說文云小蟬蜩也方言云蜩蟧謂之蓋蜩郭注江東呼爲蓋蠽也是蓋茅同方言又云蟬其小者謂之麥蚻郭注今關西呼麥蠽音癰癥之癥然則麥蠽卽麥蠽麥蓋聲亦相轉今此蟬形尤小好鳴於草稍也○蓋蝒者說文云馬蜩也方言云其大者謂之蟧或謂之蝒馬此言非矣蝒乃馬蜩非名蝒馬故郭議其誤耳初學記引孫炎曰蝒馬蜩蟬最大者也今此蟬呼爲馬蠽蟟其形龐大而色黑鳴聲洪壯都無回曲本草云蚱蟬生楊柳上蚱音笮此蟬之聲似之今馬蠽蟟好登樹顛尤喜楊柳林中噪始此是矣○蜺者說文云寒蜩也夏小正云寒蟬鳴寒蟬也者蝭蠑也方言云蜻謂之寒蜩寒蜩瘖蜩也郭注似小蟬而色青高誘淮南注寒蟬青色也今此蟬青緑色鳴聲幽抑

俗人呼之秋涼者也郭云寒螿本草陶注寒螿九月十月中鳴甚悽急然則寒螿能鳴方言以爲瘖蜩廣雅以爲闇蜩闇與瘖同郭引月令以駮方言謂寒蜩非瘖竊詳古記驗以今所見聞寒蟬悽咽抱樹苦吟及至秋晏默爾聲沈故後漢書杜密傳云劉勝知善不薦聞惡無言隱情惜己自同寒蟬李賢注云寒蟬謂寂默也是寒蟬闋響當在涼秋涼風初至方始有聲故月令記其鳴而方言謂之瘖其義各有當也陶注以蚱蟬爲瘂蟬雌不能鳴亦非矣○說文螇螇鹿蛁蟟也又云蚜蛈蛁蟟也方言云蛥蚗齊謂之螇螰楚謂之蟪蛄或謂之蛉蛄秦謂之蛥蚗自關而東謂之蛁蟧或謂之蝭蟧或謂之蛥蚗西楚與秦通名也郭注江東人呼蟂蟧按方言作蛁蟧夏小正作蝭蠑今廣雅作蟌蟧說文作蛁蟟淮南道應篇注作貂蟟今東齊人謂之德勞或謂之都盧楊州人謂之都蟟皆蛥蚗螇螰之語聲相轉其不同者方音有輕重耳陶注本草云七月八月鳴者名蛁蟟色青按今德勞正以七月鳴其鳴自呼其色青碧形小修長順天人謂

之夫爹夫娘者也鹽鐵論散不足篇云諸生獨不見季夏之蝶乎音聲入耳秋風至而無聲今此蟬入月中郎不鳴矣

蛣蜣蜣蜋黑甲蟲噉糞土

說文渠蝌一曰天社廣雅云天社蜣蜋也集韵類篇引說文作渠蝌蜋御覽九百四十六引作蝌蜋無渠字玉篇云蝌與蜣同又其虐切廣韵蝌其虐切又丑良切是蜣字正作蝌故說文以蝌爲蜣今本渠蝌下脫蜋字當據集韵類篇增補然則蝌蜋即蜣蜋渠字似衍故御覽引無渠字然以聲義求之渠蝌雙聲蜣蜋疊韵蛣蜣亦雙聲也準是而言說文之渠蝌即爾雅之蛣蜣御覽蓋脫渠字耳證以蜉蝣渠略說文作𧖅蟟𧖅與渠同茲古字異文是其例矣蜣蜋體圓而純黑以土裹糞弄轉成丸雄曳雌推穴地納丸覆之而去不數日閒有小蜣蜋出而飛去蓋字乳其中也莊子齊物論篇云蛣蜣之智在於轉丸是矣此有二

種小者體黑而闇晝飛夜伏卽轉丸者一種大者甲黑而光頂上一角如錐腹下有小黃子附母而飛晝伏夜出喜向燈光其飛聲烘烘然俗呼之鐵甲將軍亦入藥用處處有之御覽引廣志云交州無蜣蜋

蝎蛣蜛木中蠹蟲

蛐說文作蛐云蛣蛐也蛣蛐蝎也蝎卽蝤蠐今亦通呼蝎蟲詩碩人正義引孫炎曰蝎木蟲也下又云蝎桑蠹

蠰齧桑似天牛長角體有白點喜齧桑樹作孔入其中江東呼爲齧髮

玉篇蠰齧桑蟲也淮南道應篇云猶黃鵠與蠰蟲也釋文蠰孫音傷郭云似天牛者陳藏器說蠐螬云蝎在朽木中至春羽化爲天牛兩角狀如水牛色黑背有白點上下緣木飛騰不遙是其形狀也天牛夏月有之俗言出則主雨今齧桑蟲形似天牛淺黃色角差短喜緣桑上郭云齧桑樹作孔蓋指此矣是齧桑

天牛非一物說

者多不辨之

諸慮奚相 詳未

釋文慮本或作蠦相舍人本作桑是此蟲名奚桑與齧桑相次疑是其類翟氏補郭云諸慮與山櫐同名

蜉蝣渠略 似蛣蜣身狹而長有角黃黑色叢生糞土中朝生暮死豬好啖之

渠略說文作𧖅蟟一日蜉蝣朝生莫死者方言云蜉蟟秦晉之閒謂之蟝蠷郭注似天牛而小有甲角出糞土中朝生夕死夏小正五月浮游有殷殷衆也浮游者渠略也朝生而莫死詩傳本小正文正義引孫炎亦用小正舍人曰蜉蝣一名渠略南陽以東曰蜉蝣梁宋之閒曰渠略陸璣疏云蜉蝣方土語也通謂之渠略似甲蟲有角大如指長三四寸甲下有翅能飛夏月陰雨時地中出今人燒炙啖之美如蟬也樊光謂之糞中蝎蟲隨陰雨時爲之朝生而夕死今按此蟲形狀一如樊郭所說淮南詮言篇云龜三千歲

蜉蝣不過三日說林篇云蜉蝣不食不飲三日而死是蜉蝣雖短期非必限以朝夕說者甚其詞耳莊子逍遙游篇云朝菌不知晦朔淮南道應篇引作朝秀廣雅作朝蝣高誘注朝秀朝生莫死之蟲也生水中狀似蠶蛾一名孳母海南謂之蟲邪如高所說則此蟲生水中故抱朴子對俗篇云魚伯識水旱之氣鰷鯖獭見蜉蝣曉潛泉之地類聚引廣志曰蜉蝣在水中翕然生覆水上尋死隨流並以蜉蝣爲水蟲與高注合然則蜉蝣即朝秀矣朝秀不知晦朔與蟪蛄不知春秋正以二蟲爲對又據晦朔而言可知非以朝夕爲限矣

蚑蟥蛢 甲蟲也大如虎豆綠色今江東呼黃蛢音瓶

蚑說文作蟜云蟜蟥也又云蛢蟜蟥以翼鳴者鄭注梓人云翼鳴發皇屬蓋發蚑聲近皇蟥字通也但詳許鄭並以蚑蟥名蛢郭以黃蛢名蚑師讀不同又以綠甲蟲爲黃蛢今甲蟲綠色者長二寸許金碧熒然

江南有之婦人用爲首飾郭義或當指此然未聞此蟲能翼鳴也御覽引孫炎曰翼在甲裏今驗甲蟲能飛皆甲下有翅不獨此耳一切經音義十五引注綠色下作江南呼爲黄瓦蚊音扶結反與今注異釋文蚊謝音弗沈符結反蟥郭音王本或作黄

蠸輿父守瓜 今瓜中黄甲小蟲喜食瓜葉故曰守瓜

說文蠸蟲也玉篇蠸食瓜蟲是蠸一名輿父一名守瓜也莊子至樂篇云瞀芮生乎腐蠸釋文引司馬彪云蟲名也爾雅云一名守瓜列子天瑞篇釋文謂瓜中黄甲蟲也今按此蟲黄色小於螌蝥常在瓜葉上食葉而不食瓜俗名看瓜老子者也齊民要術引崔寔曰十二月臘時祀炙箑樹瓜田四角去蓏蓏胡濫反瓜蟲非此

蟓蚸螻 蚸螻螻蛄類

不蜩王蚥 未詳

螔螻郭旣云螻蛄類則不蜩亦必蜩類翟氏補郭云詩書及古金文不多通丕丕大也王蚥亦大之稱此必蜩中之大者前文蜩凡五見方言云蟬大而黑者謂之蝬是蝒馬蜩之外尚有名蝬一種爲蜩之大者此丕蜩疑其物今呼黑大蜩爲老鼞鼞即蝬音之轉集韵蝬亦才仙切是也俗人或謂之王師太猶古王蚥之遺言也

蛣蠪強蛘 今米穀中蠹小黑蟲是也建平人呼爲蛘子音芊姓

說文蠪蛣蠪強芊也釋文引說文作羊字林作蛘云搔蛘非也方言云蛣蠪謂之強蛘郭注米中小黑甲蟲也江東謂之䖯音加建平人呼蛘子音芊芊即姓也今按此蟲大如黍米赤黑色呼爲牛子音如甌子登萊人語也廣東人呼米牛紹興人呼米象竝因形以爲名廣雅云蚲䗐螠蝔蛘也未審即此蟲否

不過蟷蠰蟷蠰螗蜋別名**其子蜱蛸**一名蟳蟭蟷蠰卵也

說文蠰𧍙蠰也𧍙蠰不過也又云蟲蟲蛸也蟲蛸堂蜋子蟲或作蟲月令云小暑至螳蜋生鄭注螵蛸母也正義引舍人云不蝎不蝎名蟷蠰今之螳蜋也孫炎云蟷蠰螳蜋一名不蝎李巡云其子名蜱蛸郎螵蛸按蜱螵聲轉蟷螳蠰亦聲相轉也類聚九十七引王瓚問曰爾雅云莫貉螳蜋同類物也今沛魯以南謂之蟷蠰三河之域謂之螳蜋燕趙之際謂之食肬齊濟以東謂之馬敫然名其子則同云螵蛸是以注云螳蜋螵蛸母也此葢鄭志之文月令疏引作方言誤也本草桑螵蛸一名蝕肬生桑枝上蜀圖經云此物多在小桑樹上叢荆棘間竝螳蜋卵也三月四月中一枝出小螳蜋數百故御覽引范子計然云螵蛸出三輔又引吳普本草云桑螵蛸一名冒焦按冒焦蟳蟭亦皆螵蛸聲之轉也廣雅以螵蛸爲烏洟酉陽雜俎以爲野狐鼻洟今驗螵蛸初著樹未凝時有似鼻洟及至堅成如繭包褁裹黏著樹枝不能解也

蒺蔾蝍蛆似蝗而大腹長角能食蛇腦

廣雅云蝍蛆吳公也玉篇云螏蟍蝍蛆能食蛇亦名蜈蚣莊子齊物論篇云蝍蛆甘帶釋文引司馬彪云帶小蛇也蝍蛆好食其眼淮南說林篇云騰蛇游霧而始於蝍蛆關尹子三極篇云蝍蛆食蛇蛇食蛙蛙食蝍蛆互相食也是皆以蝍蛆即蜈蚣也蜈蚣似蚰蜒而長大尾末有岐郭云似蝗而大腹長角則必非蜈蚣矣高誘淮南注以蝍蛆爲蟋蟀但蟋蟀似蝗而小亦非大腹唐本草注山東人呼蜘蛛一名蝍蛆亦能制蛇但蜘蛛雖大腹而無長角又不似蝗此二物亦未聞能食蛇也初學記十九引蔡邕短人賦云蟄地蝗兮蘆蝍蛆以蝍蛆與蝗爲類又以譬況短人決非蜈蚣之比今有一種蚝蜢蠚大腹長角色紫綠而形麤短俚人呼之山草驢亦名蛆蛆與蝍蛆聲近蔡賦郭注疑俱指此物而食蛇之說又所未聞淮南說林篇注蝍蛆蟋蟀爾雅謂之蜻蛪大腹也上蛇蛇不敢動故曰始於蝍蛆然則蝍蛆似蜻蛚而大腹高注

所說與郭義正合但未識是今何物耳姑存之以俟知者

蝝蝮蜪蝗子未有翅者外傳曰蟲舍蚳蝝

說文蝝復陶也劉歆說蝝蚍蜉子董仲舒說蝗子也按五行志引董仲舒劉向竝以爲蝗始生劉歆則謂蚍蜉之有翼者食穀爲災今驗飛蝗未聞食穀歆說爲短春秋宣十五年冬蝝生杜預注從董劉以爲蝨子是也魯語云蟲舍蚳蝝韋昭注蝝復陶也可食鄭注祭統亦以陸產之醢爲蚳蝝之屬矣今呼蝝爲蝮蝻子蝻讀若闌釋文蝮郭蒲篤反

蟋蟀蛬今促織也亦名蜻𧒂

說文䖵悉䖵也蛚蜻蛚也考工記以注鳴者鄭云精列屬方言云蜻蛚楚謂之蟋蟀或謂之蛬南楚之閒謂之蚟孫詩毛傳云蟋蟀蛬也正義引李巡曰蛬一名蟋蟀蟋蟀蜻𧒂也陸璣疏云蟋蟀似蝗而小正黑

有兗澤如漆有角翅一名蓄一名蜻蛚楚人謂之王孫幽州人謂之趨織里語曰趨織鳴嬾婦驚是也月令疏引孫炎曰蜻蛚也梁國謂之蓄按今順天人謂之趨趨即促織蟋蟀之語聲相轉耳蔡邕以蟋蟀爲斯螽高誘以蝍蛆爲蟋蟀皆異說也

蟼蟆蛙類

說文蟆蝦蟆也急就篇云水蟲科斗䵷蝦蟆顏師古注蛙一名螻蟈色青小形而長股蝦蟆一名蟼大腹而短腳今按蝦蟆居陸蛙居水此是蟆非蛙也郭注失之釋魚云在水者黽郭注耿黽也耿黽蟼蟆聲雖相轉而非一物也

蜆馬蛟馬蠲蚼俗呼馬蝬

廣雅云蛆蝶馬蝬馬蛟也又云馬蛟蠽蛆也方言云馬蛟北燕謂之蛆蝶其大者謂之馬蚰郭注蛟音弦

蚰音逐是蚰蜒同蝍蛆即蚿之異文蛝即蝬之轉聲馬蜒御覽引吳普作馬軸本草作馬陸一名百足莊子秋水篇云使商蚷馳河必不勝任矣司馬彪注商蚷蟲名北燕謂之馬蚿高誘呂覽注云馬蚿幽州謂之秦渠然則秦渠商蚷亦即蝍蛆蝶之聲轉皆一物矣郭云馬蠲蚼者蚼音均說文蠲馬蠲也引明堂月令曰腐草爲蠲呂覽季夏紀作腐草化爲蚈高注蚈馬蚿也蚈讀如蹊徑之蹊御覽引許慎淮南時則篇注云蚈馬蠸也是蠸蚈蠲蚼俱聲相轉高注馬蚈一名螢火非也今月令雖云腐草爲螢而螢非蠲也陶注本草馬陸云此蟲足甚多寸寸斷便寸行又引李當之云蟲形長五六寸狀如大蛩夏月登樹鳴冬則蟄今人呼爲飛蚿蟲也今按蚿不能飛而鳴聲可聽故宋書隱逸王素傳云山中有蚿蟲聲淸長聽之使人不厭而其形甚醜素乃爲蚿賦以自況也唐本草注此蟲亦名刀環蟲以其死側臥狀如刀環也按今人呼之百脚蟲紫黑色而光潤節間甓起細紋人觸之即側臥非必死也

阜螽蠜詩曰趯趯阜螽**草螽負蠜**詩曰喓喓草蟲謂常羊也**蜇螽蚣蝑**蚣蜙也俗呼蝽蟟**蟿螽螇蚸**今俗呼似蚣蜙而細長飛翅作聲者爲螇蚸**土螽蠰谿**似蝗而小今謂之土蝶

春秋宣十五年疏引李巡云皆分別蝗子異方之語也說文螽蝗互訓螽或作蝝春秋書螽公羊作蝝年廷相說詩云衆維魚矣衆疑蝝之省文蓋蝝魚相化協於夢占年說是也阜螽蠜者阜螽名蠜詩作阜螽正義引李巡曰阜螽蝗子也陸璣云今人謂蝗子爲螽子兗州人謂之螣然則螽爲總名阜螽亦螽之統稱矣漢書文帝紀注今俗呼爲簸蝩蝩蓋螽之或體簸蝩即阜螽聲之轉也○草螽詩作草蟲蓋變文以韵句蟲螽古字通也負者段僭字詩作阜說文作皀云皀蠜也詩釋文引草木疏云草螽一名負蠜大小長短如蝗而青也正義引云奇音青色好在茅草中如陸所說蓋今之青頭郎大小如蝗而色青即蝗之

類未聞能鳴今驗一種青色善鳴者登萊人謂之聒聒子濟南人謂之聒聒竝音如乖順天人亦謂之聒聒音如哥哥體青綠色比蝗麤短狀類蟋蟀振翼而鳴其聲清滑及至晚秋鳴聲猶壯詩出車箋草蟲鳴晚秋之時及陸璣疏奇音青色唯此足以當之毛傳草蟲常羊也常羊今未聞○說文蝑蚣蝑也蚣蝑以股鳴者蜙或作蚣鄭注梓人云股鳴蚣蝑動股屬以動股蚣蝑爲二物非也詩之螽斯斯螽毛傳竝云蚣蝑是一物也斯與蜇聲義同釋文蜇亦作蟴或體字也蚣蝑亦爲舂黍詩疏引舍人曰蚣蝑今所謂舂黍也方言云舂黍謂之䗻蝑又爲蚣蜙郭此注及方言注竝云蚣蜙是皆語聲之遞轉耳舂黍廣雅作蠢螽又爲舂箕詩正義引陸璣疏云螽斯幽州人謂之舂箕舂箕卽舂黍蝗類也長而青長角長股股鳴者也或謂似蝗而小班黑其股似瑇瑁文五月中以兩股相切作聲聞數十步今按陸說未盡嘗驗此類有三種一種碧綠色腹下淺赤體狹長飛而以股作聲戛戛者蜙蝑也陸疏前說是也一種似蝗而班黑色股似瑇

瑁文相切作聲咨咨者陸疏後說是也又一種亦似蝗而尤小青黃色好在莎草中善跳俗呼跳八丈亦能以股作聲甚清亮此三者皆動股屬也陸不知青而長者爲蜙蝑鄭不知蜙蝑卽動股胥失之矣○蟿螽者春秋桓五年正義引樊光云蟿螽土螽皆蜙蝑之屬郭以似蜙蝑而細長飛翅作聲者爲蟅蟒郭說得之今驗蟅蟒全似蜙蝑而細小飛翅作聲尤清長俗呼之蛤蓉板是也釋文蟒郭音歷孫音谿○土螽者今土蛨蚚也亦有二種一種體如土色似蝗而小有翅能飛不遠又一種黑班色而大翅絕短不能飛善跳俗呼之度䗤蛨蚚卽土蛨蚚也郭云土蠑者釋文蠑又作蚚竹宅反詰幼云蚚蚚蜢也善跳蜢音猛蚚蜢方言作蟅蟒郭注蟒莫鯁反蟅音近詐亦呼蚚蛨今按登萊人呼蛨蚚音如禡詐楊州人呼抹扎班黑者爲土抹札也

螼蚓豎蚕　卽蛩蟺也江東呼寒蚓

說文螼螾也螾側行者螾或作蚓鄭注梓人則以仄行蟹屬卻行螾衍之屬劉昌宗云螾衍或作衍蚓今曲蟮也蟮說文作蟺云夗蟺也廣雅云蚯蚓蜿蟺也蚯蚓卽螼蚓聲相轉也月令孟夏之月蚯蚓出仲冬之月蚯蚓結舊說蚯蚓無心而淫邪故御覽引郭氏讚云蚯蚓土精無心之蟲交不必分婬於阜螽觸而感物無有常雄大戴禮易本命篇云食土者無心而不息盧辯注蚯蚓之屬不氣息也蚯蚓轉爲朐䏰後漢書吳漢傳注朐䏰縣屬巴郡十三州志云朐音蠢䏰音閏其地下溼多朐䏰蟲因以名焉又轉爲蠢蝡高誘淮南時則篇注丘螾蠢蝡也說山篇注又云螾一名蜷端也然則蜷端與堅蚕亦語聲之轉矣古今注云蚯蚓一名曲蟺善長吟於地中江東謂之歌女或謂之鳴砌郭云江東呼寒蚓者廣韵云蠾蚯蚓也吳楚呼爲寒蠾

莫貈蟷蜋蛑 蟷蜋有斧蟲江東呼爲石蜋孫叔然以方言說此義亦不了

蟷蜋說文作堂蜋云堂蜋一名蚚父按蚚父卽拒斧也高誘注呂覽仲夏紀云螳蜋一曰天馬一曰齕疣兖州謂之拒斧淮南注作巨斧義俱通耳此蟲有臂如斧故莊子人閒世篇云螳蜋怒其臂以當車軼不知不勝任也韓詩外傳云此爲天下勇蟲矣螳蜋今呼刀蜋聲之轉也郭云江東呼爲石蜋與方言注同又云孫叔然以方言說此者方言云螳蜋謂之髦或謂之虰或謂之蝆蝆孫炎取此方言以下文虰字上屬郭所不從也釋文貃本又作貉孫戶各反蝆郭音牟又亾牢反然則蝆與髦字異音同莫貃合聲亦爲髦蝆蝆又與髦聲相轉方言合於爾雅矣

虰蛵負勞 或曰卽蜻蛉也江東呼狐黎所未聞

說文丁蛵負勞也又云蛉蜻蛉也一名桑根方言云蜻蛉謂之蝍蛉郭注六足四翼蟲也江東名爲狐黎淮南人呼蠊蛜廣雅云蜻蛉鼅蛉倉螘也倉螘桑根鼅蛉蜻蛉俱聲相轉蠊蛜倉螘蜻蛉虰蛵又聲相近

也呂覽精諭篇云海上之人有好蜻者高誘注蜻蜻蜓小蟲細腰四翅一名白宿淮南說林篇云水蠆爲蟌高注蟌青蛉也爾雅翼云水蠆旣化蜻蛉蜻蛉相交還於水上附物散卵復爲水蠆也本草陶注蜻蛉一名諸乘古今注云一名靑亭色青而大者是也小而黃者曰胡黎一曰胡離小而赤者曰赤卒一名絳騶一名赤衣使者一名赤弁丈人好集水上按今呼赤色者爲火壺盧即紅胡黎之聲轉也大而青者順天人呼老琉璃亦曰馬郎馬古讀如姥姥負音近郎勞聲轉然則馬郎即負勞之遺語乎

蜭毛蠹即蛓

說文蜭毛蠹也又云蛓毛蟲也讀若笥釋孶䙶釋文云今俗呼爲毛蛓有毒螫人楚辭九思篇云蛓緣兮我裳

蟔蛅蟴蛓屬也今青州人呼蛓爲蛅蟴孫叔然云八角螫蟲失之

說文云蛅斯墨也本草雀甕一名躁舍別錄生樹枝間蛅蟴房也陶注蛅蟴蛓蟲也其背毛螫人陳藏器云蛓蟲好在果樹上大小如蠶背有五色斕毛刺人有毒欲老者口中吐白汁凝聚如雀卵以甕爲繭在中作蛹羽化而出作蛾放子如蠶子於葉間按今登萊人呼蛅蟴爲蟳蛓蟳螺聲相轉也其甕呼蟳蛓甕紫白光潤如漆其中汁黃味甘兒童恆破其甕吸之孫炎以蛅蟴爲八角螫蟲者背毛攢族如起稜角非眞有八角也

蟠鼠負瓮器底蟲

說文蟠鼠婦也又䗇讀若樊或曰鼠婦是䗇蟠同婦負古字通釋文負又作婦是也詩疏引陸璣疏云伊威一名委黍一名鼠婦在壁根下甕底土中生似白魚者是也今按鼠婦長半寸許色如蚯蚓背有橫文腹下多足生水缸底或牆根溼處此蟲名蟠不名負蟠本草鼠婦一名負蟠非也陶注一名鼠姑又因鼠

婦而爲名耳木草又有䗪蟲一名地鼈別錄一名土鼈其形圓扁大可寸餘背上亦有橫文但其色黑不類鼠婦好在鼠壤土中及屋壁下二物形狀大小迥別本草亦分爲二廣雅以䗪爲負蠜一作蟠蓋沿本草鼠婦一名負蟠而誤玉篇遂云䗪鼠婦負蠜也則又沿廣雅而誤矣御覽九百四十九引說文云蟠䗪鼠婦也蟅乃衍字說文蟅訓螽秋官赤犮氏注以䗪爲貍蟲貍與䗪同是許鄭皆不以䗪爲鼠婦也說者多誤故辨而正之本草䗪蟲卽俗呼過蚤孃也埤雅云䗪逢申日則過街與燈蛾爲牝牡

蟫白魚衣書中蟲一名蛃魚

說文蟫白魚也廣雅白魚蛃魚是郭所本詩疏引陸璣疏云蘭香草可著粉中藏衣著書中辟白魚本草衣魚一名白魚鄭注秋官翦氏云蠹物穿食人器物者蠹魚亦是也穆天子傳云蠹書於羽陵郭注曓書蠹蟲因曰蠹書也今按白魚長僅半寸頗有魚形而岐尾身如傅粉華色可觀亦名壁魚一名蠹魚古人

簡版寫書非如近今用紙而白魚名狀流播
來今瑰色姝形含咀英華異於凡蠹者也

蛾羅蛾蛾

說文蛾蠶化飛蟲或作蛾又虫部蛾羅也大戴禮云食桑者有絲而蛾廣雅云蛘蛾也類聚引廣志云有蠶蛾有天蛾凡草木蟲以蛹化爲蛾甚衆然則蛾羅通名凡蛺蜨之類皆是郭以蠶蛾爲釋恐非埤雅引孫炎正義云蛾卽是雄羅卽是雌今按蟲類雖有雌雄但蛾羅疊韵古人多取聲近爲名亦猶釋草之莪羅非草有雌雄也孫炎此義理未通矣此別是一孫炎宋史藝文志孫炎爾雅疏十卷邢昺序謂爲義疏者俗閒有孫炎高璉皆淺俗卽埤雅所引者也

螒天雞小蟲黑身赤頭一名莎雞又曰樗雞

釋文螒字林作螒蓋別於釋鳥之翰天雞也今從宋本作螒莎雞者詩七月傳莎雞羽成而振訊之正義

引樊光云謂小蟲黑身赤頭一名莎雞孫郭義同李巡曰一名酸雞酸莎聲相轉也陸璣疏云莎雞如蝗而班色毛翅數重其翅正赤或謂之天雞六月中飛而振羽索索作聲幽州人謂之蒲錯按今謂趿踏蟲即索索語聲之轉耳郭又云樗雞者本草樗雞生樗樹上今驗其蟲外翼灰色內翅純紅形似蠶蛾因呼灰花蛾飛翔樗樹間故廣雅以爲樗鳩鳩雞聲亦相轉王德瑛說蘇頌圖經呼紅娘子今俗亦同此名然視其頭亦灰色而不赤惟眼赤色郭云黑身赤頭殊不似也余按廣雅不云樗雞即莎雞郭義未見所出御覽引廣志云莎雞似蠶蛾而五色亦曰雗雞雗與樗雖聲轉而樗雞非莎雞廣志及郭志疑皆同名非一物也詳考諸家之說俱非確義惟陸璣疏於義爲長

傅負版 詳未

一 釋文版亦作蝂玉篇云蝜蝂蟲大如蜆有毒又云蝂蝜蝂也[illegible][illegible]按蝂版聲轉蝜蝜即版之合聲㭒子

蝜蝂傳云蝜蝂者善負小蟲也行遇物輒持取卬首負之負逾重雖困劇不止背甚澀物積不散卒躓仆不能起人或憐之爲去負苟能行又持取如故好上高極其力至墜地死今驗此蟲黑身爲性躁急背有齟齬故能負不能釋但其名今未聞

強蚚 即強醜捋

強蚚雙聲說文強蚚互訓玉篇強米中蠹小蟲是強蚚即上蛄𧏙強蛘也郭以下文強醜捋爲釋是矣

蛶螪何 未詳

說文蛶螪何蟲釋文引字林螪蓋作蟰故音之赤反何或作蚵音河玉篇蛶螪蚵也又云蚵蠪蜥易本於廣雅集韵引爾雅蛶螪何亦以爲蜥易類也蓋螪字作蟰依呂忱音正蜥易之合聲集韵說是

螝蛹 蠶蛹

說文蛹繭蟲也䗃蛹也讀若潰荀子蠶賦云蛹以爲母蛾以爲父埤雅引孫炎正義䗃即是雄蛹即是雌

蜆縊女 小黑蟲赤頭喜自經死故曰縊女

說文蜆縊女也六書故引說文蜀本曰蜆爲蝶也御覽九百四十八引孫炎曰小黑蟲赤頭三輔謂之縊女此蟲多民多縊死又引異苑云蜆長寸許頭赤身黑恆吐絲自懸按今此蟲吐絲自裹望如披蓑形似自懸而非眞死舊說妹未了也爾雅翼云有蟲半寸以來周圍植以自裹行則負以自隨亦化蛹其中俗呼避債蟲羅願說此於蛅蟴下不知此乃蜆縊女也蜆之言猶磬也磬於甸人與自經於溝瀆之經義同而音亦近釋文蜆孫音俔俔若見反俔天之妹毛詩作俔韓詩作磬磬俔聲相轉也孫炎讀蜆爲俔得其音矣釋文蜆下顯反字林下研反俱失之

蚍蜉大螘 俗呼爲馬蚍蜉 **小者螘** 齊人呼蟻爲蛘 **蠪朾螘** 赤駮蚍蜉 **䗬飛螘**

有翅其子蚳蚳蟻卵周禮曰蜃蚳醬

說文𧖅蠹或爲蚍蜉大螘也螘蚍蜉也方言云蚍蜉齊魯之閒謂之蚼蟓西南梁益之閒謂之玄蚼燕謂之蛾蛘其場謂之坻或謂之垤廣雅云蠪蜉螘也餘與同方言是蠪蜉卽蚍蜉聲相轉蛾與蟻蛘與蟓蚼與駒並字異音同螘蟻古今字也今棲霞人呼螘蛘音如几養蓋蚼蟓之聲相轉耳夏小正云玄駒賁玄駒也者螘也學記云蛾子時術之鄭注蛾蚍蜉也易林云蟻封戶穴大雨將集又云蚍蜉戴粒嗇不上山是皆以螘爲蚍蜉之通名爾雅則以蚍蜉爲大螘之名故詩東山正義引舍人曰蚍蜉卽大螘也小者卽名螘也楚辭招魂注亦云小者爲蟻大者爲蚍蜉本於爾雅也蚍蜉今順天人呼馬螘棲霞人呼馬螘蛘○說文𧒽丁螘也丁與朾音同釋文朾孫丈耕反然則朾之爲言頳也頳朾音近此螘赤駁故以爲名渀內北經云朱蛾其狀如蛾郭注引楚辭曰赤蟻如象今螘亦有赤黄色者○釋文蟨於貴反說文字林從蚰

按今說文無蚰字蚰又非聲唯蜉字引劉歆說蚍蜉子其義疑也類聚引廣志曰有飛蟻有木蟻爾雅翼云螘有翅者在中白螘之所化也以泥爲房詰曲而上往往變化生羽遇天晏溫羣隊而出飛不能高尋則脫翼藉藉在地而死今按劉歆以蟓爲蚍蜉之有翼者蓋謂此也今黑色螘亦有生翼者但不解飛耳○說文蚳螘子也周禮有蚳醢讀若祁鄭注醢人云蚳蛾子夏小正二月抵蚳蚳螘卵也爲祭醢也魯語云蟲舍蚳蝝

次蟗鼅鼄鼅鼄鼄蝥今江東呼蝃蝥音掇**土鼅鼄**在地中布網者**草鼅鼄**絡幕草上者

次蟗說文作蠿蟊云作罔蛛蟊也又云鼅鼄鼄蟊也或作蟹蛛然則蟹蛛次蟗蠿蟊鼄蟊竝聲轉聲近字也釋文蟗或作蝥郭音秋方言俱本爾雅又云或謂之蠾蝓蠾蝓者侏儒語之轉也北燕朝鮮洌水之閒

謂之蟦蜍郭注齊人又呼社公亦言罔工蓋蜘蛛工
於結網故賈子禮篇云蛛蝥作罟抱朴子云太昊師
蜘蛛而結網本草陶注云蜘蛛數十種爾雅止載七
入種爾今用懸網狀如魚罾者亦名蚰蟵赤斑者俗
名絡新婦郭注方言爾雅竝云今江東呼蝃蝥釋文
蝃或作蚰音章悅反是蚰蟵即蝃蝥蠾蝓蟦蜍亦聲
相近○土鼅鼄者本草拾遺所云蚰蟵在孔穴中作
網開一門出入是也○草鼅鼄者類聚引廣志云草
蜘蛛在草上色青土蜘蛛在地上春行草閒秋系在
草按此有數種青班色及黃赤色竝雜色者或扁如
楡莢或大如茱子及粟粒竝布網
絡幕草上亦作孔出入如土蜘蛛

土蠭今江東呼大蠭在地中作房者爲土蠭啖其子卽馬蠭今荆巴閒呼爲蟺音憚 **木蠭**似土蠭而小在樹上作房江東亦呼爲木蠭又食其子

說文蠭飛蟲螫人者䗬蠭甘飴也或作蜜方言云蠭
燕趙之閒謂之蠓蝓按蠓蝓之合聲爲蜂蜂古讀如

蓬見廣韵云出蒼頡篇又音峰是蜂與蠭同也土蠭者本草云一名蜚零陳藏器云赤黑色穴居最大蠭人至死按土蠭今呼馬蜂大者㸸牛其房層累大於十斗甕器○木蠭者陶注本草石蜜云木蜜懸樹枝作之色青白樹空及人家養作之者亦白而濃厚味美又有土蜜於土中作之色青白味醶今按木蠭有數種方言云其大而蜜謂之壺蠭郭注今黑蠭穿竹木作孔亦有蜜者或呼笛師然則壺蠭亦木蠭今呼之瓠瓤蜂陶注所謂㼖甊蜂也郭云啖其子者其子者蜂子肥白古人珍之故內則云爵鷃蜩范鄭注范蜂也嶺表錄異云宣歙人脫蜂子鹽炒曝乾寄京洛爲方物

蟦蠐螬在糞土中　蝤蠐蝎在木中今雖通名爲蝎所在異

說文蠐蠐蠹也方言作蟦螬謂之蟦本草一名蟦蠐別錄一名蜰齊一名敦齊此皆語聲相轉而爲名也莊子至樂篇云烏足之根爲蠐螬論衡無形篇云蠐螬化爲復育復育轉而爲蟬御覽引陸璣疏云蠐螬

生糞土中。別錄云生積糞草中。陶注大者如足大指，以背行，乃駛於腳。按此物有足而任背行，亦不駛也。○說文：蝤，蝤蠐也。蝎，蝤蠐也。詩碩人傳用爾雅。方言云：蟦蠐自關而東謂之蝤蟦，或謂之卷蠾，或謂之蝖𧒂；梁益之閒謂之蛒，或謂之蝎，或謂之蛭蛒；秦晉之閒謂之蠹，或謂之天螻。然則此物與螻蛄齊名矣。詩正義引孫炎曰：蠐螬謂之蟦蠐，關東謂之蝤蠐，梁益之閒謂之蝎。義本方言。但據孫炎及本草，則蟦蠐名螬，蝤蠐名蝎，分明不誤。蝤螬蠐三字俱聲轉，蠐螬倒言之即蝤蠐，故司馬彪注莊子至樂篇蠐螬作螬蠐，云螬蠐，蝎也，是螬蠐即蝤蠐，二名溷淆，蓋本之方言而誤也。今蠐螬青黃色，身短足長，背有毛筋，從夏入秋蛻爲蟬；蝤蠐白色，身長足短，口黑無毛，至春羽化爲天牛。陳藏器說如此。今驗二物判然迥別，以爲一物，非矣。

伊威，委黍。舊說鼠婦別名，然所未詳。

說文蛜威委黍委黍鼠婦也詩東山傳用爾雅疏引舍人曰伊威名委黍陸璣疏與舍人同已見上文蟠鼠負本草一名蛜蝛別錄一名蟠蟥是舊說俱無異詞郭云未詳葢失檢矣

蠨蛸長踦小鼅鼄長腳者俗呼爲喜子

蠨說文作蠨云蠨蛸長股者詩傳用爾雅舍人曰蠨蛸名長踦陸璣疏云蠨蛸長踦一名長腳荆州河內人謂之喜母此蟲來著人衣當有親客至有喜也幽州人謂之親客亦如蜘蛛爲羅網居之今按此蟲作網但有縱理而無横文如絡絲之狀陶注本草蜘蛛赤斑者名絡新婦疑此是也但所見皆黃色無赤斑者其腹榦甚瘦小

蛭蝚至掌未詳

說文蛭蝚至掌也本草水蛭別錄一名蚑一名至掌然則釋魚蛭蟣卽是物也然水族而在釋蟲者陶注

本草有山蚑唐本注有草蛭在深山草中蜀本注有石蛭泥蛭論衡商蟲篇云下地之澤其蟲曰蛭蛭食人足此則蛭屬有在草泥山石間者並能齧人手足恐人不識是以爾雅流至掌之稱矣

國貉蟲蠁 今呼蛹蟲爲蠁廣雅云土蛹蠁蟲

說文蠁知聲蟲也司馬相如作蚼又云禹蟲也象形玉篇蠁禹蟲也是禹蟲卽蠁今謂之地蛹如蠶而大出土中故廣雅云土蛹蠁蟲也蠁蟲卽蟲蠁蠁猶響也言知聲響也亦猶向也言知所向也埤雅引類從云帶蠁醒迷遶祠解惑香祖筆記一引物類相感志云山行慮迷握蠁蟲一枚於手中則不迷然則蟲有靈應故有肸蠁之言矣

蠖蚇蠖 今蝍蝛

說文蠖尺蠖屈申蟲也易繫辭云尺蠖之屈以求信也尺通作斥考工記弓人云麋筋斥蠖灂鄭注斥蠖

屈蟲也郭云今蝍蝛者方言云蠀蝛謂之蚇蠖郭注
卽蹙二音是蠀蝛卽蝍蝛一切經音義九引舍人曰
一名步屈宋地曰尋桑也吴人名桑闔今驗步屈小
青蟲也在草木葉上懸絲自縋亦作小繭化爲飛蝶
或在桑上故有尋桑桑闔諸名其在它樹上者亦隨
所染故晏子春秋外篇云尺蠖食黄則黄食蒼則蒼
是矣其行先屈後申如人布手知尺之狀故名尺蠖
今作蚇非類聚引爾雅正作尺又引郭氏讚云貴有
可賤賤有可珍嗟茲尺蠖體
此屈申論配龍蛇見歎聖人

果蠃蒲盧卽細腰蠭也俗呼爲蠮螉**螟蛉桑蟲**俗謂之桑蝁亦曰戎女

說文云蠕蠃蒲盧細要土蠭也天地之性細要純雄
無子引詩螟蠕有子蠕蠃負之蠕或作蜾又云螟蠕
桑蟲也詩小宛箋蒲盧取桑蟲之子負持而去煦嫗
養之以成其子疏引陸璣云螟蛉者桑上小青蟲也
似步屈御覽舍人剛其色青而細小或在草萊上蜾蠃土
蜂也似蜂而小腰取桑蟲負之於木空中筆筒中字二

御覽弥有七日而化爲其子里語曰祝云象我象我也詛亦御覽彌法言學行篇作類我類我久則肖之是陸璣所本也莊子天運篇云細腰者化庚桑楚篇云奔蜂不能化藿蠋釋文引司馬彪注奔蜂小蜂也一云土蜂是舊說相承皆以細腰土蜂取它蟲爲己子也唯陶注本草蠮螉云今一種蜂黑色腰甚細銜泥於人壁及器物邊作房如併竹管者是也其生子如粟米大置中乃捕取草上青蜘蛛十餘枚滿中仍塞口以擬其子大爲糧也其一種入蘆竹管中者亦取草上青蟲詩云螟蛉有子蜾蠃負之言細腰物無雌皆取青蟲教祝便變成己子斯爲謬矣牟應震爲余言嘗破蜂房視之一如陶說乃知古人察物未精妄有測量又言其中亦有小蜘蛛則不必盡取桑蟲詩人偶爾興物說者自不察耳方言云蠭其小者謂之蠮螉或謂之蚴蜕幽悅二音蠮螉蚴蜕一聲之轉郭云桑蟃者玉篇云蟃螟蛉蟲也亦曰戎女者廣異名

蝎桑蠹即蛣蝠

說文蠹木中蟲或作蝨象蟲在木中形論衡商蟲篇云桂有蠹桑有蝎本草別録有桑蠹蟲卽此是矣詩碩人疏引孫炎曰卽蛣蝠也今按亦卽蝤蠐孫義見上御覽九百四十九引爾雅云蝎桑蠹還自倉疑引舊注之文

熒火卽炤 夜飛腹下有火

詩東山傳熠燿燐也燐螢火也螢與熒同燐光明也劇秦美新云炳炳麟麟卽燐燐之叚借猶言熒熒也是皆火光明貌故說文熒屋下鐙燭之光是也然則淮南氾論篇云久血爲燐注以燐爲鬼火不必然也且鬼火與螢火其色俱青無妨燐爲通名曹植螢火論以燐鬼火爲疑非矣本草螢火一名夜光類聚引吳普本草一名夜照一名熠燿一名景天一名挾火詩疏引舍人云熒火卽炤夜飛有火蟲也月令疏引李巡云熒火夜飛腹下如火光故曰卽炤本草陶注此是腐草及爛竹根所化初時猶如蛹蟲腹下已有

光數日便變而能飛陶說非也今驗螢火有二種一種飛者形小頭赤一種無翼形似大蛆灰黑色而腹下火光大於飛者乃詩所謂宵行爾雅之即熠亦當兼此二種但說者止見飛螢耳又說茅竹之根夜皆有光復感溼熱之氣遂化成形亦不必然蓋螢本卵生今年放螢火於屋內明年夏細螢點點生光矣又名丹良夏小正云丹鳥羞白鳥丹鳥謂丹良白鳥謂蚊蚋月令疏引皇侃說丹良是熒火也即與櫛蓋古字通櫛燭跋也見弟子職熠玉篇同照顏氏家訓風操篇云劉緍緩兄弟其父名昭一生不爲照字唯依爾雅火旁作召即此熠字也

密肌繼英 未詳

釋鳥有密肌繫英與此同名或說此蟲即肌求也秋官赤犮氏注貍物䗍肌求之屬釋文求本作蛷說文蟜或作蟜多足蟲也廣雅云蛷螋蠮蛷也一切經音義九引通俗文云務求謂之蛷蛷關西呼蛷螋爲蚑

蛷然則蚑蛷卽肌求聲之轉也蛷螋又轉爲蠼螋博物志云蠼螋蟲溺人影隨所箸處生瘡本草拾遺云蠼螋狀如小蜈蚣色青黑長足陶注雞腸草主蠼螋溺也按此蟲足長行駛其形鬖髿今棲霞人呼草鞵底亦名穿錢繩楊州人呼蓑衣蟲順天人呼錢龍是也密肌廣韻作密蚑繼英玉篇作蠿蟆俱或體字

蚅烏蠋 大蟲如指似蠶見韓子

釋文引說文云蜀桑中蟲也與詩東山傳合今說文作葵中蠶非也引詩蜎蜎者蜀今詩作蠋亦非箋云蠋蜎蜎然特行按蜀之言獨也方言云一蜀也南楚謂之蜀郭注蜀猶獨耳然則此蟲性好獨行箋說是矣御覽九百五十引孫炎曰蚅一名烏蠋詩韓奕傳厄烏蠋也韓非內儲說云蟺似蛇蠶似蠋淮南說林篇云鱓之與蛇蠶之與蠋狀相類而憂憎異皆其義也蠋今謂之豆蟲司馬彪注莊子庚桑楚篇云藿蠋豆藿中大青蟲也

蠓蠛蠓 小蟲似蜹喜亂飛

說文用爾雅釋文蠓莫孔反蠛蠓雙聲今呼蠓蟲猶古音也甘泉賦云浮蠛蠓而撇天李善注引孫炎曰蠛蠓蟲小於蚊埤雅引孫注云此蟲微細羣飛並郭所本蜹即蚊也又引郭曰蠓飛磑則天風舂則天雨蓋郭音義之文又引圖讚曰風舂雨磑二說不同蓋蠓飛而上下如舂主風回旋如磑主雨今俗語猶然也史記周本紀云蜚鴻滿野淮南本經篇作飛蟲滿野索隱引高誘注飛蟲蠛蠓也泠林蟲作蚊小異埤雅又云蠓一名醯雞非也醯雞今醯蟲與蠓異

王蚨蜴 即螲蟷似鼅鼄在穴中有蓋今河北人呼蚨蜴

蚨蜴又爲螲蟷又爲顛當俱雙聲字也酉陽雜俎云齋前雨後多顛當窠深如蚓穴網絲其中土蓋與地平大如榆莢常仰捍其蓋伺蠅蠖過輒翻蓋捕之纔入復閉與地一色無隙可尋而蜂復食之秦中鬼謠

云顛當顛當牢守門蟏蛸寇汝無處奔劉崇遠金華子云長安閒里中小兒常以纖草刺地穴開共邀勝負以手撫地曰顛當出來旣見草動則鉤出赤色小蟲形似蜘蛛江南小兒謂之釣駱駝其蟲背有若駝峰然也今按此蟲穴沙爲居其穴如釜而銳底潛伏其下游蟲誤墮因爪取之不見其形俗謂之哈喇模小兒以髮繫蟲爲餌謂之釣哈喇模其形狀一如金華子所說也

蟓桑繭食桑葉作繭者即今蠶**雔由樗繭**食樗葉**棘繭**食棘葉**欒繭**食欒葉**蚢蕭繭**食蕭葉者皆蠶類

說文繭蠶衣也蠶任絲也夏官馬質禁原蠶者鄭注原再也蠶與馬同氣鄭以禁原蠶爲傷馬淮南書則以爲殘桑也原蠶今呼晚蠶北人爲其收薄不甚養之南方蠶盛有八繭之蠶也淮南說林篇云蠶食而不飲二十二日而化荀子蠶賦云三俯三起事乃大已今南方養蠶者三十六日而化其原蠶則二十一

日而化也三俯今日三眠亦有四眠者繭分黃白二色俱名爲蝝蝝者象也言能象物賦形也陶注本草別錄云原蠶俗呼爲魏蠶○雔由者樗繭棘繭欒繭之總名也樗卽臭椿其繭爲椿紬今之小繭紬也棘卽柘類其繭爲柘繭欒者說文繫傳木蘭也又本草有欒華唐本注葉似木槿而細薄今按野蠶隨樹食葉皆能爲繭樗棘欒爾雅特略舉三名耳今驗椒繭出椒樹上其紬紫色光燿貨之甚貴又有柞繭出柞樹上其紬爲大繭紬又爲雙絲今登萊人貨之以爲利漢元帝永光四年東萊郡東牟山野蠶繭收萬餘石人以爲絲絮卽此繭也鹽鐵論散不足篇云繭紬縑練者婚姻之嘉飾也然則繭紬爲世所重久矣○蚢者玉篇云蠶類食蒿葉蒿卽蕭也今草上蟲吐絲作繭者甚衆不獨蒿也嶺南蠶或食紫蘇葉作繭矣

蟓醜罅剖母背而生 **螽醜奮**好奮迅作聲 **強醜捋**以腳自摩捋 **蠭醜螸**垂其腴 **蠅醜扇**好搖翅

說文翥飛舉也凡飛翥之類多剖母背而生邢疏以爲蟬屬今驗水蠆爲蟌蛣蟩爲蚊皆是也䖪坼裂也玉篇引爾雅䖪作𧊁廣韵引翥作䗥云蟲名○說文奮翬也翬大飛也螽蝗之類好奮迅其羽作聲故詩傳云莎雞羽成而振訊之○強即強蚚也捋者摩捋也米中小黑甲蟲好以脚自摩挲釋文引李孫云以口捋其翅非也郭義爲長○螸者說文云蠭醜螸腹腴也爾雅翼引孝經援神契曰蜂蠆垂芒接蠭類腹多肥腴下垂以自休息非必欲螫人也說文得之徐鍇本蠭作螽蠭蠭古文作螽與螽形近故譌耳○扇說文作蝙云蠅醜蝙搖翼也

蓋蠅蚊之類好搖翅作聲

食苗心螟食葉蟘食節賊食根蟊分別蟲噉食禾所在之名耳皆見詩

詩大田云螟螣蟊賊此釋之也螟者春秋隱五年螟正義引舍人曰食苗心者名螟言冥冥然難知也李巡曰食禾心爲螟言其姦冥冥難知也詩疏引陸璣疏云螟似子方而頭不赤按子方即蚄蚄見齊民要

術今食苗心小青蟲長僅半寸與禾同色尋之不見故言冥冥難知余族弟卿雲言又有小白蟲藏在苗心幺麼難辨俗呼口䗂卽蟲有此卽禾葉變白色而不能放穗矣余按說文以螟爲食穀葉者誤又云螟一曰螟子然則說文螟蓋同蟘蟘螟聲轉也○蟘者說文作蟘云蟲食苗葉者吏乞貸則生蟘左傳疏引李巡曰食禾葉者言其假貸無厭故曰蟘也高誘注呂覽任地篇云蜮或作螣食葉曰蜮兗州謂蜮爲螣音相近也今按蜮當作蟘蟘似槐樹上小青蟲長一寸許旣食苗葉又吐絲纏裹餘葉令穗不得展今登萊人呼爲縣蟲其食豆葉者呼爲穿蟲亦長寸許身赤頭白亦食豆粒也○賊者釋文作蠈云本今作賊詩疏引李巡云食禾節者言貪狠故曰賊也陸璣疏云賊似桃李中蠹蟲赤頭身長而細耳按今食苗節者俗呼截蟲身白頭紫色不及木中者肥而長也善鑽禾稈令禾不蕃○蟊說文作蠿或作蝥古文作蛑云蟲食草根者吏抵冒取民財則生按草疑當作苗左傳疏引李巡曰食其根者言其稅取萬民財貨故

日蝥也詩疏引陸璣疏或說云蝥螻蛄也食苗根爲人患今按螻蛄不名蝥亦不食苗根今蟲食根者有二種其一肥長灰黑色名鐵埽最饒猛其一細而差短淺黃色體堅彊因名彊蟲二種並截苗根爲患類聚引詩義疏曰蝥長而細此說是矣陸疏又云舊說螟螣蟊賊一種蟲也如言寇賊姦宄內外言之耳故犍爲文學曰此四種蟲皆蝗也實不同故分別釋之此說非也春秋書螟又書蝥則非一蟲亦無四蟲共一名者又許慎李巡孫炎並言政惡吏貪所致大意皆本漢五行志京房易傳而爲說然水旱災厲天道難詳論衡商蟲篇辨之當矣郭氏但分別蟲啖食所在爲名其義較諸家爲長也鄭雲又言春夏常有小白蛾飛翔樹閒遺子爲小青蟲如遺在禾閒即食苗葉蟲矣余謂此言近理亦猶螽子遇旱還爲螽遇水即爲魚故云衆維魚矣實維豐年也

有足謂之蟲無足謂之豸

邢疏此對文爾散言則無足亦曰蟲王逸九思云蟲豸兮夾余豸者說文以爲獸長脊行豸豸然蓋凡蟲無足者身恆楕長行而穹隆其脊如蝍蛻虹蚓之類是也豸通作蛾史記黃帝紀云淳化鳥獸蟲蛾索隱曰蛾一作豸正義曰蛾音豸直起反引爾雅又通作止莊子在宥篇云災及草木禍及止蟲止卽豸之聲僻又通作廌左氏宣十七年傳庶有豸乎杜預訓豸爲解解止義亦近也豸與廌古同音通用廌與解又疊韵故古以爲訓左傳豸古作廌故陸氏釋文本作廌解也孔氏正義本作豸解也是豸廌通而陸孔竝云出方言今方言無蓋脫去之此條義本說文段注今錄存之也

爾雅郭注義疏下之三　孫男聯蓀伯愷薇近垣校字

爾雅郭注義疏下之四

棲霞郝懿行學

釋魚弟十六

說文魚水蟲也大司徒土會之灋云川澤宜鱗物墳衍宜介物天官鼈人春獻鼈蜃秋獻龜魚晉語云黿鼉魚鼈莫不能化韋昭注化謂蛇成鼈黿石首成鯢之類按曲禮云水潦降不獻魚鼈論衡無形篇云臣子謹慎故不敢獻是也茲篇所釋兼包鱗介之屬魯語謂之川禽而此總曰釋魚

鯉 今赤鯉魚

陶注本草云鯉魚最爲魚之主形既可愛又能神變乃至飛越江湖月令孟夏之月獺祭魚呂覽及淮南時則篇注竝以魚爲鯉也齊民要術引養魚經云鯉不相食又易長舊說鯉脊中鱗一道每鱗有小黑點

大小皆三十六鱗今驗唯脇正中鱗一道如舊說耳非脊鱗也廣雅云黑鯉謂之鯶古今注云兗州人呼赤鯉爲赤驥謂青鯉爲青馬黑鯉爲玄駒白鯉爲白騏黃鯉爲黃雉是鯉有數色廣雅舉其黑郭注舉其赤耳今所見有赤黑黃三色

鱣 鱣大魚似鱏而短鼻口在頷下體有邪行甲無鱗肉黃大者長二三丈今江東呼爲黃魚

詩碩人疏引陸璣云鱣鮪出江海三月中從河下頭來上鱣身形似龍鋭頭口在頷下背上腹下皆有甲縱廣四五尺今於盟津東石磧上釣取之大者千餘斤可烝爲臛又可爲鮓魚子可爲醬顏氏家訓書證篇引魏武四時食制鱣魚大如五斗奩長一丈皆其形狀也郭云似鱏短鼻者釋文鱏音尋又音淫字林云長鼻魚也重千斤然則鱣與鱏同唯鼻爲異耳云體有邪行甲者郎西山經注體有連甲是也鱣乃無鱗高誘注淮南氾論篇云鱣細鱗黃首白身非也今鱣止作灰色其肉黃通呼黃魚亦呼鱘鱑魚鱘鱣聲

相轉也郭氏江賦謂之王鱣
李善蜀都賦注謂之鮑鱨

鰋今偃額
白魚

鰋說文作鰅或作鰋郭云白魚者書大傳大誓篇云中流白魚入于舟中按白魚名鮊廣雅云鮊鱎也玉篇鱎白魚也鮊一作鮊石鼓文云又鱮又鮊是也鮊又名鱖說文鱖白魚也今白魚生江湖中細鱗白色頭尾俱昂大者長六七尺也郭注偃額諸本皆作鰋蓋與正文相涉而誤唯六書故引作偃今據以訂正

鮎別名鯷江東
通呼鮎爲鮧

廣雅云鮷鯷鮎也鮷與鯷鮧竝同說文鮷大鮎也蜀都賦云鮷鱧魦鱨李善注鮷似鱨陶注本草別錄云鮧卽鯷也今人皆呼慈音卽是鮎魚作臛食之釋文引字林云青州人呼鮎鯷按今通呼爲鮎爾雅翼云鮧魚偃額兩目上陳頭大尾小身滑無鱗謂之鮎魚言其黏滑也釋文鮎舍人本無此字

鱧　鮦也

詩魚麗傳鱧鮦也說文作鱶云鮦也本草作蠡云一名鮦魚廣雅作鱺云鰑鮦也是皆聲俗之字說文鱶爲正體餘爲叚借其魚形狀則御覽引陸璣疏云似鯉頰狹而厚陶注本草舊言是公蠣蛇所變然亦有相生者至難死猶有蛇性埤雅云鱧今玄鱧是也諸魚中唯此魚膽甘可食有舌鱗細有花文一名文魚與蛇通氣其首戴星夜則北嚮爾雅翼云鱧魚圓長而斑點有七點作北斗之象皆其狀也韓詩外傳南假子曰聞君子不食鱺魚即此

鯇　今鯶魚似鱒而大

說文鯇魚不言其狀郭云今鯶魚者鯶鯇聲同一讀聲轉蓋古今字也陳藏器云鯇似鯉生江湖李時珍云有青鯇白鯇白者味勝南人多鯤之俗名草魚也今按鯉鱣鰋鮎鱧鯇依郭注爲六魚舊說不同說文

鯉鱣互訓詩傳鰋鮎同條舍人鯉一名鱣鱧一名鯇孫炎鰋鮎一魚鱧鯇一魚是皆以爲魚有兩名郭氏不從故詩疏引郭音義云先儒及毛詩訓傳皆謂魚有兩名今魚種類形狀有殊無緣強合之爲一物是郭不從舊說也六魚皆單名或古無兼名聖門蓋闕之意也

鯊鮀　今吹沙小魚體圓而有點文

詩魚麗傳用爾雅釋文引舍人云鯊石鮀也正義引陸璣疏云魚狹而小常張口吹沙故曰吹沙後漢書馬融傳注引廣志曰吹沙大如指沙中行御覽引臨海異物志云吹沙長三寸背上有刺犯之螫人爾雅翼云今人呼爲重脣脣厚特甚按鯊鮀疊韵鯊亦作魦今呼花花公子是也亙口細鱗黃白雜文亦有黑點背鬐甚利故呼皮匠刀子

鮂黑鰦　即白鯈魚江東呼爲鮂

說文儵魚儵卽鯈玉篇鯈或作鮋釋文儵本亦作鮋鮋鯈形近疑相涉而誤也孫氏星衍說儵古多爲鯈儵字缺壞作黑耳詩周頌潛箋鰷白鰷也蓋鯈字變爲鰷因音變爲條矣性好羣游故莊子云儵魚出游從容是魚樂也釋文引李頤注白魚也鯈一作鰷郭注西山經云小魚曰儵爾雅翼云其形纖細而白故日白鰷埤雅云鰷魚形狹而長江湖之閒謂之餐魚按餐與鯈聲相轉今俗呼白鰷音如白漂蓋語聲之譌耳

鰼鰌 今泥鰌

說文鰼鰌互訓釋文引字林云鰌似鱓短小也埤雅引孫炎正義云鰼尋也尋習其泥厭其清水按鰼鰌雙聲合之爲鱃聲近爲鰍故廣雅云鱃鰍鱮鰌也鱮亦鰍聲之轉玉篇鱮小鰌也郭注東山經云今蝦鰌字亦或作鱃秋音是鱃鰌字又通也莊子庚桑楚篇云尋常之溝巨魚無所旋其體而鯢鰌爲之制達生

篇云以鳥養養鳥者宜倉之以委蛇釋文引司馬彪注委蛇泥鰌也今按泥鰌銳頭無鱗身青黃色以涎自潤滑不可握出水能鳴性至難死大者能攻隄岸

鰹大鮦小者鮵今青州呼小鱺爲鮵

此申釋鱧大小之異名也大者名鰹小者名鮵然則中者名鱧郭注上文鱧鮦據中者而言也今鱧大者形似蝮蛇腹背有鬣連尾尾末無岐頭尾相等郭引時語者以鱺即鱧也廣雅鱧作鱺

鮂大鱯小者鮡鱯似鮎而大白色

此申釋鮎大小之異名也說文鮂大鱯也其小者名鮡又云鰈鱧也鱧鱯也廣雅云鮖鰈也大鰈謂之鱯六書故云鰈同鱯廣韵鰈魚似鮎也然則鰈鱯鮖俱一聲之轉大鰈謂之鱯即大鱯謂之鮂也一切經音義十一引孫炎曰鱯似鮎而大色白也是郭所本郭注北山經與此注同御覽引廣志云鱯魚似鮎大口

大口故名爲鱯然則鱯是大口之名今南方人呼鱯爲鮠鮠鱯亦聲轉也廣雅疏證云今楊州人謂大鮎爲鱯子聲如獲古方言之存者也

鰝大鰕

鰕大者出海中長二三丈鬚長數尺今青州呼鰕魚爲鰝音酆鄗

說文鰝大鰕也古今注云遼海間青鰕化爲紺蝶似蜻蛉羣飛闇天桂海虞衡志云天鰕狀如大飛蟻秋社後有風雨則羣墮水中有小翅然則鰕善躍又解飛騰也北戶錄云海中大紅鰕長二丈餘頭可作盃鬚可作簪杖水經泿水注引廣州記滕脩爲刺史脩鄉人語脩鰕鬚長一丈脩責以爲虛其人乃至東海取鰕鬚長丈四尺示脩脩始服謝也

鯤魚子

凡魚之子總名鯤

鯤鱳古通用詩敝笱箋鱳魚子也魯語云魚禁鯤鮞韋昭注鯤魚子也內則云濡魚卵醬實蓼鄭注卵讀

爲鯤鯤魚子或作攔也然則攔鯀聲同鯀鯤聲轉故
古皆相通僞詩疏引李巡曰凡魚之子總名鯤也郭
義同
李

鱀是鱁 鱀鰌屬也體似鱏尾如䲡魚大腹喙小銳而長齒羅生上下相銜鼻在額中能作聲少肉多膏胎生健啖細魚大者長丈餘江中多有之

釋文鱀其冀反字林作鱭音旣云胎生魚鱁音逐本亦作逐郭云鰌屬者初學記引南越志及臨海記鰌有鳥鰌虎鰌蝦鰌皆其類也云體似鱏者說文引傳曰伯牙鼓琴鱏魚出聽淮南說山篇作淫魚高誘注淫魚喜音長頭身相半長丈餘鼻正白身正黑口在頷下似鬲獄魚而身無鱗出江中也云尾如䲡魚者釋文引字林云魚有兩乳出樂浪一曰出江東陳藏器及李時珍並以鱀爲江豚但江豚名䱐䱐卽䲡魚見廣雅鱀尾似之而體則異郭云鰌屬體似鱏非江豚矣

鱦小魚 家語曰其小者鱦魚也今江東亦呼魚子未成者爲鱦音繩

說文鮞魚子也魯語韋昭注鮞未成魚也然則鯤爲魚卵鮞爲小魚之名鮞卽鱦聲之轉釋文鱦顧音孕是矣郭引家語屈節篇云魚之大者名鱒其小者名鱦按書大傳麥秀歌云禾黍蠅蠅疑卽本此小魚名鱦之意古字聲借爲蠅耳

鮥鮛鮪 鮪鱣屬也大者名王鮪小者名鮛鮪今宜都郡自京門以上江中通出鱏鱣之魚有一魚狀似鱣而小建平人呼鮥子卽此魚也音洛

說文鮪鮥也鮥叔鮪也又云鮨一曰鮪又云鰸鮴鮪也周雒謂之鮪蜀謂之鱣鮴鯛鱳天官䱷人春獻王鮪周頌序云潛季冬薦魚春獻鮪也鄭箋冬魚之性定春鮪新來薦獻之者謂於宗廟也月令以季春薦鮪夏小正二月祭鮪皆以其新來重之也詩疏引陸璣云鮪魚形似鱣而青黑頭小而尖似鐵兜鍪口亦

在領下其甲可以摩薑大者不過七八尺益州人謂之鱣鮪大者爲王鮪小者爲鮛鮪一名鮥肉色白味不如鱣也今東萊遼東人謂之尉魚或謂之仲明仲明者樂浪尉也溺死海中化爲此魚又云河南鞏縣東北崖上山腹有穴舊說云此穴與江湖通鮪從此穴而來北入河西上龍門入漆沮故張衡云王鮪岫居山穴爲岫謂此穴也漢書李奇注云鮪出鞏縣穴中三月遡河上能渡龍門之浪則得爲龍矣按鮪化龍高誘注淮南氾論修務篇俱有此說水經河水注亦云有鞏穴鮪渚並與陸疏相證明也郭云鱓鱣之魚者東山經注鮪卽鱓也似鱣而長鼻體無鱗甲然則詩以鱣鮪並稱實同類之物也晉宜都郡今爲湖北宜昌府建平郡今爲施南府京門御覽引作荆門是也叔鮪與王鮪對俗書作鮛非也今館陶縣屯氏河所經其中有魚青黑色長二尺許彼人珍之呼尉王魚蓋王鮪之語倒余謂此叔鮪耳鮪尉聲近陸疏言樂浪尉化魚亦非

鮥當魱海魚也似鯿而大鱗肥美多鯁今江東呼其最大長三尺者爲當魱音胡

說文鮥當互也釋文鮥云字林作鮥鮥云字林作鮥然則呂忱於此二文互有轉易未審字誤或所見本異也近人說爾雅者竝以此魚爲今鰣魚但鰣魚出江中郭以此爲海魚卽今登萊人呼魱鮥魚爲何洛魚魱郭音胡胡何聲相轉也魱鮥鰣魚實一類出於江海爲異耳

鮤鱴刀今之鮆魚也亦呼爲魛魚

說文鮆刀魚也飲而不食九江有之南山經云苕水注于具區其中多鮆魚郭注鮆魚狹薄而長頭大者尺餘太湖中今饒之一名刀魚六書故云側薄類刀其大者曰母鮆宜膾御覽引魏武四時食制曰望魚側如刀可以刈草出豫章明都澤按望魚卽鱴鱴望聲轉望古讀如芒也今海中亦有林刀魚色白如銀身形似刀而大者長餘五六尺與鮆魚有鬚爲異耳鄭注鼈人貍物謂鱴刀含漿之屬似指蚌蛤而言但

爾雅方說魚類鄭蓋失之賈疏引孫氏注爾雅刀魚與鱴別則讀鮤鱴相屬刀別爲句郭亦當然與鄭鱴刀屬讀異也

鱊鮬鱖鯞小魚也似鮒子而黑俗呼爲魚婢江東呼爲妾魚

郭云似鮒子而黑廣雅云鰿鮒也鮒今之鯽魚說文作鰿鰿鰿聲同也鯽魚似小鯉體促腹闊而脊隆鱖鯞形似之也今此魚似鯽而狹長黑色細鱗大者僅三寸也爾雅翼云鱖鯞似鯽而小黑色而揚赤今人謂之旁皮鯽又謂之婢妾魚其行以三爲率一頭在前兩頭從之若媵妾之狀故以爲名古今注云江東謂青衣魚爲婢嫗也釋文鱊郭古滑反鮬郭音步鱖鯞本亦或作厥帚段氏說文注云鯞音同婦鱊鱖音近鮬鯞音近鯞音章酉反非

魚有力者鰴強大多力

劉逵吳都賦注徽鯨魚之有力者魚大者莫若鯨故曰徽鯨也按徽鯨相儷似爲魚名爾雅祇言魚有力之通名耳

魵鰕 出穢邪頭國見呂氏字林

說文魵魚名出薉邪頭國字林本於說文也釋文引郭云小鰕別名蓋郭音義之文欲別於鰝大鰕不知此魚名耳御覽引廣志云斑文魚出濊國獻其皮魏略云濊國出斑魚皮漢時恆獻之然則斑魚卽魵魚云魵斑聲近郭云小鰕失之

鮅鱒 似鱓子赤眼

前鯇注云今鱓魚似鱒而大鱒鯇古今字也說文鮅魚名鱒赤目魚詩九罭傳大魚也埤雅引孫炎正義曰鱒好獨行御覽引陸璣疏云鱒似鱓魚而鱗細於鱓赤眼多細文爾雅翼云鱒魚目中赤色一道橫貫

鱧魚之美者

倉螺蚌也；

魴魾江東呼魴魚爲鯿一名魾音毗

說文魴赤尾魚或作鰟按詩汝墳傳魚勞則尾赤今魴魚色青白而尾不赤故毛說以魚勞許便定以赤尾非矣陸璣疏云魴今伊洛濟潁魴魚也廣而薄肥恬而少力細鱗魚之美者遼東梁水魴特肥而厚尤美於中國魴故其鄉語曰居就糧梁水魴是也郭以魴爲鯿者海內北經云大鯾居海中郭注鯾卽魴也今按鯿魚形扁穹脊闊腹小頭縮項出漢水者尤佳所謂槎頭鯿也鯿魴魾俱聲相轉魴古讀如旁也

鰲鯠未詳

釋文引廣雅云魾鰲今廣雅缺又引埤蒼云鰲鯠魾也竝與上文魾字相屬此古讀也詩九罭疏引釋魚有鱒魴樊光引此詩然則樊讀鱒魴相屬魾鰲鯠相屬故張揖讀從古也釋草有蘆蔓華說文蘆作萊陸

璣疏萊藜也鄭注儀禮云貍之言不來也是鮃鰲鯠三字古皆聲近爾雅物名多取聲近之字胥此類也郭氏不從埤蒼廣雅故云未詳廣韵鰻鯠魚名鰻鯠即鰲鯠本草別錄作鰻鱺陶注能緣樹食藤花形似鱓是也鱺鰲聲亦相借廣韵得之邵氏正義以爲鯠魚引粵諺曰三鰲不上銅鼓灘謂粵鯠不過潯州今疑未敢定也

蜎蠉 井中小蛣蟩赤蟲一名孑孓廣雅云

說文肙小蟲也肙與蜎同鄭注考工記廬人云蜎掉也讀若井中蟲蜎之蜎即此也莊子秋水篇釋文虷音寒井中赤蟲也一名蜎引爾雅及郭注是虷與蠉同廣雅云孑孓蜎也孑孓即蛣蟩又作結蟨淮南說林篇云孑孓爲蟁高誘注孑孓結蟨水上倒跂蟲按今此蟲多生止水頭大而尾小尾末有歧行則搖掉其尾翻轉至頭止則頭懸在下尾浮水上故謂之倒跂蟲爾雅翼謂之釘倒蟲釘倒猶顛倒也今登萊人

呼跟頭蟲楊州人呼翻跟頭蟲欲老則化爲蚊尾生
四足遂蜕於水而蚊出矣一切經音義引通俗文云
蜎化爲蚊是也蜎狂兗反蠉香兗反郭云赤蟲乃别
一種細如綫而赤者長寸許穴泥中其行蜿蟺欲老
頭上生毛亦化蚊也然
與蜎非一物郭注誤耳

蛭蟣今江東呼水中蛭蟲入人肉者爲蟣

說文蛭蟣也齊謂蛭曰蟣廣韵蛭水蛭引博物志曰
水蛭三斷而成三物蓋此物至難死碎斷能復活也
本草水蛭一名蚑唐注一名馬蜞釋文亦名馬耆並
與蟣音同也寇宗奭云汁人謂大者爲馬鼈腹黃者
爲馬黃按今俗人呼馬彫或呼馬鳪喜生濁泥水中
有大如拇指者其小者齧人尤猛也賈子春秋連語
云楚惠王食寒菹而得蛭遂吞之是夕也惠王之後
而蛭出其久病心腹之疾皆愈論衡福虛篇云蛭之
性食血惠王始有積血之疾
故食食血之蟲而疾愈也

科斗活東 蝦蟆子

釋文引樊孫云科斗蟾諸子也活東舍人本作顆東
與釋草菟奚同名活有括音顆活聲近活東科斗俱
雙聲字也東山經云藟山湖水出焉其中多活師郭
注科斗也是活師卽活東莊子天下篇云丁子有尾
或云卽蝦蟆子古今注云一曰玄魚一曰玄針因形
似爲名也今科斗狀如河豚形圓而尾尖幷頭尾有
似斗形冬春遺子水中有如曳繩日見黑點春水下
時鳴聒而生謂之聒子初生便黑無足有尾或云聞
雷尾脫卽
生腳矣

魁陸 本草云魁狀如海蛤圓而厚
外有理縱橫卽今之蚶也

說文魁蛗一名復絫老服翼所化本草海蛤一名魁
蛤別錄魁蛤一名魁陸一名活東生東海正圓兩頭
空表有文陶注形似紡軖小狹長外有縱橫文理云
是老蝙蝠化爲蜀本注云形圓長似大腹檳榔兩頭

有孔今出萊州按今出登州海中者形如摺疊扇縱橫文如刻鏤鄭注士冠禮云魁蜃蛤也是魁即魁蛤楚辭云陵魁堆以蔽視周語云幽王蕩以爲魁陵糞土韋昭注小阜曰魁然則魁陵猶言魁陸皆取高阜以爲名也郭云即今之蚶者釋文引字書云蚶蛤也出會稽可食嶺表錄異云瓦屋子南中舊呼爲蚶子以其殼上有棱如瓦壠故名焉殼中有肉紫色而滿腹廣人尤重之按今東海人呼瓦壠子不甚重也餘如錄異所說郭氏江賦洪蚶專車注引臨海水土記云蚶徑四尺背似瓦壠有文

蜬蚅 詳未

鼁䵲蟾諸 似蝦蟆居陸地淮南謂之去蚊 **在水者黽** 耿黽也似青蛙大腹一名土鴨

說文𧍿鼁詹諸以脰鳴者又云鼁或作䵲是𧍿鼁即鼁䵲一聲之轉鼁七宿反與䵲同字釋文音䵲爲秋非古音也書大傳云濟中詹諸鄭注詹諸䵲鼀也按䵲鼀詩俗作戚施以喻醜惡但大傳所說是鼁黽在

水中者爾雅所言則詹諸居陸地者本不同物古多通名故本草蝦蟇別錄一名蟾蜍一名䵶一名去甫一名苦蠪陶注云此是腹大皮上多痱磊者今按陶說正是詹諸俗作蟾蜍非蝦蟇也蝦蟇小而土黃色詹諸大而黑黃色其行遲緩故名鼀䵶鼀䵶猶局蹩也去蚥即去甫夏小正鳴蜮以蜮爲屈造淮南說林篇以屈造爲鼓造屈與鼀造與䵶俱聲相轉月令疏引李巡注蟾諸蝦蟆也郭以似蝦蟆居陸地別之是矣○說文黽鼀黽也郭云耿黽者耿與蟈聲相轉秋官蟈氏掌去鼃黽鄭注以鼃爲蟈黽爲耿黽今驗人家庭院止水中有小鼃慘黃色腹下赤大如指頭其鳴如曰孤格孤格即蟈之合聲羣聒人耳形尤可憎秋官所去疑指此物鄭似失之蓋鼃即青鼃與耿黽別種非一物也陶注別錄鼃云大而青脊者俗名土鴨其鳴甚壯又一種黑色南人名爲蛤子食之至美又一種小形善鳴喚者名鼃子此則是也今按陶注以土鴨與蛤子爲二物亦非也鼃似蝦蟆背青綠色喙尖腹細其鳴哇哇者是也黽似青鼃大腹背有黑

文一道其鳴蛤蛤者是也鳴聲似鴨故名土鴨黿與耿黿似非一物郭本鄭注以耿黿爲黿亦非矣

蜌螷　今江東呼蚌長而狹者爲螷

說文螷蜌也脩爲螷圜爲蠇蠇蚌屬讀若賴天官鼈人祭祀共螷蠃蚳以授醢人既夕禮東方之饌有蠃醢鄭注竝云螷蜯也本草馬刀陶注引李當之云生江漢中長六七寸大都似今蜳磁而非今按蜳磁即螷螷磁聲轉蜌螷亦雙聲也蚌蛤二物古每通名廣雅云蜌螷蒲盧也鄭衆注鼈人云螷蛤也韋昭注晉語云蛤螷皆蚌類高誘注淮南道應篇云蛤棃海蚌也此皆通名若其正稱長則爲蚌圓則爲蛤今海邊人呼蛤棃爲蛤刺刺即蠣聲之轉說文魚部鮩蚌也鮩亦螷聲之轉禹貢蠙珠說文作玭與蜌又疊韵矣

蚌含漿　蚌即蜃也

說文蚌蜃屬按月令注大蛤曰蜃晉語注小曰蛤大曰蜃是蜃爲蛤屬許以釋蚌亦通名耳鄭注鼈人以

含漿爲貍物之屬蓋蚌類多藴伏泥中含肉而饒漿故被斯名矣今江湖陂澤此類實繁形脩而扁如石決明而殼兩片相合腹亦生珠禹貢蠙珠孔疏云蠙是蚌之別名蚌蠙聲亦相轉吳都賦云蚌蛤珠胎與月虧全蓋凡蚌之屬腹多孕珠者也類聚引郭氏讚云雀雉之化含珠懷璫與月盈虧協氣晦望

鼈三足能龜三足賁 山海經曰從山多三足鼈大苦山多三足龜今吳興郡陽羨縣君山上有池池中出三足鼈又有六眼龜

說文鼈甲蟲也龜舊也外骨內肉者也鄭注梓人云外骨龜屬內骨鼈屬又注大司徒以龜鼈之屬爲介物也左氏昭七年疏引樊光曰鼈皆四足今三足故記之論衡是應篇云鼈三足曰能龜三足曰賁能與賁不能神於四足之龜鼈然則此雖異種非靈物也郭引中山經文又言有六眼龜廣異聞耳君山在今常州府宜興縣西南濱大江故江賦云有鼈三足有龜六眸是此二物亦產江中初學記引宋略云吳郡

獻六眼龜宋書符瑞志又云有四眼八眼龜見會稽
及吳興然則龜鼈三趾以少爲異四八稱瑞以多爲
異葢不足致辨也中山經言三足龜食者可已腫三
足鼈食之無蠱疫而蘇頌圖經云食之殺人也釋文
能如字又奴代反賁謝音奔又音墳顧彼義反是無
正音按能古以爲三台字則當音奴代反又左昭七
年傳化爲黃熊釋文熊作能本爾雅則
能應讀如字古音能熊同在東部也

蚹蠃螔蝓卽蝸牛也蠃小者蜬螺大者如斗出日南漲海中可以爲酒杯

說文蝸蝸蠃也蝓虒蝓也又蠃螺蠃也一曰虒蝓俱
本爾雅按虒虎之有角者蝸牛有角故得虒名俗加
虫爲螔耳蝸蠃與螺蠃聲同故螺蠃名蒲盧蝸蠃名
蚹蠃蚹蠃與蒲盧聲相轉螔蝓亦雙聲也蚹蠃轉爲
僕纍見中山經僕纍卽蝶螺又轉爲薄蠃高誘注淮
南俶眞篇云蠃蠡薄蠃也按今海邊人謂蠃爲薄蠃
子棲霞人謂蝸牛爲薄蠃揚州人呼旱蠃順天人呼
水牛蠃蠡廣雅作蠡蠃語之轉耳又轉爲陵蠡本草

蛞蝓一名陵蠡古今注云蝸牛陵蠡也莊子則陽篇云有所謂蝸者釋文引李頤注蝸蟲有兩角俗謂之蝸牛又引三倉云小牛螺也一云俗名黄犢然據本草旣有蛞蝓别錄又有蝸牛則非一物也陶注蛞蝓無殼蝸牛俗呼爲瓜牛生山中及人家頭形如蛞蝓但背負殼爾埤雅引孫炎正義以爲負螺而行因以名之古今注云蝸牛形如蛞蝓殼如小螺熱則自縣葉下是皆以蝸牛蜒蝓爲二物但經典則不别通謂之蠃也故鄭注鼈人醢人及士冠禮竝以蠃爲蜒蝓書大傳云鉅定蠃鄭注蠃蝸牛也士冠禮注今文蠃爲蝸又云内則蝸醢是蝸蠃古通用○此蠃謂水蠃也小者曰蜬與貝同名大者即名蠃蠃與螺同郭特據最大者言耳吳語云其民必移就蒲蠃於東海之濱韋昭注分蒲蠃爲二非也蒲蠃即薄蠃一聲之轉類聚引南州異物志曰扶南海有大螺如甌從邊直旁截破因成杯形又曰鸚鵡螺狀如覆杯竝與郭義合

螖蠌小者蟧螺屬見埤蒼或曰即彭螖也似蟹而小

玉篇螖蠌蟲不言其狀郭云螺屬者類聚引南州異物志曰寄居之蟲如螺而有脚形如蜘蛛本無殼入空螺殼中戴以行觸之縮足如螺閉戶也火炙之乃出走始知其寄居也今按螖蠌釋文滑澤骨鐸二音滑澤猶言護宅也即寄居之義骨鐸猶言胍肫也象其殼形今海邊人凡戴殼者通謂之螺螺與蟧聲相轉今驗寄居形狀大小不一其蟲俱如蜘蛛而有脊如蟹戴殼而游亦能走出殼如小螺形色瑰異然則埤蒼以爲螺屬始指此也郭又引或說即彭螖者古今注云蟚螖小蟹也生海邊塗中食土一名長卿其有一螯大者名爲擁劒一名執火嶺表錄異云彭螖吳呼爲彭越蓋語訛也足上無毛堪食吳越間多以異鹽藏貨於市今按郭注雖存兩說前義爲長彭越廣韵作蟚蚏也

蜃小者珧珧玉珧即小蚌

月令注大蛤曰蜃是蛤大者名蜃小者名珧也說文珧蜃甲也所以飾物引禮云佩刀天子玉琫而珧珌詩瞻彼洛矣傳亦援其文也東山經云激女之水多蜃珧郭注蜃蚌也珧玉珧亦蚌屬御覽引臨海異物志云玉珧似蚌長二寸廣五寸上大下小其殼中柱炙之味酒釋文引字書云玉珧肉不可食惟柱可食耳按此卽江瑤柱亦名車螯其殼紫色有班文故王會篇云東越海蛤且甌文蜃是矣釋文珧衆家本皆作濯蓋珧从兆聲與濯音近故相通俗

龜俯者靈行頭低 **仰者謝**行頭仰 **前弇諸果**甲前長 **後弇諸獵**甲後長 **左倪不類**行頭左庳今江東所謂左倉者以甲卜審 **右倪不若**行頭右庳爲右倉甲形

皆爾

春官卜師凡卜辨龜之上下左右陰陽以授命龜者龜人掌六龜之屬各有名物天龜曰靈屬地龜曰繹

屬東龜曰果屬西龜曰靁屬南龜曰獵屬北龜曰若屬是周官先有成文此釋之也○俯者天龜也卜師注注下俯者也龜人注天龜俯書大傳云孟諸靈龜鄭注龜俯首者靈晉書文帝紀魏咸熙二年朐䏰縣獻靈龜蓋卽此矣左氏昭廿四年傳竊其寶龜僂句張聰咸杜注辨證引高誘呂覽注傴僂俯者也句猶倨句之句亦俯首向下貌然則僂句蓋天龜矣杜氏方之大蔡無據○仰者地龜也鄭注上仰者也地龜仰按謝彼作繹謝繹古同聲釋文謝衆家本作射蓋射有繹音韓詩斁作射卽其例也又射序古音同序與豫通見鄉射禮豫斁聲相轉也○諸與者同前弇者東龜也上師注陽前弇也龜人注杜子春讀果爲臝釋文果臝俱魯火反賈疏此龜前甲長後甲短露出邊爲臝露也爾雅釋文弇古奄字又作揜果衆家作裹唯郭作北字然則裹有歛藏之意弇在前故曰裹露在後故曰臝臝與裸同○後弇者南龜也鄭注陰後弇也又云東龜南龜長前後在陽象經也按獵之言捷也捷謂接續義見釋詁此龜後甲長若後有接

續也○左倪者西龜也倪與睨同賈疏以爲頭向左顧相睥睨是也會稽錄云孔愉買龜放之中流龜左顧卽此矣莊子言豫且得白龜搜神記言毛寶釣得白龜鄭注龜人西龜白豈是歟類靁聲近故古字通○右倪者北龜也鄭注西龜北龜長左右在陰象緯也然則左右倪者謂頭偏向左右故亦云長非甲長也諸不二字鄭以爲語助及發聲非義所存故注從省

貝居陸贆在水者蜬水陸異名也貝中肉如科斗但有頭尾耳**大者魧**書大傳曰大貝如車渠車渠謂車輞卽魧屬**小者鰿**今細貝亦有紫色者出日南**玄貝貽貝**黑色貝也**餘貾黃白文**以黃爲質白爲文點**餘泉白黃文**以白爲質黃爲文點今之紫貝以紫爲質黑爲文點**蚆博而頯**頯者中央廣兩頭銳**蜠大而險**險者謂污薄**蟦小而橢**卽上小貝橢謂狹而長此皆說貝之形容

說文貝海介蟲也古者貨貝而寶龜周而有泉到秦廢貝行泉鄭注士喪禮云貝水物古者以爲貨江水出焉類聚引詩義疏云貝龍龜屬詩錫我百朋箋古者貨貝五貝爲朋李時珍云今貝獨雲南用之呼爲海肥以一爲莊四莊爲手四手爲苗五苗爲索○贆說文作猋猋云居陸名猋在水名蝠類聚引爾雅正作猋按蝠與水贏同名蓋貝亦贏屬而有文彩故人異而珍之○魧釋文引字林作蚢云大貝也郭氏江賦紫蚢如渠書大傳云散宜生之江淮之浦取大貝如大車之渠鄭注渠車罔也車輞爲渠見考工記大傳又云南海大貝白虎通封禪篇云江出大貝漢書言尉佗獻大貝五百蓋此物產於江海故類聚引廣志云大貝出巨延州劉欣期交州記云大貝出日南如酒杯詩疏引陸璣疏云其貝大者常有徑至一尺六七寸者今九眞交趾以爲杯盤寶物也○鰿者小貝之名本草名貝子別錄名貝齒陶注出南海此是小貝小貝子人以飾軍容服物者虞衡志云貝子海傍皆有之大者如拳上有紫斑小者指面大白如玉按漢

書食貨志玄貝二寸四分以上二枚爲一朋小貝一寸二分以上二枚爲一朋然則小貝之外又有玄貝爾雅但言小者以包之○貽者釋文顧餘之反字林作⿰虫台大才反黑貝也王會篇云共人玄貝孔晁注以共人爲吳越玄貝即貽貝也鹽鐵論錯幣篇云夏后以玄貝周人以紫石按紫石即紫貝如彼所說則殷人以紫貝歟○蚳泉者釋文云或作貾⿰虫彔書顧命云文貝仍几西山經云蕃澤其中多文貝郭注餘泉蚳之類也又云邽山濛水出焉其中多黃貝詩成是貝錦箋文如餘泉餘貾之貝文也疏引李巡曰餘貾貝甲黃爲質白爲文彩餘泉貝甲白爲質黃爲文彩陸璣疏同云又有紫貝其白質如玉紫點爲文皆行列相當郭說蚳泉與李同其說紫貝與陸異今所見紫貝質文正如陸說郭所說者今未見也類聚引萬震南州異物志曰素質紫飾文若羅珠又引相貝經云赤電黑雲謂之紫貝○蚆者雲南人呼貝爲海肥肥貝聲轉也尤侗暹羅竹枝詞云海⿰貝八買賣解香燒原注行錢用⿰貝八羅斛香名然則⿰貝八與肥皆蚆之別體矣

頯與頄同權也郭音匡軌反謂中央廣兩頭銳也士喪禮注博廣也○蜠者魧之別名也釋文魧又口蔡反蜠郭求隕反則蜠魧亦聲轉也險者春官典同氏險聲歛注險險謂偏弇也郭訓險爲薄則讀與儉同左襄廿九年傳大而婉險而易行史記險作儉劉脩碑云動乎儉中今易作險險險儉古字通也○蟦即鰿也橢者周頌般云隨山喬嶽楚辭天問篇云南北順橢其循幾何皆以橢爲狹而長也詩破斧傳隋銎曰斧士冠禮注隋方曰篋隋俱橢字之省

蠑螈蜥蜴蜥蜴蝘蜓蝘蜓守宮也轉相解博異語別四名也

說文蠑蚖蛇醫以注鳴者又云虺以注鳴鄭注梓人則云胸鳴榮原屬說文又云易蜥易蝘蜓守宮也在壁曰蝘蜓在草曰蜥易按蜥通作蜴詩胡爲虺蜴傳蜴螈也蜴即蜥字故釋文云蜴星歷反字又作蜥是也爾雅說文乃云蜴音亦說文字林作易此音誤矣蓋詩之虺蜴俗讀爲易因而爾雅蜥易亦誤爲蜴不

知蜴即蜥之異文經典轉寫多誤唯方言作易蜴一郭
注音析不誤宜據以訂正爾雅詩疏引李巡曰蠑螈一
名蜥易蜥易名蝘蜓蝘蜓名守宮孫炎曰別四名也
陸璣疏云虺蜴一名蠑螈水蜴也或謂之蛇醫如蜥
易青綠色大如指形狀可惡方言云守宮秦晉西夏
謂之守宮或謂之蠦蠼或謂之刺易其在澤中者謂
之易蜴南楚謂之蛇醫或謂之蠑螈東齊海岱之
間謂之螔螏北燕謂之祝蜓廣雅俱本方言而增以
蚵蠪玉篇蚵蠪蜥易也一切經音義七云守宮江南
名蝘蜓山東謂之蝀蜆陝西名壁宮按今登萊人謂
守宮為蠍虎青斑色好在壁間即蝘蜓矣其在草中
者形細長黃斑色謂之馬蛇子即蜥易矣蜥易蛇醫
聲之轉耳東方朔云是非守宮即蜥易然則此皆同
類故爾雅通名矣邵氏正義據御覽引曹叔祥異物
志云魚跳躍則蜥易從草中下便共浮
水上而相合此蜥易所由附見魚類也

⿰镸夬蠠 淮南人呼蠠子音惡

螣螣蛇 龍類也能興雲霧而游其中淮南云蟒蛇

蟒王蛇蟒蛇最大者故曰王蛇蝮虺博三寸首大如擘身廣三寸頭大如人擘指此自一種蛇名爲蝮虺

說文駃蛇惡毒長也蝁虺屬按蝁之言惡也此蛇最毒惡故淮南人呼蝁子○說文它虫也或作蛇騰神蛇也通作騰大戴禮勸學篇云騰蛇無足而騰荀子作螣蛇無足而飛史記龜策傳云騰蛇之神而殆於即且後漢書注引爾雅舊注云騰蛇有鱗是爲龍類也慎子云飛龍乘雲騰蛇游霧雲罷霧霽而龍蛇與螾螘同矣則失其所乘也一名飛蛇中山經云柴桑之山多飛蛇郭注即騰蛇乘霧而飛者淮南泰族篇云騰蛇雄鳴於上風雌鳴於下風而化成形精之至也郭引淮南云蟒蛇者邪疏蟒當爲奔引淮南覽冥篇云前白螭後奔蛇許慎云奔蛇馳蛇高誘注奔蛇騰蛇也按騰騰二字形近釋文上直錦反字又作朕下徒登反字又作騰○孫氏星衍曰蟒字義當用莽小爾雅云莽大也按爾雅古本必作莽莽形近奔故

上注引淮南奔蛇誤作莽俗又加虫作蟒矣王蛇者王大也楚辭大招篇云王虺騫只王虺即王蛇也類聚引郭氏讚云惟蛇之君是謂巨蟒小則數尋大或百丈晉書郭璞傳客傲云蟒蛇以騰鶩暴鱗今按大蛇有大者便能乘風騰鶩非必螣蛇始然今有莽蟒不能騰人啖之以爲珍味矣○虺者虫之叚借也說文蝮虫也又云虫一名蝮博三寸首大如擘指是虺當作虫俗作虺郭注南山經云虫古虺字非矣其說蝮虫南山經及北山經兩處竝云色如綬文又云文閒有毛如猪鬐大者百餘斤然則彼蓋蝮虫之最大者楚辭招魂所謂復蛇蓁蓁與爾雅之蝮虺名同實異非一物也爾雅所釋乃是土虺今山中人多有見者福山棲霞謂之土腳蛇江淮閒謂之土骨蛇長一尺許頭尾相等狀類土色人誤踐之躍起中人故郭氏圖讚云蛇之殊狀其名爲虺其尾似頭其頭似尾虎豹可踐此蛇忌履足盡其形狀矣若然爾雅首大如擘擘蓋臂之叚借釋文引劉昌宗音薄歷反得之臂謂手以上者與身博三寸相等也又引孫云頭如拇

指蓋失之矣又引說文孽下無指字今本有者衍也詩疏引舍人曰蝮一名虺江淮以南曰蝮江淮以北曰虺郭云此自一種蛇名蝮虺亦非本草陶注以蝮蛇及虺與蚖分爲三物今按蚖疑卽虺之或體陶誤分耳蜀圖經云蝮形麄短黃黑如土色類聚引廣志曰蝮蛇與土色相亂長三四尺其中人以牙櫟之截斷皮出血則身盡腫九竅血出而死廣志圖經所說正是土虺今北方土虺毒少減中人亦不至死與南方者異矣

鯢大者謂之鰕今鯢魚似鮎四腳前似獮猴後似狗聲如小兒啼大者長八九尺

說文鯢刺魚也邢疏以爲雌鯨非也鯨海大魚雄曰鯨雌曰鯢與此同名非一物也王會篇云穢人前兒前兒若獮猴立行聲似小兒蓋卽此物兒鯢古字通也北山經云決決之水其中多人魚其狀如鯑魚四足其音如嬰兒食之無瘕疾郭注鯑見中山經或曰人魚卽鯢也似鮎而四足聲如小兒啼今亦呼鮎爲

鰟音虒水經伊水注引廣志曰鯢魚聲如小兒啼有四足形如鯪鯉可以治牛出伊水也史記始皇帝之葬以人魚膏爲燭徐廣注人魚卽鯢是也御覽引異物志云鯢魚有四足如鼈而行疾有魚之體而以足行故曰鰕魚含水仰天不動小鳥就飲因而吞之廣雅云魶鯢也史記司馬相如傳云禺禺鱋魶徐廣注魶一作鰨郭注鰨鯢魚也漢書音義云魶鯷魚也然則魶鰨鯷俱鯢之別名也海外西經云龍魚陵居一曰鰕一曰鼈魚又云龍魚其爲魚也如鯉鯉卽鯪鯉其形似鼈故又名鼈魚

魚枕謂之丁 枕在魚頭骨中形似篆書丁字可作印

魚腸謂之乙魚尾謂之丙 此皆似篆書字因以名焉禮記曰魚去乙然則魚之骨體盡似丙丁之屬因形名之

魚頭骨爲枕郭云似篆書丁字可作印者謂作印章也云魚去乙者內則鄭注乙魚體中害人者名也今東海鰫魚有骨名乙在目旁狀如篆乙食之鯁人不可出鄭說非爾雅義郭偺引耳魚尾岐與燕尾同狀

如篆書丙字

一曰神龜龜之最神明二曰靈龜涪陵郡出大龜甲可以卜緣中文似瑇瑁俗呼爲靈龜即今觜蠵龜一名靈蠵能鳴三曰攝龜小龜也腹甲曲折解能自張閉好食蛇江東呼爲陵龜四曰寶龜書曰遺我大寶龜五曰文龜甲有文彩者河圖曰靈龜負書丹甲青文六曰筮龜常在蓍叢下潛伏見龜策傳七曰山龜八曰澤龜九曰水龜十曰火龜此皆說龜生之處所火龜猶火鼠耳物有含異氣者不可以常理推然亦無所怪

易損卦云或益之十朋之龜虞翻注謂神靈攝寶文筮山澤水火之龜也孔疏引馬鄭注竝用爾雅禮器疏云大凡神靈寶文攝唯五體而已蓋筮龜山澤以下皆因所生處以爲名故止言五體也廣韵十七登下引書云武王悅箕子之對錫十朋蓋在逸周書箕子篇內今缺其文也○神龜者王會篇伊尹四方令

云正西神龜爲獻史記龜策傳云神龜在江南嘉林
中禮器疏引郭注此當龜以爲畜在宮沼者葢郭音
義之文本禮運爲說也南齊書謂神龜腹下有離兑
封此葢異龜非所恒有郭氏未言以此可見○靈龜
者劉逵蜀都賦注引譙周異物志曰涪陵多大龜其
甲可以卜其緣中又似瑇瑁俗名曰靈華陽國志亦
云其緣可作叉世號靈叉又與釵同並郭所本今郭
注叉作文字形之誤宜據以訂正郭又云一名靈蠵
能鳴者說文蠵大龜也以胃鳴者羽獵賦云抾靈蠵
初學記引廣志曰蟕蠵形如龜出交州山龜在山上
倉草長尺餘禮器疏引郭云今江東所用卜龜黃靈
黑靈者此葢與天龜靈屬一也是郭以此龜即天龜
說苑辨物篇云靈龜文五色似玉似金類聚引吳謝
承表云伏覩靈龜出於會稽章安臣聞靈龜告符五
色粲彰則金則玉背陰向陽○攝龜者禮器疏引郭
云以腹甲翕然攝斂頭閉藏之即當周禮地與四方
之龜知者以皆有奄斂之義故也按釋文攝謝涉
反然則攝猶摺也亦猶折也言能自曲折解張閉如

摺疊也本草別錄陶注又有鵞龜小狹長尾用以卜
則吉凶正反唐本注云鵞龜腹折見蛇則呷而食之
荆楚之閒謂之呷蛇龜郭云江東呼陵龜即攝龜矣
○寶龜者春秋定八年盜竊寶玉大弓公羊傳以龜
青純爲寶何休注千歲之龜青髯謂之寶者世世寶
用之辭郭引書大誥文禮器疏云即遺我大寶龜及
樂記曰青黑緣者天子之寶龜及公羊龜青純皆是
也○文龜者類聚引禮斗威儀曰君乘土而王則龜
被文而見尚書中候曰堯沈璧于雒玄龜負書出背
甲赤文成字及郭所引河圖皆其類也○筮龜者注
言常在蓍叢下潛伏龜策傳引傳曰上有擣蓍下有
神龜又云聞蓍生滿百莖者其下必有神龜守之其
上常有青雲覆之○山澤水火龜者皆因龜所生處
以爲名其火龜尤異故舉火鼠以況之郭注山海經
云有火山國其山雖霖雨火常然火中白鼠時出山
邊求食人捕得之以毛作布名之火浣布是也類聚
引郭氏讚曰天生神物十朋之龜或游於火或游
於蓍雖云類殊象二一歸亹亹致用極數盡幾

爾雅郭注義疏下之四

孫男聯蓀伯愷
　　　薇近垣　校字

爾雅郭注義疏下之五

棲霞郝懿行學

釋鳥弟十七

說文鳥長尾禽總名也隹鳥之短尾總名也左傳郯子曰少皥摯之立也鳳鳥適至故紀於鳥爲鳥師而鳥名其述五鳩五雉九扈之屬爾雅皆釋其名天官庖人辨六禽鄭衆以鴈鶉鷃雉鳩鴿爲釋爾雅並詳其目旁及怪鴟爰居之類翟是氏所稱夭鳥也鳥鴿鼠鼣之倫禹貢所標地望也篇內旣言二足而羽謂之禽然則蝙蝠夷由皆鼠屬而居鳥部者夏小正云凡有翼者爲鳥也又鳥隹以長尾短尾爲別茲篇所釋則兼長尾短尾而總題曰釋鳥

隹其鳺鴀今鵓鳩

說文䧿祝鳩也左氏昭十七年傳祝鳩氏司徒也杜預注祝鳩鵻鳩也鵻鳩孝故爲司徒主教民按鵻鳩卽

雖字形譌陸德明音鴩爲焦非也祝鳩雖其聲相轉
雖俗作隹釋文反以隹旁加鳥爲非失之矣鴩䳭當
作夫不詩四牡傳雖夫不也箋云夫不鳥之慤謹者
人皆憂之南有嘉魚傳雖壹宿之鳥也箋云壹宿者
壹意於其所宿之木也左傳疏引樊光曰春秋云祝
鳩氏司徒祝鳩卽隹其夫不孝故爲司徒詩疏引舍
人曰雖名其夫不鳺鴀引李巡曰夫不一名雖今
楚鳩也又引郭曰今鵓鳩也爾雅注作鵓鳩鵓卽夫
不之合聲也鵓鳩聲轉爲鵓鳩又轉爲鵓鳩以其棲
有定所故南方有鵓鳩定之語以其巢不完而卵易
墮故北方有鵓鳩墮卵之諺一種形小而善鳴俗謂
之水鴣鴣因其聲以爲名也方言云鳩自關而東謂
之鵖鷎鷎郎其鵴鳩謂之鵖鷎自關而西謂之鶝鳩
其大者謂之鵴鳩鵴其小者謂之鵴鳩鳻鳩或謂之
鶏鳩或謂之鶝鳩或謂之鶻鳩梁宋之閒謂之鵴然
則方言鵴鳩以下皆卽爾雅之雖夫不其鶻鳩乃鶌
鳩與雖非一物方言葢誤唯廣雅以鵖鵗爲鳩總名
以鵴鳩爲鶌鳩鶌卽班也以鵧鳩以下爲鵴鳩卽夫

不也分爲三類足正方言之失矣陸璣詩義疏云鵻今小鳩也一名鵓鳩幽州人或謂之鷱鴡梁宋之閒謂之隹楊州人亦然又云鵓鳩灰色無繡項陰則屏逐其匹晴則呼之語曰天將雨鳩逐婦是也陸疏所說得其形狀李巡謂之楚鳩郭氏謂之荆鳩皆卽今鵓鳩也水經濟水注引廣志云楚鳩一名嗥啁高唐賦云正冥楚鳩楚猶荆耳

隹其蠠韻夫不雙聲也

鶌鳩鶻鵃 似山鵲而小短尾青黑色多聲今江東亦呼爲鶻鵃

說文鶌鶌鳩也鳩鶻鵃也詩氓傳云鳩鶻鳩也是鶌鳩卽名鳩以其多聲又名鳴鳩詩小宛傳鳴鳩鶻雕雕鵃古字通亦猶舟周古通用也又名滑鳩莊子逍遙遊篇云鷽鳩釋文引崔譔云鷽讀爲滑滑鳩一名滑雕卽毛傳所謂鶻雕也又名鶻嘲禮記疏引郭云鶌音九物反鵃音嘲後世卽謂之鶻嘲所引葢郭音義之文今驗其聲正作鶻嘲鶻嘲聲轉又爲鉤輈格磔也左昭十七年疏引舍人曰鶌鳩一名鶻鵃今之

班鳩也樊光曰春秋云鶻鳩氏司事春來冬去孫炎曰鶻鳩一名鳴鳩月令云鳴鳩拂其羽爾雅釋文引毛詩草木疏云班鳩也杜陽人謂之班隹似鵓鳩而大項有繡文班然故曰班鳩高誘呂覽季春紀注亦云鳴鳩班鳩也廣雅謂之鶌鳩鶌與班同也喜以春鳴故東京賦云鶻鵃春鳴其背青黑故今呼之青肩其膺紫班故謂之班鳩矣方言以鵻大者謂之鳻鳩鳻與班雖同音非同物也

鳲鳩鴶鵴 今之布穀也江東呼爲穫穀

說文秸鞠尸鳩詩作鳲鳩召南及曹風毛傳竝作秸鞠聲僃字也箋於鵲巢言其性拙傳於養子言其平均俱緣詩生訓也左昭十七年疏引樊光曰春秋云鳲鳩氏司空心平均故爲司空方言云布穀自關東西梁楚之閒謂之結誥結誥即秸鞠聲之轉也西山經云南山鳥多尸鳩郭注尸鳩布穀類也或曰鶻鵰也其注方言鳲鳩亦曰或云鶻鵰也者月令仲春鷹化爲鳩鄭注鳩搏穀也高誘呂覽仲春紀注鷹化爲鳩

喙正直不鷙擊也鳩蓋布穀鳥刻子天瑞篇云鷂之爲鸇鸇之爲布穀布穀久復爲鷂也是皆鄭高郭注所本也布穀轉爲搏穀又爲穫穀又爲擊穀方言云布穀周魏之閒謂之擊穀御覽引陸璣疏云今梁宋之閒謂布穀爲鶗鴂一名擊穀一名桑鳩然則鶗鴂擊穀聲相轉桑鳩鳲鳩亦聲相轉矣擊穀又轉爲郭公陳藏器本草拾遺云江東呼爲郭公北人云撥穀似鷂長尾牝牡飛鳴以翼相拂擊六書故云其聲若曰布穀故謂之布穀又謂勃姑又謂步姑按今楊州人謂之卜姑東齊及德滄之閒謂之保姑其身灰色翅尾末俱雜黑色農人候此鳥鳴布種其穀矣左傳疏引孫炎據方言以鳲鳩爲戴勝後漢書注亦以布穀爲戴勝今驗戴勝鳴聲亦曰搏穀又曰耬耬穀而非鶗鴂布穀之倫郭注方言辨其失也

鷑鳩鵧鷑小黑鳥鳴自呼江東名爲烏鵖

釋文鷑呂郭亘立反施音及鵧謝符悲反郭方買反按鵧鷑聲轉爲批頰卽批頰鳥也又名雛札淮南說

林篇云烏力勝日而服於雛禮高誘注烏在日中而見故曰勝日服猶畏也雛禮爾雅謂之禅笠秦人謂之祝祝鸃時晨鳴人舍者鴻鳥皆畏之然則高注禅笠即爾雅之鵯鶋其雛禮即雛札廣雅疏證以爲札與禮形相似因而展轉致譌其說是矣祝祝雛札聲亦相轉又名車搞亦名加格皆語聲相變耳廣雅云車搞雛札也荆楚歲時記云春分有鳥如烏先雞而鳴聲如加格加格民候此鳥鳴則入田以爲候人駕犂格也今驗此鳥黑身長尾其夜鳴之聲正如歲時記所說郭云江東名烏鵙者玉篇烏鵙似鳩有冠爾雅翼云今烏鵙小於烏而能逐烏按烏鵙即鵶鵙因其色黑爲名鵙鶋亦聲轉也

鵙鳩王鵙　鵰類今江東呼之爲鶚好在江渚山邊食魚毛詩傳曰鳥摯而有別

說文鵙王鵙也左傳鵙鳩氏司馬也杜預注王鵙也摯而有別故爲司馬主法制疏引李巡云王鵙一名鵙鳩詩疏引陸璣疏云鵙鳩大小如鴟深目目上骨露幽州人謂之鷲而楊雄許愼皆曰白鷢似鷹尾上

白按爾雅鸒鷽白鷢與王鴡爲三物楊許欲合爲一非矣能扇波令魚出食之故淮南說林篇謂之沸波郭云雕類江東呼鶚說文鷻雕也鳶鷙鳥也鳶與鶚同史記正義云王鴡金口鶚也毛傳摯而有別此引作鷙而亦音至釋文得之

鴿鵖鵙 今江東呼鵂鶹爲鵋鵙亦爲之鴿鵖音格

說文鴿鵋欺也郭以爲鵂鶹廣韵云鵋鵙鵂鶹鳥今之角鵖也鵋鵙疊韵鵂與舊同古讀舊如鵋鵋鴿又雙聲也轉爲鵅鴿鵅與鉤同釋文鉤本今作鵅鵅鴿亦雙聲矣一切經音義廿引舍人曰鵂鶹南陽名鉤鴿一名忌欺

詳下怪鵖

鶅鵵軌 未詳

鴗天狗 小鳥也青似翠食魚江東呼爲水狗

說文䲹天狗也本草拾遺云穴土為窠取其尾為飾亦有斑白者俱能水上取魚按今所見者青翠色大如燕而喙極長尾絕短喙足皆赤色爾雅翼云今謂之翠碧鳥又謂之魚狗或曰小者為魚狗大者名翠奴

鷚天鸙 大如鷃雀色似鶉好高飛作聲今江東名之天鷚音綢繆

說文鷚天龠也釋文鷚孫音流鸙說文作龠則與釋草之龍天龠同名徐鍇本以鷚雡俱為天鸙非也下云雉之莫子為鷚雡非天鸙矣今此鳥俗謂之天雀毛色全似阿鷚而形差小高飛直上鳴聲相屬有如告訴或謂之告天鳥即此也

䳘鸃鵝 今之野鵝

說文䳘鸃鵝也類聚引廣志曰鴽鵞野鵞也本草陶注野鵝大如鴈猶似家蒼鵞謂之駕鵞也駕鵞疊韵

鵱鷜雙聲

鶬麋鴰 今呼鶬鴰

說文用爾雅鶬或作⿰倉隹列子湯問篇云蒲且子連雙鶬於青雲之際史記司馬相如傳正義引司馬彪云鶬似雁而黑亦呼為鶬括顏師古漢書注鶬鴰今關西呼為鴰鹿山東通謂之鶬鄙俗名為鎗落又謂鴰捋鴰捋捋鴰鹿皆象其鳴聲也按捋鹿聲相轉今萊陽人謂之老鶬南方人謂之鶬鷄雞鴰聲亦相轉

鵅烏鸔 水鳥也似鶂而短頸腹翅紫白背上綠色江東呼烏鸔音駮

說文鵅烏鸔也釋文鵅音洛鸔孫音暴郭云似鶂者莊子天運篇云鶂之相視眸子不運而風化白孔六帖引三蒼云鶂鳥高飛似雁目相擊而孕吐而生子其色蒼白烏鸔似之也陶注本草烏賊魚云是鸔烏所化作今其口腹具存猶相似爾蜀圖經亦同茲說然鸔烏非即烏鸔

舒鴈鵝禮記曰出如舒鴈今江東呼鳴音加舒鳧鶩鴨也

說文鴈鵝也鵝鳴䳘也方言云鴈自關而東謂之鳴䳘南楚之外謂之鵝或謂之鶬鳴郭注今江東通呼爲鳴廣雅本方言云鳴鵝倉鳴鴈也鴈與鴈同鳴與駕同通作駕魯大夫有榮駕鵝漢書司馬相如傳弋白鵠連駕鵝史記作駕鵞然則鳴鵝疊韵言其聲也倉鳴言其色也內則疏引某氏云在野舒翼飛遠者爲鵝李巡云野曰鴈家曰鵝一切經音義二引孫炎曰鵝一名舒鴈今按鴈鵝同類而別古人則通莊子山木篇云命豎子殺鴈而烹之盖鴈卽鵝矣鵝有蒼白二色蒼者全與鴈同郭引出如舒鴈者聘禮記文○說文鶩舒鳧也鳧舒鳧鶩也廣雅云鳾鴨鸗鳧鶩鳧也鳧或作鳬竝與鴨同鶩音木鳾鶩聲相轉也鴨通作匹大宗伯云庶人執鶩鄭注鶩取其不飛遷象庶人安土重遷也說苑脩文篇云鶩者鶩鶩也鶩鶩無他心故庶人以鶩爲摯曲禮云庶人之摯匹鄭注說者以匹爲鶩疏引舍人及李巡云鳧野鴨名鶩家鴨

名某氏云在野舒翼飛遠者爲鳬本草拾遺引尸子亦云野鴨爲鳬家鴨爲鶩然則鳬鶩本有定名故春秋繁露郊祀對云臣湯問仲舒祠宗廟或以鶩當鳬鶩非鳬可用否仲舒對曰鶩非鳬鳬非鶩也以鳬當鶩鶩當鳬名實不相應其說是矣鵝鶩人家常畜故連釋之內則云舒鴈翠舒鳬翠鄭注用爾雅按謂之舒者以其行步舒遲也

鳽鵁鶄似鳬腳高毛冠江東人家養之以厭火災

說文鳽鵁鶄也白帖引禽經云交目其名鳽是鵁鶄以交目得名故又云睛交而孕也類聚引異物志曰鵁鶄巢於高樹生子在窟中未能飛皆銜其翼飛也今按此鳥紅毛爲冠翠鬣紫纓駮羽朱掖文彩爛然左鄭注職方與孔鸞竝列矣通作交精上林賦云交精旋目是也鳽从幵聲釋文引字林音肩得之鳽鵁聲相轉也云厭火災未聞

與鵛鷋未詳

釋文與樊孫本作鸒玉篇云鸒鵛鷋又云鷋鷋鳩也鳩鷋鳥喙蛇尾也廣雅云鵛雀怪鳥屬也釋文鵛古形反

鵜鴮鸅今之鵜鶘也好羣飛沈水食魚故名洿澤俗呼之爲淘河

說文鵜胡污澤也鵜或从弟詩候人傳鵜污澤鳥也鄭注表記云污澤善居泥水之中淮南齊俗篇云鵜胡飲水數斗而不足魏志王朗傳云黃初中鵜鶘集靈芝池按鵜鶘又名鵹鶘東山經云沙水其中多鵹鶘其狀如鴛鴦而人足其鳴自訆郭注今鵜鶘足頗有似人腳形狀也詩疏引舍人曰鵜一名污澤陸璣疏云鵜水鳥形如鶚而極大喙長尺餘直而廣口中正赤頷下胡大如數斗囊若小澤中有魚便羣共抒水滿其胡而棄之令水竭盡魚在陸地乃共食之故曰淘河按淘河即鵜鶘聲之轉今此鳥黑色高腳坐

胡倉多肉少乃知貪者未必肥也

鶾，天雞。 鶾雞赤羽。逸周書曰：文鶾若彩雞，成王時蜀人獻之。

鶾當作翰。說文：翰，天雞赤羽也。逸周書曰：文翰若翬雉，周成王時蜀人獻之。本王會篇文也。翬雉，郭引作彩雞。說文翰鶾字解云：雞肥翰音者也。魯郊以丹雞祝曰：以斯翰音赤羽，去魯侯之咎。雞肥本作雉肥翰音作鶾音今段本改正雖依然則鶾是丹雞，不名天雞，此段偺耳。故釋文鶾本又作翰，樊云一名山雞。按山雞雖赤羽，復無天雞之名。山雞即鷂鸐雉，釋名所說是也。今所謂天雞出蜀中者，背文揚赤，膺文五彩，爛如舒錦，一名錦雞，又未知即爾雅所釋不也。徐鍇繫傳引謝靈運詩云：天雞弄和風。唐江南進士試此詩，以爾雅天雞有三問之，主司蓋釋蟲亦有翰天雞，與此相亂。見困學紀聞十七。然則此及釋蟲，唐以前本俱作翰字，亦可知矣。

鷽山鵲似鵲而有文彩長尾觜腳赤

說文鷽雗鷽山鵲知來事鳥也鷽或作䴗繫傳引西京雜記曰干鵲噪行人至亦猶猩猩知人往事也禮射鴇鵠即此也廣雅䳍鵠鵲也鄭注大射儀引淮南子鴇鵠知來賈疏亦云山鵲然則䳍鵠即雗鷽聲相近今淮南氾論作乾鵠知來而不知往高誘注乾鵠鵲也人將有來事憂喜之徵則鳴此知來也知歲多風卑巢於木枝人皆探其卵故曰不知往也今按高注郎今乾鵲非山鵲也舊說山鵲今赤觜鳥山中人諺云朝鷽叫晴暮鷽叫雨此亦知來事之證也

鶭鶭鵲也江南呼之爲鶭

鷣負雀善捉雀因名云音注

說文鷣鷙鳥也廣雅云鷣鷂鷂子籠脫鷂也鷂與鷣鷂俱聲相轉鷂子即鷂子也類聚引詩義疏云隼鷂也齊人謂之題肩或曰雀鷹春化爲布穀此屬數種皆爲隼按隼是總名鷣是雀鷹今雀鷹小於青肩大

者名鷂子皆善捉雀

鸋鴂艾　未詳

鄭樵注云艾卽鶈也巧婦鳥之雌者也說在下文

鶅鷑老　鴝鶅也俗呼爲癡鳥

說文鶅欺老也左昭十七年疏云舍人李巡孫炎郭璞皆斷老上屬扈下屬解云鶅一名鷑老扈一名鴳鴳雀也唯樊光斷鶅鷑爲句以老下屬按說文舉九扈之名有老扈鴳是許亦斷老下屬葢本賈逵說也然則二讀俱通故許兩從之郭云鴝鶅也者釋文引字林云句喙鳥今按舊圖作直喙誤又作長頸短尾鴻身大鳥也

扈鴳　今鴳雀

說文鴳雇也又云老雇鷃也是鷃鴳同晉語云平公射鴳韋昭注鴳扈小鳥也莊子逍遥遊篇釋文引司馬彪注鴳鴳雀也高誘注呂覽明理篇云鴳一名冠爵一切經音義十二引纂文云關中有鴳濫堆是也顏師古急就篇注亦有鷃爛堆今鷃爛一堆如雀而大東齊謂之阿鷚子邑如鶉鴿善鳴多聲一種有毛角者高誘所謂冠雀今俗呼老兒角然則老扈之名豈以此歟又說文老扈鷃徐鍇本作鷃鷃重文左昭十七年疏引爾雅老扈鴳賈服並云鷃鴳亦聲音爲名也然今驗其鳴聲殊不相似服賈蓋失之杜預左傳注亦仍其失張聰咸辨證論之是矣

桑扈竊脂 俗謂之青雀觜曲食肉好盜脂膏因名云

說文及詩小宛傳俱用爾雅繫傳引蔡邕獨斷云桑雇氏趣民養蠶鄭箋竊脂肉食左傳疏引李巡云竊脂一名桑扈又引陸璣義疏云竊脂青雀也好竊人脯肉及筩中膏故以名竊脂也淮南說林篇云馬不

食脂桑扈不啄粟非廉也高誘注亦以桑扈爲青雀今驗青雀俗名黑阿鷚子大如鸜鵒背青黑色腹下藍色性喜食肉雖多不饜善鳴聲清壯人或畜之以聽其聲高誘陸璣所謂青雀蓋指此也說竊脂者舊無異義唯孔穎達左傳疏湥致駮難而援釋獸虎竊毛之竊謂竊即古淺字此說似是而非訓竊爲淺但可施於下文竊藍竊黃而說竊脂則外竊脂非白鳥也詩言有鶯其羽有鶯其領蓋可見矣爾雅所釋不妨互有異同竊脂與竊黃竊藍亦是也孔疏欲變舊說而失之故未可從

鴟鷯剖葦　好剖葦皮食其中蟲因名云江東呼蘆虎似雀青斑長尾

說文刀鷯剖葦食其中蟲繫傳云一名剖葦食其中蟲江東呼蘆虎虎綺蟲衣也按虎綺蟲衣其說未聞

桃蟲鷦其雌鴱　鷦鷯桃雀也俗呼爲巧婦

說文鷦鷯桃蟲也詩小毖傳桃蟲鷦也鳥之始小終大者箋云鷦之所爲鳥題肩也或曰鴞正義引舍人

曰桃蟲名鷦其雌名鴱陸璣疏云今鷦鷯是也微小於黃雀其雛化而爲鵰故俗語鷦鷯生鵰按鷦鷯疊韵轉爲鷦鷯又爲嘲噍呂覽求人篇鷦鷯作嘲噍也桃蟲又爲桃雀易林云桃雀竊脂巢於小枝搖動不安爲風所吹方言云桑飛自關而東謂之工爵或謂之過鸁或謂之女匠自關而東謂之鸋鴂自關而西謂之桑飛郭注今亦名爲巧婦然則桑飛即鷦鷯即鴟鴞鴟鴞合聲爲鷦也鴟鴞詳見下文又爲蒙鳩楊倞注荀子勸學篇云蒙鳩鷦鷯也蒙與鸋又一聲之轉今鷦鷯青黃色背間有白如粉編麻爲巢至爲緻密故流女匠巧婦諸名矣今東齊人謂之屢事稽留楊州人謂之㭒串

鶠鳳其雌皇 瑞應鳥雞頭蛇頸燕頷龜背魚尾五彩色其高六尺許

說文鶠鳥也其雌皇一曰鳳皇也左傳鳳鳥氏厤正也鶡冠子度萬篇云鳳皇者鶉火之禽陽之精也詩卷阿傳鳳皇靈鳥仁瑞也雄曰鳳雌曰皇釋文引陸璣疏云一名鶠其雛名鸑鷟或曰鳳一名鸑鷟說文

云神鳥也天老曰鳳之象也鴻前麐後蛇頸魚尾鸛顙鴛思龍文龜背燕頷雞喙五色備舉出於東方君子之國翱翔四海之外過崑崙飲砥柱濯羽弱水莫宿風穴見則天下大安寧朋及鵬皆古文鳳字南山經云丹穴之山有鳥焉其狀如雞五采而文名曰鳳皇首文曰德翼文曰義背文曰禮膺文曰仁腹文曰信是鳥也飲食自然自歌自舞見則天下安寧王會篇云西申以鳳鳥鳳鳥者戴仁抱義掖信方揚以皇鳥孔晁注皇鳥配於鳳者也論衡講瑞篇引禮記瑞命篇云雄鳴曰郎郎雌鳴曰足足廣雅本此又云昏鳴曰固常晨鳴曰發明晝鳴曰保長舉鳴曰上翔集鳴曰歸昌按古書說鳳自山海經逸周書而下互有異同今不具錄郭注言鳳形狀本於廣雅然龜背彼作鴻身又言高六尺許今按後漢書光武紀建武十七年有五鳳皇見於潁川之郟縣注引東觀記曰鳳高八尺又京房易傳鳳皇高丈二然則郭言六尺亦難定也

鶺鴒鶅渠雀屬也飛則鳴行則搖

說文鵻鶅也又云䳾石鳥一名雝鶅一曰精列也按精列鶺鴒聲相轉詩作脊令常棣傳云脊令雝渠也飛則鳴行則搖不能自舍耳疏引陸璣云大如鷃雀長脚長尾尖喙背上青灰色腹下白頸下黑如連錢故杜陽人謂之連錢廣韵云鶺鴒又名錢母大於燕頸下有錢文埤雅引物類相感志云俗呼雪姑其色蒼白似雪鳴則天當大雪按今驗之良然漢書東方朔云辟若鶺鴒飛且鳴矣蓋此鳥喜飛鳴作聲行則首尾搖動巢於沙上故東齊謂之沙稽留稽留又脊令之聲轉矣郭注上林賦云庸渠似鳧灰色而雞足吳都賦注作鷛鸂蓋別一物非此也

鸒斯鵯鶋雅烏也小而多羣腹下白江東亦呼爲鵯烏音匹

說文鸒卑居也又云雅楚烏也一名鸒一名卑居秦謂之雅詩小弁傳鸒卑居卑居雅烏也夏官羅氏掌

羅烏烏鄭注以烏爲卑居之屬小爾雅云純黑而反哺者謂之慈烏小而腹下白不反哺者謂之雅烏水經㶟水注引孫炎曰卑居楚烏犍爲舍人以爲壁居莊子曰雅賈馬融亦曰賈烏然則賈烏卽雅烏卑居舍人作壁居是卑讀如壁郭音匹非矣斯字語詞故釋文云本多無此字是也劉孝標類苑烏部遂立鸒斯之目蓋失檢耳今此烏大如鴿百千爲羣其形如烏其聲雅雅故名雅烏初學記引此注作楚烏也又曰雅烏多羣作多聲臧鏞堂據水經注定爲孫義當是

燕白脰烏 頸脰

小爾雅云白項而羣飛者謂之燕烏今此烏大於雅烏而小於慈烏禽經云慈烏反哺白脰不祥漢書五行志云景帝三年十一月有白頸烏與黑烏羣鬭楚國呂縣白頸不勝墮泗水中死者數千世說輕詆篇云人問見諸王何如答曰見一羣白頸烏但聞喚啞啞聲皆謂此也

鴽鴾母鶕也青州呼鴾母

說文雓牟母也雓或作鴽按鴽从奴聲經典作鴽則變从如古者如奴同聲釋文母李音無舍人本作無月令疏亦引舍人母作無鄭注公食大夫禮及月令竝作鴽母無今按鄭注母當作毋爾雅亦然母毋二字形近易譌故釋文云母如字李音無以分別之若爾雅正作母母無音同釋文又何必李音無為詞費乎必知母當作毋者以鴾母是鳥聲因為鳥名古蓋讀無如模與鴾母俱雙聲故鄭及舍人本俱相通俗可知古本必不作毋矣郭云鶕也者夏小正田鼠化為鴽傳云鴽鶕也月令疏引李巡云鴽鶕一名鴾母呂覽季春紀注鴽鶕也青州謂之鴾鴾鴾譌鴾作周雒謂之鴽幽州謂之鶕淮南時則篇注亦同然則鶕鶕俱鶕之別體鴾鴾即鴾母之俗聲亦如鄭注毋無為俗聲矣今驗鴽鳴以觜插地如牛鳴窌中故曰鴾母今棲霞人即呼為鴾子矣鶉鶕二鳥本非同類故公食大夫以鶉鴽竝列內則鶉羹與鴽釀異名是皆

以爲二物也今鶉黃黑雜文大如秋雞無尾鷸較長大黃色無文又長頸長觜鷸之言闇也鶉之言純也純亦文也

密肌繫英　釋蟲已有此名疑誤重

玉篇鷚肌繼鶉鳥名又云鷂鳥名鳥似雀廣韻云鷚繼英鳥名釋文鷚本今作密鶉本今作英按郭氏疑爲重出今釋蟲釋鳥俱有翰天雞非誤重也鄭樵注以爲英雞因啄吠石英而得名今所未聞

巂周　子巂鳥出蜀中

說文巂周燕也一曰蜀王望帝婬其相妻慙亡去爲子巂鳥故蜀人聞子巂鳴皆起曰是望帝也按子巂即子規又作秭鳺史記厤書秭鳺先滜徐廣注即子規也又作姊歸高唐賦云姊歸思婦李善注引郭此注或曰即子規一名姊歸蓋郭音義之文也又作子規廣雅云鷤鳺鷶鵤子規也鳺與規同巂猶規也鷤

鴂之聲轉爲鶗鴂離騷云恐鶗鴂之先鳴兮王逸注鶗鴂一名買鶬作漢讀書雜誌常以春分鳴也楊雄傳作鷤鴂枚乘梁王菟園賦作蝭蛙張衡思玄賦作鶗鴂又轉爲杜鵑御覽引臨海異物志云鷤鴂一名杜鵑春又三月鳴晝夜不止至嘗陸子熟鳴乃得止耳子規御覽引蜀王本紀作子鴂華陽國志作子鵑鵑鴂亦聲轉也說文以巂周爲燕別名此古義也詩疏引舍人曰巂周名燕燕又名鳦孫炎曰別三名文選七命髀猩脣注引呂氏春秋曰肉之美者巂燕之髀龡俖雋覽觾本誤訛此燕名巂周之證

燕燕鳦詩云燕燕于飛一名玄鳥齊人呼鳦說文燕玄鳥也籋口布翄枝尾象形又云乙玄鳥也齊魯謂之乙取其鳴自呼象形乙或作鳦又云乙乙春分來秋分去左昭十七年傳玄鳥氏司分者也鄭注月令云燕以施生時來巢人堂宇而孚乳嫁娶之象也夏小正二月來降燕乃睇九月陟玄鳥蟄今按燕蟄多於海濱坻岸及深山古木中蟄則毛羽解脫也

廣雅又以朱鳥爲燕燕詩燕燕傳用爾雅左傳疏云或單呼爲燕或重名燕燕異方語也按漢書童謠亦云燕燕尾涎涎詩謠重文足句非必異方人語又燕燕之聲轉爲鳦鳦曼聲言之爲鷾鴯莊子山木篇云鳥莫知於鷾鴯司馬彪注鷾鴯燕也御覽九百廿三引爾雅舊注云齊曰燕燕梁曰鳦與郭注異臧庸以爲孫炎義也按南史隱逸顧歡傳張融曰昔有鴻飛天首積遠難明越人以爲鳧楚人以爲乙然則楚亦名鳦不獨齊梁云然矣

鴟鴞鸋鴂類鴟

說文及詩傳用爾雅孔疏引舍人曰鴟鴞一名鸋鴂文選注引韓詩傳曰鴟鴞鸋鴂鳥名也鴟鴞所以憂養其子者適以病之憂憐養其子者謂堅固其窠巢病之者謂不知託於大樹茂林反敷之葦蔄風至蔄折巢覆有子則死有卵則破是其病也韓詩所說即是鷦鷯故詩疏引陸璣疏云鴟鴞似黃雀而小其喙

尖如錐，取茅秀爲巢，以麻紩之，如刺襪然，縣著樹枝，或一房，或二房。幽州人謂之鸋鴂，或曰巧婦，或曰女匠。關東謂之工雀，或謂之過鸁。關西謂之桑飛，或謂之襪雀，或曰巧女。陸疏鸋鴂以下悉本方言，玉篇亦同，惟廣韵以鸋鴂卽鶗鴂爲誤。又韓毛諸家之說竝以鴟鴞爲小鳥，無異詞，郭以與下衆鴟相涉，定爲鴟類，蓋失之矣。劉向九歎云鴟鴞集於木蘭，王逸注貪鳥也；蔡邕弔屈原文云鸋鴂軒翥，鸞鳳挫翮，皆以鴟鴞爲貪惡大鳥，郭蓋本此。段氏說文注鳥名多自評，鴟鴞正是鳥聲。鴞，于嬌切，今讀許嬌切，非。

狂茅鴟 今鵂鴟也似鷹而白 **怪鴟** 卽鴟鵂也見廣雅今江東通呼此屬爲怪鳥 **梟鴟** 土梟

說文鴟雖也，籒文作鴟。本草陶注鴟卽俗呼老鴟者，又有雕鶚，竝相似而大。按鴟今順天人呼鷂鷹，東齊人呼老鷂，亦曰老雕，善高翔者是也。○茅鴟者，廣雅云鵂鶹鶜鴟鵂也。鶜通作茅，左襄廿八年傳使工爲之誦茅鴟。一切經音義七引舍人曰狂一名茅鴟，喜食鼠，大目也。御覽九百廿三引孫炎曰大目鵂鶹也。

郭云今鵂鴟者太玄聚次八云鴟鵂狂林吺彼衆禽按鵂與駹聲義同馬屬云面顙皆白惟駹此鳥似鷹而白故謂之鵂鵂茅聲轉也茅鴟即今貓兒頭其頭似貓大目有毛角其鳴曰轂轆貓故蜀人謂之轂轆鷹楊州謂之夜貓善笑俗人聞其笑聲云有凶䶂也

○怪鴟者說文云舊雖舊舊畱也舊或作鵂廣雅云肥鵂鴟鵂怪鴟也舊聲近久故海外南經湯山有鴟久大荒南經蒼梧之野有鴟久郭注即鵂鶹也莊子秋水篇云鴟鵂夜撮蚤察豪末晝出瞋目而不見丘山釋文引司馬彪蚤作蚤云夜取蚤食之崔譔作爪云鵂鶹夜聚人爪於巢中也博物志云取人爪甲知吉凶凶者輒鳴此怪說不足信夜撮蚤蚤特言其目明耳非實事也一切經音義廿引舍人曰一名狂鳥一名鵂鶹南陽名鉤鵅一名忌欺晝伏夜行鳴為怪也如舍人義是怪鴟即鴟鵋矣音義又云鵂鶹關西名訓侯山東名訓狐今按狐侯聲轉訓侯亦鵂鶹之語變今訓狐大者高二三尺黑黃雜色其鳴自呼頭有毛角說文云雟雖舊頭上角雟是也夜飛入人家

攫雞食之怪鴟之屬此爲大○梟者說文云不孝鳥也故日至捕梟磔之从鳥在木上⿰木五桱⿰土支⿰隶孚[illegible]⿰彳从鷚⿰梟是⿰火說⿰鳥支詩瞻卬箋梟鴟惡聲之鳥不言其狀漢書武五子傳昌邑多梟按詩爲梟梟爲鴟似爲二物爾雅則合爲一詩言流離之子毛傳流離鳥名陸璣疏以爲流離郎梟梟是皆古說之可疑者也漢書郊祀志注孟康曰梟鳥名食母破鏡獸名食父黃帝欲絕其類使百吏祠皆用之如淳曰漢使東郡送梟五月五日作梟羹以賜百官以其惡鳥故食之也淮南說林篇云鼓造辟兵壽盡五月之望高誘注鼓造謂梟按梟郎鼓造之合聲漢儀夏至賜百官梟羹故高注云然也爾雅翼云土梟穴土以居故曰土梟流離說在下文

鶛劉疾詳末

下云鶵鶍其雄鶛故玉篇以鶛爲鶹鶍也釋文鶛又音界劉字或作畱

生哺鷇母鳥子須食之**生噣雛**能自食

說文鷇鳥子生哺者魯語云鳥翼鷇卵韋昭注生哺曰鷇史記趙世家云探爵鷇而食之莊子天地篇云鶉居而鷇食楊雄蜀都賦云風胎雨鷇○噣者啄之段借說文啄鳥食也文選東征賦注引尸子曰卵生曰椓椓與啄古字通也說文雛雞子也籀文作鶵按孟子云一匹雛則鷇子亦名雛雛與翟聲相轉廣雅云鷇子雛也方言云爵子及雞雛皆謂之鷇則鷇雛通名矣夏小正云雞桴粥粥也者相粥粥呼也是雞雛能自啄食之證

爰居雜縣　國語曰海鳥爰居漢元帝時瑯邪有大鳥如馬駒時人謂之爰居

釋文引李云爰居海鳥也樊云似鳳皇劉逵吳都賦注亦云似鳳廣雅作延居云怪鳥屬也南山經注仍作爰居爰延聲相轉也魯語云海鳥曰爰居止於魯東門之外三日臧文仲使國人祭之莊子至樂篇說此事云海鳥止於魯郊魯侯御而觴之於廟司馬彪注爰居舉頭高八尺郭氏遊仙詩云雜縣寓魯門風

煖將
爲荧

春鳸鳻鶞夏鳸竊玄秋鳸竊藍冬鳸竊黃桑鳸竊脂棘鳸竊丹行鳸唶唶宵鳸嘖嘖諸鳸皆因其毛色音聲以爲名竊藍青色

說文雇或作鶚籒文作鴅九雇農桑候鳥扈民不婬者也春雇鳻盾夏雇竊玄秋雇竊藍冬鳸竊黃棘雇竊丹行雇唶唶霄雇嘖嘖桑雇竊脂老雇鷃也左昭十七年疏引賈逵云春扈分循相五土之宜趣民耕種者也夏扈竊玄趣民耘苗者也秋扈竊藍趣民收斂者也冬扈竊黃趣民蓋藏者也棘扈竊丹爲民驅鳥者也行扈唶唶晝爲民驅鳥者也宵扈嘖嘖夜爲農驅獸者也桑扈竊脂爲蠶驅雀者也老扈鷃鷃趣民收麥令不得晏起者也又引樊光云鳻鶞言分循也又謂含人樊光注爾雅其言亦與賈同又謂自春鳸鳻鶞至宵鳸嘖嘖凡七鳸其文相次李巡總釋之云諸鳸別春夏秋冬四時之名唶唶嘖嘖鳥聲貌也

孔疏所引衆家之說大抵不殊蔡邕獨斷略亦相倣並於七扈之外益以上文桑扈老扈取備九扈之名而於爾雅未敢擅增唯唐石經重出桑扈竊脂一句於冬扈竊黄之下蓋校書者妄意羼入厯後諸本俱仍其誤亟宜栞削邵氏正義及臧氏漢注並刪去之是矣今從宋本仍存此句而因著其失焉

鶡鳲戴鵀 鵀即頭上勝今亦呼爲戴之勝鶡鳲猶鶝鶝語聲轉耳

說文鴔鴔鶝也今爾雅作鶡鳲段氏注謂當從爾雅今謂俱通聲轉爲鶝鶝方言云扈鳩燕之東北朝鮮洌水之閒謂之鶝鶝自關而東謂之戴鵀東齊海岱之閒謂之戴南南猶鵀也或謂之戴鳻或謂之戴勝東齊吳揚之閒謂之鵀自關而西謂之服鶝或謂之鶝鶝燕之東北朝鮮洌水之閒謂之鵖然則鵀即戴勝也聲近字通故月令作戴勝呂覽作戴任高誘注三戴任戴勝鳲也爾雅曰鶝鳩部生於桑撥雜之葢揜翳爲三月其子彊飛從桑空中來下故曰戴任降于桑也高注鳲當作鳲鶝鳩當作鶡鳲俱形聲之誤也證以淮

鶿鷧（續上頁）

南時則篇戴任作戴鵀注亦云戴勝鳥引詩尸鳩在桑可知呂覽注誤月令疏引爾雅亦作鵖鳩戴鵀李巡云戴勝一名鵖鳩皆即鵖鴔之譌邢疏引作鵖鴔可證又引孫炎云鴔鳩自關而東謂之戴鵀皆本方言爲說也然鴔鳩巢居戴勝乃生樹穴中本非同物方言失之戴鵀即今之樓樓穀小於鶉鳩黄白斑文頭上毛冠如戴華勝戴勝之名以此常以三月中鳴鳴自評也

鸏澤虞 今婣澤鳥似水鴞蒼黑色常在澤中見人輒鳴喚不去有象主守之官因名云俗呼爲護田鳥

說文鶭澤虞也釋文引字林作鸏鷵御覽九百廿五引鶭作紡孫炎注鴔鳩或謂紡澤虞其別名也常在澤中見人報鳴不去有象主守之官因名之拔方言鳫鳩或謂之鶭鸏孫義本此郭謂別一鳥也今澤中有此鳥形狀悉如注說

鶿鷧 即鸕鷀也觜頭曲如鉤食魚

說文鷧鷀也鷀鸕鷀也繫傳云盧鷀即鸕鷀上林賦注引蒼頡篇云似鶂而黑馬融傳注引楊孚異物志云能沒於深水取魚而食之不生卵而孕雛於池澤間既胎而又吐生多者生八九少者生五六相連而出若絲緒焉水鳥而巢高樹之上按今鸕鷀乃卵生也處處水鄉有之蜀人畜以捕魚杜甫詩家家養烏鬼或說即此今江蘇人謂之水老鴉

鷯鶉其雄鶛牝痺鶉鵪屬

詩伐檀釋文引李巡曰别雌雄異方之言鶉一名鷯本草衍義云其卵初生謂之羅鶉至初秋謂之早秋中秋已後謂之白唐然則羅鶉即鷯鶉聲相轉也鶛者上云鶛劉疾玉篇以爲鶛鶉痺者南山經云柜山有鳥其音如痺豈是歟釋文痺婢支反施音婢郭音卑按鶛之言介也雄者足高介然特立也痺之言比也雌者足卑比順於雄也雄又善鬭人多畜之令搏鬭也詩鶉之奔奔箋奔奔彊彊言其居有常匹飛則

相隨之貌禮表記注又云姜姜賁賁爭鬬惡貌也今驗鶉鼠伏草間無常居而有常匹兩雄相値則鬬而不釋一如鄭言矣列子天瑞篇云田鼠爲鶉淮南齊俗篇云蝦蟆爲鶉月令夏小正又云田鼠爲駕駕即鶕也鶕鶉對文則别散文則通

鷉沈鳧似鴨而小長尾背上有文今江東亦呼爲鷉音施

詩鳧鷖疏引某氏曰詩云弋鳧與雁陸璣疏云大小如鴨青色卑腳短喙水鳥之謹愿者也按此即今水鴨謂之沈者急就篇云春草雞翹鳧翁濯顏師古注翁頸上毛也然則鳧善沈水洒濯其頸故曰沈鳧或說鳧好晨飛因名晨鳧魏文侯嗜晨鳧是也郭注方言今江東有小鳧其多無數俗謂之寇鳧寇即鷉屬矣

鵁頭鵁似鳧腳近尾略不能行江東謂之魚鵁音髐箭

說文鵁一日鵁鸕也上林賦云箴疵鵁盧張揖注鵁鵁頭鳥即此也御覽九百廿八引孫炎曰鳥鵁也郭云魚鵁魚鳥雙聲兼疊韵也本草拾遺說鸕鷀云一種頭細身長頸上白者名魚鵁李時珍云似鸕鷀而蛇頭長項冬月羽毛落盡棲息溪岸見人不能行即沒入水者爾雅所謂鵁頭魚鵁也史記賈誼傳云偭蟂獺以隱處索隱引此注是蟂即鵁矣郭云音髐箭者嫌讀爲鵁鶚之鵁故音之釋文云頭字或作投

鵽鳩寇雉

鵽大如鴿似雌雉鼠腳無後指岐尾爲鳥憨急羣飛出北方沙漠地

說文鵽鵽鳩也不言寇雉郭以與下寇雉洪洪同物玉篇一名冠雉蓋字形之誤舊唐書謂之突厥雀云鳴鵽羣飛入塞突厥必入寇一切經音義十九引爾雅注云今鵽大如鴿亦言如鶉似雌雉鼠腳無後指岐尾爲鳥憨急羣飛出於北方沙漠地也肉美俗名突厥雀生蒿萊之間以校今注多十餘字或郭音義之文也今此鳥淺黃色文如雌雉形似鷃鳩故兼鳩雉之名其肉又美故南都賦以歸鴈鳴鵽滑涉竝標

珍味蓋雲翔爲余言曾見之形狀悉如郭說今萊陽人名沙雞也余按謂之寇者方言云凡物盛多謂之寇郭注以寇鳧爲釋然則寇雉之名亦當因此

萑老鵵木兔也似鴟鵂而小兔頭有角毛腳夜飛好食雞

說文萑鵻屬有毛角所鳴其民有禍又云鷴鴟也廣雅云鷴鴟老鵵也然則鷴萑壘韵實一物也鵵與兔同酉陽雜俎云北海有木兔似鵂鶹也按此卽上狂茅鴟一種大者俗亦呼貓兒頭其頭似兔以耳上毛爲角也

鶟鶦鳥似雉青身白頭

釋文鶟本亦作突胡字或作鶦是古本作突胡俗加鳥也御覽九百廿八引孫炎曰鶟鶦水鳥按卽白頭鳥也吳志諸葛恪傳注引江表傳曰會有白頭鳥集殿前權問何鳥恪曰白頭翁卽此鳥矣

狂鸋鳥 狂鳥五色有冠見山海經

狂俗作鵟集韵以鵟爲鴟屬蓋本狂茅鴟爲說也大荒西經栗廣之野有五采之鳥有冠名曰狂鳥郭以爾雅爲釋

皇黃鳥 俗呼黃離留亦名搏黍

詩葛覃疏引舍人曰皇名黃鳥按此卽今之黃雀其形如雀而黃故名黃鳥又名搏黍非黃離留也詩凡言倉庚必在春時其言黃鳥卽不拘時候馬屬云黃白曰皇此鳥名皇知非鶯黃之鳥矣王會篇云方揚以皇鳥北山經云軒轅之山有鳥名曰黃鳥是皆同名未知爾雅所指郭云黃離留非

翠鷸 似燕紺色生鬱林

說文翠青羽雀也出鬱林翡赤羽雀也出鬱林王會篇云倉吾翡翠漢書尉佗獻文帝翠鳥毛是也張揖

注上林賦云翡翠大小亦如雀雄赤曰翡雌青曰翠按今所見如燕而大劉逵吳都賦注翡翠巢於樹顛生子夷人稍徙下其巢子大未飛便取之出交阯鬱林郡左僖二十四年疏引樊光云青羽出交州李巡曰鷸一名爲翠其羽可以爲飾按山海經孟山有白翡翠非此也又說文云鷸知天將雨鳥也引禮記曰知天文者冠鷸此鷸與翠同名而非同物舊說便相牽混亦誤漢五行志注張晏曰鷸鳥赤足黃文則非一物可知張聰咸左傳杜注辨證好聚鷸冠條下論之當矣

鸐山烏　似烏而小赤觜穴乳出西方

水經灅水注云火山出雛烏形類雅烏純黑而姣好音與之同績采紺發觜若丹砂性馴良而易附丱童幼子捕而執之曰赤觜烏亦曰阿雛烏按釋文鸐濁蜀二音並與雛聲相轉郭云出西方據水經注在趙代閒又云自恆山已北並有此徐松云巴里坤有此烏小於常烏觜足色如珊瑚冬日穴處山谷閒彼人

謂之紅蔫鴉余按今薊州亦有之形狀悉如徐說此州之人名爲賜喜兒者也

蝙蝠服翼齊人呼爲蟙蠌或謂之仙鼠

說文蝙蝠服翼也又云魁畬老服翼所化本草作伏翼伏服古字通也方言云蝙蝠自關而東謂之服翼或謂之飛鼠或謂之老鼠或謂之僊鼠自關而西秦隴之閒謂之蝙蝠北燕謂之蟙蠌新序雜事五云黃鵠白鶴一舉千里使之與燕服翼試之堂廡之下廬室之閒其便未必能過燕服翼也王德瑛說燕服翼是一物今東齊人謂之燕蝙蝠是也按今登州謂蝙蝠爲蟞蚨語聲之轉耳類聚引孝經援神契曰蝙蝠伏匿故夜食今按伏匿服翼聲相近蝙蝠以夜出飛翔庭院掠蚉蝱而食之俗言爲鼠所化形還類鼠毛紫黑色肉翅與足相連巢於屋檐孳乳其中未必是鼠所化爲也

晨風鸇鷂屬詩曰鴥彼晨風

塗刀劍令不鏽

鼯鼠夷由狀如小狐似蝙蝠肉翅翅尾項脅毛紫赤色背上蒼艾色腹下黄喙頷雜白腳短爪長尾三尺許飛且乳亦謂之飛生聲如人呼食火煙能從高赴下不能從下上高

説文鸓鼠形飛走且乳之鳥也廣雅云鷃鴨飛鸓也漢書司馬相如傳注張揖曰飛蠝飛鼠也其狀如兔而鼠首以其頼飛郭氏則曰蝠鼯鼠也本草鸓鼠陶注云即鼯鼠飛生鳥也狀如蝙蝠大如鴟鳶毛紫色闇夜行飛生人取其皮毛以與產婦持之令兒易生類聚引郭氏讚云鼯之爲鼠食煙棲林載飛載乳乍獸作禽皮藉孕婦人爲大任是郭與陶竝以鸓鼠鼯鼠爲一物也廣雅及説文不言鸓即鼯鼠則爲别物吴都賦云狖鼯猓然劉逵注分狖鼯爲二非也狖余幼切鼯夷由也夷由字之雙聲合之則爲狖矣唐書地理志云台州土貢飛生鼠

倉庚商庚即鵹黃也

說文離黃倉庚也鳴則蠶生夏小正二月有鳴倉庚倉庚者商庚也商庚者長股也按倉庚不名長股故莊氏述祖疑長股也三字當在鳴蜮傳蜮也者下而誤竄於此其說良是但商庚長股俱一聲之轉鵹黃言其色長股商庚竝象其聲鳥名多是自呼恐此亦當爾也方言云驪黃自關而東謂之倉庚自關而西謂之驪黃或謂之黃鳥或謂之楚雀詩疏引陸璣疏云黃鳥黃鸝留也或謂之黃栗留幽州人謂之黃鶯一名倉庚一名商庚一名鵹黃一名楚雀齊人謂之搏黍當葚熟時來在桑閒故里語曰黃栗留看我麥黃葚熟否是應節趨時之鳥也按毛以黃鳥爲搏黍黃鳥即今黃雀緜蠻睍睆皆象其形非倉庚也陸疏誤合爲一非矣離黃呂覽注作黃離謂之黃鶯者詩桑扈傳鶯然有文章也今黃鶯頸端細毛雜色體毛黃而翅及尾黑色相閒文彩離陸故又名黃栗留栗留即離陸又即歷錄文章貌也

鴂鯆枝 未詳

說文作鴂鯆鼓也廣韵作鶘枝按鶘或體鯆鯆音同鯆鼓蓋以鳥聲爲名倉頡篇云鯆鷇鳥卽布穀非此鶔當爲鶔字之誤耳

鷹鶔鳩 左傳作鶔鳩是也

說文雁雁鳥也籒文作鷹左昭十七年疏引樊光曰來鳩爽鳩也春秋曰爽鳩氏司寇鷹鷙故爲司寇是樊本作來來不云是誤爾雅釋文亦作來云或作鶔衆家並依字則來爲正文鶔爲或體郭以鶔爲鶔字之誤也鷹鳩二物更相禪化故夏小正五月鳩爲鷹六月鷹始摯月令季夏鷹乃學習孟秋鷹乃祭鳥月令之學習卽小正之始摯矣御覽引此注是也下有善擊官於代郡捕之八字今本蓋脫去之類聚引廣志日有雉鷹有兔鷹一歲爲黃鷹二歲撫鷹三歲靑鷹胡鷹獲麞按鷹鷂同類舊說大爲鷹小爲鷂故御覽引古樂府曰豹則虎之弟鷹則鷂之兄晉書崔洪傳云淸厲骨鯁爲尙書左丞時人爲之語曰叢生荆棘

來自博陵在南爲鶬在北爲鷹

鶼鶼比翼在上說已

釋文鶼鶼衆家作兼兼李云鳥有一目一翅相得乃飛故曰兼兼也詳見釋地

鶖黃楚雀郎倉庚也

說文鶖鶖黃也一曰楚雀也其色黎黑而黃月令疏引某氏云鶖黃一名倉庚又云商庚李巡云一名楚雀按倉庚曡韵楚雀雙聲鶖與黎同晉書郭璞傳客傲云欣黎黃之音者不𦗱蟪蛄之吟

鴷斲木口如錐長數寸常斲樹食蟲因名云

淮南說山篇云斲木愈齲蓋此鳥善啄蟲故治蟲齒之病高誘時則篇注以倉庚爲斲木誤矣爾雅翼云此鳥褐者是雌斑者是雄又有青黑者頭上紅毛如鶴頂山中人呼爲山啄木按山啄木大如雅慘綠色

郎鶴頂者也

鶩鶶鷵似烏蒼白色

玉篇鶩一名唐屠鳥似烏酉陽雜俎云鶩色黃一變爲青鶬帶灰色又曰白唐唐者黑色也謂斑上有黑色一變爲白鶬如雜俎說是鷹屬也或云即阿濫堆未知其審唐屠一聲之轉

鸕諸雉即今雉未詳或云

說文雉有十四種盧諸雉其一也按黑色曰盧博棊勝采有雉有盧盧亦黑也張揖上林賦注鸕白雉所未詳

鷺舂鉏白鷺也頭翅背上皆有長翰毛今江東人取以爲睫欐名之曰白鷺縗

詩振鷺傳鷺白鳥也宛丘傳鷺鳥之羽可以爲翳陸璣疏云鷺水鳥也好而潔白故謂之白鳥齊魯之閒

謂之舂鉏遼東樂浪吳楊人皆謂之白鷺青腳高尺七八寸尾如鷹尾喙長三寸頭上有毛數十枚長尺餘毿毿然與衆毛異好欲取魚時則弭之今吳人亦養焉楚威王時有朱鷺合沓飛翔而來舞則復有赤者舊鼓吹朱鷺曲是也按舂鉏雙聲字鉏鷺又爲疊韵郭云江東人取以爲睫攡廣韵云接羅白帽卽睫攡也御覽引此注正作接攡繚者釋文西雷西河二反集韵云編鷺羽爲衣也

鷂雉青質五彩鷂雉卽鷂雉也長尾走且鳴鳪雉黃色鳴自呼鷩雉似山雞而小冠背毛黃腹下赤頂綠色鮮明秩秩海雉如雉而黑在海中山上鸐山雉長尾者韓雉鶾雉今白鶾也江東呼白韓亦名白雉雉絕有力奮最健鬭伊洛而南素質五采皆備成章曰翬翬亦雉屬言其毛色光鮮江淮而南青質五采皆備成章曰鷂卽鷂雉也南方曰𠷎東方曰鶅北方曰

鶅西方曰鷷說四方雉之名

說文雉有十四種盧諸雉鷮雉鳪雉鷩雉秩秩海雉翟山雉翰雉卓雉伊洛而南曰翬江淮而南曰搖南方曰𠷎東方曰甾北方曰稀西方曰蹲古文雉作鴩按易離爲雉士以爲摯以其體備文明性秉耿介也故爾雅說雉文獨詳鷮雉郎下青質五彩者也○鷮者說文云走鳴長尾雉也乘輿以爲防釳著馬頭上薛綜西京賦注雉之健者爲鷮尾長六尺詩疏引陸璣疏云鷮微小於翟也走而且鳴曰鷮鷮其尾長肉甚美故林麓山下人語曰四足之美有麃兩足之美有鷮也詩釋文引韓詩云鷮雉也○鳪者黃色之雉也其鳴自呼亦猶鷮自呼曰鷮也○鷩者說文赤雉也又云鵔鸃鷩也按鷩有華采虞書作繪謂之華蟲周官司服謂之鷩冕秦漢侍中謂之鵕鸃冠也又謂之丹鳥左昭十七年疏引樊光曰丹雉也少皞氏以鳥名官丹鳥氏司閉以立秋來立冬去入水

爲鷃是也又謂之赤鷩中山經牡山西山經小華之山竝云鳥多赤鷩郭注卽鷩雉也又注子虛賦云鵕鷄似鳳有光彩釋名云祭服有鷩冕鷩雉之憋惡者山雞是也按山雞鷩雉非一物山雞出合浦見吳都賦注○秩秩者釋文云本又作失失施音逸按音逸則與上寇雉泆泆同名非同物也郭云如雉而黑蓋卽夏小正云玄雉入於淮爲蜃者樊光以一蜃是丹所爲恐非漢書平帝紀越裳重譯獻白雉一黑雉二雉黑其雉卽海雉海之言晦也今陝西山中有之其狀如雉色正青尾長數倍於身用以作膳美於常雉陝人謂之青雞秦俗以青爲黑也○鸐者當作翟俗加鳥非釋文作翟說文翟山雉尾長者左傳疏引樊光曰其羽可持而舞詩云右手秉翟俗作狄內司服掌王后之六服有闕狄鄭注狄當爲翟玉藻及喪大記竝作屈狄屈闕聲近闕謂刻繒爲翟雉之形也郭注西山經女牀之山云翟似雉而大長尾博物志云翟雉長毛雨雪惜其尾栖高木杪不敢下食往往餓死按翟有五采者書云羽畎夏翟此蓋翟異種耳○鶾

雉卓雉說文分爲二故有十四種郭氏則謂一物二名卽白雉也北山經云縣雍之山其鳥多白鶴郭注卽白鶾也西山經云嶓冢之山多白翰郭注白翰白鵫也亦名鵫雉又曰白雉盂山其鳥多白雉白翟抱朴子云白雉有種南越尤多按此則越裳所獻自其土貢非以爲瑞而珍之矣○奮者說文云翬也翬大飛也按雞屬云絕有力奮羊屬亦同淮南時則篇云鳴鳩奮其羽高誘注奮迅其羽直刺上飛也然則飛走之屬凡有力者通謂之奮○翬者說文云伊雒而南雉五采皆備曰翬左傳疏引李巡曰素質五采備具文章鮮明曰翬孫炎曰翬雉白質五采爲文也王藻云王后禕衣鄭注禕讀如翬釋名云禕衣畫翬雉之文於衣也○鷂者說文作搖俗作揄內司服有揄狄鄭注揄翟畫搖者玉藻云夫人揄狄鄭注揄讀如搖翟搖皆翟雉名也刻繒而畫之著於衣以爲飾因以爲名也○翯鶅鵗鷷者左傳疏引舍人曰釋四方之雉名也賈逵云西方曰鷷雉攻木之工也東方曰鶅雉搏埴之工也南方曰翟雉攻金之工也北方曰

鵗雉攻皮之工也樊光注爾雅四方之雉配工亦與
賈同按賈又以翬雉設色之工合爲五雉備五工正
其屬作翟當別有據杜預注左傳從之樊光注爾雅
必作屬也翬與鵗鷐與鷷俱雙聲翬鵗又疊韵也鄭
注染人舉六雉曰
翬搖屬甾希蹲

鳥鼠同穴其鳥爲鵌其鼠爲鼵鼵如人家鼠而短尾鵌似鵽而小黃黑色穴入地三四尺鼠在內鳥在外今在隴西首陽縣鳥鼠同穴山中孔氏尚書傳云共爲雄雌張氏地理記云不爲牝牡

書疏引李巡曰鵌鼵鳥鼠之名共處一穴天性然也水經注禹貢山水澤地引鄭注大意與郭同西山經鳥鼠同穴之山郭注亦與此注同地理志云隴西首陽縣西南有鳥鼠同穴按山今在甘肅蘭州府渭源縣西也甘肅志云涼州地有兀兒鼠者似鼠有鳥名木兒周者似雀常與兀兒鼠同穴而處此卽鵌鼵但

古今異名耳類聚九十二引沙州記曰寒嶺去大陽川三十里有雀鼠同穴雀亦如家雀色小白鼠亦如家鼠色如黃䶉無尾宋書吐谷渾傳又云甘谷嶺北有雀鼠同穴或在山嶺或在平地雀色白鼠色黃地生黃紫花草便有雀鼠穴徐松新疆水道記云伊犁賽里木淖爾岸側鼠穴甚多每日黎明鳥先飛出翱翔鼠蹲穴口以望漸趨平地鳥集鼠背張翼以噪鼠負之往返馳而鳥不墜良久入穴其形狀如郭注所云然則綜前諸說或與郭異如徐所記又與郭同要皆得諸見聞當不虛也郭云張氏者卽張晏見水經注又引杜彥達曰同穴止處養子互相哺食長大乃止可知不爲牝牡張說是矣

鸛鷒鶝鶔如鵲短尾射之銜矢射人或說曰鸛鷒鶝鶔一名鷃羿

說文作雚專畐蹂如䧢短尾射之銜矢射人廣韵作鸛鷒釋文云亦作福柔又引字書云鷃古以爲懈惰字按郭氏圖讚云鸛鷒之鳥一名鷃羿應弦銜鏑矢不著地逢蒙縮手養由不睨余按俗說雅鳥一名大

觜鳥善避繒繳人以物擲之從空銜取還以擲人此卽鸒斯鵯鶋鸒鶋鵯鶋俱聲相轉順天人呼寒鴉寒卽鸛鶇之合聲也段氏玉裁引鄭注周禮設其鵠以爲鳱鵠小鳥而難中驩雅音近雗呼鳱雗此鳥狀如鶾故亦謂之鳱鵠

鶅鵖醜其飛也翪竦翅上下**鳶烏醜其飛也翔**布翅翺翔**鷹隼醜其飛也翬**鼓翅翬翬然疾**鳧鴈醜其足蹼**脚指間有幕蹼屬相著**其踵企**飛卽伸其脚跟企直**烏鵲醜其掌縮**飛縮脚腹下

翪說文作𠬸云斂足也郭云竦翅者如人竦敬收斂不舒布也旣斂翅須斂足義相成也鶅鵖之類不能布翅高翔但竦翅上下而已○鳶卽鴟也今之鷂鷹鳶古字本作弋夏小正鳴弋是也隸變作鳶音以專反又變作鳶去古人作弋之意尤遠矣漢五行志成帝河平元年泰山山桑谷有鳶焚其巢卽此也夏官

射鳥氏以弓矢敺烏鳶鄭注烏鳶喜鈔盜便汙人翔者說文云回飛也高誘淮南俶眞篇注鳥之高飛翼上下曰翱直刺不動曰翔○鷹隼猛鳥也秋官翨氏鄭注猛鳥鷹隼之屬是也翬者說文云大飛也詩疏引舍人云謂鷹鷂之屬翬翬其飛疾羽聲也馬融廣成頌云翬然雲起○鳧鴈醜其足蹼鴈之類其足指有幕足蹼者蹼猶樸也樸屬相著鳧鴈之類其足指有幕肉相連屬也其踵企者釋文引聲類云踵足跟也企或作跂說文企舉踵也謂飛而直伸其足踵○縮者玉篇云退也烏鵲之飛鶵翔雖異足掌皆縮廣韻引文字音義云烏鵲醜其飛掌縮在腹下

亢鳥嚨

嚨謂喉嚨亢卽咽

其粻嗉

嗉者受食之處別名嗉今江東呼粻

說文亢人頸也或作頏喉嚨也是亢嚨皆人咽喉之名鳥亦同也釋文引舍人曰亢鳥高飛也嚨嚨財可見也樊光云亢星鳥也嚨嚨亢鳥之頸也按亢非鳥星樊義似誤詩燕燕云頡之頏之頏卽亢矣頡直項

也○其粻嗉者釋言云粻糧也釋獸齸屬云鳥曰嗉郭注咽中裹倉處也按嗉之爲言猶素也素空也謂空其中以受倉

鶉子鳼鴽子鸋別鴽鶉雛之名雉之暮子爲鷚晚生者今呼少雞爲鷚

鶉鴽二物種類既殊子亦異名經典闕如無以言焉○鷚者說文作鷚云鳥大雛也一曰雉之莫子爲鷚淮南時則篇云天子以雛嘗黍高誘注春鷚也郭云今呼少雞爲鷚是雞雛之雛通謂之鷚鷚猶稚也方言云雞雛徐魯之閒謂之鶖子省作秋淮南原道篇注屈讀秋雞無尾屈之屈今登萊人呼晚雞爲秋雞秋卽鶖鶖亦鷚矣

鳥之雌雄不可別者以翼右掩左雄左掩右雌

說文雄鳥父也雌鳥母也周禮庖人疏引爾雅飛曰雌雄走曰牝牡蓋舊注之文但經典亦多通詞詩詠

雄狐未聞稱牡書言牝雞便知是雌爾雅上文說鶉雄鶉牝庳亦其例也唯鳥雌雄難別故特釋之詩云誰知烏之雌雄亦爲難別故耳白華篇云鴛鴦在梁戢其左翼鄭箋斂左翼者謂右掩左也鳥之雌雄不可別者以翼右掩左雄左掩右雌陰陽相下之義也陶注本草雄鵲說翼左右正與此反蓋文誤耳又云燒毛作屑納水中沉者是雌浮者是雄

鳥少美長醜爲鶹鷅　鶹鷅猶留離詩所謂留離之子

說文鳥少美長醜爲鶹離是鷅即離鶹即留詩今作流俱聲借字亦猶黃離留作黃栗留矣詩旄丘傳瑣尾小好之貌流離鳥也少好長醜按毛以小好二字解經瑣尾釋訓云瑣瑣小也尾無美義詩蓋借尾爲娓韓詩誰俯子娓毛詩作美是其證也毛不言流離是何鳥陸璣疏云流離梟也自關而西謂梟爲流離其子適長大還食其母故張奐云鶹鷅食母許愼云梟不孝鳥是也按今鶉鴿生鴉鶻子大如鴒黑色食

其母山中小鳥曰馬兒尾生鐵翅子青黑色大如鴿又食其母此二種豈皆鶹鷅歟陸疏所說又與此異非所究也上云梟鴟則梟乃鴟屬然鴟復無鶹鷅之名

二足而羽謂之禽四足而毛謂之獸

說文禽走獸總名獸守備者按獸言守也禽言擒也爾雅雖別經典多通故曲禮疏云語有通別別而言之羽則曰禽毛則曰獸通而爲說鳥不可曰獸獸亦可曰禽故鸚鵡不曰獸而猩猩通曰禽也今按易云即鹿從禽又王用三驅失前禽司馬職云大獸公之小禽私之鄭注凡鳥獸未孕曰禽白虎通云禽者鳥獸之總名是皆經證孔疏詳矣曹植蝙蝠賦云謂鳥不似二足謂毛飛而含齒又云不容毛羣斥逐羽族曲禮云羽鳥曰降四足曰漬俱依爾雅爲說

鶪伯勞也 傳似鶷鶡而大左傳曰伯趙是

說文鶪伯勞也鶪或作鵙詩七月疏引李巡曰伯勞一名鶪左昭十七年疏引樊光曰春秋云伯趙氏司至伯趙鶪也以夏至來冬至去夏小正云五月鴂則鳴鴂者百鷯也月令仲夏鶪始鳴鄭注鶪博勞也趙岐孟子注鴃博勞也鴂與鶪鵙與勞博與伯俱聲相轉謂之鶪者以鳥聲得名爾雅翼引通卦驗云博勞性好單棲其飛翪其聲嗅嗅夏至應陰而鳴冬至而止曹植惡鳥論云伯勞蓋賊害之鳥也其聲鶪鶪故以其音名云高誘呂覽注伯勞夏至後應陰而殺蛇磔之於棘而鳴於上然則鶪鳴五月豳風於七月者鄭箋豳地晚寒鳥物之候從其氣焉王肅則云七當爲五古五字如七肅之此說理固可通但是經文不容改字箋說是矣郭云似鶷鶡而大者鶷鶡卽反舌鳥今伯勞純黑色似鴝鵒而大其飛縱縱其鳴鶪鶪喜食蟲故高誘有殺蛇之說今未見也

倉庚鵹黃也其色鵹黑而黃因以名云

釋倉庚一鳥而文凡三四見必叔孫通梁文所附益者

爾雅郭注義疏下之五

孫男聯蓀伯愷
　　　薇近垣校字

爾雅郭注義疏下之六

棲霞郝懿行學

釋獸弟十八

說文獸守備也按獸者守也田獵取獸必須圍守戒備之也以其可充庖廚謂之六獸鄭衆庖人注以麋鹿熊麕野豕兔為六獸也以其種類衆多謂之百獸公羊疏引書鄭注百獸服不氏所養者也大戴記易本命篇謂之毛蟲大司徒土會之法謂之動物而云山林宜毛物原隰宜羸物鄭注毛物貂狐貒貉之屬縟毛者羸物虎豹貔貙之屬淺毛者茲篇所釋皆是野獸豕為六畜之一宜入釋畜而誤置在此

麋牡麔牝麎其子麇國語曰獸長麑麇**其跡躔**腳所踐處**絕有力狄**

說文麋鹿屬冬至解其角按麋似鹿青黑色肉蹏目下有兩孔俗說謂能夜視春秋莊十七年冬多麋五

行志云麋之言迷也白虎通云諸侯射麋示達迷惑者也按麋性淫迷故司裘設麋侯而爲卿大夫所射矣麐者說文云麋牡者麐牝麋也詩吉日疏引某氏曰詩云瞻彼中原其麌孔有今詩作祁鄭箋祁當作麌陶注本草云今海陵閒最多千百爲羣多牝少牡然則其麌孔有言牝者之多也又云人言麋一牡輒交十餘牝交畢即死其脂墮土中經年人得之名曰道脂按今山中人說麋游牝死其牝亦銜靈草活之草銜未至獵人或收得之此則詩云野有死鹿鹿即麋矣麋鹿同類也其子名䴠韋昭魯語注麋子曰䴠淮南主術篇云不取麛夭高誘注麋子曰夭其跡躔者說文云躔踐也方言云躔循也歷行也後漢郡國志廣陵郡東陽有長洲澤劉昭注云縣多麋引博物記曰十千爲羣掘食草根其處成泥名曰麋畯民人隨此畯種稻不耕而穫其收百倍然則畯之言猶躔也躔畯古音相近麋畯即麋躔矣

鹿牡麚牝麀其子麛其跡速絕有力麉

說文鹿獸也大戴禮易本命篇云六主律律主禽鹿故禽鹿六月而生也按謂之禽者葢據小者而言所謂未孕曰禽也鹿性旅行見食相呼呦呦鹿鳴食野之苹食相呼也瞻彼中林甡甡其鹿行必旅也夏小正八月鹿人從從者從羣也說文麚牡鹿以夏至解角按其牡名麚亦猶牡豕名豭也其牝名麀麀从牝省也左襄四年傳思其一麀牝是矣其子名麛說文麛鹿子也麑鹿麛也是麛一名麑廣雅云麛麝也麝與麑其音同魯語云獸長麑麌韋昭注鹿子曰麑麑與麛古字通也其跡名速說文段注以速爲迹字之誤據籀文迹作速从束其說是也王逸九思云鹿蹊兮躖躖說文躖踐處也是躖即鹿之迹詩町疃鹿場鹿場猶麋畯皆謂所踐處也麛者說文作麗云鹿之絕有力者

麕牡麌詩曰麀鹿麌麌鄭康成解即謂此也但重言耳牝麜其子麆其跡解絕有力豜

說文麇麞也从囷省聲籀文作麕不省麞麇屬蓋麞似麇而黃黑色比鹿爲小也麕或作麏詩野有死麕釋文引草木疏云麕麞也青州人謂之麏麞或作獐鄭注考工記云齊人謂麇爲獐按古人言獐頭鼠目其性多疑善顧故呂覽博志篇云使獐疾走馬弗及至已而得者其時顧也本草陶注俗云白肉是麞言白膽易驚怖也麇者詩云麀鹿麌麌鄭箋用爾雅孔疏云是麕牝曰麌也若然鄭箋當云麕牝曰麌今本作牡字形之誤因知爾雅古本作麕牡麌正與鄭箋詩言麀鹿相合今本麌麌互倒於義舛矣當據鄭箋訂正唯玉篇云麌牝鹿也[illegible][illegible]訛廣韵十一模云麌牝麕也疏贕叔羣經音辨七引鄭義亦作麀鹿牝也麌麕牝也分明不誤並與詩合此說本之臧氏經義雜記廿七今取以正郭本爾雅之誤也其子臧名麆其迹名解絕有力者名豜詩獻豜于公謂豕三歲者豜麛聲同疑鹿麕俱名麛麛俗作豜又通作肩詩並驅從兩肩兮說文引肩正作豜

豜之言堅謂堅彊有力也

狼牡貛牝狼其子獥絕有力迅

說文狼似犬銳頭白頰高前廣後廣雅云獮狼也是狼一名獮詩云竝驅從兩狼兮疏引舍人曰狼牡名貛牝名狼其子名獥絕有力者名迅孫炎曰迅疾也陸璣疏云其鳴能小能大善爲小兒嗁聲以誘人去數十步止其猛捷者人不能制雖善用兵者不能免也其膏可以煎和其皮可以爲裘故禮記曰狼臅膏又曰君之右虎裘厥左狼裘是也本草拾遺云狼大如狗蒼色鳴聲則諸孔皆沸按今狼全似蒼犬唯目縱爲異其腸直故鳴則竅沸也

兔子嬎俗呼曰[illegible]**其跡迒絕有力欣**

說文兔獸名兔謾訑善逃也按諸獸中唯兔不言牝牡蓋無異名故也其子名嬎說文作娩云兔子也娩疾也娩訓疾者兔生子極易恆疾而速故兔血腦主胎產也類聚九十五引爾雅嬎正作娩與說文合論

衡奇怪篇云兔舐毫而孕及其生子從口而出也郭云俗呼魗者廣雅魗兔子也釋文引字林同郭所本也其迹迒者說文迒獸迹也或作蹊方言云迒迹也釋名云迒者行不由正亢陌山谷草野而過也按莊子外物篇云蹏者所以在兔得兔而忘蹏蹏即迒矣絕有力者名欣欣聲近㕙戰國策說天下狡兔有東郭㕙也

豕子豬今亦曰彘江東呼豨皆通名 **㺜豶**俗呼小豶豬爲㺜子 **幺幼**最後生者俗呼爲幺豚 **奏者豱**今豱豬短頭皮理腠蹙 **豕生三豵二師一特**豬生子常多故別其少者之名 **所寢檜**檜其所臥蓐 **四蹢皆白豥**詩云有豕白蹢蹢蹏也 **其跡刻** **絕有力豟**即豕高五尺者 **牝豝**詩云一發五豝

說文豕彘也竭其尾故謂之豕讀與豨同按天官書奎曰封豕天文志作封豨是豨豕古音同說文又云

彘豕也後蹏廢謂之彘豨豕走豨豨也豬豕而三毛叢居者方言云豬北燕朝鮮之閒謂之豭關東西或謂之彘或謂之豕南楚謂之豨其子或謂之豚或謂之豯吳揚之閒謂之豬子然則豬彘聲轉豕彘豨俱聲近故郭云皆通名矣○說文⿰豕青豶也豶羠豕也易云豶豕之牙虞翻注劇豕稱豶崔憬云豕本剛突劇乃性和易釋文引劉云豕去勢曰豶爾雅釋文⿰豕青羊箠反豶謂犍豬犍九言反是犍與劇同今俗呼小⿰豕青豬爲⿰馬樂豬東齊言⿰馬樂如繪○說文幺小也幼少也幼幺聲義同今東齊人呼幺豚爲幺即矣○奏者釋文本或作湊郭云豱豬短頭皮理腠蹙是腠與湊同○今豬腹榦頭足俱短毛赤黑色亦短即豱豬也音溫○豵者說文生六月豚一日一歲曰豵尚叢聚也然則豵之爲言叢也叢有衆意故三日豵矣詩騶虞箋豕生三日豵傳云一歲曰豵七月傳同鄭衆大司馬注一歲爲豵二歲爲豝三歲爲特四歲爲肩五歲爲愼詩伐檀傳亦云三歲曰特凡此諸名當有成文故毛鄭援以爲說其豵特與爾雅名同義異豝又牝豕名

也其云五歲爲愼愼與師聲相轉○橧者方言云豬其檻及蓐曰橧按禮運夏則居橧巢鄭注暑則聚薪柴居其上然則人豕所居通名橧也今居豕者編木爲檻一名蘭一名牢一名苙俱聲相轉詩云執豕于牢孟子云旣入其苙趙岐注苙蘭也蘭卽檻矣檻中薦草爲蓐一名芃葥淮南脩務篇云野彘有芃葥高誘注以爲蓐也廣雅云橧圈也按今東齊人呼豬圈如書卷之卷詩疏引舍人曰豕所寢草名爲橧李巡曰豬臥處名橧某氏曰臨淮人謂野豬所寢爲橧詩釋文引爾雅橧作繒鄭箋亦同叚借字也今本依方言作橧蓋後人改○豴釋文作蹢是也詩漸漸之石箋作四蹢皆白曰駭駭與豥字異而音同然箋又云白蹢尤躁疾則豥古本作駭亦後人改如蹢改作豴矣詩疏引孫炎曰蹢蹏也可證其跡名刻今豚子踰年謂之刻老或曰刻豶本此絕有力豟卽豕高五尺者說在釋畜○豝者說文牝豕也一曰二歲能相杷拏也詩騶虞傳本爾雅廣雅云豭豯豕牝也玉篇豭老母豕也豯小母豬也豭豯聲亦相轉左傳謂之婁

豬皆豝之異名也牟廷相說牝豝句上當脫牡豭一句余按說文豭牡豕也左隱十一年傳鄭伯使卒出豭定十四年傳盍歸吾艾豭又說文豰字解云讀若爾雅䴥豭短脰今爾雅豭作麚麚爲牡鹿豭爲牡豕豭麚音同字通疑爾雅脫牡豭句牟說是矣

虎竊毛謂之虦貓竊淺也詩曰有貓有虎

說文虎竊毛謂之虦苗竊淺也郊特牲言迎貓迎虎詩言有貓有虎傳云貓似虎而淺毛者也方言云虎陳魏宋楚之閒或謂之李父江淮南楚之閒謂之李耳或謂之於䖘自關東西或謂之伯都御覽引風俗通云俗說虎本南郡中廬李氏公所化爲呼李耳因喜呼班便怒按易林云鹿求其子虎廬之里唐伯李耳貪不我許然則唐伯李耳蓋皆方俗呼虎之異名俗說謂是李翁所化未必然也竊虦淺俱聲相轉

貘白豹

似熊小頭庳腳黑白駁能䑛食銅鐵及竹骨骨節強直中實少髓皮辟溼或曰豹白色者別名

貘

說文貘似熊而黃黑色出蜀中釋文引字林云似熊而白黃出蜀郡王會篇云不令支玄貘是貘兼黑白黃三色神異經云南方有獸名曰齧鐵其糞可爲兵器毛黑如漆按此卽王會所云玄貘者也白帖引廣志云貘大如驢色蒼白舐鐵消千斤其皮溫煖後漢西南夷傳哀牢夷出貊獸李賢注引南中八郡志云貊大如驢狀頗似熊多力食鐵所觸無不拉郭注中山經崍山云邛來山出貊貊似熊而黑白駁亦食銅鐵然則貊與貊貘與貘竝字異而音同聲轉爲猛西山經云南山獸多猛豹郭注猛豹似熊而小毛淺有光澤能食蛇食銅鐵出蜀中此則猛豹卽貘豹而云出蜀中南山崍山皆蜀地也郭又引或說以貘爲豹之別名者詩疏引陸璣疏云毛赤而文黑謂之赤豹毛白而文黑謂之白豹列子天瑞篇釋文引尸子云程中國謂之豹越人謂之貘是貘卽豹矣貘白豹三字雙聲兼疊韵

甝白虎漢宣帝時南郡獲白虎獻其皮骨爪牙 虪黑虎晉永嘉四年建平秭歸縣檻得之狀如小虎而黑毛深者爲斑山海經云幽都山多玄虎玄豹也

說文虘白虎也讀若鼏虪虎屬虪黑虎也虪黑虎也王會篇云般吾白虎屠州黑豹漢郊祀志宣帝時南郡獲白虎獻其皮牙爪上爲立祠按漢以白虎爲瑞四子講德論以爲偃武修文之應故沈約宋書列於符瑞志然南齊時屢見白虎文此自有種類亦如漢之白麟不足稱瑞也虪釋文作儵本今作虪海內經云幽都之山其上多玄豹玄虎郭注黑虎名虪中山經云即谷之山多玄豹郭注黑豹也即今荊州山中之黑虎也然則此注黑虎乃黑豹虎豹同類也晉地理志建平郡秭歸屬荊州今湖北宜昌府歸州也嘗疑說文有虘無甝玉篇廣韵甝虘互見葢篆文甘作甘與日形近而誤衍也證以釋文甝字林下甘反又乙狄反乙狄郎虘字之音可知虘衍爲甝宜據以訂正

貀無前足晉太康七年召陵扶夷縣檻得一獸似狗豹文有角兩腳卽此種類也或說貀似虎而黑無前兩足

說文貀獸無前足引漢律能捕豺貀購錢百爾雅攷證引異物志云貀出朝鮮似猩猩蒼黑色無前兩足能捕鼠廣韵貀作豽云似狸蒼黑無前足善捕鼠與前說合矣臨海志云狀如虎形頭似狗出東海水中本草衍義云今出登萊州其狀非狗非獸亦非魚也前腳似獸尾卽魚身有短青白毛毛有黑點按此蓋有二種郭注及異物志所說皆陸產也其臨海志及衍義所說皆卽今海狗也登州人嘗見之方春海凍出氷上人捕取之尾略似魚頭似狗身有短毛青黑而四足非兩足也爾雅無前足者今未見晉五行志武帝太康六年南陽獻兩足猛獸類聚引王隱晉書曰太康六年荊州送兩足虎晉地理志邵陵郡扶夷屬荊州二書俱作六年郭云七年蓋誤注引或說本字林見釋文

鼳鼠身長須而賊秦人謂之小驢鼳似鼠而馬蹄一歲千斤爲物殘賊

下文鼳鼠鼠屬此鼳乃獸類也陶注本草鼳鼠下云諸山林中有獸大如水牛形似豬灰赤色下腳似象胸前尾上皆白有力而鈍亦名鼳鼠人取食之肉亦似牛肉多以作脯乃云此是鼠王其精溺一滴落地輒成一鼠災年則多出也按晉書郭璞傳所說形狀與陶注同乃名之爲驢鼠葢本爾雅爲說也初學記引郭氏洞林曰宣城郡有隱鼠大如牛形似鼠鼠腳腳有三甲皆如驢蹄身赤色胸前尾上白異物志曰鼠母頭腳似鼠毛蒼口銳大如水牛而畏狗水田時有外災起於鼠廣韵云鼳鼠似鼠形大如牛好偃河而飲水也本草圖經鼳鼠似牛而鼠首黑足大者千斤多伏於水又能壞水出滄州今按登州志云明萬麻七年招遠河溢見一物狀如牛橫臥中流豈是類歟葢此物有水陸二種廣韵圖經及異物志所說皆是水產郭陶所說悉陸產也鼴鼠莊子作偃鼠

鼳與鼴同也釋文鼳古闃反下鼴鼠郭音硯

熊虎醜其子狗絕有力麙律曰捕虎一購錢五千其狗半之

說文虎山獸之君熊獸似豕山居冬蟄按熊通作能夏小正云能羆作穴秋官穴氏攻蟄獸卽此屬也左昭七年正義引李巡曰熊虎之類其子名狗按今東齊遼東人通呼熊虎之子爲羔羔卽狗聲之轉郭引律以證虎子名狗也玉篇狗作豿熊虎之子也其絕有力者名麙與山羊細角者同名釋文麙本或作㺂同五咸反

貍子隸今或呼豾貍

說文貍伏獸似貙廣雅云貔貍貓也御覽引尸子云使牛捕鼠不如貓狌之捷莊子秋水篇云捕鼠不如貍狌是貍貓通名耳今呼家者爲貓野者爲貍野貍卽野貓也貓有數色貍唯蒼色黑斑陶注本草謂有虎貍貓貍又有貍色黃而臭者肉亦主鼠瘻然則凡狸皆能伏鼠故論衡福虛篇云狸之性食鼠人有鼠

病吞狸自愈物類相勝方藥相使也按貍步趨有度故射人以貍步張三矦取其行步擬度而發必獲也郭云豾貍者本廣雅方言作貊貍鄭注大射儀奏貍首云貍之言不來也不與豾來與貍古皆同聲方言作貔貄廣雅作貔貍竝字異音同耳釋文貄以世反衆家作肆又作隸沈音四舍人本作貄按夏小正云狸子肇肆肆卽貄也貄與肆同肆肆古亦通用

貈子貆其雌者名䝖今江東呼貉爲㹧㹷

說文貈似狐善睡獸也俗作貉論語衣狐貉考工記貉踰汶則死是也其子名貆說文以貆爲貈類詩伐檀箋貉子曰貆用爾雅也今棲霞人呼貉爲貆貆貉聲相轉也其毛縟厚擊之難斃唯搥其鼻莖卽死野人煎其膏治痔良也郭云雌名䝖者釋文䝖又作䝖同乃老反引字林云雌貈是郭所本又云江東呼貉爲㹧㹷者㹧烏郎反㹷山吏反廣雅云㹷貁也貁餘救反按文選注及後漢書注竝引倉頡篇云貁似貍

今驗貍與貉
異非此也

貒子貗一貒豚也
名貛也

說文貒獸也貛野豕也釋文引字林貒獸似豕而肥按
方言云貛關西謂之貒郭注貛豚也廣雅貒貛也按
貛貒疊韵貒豚雙聲兼疊韵貒貛同物故古通名下
云貍貒狐貈醜說文引貒作貛淮南修務篇云貛貉
爲曲穴御覽引貛作貒又通貆地官草人鹹潟用
貆鄭注貆貒也淮南齊俗篇云貆貉得壕防人弗去而
緣高誘注貆貆豚也是皆俗貆爲貛賈公彥疏不知
鄭注貆乃通俗誤引爾雅貈子貒或曰貆失之矣本
草衍義云貒肥矮毛微灰色頭連脊毛一道黑觜尖
黑尾短闊蒸食之極美按今貛形如豬穴於地中善
攻隄岸其子名貗與婁豬同名釋
文貗力于反是也郭其禹反非

貔白狐其子㲉一名執夷
虎豹之屬

說文貔豹屬出貉國或作貔是貔爲猛獸故牧誓儷以如虎曲禮載其貔貅鄭注貔貅摯獸是矣貔出北國故韓奕云獻其皮也釋文引詩草木疏云似虎或曰似羆一名執夷一名白狐其子爲豰遼東人謂之白羆書疏引舍人曰貔名白狐其子名豰郭氏子虛賦注以豰似貔而大倉獮猴說文豰作豰云犬屬倉母猴釋文豰本又作豰火卜反恐此同名非同物也香祖筆記三云巂嶲瓦屋山出貔貅狀如黃牛犢倉虎豹亦恐非此或云登州人謂狐爲貔子爾雅貔白狐郎狐耳然狐黃色此言白狐蓋非

麝父麕足腳似麕有香

說文麝如小麋臍有香御覽引麝下有黑色麞三字西山經云翠山其陰多麝郭注麝似獐而小有香按今因名香麞釋文引李本麝作澤云澤父獸名與郭異也本草陶注麝形似麞常倉柏葉又噉蛇五月得香往往有蛇皮骨故麝香療蛇毒今以蛇蛻皮裹麝香彌香則是相使也麝入春自剔出其香覆之人有

過得乃至一
斗五升也

豺狗足 狗脚似

說文豺狼屬狗聲夏小正十月豺祭獸善其祭而食之也高誘呂覽季秋紀注豺獸也似狗而長毛其色黃於是月殺獸四圍陳之世所謂祭獸一切經音義引倉頡解詁云豺似狗白色爪牙迅利善搏噬也埤雅云豺柴也又曰瘦如豺是矣按豺瘦而猛捷俗名豺狗羣行虎亦畏之牧誓云如熊如羆史記引作如豺如離其猛可知

貙獌似貍 今山民呼貙虎之大者爲貙豻音岸

下云貙似貍與此同物加獌字者說文獌狼屬引爾雅曰貙獌似貍是貙之大者名貙獌非二物也釋文引字林獌狼屬一曰貙是矣蓋獌之言曼延長也俗作獌蜒郭注子虛賦云蟃蜒大獸似貍長百尋此蓋

孟浪之言廣韵作貜貜長八尺近是也郭云呼貙虎之大者爲貙豻貙豻卽貙貜之轉子虛賦云蟃蜒貙豻皆以聲爲義耳

羆如熊黃白文似熊而長頭高腳猛憨多力能拔樹木關西呼曰貑羆

說文用爾雅羆古文作㲋熊羆同類之物羆尤極猛故特釋之詩斯干疏引舍人曰羆如熊色黃白也按韓奕但言黃羆不言白者文省略耳陸璣疏云羆有黃羆有赤羆大於熊其脂如熊白而麤理不如熊白美也爾雅翼云獵者言熊有豬熊馬熊羆卽熊之雌者其說非也熊羆各有牝牡羆大於熊而力尤猛又引柳子羆說以爲羆之狀被髮人立絕有力而甚害人則羆非熊明矣今關東人說人熊之狀正與柳合蓋熊羆相類俗人不識羆故呼爲人熊耳郭云關西呼貑羆者據時驗也今關東人呼爲憨貑聲轉如云黑蝦

麢大羊 麢羊似羊而大角員鋭好在山崖間

說文麢大羊而細角西山經云翠山其陰多麢麢郭
注與此注同麢廣雅作泠云泠角後漢書西南夷傳
作靈云靈羊能療毒本草又作羚羊角陶注羚羊今
出建平宜都諸蠻中及西域多兩角一角者爲勝羊
甚多節蹙蹙圓繞別有山羊角極長惟一邊有節節
亦踈大不入藥用爾雅名𦍩羊也本草拾遺云羚羊
有神夜宿防患以角挂樹不著地角彎中深
鋭緊小猶有挂痕耳邊聽之集集鳴者良

麠大麃牛尾一角 漢武帝郊雍得一角獸若麃然謂之麟者此是也麃郎麠

說文用爾雅麠或作麖麃麖屬王會篇云發人麃麃
者若鹿迅走然則麃亦鹿屬也郭引漢武帝事史記
孝武紀云郊雍獲一角獸若麃然有司曰陛下肅祇
郊祀上帝報享錫一角獸蓋麟云索隱引韋昭云體
若麢而一角春秋所謂有麢而角是也楚人謂麖爲
麃漢書終軍傳云從上雍獲白麟一角戴肉禮樂志

云獲白麟爰五止皆此事也但麟馬蹏此言五趾若麃一角䡇云戴肉謂之爲麟不亦誣乎一切經音義引此注麃即麞下有黑色耳三字今脫去之中山經云尸山其獸多麖郭注似鹿而小黑色以此可證

麐大麢旄毛狗足 旄毛猥長

說文麐大麋也狗足麐或作麂中山經云女几之山其獸多麖麂郭注麂似獐而大猥毛豹脚按猥當爲猥豹當爲狗並字形之誤也本草衍義云麂獐屬而小於獐其口兩邊有長牙好鬭其皮爲第一無出其右者然多牙傷痕其聲如擊破鈸今按麂皮細縟人多以爲韈履甚佳釋文猥乃罪反引字林云多毛犬也

魋如小熊竊毛而黃 今建平山中有此獸狀如熊而小毛麤淺赤黃色俗呼爲赤熊即魋也

說文䰢如小熊赤毛而黃釋文䰢徒回反
引字林云獸如熊黃而小郭注本說文

猰貐類貙虎爪食人迅走迅疾

說文猰貐似貙虎爪食人迅走物類相感志引孫炎
云獸中最大者龍頭馬尾虎爪長四尺善走以人爲
食遇有道君隱藏無道君出食人矣高誘淮南本經
篇注猰貐獸名狀若龍首或曰似貍善步而食人按
此物旣類貙貙似貍不應龍首孫高二義葢本海內
南經窫窳龍首而爲說也又非山經及海內西經竝
說窫窳而形狀
各殊郭無取焉

狻麑似虦貓食虎豹即師子也出西域漢順帝時疏勒
王來獻犎牛及師子穆天子傳曰
狻猊日走
五百里

說文狻麑似虦貓食虎豹又云虓一曰師子按詩闞
如虓虎葢以師子與虎狀其威猛也師子食虎豹兼

能搏象而博物志又言有物如貍能跳上師子頭殺之御覽引東晳發蒙記曰師子五色而食虎惟畏鉤戟是師子雖猛亦有所畏伏也後漢書順帝紀陽嘉三年疏勒國獻獅子犎牛注引東觀漢紀曰疏勒王遣使文時詣闕獻獅子似虎正黃有頓髵尾端毛大如斗漢書西域傳云烏弋國有師子似虎正黃尾端毛大如斗司馬彪續漢書云條支國安息國並出師子穆天子傳名獸使足狻猊野馬走五百里猊與麑同狻音先官反狻麑合聲爲師故郭云即師子矣

驨如馬一角不角者騏 元康八年九眞郡獵得一獸大如馬一角角如鹿茸此即驨也今深山中人時或見之亦有無角者

玉篇驨騏驥也 公羊哀十四年疏引舍人云驨如馬而有一角不有角者名騏王會篇云俞人雖馬孔晁注雖馬巂如馬一角不角者曰騏子虛賦云射游騏張揖注引爾雅曰巂如馬一角不角者曰騏是張孔

所見魏晉古本驨俱作巂釋文驨本又作巂是也巂
有髓音故王會篇儋爲雖也北山經云敦頭之山旄
水其中多騂馬牛尾而白身一角蓋亦巂類水經河
水注云漢武帝聞大宛有天馬遣李廣利伐之始得
此馬有角爲奇然
則天馬即巂矣

羱如羊 羱羊似吳羊而大角角椭出西方

說文萈山羊細角者讀若丸繫傳云本草注萈羊似
麢羊角有文俗作羱是羱當作萈也一切經音義九
引廣志作羦亦俗體耳又引字林野羊也其角堪爲
鞪月小榼也出西方似吳羊而大角也角重於肉呼
爲羱羝是郭所本徐鍇所引本草注即陶注已詳麢
羊條下唐本注云山羊大如牛或名野羊善鬭至死
顏師古急就篇注西方有野羊大角牡者曰羱牝者
曰羠並以時墮角其羱羊角尤大今人以爲韝橋羠
角差小可以爲刀子把爾雅曰羱如羊即此也按今
羱羊出甘肅有二種大者重百斤角大盤環郭注所

說是也小者角細長說文所說是也吳羊卽羭羊說在下

麐麕身牛尾一角傳曰有麕而角

說文麐牝麒也麒仁獸也麕身牛尾一角麐經典通作麟公羊哀十四年傳麟者仁獸也何休注狀如麕一角而戴肉設武備而不爲害所以爲仁也左傳疏引李巡曰麟瑞應獸名孫炎曰靈獸也京房易傳麟麕身牛尾狼額馬蹏有五采腹下黃高丈二詩疏引草木疏云麕身牛尾馬足黃色員蹏一角角端有肉音中鐘呂行中規矩王者至仁則出服虔左傳注視明禮修則麒麟至毛詩傳云麟信而應禮按古書說麟不具錄大抵侈言德美與其徵應惟詩及爾雅質實可信至於言德則廣雅備矣說應則禮運詳矣今旣無可據依亦無取焉

猶如麂善登木健上樹

說文猶玃屬按玃母猴此言如麂麂卽大麢與猴異
狀然則猶之爲獸旣是猴屬又類麂麂形麂形似麢而
足如狗故猶从犬矣水經江水過僰道縣北注云山
多猶猢似猴而短足好游巖樹一騰百步或三百丈
順往倒反乘空若飛酈注所說猶猢卽是爾雅之猶
其謂之猢者俗名猴爲猢猻猢猴聲轉猴善升木其
云好游巖樹卽此所謂善登木矣一切經音義十引
某氏曰上木如鳥正與水經注合釋文猶舍人本作
鸒郭音育今按鸒與猶
音相轉鸒亦聲俗字耳

貄脩豪毫毛長

貄說文作㣇云脩豪獸又云㣇豕鬣如筆管者篆文
作豪長楊賦云拖豪豬顏師古注豪豬一名㣇是顏
欲依爾雅爲說但豪豬與㣇別鬣如筆管者是豪豬
㣇但脩豪獸名小顏欲合爲一非矣豪豬卽豪彘其
形狀見西山經竹山郭注甚明而不云名㣇證以爾
雅此注可知郭不以爲一物也釋文貄本又作貗亦

作肆音四則與上貍子貄同名疑亦同物今貍貓之
屬有毛絕長者謂之獅貓獅與肆音近而義同肆有
長意此獸毛長因謂之肆然則爾雅古本作肆今作
貄貄俱俗體也肆說文作𢑱从二彑則彑與𢑱音義
又同
矣

貙似貍 今貙虎也大如狗文如貍

上已云貙獌似貍蓋大者名貙獌小者即名貙也字
林云貙似貍而大一云似虎而五爪謂此也貙虎屬
以立秋殺獸故漢有貙劉之祭鄭注夏官射人云今
立秋有貙劉後漢禮儀注貙劉之禮祠先虞劉膢通
漢書武帝紀
膢五日是也

兕似牛 一角青色重千斤

說文𤉡如野牛而青象形古文作兕釋文本又作光
俗字也詩云媿此大兕晉語云唐叔射兕於徒林媿

以爲大甲犀兕皮革堅厚皆可爲甲而犀不如兕考工記所說是也兕角可爲酒觵詩疏引韓詩說兕觥以兕角爲之容五升是也海內南經云兕其狀如牛蒼黑一角南山經云禱過之山其下多犀兕郭注兕似水牛青色一角重三千斤三字衍詩疏引某氏曰兕牛千斤是矣左傳疏引劉欣期交州記云兕出九德有一角角長三尺餘形如馬鞍柄類聚引郭氏圖讚云兕惟壯獸似牛青黑力無不傾自焚以革皮充武備角德助文

犀似豕形似水牛豬頭大腹庳腳腳有三蹏黑色三角一在頂上一在額上一在鼻上鼻上者卽食角也小而不橢好食棘亦有一角者

說文犀南徼外牛一角在鼻一角在頂似豕王會篇伊尹四方令曰正南以文犀爲獻吳語云奉文犀之渠茸昭注文犀犀角之有文理者也按犀角粟文名類實繁通天駭雞晃珍往籍抱朴子言角爲乂導攬

湯解諸毒藥也漢書平帝紀黃支國獻犀牛後漢書章帝紀日南徼外獻生犀左傳疏引交州記云犀出九德毛如豕蹏有三甲頭似馬有三角鼻上角短額上頭上角長類聚引郭氏讚云犀之爲狀形兼牛豕力無不傾吻無不靡以賄嬰災因乎角掎

彙毛刺　今蝟狀似鼠

彙說文作𢑥云蟲似豪豬者或作蝟廣雅云虎王蝟也史記龜策傳云蝟辱於鵲集解引郭氏云蝟能制虎見鵲仰地萟郭氏讚文也淮南說山篇云膏之殺鼈鵲矢中蝟高誘注中亦殺也本草陶注田野中時有此獸人犯近便藏頭足毛刺人不可得捉能跳入虎耳中而見鵲便自仰腹受啄物有相制不可思議爾按本草蝟在蟲部廣雅亦入釋蟲此在釋獸者以其四足而毛故也今蝟毛蒼白色聲如犬嘷大者如小豘小者似鼠矣

狒狒如人被髮迅走食人 梟羊也山海經曰其狀如人面長脣黑身有毛反踵見人則笑交廣及南康郡山中亦有此物大者長丈許俗呼之曰山都

狒說文作𥝋云周成王時州靡國獻𥝋𥝋人身反踵自笑笑卽上脣弇其目食人北方謂之土螻引爾雅曰𥝋𥝋如人被髮讀若費一名梟陽說文所稱王會篇文也但彼文作費費今爾雅作狒狒並聲借字也淮南氾論篇云山出嘄陽高誘注嘄陽山精也人形長大而黑色身有毛若反踵見人而笑吳都賦云𥝋𥝋笑而被格是也郭引海內南經文其注亦與此注略同又云海內經謂之贛巨人也圖讚云狒狒怪獸被髮操竹見人則笑脣蔽其目終亦號兆反爲我戮

貍狐貒貈醜其足蹯其跡厹 皆有掌蹯 厹指頭處

說文引爾雅曰狐貍貛貉醜其足蹞其跡厹厹獸足蹂地也篆文作蹂又云獸足謂之番从釆田象其掌

或作蹞古文作䟴按番今加足旁獸掌通謂之蹯左
文元年傳王請食熊蹯是也又按貒說文引作貛貈
引作貉鄭注地官又引作貂狐貒貉賈疏言貂不言
貍者鄭君所讀爾雅爲貂不爲貍也然則許鄭所見
之本竝
與今異

蒙頌猱狀 即蒙貴也狀如蜼而小紫黑色可畜健捕鼠勝於貓九眞日南皆出之猱亦獮猴之類

匡謬正俗云蒙頌爲獸狀類猱郭云即蒙貴者廣志
云今獴獱有黑白黃者暹羅最良捕鼠捷於家貓也

猱蝯善援 便攀援 **貜父善顧** 貑貜也似獮猴而大色蒼黑能攫持人好顧眄

猱說文作夒云母猴似人又云猴夒也爲母猴也其
爲禽好爪廣雅云猱狙獼猴也初學記引孫炎曰猱
母猴也詩角弓傳猱猨屬箋云猱之性善登木陸璣
疏云猱獼猴也楚人謂之沐猴老者爲玃長臂者爲
猨猨之白腰者爲獑胡獑胡猨駿捷於獼猴如陸所
說猱猨玃竝同類而異名母沐獮俱聲相轉也猱或

作玃樂記云玃雜子女鄭注玃獮猴也猱轉爲戎匡謬正俗云或問今戎獸古何獸荅曰李登聲類夒音人周反字或作猱吳都賦注猱似猴而長尾驗其形狀戎即猱也猱有柔音俗語變轉謂之戎耳蝯者俗作猨說文蝯善援禺屬玉篇猨似獮猴而大能嘯按陸璣以長臂爲猨故史記李廣傳廣爲人猨臂善射又蝯猱雙聲古多竝舉故管子形勢篇云墜岸三仞人之所大難也而猱蝯飲焉是猱蝯俱善攀援今傳其飲水或自懸匡相接而下飲畢連引而上是其形狀矣○玃當作玃釋文引說文大母猴也今本脫大字引爾雅云玃父善顧釋云善攫持人好顧盼也按陸璣云沐猴老者爲玃呂覽察傳篇云狗似玃玃似母猴母猴似人高誘注玃猳玃獸名也博物志云其長七尺人行健走名曰猴玃或曰猳玃是矣今玃俗呼馬猴馬沐聲亦相轉

威夷長脊而泥泥少才力

邵氏正義引說文云委虒虎之有角者也委威聲近虒有夷音如周道倭遲韓詩作周道威夷是威夷卽委虒矣廣韵云虒似虎有角好行水中按釋文泥奴細反若依廣韵好行水中則泥應讀如字

麔麚短脰 項脰

麔麚見上說文引作麔豭短脰然則獸之牡者其項多短也

贙有力 出西海大秦國有養者似狗多力獷惡

廣韵贙獸名似犬郭云出西海大秦國者後漢書云大秦國在海西西亦云海西國新唐書西域傳拂菻古大秦也有獸名贙狀如狗獷惡多力按今呼西洋狗一名獅獴狗卽此也郭氏讚云爰有獷獸厥狀似犬飢則馴服飽則反眼出於西海名之曰贙按說文贙分別也又狟云犬行也廣韵作大犬也然則贙疑狟之叚借也

豦迅頭 今建平山中有豦大如狗似獮猴黃黑色多髯鬣好奮迅其頭能舉石擿人玃類也

說文引司馬相如說豦封豕之屬玉篇封豦豕屬也迅頭者豕性躁疾易驚擾好奮迅其頭郭注所說蓋別物非豕屬也西山經云崇吾之山有獸如禺而文臂豹虎而善投名曰舉父舉豦聲同禺卽獮猴之屬郭說疑此是也

蜼卬鼻而長尾 蜼似獮猴而大黃黑色尾長數尺似獺尾末有岐鼻露向上雨卽自縣於樹以尾塞鼻或以兩指江東人亦取養之爲物捷健

說文蜼如母猴卬鼻長尾廣雅云狖蜼也淮南覽冥篇云猨狖顚蹶而失木枝高誘注狖猨屬也長尾而昂鼻狖讀中山人相遺物之遺郭注西山經云蜼獮猴屬也音贈遺之遺是蜼狖音義同故廣雅謂狖卽蜼矣蜼有誄音通作貁御覽引異物志貁之屬捷勇於猨貁卽蜼也初學記引爾雅曰累猴似猴蓋并引

郭注其累亦即蜼也釋文蜼音誄字林余繡反或餘季餘水二反郭注中山經鬲山亦與此注同後漢書馬融傳注引此注以尾塞鼻下有零陵南康人呼之音餘建平人呼之音相贈遺之遺也又音余救反皆土俗輕重不同耳三十四字爲今本所無葢郭音義之文也春官蜼彝名尊彝服宗彝作繪葢其才勇有足稱焉類聚引南州異物志說果然獸形狀全似蜼亦其類也皮可爲褥

時善乘領好登山峰

爾雅攷證云時善乘領當連上文讀言蜼好作山峰非別有獸名時也按時與是古字通此說可從

猩猩小而好啼山海經曰人面豕身能言語今交阯封谿縣山猩猩狀如貛豘聲似小兒啼

說文猩猩犬吠聲或作狌王會篇云都郭生生欺羽生生若黃狗人面能言海內南經云狌狌知人名其爲獸如豕而人面郭注今交州封谿縣出狌狌土俗人云狀如豚而後似狗聲如小兒啼也淮南氾論篇

云猩猩知往而不知來高誘注猩猩北方獸名人面獸身黃色禮記曰猩猩能言不離走獸見人往走則知人姓字此知往也又嗜酒人以酒搏之飲而不能息不知當醉以擒其身故曰不知來也猩猩南方獸作北方誤也類聚引華陽國志云猩猩血可以染朱闕挼小而好嘑文義難通當由轉寫致譌若好作如小而作小兒倒轉讀之則通矣郭注似小兒嘑可證

闕洩多狃 說者云腳饒指未詳

上其跡瓜釋文瓜字林或作狃是狃爲俗聲謂腳指頭郭引說者云腳饒指蓋舊注之文也爾雅攷證云洩與渫同猩猩有牝無牡故云闕洩伏行交足故云多狃非別有獸也當連猩猩小而好嘑讀

寓屬 題上事也寓說文作禺云蝯善援禺屬禺母猴屬鄭注司尊彝亦引作禺屬今本作寓下云寓鼠曰嗛郭注謂獼猴之類寄寓木上是凡獸皆寓也寓禺古字通釋文寓舍人本作

麌聲脩

字耳

鼢鼠 地中行者

說文鼢地中行鼠伯勞所作也一曰偃鼠鼢或作蚡廣雅鼹鼠鼢鼠鼴鼠與偃同也本草別錄鼹鼠在土中行陶注俗中一名隱鼠一名鼢鼠形如鼠大而無尾黑色長鼻甚強常穿地中行類聚引廣志云鼢鼠深目而短尾按此鼠今呼地老鼠產自田閒體肥而匾尾僅寸許潛行地中起土如耕方言謂之犂鼠郭注犂鼠鼢鼠也

鼸鼠 以頰裏藏食

說文鼸鼢也鼢鼠屬讀若含廣雅作鼢釋文鼸下簟反引孫炎云鼸者頰裏也與郭義同又引字林云卽鼢鼠也文選注引李巡云鼸鼠鼸鼢鼠並與郭義異也墨子非儒篇云鼸鼠藏而羝羊視蓋謂其藏食也

夏小正正月田鼠出田鼠者嗛鼠也嗛與鼸同按鼸鼠卽今香鼠頰中藏食如獮猴然灰色短尾而香人亦畜之

鼷鼠 有螫毒者

說文鼷小鼠也春秋成七年鼷鼠食郊牛角定十五年哀元年俱鼷鼠食郊牛孔疏引爾雅注曰色黑而小有毒孫炎曰有螫毒者玉篇云螫毒食人及鳥獸皆不痛今之甘口鼠也釋文引博物志云鼠之最小者或謂之耳鼠按俗傳能入人耳謂此也莊子應帝王篇云鼷鼠深穴乎神丘之下以避熏鑿之患此郎所謂社鼷不灌屋鼠不熏也春秋疏引李巡謂鼸鼩鼠一名鼷鼠文選荅客難注引鼷作奚但鼩鼠在下與此別條非同物也

鼶鼠 夏小正曰鼶鼬則穴

說文鼶鼠也高誘淮南時則篇注田鼠鼢鼶鼠也高以鼢鼶俱爲田鼠鼢卽鼶也釋文鼶又徒奚反是矣夏小正九月鼶鼬則穴然則鼶葢田鼠之大者化鴐爲鴽蟄又同鼬可知非幺麼細形矣

鼬鼠 今鼬似鼦赤黃色大尾啖鼠江東呼爲鼪音牲

說文鼬如鼠赤黃而大食鼠者廣雅云鼠狼鼬按今俗通呼黃鼠狼順天人呼黃鼬善捕鼠夜中竊食人雞人掩取之以其尾毛爲筆所謂狼豪者也郭云江東呼爲鼪者莊子徐無鬼篇云藜藋柱乎鼪鼬之逕秋水篇云騏驥驊騮捕鼠不如狸狌釋文狌崔本作鼬是鼬鼪一物也夏小正云九月則穴穴者蟄也

鼩鼠 小鼱鼩也亦名蹤鼩

說文鼩精鼩鼠也郭云亦名鼨鼩鼨將容反李巡謂鼱鼩一名鼷鼠非郭義也

鼭鼠 未詳

釋文鼬音時廣韵作鼬或曰鼠爲十二屬首所以紀歲時故有鼬名按鼬自鼠名非凡鼠俱名鼬鼬疑從俗所加

鼣鼠 山海經說獸云狀如鼣鼠然形則未詳

釋文鼣或作䶈符廢反引舍人云其鳴如犬也中山經云倚帝之山有獸焉其狀如鼣鼠郭注云爾雅說鼠有十三種中有此鼠形所未詳也音狗吠之吠郎此注所云也翟氏補郎引北山經丹熏之山有獸狀如鼠而菟首麋身其音如獋犬名曰耳鼠謂郎此鼣鼠按音如獋犬與舍人合但未知耳鼠郎鼣鼠否也史記夏紀正義說鳥鼠同穴引西山經郭注云鼠名鼣如人家鼠而短尾鼣扶廢反按今爾雅及西山經注俱作䶈不作鼣郭於中山經及此注亦竝云形未詳然則張守節正義所引疑是別本誤文不足據也

鼫鼠 形大如鼠頭如兔尾有毛青黃色好在田中倉粟豆關西呼爲鼩鼠見廣雅音雀

鼫與碩古字通碩者大也詩疏引陸璣疏云今河東有大鼠能人立交前兩脚於頸上跳舞善鳴食人禾苗人逐則走入樹空中亦有五技或謂之雀鼠其形大故序云大鼠也魏國今河北縣是也言其方物宜謂此鼠非鼫鼠也按陸說是也郭云鼫鼠者廣雅云鼫鼠鼪鼠釋文鼫郭音雀字林音灼然則鼫鼠即雀鼠也釋文又云郭注雀字或誤爲瞿字今檢宋雪窗本及吳本並作瞿因而改鼫爲鼩以就瞿音皆釋文所謂誤本也說爾雅者不知鼫鼠爲碩字之通俗故舍人樊光同引詩以碩鼠爲五技鼠孫炎亦然胥失之矣鼫鼠五技見說文及蔡邕勸學篇大戴記勸學作鼫鼠五技而窮荀子又作梧鼠梧與鼫同然皆非爾雅之鼫鼠說者未明故辨正之

鼭鼠鼨鼠 皆未詳

玉篇鼭班尾鼠廣韵班鼠也鼭鼠文也廣雅鼩鼭郎此說文以鼨爲豹文鼠則與下句相屬與郭讀異

豹文鼮鼠　鼠文彩如豹者漢武帝時得此鼠孝廉郎終軍知之賜絹百匹

玉篇說終軍識豹文鼠與郭同但事不見前漢記載唯郭此注及序言之類聚引竇氏家傳以識豹文鼠者乃光武時孝廉郎竇攸也水經注及文選注引三輔決疑注並載竇攸此事與郭注異其以豹文爲鼮鼠則同而唐書盧藏用傳其弟若虛有獲異鼠者豹文虎臆大如拳職方辛怡諫謂之鼮鼠而賦之若虛曰非也此許慎所謂鼨鼠豹文而形小者一坐驚服是唐人說豹鼠者仍主許氏而遺郭義或者鼨鼮二鼠皆具豹文故可通歟余幼從家塾旁見異鼠青質而黑班頭形如兔尾短似鼷亦具黑文形小於拳未知於此二鼠當誰屬也

鼲鼠　今江東山中有鼲鼠狀如鼠而大蒼色在樹木上音巫覡

此與寓屬之鼲同名異物初學記引此注曰江東呼鼲鼠者似鼠大而食鳥在樹木上是蒼色二字作食

鳥

鼠屬說文鼠穴蟲之總名方言宛野謂鼠爲䶉御覽引萬畢術燒蟹致鼠抱朴子云鼠壽三百歲

牛曰齝。齝，食之已久，復出嚼之。羊曰齥。今江東呼齝爲齥，音漏洩。麋鹿曰齸。齸，江東名咽爲齸。齸者，䶣食之所在，依名云。鳥曰𡀗。咽中裹食處。寓鼠曰嗛。頰裏貯食處。寓謂獼猴之類寄寓木上。

說文齝吐而噍也引爾雅牛曰齝拨今俗謂之牛回嚼其吐者名聖齋○齥說文作齛云羊粻也釋文引埤蒼同張揖音世解云羊食已吐而更嚼之○說文齸鹿麋粻廣韵呑芻而反出嚼之也拨齸之言嗌也嗌卽咽也咽嗌雙聲故郭云江東名咽爲齸齸者䶣食之所在䶣客加反○𡀗者素也素空也空其中以

受實釋鳥云亢鳥嚨其粻嗉是也○嗛者舍也含藏頰裏說文嗛口有所銜也寓即寓屬鼠獮猴皆寓也或寓於木或寓於穴其粻皆謂之嗛

齝屬牛羊麋鹿皆有肉無前齒故須吐出更嚼鳥鼠皆有受粻之處凡有五名而總題曰齸屬齸

獸曰釁自奮釁人曰撟頻伸夭撟魚曰須鼓鰓須息鳥曰狊張兩翅皆氣體所須

釁者隙也獸臥引氣鼓息腹脅閒如有空隙故謂之釁釁郭注奮釁監本作奮迅動作誤○撟者舉手也人體倦徙輒欠伸舉手以自適史記扁鵲傳有撟引索隱云謂爲按摩之法夭撟引身如熊顧鳥伸也○須者易云需須也魚當停泊鼓鰓吹息以自須須謂止而息也○狊者張目視也鳥之休息恒張兩翅瞪目

直視所謂鳥伸鴟視也

須屬須者息也皆言人物氣體之所須故總題曰須屬須息雙聲字也

爾雅郭注義疏下之六

孫男聯薇 孫伯愷 近垣 校字

爾雅郭注義疏下之七

棲霞郝懿行學

釋畜弟十九

説文嘼牲也嘼與畜同天官庖人辨六畜之名物鄭注六畜六牲也始養之曰畜將用之曰牲是牲畜異名也然左傳云古者六畜不相爲用則牲亦稱畜爾雅在野曰獸在家曰畜是畜獸異名也然祭義云古者天子諸侯必有養獸之官周禮獸醫獸即牛馬則畜亦稱獸葢對文則別散則通矣此篇釋畜

無冢已入上篇

騊駼馬 山海經云北海內有獸狀如馬名騊駼色青

説文騊駼騊駼也王會篇云禺氏騊駼釋文引瑞應圖云幽隱之獸也有明王在位即至按騊駼自是良馬非必爲瑞郭引海外北經以校今本無色青二字然史記匈奴傳徐廣注騊駼似馬而青與郭引合疑古

本有之而今脫也

野馬如馬而小出塞外

說文騊駼北野之良馬釋文引字林云騊駼一曰野馬高誘淮南主術篇注騊駼野馬也是皆以野馬即騊駼然王會篇野馬騊駼竝稱子虛賦云軼野馬轊騊駼又皆以爲二物郭所本也穆天子傳野馬日走五百里郭注似馬而小也後漢書鮮卑傳禽獸之異者有野馬說文以野馬爲驒騱按驒騱騊駼竝見史記匈奴傳

駮如馬倨牙食虎豹山海經云有獸名駮如白馬黑尾倨牙音如鼓食虎豹

說文駮獸如馬倨牙食虎豹說卦傳云乾爲駮馬王廣云駮馬能食虎豹取其至健也孔疏云倨牙如鋸一切經音義十引舍人曰駮多力獸也說苑辨物篇云駮之狀有似駮馬今君之出必驂駮馬而畋虎所

以不動者爲駁馬也詩六駁傳用爾雅一切經音義引魏黃初三年六駁再見於野北齊書循吏傳張華原遷兗州刺史先是州境數有猛獸爲暴自華臨州忽有六駁食之咸以化感所致今按駁爲名六爲數二書俱將六駁爲名失之誣矣駁一名茲茲白王會篇云義渠以茲白茲白者若白馬鋸牙食虎豹是茲白即駁也西山經中曲之山及海外北經並云有獸名駁所說形狀與此同惟西經說一角虎爪爲異郭此注蓋引北經而兼用二文故語不同也

騉蹏趼善陞甗如甗山形似甑上大下小騉蹏蹏趼而健上山秦時有騉蹏苑

釋文騉本亦作昆趼本或作研引舍人云騉蹏者溷蹏也研平也謂蹏平正善陞甗者能登山隒也一云甗者阪也言騉善登高歷險上下於阪李云騉者其蹏正堅而平似研也顧云山嶺曰甗孫同御覽九百十三引孫炎曰昆蹏之馬蹏平如研而善升山甗者是諸家本趼俱作研郭注亦當作研本今誤耳說文

跰獸足企也企訓爲直而非諸家之義又釋山云重甗隒甗葢巘之叚借舍人注是郭以似甑爲言葢失之矣云秦時有騉蹏苑者漢承秦制有騉蹏廄是也百官公卿表有騉蹏令丞應劭云騉蹏好馬名也如淳注引此文作昆蹏研善升甗

騉駼枝蹏趼善陞甗騉駼亦似馬而牛蹏

釋文引舍人云騉駼者外國之名枝蹏者枝足也李云騉駼其迹枝平似研亦能登高歷危險也孫云騉駼之馬枝蹏如牛而下平是李孫郭皆以騉駼馬名舍人以爲國名非也西京賦云陵重巘獵騉駼薛綜注山之上大下小者曰巘昆駼如馬枝蹏善登高薛綜說巘爲郭所本餘與諸家同也嘉慶十七年六月友人示余畫馬卷馬與常馬無異體幹微豐唯足蹏上一小蹏爲異邵氏晉涵跋尾以爲卽爾雅騉駼也又以枝蹏如牛爲孫郭之誤今按枝蹏卽岐蹏云如牛者是矣此圖內馬乃縣蹏如狗而非岐蹏葢馬之

異狀耳非爾雅騉駼也

小領盜驪穆天子傳曰天子之駿盜驪綠耳又曰右服盜驪盜驪千里馬領頸

小領細頸也盜盜驪史記秦紀作溫驪索隱云溫音盜徐廣本亦作盜盜劉氏音義云盜驪盜竊也竊淺青色郯誕生本盜作駣音陶按廣雅作駣騠玉篇作桃騠皆盜驪之異文穆天子傳天子之駿赤驥盜驪白義踰輪山子渠黃華騮綠耳又云次車之乘右服渠黃而左踰輪右驂盜驪而左山子皆郭注所引也

絕有力駥郎馬高八尺

馬八尺爲駥說在下釋文駥本作戎按釋詁戎大也馬高大而有力故被斯名作戎是駥俗字

鄴上皆白惟馵四骹皆白驓骹鄴下也**四蹢皆白騚**俗呼爲踏雪馬

前足皆白騱後足皆白翑前右足白啟左傳曰啟服**左白踦**

前左腳白後右足白驤左白馵後左腳白易曰震為馵足

郭以上皆白謂之馵郭以下皆白謂之騎詩小戎疏引郭氏曰馬郭上皆白為惟馵後在腳白者直名馵蓋郭音義之文按此云惟馵下云惟駹惟皆語詞郭義恐非○蹢者蹏也玉篇廣韵竝云騚四蹏白也按宋雪牕本作騚古本必作前故釋文缺音吳本作首類聚及初學記俱引作首首與前蓋形近而誤作前是也○前兩足白謂之騱後兩足白謂之狗釋文○騱郭又音雞舍人本作雞狗郭音劬舍人本作狗前右足白謂之啟啟者開也前左足白謂之踦踦者隻也郭引左昭廿九年傳文杜預注啟服馬名○說文馵馬後左足白也讀若注詩疏引樊光云後右足白曰驤左足白曰馵郭引說卦傳震為馵足虞翻注足馬白後左足為馵震為左為足初陽為白也徐松曰啟踦驤馵四者俗皆謂之孤蹄其馬性多桀驁云能妨主士君子所不御惟後右足白者謂之三鞭打孤蹄言乘馬者右手執鞭足以厭之稍優於三種耳

騵馬白腹騵騵赤色黑鬣驪馬白跨驈驪黑色跨髀間白州驠州竅尾

本白騴尾株白尾白駺但尾毛白馰顙白顛戴星馬也白達素縣素鼻

莖也俗所謂面顙皆白惟駹顙額

漫髗徹齒

騵者說文云赤馬黑髦尾也詩小戎箋赤身黑鬣曰騵穆天子傳有華騮郭注色如華而赤今名馬驃赤者爲棗騮騮馬赤也騵者檀弓云周人尚赤戎事乘騵詩大明傳騮馬白腹曰騵言上周下殷也淮南主術篇云騎騵馬高誘注黃馬白腹曰騵黃蓋赤字之誤○說文驪馬深黑色驈驪馬白胯引詩驈篇有驈有驈毛傳用爾雅疏引孫炎曰驪黑色也白跨股脚白也釋文引蒼頡篇云跨兩股閒○驠者說文云馬白州也伯樂相馬經有馬白州皆本爾雅北山經云倫山有獸如麋其川在尾上郭注川竅也是川即州字○騴者尾根株白之云也本即株也○駺者尾毛白之名也說文騴一曰白髦尾也是驃即駺釋文駺

本多作狠類聚引正作狠○馰顙者說文馰馬白額也引易曰馬馰顙的字下又引易曰爲的顙蓋古有二文許兩從之今說卦傳作的虞翻云的白顙也額震體頭在口上白故的顙詩有馬白顛疏引舍人曰的白也顙額也額有白毛今之戴星馬也是郭所本又說文云驩馬白額是馰顙一名驩○馬之鼻莖白者名白達一名素縣說文頞鼻莖也頞鳥割切與達音近然則白達卽白頞也郭引俗謂漫髗徹齒蓋引當時相馬法也髗與顱同○說文駹馬面顙皆白也說卦傳云震爲龍鄭注龍讀爲尨虞干本竝作駹虞云倉色干云雜色地官牧人云毀事用尨與駹同秋官犬人云凡幾珥沈辜用駹可也鄭衆注駹謂不純色也徐松云白顛俗謂玉項馬之貴者面顙皆白俗謂線臉馬之賤者諺云線臉孤蹄儈道不騎極言其惡

回毛在膺宜乘樊光云俗呼之官府馬伯樂相馬法旋毛在腹下如乳者千里馬 **在肘**

後減陽在幹茀方幹脅在背閼廣皆別旋毛所在之名

回毛旋毛也旋毛在胸者名宜乘郭引樊光云官府馬者言此馬宜官府乘駕也減陽茀方閼廣語俱相韵自郭氏已不知其義無以言焉文選注引相馬經云膺門欲開馬膺在腹下也肘謂馬臂也類聚引肘亦作腹釋文云減本或作駭幹者馬脅也御覽引相馬經云脅爲城郭欲得張釋文廣音光本或作驢同按廣韵引爾雅作駮驢亦作閼廣徐松云膺胸也馬之懸纓處有旋毛最良當爲貴人所乘俗謂馬纓爲緹胸故謂之緹胸旋毛在肘後者今之追風旋

逆毛居馻馬毛逆刺

釋文引字林云馻馬逆毛也郭音兗允二音按今俗以馬領上逆毛如刺者爲不祥

騋牝驪牝詩云騋牝三千馬七尺已上爲騋見周禮玄駒褭驂玄駒小馬別名褭驂耳或

曰此郎騕褭古之良馬名

詩騋牝傳馬七尺以上曰騋騋馬與牝馬也說文引詩作騋牝驪牝今作驪牡牡字誤爾雅獨雪驄本作牝餘皆作牡而釋文不誤云牝頻忍反下同謂與驪牝同也以此可證騋驪雙聲又兼疊韻爾雅蓋以驪牝釋騋牝獨言牝者騋驪兼有牝牡舉一邊耳釋文驪牡又云孫注改上騋牝爲牡讀與郭異按夏官廋人注引爾雅作騋牡驪牡玄駒褭驂今本牡作牝亦釋文作牡可證然則孫注作騋牡與鄭同也又鄭讀騋爲句牡驪爲句牝玄爲句其檀弓注亦引爾雅曰騋牝驪牡玄孫讀當亦同之此則駒褭驂郎謂騋驪者之駒別名褭驂耳郭讀玄駒與鄭異又云見周禮郎廋人職文也高誘淮南脩務篇注馬五尺以下爲駒放在草中故曰草駒郭又引或說以褭驂爲古良馬名者呂覽離俗篇云飛兔要褭古之駿馬也高注皆馬名日行萬里上林賦云羅要褭張揖注要褭馬金喙赤色一日行萬里者

牡曰騭今江東呼駁馬爲騭音質牝曰騇草馬名
說文騭牡馬也釋文父本或作駁俗字按騇亦俗字
也當作舍廣雅舍牸牝雌也草馬亦或作騲廣韻牝
馬曰騲馬顏氏家訓所謂騲騭是也魏志杜畿傳爲
河東太守課民畜牸牛草馬晉書涼武昭王傳家有
騧草馬生白額駒是魏晉閒始有草馬之名今東
齊人以牡爲兒馬牝爲騍馬唯牝驢呼草驢耳
駵白駁黃白騜詩曰騜駁其馬駵馬黃脊騝驪馬黃脊騽皆背脊毛
黃青驪駽今之鐵驄青驪驎驒色有淺深班駁隱鄰今之連錢驄青驪繁鬣
騥禮記曰周人黃馬繁鬣繁鬣兩被毛或云美髦鬣驪白雜毛駂今之烏驄黃白雜
毛駓今之桃華馬陰白雜毛駰陰淺黑今之泥驄蒼白雜毛騅詩曰有騅有駓
彤白雜毛騢即今之赭白馬彤赤白馬黑鬣駱禮記曰夏后氏駱馬黑鬣白

馬黑脣駩黑喙騧今之淺黃色者為騧馬**一目白瞯二目白魚**似魚目也詩曰有驔有魚

驪已見前駁者說文馬色不純淮南說林篇云驪駁不入牲言犧牲用純色也詩駉疏樊光引易乾為駁馬孫炎引詩皇駁其馬東山疏舍人曰驪赤色名曰駁也黃白色名曰皇也又引舍人言驪馬名白馬非也按此言馬赤色兼有白者名駁黃色兼有白者名騜騜詩作皇毛傳黃白曰皇驪白曰駁○騝者釋文郭音虔本或作騫騮者說文作驑云驪馬黃脊讀若簟又云騽馬豪骭也詩駉傳豪骭曰驔是驔騽通釋文今爾雅本亦有作驔者按玉篇廣韵騽字俱兼二義故段氏說文注疑驔騽本一字是矣但豪骭非馬名又非馬色毛傳前後俱用爾雅獨此義別是可疑耳○騧者詩有駜疏引舍人曰青驪馬今名騧馬也孫炎曰色青黑之閒邢疏引孫云青毛黑毛相雜者名騧今之鐵驄也郭義同孫詩傳及說文用爾雅○

驒者說文青驪白鱗文如鼉魚詩駉傳用爾雅疏引
孫炎云色有淺深似魚鱗也然則驒驎聲義同釋文
引韓詩字林皆云驒白馬黑髦似因有驒有駱相涉
而誤○騋者釋文本又作柔縶鬣者言髦多也郭引
明堂位文彼縶作蕃其義當同孔疏以爲蕃赤也恐
非左定十年疏及釋文引舍人注鬣馬鬉也○騆者
釋文引說文云黑馬驪白雜毛今說文無葢唐以前
本有之也詩大叔于田傳驪白雜毛曰鴇鴇俗字耳
○駓者六書故引唐本說文云黃馬白雜毛今本脫
雜字詩駉傳用爾雅按此馬毛色雜故異於黃白之
騜郭以桃華馬當之恐非○駰者說文馬陰白雜毛
黑黑字衍或上下有脫字也詩傳用爾雅疏引舍人
曰今之泥驄也孫炎曰陰淺黑也皆郭所本樊光曰
駰者目下白或云白陰皆非也○騅者說文馬蒼黑
雜毛黑字誤以六書故徐本作黑推之知唐本必作
白也詩傳用爾雅按釋言云菼騅也郭云菼草色如
騅在青白之閒與此義合○騢者說文馬赤白雜毛
謂色似鰕魚也詩傳用爾雅疏引舍人曰赤白雜毛

今豬白馬名駮郭義同。駱者說文馬白色黑鬣尾也釋文白馬黑鬣舍人同衆家竝作髦詩釋文引樊孫爾雅竝作白馬黑髦鬣尾也今按說文駵駱皆兼尾言葢許所見本與樊孫同也詩傳用爾雅月令及呂覽秋駕白駱注同郭引明堂位文。駩者釋文引孫本作犉云與牛同稱汝均反本或作驎音吝按孫本作犉是也但旣作犉以詩傳黃牛黑脣曰犉推之則此白馬疑黃馬之誤證以下句黑喙騧說文及詩小戎傳竝云黃馬黑喙與黃牛黑脣其例正同益知爾雅白馬必黃馬之誤矣。瞯者說文作驒云馬一目白曰驒二目白曰魚又云瞯戴目也繫傳云目望陽廣韵以爲人目多白釋文引蒼頡篇云目病也是瞯驒義別爾雅俗瞯爲驒耳魚者漢書西域傳贊以魚目與龍文汗血竝爲駿馬之名葢卽此也釋文魚本又作䲆字林作驗皆或體耳詩疏引舍人曰一目白曰瞯兩目白爲魚按毛傳作一目白曰魚疑有脫誤

旣差我馬差擇也宗廟齊豪尚純戎事齊力尚強田獵齊足尚疾

旣差我馬詩吉日篇文差擇也釋詁文又車攻傳宗廟齊豪尚純也戎事齊力尚強也田獵齊足尚疾也疏引李巡曰祭於宗廟當加謹敬取其同色也某氏曰戎事謂兵革戰伐之事當齊其力以載干戈之屬舍人曰田獵取牲於苑囿之中追飛逐走取其疾而已按夏官校人云辨六馬種馬一物戎馬一物齊馬一物道馬一物田馬一物駑馬一物若以爾雅準之種馬駕玉路而色尚純宗廟齊豪始謂是矣

馬屬 說文馬怒也武也大戴記易本命篇云馬十二月而生茲篇所釋皆馬之類故題曰馬屬

摩牛 出巴中重千斤

野牛也郭云出巴中者今此牛出西寧府西寧衛大
者千餘斤靡之爲言莽也莽者大也今俗云莽牛即
此

犦牛 即犎牛也領上肉犦肤起高二尺許狀如橐駝肉
峯一邊健行者日三百餘里今交州合浦徐聞縣
出此
牛

釋文犦犦步角反即今之腫領牛郭云犎牛者後漢書
順帝紀疏勒王獻封牛李賢注引東觀記曰封牛其
領上肉隆起若封然因以名之即今之峰牛郭注上
林賦云庸牛領有肉堆顏師古注即今之犎牛也按
犎當作封封者大也背上腫起高大漢書西域傳罽
賓國出封牛正作封字又名一封橐駝大月氏國出
之注以爲封牛是矣郭云狀如橐駝肉峯一邊者橐
駝肉峯兩邊此止有前一邊也橐駝出饒山見北山
經釋文橐音託又音洛也晉交州合浦郡徐聞縣今
廣東雷州府海康縣也元和郡縣志海康縣多牛項

上有骨大如覆斗日行三百里爾雅所謂犦牛也

犤牛 呼犤牛庳小今之㹀牛也又王會篇云數楚每牛每牛者牛之小者也即此類也釋文犤音碑又音皮然則犤與每聲近又相轉也郭云果下牛者桂海虞衡志有果下馬高不踰三尺此亦其類皆言其庳小也晉廣州高涼郡今爲廣東高州府

犩牛 即㹀牛也如牛而大肉數千斤出蜀中山海經曰岷山多㹀牛

犩亦魏也高大之稱釋文引字林云黑色而大重三千斤㹀當作夔郭引中山經文彼注云今蜀山中有大牛重數千斤名爲夔牛晉太興元年此牛出上庸郡人弩射殺之得三十八擔肉即爾雅所謂魏是犩當作魏宜據以訂正

犣牛旄牛也髀膝尾皆有長毛

犣當作氂釋文本或作𩮀字此牛多毛𩮀是也郭云旄牛者春官旄人注旄旄牛尾舞者所持以指麾說文作氂云犛牛尾也又犛云西南夷長髦牛也中山經荆山其中多犛牛郭注旄牛屬黑色出西南徼外也是犛牛卽旄牛顏師古上林賦注旄牛卽今之偏牛也郭云髀膝尾皆有長毛者北山經潘侯之山有獸狀如牛而四節生毛名曰旄牛郭注今旄牛背膝及胡尾皆有長毛是也徐松云今蘭州青海多此牛大與常牛等色多靑染其毛爲雨纓

犝牛今無角牛

釋文引字林犝牛名是也後漢書西南夷傳有旄牛無角一名童牛肉重千斤毛可爲旄是童牛卽旄牛之無角者旄牛卽犣牛蓋大者名犣小者名童也童當作僮俗从牛作犝牛耳郭注似失之

犋牛未詳

角一俯一仰觭牛角低仰皆踊觢今豎角牛

釋文引樊云傾角曰觭說文觭角一俛一仰也觢一角仰也引易曰其牛觢易釋文引鄭作犎云牛角皆踊曰犎子夏作㸷傳云一角仰也荀作觭虞翻云牛角一低一仰故稱觢觢然則諸家說觢各異唯鄭義與爾雅合

黑脣犉毛詩傳曰黃牛黑脣此宜通謂黑脣牛黑眥牰眼眥黑黑耳犚黑腹牧黑腳犈皆別牛黑所在之名

說文犉黃牛黑脣也詩無羊毛傳同疏引某氏說亦然所以必知為黃牛者以言黑脣可知餘體是黃黃牛多也眥者目匡也釋文牰音袖字林音就本或作褎犚音尉犈音權又音眷玉篇以犈為牛耳黑其義

異也按脣犉背柚耳犚腹牧腳犈俱以雙聲疊韻爲釋因別黑色所在之名牛以黑爲別猶馬以白爲別也

其子犢 今青州呼犢爲㸬

說文犢牛子也月令季春犧牲駒犢舉書其數郭云今青州呼犢爲㸬者釋文㸬火口反字林云牛鳴也然則㸬之言呴也亦言狗也牛之子名爲㸬亦猶熊虎之子名爲狗矣通作軥漢書朱家傳乘不過軥牛晉灼注軥牛小牛也

體長牬 長身者

體長言呂脊長也釋文牬博蓋反按牬說文作犻云二歲牛與此義異又犡牛長背也是犡與牬其義同

絕有力欣犌

釋文犌古牙反玉篇云牛有力廣韻云牛絕有力俱止言犌不言欣疑欣字衍

牛屬 說文牛大牲也牛件也又云牛爲大物月令中央土鄭注牛土畜也廣雅說牛屬云郭刾丁犖類聚引桓譚新論作郭枓丁櫟茲篇所釋廣說牛名及其體狀故總題曰牛屬

羊牡羒 謂吳羊白羝 **牝牂** 詩曰牂羊羵首

詩若之華傳牂羊牝羊也說文羒牂羊牂牡羊鄭注內則牂亦云然竝字之誤也郭云吳羊白羝者羝牡羊也吳羊白色羊也廣雅云吳羊牡一歲曰牡羝三歲曰羝其牝一歲曰牸羝三歲曰牂吳羊犗曰𤛑羖羊犗曰羯然則此言羊者郎吳羊也爾雅不言吳廣雅不言夏互見也羒蓋同羵言高大也牂猶牂牂言肥盛也今吳羊高大而肥盛詩曰牂羊羵首羵郎羒矣言牝羊而牡首故毛傳言無是道也

夏羊 黑羖䍽 **牡羭** 黑羝也歸藏曰兩壺兩羭 **牝羖** 今人便以牂羖爲白黑羊名

夏羊黑色羊也說文夏羊牡曰羖又云夏羊牡曰羭此牡字誤段氏注改牡爲牝云羖必是牡知羭必是牝其說是矣但釋畜之例俱先牡後牝則此當云牡羖牝羭不知何時誤倒其文蓋郭本已然矣夏羊牝者美故左僖四年傳攘公之羭羭者美也郭引歸藏齊母經其文見於邢疏所引則羭之美可知矣羖羊氣羶其犗者謂之羯則羖爲牡羊可知矣急就篇云牂羖羯羠䍽羝羭顔師古注羭夏羊之牝也羖夏羊之牡也其說牝牡分明不誤宜據以訂正詩曰俾出童羖毛傳羖羊不童也今按夏羊牝牡皆有角吳羊牝者無角其有角者別名觟也

角不齊觤一角長一短角三觠羷觠角三帀

說文觤羊角不齊也觠曲角也繫傳引爾雅注觠卷也此葢舊注之文釋文羷許簡力驗二反字林力冉反

羳羊黃腹　腹下黃

說文羳黃腹羊李時珍云卽黃羊也狀與羊同但低小細肋腹下帶黃色其耳甚小西人謂之䴧耳羊

未成羊羜　羔爲羜俗呼五月

說文羜五月生羔也後漢書注引韓詩章句云小者曰羔大者曰羊詩疏引薛綜荅韋昭云羊子初生名達小名羔未成羊曰羜大曰羊長幼之異名廣雅云羍羍羜羝羔也是皆未成羊之名爾雅單釋羜者舉其中也

絕有力奮　與羍羝皆同名

羊屬　說文羊祥也考工記羊善也按美義羑養等字皆从羊以羊爲祥善之物也易說卦

傳兒爲羊鄭注庖人云羊屬司馬
火也此篇皆說羊故題以羊屬

犬生三猣二師一玂此與豬生子義
同名亦相出入
說文犬狗之有縣蹏者也玉篇猣犬生三子也玂犬
生一子也廣韵師作獅犬生二子也按犬生二子與
豕同名猣與豵通故鄭注大司馬引爾雅豕生三曰
猣釋文本亦作豵玉篇猣音卽云犬生三子是猣又
作
猣

未成豪狗狗子未生
䝐毛者
說文引孔子曰狗叩也叩气吠以守又曰視犬之字
如畫狗也是狗犬通名若對文則大者名犬小者名
狗散文則月令言食犬燕禮言烹狗狗亦犬耳今亦
通名犬爲狗矣郭云䝐毛者說文䝐獸豪也釋文謂
長毛
也

長喙獫短喙猲獢 詩曰載獫猲獢

說文及詩駟鐵傳俱用爾雅猲獢詩作歇驕傳云獫歇驕田犬也疏引李巡曰分別犬喙長短之名

絕有力狣

說文獟犴犬也犴獟犬也一曰逐虎犬卽此類也犴堅彊也獟驍猛也犬能逐虎可謂絕有力矣

尨狗也 詩曰無使尨也吠

說文尨犬之多毛者詩野有死麕傳用爾雅疏引李巡曰尨一名狗穆天子傳天子之尨狗郭注尨尨茸謂猛狗或曰尨亦狗名按尨茸謂多長毛卽今之獅獿狗也上云未成豪狗此又以尨爲狗可知狗爲通名

狗屬 釋文引字林云狗家獸也說卦傳艮爲狗大戴禮云狗三月而生秋官犬人疏犬有

三種一曰田犬二曰吠犬三曰倉犬此篇所釋三犬備矣

雞大者蜀今蜀雞**蜀子雛**雛子名

蜀者廣雅說雞屬云杜艾季蜀蜀蓋大雞之名季或養雞者之姓氏也蜀雞一名魯雞莊子庚桑楚篇云越雞不能伏鵠卵魯雞固能矣釋文引向秀注魯雞大雞也今蜀雞也○雛者釋文音餘字或作餘方言云雞雛徐魯之閒謂之䳕子廣雅云䳕雛也是雞雛名䳕蜀雞雛別名雛耳

未成雞僆今江東呼雞少者曰僆音練

僆者方言三云凡人嘼乳而雙產秦晉之閒謂之僆子郭注音輦然則僆爲少小之稱今登萊人呼小者爲小僆僆音若輦蓋古之遺言也秦策一云諸侯不可一猶連雞之不能俱上於棲蓋連卽僆矣

絕有力奮諸物有氣力多者無不健自奮迅故皆以名云

郭云諸物者包雞雉羊在內故言皆以總之

雞屬 說卦傳巽爲雞九家易云應八風也風應節而變變不失時雞時至而鳴與風相應也二九十八主風精爲雞故雞十八日剖而成雛二九順陽厤故雞知時而鳴也此篇釋雞大者及其子與異名

馬八尺爲駥 周禮曰馬八尺已上爲駥

駥當爲戎釋文作戎是矣卽上云馬之絕有力者也郭引周禮廋人職文但彼作龍諸書引亦作龍說文騋字下云馬八尺爲龍月令駕蒼龍注馬八尺以上爲龍淮南時則篇注引周禮及後漢書注引爾雅亦俱作龍郭引作駥者欲明此駥彼龍二者相當因而改龍爲駥非周禮舊文也徐松云八尺言長馬身長者必善走故相馬者以長爲貴長則必高言長足以該高高不足以該長鄭注輈人言國馬高八尺許叔

重言馬高六尺爲驕皆非雅訓

牛七尺爲犉詩曰九十其犉亦見尸子

即牛屬之黑脣犉也然則犉兼二義云見尸子者邢疏引尸子說六畜云大牛爲犉七尺

羊六尺爲羬尸子曰大羊爲羬六尺者

西山經云錢來之山有獸焉其狀如羊而馬尾名曰羬羊郭注今大月氏國有大羊如驢而馬尾爾雅云羊六尺爲羬謂此羊也釋文羬本亦作麙五咸反按說文麙山羊而大者細角是爾雅羬當作麙

彘五尺爲豟尸子曰大豕爲豟五尺也今漁陽呼豬大者爲豟

即豕之絕有力者釋文豟於革反大豕也小爾雅云豕之大者謂之豣豟玉篇作豟云章移切豕高五尺廣雅說豕屬云梁貗初學記引纂文曰梁州以豕爲貗按貗音之涉反即章移切之聲轉是貗即豟矣廣

韵獨梁之
良家也

狗四尺爲獒 公羊傳曰靈公有害狗謂之獒也尚書孔氏傳曰犬高四尺曰獒卽此義

尸子曰五尺大犬爲猶顏氏家訓書證篇引作六尺犬爲猶文選養生論注引作五尺大犬爲豫並與爾雅異也說文獒犬知人心可使者引左傳公嗾夫獒公羊宣六年傳靈公有周狗謂之獒何休注周狗可以比周之狗所指如意按此注亦望文生訓周狗郭引作害狗害與周形近正如古文周田觀爲割申勸矣觀禮記臧氏校宋單疏本亦作害毛本郎本作善狗淺人改也又引段氏說尚書孔氏傳下一十五字非郭注乃後人所益今校宋單疏本亦無之

雞三尺爲鶤 陽溝巨鶤古之名雞

說文鶤鶤雞也讀若運釋文鶤音昆字或作鵾同楚辭九辯云鵾雞啁哳而悲鳴淮南覽冥篇云軼鶤雞

於姑餘是鶤雞卽鵾雞高誘注以鶤雞爲鳳皇別名張揖上林賦注又以昆雞似鶴黃白色並與爾雅異也郭云陽溝巨鶤者莊子逸篇云羊溝之雞三歲爲株相者視之則非良雞也然數以勝人者以貍膏塗其頭注云羊溝鬬雞處株魁帥也雞畏貍也御覽引南州異物志狼育之雞特稟異聲注云狼育地名茲此地雞特異故以名傳亦如羊溝之比

六畜古本篇末總題六畜左桓六年正義曰爾雅釋畜於馬牛羊豕狗雞之下題曰六畜昭廿五年正義亦同可知古本有此二字宋本亦然監本及毛本脫去之耳六畜有豕則羊屬之後應有豕屬今乃廁於釋獸兎子娩之下不知何時羼錯遂移畜入獸也左傳正義以爲豕有野豕故記於釋獸然馬屬亦有野馬仍列於釋畜矣

爾雅郭注義疏下之七終

先大父蘭皋公爾雅義疏儀徵阮文達刊入
皇清經解沔陽陸制府又單刻於金陵聯蓀等僻處山
陬俱未之見或謂兩刻本皆據高郵王念孫觀察所節
本未爲全書迨河帥楊至堂先生得足本於錢唐嚴厚
民杰明經嗣君鶴山許始屬仁和胡君心耘珽鳩合同
志校刊於吳門乃未幾又爲粵賊所毀先大父生平著
述十餘種心力尤萃於此書先大母臨終猶諄諄以亟
覓原本爲誡聯蓀等謹志之勿敢忘歲乙丑二月聯蓀
有事濟南晤陽湖汪叔明司馬欣然以所藏楊氏足本

相授且任校讐之役聯薇既刺涿州謹節廉俸所入爲剞劂之資閱月九而工始竣原書訛誤尚多又經德清鍾舍人麟陽湖周司馬懋祺鍾醝尹履祥及汪司馬互相讐勘是皆有功於是書者不可以不記同治五年二月既望孫男聯蓀薇謹識

歷邑中和堂
鮑連元手刊

爾雅義疏校字

萊陽後學周悅讓

上一六十六葉下十七行第四字卓改卓　七十四葉下末行二十字庛改疵　七十六葉上十二行案毛詩維憂用老三家本皆同無作勞者此詩言至病矣十四字宜空

上又一十八葉上十二行釋文引韓詩云止節也案相鼠箋云止容止孝經曰容止可觀韓詩止節無禮節也。據阮氏校勘記出韓詩止節四字校曰補毛本作雖則居尊云云則此四字乃訛文非釋文也此故相鼠至止節也十二字宜空　六十二葉下十行末字以改从　七十二葉上經文俾拼抨使下脫也字宜補

上二十六葉下十五行九字饋改饋　十八葉下六行十九字削改屑　十九葉上十六行二字矜改矜　下六行海水鹹煮鹽味苦宜作

海水苦煮鹽味鹹二十四葉上十八行十六字圁改圉

上四十二葉上十一行八字叔改村十二字妹改林

中二二十葉下十一行十字者改首

中三五葉下四行小字七尺宜作七寸三分宜作二分

中四二十九葉上六行十三字禧改僖

下二十一葉上五行二字者涉改音涉十五葉下十四行八字點改點

下四二十葉上五行八字于改干

下六十葉上經交首字熊改羆

下七六葉上七行經鴇改鳵